Walter Jaide · Barbara Hille (Hrsg.)

Jugend im doppelten Deutschland

Westdeutscher Verlag

CIP-Kurztitelaufnahme der Deutschen Bibliothek

Jugend im doppelten Deutschland / Walter Jaide;
Barbara Hille (Hrsg.). – 1. Aufl. – Opladen:
Westdeutscher Verlag, 1977.
    ISBN 3-531-11422-0

NE: Jaide, Walter [Hrsg.]

© 1977 Westdeutscher Verlag GmbH, Opladen
Umschlaggestaltung: Horst Dieter Bürkle, Darmstadt
Druck: E. Hunold, Braunschweig
Buchbinderei: W. Langelüddecke, Braunschweig
ISBN 3-531-11422-0

Vorwort

Das Heft 3/1975 der Kölner Zeitschrift für Soziologie und Sozialpsychologie wird hiermit unter demselben Titel in ergänzter, revidierter und aktualisierter Neuauflage als eigenständiges Buch veröffentlicht. Absatz und Resonanz des Zeitschriftbandes ließen eine solche Neuherausgabe angebracht erscheinen. Dem Herausgeber und dem Verleger der Kölner Zeitschrift sei dafür ausdrücklich gedankt.

Die Beiträge zu diesem Buch stammen von ständigen und gelegentlichen Mitarbeitern der Forschungsstelle für Jugendfragen Hannover. Sie sollen zwei Zielen dienen: Zur Information über Jugend in der DDR bzw. Jugend in beiden deutschen Staaten beitragen — und Ansätze zum wissenschaftlichen deutsch-deutschen Vergleich liefern. Die Verfasser möchten zu einem rationalen Verständnis anregen, soweit ihnen ihre Disziplin, ihre Datenübersicht, ihr liberaler, westlicher Blickwinkel die Möglichkeit dazu bieten. Dabei gilt es, in beiden deutschen Staaten auch typische und teils systemübergreifende Merkmale des Jugendalters herauszustellen, um die Kernfrage anzuschneiden: Wieviel an hilfreicher und wieviel an zwanghafter Integrierung vollzieht sich in der Bundesrepublik Deutschland und in der DDR? Wie groß und offen sind die dafür beiderseits belassenen Spielräume der Jugendlichen? Wo sind die Förderungen günstiger, wo die Beschränkungen enger? Wie weit, wie schnell und in welcher Richtung läßt sich Jugend manipulieren? Und wie steht es mit ihrem Beharren, Zögern und Widerstand gegenüber den Zugriffen des Systems?

Diese Fragen lassen sich allerdings nur in bestimmten Teilaspekten analysieren und beantworten. Dabei spiegelt die Heterogenität der Beiträge die Situation der (DDR-)Jugendforschung in der Bundesrepublik wider, die nur von wenigen Experten kontinuierlich bearbeitet wird.

Die Psychologen unter den Verfassern bedauern, daß sie aufgrund der »Materiallage« nicht auch subtilere Untersuchungen (z. B. biographischer, tiefenpsychologischer, lernpsychologischer Art) anbieten können. Sie trösten sich damit, daß auch querschnittartige, grobkörnige Umfragedaten sowie Aggregatdaten für einen ersten Schritt empirischer Vergleiche geeignet sind. Ausdrückliche methodologische Analysen sind hierbei nicht beabsichtigt. Allerdings sind die Interessenuntersuchungen konzeptuell und methodologisch am gründlichsten und umfassendsten ausgereift. Auch die integrative Schlüssigkeit des Kriminologie-Artikels entspricht am ehesten den Standards der westdeutschen und internationalen Forschung.

Thematisch geht es — gemäß der Aufgabenstellung und dem Arbeitsprogramm der Forschungsstelle für Jugendfragen Hannover — vor allem um sozial-wissenschaftliche Empirie, um Verhaltens- und Einstellungsforschung an Jugendlichen: Berufseinmündung — Berufszufriedenheit — Konsumverhalten — Interessen — Einstellungen und Stereotype — Delinquenz. Die ersten Versuche für genuine empirische Vergleichsuntersuchungen (*Barbara Hille, Yves van den Auweele*) spielen dabei eine wichtige Rolle, weil sie über Sekundäranalysen hinausgehen. Von besonderem Interesse dürften auch die Befunde über reziproke Stereotypenbildungen beziehungsweise über einen Stereotypenperspektivismus zwischen den beiden Jugendbevölkerungen sein. Die Ausführungen zur Sexualerziehung und Ehevorbereitung haben vor dem Hintergrund des »gesamtdeutschen« Geburtenrückganges besondere Relevanz. Die makro-statistischen Daten über Bevölkerungsstruktur und soziale Schichtung bzw. deren Veränderungen in der DDR zeigen die Rahmenbedingungen für Schul- und Berufslaufbahnen und weitere Qualifizierungsmaßnahmen der Jugendlichen auf. Der ideologische und institutionelle Rahmen der Jugendpolitik wird anhand des dritten Jugendgesetzes der DDR erörtert. Trotz der Vielfalt der Artikel dürfte der Leser die Bezüge und Gemeinsamkeiten unter ihnen erkennen.

Die Auswahl der Beiträge mußte sich auch nach der Bonität der Quellen richten, d. h. danach, wieweit für bestimmte Themen zugängliche und relativ seriöse Untersuchungen in der DDR vorliegen und in der Schlüssigkeit und Analogisierbarkeit ihrer Ergebnisse vergleichende Analysen und Interpretationen ermöglichen. Über die Aspekte einer solchen interkulturellen Komparatistik im einzelnen und speziell in der Jugendforschung gibt das Einleitungskapitel Auskunft.

        Barbara Hille   Walter Jaide

Hannover, im Februar 1977

Inhalt

I. Teil: Einleitung

ÜBER PROBLEME UND MÖGLICHKEITEN
INTERKULTURELLER VERGLEICHE BEI JUGENDLICHEN
IN DER BUNDESREPUBLIK DEUTSCHLAND UND DER DDR

Von Walter Jaide und Barbara Hille

Empirische Sozialwissenschaft kann zum Zwecke interkultureller Vergleiche bzw. vergleichender Beschreibungen nur von *Daten* ausgehen – allerdings von solchen, die nach Fragestellung, Datenerhebung und -analyse vergleichbar und für die zwei oder mehreren zu vergleichenden Systeme annähernd gleichermaßen zuverlässig sind. Das ist besonders problematisch, wenn es sich dabei nicht nur um Aggregatdaten offizieller Statistiken, sondern vor allem um Umfragedaten und Ergebnisse spezieller, anspruchsvoller soziologischer und sozialpsychologischer Untersuchungen (z. B. über Berufsfindungsverhalten) handelt. Dabei steht zunächst die gleichartige methodologische Bonität in Frage; die Aussagekraft mancher Untersuchungen in der DDR ist bis vor kurzem – am internationalen Standard gemessen – vielfach durch einen unübersehbaren Methodenrückstand beeinträchtigt. Ferner steht dem eine unterschiedliche Publikationsstrategie im Wege, die – im Falle der DDR – manche Untersuchungsergebnisse nicht oder nur sehr partiell und kaum rekonstruierbar veröffentlicht. Der »distanzierte Blick registrierender Objektivität« *(Rüdiger Thomas)*[1] muß sich deshalb notgedrungen auf akzeptable und transparent publizierte Studien beschränken, zu denen in der Bundesrepublik vergleichbare Materialien vorliegen. Dies ist eines der Auswahlprinzipien für die in den übrigen Beiträgen dieses Heftes folgenden Darstellungen. Dabei bleibt man mehr oder weniger auf der *ersten* Stufe der von *Stein Rokkan*[2] formulierten Vergleichsprozeduren stehen: Themenbezogene Materialien aus unabhängigen Recherchen der verschiedenen Systeme heranziehen und vorsichtig vergleichen und analysieren. Das dabei notwendige und international übliche »refining and proceeding of data«, ihre Überprüfung auf Genauigkeit, Irrtumswahrscheinlichkeiten und Signifikanzen (wenigstens der meist angebotenen bloßen Häufigkeitsauszählungen pro Item) sowie ihre Aufbereitung nach Rangordnungen, Korrelationen, Trends, nach Faktor-, multiplen Regressions- und Varianzanalysen ist allerdings nur bei vollständig und kunstgerecht dargestellten Untersuchungen möglich[3]. Die professionelle Kompetenz der Sekundäranalytiker muß Kompromisse in den Ansprüchen an Forschungsstrategien, Operationalisierungsdesigns, Methoden (Instrumente), Datenanalysen riskieren – in jedem Falle, besonders in bezug auf viele Untersuchungen aus der DDR. Die *zweite* Stufe: Angleichung der Fragestellungen, Erhebungsmethoden, Statistiken durch reguläre interkulturelle Kontakte zu erzielen, ist in Sachen DDR – speziell der empirischen Sozialforschung — nicht oder nur indirekt und einseitig zu praktizieren (vgl. den Artikel von *Barbara Hille* über Interessenuntersuchungen in diesem Buch). Die *dritte*

Stufe: Organisierung gleichzeitiger und gleichartiger Primäruntersuchungen, wie sie sonst international (besonders auch durch UNESCO) üblich geworden sind, ist erst recht bis auf weiteres nicht durchführbar, von der internationalen Zeitbudget-Studie und ihrer problematischen Datenaufbereitung[3a] und dem in diesem Heft berichteten Sonderfall *(Yves van den Auweele)* abgesehen.

Bereits der bloße gleichsam dokumentarische Ist-Vergleich *(Peter Ch. Ludz)*[4] hat also im Bereich der sozialwissenschaftlichen Umfrage- und Untersuchungsdaten seine besonderen Grenzen und Schwierigkeiten. Deshalb ist es nicht verwunderlich, daß Vergleiche solcher Art zwischen Bundesrepublik und DDR bisher in geringerem Maße erarbeitet worden sind bzw. weniger Beachtung gefunden haben. Die folgenden Arbeiten können zeigen, wie viel dennoch in diesem Sektor zu leisten ist. Die systembedingten Kanalisierungen und Implikationen der Daten – wobei allerdings auch Leerstellen der Publizistik und/oder der Forschung aufschlußreich sind – dürfen dabei ebenso wenig aus dem Auge gelassen werden wie die übrigen internationalen Vergleichsprobleme und -bemühungen.

Die *Aufbereitung* und *Gegenüberstellung* der Daten und deren vergleichende Interpretation stehen unter dem »Prinzip der Immanenz«. Wie die folgenden Beispiele zeigen: Definition und Statistik von Jugendkriminalität hängen ab von Gesetzen, Bewertungs- und Erfassungsmodi, die in beiden deutschen Staaten beachtliche Unterschiede aufweisen. Befunde zur Berufseinmündung in beiden Jugendbevölkerungen müssen jeweils auf die verschiedenen Schul- und Berufsausbildungssysteme bezogen werden. Das Konsumverhalten muß man eingliedern in den unterschiedlichen ökonomischen Spielraum, das verschiedenartige Marktangebot etc. in beiden deutschen Staaten. Die auf den Daten und ihren faktischen Zusammenhängen schrittweise aufbauenden und ausgreifenden Analysen und Interpretationen dürfen allerdings nicht durch systemspezifische Globalaussagen oder abstrakte Deduktionen übersprungen oder außer Kurs gesetzt werden. Bevor man z. B. die Jugendbevölkerung der Bundesrepublik als »konsumbesessen«, die DDR-Jugend als konsumdiszipliniert einschätzen dürfte, müssen sehr viele Detaildaten gesammelt, Proportionen errechnet und empirische Vergleiche angestellt werden. Bevor man die höhere oder geringere »Kriminalisierungsrate« auf seiten der beiden Systeme und deren systemspezifische Kriminalitätsstrukturen bedenkt, müssen viele Detailfragen im Anblick der verfügbaren Daten geklärt werden. Dabei darf man sich nicht den Blick auf universelle Problemlagen verstellen lassen (z. B. Kriminalitätsraten in neuen Ballungsgebieten, Informationsmängel auf seiten der Berufswähler in hochdifferenzierten Wirtschaftssystemen, altershomogene Partnerschaften in Freizeit und Arbeit etc.). Was auch an komplexen Datenzusammenhängen parallelisierbar erscheint, muß zunächst gegenübergestellt werden. Und das durchaus im Sinne einer positiv-kritischen Beurteilung *(Ludz)*[5], wobei man »›Leistungen‹ des Systems mit der ihm vorgegebenen bzw. von ihm selbst gesetzten Programmatik« mißt, wie aber auch Nichterfolge gegen immanente Systemansprüche in Schutz nimmt[6].

So trivial es klingen mag, empirische Sozialforschung kann den Pfad der Induktion nicht verlassen – bei allem Problembewußtsein über die Gewinnung von Daten im Rahmen der ihnen zugrunde liegenden Fragestellungen, Operationalisierungen und Analysen –, zumal im folgenden nur vor Ort immanent gewonnene Daten herangezogen werden. Jene sind – wie die meisten Daten – »ausschnitthaft« oder »positivistisch verkürzt«, und wahrscheinlich läßt sich erst mit Hilfe einer für diese aktuellen Daten verbindlichen Theorie, sobald eine solche erscheinen sollte, ihr Stellenwert und ihre Bedeutung hinreichend klären. Aber sie manifestieren doch vorab, wie Bevölkerungen, Gruppen, einzelne ihre Gesellschaft, ihre Lebenslagen, -rollen, -aufgaben erleben, besonders wenn diese Manifestationen sozialwissenschaftlich transparent zusammengefaßt, geordnet und aufbereitet werden.

Erst oberhalb dieser *ersten* Ebene der Datenanalyse und -interpretation können systemspezifische Erklärungen und Problemanalysen herangezogen werden. Oberhalb dessen müssen allerdings Ideologien, Machtverhältnisse, gesellschaftliche Strukturen, politische Entscheidungen, Trends als Ordnungs- und Interpretationsrahmen beachtet und diese übergeordneten Gesamtzusammenhänge und Gesamtentwicklungen *(Ludz)* – und d. h. deren Auswirkungen auf die Bewußtseinsbildung(!) – in beiden Systemen in Rechnung gestellt werden. Die Maßnahmen der Jugendpolitik z. B. haben in beiden deutschen Staaten abweichende bzw. konträre ideologische, institutionelle und zeitgeschichtliche Voraussetzungen. Auch Ideologien wollen als faktische Niederschläge in Verhältnissen und Einstellungen sowie als fortwirkende, sowohl beständige wie veränderliche Kräfte in der Konfrontation mit den Bevölkerungen, in ihren intendierten oder nicht intendierten Primär- oder Sekundärfolgen qualitativ *und* quantitativ untersucht werden, wobei man wiederum den Aufgaben der Datenerhebung, -kontrolle und -analyse und ihrer Publizierung nicht ausweichen kann. Die Verfasser sind sich der besonderen Schwierigkeiten bewußt, wenn man die Lebenspraxis der (Jugend-)Bevölkerung, ihre Verhaltensweisen und Einstellungen, ihre Partizipation und Motivation innerhalb ihrer Organisationen erfassen und zum Vergleich heranziehen will. Sie billigen den Historikern oder den Pädagogen gern zu, sich lieber auf chronikal ablesbare Ereignisse und Entwicklungen, auf Gesetzes- und Verordnungstexte, auf Institutionsstrukturen und Programme zu kaprizieren oder zu beschränken. Allerdings wäre ein System nur halbseitig und unvollständig, gleichsam nur »von oben« erfaßt, wollte man nicht *auch* seine Wirkungen und Gegenwirkungen, Erfolge und Modifikationen auf seiten der betreffenden Populationen miteinbeziehen. Erst recht an der Bewußtseins- und Verhaltensformung der *Jugendbevölkerung* sind die Effekte eines Systems, seine Vorgriffe und Wandlungen ablesbar und wollen dort abgelesen werden. Das gilt gleichermaßen für beide hier zum Vergleich stehenden Systeme. In einer Auslassung aus der DDR in ihrer kybernetischen Phase heißt es: »In einem multistabilen System (gemeint ist das sozialistische; der Verf.) ist die partielle Freiheit der Teilsysteme der Individuen usw. nicht nur möglich, sondern auch unumgänglich notwendig; denn nur dann, wenn die ultrastabilen Teilsysteme des multistabilen Systems selbständig ihren Beitrag zur Anpassung und Höherentwicklung leisten, d. h. nur dann, wenn sie sich als Individuen bzw. Teilsysteme entwickeln können, ist eine optimale Wirksamkeit des Gesamtsystems möglich. Eine maximale Anpassung in der gesellschaftlichen und natürlichen Umwelt kann nur ein multistabiles System erreichen, dessen Teilsysteme zeitweilig und in mancher Hinsicht vom Gesamtsystem unabhängig sind[7].«

Allerdings kann sich die vergleichende Interpretation von Datenzusammenhängen nicht *nur* auf die – in einem System – üblichen und legitimierten Konzepte allein *beschrän-*

ken. Es gibt bestimmte Interpretationsschritte, die über systemimmanente Konzepte hinausgehen müssen. Wenn in der DDR z. B. persönlichkeitsspezifische und kleingruppenspezifische Konzepte bei Berufswahl, Arbeitszufriedenheit, Kriminalität oft nicht oder nur in Ausnahmen [8] beachtet werden, so ist das in seinem Bedeutungs- und Verweisungszusammenhang (Primat der Lenkung und Egalisierung, der Klassenlage) zu respektieren. Eine Grenze jedoch für die vergleichende Betrachtung kann sich daraus nicht ergeben – zumindest dann nicht, wenn solche weiteren Konzepte zur Klärung und zum Vergleich unerläßlich scheinen (s. u.). *Ludz'* Verwahrung dagegen, von vornherein abstrakt-normative Konzepte von außen an DDR-Strukturen und -Daten heranzutragen [9], schließt andererseits die permanente Beschränkung auf derartige Konzepte nur immanenter Provenienz aus. Das wäre apologetisch und polemisch mit umgekehrter Stoßrichtung, was einen Vergleich unnötig und unberechtigt erschweren würde. Selbst dem DDR-System würde man keinen Gefallen damit erweisen, wenn man die dortigen Befunde *ausschließlich* mit Hilfe der dort lang- oder kurzfristig, konsonant oder auch kontrovers gültigen Konzepte beurteilen würde. Dies führt allerdings zum schwierigen Problem der tertia comparationis bei Systemvergleichen (s. u.). Allen Ideologien der Weltgeschichte sind scharfe Kontraste zum Totalandersartigen der Gegenseite bzw. der nicht Bekehrten eigen. Dieser Anspruch will als solcher und in seinen möglichen Konsequenzen und Auswirkungen beachtet werden. Er kann aber nicht als bare Münze in Vergleiche umgesetzt werden; man würde sonst aus dem Zirkel der Einseitigkeiten oder Unvereinbarkeiten nicht herauskommen. Das ist um so weniger angebracht, als die hier zum Vergleich stehenden beiden Systeme auf verschiedenen Ebenen unleugbare *Gemeinsamkeiten* und *Ähnlichkeiten* oder zumindest Analoga aufweisen:

– Beide Bevölkerungen haben eine gemeinsame deutsche Vorgeschichte bis 1945/46 gehabt mit ihrer fast unermeßlichen Vielzahl politischer, sozialer, ökonomischer, kultureller Determinanten, die z. T. bis heute fortwirken.
– Beide Bevölkerungen sind durch verwandtschaftliche Bande, Besuche, Briefwechsel, Mediannutzung miteinander in – allerdings beschränktem – Kontakt geblieben. Etwa zwei Drittel der DDR-Bevölkerung (einschließlich der Jugend) haben Verwandte und Besuchspartner in der Bundesrepublik.
– Landschaft, Klima, Bevölkerungsdichte sind einander sehr ähnlich, wobei die Bevölkerungsdichte der DDR etwas geringer, die Bevölkerungszahl und das Territorium wesentlich kleiner sind als in der Bundesrepublik.
– Beides sind Industriegesellschaften mit hochdifferenzierter Binnenstruktur, geringer Rohstoffbasis, hohen (Veredelungs-)Exportbedürfnissen, entwickeltem Verkehrssystem. Dabei ist der Anteil der Landbevölkerung bzw. der landwirtschaftlich tätigen Bevölkerung in der DDR etwas größer, die Rohstoffbasis noch schmaler, die Kfz-Dichte geringer. Auch hat die Wirtschaft in der DDR andere Leitungsprinzipien und Leitungskader und einen geringeren Stellenwert gegenüber Politik, Motivation, Kontrolle (*Talcott Parsons* 1951).
– Für beide Systeme ist »Leistung im universalen Rahmen« (*Hansjürgen Daheim* 1967; nach *Parsons* 1951) [10] strukturbestimmend; zweckrationale Effektivität gilt in beiden

Systemen als Effizienzkriterium. Dabei sind allerdings Leistungsmotivation und Leistungsdruck verschieden.

– »Beide Wirtschafts- und Gesellschaftssysteme werden durch die steigende Bedeutung von Wissenschaft, Forschung, Bildung und Ausbildung charakterisiert[11].«

– »Beide Wirtschafts- und Gesellschaftssysteme sind auf Wachstum und Modernisierung gerichtet[12].« Beide sind starken, »dynamischen« Veränderungen unterworfen. In beiden Bevölkerungen bestehen mittlere bis gehobene Lebensstandarderwartungen bzw. -ansprüche.

Diese Auflistung nebst den Anmerkungen der Divergenzen zeigt zumindest, daß man bei Vergleichen sowohl Ähnlichkeiten wie Unterschiede in spezifisch eingegrenztem Sinne beachten muß. Zumindest erscheint diese Marschregel nach der immerhin kurzen Geschichte des neuen Systems der DDR auf deutschem Boden mit einer deutschen Bevölkerung angebracht. Dabei sei keineswegs übersehen, daß in der DDR eine mehr oder minder monistische Gesellschaftstheorie und -struktur eine sehr starke Einflußnahme, Durchsetzungskraft und Kontrolle auf die Formation aller Lebensbereiche ausübt. Das dortige Selbstverständnis impliziert gerade diese ideologische Steuerung und die damit Schritt für Schritt zu erreichende totale Veränderung und Neugestaltung aller Verhältnisse und des Menschen selbst. Trotzdem bleibt es der vergleichenden Betrachtung unbenommen, neben den direkten, systemkonformen Manifestationen der Ideologie, auch alles das in den Blick zu nehmen, was relativ a- oder nonkonform erscheint: Widersprüche, nachträgliche Rechtfertigungen oder vorläufige Zurücknahmen, Leerformeln auf seiten der Führung, Diskrepanzen zwischen System und Bevölkerung (z. B. im Arbeits- und Legalitäts- und Konsumverhalten), Interferenzen von Trends und Zyklen (z. B. in der Entwicklung der Sozialstruktur), subjektive und objektive Hindernisse und Gegenläufigkeiten aller Art, Reaktionen auf die Forderungen des Tages.

Das Schwierige und Reizvolle, allerdings auch Beschwerliche bei jedem Satz solcher Vergleiche besteht gerade darin, daß es sich um zwei Systeme handelt, die in ihren Ideologien, Prinzipien und Zukunftserwartungen sehr konträr, jedoch in ihren aktuellen empirischen Sachverhalten einander ähnlich sind. Beides muß man sich stets vor Augen halten, um nicht von der Scylla der Ungleichartigkeit an die Charybdis der Gleichartigkeit zu stoßen und sich weder von einer bloß immanenten noch einer bloß transzendierenden Sichtweise bestimmen zu lassen[13].

Die Fruchtbarkeit einer solchen »offenen« Doppelstrategie muß sich in der Erarbeitung konkreter vergleichbarer Materialien und ihrer mehrstufigen Interpretationen bewähren.

Die Zielgruppe der folgenden Darstellungen sind *Jugendliche* in der Bundesrepublik und der DDR im Alter von 15 bis 25 Jahren. Diese beiderseits akzeptable *Altersabgrenzung* impliziert allerdings eine Reihe von problemrelevanten Differenzen bzw. Subgruppen – sowie unterschiedliche Regelungen für solche Teilgruppen, die hier so knapp wie möglich skizziert werden sollen:

– Die untere Lebensaltersgrenze ist nur in der Bundesrepublik verbunden mit dem offiziellen Abschluß der obligatorischen 9jährigen Schulpflicht; diese beträgt in der DDR 10 Jahre und endet also erst mit 16 Jahren. Dabei sei nicht verschwiegen, daß keineswegs alle 15- bis 16jährigen diese Teilreife eines vollen Primarschulabschlusses (Hauptschule bzw. AOS) erreichen; ca. 25 Prozent gehen in der Bundesrepublik von einer Sonderschule bzw. ohne Abschlußzeugnis von der Hauptschule ab, diese drop out-Quote ist in der DDR etwas geringer (20 Prozent). Auch diese relativ hohe Quote von »Lernbehinderten« oder anderweitig Behinderten gibt in allen universellen Stichproben beider Jugendbevölkerungen ihre Meinungen bzw. ihr Verhalten zu Protokoll. Andererseits werden im Zuge der bekannten Akzeleration manche Teilreifen (biologischer, sozialer, intellektueller Art, s. u.) bereits vor dem 15. Lebensjahr erreicht [14].

– Die Dekade von 15 bis 25 Jahren wird vielfach juristisch, pädagogisch, soziologisch in drei Untergruppen geteilt: 15- bis 18jährige Jugendliche, 18- bis 21jährige Heranwachsende, 21- bis 25jährige junge Erwachsene. Die beiden letzten Gruppen stehen in beiden deutschen Staaten im Genuß des aktiven Wahlrechts und der Volljährigkeit; erst für die letztere gilt in der Bundesrepublik die volle strafrechtliche Verantwortung und das passive Wahlrecht für viele Organisationen. In der DDR gilt Jugend straf- und zivilrechtlich mit dem 18. Lebensjahr als beendet – im Jugendgesetz 1974 jedoch erst mit 25 Jahren (s. den Artikel von _Christa Mahrad_ in diesem Heft) [15].
– Die Entwicklung und Maturität der weiblichen Jugendlichen geht der der männlichen nach wie vor und beiderseits um ein bis zwei Jahre voraus.
– Auch zwischen den Jugendlichen verschiedener sozialer Schichten, Bildungs- und Berufslaufbahnen (und Wohnregionen) bestehen Entwicklungsinterferenzen bzw. Phasenverschiebungen komplizierter und aktuell nicht hinreichend geklärter Art: u. a. erscheinen Jugendliche der sozialen Unterschichten bzw. unteren Mittelschichten in der praktischen und normativen Lebensbewältigung früher »reif« – in der konzeptuell-reflektierenden Lebensbetrachtung die Schüler weiterführender Schulen [16]. Sofern solche Unterschiede in den Untersuchungen und Materialien (z. B. zur Kriminalität, zum Konsumverhalten etc.) deutlich werden, sind sie – auch für den interkulturellen Vergleich – von großer Bedeutung. Auf diese »Heterogenität« der Jugendlichen derselben Alterskohorten verschiedener Schichten oder Klassen hat die westliche Jugendpsychologie seit den zwanziger Jahren u. a. durch _Charlotte Bühler_ und _Paul Larzarsfeld_, _Günter Dehn_ und _Walter Hoffmann_ hingewiesen. Sie gehört zu den Grundüberzeugungen und -aspekten der DDR-Jugendtheorie. Hierin dürfte es nur sekundäre Meinungsunterschiede geben z. B. darüber, wer die Rolle des Protagonisten oder zumindest der normativen, strukturbildenden Gruppe (Arbeiterjugend oder Mittelschichtjugend oder studentische Jugend) einnimmt bzw. einnehmen soll und wie unterschiedlich stark diese sozial-strukturellen Gliederungen in den Schichten/Klassen der Herkunftsfamilien verwurzelt sind bzw. wieweit soziale Aufstiegsmobilität Einstellungsänderungen mit sich bringt.
Mit der Betonung der Eingebundenheit der Jugendlichen in ihre Klasse – bzw. in das alles bestimmende sozialistische Gesamtsystem – entfällt für Jugendliche der DDR das Konzept einer _Besonderheit_, Sonderrolle oder gar Subkultur auf seiten der Jugendlichen qua Geburtsjahrgang, Alterskohorte oder »Generation«. Jugend habe deshalb keine Eigenrechte, sie sei auch kein eigentümliches Rechtssubjekt, sie erhält auch im Betrieb keine echte Mitbestimmungsmöglichkeit. Sie stehe nicht im Gegensatz oder gar

Widerspruch zur Erwachsenen-Generation[17]. Die grundlegende Interessenübereinstimmung aller im Sozialismus (s. a. Präambel des Jugendgesetzes) habe Generationsgegensätzen oder -konflikten die Grundlage entzogen.

Dem steht in den »westlichen« Jugendtheorien eine hier nicht referierbare Vielzahl von Konzepten gegenüber, die gleichsam auf einer Varianten-Linie von einer mehr oder minder marxistischen Auffassung der integrativen Vorbereitung ohne Eigenständigkeit über Erwachsenen-Konformität[18] nebst Verlust adäquater Jugendlichkeit bis zu Konstrukten jugendlicher »*Subkultur*« reicht[19].

Im ganzen neigt man allerdings mehr zu Konzepten einer prolongierten, institutionalisierten *Sonderphase* (Moratorium) sozialer und personaler Entwicklung (Adoleszenz) zwischen Kindheit und vollem Erwachsenen-Status, die mit den komplizierter gewordenen Lern-, Reifungs- und Integrationsvorgängen in hochdifferenzierten modernen Gesellschaften einhergehe bzw. durch sie bedingt sei[20].

Allerdings steht auch in der DDR die Leugnung eines Sondergruppencharakters für die Jugend erheblichen *Widersprüchen* gegenüber. Warum ein besonderes (3.) Jugendgesetz und die vielen Verlautbarungen (z. B. der Parlamente der FDJ), wenn der Jugend keine Sonderrolle zukommt? Warum ein besonderes Zutrauen zur Jugend, wenn man ihr nicht ein besonderes Prägungsalter *(Hans Thomae)*[21] (d. h. den Geburtsjahrgängen seit etwa 1935 bzw. 1956) unter zunehmender sozialistischer Erziehung und Lenkung und zunehmendem Einfluß des sich entwickelnden Gesamtsystems zuschreibt? Warum die besonderen jugendpädagogischen, jugendpolitischen und jugendorganisatorischen Maßnahmen, wenn man nicht von der Prägsamkeit der Jugend in – für sie und für das System – entscheidenden Jahren überzeugt ist? Warum sonst besondere jugendgemäße Kooperationsformen in altershomogenen Gruppen: Jugendbrigaden, Jugendobjekte, Junge Neuerer etc.? Warum sonst spezielle Rücksichtnahme auf jugendliches Konsumverhalten (s. den Artikel von *Walter Jaide* in diesem Buch)? Warum Rücksichtnahme auf mangelhafte soziale Reife und deren ideologische Exkulpierung bei dissozialen und delinquenten Jugendlichen unter 18 Jahren (s. den Artikel von *Arnold Freiburg* in diesem Buch)?

Mit der Entscheidung, Jugend als soziale Sondergruppe ideologisch, historisch und empirisch anzuerkennen oder nicht, ist die Aufgabenzuweisung an »die Jugend« verbunden. *Walter Friedrich* definiert Jugend als »eine Altersgruppe, in der die unmittelbare Vorbereitung auf die Aufgaben und Normen erfolgt, die ein vollwertiges Mitglied einer Gesellschaft zu erfüllen hat«[22]. Das ist ziemlich eindeutig und dürfte die in der DDR vorherrschende Meinung wiedergeben.

Im »Westen«[23] dagegen findet man weithin implizite oder explizite eine *polar* gegliederte bzw. gespannte Aufgabenstellung konzipiert. Sie ist *Parsons* und *Robert K. Merton*[24] entlehnt, sei aber hier — aufgrund langjähriger eigener Empirie der Verfasser — in etwas abgewandelter Form notiert: An dem *einen Pol* wird vornehmlich alles das festgemacht, was junge Menschen im weitesten Sinne des Wortes zu erlernen bzw. zu übernehmen haben, wobei man an Prozesse der Sozialisation und Internalisierung, bestenfalls der Identifikation mit den Sozialisationszielen der Gesellschaft denkt. Man kann die Verhaltensweisen auf diesem Pol sorgfältig konzeptuell und empirisch nuancieren, fraktionieren oder extremisieren unter Begriffen wie Integration – Adjustierung – Anpassung – Ritualismus, womit an eine Stufung abnehmend intensiver Zuwendung gedacht ist.

Am *Gegenpol* werden diejenigen Aufgaben und Funktionen der jungen Menschen verankert, die ihnen zukommen als allmählich selbständiger und eigenverantwortlich werdenden Persönlichkeiten und als ihrer Lage allmählich bewußt werdenden Gliedern ihrer Jahrgangsgruppe oder spezieller Sozialgruppen. Auch die hierbei gemeinten Verhaltensweisen kann man nachweisen und stufen unter Begriffen wie Selbstfindung (Identitätsfindung) – Selbstentfaltung – Emanzipation von den Bezugspersonen und -gruppen – Innovation wie auch Opposition gegenüber der umgebenden Gesellschaft und ihren Werten und Mitteln bis hin zur Rebellion und zum Rückzug. Der – allerdings durch gegenläufige frühe Beanspruchung konterkarierte – Aufschub der Adoleszenz werde gerade benötigt sowohl zum Hineinfinden wie zur Verselbständigung, zur Etablierung und zur kritischen Distanz und womöglich schöpferischen Erneuerung im engeren oder weiteren Lebensbereich. Beide Pole können mehr rezeptiv oder mehr spontan, stärker individuell oder stärker sozial und kollektiv durchlebt werden, ihr Gewicht mag von einem zum anderen Jugendlichen bzw. von der einen zur anderen sozialstrukturellen Gruppierung recht verschieden sein, wobei manchem nicht viel mehr als bloße Anpassung übrigbleiben dürfte. Aber beide Pole gehören zu den Konzepten empirischer Sozialforschung in den demokratischen Gesellschaften westlicher Prägung. Zwischen ihnen könnte man sich eine Null-Zone der Indifferenz und unverbindlichen Skepsis denken, die man besser nicht als Ausweichverhalten *(Parsons)* klassifizieren sollte.

Bei den Jugendtheoretikern und Jugendforschern der DDR scheint der *zweite Pol* eine nur unbedeutende oder marginale oder gar eine tabuierte Rolle zu spielen. *Walter Friedrich* hat zwar auch »vier Verhaltensmöglichkeiten« benannt und dargestellt: Konformität – Ritualismus – Innovation – sozialer Rückzug bzw. Rebellion. Aber angesichts der eindeutigen Vorherrschaft einer, nämlich der sozialistischen Erziehung und Sozialisation wird Konformität (»er [d. h. der Jugendliche] kann sich mit den Normen wirklich identifizieren und sich ständig an ihnen orientieren«[25]) als die eigentliche Verhaltensweise angesehen, Ritualismus immerhin toleriert. Dagegen werden sozialer Rückzug bzw. Rebellion (als eine einhellige Verhaltensweise) abgelehnt und Innovation skeptisch beurteilt, sofern der Innovator die staatlichen Verhaltenserwartungen nicht voll erfüllt und die institutionalisierten Mittel nicht voll bejaht. Erst recht gewinnt man bei der Lektüre des neuen Jugendgesetzes und bei der Durchsicht der Materialien zur Mitbestimmung der Jugend in den Betrieben den Eindruck, daß im Grunde nur einer, der integrative Pol jugendlicher Entwicklung anerkannt wird. »Durch die auf der Kenntnis und Nutzung der objektiven Gesetze beruhende zentrale staatliche Planung und Leitung ist auch das spontane Handeln einzelner Werktätiger oder Gruppen von Werktätigen dem gesellschaftlichen Gesamtinteresse untergeordnet und somit dem gesellschaftlichen Gesamtziel nicht mehr entgegengesetzt[26].«

»Je vollkommener die sozialistische Gesellschaft wird, desto weniger Raum bleibt ihr für spontane und unkontrollierbare Prozesse[27].« Den gleichen Eindruck gewinnt man bei der Erörterung der Berufswahl und der Berufszufriedenheit in der DDR (s. die betreffenden Beiträge in diesem Heft). Und damit offenbart sich ein weiterer

Widerspruch in der Jugendtheorie und -politik der DDR: zwar soll Jugend *mobilisiert* werden, ohne Mobilisierung der Werktätigen und ohne den besonderen Elan der Jugend (besonders im sozialistischen Wettbewerb) läßt sich Sozialismus (osteuropäischer Prägung) nicht durchsetzen. Aber zugleich wird diese Mobilisierung besonderer jugendlicher Kräfte *kanalisiert* in Richtung der allgemeinen Ideologie, der besonderen Beschlüsse des ZK und spezieller Pläne (Fünf-Jahres-Pläne, Jahrespläne etc.)[28]. Es ist eine Jugendmobilisierung *ohne* Emanzipation. Jugend als »Innovationspotential« wird nur in den Bahnen des Systems bzw. seines gegenwärtigen Aggregatzustandes, seiner aktuellen Ziele und vorgefertigten Pläne gefordert, gefördert bzw. toleriert. Man öffnet ihr gewisse Chancen für Qualifizierung und Engagement in jugendgemäßen und progressiven Formen (Jugendobjekte etc.). Man sucht andererseits zu starke Friktionen mit den schwerer zu mobilisierenden und zu lenkenden älteren Werktätigen zu verhindern – und schon ganz und gar systemkritische Ansätze. Dabei bleibt die Frage offen, wie eine derartige Mobilisierung beitragen soll zur allseitigen Entwicklung der Persönlichkeit, insbesondere zu ihrer vielberufenen Produktivität und Kreativität, ihrem schöpferischen, selbständigen Handeln, der unerhörten Steigerung ihrer Leistungen.

Um die angeführten Widersprüche mit einem weiteren abzuschließen, der besonders beim neuen Jugendgesetz wie auch weithin in der einschlägigen Literatur auffällt – der Widerspruch zwischen *Appell* und *Kontrolle*, zwischen hohen normativen Erwartungen und Ansprüchen und der straffen Lenkung bzw. der Ekartierung und Verheimlichung empirischer Befunde. Freilich sind Soll-Ansprüche und Ist-Befunde niemals als gleich zu erwarten. Es fragt sich aber doch, wie stark diese Unterschiede sein dürfen, um nicht »ideologisch« zu werden, d. h. Möglichkeiten zu unterstellen, die realiter nicht oder kaum oder nur für eine elitäre Minderheit gegeben sind. Daß sich jeder auf derselben Dimension auszeichnen soll (§ 1 des Jugendgesetzes), ist schon logisch ein Widerspruch. Dem wird wahrscheinlich entgegengehalten werden, daß eben auch in der DDR Spannungen zwischen mehr konservativ-dogmatischen und dynamisch-emanzipatorischen Konzepten bestehen[29].

Bei der Durchsicht der zahlreichen kontroversen, international kaum noch überschaubaren Niederschläge von Jugendtheorie, Jugendpolitik und Jugendempirie – kann man sich *einerseits* in die speziellen Aspekte und Beweisketten bis ins Detail einarbeiten, um jedem Ansatz gerecht zu werden und deren Spuren und Sinnzusammenhänge z. B. in der Jugendforschung der Bundesrepublik und der DDR aufzudecken.

Damit würden Vergleiche bei den systemimmanenten Unterschieden stehenbleiben. Die hier intendierte Zielsetzung ist ehrgeiziger, risikovoller, aber doch letztlich nicht zu umgehen. Deshalb soll *andererseits* der Versuch gemacht werden, systemübergreifende Merkmale von Jugendalter/Adoleszenz (in systemtranszendenter Eindeutigkeit; *Holzkamp*[30]) wenigstens zu skizzieren, mit denen die Absichten und Befunde verschiedener Systeme konfrontiert werden können. Das Vorhandensein sowohl von tiefgehenden Unterschieden wie deutlichen Ähnlichkeiten zwischen Bundesrepublik und DDR (s. o.) gibt dazu ein gewisses Recht.

Die »Methode«, solche Merkmale aufzustellen, ist weder vorwiegend psychologisch-endogenistisch (im Stil der traditionellen deutschsprachigen – im übrigen sehr verdienstvollen Entwicklungspsychologie) ausgerichtet, noch anthropologisch bzw. kulturanthro-pologisch, noch soziologisch-relativistisch, noch tiefenpsychologisch etc., Darstellung und Polemik über und zwischen diesen Disziplinen sind hier – schon aus Raumgründen und unter Hinweis auf viele nennenswerte Veröffentlichungen[31] – keinesfalls beabsichtigt. Hier soll – n. b. unter dem Zwang unverkürzten Vergleichens und im vollen Bewußtsein der allseitigen Angreifbarkeit solchen Vorgehens – teleologisch, *aufgaben-zentriert (Havighurst)*[32] skizziert werden, was Adoleszenz systemübergreifend (in modernen hochentwickelten Gesellschaften europäisch-nordamerikanischer Prägung, also auch der Bundesrepublik und der DDR) beinhalten kann. Und es soll zunächst formal gefragt werden, wieweit und welcher Art die verschiedenen Systeme – speziell die beiden deutschen – diesen inhaltsbestimmten Aufgaben – Möglichkeiten, Hilfen, Freiheitsspielraum, Ansprüche, Zielsetzungen, Grenzen, Festlegungen etc. bieten bzw. gegenüberstellen. Damit sollen die – meist gesuchten, aber meist nicht eingestandenen oder schlicht übergangenen – tertia comparationis wenigstens zur Diskussion gestellt werden. Ob damit eine alles umfassende Metatheorie von Jugend angebahnt werden kann, sei dieser Diskussion in bescheidener Skepsis anheimgestellt.

Es sollen – wenn man so will: nominalistisch ohne hier zunächst weder mögliche noch beabsichtigte konditionale oder kausale Herleitungen, Ausprägungsgrade, Eingrenzungen – »*Grundaufgaben*« von Jugendalter gekennzeichnet werden. Auch Abgrenzungen gegenüber dem Kindes- bzw. Erwachsenenalter (als den unter 15 bzw. über 25 Jahre Alten; s. o.) können vorab nur implizite in Betracht gezogen werden. Könnte man sich allerdings auf solche oder ähnliche Aufgaben von Jugend einigen, so wären dergleichen Erfordernisse ihrer Abgrenzung, des Aufweises von Manifestationen bzw. Latenzen, von Rangordnungen, von Erfüllungen bzw. Abwandlungen oder Nichterfüllungen innerhalb eines übergreifenden theoretischen Rahmens möglich. Auch der immer wieder erhobenen Forderung, sich selbst und den übrigen den eigenen Standort und die eigenen Vorentscheidungen bewußt zu machen und alle konzeptuellen oder empirischen Details in ein Gesamtbild einzufügen, soll mit diesem Versuch – allerdings systemübergreifend – gedient werden. (Für detaillierte Quellennachweise sei auf die angeführte Literatur verwiesen.)

1. Die Adoleszenz ist eine Phase spezieller biologischer, sozialer, intellektueller, personaler *Veränderungen* und Fortschritte (transition und transgression) in Richtung auf Teilreifen und eine Gesamtreife, wie diese auch im einzelnen von den betreffenden Gesellschaften definiert werden mögen. Die biologische Entwicklung wird durch psychische und soziale Entwicklungen und Anforderungen überlagert, modifiziert und geprägt – wie auch umgekehrt. Analoge Systeme – auch DDR und Bundesrepublik Deutschland – können darin verglichen werden, wie sie diese Entwicklungen fördern, retardieren oder abnorme oder scheiternde Entwicklungsverläufe verringern, die Sozialschichtunterschiede solcher Prozesse innerhalb der Gesellschaft vermindern oder angleichen, und wie sie die altersmäßigen und sozialen Diskrepanzen zwischen den Teilreifen einerseits und der Gesamtreife andererseits bewältigen. Dabei sind auch bestimmte Interferenzen oder sogar Antagonismen zwischen Anforderung und Ermöglichung, Beanspruchung und Freistellung, Abhängigkeit und Verselbständigung, Lenkung und Wahlfreiheit zu berücksichtigen. Sie sind anscheinend in modernen Gesell-

schaften kaum einfach zu beseitigen (z. B. zwischen physiologischer und sozialer Sexual-reife, zwischen Arbeitsfähigkeit und -kompetenz in Ausbildung und in vollberuflichem Einsatz, zwischen Partial-Konsum und ökonomischer Etablierung). Sie bringen z. T. Beunruhigungen, Krisen, Normabweichungen mit sich. Analoge Systeme müssen zeigen, wie sie damit zurechtkommen.

2. Adoleszenz ist eine Zeit der zunehmenden körperlichen und seelischen *Kräfte*. Jedes System appelliert an die besondere Tatkraft, Frische, Unverbrauchtheit, ja den Kraft-überschuß »der« Jugend. Damit ist vielfach eine Nestflüchtertendenz der Emanzipation, »Freiheit«, Verselbständigung, Innovation, Generationsspannung bis zur Macht-ablösung [33] — im Sinne oder Gegensinne des Systems — verbunden. Diese scheint im Zuge der seit etwa 100 Jahren feststellbaren Akzeleration in ein relativ frühes Lebens-stadium vorverlegt zu sein. Dennoch — und gerade deshalb — haben die heutigen Adoleszenten zu rechnen und auszukommen mit Menschen, die mehr oder minder durch Alter, sinkende Vitalität, Belastungen und Verbrauchtheit (speziell auch durch den Wiederaufbau nach dem zweiten Weltkrieg) gekennzeichnet sind. Sie müssen sich sozialisieren lassen durch Menschen, denen zumeist Kraft, Charme und Unmittelbarkeit der Jugend abgehen, was durch den Juventalismus der Älteren kaum gemildert werden dürfte. Und sie müssen im Zuge gesteigerter Lebenserwartungen rechnen mit einem stei-genden Bevölkerungsanteil (und Wähleranteil) von Menschen über 60 Jahren.
Wie vergleichbare Systeme solche bio-psychischen Grundgegensätze bewältigen, ist ebenfalls von Bedeutung. Manche mögen »Kraftüberschuß« zum Leerlauf oder zu ab-surder Anwendung verurteilen. Manche Systeme mögen beinahe übersehen, daß es auch innerhalb von Jugendgenerationen jeweils ca. 5 bis 10 % bio-psychisch Subnormale, Leidende, Kränkliche, Mißwüchsige, Mindersinnige (z. B. Schwerhörige) gibt; andere mögen gerade diesen besondere Zuwendung angedeihen lassen.

3. Adoleszenz ist eine Phase der *Aktivierung*. Aktivitäten, Aktionswissen, Selbst-erprobung und Kompetenz wollen in diesen Jahren in verschiedenen Bereichen und Funktionen auf alte oder neue, formalisierte oder informelle, organisierte oder freie Art entfaltet werden. Dabei können leitende, kooperative oder solidarische Verhaltens-weisen erprobt werden. Wieweit — so heißt hier die Frage — bietet ein System solche Aktions- und Übungsspielräume? Wieweit verleitet es zu Passivität und Absonderung, zur Inkompetenz oder Apathie? Welche Arten von Aktivitäten werden honoriert, welche repressiert, welche von vornherein ausgeschlossen? Dabei muß der Adoleszent heranreifen zum »Werksinn«, zu leistungsmotivierter Einstellung zu Schule, Arbeit und anderen Aufgaben, zu Ernsthaftigkeit und Verständnis in der Bewältigung sozialer Rollen.

4. Adoleszenz ist eine Phase der kognitiven *Orientierung*, des Lernens und der höchsten Aktualisierung seiner endogenen und exogenen Voraussetzungen bzw. Angebote und Möglichkeiten. Was eine Kultur an Informationen i. w. S. an Kenntnissen und Erfah-rungen, Daseinstechniken und Berufsqualifizierungen angesammelt, erworben, seligiert hat und weitergibt, will — in Fortsetzung der Kindheit — vom Jugendlichen erkannt, geordnet und angewendet werden. Was Sprache und andere Kommunikationsmittel be-inhalten, will differenziert und voll und gegen jedermann verstanden und in Gebrauch

genommen werden. Angemessene Rollen und Positionen in primären, sekundären, tertiären Bereichen wollen erlernt, bezogen und ausgefüllt werden. Vieles spricht dafür, daß erst in der Adoleszenz — wenn auch altersmäßig während dieses Jahrhunderts allmählich vorverlegt — bestimmte endogene Verständnisschwellen überschritten werden für komplizierte Zusammenhänge in Geistes-, Sozial- und Naturwissenschaften, für Kultur, Recht und Politik, für das Lernen des Lernens und für das »Einholen« des kulturell-epochalen Bildungsstandes und des »Weltbildes« der umgebenden Gesellschaft.

Jedes moderne System stellt dafür ein aufwendiges, ehrgeiziges Bildungssystem bereit mit allerdings unterschiedlicher Universalität und Spezifität des Angebots, mit verschiedenen Laufbahnen und Abschlüssen, mit unterschiedlicher Durchlässigkeit und Toleranz für Nachholen, Umsteigen und Aufstocken. Und jedes System weist dem Lernen, seinen Erfolgen und Leistungen einen hohen, allerdings verschieden placierten und legitimierten Stellenwert zu. Unterschiedlich sind auch die Möglichkeiten für die Lernenden, im Rahmen von Familie, Sozialschicht und Bildungssystem Lerninhalte, Bildungswege und -stufen individuell, freiwillig, selbständig oder zumindest mitverantwortlich auszuwählen. Zu unterscheiden sind ferner die Schonräume, Chancen, Hilfen, Forderungen und Reglements in bezug auf die Bereitschaft der Jugendlichen, eine derart prolongierte Bildungsphase — mit oder ohne angemessene Verselbständigung — durchzustehen und weitere oder permanente Fortbildung ins Auge zu fassen.

Während kognitive Orientierung und Verständigung in unseren Kulturen zeitgeschichtlich gesehen immer anspruchsvoller werden, bleiben (immer mehr?) junge Menschen als Minderlernfähige oder -willige auf einem unzulänglichen Niveau stecken. Wie werden verschiedene Gesellschaften mit dieser auf 10 bis 20 Prozent zu schätzenden Minderheit der Jugend fertig: Wie vermögen sie eine volle oder beschränkte Integration und Etablierung auch dieser Jugendlichen zu bewerkstelligen?

5. Adoleszenz ist eine Zeit der *Evaluationen*. Werte, Normen, Verhaltensstile sollen erfaßt, reflektiert, akzeptiert und internalisiert oder abgelehnt bzw. im Protest verworfen werden. Damit wird für oder gegen »das« System bzw. einzelne Subsysteme und Repräsentanten Stellung bezogen. Es werden Ziele und Mittel, Prinzipien und Realisierungen überprüft. Man entscheidet sich mehr oder minder, einmal oder wechselnd für Anerkennung und Support oder Innovation und Opposition (s. o.). Man schwankt zwischen Extremen und der middle of the road. Bei manchen Jugendlichen stehen subjektive Deutungen von Erfahrungen bzw. altersgleiche Lesarten höher im Kurs als die Einsicht in die Tatsachen und Notwendigkeiten, wie sie die Erwachsenen interpretieren.

Jedes der zum Vergleich stehenden komplizierten Systeme erwartet Integration, Kontinuität und Stabilität sowie Legalität und Loyalität und toleriert mehr oder minder einen »jugendlichen« Spielraum an Zögern, Distanz, Kritik, »Unreife« und Schwierigkeiten. Mit welchen Maßnahmen und Mitteln, über welche Agenturen und bis zu welchem Lebensalter es angemessene Wertfindungen und -entscheidungen anstrebt, fruchtbar macht oder bewirkt, ist systemübergreifend zu vergleichen. An jedes System ist die Frage zu stellen, welche Spannungen zwischen geltenden Werten und jugendlichen Wertdiskussionen und -selektionen es billigt, wie schwach oder wie stark, unbeständig oder beständig es bestimmte Werte weitergibt, wie monistisch oder hierarchisch oder pluralistisch diese Sozialisation verläuft und wie deutlich die Abgrenzung gegen andere Werte oder Unwerte erfolgt. Dabei werden junge Menschen Evaluation zunächst mehr grundsätzlich und abstrakt als konkret und realistisch konzipieren (s. Gesinnungsethik versus Verantwortungsethik bei Max Weber). Die jeder Gesellschaft zugewiesene geschichtliche Aufgabe, ihre Leitwerte neu oder modifizierend auszumünzen, zu ordnen, anzuwenden und sprachlich zu benennen, will von und mit der Jugend durchgestanden werden. Wie weit solche Evaluationen mehr durch Sitte, Tradition, irrationale Bindungen, auch mehr durch Primärgruppen oder stärker rational grundsätzlich, schulisch, öffentlich erfolgt und für welche Lebensbereiche mehr das eine oder das andere oder eine problematische Vermischung von beidem zutrifft, ist ebenfalls zu vergleichen, wenn auch bei den hier gemeinten Systemen die zweite Hälfte der Alternative generell vorherrscht.

Steht am Ende der Adoleszenz eine ausgeprägte Hierarchie von Werteinstellungen und Interessenpräferenzen, die sich im Verhalten (Berufswahl, Partnerwahl, Geld- und Zeitverwendung, politischen und sozialen Partizipationen usw.) niederschlagen? Und wie unterscheiden sich darin verschiedene Systeme?

6. Adoleszenz ist eine Phase der *Individuation* und Personalisation. Der junge Mensch muß — inmitten aller Anforderungen von außen und Dränge von innen — zu »sich selbst« finden und Aufgaben der Selbstidentifizierung, der Harmonisierung seiner Interessen, Wünsche und Kräfte, der Balancierung seiner Emotionen und Affekte, der Verfestigung von Lebenslinien leisten. Dazu gehört die Erkenntnis, Entfaltung oder Repression persönlicher Eigenschaften bzw. der persönlichen Ausprägungen und Konfigurationen solcher Eigenschaften, wodurch immer sie verursacht, bedingt, erworben, vermittelt sein mögen. Er muß ein persönliches Verhältnis zu sich, »dem« Du und den anderen, den Mikro- und Makrogruppen finden. Wieweit ein System in diesem Lebensabschnitt harmonische, stabile, »offene«, selbstbewußte, zielgerichtete — oder vielmehr gespaltene, instabile, verschlossene, verkrampfte, entmutigte Persönlichkeiten hervorbringt und wodurch es dies leistet, ist ebenfalls systemübergreifend zu vergleichen.

7. Adoleszenz spielt sich zu allermeist nicht vereinzelt und isoliert ab. Sie ist im Gegenteil gekennzeichnet durch Übergänge von vertrauten *Bezugsgruppen* (Familie, Freundschaft, Schulklasse, Verein) zu neuen Gruppen (Betrieb, Jugendgruppe, Verband, Kirche, Partei), die in stärkerem Maße zweckrationale, öffentliche, gesellschaftsintegrierte Mitgliedsgruppen oder Kollektive darstellen. Die zur Genüge beschriebenen Positions-, Rollen-, Werteveränderungen, -unsicherheiten oder -konflikte sind durch den Wechsel der Gruppenzugehörigkeiten, durch neue Inkorporationen und Selektionen — auch durch die Zugänglichkeit oder Nichtzugänglichkeit angestrebter Gruppen — bedingt. Der Zug zu altershomogenen, informellen bzw. kleinen Gruppen mag als Gegentendenz, Aufschub oder soziale Identifikationsmöglichkeit unterhalb der obligaten, formalisierten, künftigen Gruppenzugehörigkeiten aufgefaßt werden. Die Plazierung, Selbstbestätigung und Kooperation, Regeleinsicht und Reformabsicht innerhalb von Gruppen jeglicher Art ist für den Adoleszenten von großer Bedeutung. Vergleichbare Systeme müssen daraufhin befragt werden, wie sie diese adoleszente

Soziabilität erlauben und ermöglichen oder kanalisieren und unterbinden, ob sie ihr Ernst- oder Spielcharakter beilegen, sie als Übergang ins Erwachsenenleben hinein ausfolgern, weiterleiten und honorieren oder als »Austoben« liberalisieren und begrenzen. Verhelfen sie ihr zu einer räsonablen Plazierung innerhalb ihrer Gesellschaft mit den dazugehörenden Rechten und Pflichten, zu Solidarität und Subsidiarität gegenüber den Mitbürgern?

8. Adoleszenz hat die Aufgabe der *Lebensplanung*. Sie umfaßt die »innere« personale Selbstgestaltung nach Werten oder Leitbildern, die Partnerwahl bis zu Ehevorbereitung, Ehe, Ehegestaltungswünschen und -ansprüchen, die erwähnte Plazierung in sozialen Gruppen verschiedener Art und die Lebensstandarderwartungen nach Qualität und Quantität, die »work history« von der (meist noch durch die Eltern bestimmten) Schulwahl über die Berufswahl zur Berufseinmündung, -ausbildung, -etablierung und beruflichem Aufstieg. Lebensplanung und Zukunftskalkulation sind gleichsam die Zusammenfassung der bisher erörterten Aufgaben der Adoleszenz. Für sie finden sich drei Arten von Schwierigkeiten: Innerhalb der *eigenen* Person gilt es, Zielsetzungen und Erwartungen einerseits und Möglichkeiten und Leistungen andererseits, individuelle Zukunft und bisherigen Lebensgang in ein räsonables Gleichgewicht zu bringen (wisdom of choice; *J. O. Crites* [34]).

Die zweite Art von Schwierigkeiten liegt in den *Bezugspersonen:* Ihnen zu gleichen oder über sie hinauszuwachsen, Erbe oder Emigrant, Bewahrer oder Aufsteiger zu werden, den meist mäßigenden, z. T. antiquierten Ratschlägen zu folgen oder – unerfahren, unfertig, mit geringen Verfügungsvollmachten ausgestattet – nach (in Herkunftsfamilie und Verkehrskreis) unvertrauten Berufsfeldern und Berufsniveaus und unbekannten Sozialhorizonten anstrebenswerter gesellschaftlicher Gruppen durch Beruf, Heirat, Verbandskarriere, Showgeschäft aufzubrechen.

Die dritte Schwierigkeit einer angemessenen Lebensplanung für Adoleszenten heute liegt in den tiefgreifenden politischen und gesellschaftlichen *Veränderungen* der letzten 100 Jahre. Sie bringen viele Orientierungsprobleme oder -krisen mit sich und verschärfen mögliche Generationsgegensätze. Ein so rasch veränderliches Futurum möchte sich der Adoleszent nicht durch das so rasch veraltete Perfektum der Älteren kanalisieren oder verzerren lassen. Erweise und Vermächtnisse gemeisterten Lebens von gestern verlieren rasch ihre Valuta. Wenn auch in »westlichen« Gesellschaften viele Strukturen und Werte überdauern, so sind doch ihre immanenten Veränderungen so bedeutsam und ihre Instabilitäten so alarmierend, daß der Adoleszent sich schwertut zu planen, in einer wie gestalteten »Welt«, Gesellschaft, Subgruppe, Berufsgruppe, Familien- und Freundesatmosphäre er leben möchte und wie er sich darauf vorbereiten soll [35]. Liberale Leitwerte der Bürgerfreiheit, der personalen Entfaltung, des Rechtsstaates und der Volkssouveränität haben weithin ihre Orientierungs- und Leitfunktion im Bewußtsein der Jugend eingebüßt [36].

In sozialistischen Gesellschaften sind gerade diese Veränderungen im Sinne der totalen Systemablösung und Neugestaltung thematisiert und für die Jugend als Leitidee proklamiert worden. Aber auch in ihnen wird die Jugend mit Dogmatismus versus Dialektik konfrontiert. Sie könnte Vollstrecker oder Verwandler werden. Ob und wieweit ihr ihre Zukunft tatsächlich freigemacht oder festgelegt, eröffnet oder indoktriniert wird, wird sie selber durchzustehen haben.

Die in allen modernen Gesellschaften waltende Dynamik bringt sowohl progressive wie konservative Tendenzen[37] bei den Adoleszenten mit sich, Willen zu weiterem Fortschritt, zu Mobilität und Flexibilität wie auch Wünsche nach bergenden Sicherheiten und überdauernden Strukturen – zumindest im Nahbereich der Intimgruppe und der »inner experience«. Auch angesichts der Aufgabe einer derart problematischen Lebensplanung können Systeme verglichen werden: wieweit sie dabei zu personaler Harmonie, sozialer Partnerschaft quer durch die Generationen und weltoffener Orientierung oder zur Ratlosigkeit und Resignation oder zu frühzeitiger Festlegung beitragen?

Diese universell gemeinte, gewiß abstrakte Skizzierung der Aufgaben von Adoleszenz berücksichtigt nicht die Brechung dieser Aufgabenstellungen und -bewältigungen für verschiedene soziale Gruppen oder Typen von Jugendlichen (s. o.), nicht Prototypen, Mitläufer und Indifferente innerhalb einer Jugendkohorte, die Probleme des Aufbruchs, des »cultural lag«, der Diffusion, der Kontrastwirkung von Einstellungen innerhalb derselben Generation, nicht den Hintergrund oder Vorsprung durch Wohlstand, Bildung und »availability« gegenüber den skizzierten Aufgaben innerhalb des einzelnen Systems. Dazu ist hier nicht der Ort. Wahrscheinlich muß man in der Bundesrepublik wie in der DDR mit einer Pluralität von Einstellungen und Verhaltensweisen, Auseinandersetzungs- und Problemlösungsstrategien, gelingenden und mißlingenden Daseinsbewältigungen rechnen. Von einer Einhelligkeit von Jugendbevölkerungen – falls es sie je gegeben haben sollte – kann vorab nicht die Rede sein, wahrscheinlich auch nicht in sozialistischen Gesellschaften.

Anmerkungen

1 *Rüdiger Thomas*, Materialien zu einer Ideologiegeschichte der DDR, in: Wissenschaft und Gesellschaft in der DDR, eingeleitet von *Peter Ch. Ludz*, München 1971.
2 *Richard L. Merrit* und *Stein Rokkan* (Hrsg.), Comparing Nations, New Haven und London, Yale University Press 1966; s. darin bes. *Rokkan*, Comparative Cross-National Research: The Context of Current Efforts, S. 3 ff.; *Karl W. Deutsch*, The Theoretical Basis of Data Programms, S. 27 ff.; *Karl W. Deutsch, Harold D. Lasswell, Richard L. Merrit* und *Bruce M. Russett*, The Yale Political Data Programm, S. 81 ff.; Recommendations of the Yale Data Conference, S. 555 ff.
3 *Deutsch* et al., The Yale Political Data Programm, a. a. O.
3a *W. D. Patruschew*, Soziologische Probleme des Zeitbudgets, in: Fragen der marxistischen Soziologie, III, Wissenschaftliche Schriftenreihe der Humboldt-Universität zu Berlin (1968), S. 123–154.
4 Bericht der Bundesregierung und Materialien zur Lage der Nation 1971, Bundesministerium für innerdeutsche Beziehungen (Hrsg.), Bonn 1971, S. 33–39.
5 *Peter Ch. Ludz*, Die soziologische Analyse der DDR-Gesellschaft, in: Wissenschaft und Gesellschaft in der DDR, München 1971, S. 13.
6 *John Lekschas*, Stand der Jugendkriminalität als internationales Problem, in: *Hans Schwarz* (Hrsg.), Jugendprobleme in pädagogischer, medizinischer und juristischer Sicht, Jena 1967; *John Lekschas*, Studien zur Bewegung der Jugendkriminalität in Deutschland und zu ihren Ursachen, in: Wissenschaftlicher Beirat zur Jugendforschung des Amtes für Jugendfragen beim Ministerrat der Deutschen Demokratischen Republik (Hrsg.), Studien zur Jugendkriminalität, Berlin (O) 1965.

7 *Georg Klaus*, Kybernetik und Erkenntnistheorie, Berlin (O) 1966, S. 141.
8 *Herbert F. Wolf*, Erwartungen und Einstellungen junger Produktionsarbeiter in sozialistischen Industriebetrieben, in: Jugendforschung 5 (1968), S. 35–52; *H. F. Wolf*, Zum Verhältnis von konkreter Tätigkeit und Arbeitszufriedenheit in der wissenschaftlich-technischen Revolution, in: Wissenschaftliche Zeitschrift der Karl-Marx-Universität Leipzig, gesellschafts- und sprachwissenschaftliche Reihe 5 (1969), S. 653–667; *Harry Dettenborn*, Beziehungen im psychologisch relevanten Determinationskomplex der Jugendkriminalität, in: Probleme und Ergebnisse der Psychologie 39 (1971), S. 27–79.
9 *P. Ch. Ludz*, Die soziologische Analyse der DDR-Gesellschaft, a. a. O., S. 11 f.; *P. Ch. Ludz*, Soziologie und Marxismus in der DDR, in: *Ludz* (Hrsg.), Soziologie und Marxismus in der Deutschen Demokratischen Republik I, Neuwied 1972; *Thomas*, a. a. O.
10 *Hansjürgen Daheim*, Der Beruf in der modernen Gesellschaft, Köln 1967; *Talcott Parsons*, The Social System, Glencoe (Ill.) 1951.
11 Bericht der Bundesregierung und Materialien zur Lage der Nation 1971, a. a. O., S. 34.
12 Ebd.
13 Ebd., S. 35: »Durch seine methodische Offenheit und die Einbeziehung verschiedener Verfahren vermag der kritische Rationalismus, qualitative Unterschiede in beiden deutschen Gesellschaftssystemen ebenso herauszuarbeiten wie Ähnlichkeiten oder parallele Entwicklungen.«
14 Dementsprechend beginnt *Walter Friedrich*, Zu theoretischen Problemen der marxistischen Jugendforschung, in: Jugendforschung 1/2 (1967), S. 16, eine erste Etappe des Jugendalters mit 10/11 Jahren. *Friedhelm Neidhardt*, Die junge Generation, Opladen 1967, läßt diese Phase mit der biologischen sexuellen Reifung um 13/14 Jahre beginnen und mit Berufseintritt bzw. Heiratsalter enden.
15 S. *Walter Jaide*, Jugendkunde, in: *Gerhard Heese* und *Herbert Wegener* (Hrsg.), Enzyklopädisches Handbuch der Sonderpädagogik, 3. Aufl., Berlin 1969. Dort sind auch die verschiedenen z. T. unübersichtlichen Abgrenzungen z. B. für eigenständigen Kirchenaustritt, Wahl der Erziehungsberechtigten bei Ehescheidung etc. aufgeführt. S. a. die verschiedenen Teilreifen bei *Neidhardt*, Die junge Generation, a. a. O.
16 Vgl. *Jaide*, Die Herabsetzung des Volljährigkeitsalters aus entwicklungspsychologischer Sicht, Gutachten erstattet im Auftrag des Bundesministers der Justiz, 1973.
17 *Walter Parson*, Probleme der Jugendpolitik der SED während der sozialistischen Revolution in der DDR, in: Wissenschaftliche Zeitschrift der Universität Rostock, gesellschafts- und sprachwissenschaftliche Reihe, 21. Jg., 2 (1972). Wobei stets unklar bleibt, welche der drei Generationsdistanzen gemeint sind: die (oft besonders kritische) 5–10jährige Distanz zu den wenig älteren Kollegen, Verwandten, Jugendfunktionären – die 20–30jährige zu den Eltern, Lehrern, Ausbildern – oder die (oft unproblematische) 40–50jährige zu den Geronten, Senioren, den Großeltern und Oberfunktionären? Dabei gibt es spezielle Konkurrenz-, Konfrontations-, Übersprungs- und Wiederholungserscheinungen.
18 *Helmut Schelsky*, Die skeptische Generation, Köln 1957.
19 *Friedrich Tenbruck*, Jugend und Gesellschaft. Soziologische Perspektiven, Freiburg i. Br. 1962; *Dieter Baacke*, Jugend und Subkultur, München 1972.
20 *Andreas Flitner*, Soziologische Jugendforschung, Heidelberg 1963; *C. W. Müller*, Jugend, soziologische Materialien, Heidelberg 1967.
21 *Hans Thomae*, Das Individuum und seine Welt, Göttingen 1968; *Paul Friedrich*, Staat und Jugend in der DDR, Berlin (O) 1966.
22 *Walter Friedrich*, Zu theoretischen Problemen der marxistischen . . ., a. a. O., S. 19.
23 Vgl. u. a. *Neidhardt* et al., Jugend im Spektrum der Wissenschaften, München 1970.
24 *R. K. Merton*, Social Structure and Anomie, in: Social Theory and Social Structure, Glencoe (Ill.) 1957; *Jaide*, Eine neue Generation?, München 1961.
25 *Walter Friedrich*, Jugend heute, Berlin (O) 1966, S. 109; vgl. a. *Jürgen Micksch*, Jugend und Freizeit in der DDR, Opladen 1972.
26 *Sieglinde Heppner*, L. Müller, Der Charakter der ökonomischen Gesetze und die Entwicklung der sozialistischen Gesellschaft, in: Deutsche Zeitschrift für Philosophie, 22. Jg., 1 (1974), S. 37 f.

27 *Manfred Wockenfuß*, Der Vergesellschaftungsprozeß der Arbeit und die Entwicklung der sozialistischen Eigentumsverhältnisse, in: Staat und Recht, 23. Jg., 8 (1974), S. 1263.

28 »Die im Programm der SED gestellten Aufgaben sind nur mit Hilfe der angestrebten Arbeit der Jugend, ihrer Zähigkeit in der Erringung wissenschaftlicher und technischer Neuerungen, ihrem Wagemut im Beschreiten neuer Wege in Technik, Wissenschaft und Kultur zu verwirklichen ... In dieser Einbeziehung der Jugend in die Lösung der politisch und volkswirtschaftlich bedeutsamen Aufgaben liegt die neue Qualität unserer Jugendpolitik.« *Paul Friedrich*, Die Jugendpolitik der SED – Ein schöpferischer Beitrag zur Lehre des Marxismus-Leninismus, in: Wissenschaftliche Zeitschrift der Karl-Marx-Universität Leipzig, gesellschafts- und sprachwissenschaftliche Reihe, 15. Jg., 1 (1966), S. 179–189.

29 Vgl. *Gottfried Stiehler*, Der dialektische Widerspruch. Formen und Funktionen, Berlin (O) 1966, S. 208: »Die Quelle der sozialen Bewegung liegt in jenen Individuen und Kollektiven begründet, die dem Gegegebenen mit der Waffe dialektischer Verneinung – einer Verneinung, die vom Gegebenen ausgeht und auf ihm aufbaut – gegenübertreten, die im Gegenwärtigen nach dem Zukünftigen fragen und es freizusetzen suchen.«

30 *K. Holzkamp*, Verborgene anthropologische Voraussetzungen der allgemeinen Psychologie, in: *Hans-Georg Gadamer* und *Paul Vogler* (Hrsg.), Neue Anthropologie 5, Psychologische Anthropologie, Stuttgart 1972.

31 *Thomae* (Hrsg.), Handbuch der Psychologie 3, Entwicklungspsychologie, Göttingen 1959; *Thomae*, Ansätze zu einer Theorie der Reifezeit, in: Vita humana, Beiträge zu einer genetischen Anthropologie, Frankfurt a. M./Bonn 1969, S. 213, 237; *Rudolf Bergius*, In Richtung auf eine psychologische Theorie des Jugendalters, in: *Neidhardt* et al., Jugend im Spektrum der Wissenschaften, a. a. O.; *Charlotte Bühler*, Das Seelenleben der Jugendlichen, Stuttgart, 6. erweiterte Aufl. 1967; *Adolf Busemann*, Kindheit und Reifezeit, Frankfurt a. M. 1965; *Rolf Örter*, Moderne Entwicklungspsychologie, Donauwörth 1967; *Horst Nickel*, Entwicklungspsychologie des Kindes- und Jugendalters, Bern 1972; *René König, Axel Schmalfuß* (Hrsg.), Kulturanthropologie, Düsseldorf 1972; *Leopold Rosenmayr*, Hauptgebiete der Jugendsoziologie, in: *R. König* (Hrsg.), Handbuch der empirischen Sozialforschung 2, Stuttgart 1969; *Wolfgang Fischer*, Fragen und Antworten zum Generationsproblem, Baden-Baden 1961.

32 *Robert J. Havighurst*, Stages of Vocational Development, in: *D. G. Zytowski* (Hrsg.), Vocational Behavior, New York 1968, S. 147 f.

33 *Werner Loch*, Die stationäre Emanzipation, in: *Neidhardt* et al., Jugend im Spektrum der Wissenschaften, a. a. O., S. 292 ff.

34 *J. O. Crites*, The Maturity of Vocational Attitudes, in: Adolescence, Iowa City 1969.

35 *John Galtung*, Images of the World in the Year 2000, European Coordination Center for Research and Documentation in the Social Science, Wien 1970.

36 *K. Keniston*, Young Radicals: Notes on Commited Youth, 1969.

37 *Hans J. Eysenck*, The Psychology of Politics, London 1954; *Jaide*, Jugend und Demokratie, München 1970. *Walter Jaide*, Jugend und Politik heute, in: Aus Politik und Zeitgeschichte, Beilage zur Wochenzeitung ,Das Parlament', B 39-40/76, vom 25. 9. 1976.

II. Teil: Berichte über einige wichtige Lebensbereiche der Jugendlichen in der DDR im Vergleich zur Bundesrepublik Deutschland

BERUFSWAHL UND BERUFSLENKUNG IN DER DDR [1]

Von Barbara Hille

I. Die freie bzw. bewußte Berufswahl

Die Freiheit der Berufswahl, die dem Jugendlichen qua Gesetzgebung mehr oder minder garantiert wird, steht den Interessen der Wirtschaft bzw. des Staates insofern entgegen, als sich Angebot und Bedarf der verschiedenen Wirtschaftszweige nicht ohne weiteres mit den Interessen und Wünschen der Jugendlichen in Einklang bringen lassen. Das gilt generell für alle Industriestaaten.

Für die DDR stellt sich dieses Problem jedoch in besonderer Weise. Zwar sind die empirischen Befunde in Ost und West nahezu analog. Auch in der DDR klaffen die ursprünglichen Berufswünsche, z. T. sogar die späteren Berufsperspektiven der Jugendlichen einerseits und der Bedarf an Arbeitskräften und das Angebot an Ausbildungsstellen in den verschiedenen Wirtschaftszweigen andererseits deutlich auseinander (s. Abschnitt VI und VII).

Den *theoretischen* Ansprüchen des marxistisch-leninistischen Gesellschaftskonzeptes zufolge müßten diese Widersprüche in der DDR jedoch bereits aufgehoben sein. Entsprechend der Theorie stellt die *Arbeit* für den sozialistischen Menschen die zentrale Lebenssphäre dar, die sowohl zur Befriedigung der materiellen und kulturellen Bedürfnisse beitragen als auch die Entwicklung sozialistischer Persönlichkeiten bewirken soll.

»Die Arbeit ist Hauptfeld der Betätigung und der Entwicklung des Menschen. Der einzelne kann die Arbeit als eine schwere Last und Bürde empfinden, aber sie kann für ihn auch Quelle der Freude und der Befriedigung sein. Ob die Arbeit dem Menschen dies oder jenes bedeutet, hängt in erster Linie von den gesellschaftlichen Verhältnissen ab, unter denen er arbeitet [2].« Dieses positive Verhältnis sei in der DDR durch die Aufhebung der kapitalistischen Produktionsverhältnisse erreicht worden: »Durch das gesellschaftliche Eigentum an den Produktionsmitteln wird im Sozialismus die Ausbeutung aufgehoben. Die von Ausbeutung befreite Arbeit erhält einen völlig neuen Charakter. Mit der Gestaltung des ökonomischen Systems des Sozialismus wird sie immer mehr unmittelbar gesellschaftliche Arbeit freier Produzenten [3].« Dadurch wird eine andersartige, *sozialistische Einstellung zur Arbeit* entwickelt, in der die individuellen mit den gesellschaftlichen Interessen identisch sind: »Was ist sozialistische Einstellung zur Arbeit? Die Liebe zur Arbeit und die Achtung vor den arbeitenden Menschen, das Bestreben, seine Kräfte und Fähigkeiten zum Nutzen der Gesellschaft und zum eigenen Nutzen zu entwickeln und einzusetzen, seine persönlichen Interessen in die gesellschaftlichen einzuordnen und sozialistische Arbeit als ehrenvolle Pflicht zu begreifen, das ist sozialistische Einstellung zur Arbeit. Die sozialistische Gesellschaft verurteilt jede geringschätzige Einstellung zur Arbeit. Sie läßt nicht zu, daß jemand auf Kosten der Arbeit anderer lebt und ein parasitäres Leben führt [4].«

Das vollzieht sich in der *Praxis* teilweise in einem langwierigen Prozeß, in dem vor allem unerwünschte Verhaltensweisen wie »Arbeitsbummelei«, »Unehrlichkeit«, »mangelnde Sparsamkeit«, »Mißachtung des sozialistischen Eigentums« bekämpft werden müssen [5].

Darüber hinaus ist ein gezielter und effektiver Einsatz der verfügbaren Arbeitskräfte auch erforderlich, um dem Mangel an Arbeitskräften zu begegnen; denn das Mißverhältnis zwischen dem Anteil der Bevölkerung im arbeitsfähigen und nicht arbeitsfähigen Alter ist in der DDR z. Z. noch gravierend.

Tabelle 1: Anteil der Bevölkerung im arbeitsfähigen und nichtarbeitsfähigen Alter in der DDR

	Von 100 der Wohnbevölkerung waren:			
	im arbeits-fähigen Alter	im nichtarbeitsfähigen Alter		
		insgesamt	Kinder unter 15 Jahren	im Rentenalter
1950	64,1	35,9	22,1	13,8
1955	63,9	36,1	20,1	16,0
1960	61,3	38,7	21,0	17,6
1965	58,2	41,8	23,2	18,6
1970	57,9	42,1	22,6	19,5
1972	58,2	41,8	22,2	19,7
1974	59,0	41,0	21,2	19,8
1975	59,7	40,3	20,6	19,6

Quelle: Statistisches Jahrbuch der DDR 1976, S. 392 (Ausschnitt)

Bei diesem negativen Entwicklungsverlauf, der allmählich zum Stillstand zu kommen scheint, interessiert die Quote der tatsächlich Erwerbstätigen unter der Bevölkerung im arbeitsfähigen Alter, um evtl. Reserven aufdecken zu können.

Tabelle 2: Anteile von arbeitsfähiger/nichtarbeitsfähiger gegenüber erwerbstätiger/nichterwerbstätiger Bevölkerung in der DDR

Gesamt-bevölkerung 1970/71	arbeits-fähiges Alter	nicht-arbeitsf. Alter	erwerbs-tätig	nicht erwerbstätig	Gesamt-bevölkerung 1970/71
17 068 318 100 %	9 881 068 57,9 %	7 187 250 42,1 % (davon: 22,6 % Kinder unter 15 J. 19,5 % Rentner)	8 214 251 48 %	8 854 067 52 %	17 068 318 100 %

Quelle: Statistisches Jahrbuch der DDR 1974, S. 420 und 426.

Unter der Gesamtbevölkerung im arbeitsfähigen Alter beträgt die Quote der nicht erwerbstätigen 16,9 Prozent. In der Bundesrepublik Deutschland liegt sie im gleichen Zeitraum etwa doppelt so hoch[6]. Diese Zahlen belegen, daß das Arbeitskräftereservoir in der DDR nahezu vollständig ausgeschöpft ist, worauf die hohe Quote der erwerbstätigen unter den arbeitsfähigen Frauen von ca. 80 Prozent einen weiteren Hinweis gibt.

Die *Berufswahl* der Jugendlichen fügt sich in dieses Geflecht gesellschaftlicher Ansprüche, Erwartungen und ökonomischer Bedarfsquoten ein. Eine rechtzeitig in Schulen und Betrieben einsetzende Bildung, Beratung und Lenkung soll zu einer derart »bewußten« Berufswahl führen, in der die individuellen und gesellschaftlichen Interessen und Motive in Einklang gebracht worden sind. Das bedeutet für den betroffenen Jugendlichen teilweise den Verzicht auf persönliche Interessen und Wünsche: »Die Bildung ist zu einem wichtigen Faktor des Wirtschaftswachstums im ökonomischen System des Sozialismus geworden. Effektivität und Stabilität unserer ökonomischen Entwicklung hängen entscheidend davon ab, wie es gelingt, den erweiterten Reproduktionsprozeß mit Hilfe des einheitlichen sozialistischen Bildungssystems zu intensivieren. Das verlangt gebieterisch die Vermeidung von Bildungsumwegen, spontaner Fluktuation der Arbeitskräfte, unvertretbaren »Wartezeiten« in der Aus- und Weiterbildung der Werktätigen sowie vorzeitiger Lösung von Lehrverträgen. Alle diese Erscheinungen stellen Bildungsverluste und damit wachstumsmindernde Faktoren dar, die unter den besonderen Entwicklungsbedingungen der DDR unsere volle Aufmerksamkeit verlangen[7].«

Letztlich haben die berufsvorbereitenden Maßnahmen demnach das Ziel, die erwähnten Diskrepanzen zwischen Berufswünschen und Arbeitskräftebedarf in den verschiedenen Wirtschaftszweigen beizeiten abzubauen. Das erfolgt durch eine konsequente Hinlenkung auf die Wirtschaftszweige mit größtem Mangel an Arbeitskräften und besonderer Bedeutung für die Volkswirtschaft der DDR (Industrie, Bauwirtschaft, Landwirtschaft). Dementsprechend lautet Artikel 24 der Verfassung der DDR[8]: »Jeder Bürger der Deutschen Demokratischen Republik hat das Recht auf Arbeit. Er hat das Recht auf einen Arbeitsplatz und dessen freie Wahl entsprechend den gesellschaftlichen Erfordernissen und der persönlichen Qualifikation.«

II. Berufsvorbereitung durch die Schule

Die zentrale Bedeutung der Arbeit unter sozialistischen Produktionsverhältnissen wird im Bildungskanon der zehnklassigen Allgemeinbildenden Polytechnischen Oberschule (AOS) in besonderem Maße unterstrichen. Ihre Hauptaufgabe besteht darin, »die Kinder und Jugendlichen auf die Arbeit, die künftige berufliche Tätigkeit in der Industrie, Landwirtschaft und in den anderen Bereichen der Volkswirtschaft vorzubereiten. Diese Schule muß der Jugend eine Allgemeinbildung vermitteln, wie sie das Leben in der sozialistischen Gesellschaft erfordert. Von größter Bedeutung sind dabei der mathematisch-naturwissenschaftliche Unterricht, der Werk- und Schulgartenunterricht, der polytechnische Unterricht in der 7. und 8. Klasse, die berufsvorbereitende

Ausbildung und die berufliche Grundausbildung in den 9. und 10. Klassen [9].« Demzufolge nimmt der naturwissenschaftliche und polytechnische Bereich im Kanon der Unterrichtsfächer ca. 40 Prozent der Unterrichtszeit ein [10].
Berufsvorbereitende Aspekte sind darüber hinaus auch in nahezu allen anderen Lernzielbereichen zu finden. So leisten z. B. Geschichtsunterricht, Staatsbürgerkunde, ökonomische Geographie ihre Beiträge zur Einführung der Schüler in die »Gesetzmäßigkeiten sozialistischer Produktionsverhältnisse [11].« Dazu steht in Beziehung die Erziehung zur »sozialistischen Einstellung zur Arbeit«, die sich durch folgende Erziehungsansprüche charakterisieren läßt:
– »Erziehung zur Einsicht in den gesellschaftlichen Charakter der Arbeit . . .
– Erziehung zur Bereitschaft, die Arbeitsanforderungen sowohl in hoher Qualität als auch quantitativ zu erfüllen, sowie zur Wertschätzung und Mehrung des sozialistischen Eigentums . . .
– Erziehung zum Bedürfnis, schöpferisch zu arbeiten . . .
– Erziehung zum Bedürfnis, seine eigene Leistungsfähigkeit ständig zu entwickeln.
– Erziehung zu kollektivem Denken und Handeln im Arbeitsprozeß [12].«
Spezielle Berufsvorbereitung leisten vornehmlich die *polytechnischen* Fächer. In den Klassen 1 bis 6 sollen die Schüler elementare polytechnische Kenntnisse, Arbeitserfahrungen und Fertigkeiten erwerben, z. B. im Rahmen des Werk- und Schulgartenunterrichts: »Im Werk- und Schulgartenunterricht sind die Schüler zur Liebe zur Arbeit zu erziehen. Ihre Freude an körperlicher Arbeit ist zu entwickeln; solche Arbeitsgewohnheiten wie Ordnung, Sorgfalt, Fleiß und Disziplin müssen ausgebildet werden. Die Schüler lernen die Arbeit und das gesellschaftliche Eigentum achten. Sie werden an kollektive Arbeitsweisen gewöhnt [13].« In den Klassen 7 bis 10 soll eine allgemeine Einführung in die geistigen Grundlagen der Technik und in technische Tätigkeiten geleistet werden, zumeist am Beispiel industrieller Aufgaben und Funktionszusammenhänge. Formal gliedert sich der polytechnische Unterricht in drei Bereiche:
– Einführung in die sozialistische Produktion (EsP),
– Technisches Zeichen (TZ),
– Produktive Arbeit der Schüler in der sozialistischen Produktion (PA) [14].
Der Lehrplan für die *produktive Schülerarbeit* differenziert sich in den Klassen 7 und 8 in die Richtungen Industrie und Landwirtschaft. In den Klassen 9 und 10 kann die produktive Arbeit in 10 verschiedenen Wirtschaftszweigen durchgeführt werden. Die Zuweisung der Schüler in die Betriebe erfolgt hauptsächlich nach den regionalen Gegebenheiten und dem volkswirtschaftlichen Bedarf. Spezielle Wünsche können nur im Rahmen dieses Angebots berücksichtigt werden. Bisher fehlen die »nichtproduzierenden« Wirtschaftszweige (z. B. Handel, Verkehr, Dienstleistungen), obwohl deren Bedarf an Arbeitskräften ebenfalls nicht unerheblich ist.
Organisatorisch wird die »produktive Arbeit« durch eine seit langem institutionalisierte und durch zahlreiche Erlasse geordnete Zusammenarbeit zwischen Schulen und Betrieben (z. B. Patenschaftsverträge) bewältigt. Dabei trägt vor allem der Leiter bzw. Direktor des Betriebes die volle Verantwortung für die »produktive Arbeit« der Schüler, für die Einberufung der polytechnischen Beiräte, für die Einrichtung von

polytechnischen Zentren und Kabinetten, für die Beteiligung von FDGB und FDJ, für die Bereitstellung geeigneter »Ausbilder«, Techniker, Meister, erfahrener Arbeiter etc. aus dem Personal des Betriebes[15].

III. Administrative Maßnahmen der Nachwuchslenkung

Über den schulischen Bereich hinaus werden Berufsvorbereitung und Nachwuchslenkung durch ein Geflecht administrativer Maßnahmen abgesichert und perfektioniert. Dafür sind die Ämter für Arbeit und Berufsberatung (seit 1961) zuständig, die jeweils bei den Räten der Bezirke und Kreise gebildet wurden. Diese Ämter sind unmittelbare Staatsorgane und unterstehen somit der Fachaufsicht eines Mitgliedes des Ministerrates.

Seit 1966 werden die Schulabgänger nicht mehr direkt durch das Amt für Arbeit und Berufsberatung einem Betrieb als Lehrling administrativ zugewiesen, sondern sie sind verpflichtet, sich nunmehr selbständig um eine Lehrstelle zu bewerben. Dieses Verfahren machte eine Neuorganisation und Dezentralisierung des Berufsberatungswesens erforderlich. Anstelle der Ämter sind die neugegründeten »Organe für Berufsbildung und Berufsberatung« getreten, die die neuerdings erforderlichen Koordinierungsaufgaben erfüllen[16].

Ausgangspunkt für die Verteilung der Nachwuchskräfte sind die in der Regel auf den Fünfjahresplänen basierenden betrieblichen »Pläne der Berufsausbildung – Neueinstellung von Schulabgängern und Schülern in die Berufsausbildung«. Diese werden von den Betrieben in jedem Planjahr erarbeitet. Die Betriebe müssen die Pläne der Neueinstellungen mit den Ämtern bzw. den Organen für Berufsberatung und Berufsbildung abstimmen. Diese bilanzieren die betrieblichen Einstellungswünsche mit der Anzahl der Schulabgänger und deren Berufswünschen. Die Ämter ermitteln die hierfür benötigten Angaben mit Hilfe von Schulabgängerverzeichnissen, in die sich die Schüler noch vor Beginn des letzten Schuljahres eintragen müssen[17].

Nach der Verordnung des Ministerrates über die Berufsberatung vom 15. April 1970 haben die Schulen von der 6. bis zur 12.Klasse systematisch berufsvorbereitende Arbeit in Zusammenarbeit mit den Betrieben zu leisten (s. o.).

An jeder Schule gibt es einen verantwortlichen Lehrer für die Berufsberatung, der als Mitglied der Schulleitung dem Direktor, den Klassenleitern und den Fachlehrern bei der Durchführung der berufsberatenden Maßnahmen Hilfe und Unterstützung leistet. Allerdings wird in der DDR bisher keine systematische Ausbildung für spezielle Berufsberater geboten und auch nicht für die Lehrer, die in den Schulen den berufsberatenden Unterricht durchführen. An der Pädagogischen Hochschule Magdeburg werden neuerdings für alle Lehrerstudenten spezielle Seminare zur Berufsorientierung eingeführt, um diese gegebenenfalls zu einem späteren Zeitpunkt generell in die Studienprogramme für Lehrerstudenten aufzunehmen[18].

Mit dem 8. Schuljahr beginnt die eigentliche Nachwuchslenkung. In den Schulen liegen die Lehrstellenverzeichnisse aus, die auf den betrieblichen Plänen der Neueinstellungen aufgebaut sind. Die Schüler erhalten die sogenannte Doppelkarte, die eine

Bewerbungs- und eine Bestätigungskarte enthält, und können sich unter Vorlage der Bewerbungskarte selbständig bei den im Lehrstellenverzeichnis ausgewiesenen Betrieben um einen Ausbildungsplatz bewerben. Die Betriebe wiederum dürfen Schulabgänger nur in dem Rahmen einstellen, der durch den Plan für Neueinstellungen abgesteckt ist. Bei Annahme einer Bewerbung müssen sie die Bestätigungskarte mit einem entsprechenden Vermerk an das zuständige Amt senden. Auf diese Weise kontrollieren die Ämter jede Einstellung, die in ihrem Bereich zu Ausbildungszwecken erfolgt. Offen bleibt vorerst, ob hierbei eine Überorganisierung stattfindet, die zur Erstarrung führt, bzw. ob auf diese Weise tatsächlich die Planung und deren Realisierung zeitlich optimal koordiniert und parallelisiert werden können.

IV. Funktionen der Berufsberatung

Demnach ist eine der Berufsberatung in der Bundesrepublik Deutschland vergleichbare Institution in der DDR nicht vorhanden. Außerdem gibt es auch keine vergleichbaren Funktionen, denn eine tatsächlich *vermittelnde Beratung* zwischen Individuum und Arbeitsmarkt unter Berücksichtigung der individuellen Möglichkeiten und Wünsche wird kaum praktiziert. Die Hauptaufgaben der Berufsberatung müssen primär von den Schulen und Betrieben in Form von festen Kooperationen (z. B. im Unterrichtsfach: Einführung in die sozialistische Produktion (ESP), durch Patenschaften zwischen einzelnen Betrieben und Schulen) bewältigt werden, wobei den Ämtern für Arbeit und Berufsberatung die zentrale Leitung übertragen ist.

Für die berufsberatende bzw. -vorbereitende Tätigkeit stehen den Schulen neben der praktischen Zusammenarbeit mit den Betrieben und deren Kenntnisnahme (u. a. in Form von Praktika, Exkursionen) verschiedene Berufsaufklärungsmaterialien zur Verfügung, die von den zuständigen Ämtern für Berufsbildung und Berufsberatung erarbeitet und den Schulen zugeleitet werden. Diese Materialien sollen im Unterricht als Anschauungs- und Informationsmittel verwendet werden. Es handelt sich dabei um:
- die Systematik der Ausbildungsberufe,
- den Berufsbilderkatalog bzw. Berufsbildersammlungen,
- die Berufsaufklärungsschriften der Kreise und Bezirke sowie der Organe der bewaffneten Kräfte,
- das Lehrstellenverzeichnis des Bezirkes,
- die Broschüre »Was willst Du werden« (Verlag Neues Leben) [19].

Darüber hinaus haben u. a. die »Messen der Meister von Morgen« (MMM) die Funktion, wichtige Industriezweige vorzustellen, für sie zu werben und damit berufsaufklärende Aufgaben zu übernehmen.

Trotz der eindeutigen gesetzlichen und administrativen Regelungen ergeben sich hinsichtlich der Effektivität der Berufsberatung in der Praxis bisher noch Schwierigkeiten. So wird von engagierten Experten bemängelt, daß die Erziehung zur bewußten Berufswahl oftmals zu spät einsetzt und sich dadurch bei jüngeren Schülern unerfüllbare Berufswünsche verfestigen können [20].

V. Die Arbeit der Berufsberatungszentren

Um diesen Schwierigkeiten entgegenzuwirken und die berufsberatenden Maßnahmen zu erweitern, wurden neuerdings vor allem in den Großstädten der Bezirke und Kreise *Berufsberatungszentren* (bzw. Berufskabinette) eingerichtet. Im Jahre 1973 bestanden insgesamt zwanzig dieser Zentren, deren Zahl sich permanent erhöht hat und sich allmählich der geplanten Marke von ca. 200 nähert [21]. Diese noch in den Anfängen stehende Institution scheint — Einzelberichten zufolge — sehr unterschiedlich ausgestattet zu sein, unterschiedliche Arbeitsweisen zu praktizieren und sich unterschiedlich schnell und erfolgreich zu entwickeln [22].

Den Berufsberatungszentren soll generell eine Mittlerfunktion zwischen Schule, Betrieb und Berufswählern zukommen, ohne daß sie dabei Stellenvermittlung betreiben dürfen.

Sie informieren in Form von Ausstellungspavillons, Diskussionsabenden, Betriebsexkursionen über die in Betrieben ihres Bezirks oder Kreises vorhandenen Ausbildungs- und Arbeitsmöglichkeiten. Außerdem wird in den Zentren in Grenzen auch individuelle Beratung geleistet, die im übrigen ausdrücklich nur für Problemfälle vorgesehen ist.

Über die Vorbildung der in den Zentren tätigen Berater wird bisher wenig diskutiert. Die Vorstellungen über die personelle Ausstattung der Zentren scheinen bisher ebenso vage zu sein wie über die Art und die Methoden der individuellen Beratung: »In einem Berufsberatungszentrum können Informationen über die Aus- und Weiterbildungsmöglichkeiten durch Fachleute gegeben werden. Die Auskünfte erfolgen in diesen Zentren konkreter als in einzelnen Betrieben oder Schulen. Betriebsegoistische Bestrebungen, die oft nur auf die Werbung von Lehrlingen gerichtet sind, werden hier überwunden«... »Die Vielseitigkeit der Arbeit in einem Berufsberatungszentrum reicht von der Vortragstätigkeit zur telefonischen Beantwortung von Fragen. Gerade diese letztgenannte Form nimmt einen großen Teil der Tätigkeit der hauptamtlichen Kräfte in Anspruch.« ... »So wäre es gut, wenn die jugendlichen Besucher Geräte und Modelle bedienen können, ihre Reaktionsgeschwindigkeit überprüfen, aus Berufscharakteristika abgeleitete Fragen und Aufgaben lösen, Gegenüberstellungen von Berufswünschen und -möglichkeiten und vieles andere mehr im Zentrum tun können [23].«

Daß hierzu u. a. Fachleute eingesetzt werden müßten, die mit den Methoden der Arbeitspsychologie vertraut sind und Teste handhaben, auswerten und interpretieren können, wird bisher noch zu wenig gesehen.

Ebenfalls sind bisher die gesetzlichen Bestimmungen für den Bereich der außerschulischen Berufsberatung nicht detailliert ausgeführt worden. Demnach gilt die Verordnung über die Berufsberatung in ihrer allgemeinen Form für *alle* mit Berufsberatung befaßten Institutionen: »Die Berufsberatung hat die Aufgabe, entscheidend dazu beizutragen, daß die Bürger der Deutschen Demokratischen Republik befähigt werden, bei ihrer Berufswahl die persönlichen Interessen mit den gesellschaftlichen Erfordernissen in Übereinstimmung zu bringen [24].«

Neben dieser immer wieder geforderten Koinzidenz fehlen Überlegungen, daß es auch darum gehen müßte, die richtigen Leute an den rechten Platz zu stellen, Umlenkungen nur innerhalb der jeweiligen Berufsfelder vorzunehmen, starke, mittlere und schwächere Prädestination auf seiten der Jugendlichen zu berücksichtigen und zumindest im Einzelfall individuelle Übereinstimmungen zu erzielen.

VI. Berufswünsche und -motive der Jugendlichen

Die Anforderungen seitens des Staates können von den Jugendlichen erst im Laufe eines langfristigen Berufswahlprozesses verwirklicht werden. Zur Überwindung der auftretenden Schwierigkeiten reicht die Aufstellung von bedarfsadäquaten Nachwuchsplänen und die Orientierung der berufsvorbereitenden Maßnahmen an diesen Bedarfsplänen nicht aus.

Vielmehr wäre dazu auch eine gründliche Bestandsaufnahme bei den Jugendlichen selbst erforderlich, um deren Fähigkeiten, Interessen, Zielsetzungen, Persönlichkeitseigenschaften, ausdrückliche Motive, Berufswünsche rechtzeitig in eine erfolgreiche Berufsvorbereitung mit einzubauen [25].

Hierzu würde auch die Messung und Identifizierung komplexerer Motive gehören, von Temperaments-, Persönlichkeitseigenschaften sowie von Wertvorstellungen (»values«) auf seiten der Jugendlichen (z. B. der Gesellschaft dienen).

Allerdings werden in der DDR über die Berufswünsche der Jugendlichen seit etwa 1955 bis zum gegenwärtigen Zeitpunkt fortlaufend empirische Untersuchungen durchgeführt, deren Ergebnisse über zwei Jahrzehnte bei Schülern und Schülerinnen mit verschiedenen Schulabschlüssen relativ konstant geblieben sind. Trotz der vielfältigen Maßnahmen und Bemühungen im Rahmen der Berufsvorbereitung bleiben die Nichtentsprechungen zwischen Berufswunsch und angebotenen Stellen weiter bestehen. Mit Ausnahme der Studien, die sich mit dem Erfolg und der Wirksamkeit des Unterrichtstages in der Produktion (UTP) im Rahmen des polytechnischen Unterrichts befaßt haben [26] und u. a. zu dessen Revision im »Gesetz über das einheitliche sozialistische Bildungssystem« vom 25. Februar 1965 [27] geführt haben, scheinen sich die Praktiker bisher diese äußerst informativen Befunde nur zögernd zunutze zu machen.

In den einschlägigen empirischen Untersuchungen geht es vor allem um die Frage, wie groß die Übereinstimmung bzw. Diskrepanzen zwischen Wünschen und Stellenangeboten realiter ausfallen und welche Rolle dabei vor allem die wichtigsten Wirtschaftsbereiche der Industrie, Landwirtschaft und Bauwirtschaft spielen. Die Frage nach geschlechtsspezifischen Unterschieden bei der Berufswahl wird in Untersuchungen neueren Datums weniger berücksichtigt, nachdem in allen dazu vorliegenden Daten übereinstimmend und eindeutig Differenzen aufgedeckt worden sind.

Die Untersuchungen beschränken sich in der Mehrzahl auf bestimmte Regionen, Städte, Kreise. Die Resultate sind trotzdem so ähnlich, daß sie eine Verallgemeinerung zulassen.

Im Rahmen einer groß angelegten Studie im Raum Magdeburg wurden z. B. 2043 Absolventen der Allgemeinbildenden Polytechnischen Oberschule (AOS) hinsichtlich ihrer Berufswünsche und -kenntnisse befragt. Für einige interessante und wichtige Berufe wurden Wünsche und verfügbare Lehrstellen gegenübergestellt (siehe die Tabellen 3–5 auf der nebenstehenden Seite).

Tabelle 3: Berufswünsche in Stadtschulklassen und Möglichkeiten ihrer Realisierung
(absolute Werte) (*N* = 2043 Absolventen der AOS) [28]

1 Berufsbezeichnung	2 Anzahl der Lehrstellen	3 Anzahl der Berufswünsche	4 Verhältnis
1. Fachverkäufer (Lebensmittel)	112	31	1 : 0,28
2. Zerspanungsfacharbeiter	197	87	1 : 0,44
3. Stenotypistin	75	34	1 : 0,45
4. Baufacharbeiter	118	55	1 : 0,46
5. Schriftsetzer	12	9	1 : 0,75
6. Kraftfahrzeugschlosser	73	133	1 : 1,82
7. Elektromonteur	73	144	1 : 1,97
8. Säuglingsschwester	13	56	1 : 4,31
9. Medizinisch-technische Assistentin	6	33	1 : 5,60
10. Funkmechaniker	10	75	1 : 7,50

Daß die Richtung der Differenzen territorial sehr unterschiedlich ausfallen kann,
zeigt das folgende Beispiel aus dem Jahre 1969 [29]:

Tabelle 4: Relation von Lehrstellen und Berufswünschen in Magdeburg und Berlin

Beruf	Magdeburg	Berlin
	Lehrstellen: Wünsche	
Elektromonteur	1 : 1,64	1 : 0,69
Elektromechaniker	1 : 0,17	1 : 4,20

Im Stadtkreis Halle ergaben sich 1971 folgende Relationen [30]:

Tabelle 5: Relation von Lehrstellen und Berufswünschen im Stadtkreis Halle

	geplante Lehrstellen	Berufswünsche der Schulabgänger
Bauwesen	208	102
Kraftfahrzeugschlosser	31	158
Elektromonteur	146	221
Funkmechaniker	2	64
Zerspanungsfacharbeiter	62	35
Instandhaltungsmechaniker	69	33

Bei den Schülern und Schülerinnen, die die weiterführende Erweiterte Polytechnische
Oberschule (EOS) besuchen, werden ähnlich konträre Beziehungen zwischen Studien-
wünschen, -voraussetzungen und Möglichkeiten festgestellt.
So übersteigen z. B. die Bewerbungen für das Medizinstudium teilweise das 3- bis
4fache an Studienplätzen, dagegen mangelt es an Bewerbern für das Lehrerstudium in
den technischen Disziplinen, sowie für Maschinen-, Werkstoffs- und Verfahrensingenieur-
wesen. Diese Tendenz, die bereits seit mehreren Jahren anhält, verstärkt sich infolge
der kontinuierlich wachsenden Zahl von Studienbewerbern und macht Beschränkungen

der Zulassungsquote in zunehmendem Maße erforderlich entsprechend der für jede Studienrichtung vorgegebenen Kennziffern [31].

Von Bedeutung sind weiterhin die *Motive*, die bei der Berufswahl eine Rolle spielen und den Prozeß der Berufsfindung hemmen bzw. fördern können. Sofern die sozialistische Einstellung zur Arbeit einmal erreicht sein wird, erübrigt es sich zwar, bei den Jugendlichen individuelle Berufswahlmotive zu ermitteln. Vorerst aber kann die genaue Kenntnis der vorfindbaren Einstellungen und Motive auf seiten der Jugendlichen dabei sehr hilfreich sein und Hinweise auf mögliche Korrekturen liefern: »Je wertvoller die Berufsmotivation ist, um so mehr erfaßt der Jugendliche den Sinn seines Lebens in der vorbildlichen Arbeit für die sozialistische Gesellschaft, um so weniger schwebt ihm ein bequemes Leben vor. Die Phase der Berufsorientierung ist zugleich eine Festigung der Motivstrukturen, wie umgekehrt der Grad der Berufsmotivation die Festigung der Berufsentscheidung bedingt [32].«

Hierbei geht es wiederum ausschließlich um die übergreifende Norm, während Normen mittlerer Abstraktheit, wie sie in der westlichen, internationalen Berufswahlforschung eine große Rolle spielen (z. B. die eigenen Fähigkeiten verwirklichen, einen speziellen Lebensstil praktizieren) in negativer Variante als »bequemes« Leben markiert oder einseitig unter »persönlich-ichhafte« Motive subsumiert werden. Weder die klassische Unterteilung in »data« – »people« – »things« noch die unter dem Aspekt des »self concept« erfaßten Motivationen kommen hierbei zum Tragen [33].

Die in 6., 10. und 12. Klassen gewonnenen Ergebnisse zeigen nur einen relativ geringen Anteil gesellschaftsbezogener Motive:
– in 6. Klassen wurden sie zu 18,6 % in Zusammenhang mit der Berufswahl genannt,
– in 10. Klassen insgesamt 23,1 %, und
– in den 12. Klassen waren es schließlich 26,1 %.

Demgegenüber werden »persönlich-ichhafte« Motive am häufigsten mit 50 % aller Nennungen erwähnt. Ähnliche Resultate wurden auch bei Schülern festgestellt, die nach der Schulzeit ein Studium absolvieren wollen [34].

Darin tritt eine beachtliche Persistenz zutage, die sich über Jahrzehnte erhalten hat. Die verwendeten Kategorien zur Einordnung der verschiedenen Nennungen sind relativ ähnlich – mit mehr oder weniger ausdifferenzierten Untertiteln.

In einer aktuellen Untersuchung von *Kurt Ducke* (1974) an 418 Lehrlingen in acht Lehrberufen wird allerdings darauf verzichtet, die genaue Rangfolge der verschiedenen Motive zu nennen, sondern statt dessen werden die vier dominierenden Gruppen von Berufswahlmotiven genannt [35]:
– Orientierung auf den Inhalt des Berufes: interessante, schöpferische Arbeit, Anwendung geistiger Fähigkeiten, Zukunftsbezogenheit des Berufes;
– Verantwortung des einzelnen gegenüber der Gesellschaft: das Bestreben, gesellschaftlich nützlich zu sein, ein guter Facharbeiter zu sein;
– persönlichkeitsbildender und kooperativer Charakter des Berufes: Möglichkeit der Weiterbildung, geordnetes Leben als Grundlage für Ehe und Familie, Arbeit im Kollektiv;
– Befriedigung der materiellen Bedürfnisse, vor allem durch gute Verdienstmöglichkeiten.

Je nach Qualifikationsniveau der Jugendlichen steht die eine oder die andere Motivgruppe dabei im Vordergrund, wie gerade abgeschlossene und bisher erst teilveröffentlichte Studien an Schülern und Schülerinnen der 10. und 12. Klassen in der Allgemeinbildenden Polytechnischen Oberschule (AOS) und der Erweiterten Oberschule (EOS) deutlich machen [36]:

Tabelle 6: Hauptmotiv der Berufswahl bei Schülern (in Prozent) [37]

	Oberschüler	Abiturienten
Die Bedeutung für die Volkswirtschaft	37	35
Der schöpferische Charakter	23	54
Das Ansehen des Berufes	12	2
Die gute Bezahlung	12	1
Ein leichter Beruf	7	1
Ein seltener Beruf	1	1
keine Antwort	8	5

Hierbei tritt vor allem die volkswirtschaftliche Bedeutung und der schöpferische Charakter der Arbeit in den Vordergrund, wobei die Abiturienten dem letzteren das größere Gewicht beimessen. Außerdem wird deutlich, daß Berufe mit einem starken Anteil an geistiger Arbeit ohnehin das größte Prestige besitzen, die Berufe mit körperlicher Arbeit hingegen in der Überzahl sind. Eine gute Bezahlung scheint bei den untersuchten Schülern dieser Studie nicht das ausschlaggebende Motiv zu sein, wenn sie auch bei den Absolventen der zehnklassigen AOS eine deutliche Rolle spielt – im Gegensatz zu den Abiturienten – und als Motiv generell bei den Jungen stärker ins Gewicht fällt als bei den Mädchen.

In einer groß angelegten Intervallstudie über die Bewährung von 2668 Absolventen mit verschiedenen Schulabschlüssen in der Arbeitswelt werden diese Tendenzen bekräftigt. Die Schüler und Absolventen wurden u. a. gefragt, ob sie nach Abschluß ihrer Ausbildung freiwillig in einem volkswirtschaftlichen Schwerpunktbetrieb weit entfernt von ihrem Heimatort arbeiten würden. Die Mehrzahl der Befragten zeigt sich dazu bereit, wenn auch die Facharbeiter, Fachschul- und Hochschulstudenten diese Bereitschaft nur im äußersten Falle bekunden. Unter den Motiven haben die Verdienstmöglichkeiten für alle, mit Ausnahme der EOS-Abiturienten, ein bestimmtes Gewicht. Das gilt vor allem für die Facharbeiter, »die gewohnt sind, volkswirtschaftlich nützliche Leistungen auch gut bezahlt zu bekommen« [38]. Bei den Schülern und Studenten rangiert das Motiv, der Gesellschaft nützen zu wollen, an erster Stelle, bei den Lehrlingen ist vor allem das unkonventionelle interessante Leben auf den Großbaustellen ein ausschlaggebendes Motiv [39].

Trotz der teilweise in die erwünschte Richtung weisenden Berufswahlmotive, die sich an gesellschaftlichem Nutzen und Erfordernissen orientieren, lassen sich im Prozeß der Berufswahl negative Entwicklungen nicht vermeiden. Dabei wird vor allem befürchtet, daß sich in zu früher Phase die unerwünschten Einstellungen bereits verfestigen und auf die spätere Einstellung zur Arbeit einen negativen Einfluß ausüben. Weniger Beachtung findet dagegen die Überlegung, daß allzu drastische Maßnahmen zur Einebnung

vorhandener Widersprüche zwischen Wünschen und Motiven gegenüber den Bedarfs-
plänen ebenfalls die Gefahr von späterer Arbeitsunzufriedenheit und auch beruflichen
Scheiterns in sich bergen (s. Artikel von *Walter Jaide*, Arbeitszufriedenheit, in diesem
Heft) [40].

VII. Die Berufswahl der weiblichen Jugendlichen

Ein Spezialproblem stellt die Berufswahl der Mädchen dar, weil von ihnen besonders
gravierende Korrekturen bzw. Abweichungen von den ursprünglichen Wünschen in
Kauf genommen werden müssen.

Angesichts des Arbeitskräftemangels in der DDR kommt gerade der Hinlenkung der
Mädchen in volkswirtschaftlich wichtige Zweige eine besondere Bedeutung zu. Tatsächlich ist in der DDR die Eingliederung der meisten Frauen in den Arbeitsprozeß
gelungen. Die weibliche Beschäftigungsquote beträgt ca. 80 % (einschließlich Teilzeitarbeit) [41].

Auch in den Berufs- und Lebensvorstellungen weiblicher Jugendlicher vor Eintritt in
die Arbeitswelt wird der Trend zu langfristiger Berufstätigkeit zunehmend deutlicher
sichtbar [42].

Das wird u. a. belegt durch vergleichbare Daten aus den Jahren 1962, 1964 und 1969,
die mit gleichem Fragebogen erhoben wurden. Untersucht wurden männliche und
weibliche Jugendliche im Alter zwischen 14 und 20 Jahren, Schüler verschiedener
Schultypen, Lehrlinge und junge Arbeiter [43]. Die in Zusammenhang mit der Lebensplanung weiblicher Jugendlicher relevante Frage in diesen Untersuchungen lautete:
»Wie wollen Sie ihr künftiges Leben hinsichtlich von Beruf und Ehe gestalten?« Die
vorgegebenen Antwortkategorien hatten den folgenden Wortlaut:
a) die Berufsarbeit mit der Eheschließung aufgeben;
b) mit dem ersten Kind oder nach größeren Anschaffungen aufhören zu arbeiten;
c) wenn die Kinder klein sind, vorübergehend aufhören;
d) möglichst ständig der Berufsarbeit nachgehen.
Die Auswertung erfolgte in Form einfacher Häufigkeitsauszählungen und Prozentangaben.

Tabelle 7: Antwortverteilungen auf die Frage: Wie wollen Sie Ihr künftiges Leben hinsichtlich
von Beruf und Ehe gestalten? (Angaben in v. H.)
Tabellenübersicht aus *Friedrich* (1966) und *Siegel* (1969), abgedruckt bei *Hille* (1970, S. 72).[44]

Antwortkategorie	a)	b)	c)	d)	keine Antwort
Friedrich (weiblich)					
1962	2	22	47	26	3
1964	2	18	49	28	3
Siegel (weiblich)					
1969	2	6	64	28	–
Siegel (männlich)					
1969	8	27	45	17	–

Bereits in der Untersuchung von 1962 wurde die Kategorie c) (wenn die Kinder klein sind, vorübergehend aufhören) am häufigsten gewählt. Der Prozentsatz derjenigen, die einer langfristigen, möglichst ständigen Berufsarbeit zustimmen, liegt bei 73 %, wenn man die Kategorien c) und d) zusammenfaßt. Im Jahre 1964 zeigt sich unverändert der gleiche Trend. 1968/69 tritt er noch stärker hervor: 92 % der befragten weiblichen Jugendlichen votieren für ständige Berufstätigkeit mit oder ohne kurze Unterbrechungen. Die gleichzeitig befragten männlichen Jugendlichen neigen demgegenüber konservativeren Lösungen zu.

Diese Resultate bekräftigen die Annahme, daß die traditionellen Vorurteile und Vorbehalte gegenüber der Berufstätigkeit von Frauen sich sowohl im Hinblick auf die weibliche Beschäftigtenquote als auch in den Vorstellungen und Zukunftsplänen der weiblichen Jugendlichen abgebaut haben bzw. nicht mehr zur Wirkung kommen. Allerdings hat es Jahrzehnte bedurft, um mit zielstrebigen und konsequenten Maßnahmen und Programmen (z. B. Einrichtung von Kindergärten, -krippen etc., Möglichkeiten zur Fortbildung für berufstätige Mütter) im Bewußtsein der Bevölkerung der DDR jahrhundertealte Traditionen und Rollenvorstellungen abzubauen [44].

Dagegen gelingt die Hinführung zu den technischen Berufen bzw. in die industrielle Produktion nach wie vor nur unter Schwierigkeiten. Unter den Berufswünschen der weiblichen Jugendlichen rangieren weiterhin die traditionellen weiblichen Berufe (z. B. im Bereich von Erziehung, Pflege, Verwaltung, Dienstleistung) an erster Stelle – im Gegensatz zu den meist abgelehnten technischen Berufen (z. B. Schlosser, Dreher, Maurer). Eine Ausnahme darunter bildet der relativ beliebte Beruf der technischen Zeichnerin [45].

Hiermit stimmen überein die Vorstellungen in der Bevölkerung über die für Frauen geeigneten und nicht geeigneten Berufe. In den aufgestellten Rangreihen stehen die traditionellen weiblichen Berufe jeweils an erster Stelle (z. B. Krankenschwester, Kindergärtnerin, Lehrerin, Büroangestellte, Schneiderin), während Berufe in der industriellen Produktion – auch akademische Berufe im technisch-naturwissenschaftlichen Bereich – an letzter Stelle stehen [46].

Das ist um so beachtlicher, als die technischen Berufe – insbesondere im akademischen Bereich – im allgemeinen ein besonders hohes Ansehen in der Bevölkerung genießen und relativ höhere Besoldung, während dagegen der in erster Linie von Frauen ausgeübte Lehrerberuf nur einen mittleren Rangplatz innehat [47].

Immerhin hat sich das Niveau der Schul- und Berufsausbildung sowie die Beteiligung weiblicher Jugendlicher am Fachschul- und Hochschulstudium den Quoten der männlichen Jugendlichen weitgehend angenähert [48]. Aber trotz zunehmender Qualifikation (z. B. relativ gleiche Anzahl von Facharbeiterabschlüssen) und einem im Vergleich zu den männlichen Jugendlichen analogen Wissensstand werden weniger Frauen als Männer in mittleren und leitenden Funktionen eingesetzt, rangieren mehr Frauen als Männer in den unteren Lohngruppen, besetzen die beiden untersten Gruppen nahezu ausschließlich und werden teilweise in inadäquaten Positionen verschlissen.

Die Diskrepanzen zwischen weiblichen Berufswünschen, verfügbaren Arbeitsplätzen und tatsächlicher Berufseinmündung wirkt sich z. T. negativ auf die Einstellung zur Arbeit aus und führt vor allem dazu, daß die jungen Frauen nach einer Ausbildung

in der industriellen Produktion zum – unter volkswirtschaftlichem Gesichtspunkt unerwünschten – Wechsel der Arbeitsstelle neigen und häufig in einem Beruf außerhalb der Produktion tätig werden. Verstärkt wird diese Tendenz zum Wechsel der Tätigkeit häufig durch die für Frauen in der Industrie besonders ungünstigen Arbeitsverhältnisse und -bedingungen [49]. Hierzu zählt die geringe Anpassung der Arbeitszeiten auf die spezielle Situation der berufstätigen Mütter [50].
In die gleiche Richtung weisen Ergebnisse, daß 37 % der befragten Frauen sich nicht in ihrer derzeitigen Tätigkeit voll gefordert fühlen. Diese Kritik tritt am häufigsten bei denjenigen auf, die im technisch-industriellen Bereich tätig sind. Dabei sehen 80 % der Frauen keine Möglichkeiten, sich durch weitere Qualifizierung eine bessere Position zu verschaffen. Unter den Gründen, die ihrer Meinung nach gegen eine Weiterqualifizierung sprechen, werden vorrangig genannt:
– die Ausbildung sei für die persönliche Entwicklung und für die Erfüllung der Arbeitsaufgaben nicht unbedingt notwendig;
– fehlendes Selbstvertrauen (z. B. fühlt man sich zu alt dafür);
– die Familienpflichten seien nicht mit den Qualifizierungsanforderungen vereinbar;
– durch die Qualifizierung entstehen keine finanziellen Vorteile [51].
Die familiären Pflichten üben bei den Frauen ohnehin einen starken Einfluß auf die Einstellung zur Arbeit aus. Die Hausarbeit sowie die meisten Aufgaben der Kindererziehung, Wirtschaftsführung etc. fallen nach wie vor überwiegend den Frauen zu und absorbieren einen großen Teil der noch verbleibenden freien Zeit. Das bewirkt, daß es vielen Frauen schwerfällt, ihre berufliche Tätigkeit mit ihren Pflichten als Hausfrau und Mutter in Übereinstimmung zu bringen. Das geht u. a. aus Analysen des Instituts für Marktforschung der DDR in den Jahren 1965 und 1970 hervor, die sich auf den Zeitaufwand in einem Vier-Personen-Haushalt beziehen [52]:
Von den durchschnittlich 47,5 Wochenstunden, die für die Hausarbeit verwendet werden, entfallen:
– 15   Stunden für die Speisezubereitung,
– 12,1 Stunden für die Reinigung der Wohnung,
– 7,9 Stunden für die Reinigung der Wäsche und Bekleidung,
– 6   Stunden für das Einkaufen,
– 6   Stunden für sonstige Hausarbeiten.
An dieser Arbeit sind die Frauen mit durchschnittlich 37,7, die Männer mit 5,5 und die Kinder mit 4,3 Wochenstunden beteiligt. Trotz intensiver Bemühungen seitens des Staates reduzierte sich der Zeitaufwand für Hausarbeit von 1965–1970 nur um eine halbe Stunde:

Tabelle 8: Aufwand für die Hausarbeit pro Woche im Vier-Personen-Haushalt

	1965		1970	
	Std.	%	Std.	%
Ehefrau	37,7	79,4	37,1	78,7
Ehemann	5,5	11,6	6,1	13,0
sonstige Personen	4,3	9,0	3,9	8,3
Insgesamt	47,5	100,0	47,1	100,0

Die Gründe für diese unveränderten Daten werden primär in traditionellen Einstellungen sowohl der Frauen wie der Männer zur Hausarbeit gesucht: »Das alles aber bedeutet, daß die Entwicklung des gesellschaftlichen Dienstleistungswesens allein noch gar nichts bewirkt. Worauf es vielmehr ankommt ist, gleichzeitig die alten Denk- und Lebensgewohnheiten über Bord zu werfen« [53].

Hinzu kommt, daß die technischen Hilfen und Erleichterungen im Dienstleistungssektor nicht Schritt gehalten haben mit den steigenden Ansprüchen an die Haushaltsführung, Wohnkomfort, Speisezubereitung, Hygiene. Besonderen Belastungen sind die berufstätigen Mütter ausgesetzt, deren Situation durch begrenzte Freizeitmöglichkeiten, ungenügenden Wohnraum, Mangel an Kinderkrippen zusätzlich erschwert wird. Das mag mit dazu führen, daß gerade bei den jüngeren Frauen zwischen 18 und 35 Jahren eine Zweck-Mittel-Haltung gegenüber der Arbeit anzutreffen ist [54] und außerdem bei ihnen die Quote der Teilzeitbeschäftigten und der Nichtbeschäftigten am höchsten ist [55].

Als Gründe für die Berufstätigkeit werden von ihnen an erster Stelle materielle Motive genannt (z. B. Anschaffung der Wohnungseinrichtung, Auto, geringes Einkommen des Ehemannes). Bei ausreichenden finanziellen Mitteln würden ca. 42 % der befragten verheirateten jungen Frauen ihre Berufstätigkeit aufgeben – mit Ausnahme der schulisch und beruflich höher qualifizierten [56].

Insgesamt bringt die Berufstätigkeit für die jungen Frauen trotz intensiver offizieller Bemühungen erhebliche Schwierigkeiten und Belastungen mit sich. Die vielfältigen Pflichten als Ehefrau, Mutter und Erwerbstätige – und nicht zuletzt als gesellschaftlich engagierte und aktive Staatsbürgerin – lassen sich nur unter Verzicht auf den einen oder anderen Aufgabenbereich erfüllen. So wirkt sich die unangemessen starke zeitliche Beanspruchung durch die Haushaltsführung in ungebührlicher Weise hemmend auf die erwünschte allseitige Entwicklung der Frauen aus, auf ihre Zuwendung zum Beruf und die Bereitschaft zu beruflicher Weiterqualifizierung. Von einer nennenswerten »Emanzipation« sind die meisten insofern noch entfernt.

Eine weitere Reaktion mag die seit 1964 feststellbare rückläufige Geburtenentwicklung sein: »Ein Teil unserer jungen berufstätigen Frauen hat zwar das Bedürfnis, Mutter zu sein, aber eben nur für ein Kind oder höchstens für zwei. Das Bedürfnis der Gesellschaft sind aber drei Kinder, denn nur dann ist die Reproduktion des menschlichen Lebens gewährleistet. Der Wunsch nach mehreren Kindern ist also in jeder Hinsicht zu fördern. Dabei muß unsere politisch-ideologische Arbeit und unsere Sozialpolitik stärker darauf gerichtet sein, daß in der Skala der Wünsche einer Familie der Wunsch nach Kindern einen vorderen Platz einnimmt [57].«

Ebenfalls die steigende Scheidungsquote und vor allem der hohe Anteil scheidungswilliger Frauen mag ein Indiz für nicht bewältigte Schwierigkeiten sein.

Wahrscheinlich sind außerdem die Versuche, die Frauen von den traditionellen Berufen (Erziehung, Pflege, Dienstleistung etc.) in die industrielle Produktion umzulenken, eher kurzsichtig und der Gesamtentwicklung der weiblichen Beschäftigtenquote eher abträglich. Denn Erleichterungen können den Frauen nur durch ein perfektes Angebot im Dienstleistungssektor gewährt werden. Durch die Hinlenkung in den technisch-industriellen Bereich werden diesem die erforderlichen Arbeitskräfte jedoch entzogen [58].

Diesen Schwierigkeiten wird neuerdings dadurch Rechnung getragen, daß mehr Frauen als bisher wieder für diesen Tätigkeitsbereich eingeplant werden [59].

VIII. Berufseinmündungen

Trotz der generellen Schwierigkeiten in der Phase der Berufsvorbereitung bei männlichen und weiblichen Jugendlichen rechnet man in der DDR bei den Schulabgängern inzwischen mit ca. 70 % von Lehrabschlüssen bzw. Berufseinmündungen, bei denen eine zufriedenstellende Anpassung an die vorliegenden Stellenpläne erreicht wird bzw. die individuellen den gesamtgesellschaftlichen Interessen unterstellt wurden [60]. 30 % der Jugendlichen pro Abschlußjahrgang benötigen dagegen noch eine längere Phase der Berufsorientierung und -beratung, bevor ein Lehr- oder Ausbildungsvertrag abgeschlossen werden kann. Darunter befindet sich ein harter Kern von ca. 10 %, der sich nur schwer vermitteln läßt, zum Abbruch des Lehr- oder Ausbildungsverhältnisses, zu »Arbeitsbummelei«, häufigem Arbeitsplatzwechsel neigt und teilweise den Kontakt mit den Organen der Jugendhilfe erforderlich macht [61].

Kuhrt und *Schneider* (1971) unterscheiden aufgrund ihrer differenzierten Untersuchungen 5 Typen von Berufswählern, ohne dazu allerdings genauere quantitative Angaben zu machen [62]:

1. Jugendliche, bei denen Berufswunsch, subjektive Berufsvoraussetzungen, objektive Berufsanforderungen und volkswirtschaftlicher Bedarf übereinstimmen; das ist die eigentliche Idealgruppe, die anfangs noch sehr klein ist;
2. Jugendliche, bei denen Berufswunsch und volkswirtschaftlicher Bedarf zwar übereinstimmen, die berufliche Eignung vom Leistungs- und Anforderungsniveau jedoch nicht gegeben ist;
3. Jugendliche, bei denen Berufswunsch und zur Zeit gegebene subjektive Berufsvoraussetzungen (insbesondere Leistungen in einigen Unterrichtsfächern) nicht völlig übereinstimmen, aber in Übereinstimmung gebracht werden können;
4. Jugendliche, deren Wünsche den volkswirtschaftlichen Bedürfnissen zuwiderlaufen (Modeberufe);
5. Jugendliche, die noch sehr unentschlossen sind, nicht wissen, was sie eigentlich wollen, weil sie sich mit dem Problem noch nicht auseinandergesetzt haben [63].

Aufgrund der verschiedenen Einzelbefunde kann angenommen werden, daß die Quote derjenigen Jugendlichen, bei denen Berufswunsch und die persönlichen Voraussetzungen, Fähigkeiten, Interessen und der volkswirtschaftliche Bedarf zunächst nicht übereinstimmen, bei über 50 % liegt.

Den offiziellen Programmen, Ansprüchen und Forderungen stehen also die realen Fakten bei der Berufswahl und -einmündung in die Arbeitswelt teils einschränkend gegenüber. Diese sind markiert durch:

– fortbestehende Divergenzen zwischen Berufswünschen und Angebot;
– begrenzte Auswirkungen des polytechnischen Unterrichts und der berufsvorbereitenden Maßnahmen in Schule und Betrieb auf die Berufswünsche der Jugendlichen – insbesondere der weiblichen;

– fortbestehende geschlechtsspezifische Unterschiede der Berufspräferenzen, eindeutige
Bevorzugung der traditionellen Frauenberufe durch die Mädchen aller Schulzweige
bzw. -abschlüsse.

Trotz der frühzeitigen und umfassenden Vorbereitung auf die Arbeitswelt sind demnach bei den Jugendlichen »Fehlentwicklungen« in die unerwünschte Richtung zu
verzeichnen.

IX. Gründe für unerwünschte Entwicklungsverläufe

Die Gründe für die bisher noch auftretenden Mängel in der Berufsvorbereitung sind
vielfältig. So sind z. B. die Lehrer in den Schulen bisher nicht ausreichend für den
berufsberatenden Unterricht vorgebildet (s. o.). Ebenfalls die Ausbilder in den Betrieben verfügen in der Regel nicht über die erforderlichen pädagogischen Kenntnisse und
sind teilweise nicht in der Lage, positive Einstellungen in bezug auf die in ihrem
Betrieb ausgeübten Tätigkeiten zu erzeugen. Hinzu kommt, daß sich der berufsvorbereitende Unterricht weitgehend in wenigen großen strukturbestimmenden Industriebetrieben vollzieht, die nur einen Teil der späteren Ausbildungsplätze zur Verfügung
stellen können[64].

Die Berufsentwicklung wird außerdem überschattet durch negative Erfahrungen von
Freunden, Verwandten oder älteren Kameraden, die unter dem Mißverhältnis zwischen Ausbildung und ausgeübter Tätigkeit zu leiden haben. Die so perfekt angelegte
Berufslenkung kann also auch daran scheitern, daß in der Kolportage, in den Ge-
sprächen am Familientisch und im Freundeskreis herauskommt, daß man mit der
Ausbildung, in die man hineingelenkt wurde, letztlich doch nicht erreichen kann, was
man möchte. Das wird verstärkt durch die teilweise recht unbefriedigenden Verhältnisse bei der Eingliederung der Jugendlichen in die Arbeitswelt:

– ca. 50 % der Lehrlinge werden z. B. anschließend nicht in den Funktionen eingesetzt, für die sie ausgebildet wurden; ca. 30 % der Hochschulkader üben Tätigkeiten
  aus, die unter dem Niveau ihrer Ausbildung liegen[65]. Ähnliche Diskrepanzen wurden auch bei der Deutschen Reichsbahn festgestellt, bei der Absolventen der Ver-
  kehrshochschule (in Dresden) und andere Hochschulabsolventen häufig in unter-
  geordneten Stellungen eingesetzt werden.
– Das gilt verschärft für die weiblichen Jugendlichen, die bei gleicher Ausbildung
  und Qualifikation weniger Chancen haben, in mittlere oder leitende Funktionen zu
  gelangen als ihre männlichen Arbeitskollegen (s. u.). Sie neigen außerdem in besonders starkem Maße zu einem Wechsel des Arbeitsplatzes nach der Lehre, und zwar
  vorwiegend aus dem industriellen in den nicht industriellen Bereich.

Ein weiteres Problem scheint darin zu liegen, daß die Lehrstellenpläne primär auf
Kreis- oder Bezirksebene erstellt werden, dagegen ein überregionaler Bedarfsplan
kaum berücksichtigt wird. Diese Praxis erklärt sich durch den überall bestehenden
Arbeitskräftemangel, um dessen Deckung sich jeder Kreis und jede Region offenbar
zunächst einmal nach eigenen Kräften und Möglichkeiten bemüht. So kommt es vor,
daß bei allgemein starker Nachfrage nach Arbeitskräften im technischen Bereich ent-

sprechende Berufswünsche Jugendlicher trotz vorhandener Eignung aufgrund der Bezirkspläne nicht berücksichtigt werden, sondern eine Umlenkung in einen anderen Wirtschaftsbereich erfolgt [66].

Schließlich scheinen die Bedarfspläne zu kurzfristig am aktuellen Bedarf bzw. auf der Basis von Fünfjahresplänen orientiert zu sein, so daß in dem relativ langfristigen Prozeß der Berufsvorbereitung während der Schulzeit nur begrenzt darauf hingearbeitet werden kann. Dadurch besteht die Gefahr, daß während der Phase der Berufsvorbereitung teils Wünsche stimuliert werden, die im Stadium der Berufseinmündung nicht mehr realisiert werden können und folglich einer unbeabsichtigten und kurzfristigen Korrektur und Umlenkung bedürfen [67]. Hierfür fehlen zudem Analysen über die Anforderungs- und Eignungsstruktur der verschiedenen Berufsgruppen und -felder, die eine Umlenkung in ein verwandtes Tätigkeitsfeld erleichtern würden [68]. Man muß sich fragen, wieweit diese Tatsachen der ebenfalls erwünschten Aufstiegsmobilität dienlich sind.

X. Der Einfluß der Eltern auf die Berufswahl

Als Hauptursache für den unerwünschten Verlauf des Berufswahlprozesses wird neben den erwähnten Unzulänglichkeiten in den DDR-Publikationen der Einfluß des Elternhauses genannt. Den zahlreichen empirischen Befunden zufolge spielen die Eltern in der Tat als Ratgeber bei der Berufswahl eine sehr große Rolle und werden von den Jugendlichen unter den Einflußfaktoren, die bei der Wahl ihres Berufes maßgeblich beteiligt waren, in der Regel an erster Stelle genannt. Das gilt sowohl für Absolventen der AOS wie der EOS, für Mädchen ebenso wie für Jungen [69].

Die Graphik auf der nebenstehenden Seite zeigt, wie geringfügig die Unterschiede zwischen männlichen und weiblichen Jugendlichen dabei ausfallen (Untersuchungen von *Kuhrt* und *Schneider* [1971], S. 86).

Die Autoren halten es für verständlich, daß mehr als neun Zehntel der Jugendlichen mit den Eltern über ihre beruflichen Interessen sprechen, wenn auch die Häufigkeit der Gespräche noch nichts über die Qualität der Einwirkung aussage und unzureichend informierte Eltern als Störfaktoren wirken können [70].

Eine Gegenüberstellung von Untersuchungsergebnissen aus Magdeburg und Berlin [71] zeigt die gleiche Tendenz (*Meier* 1974, S. 315):

Tabelle 9: Anteil verschiedener Einflußfaktoren an der Herausbildung der Berufswünsche von Schülern (Angaben in Prozent)

	Untersuchung von *Kuhrt* n = 303	Untersuchung von *Höhn* n = 400
Eltern und Verwandte	29,2	35,5
Schule und Jugendverband	30,7	35,0
Betrieb und polytechnischer Unterricht	24,7	18,5
Massenkommunikationsmittel und Sonstiges	15,4	11,9
Freunde, Freundinnen, Schulkameraden	–	–

Personen, mit denen die Schüler über ihren Berufswunsch sprechen:

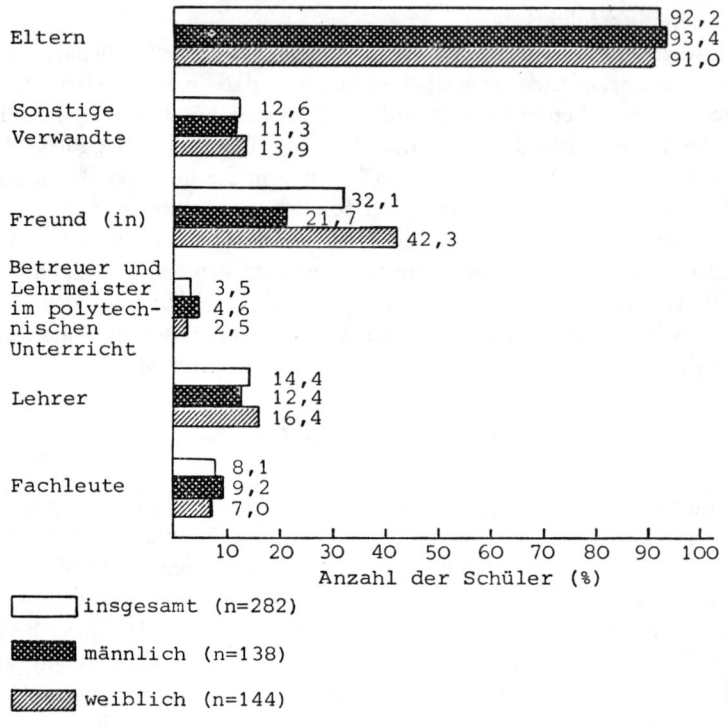

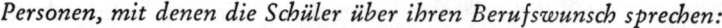

Anzahl der Schüler (%)

☐ insgesamt (n=282)

▓ männlich (n=138)

▨ weiblich (n=144)

In einer weiteren aktuellen Untersuchung (s. *Tabelle 10*) wurden die wichtigsten Einflußfaktoren bei Schülern der 10. Klasse, Lehrlingen mit und ohne Abitur, Teilfacharbeitern (An- und Ungelernten) und Facharbeitern ermittelt [72].
Auch hierbei erwiesen sich die Eltern neben den Massenmedien als einflußreicher als die Lehrer und der UTP (Unterrichtstag in der Produktion).

XI. Schlußbemerkung

Die voranstehende Analyse hat dargelegt, unter welchen Möglichkeiten und Bedingungen die Jugendlichen in der DDR den Übergang von der Schule in die Arbeitswelt vollziehen, welche Erwartungen gesellschaftlicher und politischer Art an sie herangetragen werden und in welcher Form sie die gegebenen Chancen nutzen und die an sie gestellten Anforderungen realisieren. Dabei läßt sich folgendes Resumé ziehen: Die Jugendlichen in der DDR erfahren bereits frühzeitig eine zielstrebige und vielseitige Vorbereitung und Hinlenkung auf die Arbeitswelt und deren Anforderungs-

Tabelle 10: Stärkster Einfluß hinsichtlich der Berufswahl (Angaben in Prozent)

Stärkster Einflußfaktor Teilpopulation	Oberschüler	Lehrlinge mit Abitur	Lehrlinge	Teilfacharbeiter	Facharbeiter
Vater, Mutter	28	22	23	21	25
MKM [1]	13	16	12	11	9
Klassenleiter (und andere Lehrer) [2]	1	6 (+ 7)	3 (+ 2)	5	5 (+ 2)
UTP	6	3	8	0	11
Arbeits- und Interessengemeinschaften [3]	7	–	–	–	–
Freunde, Freundinnen (und Schulkameraden) [4]	16	7	8	7	8
andere enge Verwandte	–	4	8	2	5
andere Personen und Bedingungen	12	21	20	25	23
nicht zu beurteilen	11	11	15	28	10
keine Antwort	6	3	2	2	1

[1] Außer MKM (Massenkommunikationsmittel) Werbung durch Betriebe: erfragt bei Schülern.
[2] Andere Lehrer: nur erfragt bei Lehrlingen, Arbeitern.
[3] Arbeits- und Interessengemeinschaften: nur erfragt bei Schülern.
[4] Schulkameraden: nur erfragt bei Schülern.   (Tabelle aus *Meier*, S. 315)

struktur. Die zentral gelenkten und in Kooperation von Schulen und Betrieben durchgeführten Maßnahmen der Berufsaufklärung, -beratung und -lenkung sind verankert in dem ideologischen Anspruch, individuelle und gesellschaftliche Interessen im Rahmen einer sozialistischen Arbeitseinstellung zur Deckung zu bringen.

Trotz der frühzeitig einsetzenden Lenkungsmaßnahmen, die der Deckung des Arbeitskräftebedarfs in den volkswirtschaftlich wichtigsten Sparten dienen sollen, treten *Diskrepanzen* zwischen den jugendlichen Wünschen und Berufsperspektiven einerseits und den Nachwuchsplänen und deren Kapazitäten andererseits auf.

Besonders die weiblichen Jugendlichen zeigen in ihren Berufswünschen, die primär auf traditionelle Frauenberufe zielen, die stärksten Abweichungen von den im technischen Bereich vorhandenen Arbeitsplätzen. Ihre Berufswahl wird obendrein durch das persistierende traditionelle weibliche Rollenmuster und die damit verbundenen zusätzlichen Pflichten und Aufgaben im familiären und häuslichen Bereich beeinträchtigt.

Der Einfluß der marxistisch-leninistischen Gesellschaftslehre in der DDR scheint sich demnach bisher nur unzureichend im Bewußtsein der jungen Generation niederzuschlagen. Denn eine Identität der persönlichen und gesellschaftlichen Interessen ist zumindest in der Phase der Berufswahl nicht erreicht worden – trotz intensiver Bemühungen. Die Frage bleibt offen, ob dieser Zustand den noch teilweise unzureichenden praktischen Maßnahmen in Schulen und Betrieben oder dem retardierenden Einfluß der Elterngeneration anzulasten ist, oder ob nicht letztlich der aus der marxistischen Theorie entwickelte Anspruch der Interessenidentität auf einem zu hohen Abstraktionsniveau ansetzt und damit von der heranwachsenden Generation noch nicht hinreichend verstanden, verarbeitet und internalisiert werden kann.

Anmerkungen

1 Dieser Artikel ist eine überarbeitete und erweiterte Fassung von Kapitel 3: Probleme der Berufswahl und Berufslenkung im Anhang zum 4. Jugendbericht der Bundesregierung, Zur Situation der Werktätigen Jugend in der DDR, unter Mitarbeit von *Walter Jaide, Barbara Hille, Arnold Freiburg, Christa Mahrad* et al. (unveröffentlichtes Manuskript, S. 53–92); s. auch Kapitel 1: Berufsvorbereitung durch die Schule.

2 Lebensweise und Moral im Sozialismus. Hrsg.: Institut für Gesellschaftswissenschaften beim ZK der SED, Berlin (O) 1972, S. 209.

3 Wörterbuch der Marxistisch-Leninistischen Soziologie. Hrsg.: *Wolfgang Eichhorn* I, *Erich Hahn* et al., Berlin (O) 1969, Stichwort »Arbeit«, S. 23.

4 Lebensweise und Moral im Sozialismus, s. Anm. 2, S. 217.

5 Ebd., S. 217.

6 Vgl. Statistisches Jahrbuch der Bundesrepublik Deutschland, 1974, S. 44 und 132; vgl. Kapitel 3: a. a. O., s. Anm. 1, S. 86.

7 *Willi Kuhrt* und *Gerold Schneider,* Erziehung zur bewußten Berufswahl, Berlin (O) 1971.

8 Verfassung der Deutschen Demokratischen Republik vom 6. April 1968, Berlin (O) 1968.

9 *Kurt Hager,* Rede vor der Volkskammer zum »Gesetz über das einheitliche sozialistische Bildungssystem«. In: *Siegfried Baske* und *Martha Engelbert* (Hrsg.), Zwei Jahrzehnte Bildungspolitik in der Sowjetzone Deutschlands. Dokumente, 2. Teil 1959–1965, Berlin 1966.

10 Allgemeinbildung Lehrplanwerk Unterricht, Berlin (O) 1972, S. 36.

11 *Heinz Frankiewicz,* Probleme der Erziehungswirksamkeit des polytechnischen Unterrichts, in: Pädagogik 8/9 (1969), S. 936.

12 *Helmut Hanke,* Pädagogische Studientexte zur Berufsbildung, Berlin (O) 1972, S. 331 f.

13 Allgemeinbildung Lehrplanwerk Unterricht, s. Anm. 10, S. 216.

14 Ebd., Eine Zwischenbilanz über bisherige Erfolge und weitere Verbesserungsmöglichkeiten im Rahmen des polytechnischen Unterrichts findet sich bei: *Frankiewicz,* Stand und aktuelle Probleme der polytechnischen Bildung und Erziehung in der DDR, in: Polytechnische Bildung und Erziehung 1 (1977), S. 1–10.

15 *Harald Vockerodt,* Der Beitrag des volkseigenen industriellen Großbetriebes zum polytechnischen Unterricht, in: *Hartmut Vogt* et al. (Hrsg.), Schule und Betrieb in der DDR, Köln 1970, S. 79, 80, 85.

16 § 8, §§ 9, 13 der VO über die Berufsberatung vom 15. 4. 1970, GBl. II, Nr. 43, S. 311; *Hartmann Kleiner,* Arbeitskräftelenkung und Zentralplanwirtschaft, in: Recht der Arbeit 3 (1971), S. 69–74.

17 Vgl. Anm. 16; Sozialistisches Bildungsrecht. Berufsbildung. Hrsg. vom Sekretariat für Berufsbildung, Berlin (O) 1972; *Hartmut Vogt,* Änderungen der Volkswirtschaftspläne. Auswirkungen auf Berufsberatung und Berufslenkung, in: Deutschland Archiv 8 (1974), S. 840–842.

18 *Kuhrt* und *Hans Deubler,* Berufswahlvorbereitung in den sozialistischen Ländern — Teil 2, in: Vergleichende Pädagogik 4 (1973), S. 385–395.

19 *Schneider,* Wie hilft die Schule bei der Berufswahl?, in: Presse-Informationen, Berlin (O), Nr. 118 (3578) vom 8. Oktober 1971; Aufgaben und Ziele einer langfristigen Berufs- und Studienberatung, in: Presse-Informationen, Berlin (O), Nr. 69 (3377) vom 18. Juni 1970; Fragen der Schüler zum zukünftigen Beruf: Kann ich werden, was ich will? Will ich werden, was ich kann? Wer berät mich? Wann muß ich mich entscheiden?, in: Elternhaus und Schule 4 (1971), S. 12–13.

20 *S. Kuhrt* und *Deubler,* Anm. 18.

21 Berufsberatungszentrum hilft Schülern, Lehrern und Eltern, in: Neues Deutschland, 4. 9. 1974, S. 2; Jugendgesetz der DDR vom 28. 1. 1974, GBl. I, Nr. 5, S. 51; Anordnung über Berufsberatungszentren und Berufsberatungskabinette vom 7. 4. 1975, GBl. I, Nr. 8, S. 334–336; Berufsberatungszentren — Erfahrungen und Probleme. Hrsg. Zentralinstitut für Berufsbildung der DDR, Berlin (O) 1974; *Rolf Balzer,* Aufgaben und Arbeitsweisen der Berufsberatungszentren und -kabinette einheitlich geregelt, in: Presse-Information/Ministerrat, Nr. 55, 16. 5. 1975, S. 5–6.

[22] *Erna Geggel*, Berufsberatungszentrum, in: Elternhaus und Schule 5 (1969), S. 16—18; *Winfried Höhn* und *Manfred Hessenius*, So wird der Schuljugend die Wahl des Berufes erleichtert, in: Neues Deutschland, 15. 4. 1973, S. 5; Im Blickfeld des Pädagogen: BBZ. Über das Miteinander von Schulen und Berufsberatungszentren, in: Deutsche Lehrerzeitung 7 (1975), S. 11; *Balzer*, Betriebe und Berufsberatungszentren — gute Partner bei der Berufsberatung, in: Berufsbildung 7/8 (1975), S. 348—350; Betrieb und Berufsberatung. Hinweise für eine effektive Berufsberatung durch die sozialistischen Betriebe. Hrsg. Zentralinstitut für Berufsbildung der DDR, Berlin (O) 1976.

[23] *Eberhard Hübsch*, Aufgaben und Arbeitsweise von Zentren für Berufsberatung, in: Arbeit und Arbeitsrecht 15 (1973), S. 449—451; *Burkhardt Gericke*, Zu den Aufgaben und zum Profil des Berufsberaters in der DDR, in: Forschung der sozialistischen Berufsbildung 4 (1974), S. 15—19; Weiterbildung der Berufsberater im Jahre 1974/75, in: Forschung der sozialistischen Berufsbildung 3 (1975), S. 49.

[24] Verordnung über die Berufsberatung vom 15. April 1970, Kap. 20, GBl. II, Nr. 43, S. 311.

[25] *Walter Jaide*, Berufsfindung und Berufswahl, in: Handbuch der Psychologie, Bd. Berufspsychologie, Göttingen 1977 (im Druck).

[26] *Heinz Grassel*, Berufswunsch und Berufsweg weiblicher Jugend, Dissertation (unveröffentlicht), Leipzig 1955; *Grassel* und *Helmut Kulka*, Psychologische Untersuchungen über die Berufswahl und Lehrausbildung, Berlin (O) 1958.

[27] Gesetz über das einheitliche sozialistische Bildungssystem vom 25. Februar 1965, in der Form des Beschlusses des Staatsrates der DDR vom 30. Juni 1966, in: Loseblattsammlung Bildung und Erziehung, B/I/2, Bl. 1—25.

[28] *Kuhrt* und *Schneider*, Anm. 7, Tab. S 73; Diese Ergebnisse decken sich auch mit ähnlich konzipierten im Jahre 1975 veröffentlichten Untersuchungen: *Barbara Bertram*, Probleme der Berufsvorbereitung bei Jugendlichen, in: Lebensweise — Kultur — Persönlichkeit, Berlin (O) 1975, S. 128—133; *Irmgard Steiner*, Berufs- und Bildungspläne von Schülern der zehnten Klasse, in: Lebensweise — Kultur — Persönlichkeit, Berlin (O) 1975, S. 134—138.

[29] Ebd., S. 73.

[30] *Dieter Gittler*, Aufgaben der Betriebe, Kombinate, Einrichtungen und Genossenschaften bei der langfristigen Berufsberatung, in: Berufsbildung 3 (1973), S. 119–122, Tab. S. 120.

[31] *Kuhrt* und *Schneider*, Anm. 7, S. 178–179; *H. Winnig*, Über das Verhältnis individueller und gesellschaftlicher Interessen in der Studienmotivation und Studienbewerbung bei Schülern der Erweiterten Oberschule. Dissertation (unveröffentlicht), Potsdam 1965; *Willi Kinnigkeit*, Studienplatzmangel in der DDR, in: Süddeutsche Zeitung, 29. 8. 1973.

[32] *Kuhrt* und *Schneider*, Anm. 7, S. 73, 74.

[33] *Jaide*, Berufswahlmotivation, in: Berufsberatung und Berufsbildung 1/2 (1970), S. 5–27.

[34] *Winnig*, a. a. O.; befragt wurden 509 Schüler der 9.–12. Klassen, von denen 87,4 % studieren wollten; *Kuhrt* und *Schneider*, a. a. O., S. 73.

[35] *Kurt Ducke*, Motive und Faktoren der Berufswahl, in: Polytechnische Bildung und Erziehung 4 (1974), S. 141—144; *Artur Meier*, Zur Vorbereitung des Nachwuchses der Arbeiterklasse, in: Lebensweise — Kultur — Persönlichkeit, Berlin (O) 1975, S. 120—127; Erziehung zur bewußten Berufswahl, Beiheft zur Zeitschrift Pädagogik, 2 (1975).

[36] *Artur Meier*, Soziologie des Bildungswesens, Berlin (O) 1974.

[37] Ebd., Tab. S. 317.

[38] Ebd., S. 144 f.

[39] *Dieter Voigt*, Montagearbeiter in der DDR, Darmstadt und Neuwied 1973.

[40] S. *Jaide*, Berufswahlmotivation, Berufsberatung und Berufsbildung, a. a. O.; *Jaide*, Zur Integration der Jugend in die Arbeitswelt, in: Deutschland-Archiv, Sonderheft, Oktober 1970, S. 60–68; *Bärbel Betram*, Einige Probleme der Arbeits- und Berufseinstellungen bei Lehrlingen und jungen Facharbeitern, in: Jugendforschung 12 (1969), S. 47–61.

[41] Statistisches Jahrbuch der DDR 1974, S. 421, 426 f., 429 f.; DIW-Wochenbericht 50 (1972), S. 427; *Gisela Helwig*, Zwischen Familie und Beruf, Köln 1974, S. 77, 78.

[42] Daten aus der DDR und Vergleichswerte aus der BRD, in: *Hille*, Arbeits- und Berufsperspektiven weiblicher Jugendlicher, in: Deutschland-Archiv, Sonderheft, Oktober 1970, S. 69—76; *Hille*, Die Bedeutung von Beruf und Familie für junge Mädchen in der Bundesrepublik Deutschland und der DDR, in: Politik und Kultur 5/6 (1974), S. 69—82; *Hille*, Zukunftsvorstellungen von Jugendlichen in der Bundesrepublik Deutschland und der DDR, in: Deutschland-Archiv 1 (1975), S. 39—51; *Hille*, Berufs- und Lebenspläne sechzehnjähriger Schülerinnen in der Bundesrepublik Deutschland, Frankfurt/Bern 1976.

[43] *Walter Friedrich*, Jugend heute, Berlin (O) 1966; *Ulrike Siegel*, Die Berufstätigkeit der Frau im Meinungsbild Jugendlicher, in: Arbeit und Arbeitsrecht 11 (1969), S. 337—340.

[44] *Hille* 1975 und 1976, s. Anm. 42.

[45] *Grassel*, a. a. O.; *Winnig*, a. a. O.; *Hans-Joachim Langhammer*, Zur Gewinnung von Mädchen für technische Berufe, in: Probleme der Frauenqualifizierung, Berlin (O) 1971. Eine analoge Rangfolge der Berufswünsche weiblicher Jugendlicher zeigt sich in den entsprechenden Daten aus der BRD, vgl. hierzu *Hille*, Berufs- und Lebenspläne sechzehnjähriger Schülerinnen, a. a. O.

[46] *Grassel*, a. a. O.; *Winnig*, a. a. O.; *Ilona Johrig, Jürgen Pentziak, Hans-Erich Martin*, Einstellung von Schülern und Studenten zur Tätigkeit von Frauen in technischen und naturwissenschaftlichen Berufen, in: Forum 12 (1968); *Hille*, s. Anm. 42; *Bertram*, s. Anm. 28.

[47] *Grassel*, Probleme und Methoden der Lehrerforschung, in: Probleme und Ergebnisse der Psychologie 34 (1970), insbes. S. 28.

[48] Wirtschaft und Statistik 3 (1974), S. 178; Statistisches Jahrbuch der DDR 1974, S. 426 f., 429 f.; *Helwig*, a. a. O., insbes. S. 65—75; aus den dort aufgeführten Daten geht u. a. auch hervor, daß die Quoten für die weiblichen Jugendlichen in der Bundesrepublik Deutschland mit denen aus der DDR nahezu übereinstimmen; *Hille*, Arbeits- und Berufsperspektiven, a. a. O.

[49] *Else Ackermann*, Facharbeiter sind gefragt, in: Die Arbeit 3 (1973), S. 49—53; *Herta Kuhrig*, Zur gesellschaftlichen Bedeutung der Aus- und Weiterbildung der Produktionsarbeiterinnen, in: Berufsbildung 3 (1974), S. 107—110.

[50] *Rudhard Stollberg*, Arbeitszufriedenheit – theoretische und praktische Probleme, Berlin (O) 1968.

[51] *Hartmut Rosenberger* und *Wulfram Speigner*, Was bewegt die Frauen in ihrem Beruf?, in: Arbeit und Arbeitsrecht 11 (1969), S. 327—331; *Speigner*, Soziale Bedingungen und Motivation der Einstellungen von Produktionsarbeiterinnen zur Qualifizierung, in: Berufsbildung 3 (1974), S. 111—113; *Kuhrig*, a. a. O.

[52] *Inge Lange*, Die Beziehungen zwischen Ideologie, Hausarbeit und beruflicher Tätigkeit der Frauen – Referat bei der Gründung des Wissenschaftlichen Rates für Sozialpolitik und Demographie, in: Die Wirtschaft 22 (1974), S. 12—13; *Wolfgang Otto*, Wer stellt die Blumen in die Vase?, in: Forum 23 (1969), S. 8.

[53] *Lange*, a. a. O.

[54] *Karl Spiegelberg*, Zum Verhältnis der Frauen zur Berufstätigkeit, in: Soziologische Aspekte der Arbeitskräftebewegung, Berlin (O) 1967.

[55] Sowohl die Quote der teilbeschäftigten wie der nichtbeschäftigten Frauen liegt in diesen Altersgruppen jeweils bei ca. 30 Prozent und mehr: vgl. u. a. *Joachim Reiner*, Die territoriale Einordnung strukturpolitischer Investitionsvorhaben und die territoriale Rationalisierung. Wissenschaftliche Zeitschrift der Universität Halle, Gesellschaftl. und Sprachwissenschaftl. Reihe XXI, 6 (1972), S. 73—81; vgl. Statistisches Jahrbuch der DDR 1974, S. 362; vgl. *Helwig*, a. a. O., S. 104—106.

[56] *Spiegelberg*, a. a. O.

[57] *Lange*, a. a. O.

[58] *Hille*, Arbeits- und Berufsperspektiven weiblicher Jugendlicher, a. a. O.; *Hille*, Berufs- und Lebenspläne sechzehnjähriger Schülerinnen, a. a. O.

[59] *Helwig*, a. a. O.

60 *Horst Schroeder* und *Lutz Wienhold*, Berufswunschanalysen – ein Mittel zur Lenkung der Schulabgänger, in: Arbeit und Arbeitsrecht 21 (1973), S. 640–645; *Höhn* und *Hessenius*, a. a. O.

61 *Voigt*, a. a. O.

62 *Kuhrt* und *Schneider*, a. a. O.

63 Eine ähnliche Berufswahltypologie für die BRD findet sich in: *Jaide*, Die Berufswahl, München 1961; vgl. *Jaide*, Berufswahlmotivation, a. a. O.

64 *Kuhrt* und *Schneider*, a. a. O., S. 65 f.; *Meier*, a. a. O.

65 *Kuhrt* und *Schneider*, a. a. O., S. 52; *Harry Meier*, Bildung und Wirtschaftswachstum im ökonomischen System des Sozialismus, in: Einheit 4 (1969), S. 439–447.

66 Durch dieses eng auf Bezirks- und Kreisebene beschränkte Vorgehen führt sich der demokratische Zentralismus letztlich ad adsurdum. S. *Grassel*, Berufswunsch und Berufsweg weiblicher Jugend, a. a. O.; s. *Rosenberger* und *Speigner*, a. a. O.

67 *Gittler*, a. a. O.

68 *Jaide*, Die Berufswahl, a. a. O.

69 *Kuhrt und Schneider*, a. a. O.; *Winfried Höhn*, Die Berufswahl will gründlich überlegt sein, in: Neues Deutschland, 26. 10. 1968, S. 14; *Meier*, a. a. O.; *Winnig*, a. a. O.; *Manfred Clauß* und *Ruth Fröhlich*, Einflußnahme der Arbeitskollektive auf ihre Mitglieder zur Verbesserung der Erziehung ihrer Kinder, in: Pädagogik, 2. Beiheft (1974), S. 46—48; Grundfragen der Berufswahlvorbereitung der Schuljugend, in: Pädagogik, Beiheft 2 (1975), S. 2—10.

70 Angesichts dieser Kritik muß bedacht werden, daß die derzeitige Elterngeneration der 35- bis 40jährigen (geboren 1934–1939) infolge von Hitlerzeit, Nachkriegs- und Aufbauzeit in der DDR ein sehr besonderes und schwieriges Schicksal erlebt hat, über dessen innere Verarbeitung wenig bekannt ist. Insofern ist bei ihnen ein schwer durchschaubares und widersprüchliches Bewußtseinsfeld zu vermuten. Das könnte auch dazu führen, daß diese Eltern in der Tat einen retardierenden Einfluß auf die Berufswahl ihrer Kinder ausüben.

71 *Kuhrt* und *Schneider*, a. a. O., S. 88.

72 *Meier*, a. a. O., S. 315.

ARBEITSZUFRIEDENHEIT BEI JUGENDLICHEN IN DER DDR UND DER BUNDESREPUBLIK DEUTSCHLAND

Von Walter Jaide

Hierbei wird zunächst die Problem- und Datenlage in der DDR geschildert und analysiert. Im Anschluß daran wird ein übergreifender Forschungs- und Interpretationsrahmen entworfen. Diesem werden die Fragestellungen und Befunde in der Bundesrepublik zugeordnet.

I

Die Eingliederung der Jugendlichen in die Arbeitswelt geschieht in der DDR unter besonders pointierten Zielsetzungen, Erwartungen und Chancen. Erst durch die Arbeit finde der Mensch seine eigentliche und volle Entfaltung als gesellschaftliches Wesen zur sozialistischen Persönlichkeit. Erst durch seine beruflichen Rollen und Positionen finde er seine Orientierung, Etablierung und Bestätigung in der Gesellschaft. Andererseits gewinne er durch seine Arbeitseinstellung eine hohe individuelle und kollektive Leistungsbereitschaft und damit sein Leben und Glück unter sozialistischen Verhältnissen [1].

Den Heranwachsenden wird deshalb viel in Aussicht gestellt: eine moderne und d. h. technisch-industrielle, wissenschaftlich entwickelte Ausbildung und Tätigkeit sowie eine generelle Humanisierung der täglichen Arbeit. Bisherige Beschränkungen aufgrund der sozialen und ökonomischen Lage der Elternfamilie werden außer Kraft gesetzt. Ausbeutung und Repression im Betrieb seien abgeschafft.

Demgegenüber wird allerdings auch viel erwartet und abverlangt: rasche und intensive Qualifizierung in der Ausbildung und deren Fortsetzung in späteren Berufsetappen, hohe Leistungen und Sonderleistungen funktioneller und extrafunktioneller Art, Teilnahme am sozialistischen Wettbewerb und an besonderen Jugendkollektiven.

Wenn ein System so viel verspricht und fordert, dann ist es eine Probe aufs Exempel, eine Art politischer Bewährungskontrolle, ob und wie weit junge Menschen in der DDR mit ihrer Arbeit und Ausbildung zufrieden sind, sich mit ihr verbunden und in ihr bestätigt fühlen und dadurch Orientierung an und Identifizierung mit ihren Rollen in der Arbeitswelt und darüber hinaus in der Gesellschaft erleben. Dabei interessiert nicht nur eine herausgehobene, besonders geförderte – wenn auch ziemlich große – Sondergruppe Jugendlicher in speziellen Jugendkollektiven, sondern die breite Masse der jugendlichen Lehrlinge, Praktikanten, Arbeiter, Facharbeiter, Angestellten, LPG-Bauern.

Deshalb haben Forscher in der DDR nach »Arbeitszufriedenheit« oder Berufszufriedenheit bzw. -unzufriedenheit geforscht – und zwar in verschiedenen Problemsituationen:

– Einmündung von Jugendlichen in solche Berufe, die sie selber nicht gewünscht haben; man vermutet dabei, daß die Nichterfüllung eines – wenn auch vielfach problematischen und unklaren – Berufswunsches zu Unzufriedenheit in Ausbildung und Berufsarbeit führt.

– Einmündung in Berufe mit positiven (eventuell überhöhten) Erwartungen in bezug auf Arbeit, Betrieb und Beruf – und demgegenüber Berufsablehnungen, d. h. Abweisungen von Berufs- und Ausbildungsangeboten unter entsprechend negativen Erwartungen (z. B. zu schwer, schmutzig, unselbständig, eintönig, nicht technisch).

– Reale Erfahrungen in Ausbildung und Berufstätigkeit, wobei z. T. die Aussagen über Erwartungen denen über Erfahrungen gegenübergestellt werden, um das Ausmaß und die Kriterien von Unzufriedenheit bzw. Enttäuschung im Bewußtsein der Arbeitenden zu ermitteln.

– Berufs- und/oder Betriebswechsel [2].

Der relativ aufschlußreichste Forschungsansatz beschäftigt sich mit der Gegenüberstellung von Erwartungen (Bedeutsamkeit) und Befriedigungen (Wirklichkeit), wobei ausdrücklich nach verschiedenen Kriterien der Arbeitszufriedenheit gefragt wird. Auf diesen Kriterien werden also Unterschiede zwischen den ursprünglichen Berufsperspektiven und den konkret vorgefundenen Arbeits- und Ausbildungsverhältnissen (und damit die Erfüllung der voranstehenden Versprechungen) gemessen. Sie lauten (in sinngemäßer Formulierung und Ordnung durch den Verfasser) bei den meisten Untersuchungen ähnlich [3]:

– Stimulation durch Arbeitsinhalte (interessant, verantwortungsvoll, selbständig u. a. m.);

– Qualifizierungs- und Aufstiegsmöglichkeiten;

– moderne Arbeitsbedingungen (Leitung und Organisation, Maschinenausstattung, Qualität des Materials u. a. m.);

– formelle und informelle Sozialstrukturen und -interaktionen (Verhältnis zu Vorgesetzten und Kollegen, Junge versus Alte, Anleitung, Wettbewerb, Vorschläge, Sanktionen, Betreuung).

Diese Kriterien werden in einer Untersuchung von *Holger Michaelis* (1967) [4], betreffend 120 männliche Jugendliche im Alter von 16 bis 25 Jahren, die im Arbeitsprozeß stehen, unter beiden Aspekten, dem der Erwartung und dem der Befriedigung, in eine Häufigkeitsrangordnung gebracht:

Bedeutsamkeit (Erwartung)	»Wirklichkeit« (Befriedigung)
1. Gute Bezahlung	7.
2. Moderne Arbeitsbedingungen	11.
3. Gutes Verhältnis zu den Kollegen	2.
4. Selbständige Arbeit	3.
5. Abwechslungsreiche Arbeit	4.
6. Gute Arbeitsorganisation	6.
7. Gutes Verhältnis zu den Vorgesetzten	5.
8. Verantwortungsvolle Arbeit	10.
9. Arbeit in der Normalschicht	1.
10. Anerkennung der Arbeit durch die Kollegen	8.
11. Saubere Arbeit	12.
12. Körperlich leichte Arbeit	9.
13. (Wenig Arbeit)	–

(Gute Bezahlung steht also unter den Erwartungen an 1. Stelle – unter den konkreten Erfüllungen nur an 7. Stelle.) *Michaelis* kommentiert dieses Ergebnis mit der Feststellung, »daß die Divergenz zwischen »Wunsch und Wirklichkeit« gerade bei den Faktoren am größten ist, denen die jugendlichen Arbeiter die größte Bedeutung beimessen. Das gilt besonders bei der Bezahlung und der Modernität der Arbeitsbedingungen, wobei letztere sehr stark mit dem Wunsch nach einer selbständigen, abwechslungsreichen und verantwortungsvollen Arbeit korrelieren. ... Stärker als bei den männlichen Jugendlichen stehen bei den weiblichen Jugendlichen die Probleme des Arbeitsinhaltes im Vordergrund, während die Fragen der zwischenmenschlichen Beziehungen – entgegen anderen Untersuchungen – im Hintergrund stehen. ... Die größere Gewichtung der inhaltlichen Seite der Arbeit bei den weiblichen Jugend-

Untersuchung A (Halle)

| Bewertete Elemente der Arbeitssituation | mit der Arbeit | | Differenz |
	zufriedene Personen V1 [1]	unzufriedene Personen V2	V1–V2
1. Anwendungsmöglichkeit geistiger Fähigkeiten	0,74	− 0,10	0,84
2. Technische Ausrüstung des Arbeitsplatzes	0,27	− 0,21	0,48
3. Lohn	0,58	0,21	0,37
4. Organisation am Arbeitsplatz	0,55	0,19	0,36
5. Verhalten der Vorgesetzten	0,78	0,43	0,35
6. Fachliche Anleitung	0,79	0,47	0,32
7. Kollegiale Beziehungen	0,81	0,70	0,11
8. Arbeitsschutz	0,72	0,68	0,04
9. Qualität der gelieferten Erzeugnisse	0,26	0,23	0,03

1 V bedeutet einen Indexwert, den man aus der Zahl der positiven Bewertungen minus der Zahl der negativen Bewertungen auf seiten der Befragten erhält.

lichen dürfte durch die verhältnismäßig schlechteren Arbeitsbedingungen zu erklären
sein, unter denen die weiblichen Jugendlichen arbeiten« (S. 310, 312).
Den methodisch besten Einblick in die Spannungen zwischen Erwartungen und Befriedigungen ergeben Gruppenvergleiche zwischen zufriedenen und unzufriedenen Berufstätigen, wie sie in einer Untersuchung in Halle ermittelt worden sind [5].
Die für die Arbeits*un*zufriedenheit ausschlaggebenden Kriterien bilden – nach Aussage der Untersuchungen – auch die Beweggründe für Betriebs- und Berufswechsel.
Die Fluktuanden beklagen:

– ungünstige, unmoderne Arbeitsbedingungen und Arbeitsorganisation;
– geringe Bezahlung bzw. als relativ zu gering eingeschätzte Bezahlung;
– zu wenig verantwortungsvolle, abwechslungsreiche, interessante Arbeit und damit
  verbunden geringe Qualifizierungsmöglichkeiten;
– unerwünschter Beruf;
– Betriebsklima;
– Wohnlage [6].

Solche Angaben treten bereits bei der Berufswahl als Begründungen von Berufsablehnungen auf; eintönige, langweilige, nicht technische Tätigkeiten, geringe Selbständigkeit sind unerwünscht (vgl. Artikel von *Barbara Hille,* Berufswahl ... in diesem
Heft). Man sieht also, daß in den erwähnten Problemlagen (Berufserwartungen, Berufseinmündungen, Berufserfahrungen, Berufs- und Betriebswechsel) weithin die gleichen Kriterien – in fast gleicher Rangfolge – einen positiven bzw. negativen Einfluß
auf Stimmungen und Entscheidungen der Jugendlichen (und ihrer Eltern und auch der
übrigen Erwachsenen) ausüben.
Was verstehen nun eigentlich die Befragten unter technischer Modernität der Produktionsverhältnisse, unter selbständiger Arbeit, guten Vorgesetzten usw. [7]? Die Antworten dürften recht verschieden ausfallen je nach den Vergleichsmöglichkeiten der Befragten, nach Lebensalter und Geschlecht, nach Berufssparte und Vorbildung. Das
Problem kann deshalb mit einem solchen Untersuchungsansatz nicht hinreichend
geklärt werden, sondern müßte durch sehr viel genauere Analysen ermittelt werden,
wie es allerdings auch nur z. T. in der »westlichen« Betriebs- und Arbeitspsychologie
und -soziologie geschieht.
Immerhin lassen die erwähnten DDR-Untersuchungen eine Unterscheidung von sozialen Gruppen nach größerer oder geringerer Arbeitszufriedenheit zu. Die Unter-
scheidungen treten in den meisten Untersuchungen gleichermaßen hervor [8]. Abeits*un*-
zufriedenheit findet sich häufiger bei:

– den Jüngeren gegenüber den Älteren (sowohl zwischen 15 und 25 Jahren wie gegenüber älteren Erwachsenen);
– den männlichen gegenüber den weiblichen Jugendlichen bzw. jungen Erwachsenen;
– den Unverheirateten gegenüber den Verheirateten;
– den Jugendlichen mit höherem Schulabschluß bzw. höherem Berufsausbildungs-
  niveau;
– den Jugendlichen mit höheren (übersteigerten?) Erwartungen in bezug auf Arbeits-

organisation, Anleitung, Kollektivgeist, technischen Fortschritt, persönliche Verantwortung, Fortbildungs- und Aufstiegsmöglichkeiten.

Die relativ höhere Arbeitsunzufriedenheit bei den beiden letzten Gruppen ist besonders problematisch; denn ihnen stehen interessante Berufe offen. Die Autoren der
DDR helfen sich aus der Verlegenheit mit dem an sich plausiblen Begriff einer
»schöpferischen Unzufriedenheit«, die zwar durch unbefriedigende Arbeitsverhältnisse
zunächst stärker enttäuscht, aber auch zu deren Verbesserung in höherem Maße bereit
und in der Lage sei und gerade dadurch in der Folgezeit eine tiefere Berufsverbundenheit erreiche. Die Autoren *Bärbel Bertram* (1969/1971) wie auch *Kurt Ducke* und
Peter J. Frey (1967)[9] bieten allerdings dafür nur Begriffsdefinitionen, Hinführungs-
ratschläge, Warnungen vor gefährlichen Konsequenzen andersartiger Unzufriedenheit,
aber keine präzis dargelegte Empirie. Nur *Herbert F. Wolf* (1968) versucht genauer
zu differenzieren: »Die soziologische Analyse zeigt, daß gerade diese Gruppe sehr
unterschiedlich zusammengesetzt ist: von sehr bewußten Menschen mit klarem Ziel
und hohen Maßstäben über Menschen, die aus Enttäuschung über die Nichterfüllung
dieser oder jener speziellen, subjektiv vielleicht wichtigen Erwartung reagieren, bis
zum Häufchen jener, die nie und nirgends voll zufrieden sind und unsere Fluktua-
tionsstatistik immer aufs Neue belasten« (S. 40)[10].
Die Autoren *Fritz Macher* und *Karoline Macher* (1971)[11] beklagen sogar die Unterforderung der Lehrlinge, die zu geringerer Zufriedenheit beitrage: »Eine Unterforderung kann bei den Lehrlingen sehr leicht zu der Auffassung führen, daß der von
ihnen gewählte Beruf in seiner praktischen Ausführung nur ungenügend hohe Anforderungen stellt.« Die übrigen sind zur »sozialistischen Einsicht in die Notwendigkeiten«
mit dem Ziel zu erziehen, vorerst noch unzulängliche Arbeitsbedingungen kritisch,
aber positiv hinzunehmen.
Demgegenüber darf man allerdings vermuten, daß bei alledem auch die Eingewöh-
nung in die Betriebsverhältnisse, die Angleichung der Rollenerwartungen an die praktischen Gegebenheiten, die Eingliederung und Identifizierung mit der Bezugsgruppe in
der Betriebsabteilung eine positive Rolle spielen. Im ganzen zeigen nämlich ältere
Arbeitnehmer eine höhere Quote von allgemeiner Zufriedenheit, eine größere Beständigkeit dieses Urteils bei Intervallstudien sowie eine andersartige Balance zwischen
Erwartungen und Befriedigungen, wobei Entlohnung und Kontakt zu Vorgesetzten
und Kollegen wichtiger erscheinen als Qualifizierungsmöglichkeiten und interessante
Arbeit *(Wolf)*. Bei den Höherqualifizierten und Anspruchsvolleren muß man fragen,
ob ihre Unzufriedenheit am Arbeitsplatz nicht auch Unzufriedenheit mit Strukturbe-
dingungen des Systems bedeutet (z. B. Leistungsdruck, Wettbewerb und Planerfüllung
an unzulänglicher Maschinenausstattung und Materialqualität, Praxis und Umfang
der Mitbestimmung, Fehlplanungen, Diskrepanzen zwischen Ausbildung und späte-
rem Einsatz).
Speziell bei den weiblichen Jugendlichen und jungen Frauen wirkt sich die stärkere
Diskrepanz zwischen Berufswünschen und Berufseinmündungen (besonders in Pro-
duktionsberufe) im relativ häufigen Berufswechsel nach der Ausbildung aus sowie
in der Bekundung von Unterforderung, von geringen Qualifikationsaussichten und in

den Wünschen, überhaupt die Berufstätigkeit zu beenden (in diesen Sparten). Die Überforderung durch Familienpflichten und durch mangelhafte Koordination von Beruf und Familie spielt bei den Frauen ebenfalls eine wichtige Rolle in ihrer Berufsunzufriedenheit [12].

Die DDR-Autoren deuten jedoch Unzufriedenheit am Arbeitsplatz – sofern sie nicht als »schöpferische« deklariert werden kann – als systemfremd, uneigentlich oder nur als vorübergehend denkbar. Gegen eine solche Einschätzung müssen kritische und zwar ausdrücklich systemtranszendente (s. o.) Einwände angebracht werden, und zwar in dreierlei Hinsicht:

1. Der Zuschnitt industriell-bürokratischer Arbeit als solcher und in aller Welt vermittelt wahrscheinlich nur einem Teil der Berufstätigen bzw. nur zeitweilig Befriedigung. Arbeitsteilung, Eintönigkeit, Bedienung von Maschinen, Automaten, Computern, geringe oder eingeschränkte Kompetenz und Dispositionsvollmacht am Arbeitsplatz, soziale Isolierung in Schaltraum, Produktionsstätte oder Büro – alles dies bietet wenig direkte Anteilnahme an der jeweiligen Arbeit und wenig Ansätze zu einer vielseitigen beruflichen und persönlichen Fortentwicklung, wogegen auch in der sozialistischen Arbeitswelt noch kein »intrinsisches« Kraut gewachsen zu sein scheint. Nur vermittelt durch extrinsische Satisfaktionen (Einkommen, Anerkennung, Sicherheit, Aufstieg) und/oder durch eine übergreifende ideologische Einstellung zur Arbeit lassen sich die erwähnten industriegesellschaftlichen »Entfremdungen« in Kauf nehmen [13]. Daß sich junge Menschen zumal in weniger günstigen Arbeitsverhältnissen erst allmählich zu einer solchen Inkaufnahme durchringen, ist verständlich. Wie sehr gerade die technische Entwicklung der Arbeitssituationen und die ihr innewohnende Polarisierung (Steuerungs-, Kontroll-, Instandhaltungsarbeiten etc. versus repetitive, partikuläre Tätigkeiten) und die subjektiven Erfahrungssequenzen aufgrund solcher Veränderungen und die damit verbundenen Umwertungen von Fähigkeiten und Verantwortungen auf die Arbeitseinstellung und Arbeitszufriedenheit einwirken, innerhalb günstiger oder ungünstiger Rahmenbedingungen (Entlohnung, Sicherheit etc.), haben *Horst Kern* und *Michael Schumann* [14] deutlich gezeigt. Bezeichnenderweise wird der Begriff »Entfremdung« nur in einer tschechischen Studie [15] verwendet und dort allerdings speziell auf den betreffenden Industriebetrieb also in mehr westlicher Weise den Arbeitszuschnitt und nicht die wirtschaftspolitischen Eigentums- und Machtverhältnisse betreffend ausgemünzt. Ebenso wird in diesem Zusammenhang nicht nach Belastungen körperlicher oder nervlicher Art bzw. nach Belastungsfaktoren (z. B. Dauerkonzentration auf Wahrnehmungs- und Reaktionsleistungen, ungünstige Arbeitsbedingungen: Lärm, Hitze, Gerüche; Unfallrisiko u. a. m.) gefragt.

2. Ferner scheinen die sozialistischen Autoren zu vergessen, daß sie es bei ihren Untersuchungen mit jungen Menschen zu tun haben, denen wohl in allen Gesellschaften nicht nur ihre berufliche Ausbildung und Arbeit am Herzen liegt, sondern auch Sport, Kontakt zu Gleichaltrigen, Liebe, Tanzen, moderne Tanzmusik, Hobbies und Reisen, wie es in Interessenuntersuchungen aus der DDR deutlich zum Ausdruck kommt [16]. Bei aller kritischen Distanz gegenüber sozio-kulturell neutralen Konzeptionen von »Jugend« kann man gewisse Eigentümlichkeiten junger Menschen in modernen In-

dustriegesellschaften nicht leugnen, wie sie ausführlich in dem einführenden Beitrag dieses Heftes dargelegt worden sind. Daß nicht bereits in der Adoleszenz, also vor der eigentlichen beruflichen Etablierung die Arbeit zum zentralen Lebenssinn geworden ist, scheint außerhalb der DDR-Erwägungen zu liegen. Das ist u. a. daraus zu erklären, daß die DDR-Autoren kein Berufsentwicklungs-Konzept benutzen, welches verschiedene Phasen oder Etappen der Berufswahl, -einmündung, -ausbildung und beruflichen Etablierung und Behauptung unterscheidet [17].

Ferner dürfte auch den Jugendlichen in der DDR die oft überzogene und komplementäre Berufs- und Familienbezogenheit der älteren Generation zumindest nicht von vornherein als selbstverständlich und problemlos erscheinen, wenn solche Einstellungen der Erwachsenen auch in westlichen Gesellschaften z. T. übermäßig skeptisch und unsachlich in Frage gestellt werden. Ob die Jugendlichen – wegen solcher mehr oder minder deutlichen Distanz und Sensibilität – von ihren älteren Kollegen, Vorarbeitern, Meistern nicht manchmal ohne erzieherische Behutsamkeit oder sozialistische Solidarität eingeschätzt und behandelt werden, ist zumindest zu vermuten. Derartige Differenzen scheinen zwar hier und da zwischen den Zeilen in Form pädagogischer Gegenmahnungen einmal auf, werden jedoch in den Untersuchungen nicht ausdrücklich als möglicher Faktor von Arbeits*un*zufriedenheit in Rechnung gestellt und untersucht [18].

3. Genauso wenig geschieht dies – in der DDR – mit persönlichkeitsspezifischen Eigenschaften, die zur Spannung zwischen Arbeit und Leben des Individuums beitragen mögen. Auch wenn man der Meinung zuneigt, berufsbezogene Interessen und Leistungsfähigkeiten seien weithin umweltbedingt und »erlernbar«, so läßt sich doch nicht leugnen, daß man es bei den Untersuchten mit langhin vorgeprägten jungen Menschen zu tun hat. Sie tragen im Gepäck ihrer Vorgeschichte eine Vielzahl von Bewährungen oder Mißerfolgen, von Ermutigungen oder Entmutigungen, von Förderungen und Vernachlässigungen mit sich herum, die sich auch gegenüber dem fachlichen und sozialen Inhalt und Anforderungsniveau ihrer Ausbildung und Tätigkeit und gegenüber ihren Zukunftskalkulationen auswirken werden. Die geringere Berufszufriedenheit nach Eintritt in einen zuvor nicht oder weniger gewünschten oder in Betracht gezogenen oder falsch eingeschätzten Beruf ist u. a. – in beiden Gesellschaften – ein Indikator dafür. Auch der Gesichtspunkt der angemessenen Auslastung wäre als Komponente der Entsprechung von Person und Beruf in beiden Gesellschaften (*Wilfried Laatz* 1974; *Macher* und *Macher* 1971) anzusetzen. In den praktischen Ratschlägen zur Arbeitserziehung junger Menschen finden hier und da solche persönlichkeitsbezogenen Aspekte ihren Niederschlag, in der Forschung bilden sie offenbar noch einen blinden Fleck [19]. Es fehlt also der Aspekt einer – voraussetzbaren bzw. erwerbbaren und erzielbaren – Übereinstimmung zwischen speziellen Berufsfeldern (z. B. Verwaltung oder Technik) und Mustern von Persönlichkeitsmerkmalen bei Gruppen darin ähnlicher Jugendlicher – und damit ein umfangreich elaboriertes Feld westlicher Berufsforschung (s. *John L. Holland* u. a.) [20].

Es rächt sich eben, den zweiten Pol jugendlicher Entwicklung, nämlich den Pol der Individualisierung, Selbstidentifikation und Emanzipation außer acht zu lassen.

Duckes Hinweis: »Es muß auch ein Komplex von inneren Beziehungen zum Lehr-
beruf herausgebildet werden, der durch Interessen, Neigungen, Freude, Begeisterung,
hohe Leistungsbereitschaft und andere Merkmale gekennzeichnet ist«, bleibt formal
und vage. Sein Hinweis auf den Inhalt der Arbeit meint nur den Zuschnitt der Arbeit
(*Ducke* 1972, S. 492/493) und nicht den Werkzweck (duty) z. B. bei Verwaltungsbe-
rufen versus bei Berufen der Technik. *Bertram* [21] spricht nur von einer »frühzeitigen,
speziellen Interessenausbildung entsprechend den volkswirtschaftlichen Erfordernissen« (S. 52).
Die vorgebrachten Vorbehalte gegenüber den einschlägigen Untersuchungen in der
DDR setzen viele der dort geäußerten Befunde freilich nicht einfach außer Geltung.
Sie unterstreichen im Gegenteil die vielschichtige Problematik von Arbeitszufriedenheit auch unter sozialistischen Verhältnissen.
Einen vom System her umfassenden Ansatz hat *Stollberg* in einer jüngeren Arbeit [22]
angewendet. Er hat den üblichen Bekundungen von Arbeitszufriedenheit gegenübergestellt die Bereitschaft zu bzw. Praxis in Neuerer- und Qualifizierungs- sowie ehren-
amtlichen gesellschaftlichen Tätigkeiten. Die Korrelationen waren gering und nicht
eindeutig. Er folgert daraus: »Arbeitszufriedenheit für sich genommen ist jedoch nicht
ausreichend zur Kennzeichnung der Haltung einer sozialistischen Persönlichkeit. Sie
ist kein Index für ein gutes, sozialistisches Verhältnis zur Arbeit. Arbeitszufriedenheit
sollte deshalb nicht unabhängig von den Einstellungen und Verhaltensweisen, die ein
sozialistisches Verhältnis zur Arbeit kennzeichnen, angestrebt werden. Die Zufriedenheit mit der Tätigkeit scheint sowohl die unter 1. genannten (günstigen und angemessenen Arbeits-; d. Verf.) Bedingungen widerzuspiegeln wie auch eine passive, auf
einem geringen Anspruchsniveau und adaptiven Einstellungen beruhende Haltung.
Bei der empirischen Erfassung der Arbeitszufriedenheit treten beide Erscheinungen als
gleichlautende Aussagen auf« (S. 95). Damit wird immerhin der Versuch unternommen, Arbeitszufriedenheit im Sinne und Rahmen des sozialistischen Systems (s. o.) zu
operationalisieren, wenn auch die Ergebnisse einstweilen nicht ermutigend erscheinen.

II

Definitionen und Operationalisierungen von Arbeitszufriedenheit sind auch in der
Bundesrepublik bisher problematisch und unzulänglich geblieben. Hier bereiten vor
allem die merkwürdig hohen Zufriedenheitsbekundungen der Jugendlichen (und der
erwachsenen Arbeitnehmer) interpretatorische Kopfschmerzen – zumindest einem Teil
der Exegeten. Deshalb kann und soll hier keine einfache Gegenüberstellung von Ergebnissen vorgenommen werden. Nur in einem systemübergreifenden Begriffsnetz
lassen sich Teilergebnisse, Verallgemeinerungen, Deutungen oder Leerstellen und
erforderliche weitere Forschungen markieren. Ein solches wird im folgenden skizziert:

Design zur Erforschung der Arbeits-/Berufs-Zufriedenheit

A. Aufgliederung in:
    Zufriedenheit mit dem Beruf:
    Berufsgruppe, Berufsfeld, Berufs-/Arbeits-Inhalt, »Werkzweck« (duty)

Zufriedenheit mit branchenspezifischen aktuellen Arbeitsverhältnissen:
Qualifizierungs-, Spezialisierungs-, Wechselmöglichkeiten, Aufstiegsmöglichkeiten,
Arbeitsplatzsicherheit (Aussichten), Einkommenshöhe, Einkommensform, Belastungen
bzw. Auslastungen
Zufriedenheit mit Betrieb oder Behörde:
Arbeitsplatzbedingungen, Organisation und Leitung der Arbeit, Arbeitszeitgestaltung,
Vorgesetzte/Kollegen, Betriebsklima, betriebliche Mitbestimmung
Zufriedenheit mit beruflichem Lebenslauf:
Berufseinmündung, Ausbildung, Berufsaussichten, -wechsel, Aufstiegschancen

B. Korrelation mit bzw. Herleitung aus:

1.   *Familialer, außerberuflicher
       Lebenslauf*
1.1.1 Zeugungsfamilie
1.1.2 Berufsgeschichte (work history) und
       Situation des Ehepartners
1.1.3 Kinder und deren Entwicklung
1.1.4 Heiratsstrategie
1.2.1 außerberufliche Kontakte
1.2.2 Partnerbeziehungen
1.2.3 Freizeitaktivitäten
1.2.4 Gruppenzugehörigkeiten
1.2.5 weltanschaulich-religiös-moralische
       Anschauungen
1.2.6 Konfession
1.2.7 jugendspezifische Übersättigungen,
       Verselbständigungen, Konflikte
1.3   Berufsaspirationen und -erwartungen
       in Familie und Verkehrskreis
1.4.1 Herkunftsfamilie
       Eziehungs-/Interaktionsstil
1.4.2 Sozialschicht
2.   *Schul- und Berufslaufbahn, subjektive
       Eigenschaften, Verhaltensweisen,
       Einstellungen*
2.1.1 Persönliches Berufsengagement
       überhaupt
2.1.2 Berufsbindung zum ausgeübten Beruf
2.1.3 berufliche Fortbildung
2.1.4 Fehlzeiten/Erkrankungen
2.1.5 Wechsel von Betrieb oder Beruf
2.2.1 persönliche Ausbildungserfahrungen
2.2.2 Ausbildungserfolge/-mißerfolge/
       -wechsel
2.2.3 freiwillige zusätzliche Fortbildung
2.2.4 Leistungsfähigkeiten, Interessen,
       Persönlichkeitsmerkmale, Intelligenz
2.2.5 Informationen über die Arbeitswelt
       und über einzelne Berufe
2.2.6 Grundeinstellungen zu Arbeit und
       Beruf und Ausbildung
2.3.1 Berufswahl/Berufseinmündung

2.3.2 Anteil an Selbststeuerung
2.3.3 Berufsberatung
2.4.1 schulische Vorbildung
2.4.2 sonstige Vorleistungen
2.4.3 Vorkenntnisse über Berufe
       während der Schulzeit
3.   *Objektive Angebote und Anfor-
       derungen, erfahrene Befriedigungen*
3.1   Satisfaktionskriterien:
3.1.1 Arbeitsinhalt, Befriedigung berufs-
       spezifischer Interessen und Motive
3.1.2 Qualifizierungs- und Aufstiegs-
       möglichkeiten
3.1.3 Arbeitsplatzbedingungen
3.1.4 Arbeitsplatzsicherheit
3.1.5 Einkommen
3.1.6 Organisation und Leitung der Arbeit
3.1.7 Arbeitszeitgestaltung
3.1.8 Vorgesetzte/Kollegen
3.1.9 Betriebsklima
3.1.10 Mitbestimmung
3.1.11 Belastungen durch Arbeit
       und Betrieb, Unterforderungen
3.2   Berufssystem
3.2.1 Ausbildungsangebote, -formen,
       -niveaustufen
3.2.2 Schulsystem
3.3.1 Wirtschaftssystem,
       dessen Struktur, Entwicklungen,
       konjunkturelle Trends
3.3.2 staatliche Verwaltungen und Betriebe
4.   *Angebote und Realisierungen
       politischer Partizipation*
4.1.1 Politische Gesamtzustimmung oder
       -ablehnung
4.1.2 politische Interessen und Einstellun-
       gen, wirtschafts-, sozial-, bildungs-
       politische Einstellungen
4.1.3 politische Aktivitäten/Gruppen-
       zugehörigkeiten (Gewerkschaft u. a.)

Manche Begriffe kommen an mehreren Stellen vor wie z. B. Qualifizierungsmöglichkeiten, weil diese sowohl als Kriterium der Zufriedenheit wie als objektive Satisfaktionsmöglichkeit (3.) und als subjektive Realisation (2.) in Betracht zu ziehen ist.

Dieses – ein wenig an *Peter Blaus* Berufswahl-Design [23] angelehnte – Modell mag zunächst etwas überdifferenziert und zu anspruchsvoll erscheinen. Es ist sicher nicht ohne vorläufige Restriktionen und Selektionen, Vereinfachungen und Komplexbildungen praktizierbar. Aber es soll zeigen, daß die für Arbeits-/Berufszufriedenheit relevanten Variablenbereiche und deren hypothetische Zusammenhänge ziemlich weit gefaßt werden müssen. Sonst bleibt man bei punktuellen Feststellungen und einigen wenigen Korrelationen stehen, die kaum differenziert und vielseitig genug interpretiert und erst recht nur schwierig interkulturell verglichen werden können. Es zeigt ferner, daß von den aufklärungsbedürftigen Fakten und Zusammenhängen bisher erst einige wenige erfaßt und behandelt worden sind: u. a. generelle und spezielle Zufriedenheiten, Arbeitszufriedenheit und Berufspositionen, Arbeitszufriedenheit und sozialstrukturelle Merkmale [24]. Dagegen sind bisher wenig oder gar nicht behandelt worden ökonomische Variablen: Prosperität der Wirtschaftssparten und Betriebe, Qualität ihrer Erzeugnisse, Exporterfolge, ihr output an Vergünstigungen für die Arbeitnehmer etc., die mit der Zufriedenheit der dafür Tätigen korreliert werden wollen, denn die Zufriedenheitsquoten variieren nach Wirtschaftssparten. Andererseits sind bisher psychologische Variablen zu wenig zum Zuge gekommen: die persönlichen und kollektiven Erfahrungen in Berufswahl, Berufsausbildung und -etablierung, Mißerfolg, Über- und Unterforderungen, Inkongruenzen zwischen Beruf und Person etc. [25]. Auch die außerberuflichen Verhältnisse des Arbeitnehmers dürften in seine Berufszufriedenheit hineinspielen: bisheriger Lebenslauf und weitere Lebenslaufstrategie, Gesundheit, Familiensituation, Stellung in außerberuflichen Bezugsgruppen, Wohnverhältnisse etc. [26]. Alle diese Variablen sind verbal in das hier dargestellte Modell hineingenommen worden.

Daß es sich dabei nicht um einen müßigen Hang zum Perfektionismus oder zu unökonomischem Aufwand handelt, zeigt ein Überblick über die bisher offenen bzw. kontroversen bzw. wenig überzeugend beantworteten Probleme:

1. Die Äußerungen zur Zufriedenheit im allgemeinen wie auch zu den speziellen Zufriedenheiten im einzelnen sind so lange fragwürdig in ihrer Kompetenz und Glaubwürdigkeit, als man nicht den einschlägigen Informationsstand der Befragten überprüft. Wer als Auszubildender seine Rechte und Pflichten im Betrieb, sei es als usus oder als Vertragstext [27], nicht oder wenig kennt, dessen Äußerungen über die Legalität und Qualität der Ausbildung und damit auch über seine Zufriedenheit mit der Ausbildung sind fragwürdig. Wem für die administrative, ökonomische, technische

Leitung und Organisation des Betriebes und der Arbeitsgänge angemessene Maßstäbe, Ansprüche, Vergleichsmöglichkeiten und d. h. stets auch hinreichende Informationen abgehen, dessen Bekundungen von partieller und spezieller Zufriedenheit in bezug auf Leitung und Organisation sind schwer interpretierbar etc. Dasselbe gilt für geäußerte Unzufriedenheiten, Beanstandungen und Mängel in diesen und anderen Bereichen. Urteilskompetenz und Kritikfähigkeit hängen vom Informationshorizont und von entsprechend interpretierbaren Erfahrungen ab[28]. Wer z. B. bereits über Erfahrungen im Wechsel von Ausbildungsstätte, Arbeitsplatz, Betrieb, Beruf verfügt, stellt sich einer derartigen Frage anders als der bloß Wechselbereite. Auch die Interpretation der sehr hohen Zufriedenheitsquoten bei Arbeitnehmern und Jugendlichen in der Bundesrepublik kann kaum ohne Kenntnis ihres Informationsstandes weitergeführt werden[29]. Sollten z. B. viele der zufriedenen Jugendlichen zugleich über hinreichende Informationen positiver wie negativer Art verfügen, ließe sich ihre Zufriedenheit kaum als »falsches Bewußtsein« wegexegieren. Man müßte ihnen positive Realerfahrungen zubilligen oder eine Inkaufnahme von vorübergehenden und partiellen Belastungen wie Unterordnung, Fremdbestimmtheit, Abhängigkeiten, Leistungsanforderungen in einem bestimmten Zeitablauf, Unbequemlichkeiten, Frustrationen, Mißerfolge. Man müßte ihnen eine Deutung trotz allem via Zustimmung und Zufriedenheit im ganzen zubilligen, zumal dergleichen Erfahrungen bei jeglicher Ausbildung und Tätigkeit – auch in ganz anders gearteten Systemen – zu bestehen sind.

2. Befriedigungen wollen gemessen werden an Erwartungen oder Ansprüchen, die der jugendliche Lehrling oder Arbeitnehmer seiner Arbeitsposition entgegenbringt. Solche Erwartungen muß man überprüfen[30] oder auch abschätzen von der Ausgangslage (Schlußabschluß, Berufswünsche und -vorstellungen, Stellenangebot, familiäre Aspirationen) her. Der bis Schulschluß Minderleistungsfähige z. B. beansprucht bzw. nutzt zumeist keine besonderen Qualifizierungsmöglichkeiten, was er sonst auch immer an Wünschen äußern mag. Die relativ hohe Zufriedenheit der Ungelernten ist nicht ohne die Relation Erwartung:Befriedigung zu interpretieren[31]. Auch Unzufriedenheit bei höher Qualifizierten und Privilegierten in der DDR und BRD unterliegen dieser Relation, wobei allerdings auch die Angemessenheit der Ansprüche und Erwartungen als solche zur Debatte steht[32]. Und schließlich kann der aktuelle Stand solcher Erfüllungen oder Enttäuschungen nicht ohne Rückblick auf Arbeitsverhältnisse in der Vergangenheit und nicht ohne Ausblick auf mögliche Veränderungen hinreichend beurteilt werden.

3. Zufriedenheit in der Arbeit dürfte mehr oder minder korrelieren mit Zustimmung zu übergreifenden Zusammenhängen: Einschätzungen von Schule und Arbeitsstätte als gerechte oder ungerechte Vermittler sozialer Chancen, angemessener oder unangemessener Satisfaktionen, bemessener oder überzogener Beanspruchungen, als Schauplatz von Interessengegensätzen oder -gemeinsamkeiten – und das alles innerhalb eines im ganzen bejahten oder abgelehnten Wirtschaftssystems bzw. politischen Systems. Deshalb müssen darüber Antworten eingeholt und zu den Zufriedenheitsäußerungen in Relation gesetzt werden[33]. Wer mit übergreifenden Systemeigenschaften

einverstanden ist, wird eher bereichs-spezifische Zufriedenheiten (z. B. mit dem eigenen Beruf) empfinden und bekunden. Er wird eventuell sogar eine Abwehreinstellung gegen allzu aufdringliche und übertriebene Kritik oder Schwarzweißmalerei an seinen Arbeitsverhältnissen entwickeln. Denn er sieht seinen Status-quo eingebettet in einen ihn subjektiv befriedigenden Gesamtzustand des Systems, das er deshalb nicht schwer abschätzbaren Veränderungen und deren Auswirkungen aussetzen möchte. Bei Arbeitnehmern der Bundesrepublik dürften zudem negative Einschätzungen der Arbeitsverhältnisse in der DDR eine Rolle spielen, zumal solche Vergleiche auch von ihren Besuchspartnern in der DDR geteilt werden. Hierbei spielt der Informationsstand, d. h. die Informiertheit über Arbeitsbedingungen in beiden Staaten eine wichtige Rolle. Auch in der Gegenüberstellung von Input- versus Output-Satisfaktionen spiegelt sich das Verhältnis zwischen Partialzufriedenheit und Systemzufriedenheit. In der Studie des Bundesarbeitsministeriums [34] ist u. a. auch die Zufriedenheit der jüngeren Arbeitnehmer bis 24 Jahre mit der betrieblichen Mitbestimmung erfragt worden, von den jungen Arbeitern (Facharbeitern) sind damit 61 Prozent zufrieden bzw. sehr zufrieden und von den jungen Angestellten oder Beamten 62 Prozent. Dieser Art von Input-Zufriedenheit kann man gegenüberstellen die Prozent-Werte der Zufriedenen an folgenden Kriterien:

Arbeitsinhalt (junge Arbeiter: 68; junge Angestellte und Beamte 75 Prozent),

Arbeitsplatzbedingungen	82;	86
Arbeitszeit	77;	80
Vorgesetzte	81;	83
Betriebsklima	87;	86
Kollegen	89;	92
Einkommenshöhe	67;	74
Einkommensform	86;	93
Arbeitsplatzsicherheit	81;	85
Aufstiegschancen	57;	64.

4. Manche Forscher [35] halten die Bekundung von Zufriedenheit für den Ausdruck einer »doppelt entfremdeten« Einstellung zur Arbeit und das heißt von eigentlicher und tatsächlicher Unzufriedenheit, die in Zufriedenheitsbekenntnisse transponiert werde. Für den Nachweis einer derartigen Einstellungsbekundung von bestimmten Teilgruppen könnten folgende Bedingungen herangezogen und überprüft werden: Informationsmängel, niedrige Erwartungen, Passivität in innerbetrieblichen Aktionsmöglichkeiten, Skepsis gegenüber Innovationsmöglichkeiten, Immobilismus in politischen (und speziell wirtschafts- und sozial-politischen) Einstellungen [36], geringer Stellenwert von Arbeit und Beruf unter den gegenwärtigen Lebenszielen der Jugendlichen, Mißerfolg in Berufswahl, -ausbildung, Hang zu Antworten und Verhalten im Sinne von »social desirability« [37] und kognitiver Konsonanz. Allerdings müßten diese Variablen, die »angepaßte« gegenüber kritischen Stellungnahmen begünstigen, überprüft und korreliert werden, bevor man von einem solchen Typus »entfremdeter« Zufriedenheit reden kann. Der Spielraum zwischen *objektiven* Gegebenheiten (in diesem Falle eher negativen Daten der Arbeitsorganisation, Arbeitsaufgaben, Arbeitsplatzge-

staltung, weiteren Arbeitsbedingungen, Arbeitseinkommen etc.) und *subjektiven* Erfahrungen und Deutungen muß empirisch hinreichend ausgeleuchtet werden – und zwar auch in seinen möglichen Widersprüchen, Ambivalenzen, Überformungen, Distanzierungen, Lustmaximierungen und Globalisierungen. Die resultierende und zugleich operative Meinungsbekundung kann nicht einfach zum Epiphänomen oder »falschen Bewußtsein« degradiert werden, selbst falls man ein kompliziertes Verhältnis von »Wesen« und »Erscheinung« *(Marx)* mitvollziehen könnte [38]. Diese Hinweise beleuchten allerdings den weiten Graben zwischen theoretischen Konzepten und jugendempirischen Untersuchungen.

5. Wahrscheinlich erhält man einen guten Überblick durch Gruppenvergleiche zwischen Zufriedenen versus Unzufriedenen mit ihren Merkmalen bzw. Merkmalsausprägungen. Dafür müssen die im Modell aufgeführten und besonders die vorab erwähnten Variablen berechnet und mit ihren Meßwerten für Zufriedene und Unzufriedene gegenübergestellt werden. Hierin sind auch Außenkriterien wie Abwesenheiten/Erkrankungen, Lehrabbrüche, Wechsel- und Wechselabsichten einzubringen. Dabei müssen allerdings solche Verhaltensweisen in ihrer Mehrdeutigkeit berücksichtigt werden u. a. sowohl als Reaktionen auf unbefriedigende Kriterien in den Arbeitsverhältnissen wie auch als deren Auslöser [39]. Bei *Bunz* (S. 203 f.) z. B. wird nur von »Verhaltensreaktionen auf Arbeitsbedingungen« geredet. Aber gerade bei Arbeitsunzufriedenheit (bzw. -zufriedenheit) muß ein möglicher Positionswechsel der beteiligten Variablen in Rechnung gestellt werden: Unzufriedenheit kann einmal als abhängige Variable aus ungünstigen Ausbildungs- bzw. Arbeitsverhältnissen resultieren; sie kann ein andermal als unabhängige Variable zu Fehlverhalten und Minderleistungen führen; und sie kann zum dritten als intervenierende Variable die Zusammenhänge zwischen beruflichen Satisfaktionen und persönlichen Ansprüchen beeinträchtigen und stören. Zugegeben: dies ist schwierig empirisch zu überprüfen. Das setzt jedoch nicht den theoretischen Anspruch solcher Konzepte und ihre Überprüfungsbedürftigkeit außer Kurs. In manchen der angeführten Studien wird das Gelingen und die Selbständigkeit der Berufseinmündung als Korrelat von Berufszufriedenheit angeführt. Gerade das Berufswahlverhalten kann mehr reaktiver oder mehr aktiver ausfallen bzw. eine angemessene Koinzidenz von Person und Beruf begünstigen oder beeinträchtigen [40]. Auch korrelieren (z. B. bei *Bunz)* gerade nur der Arbeitsinhalt und das Prestige – d. h. nicht die Arbeitsbedingungen – bedeutsam mit Arbeitszufriedenheit versus Unzufriedenheit. Im Sinne von *Herzbergs* Zwei-Faktoren-Theorie überwiegen die Motivatoren die Hygiene-Faktoren. Der Arbeitsinhalt ist allerdings im Rahmen der Bedingungen der Berufseinmündung, des Berufswechsels, der Umschulung und der Vollbeschäftigung (z. Z. der Untersuchung) am ehesten der Auswahl und Selbststeuerung des einzelnen zugänglich.

6. Die Höhe der Zufriedenheitsquoten in allen einschlägigen Befragungen [41] ist erstaunlich und hat kontroverse Interpretationen auf sich gezogen. Wahrscheinlich wird man mit den vorgeschlagenen Interkorrelationen manches klären können. Dabei sollte

man verschiedene Einstellungsgruppen (bzw. verschiedene Typen oder Konfigurationen von Variablen) unterstellen:

– gleichmütige, bescheidene, wenig informierte Jugendliche, die Arbeit und Beruf und beruflicher Lebensplanung vorerst – gegenüber Freizeit und Konsum – keinen hohen Stellenwert einräumen und dem Beruf auch vorher bei der Berufsfindung keinen solchen eingeräumt haben. Sie mögen sich lieber mit den Umständen arrangieren, anstatt sich um Veränderungen zu bemühen oder sich zu ärgern oder aufzufallen. Der Arbeitsinhalt, der in der Studie von *Bunz* am höchsten mit Zufriedenheit bzw. Unzufriedenheit korreliert, spielt für sie keine wichtige Rolle. Ein relativ günstiges Konsumniveau (s. Artikel »Konsumverhalten bei Jugendlichen in der Bundesrepublik Deutschland und der DDR« in diesem Heft) tröstet sie über vieles hinweg.

– Verdrossene (s. Punkt 4.), die in einem bestimmten Kontext von ungünstigen Ausbildungs- und Arbeitsverhältnissen, Mißerfolgen, Frustrationen, skeptisch-immobilistischen Einstellungen, pessimistischer Stimmungslage, selegierten Informationen, sozialer Isolierung und spezieller Biographien – dennoch (?) nicht Unzufriedenheit sondern Zufriedenheit bekunden.

– Jugendliche in tatsächlich günstigen Ausbildungs- und Arbeitsverhältnissen [42], die ihren Wünschen und Erwartungen weithin entsprechen.

– die vermutlich interessanteste und wichtigste Gruppe ist bereits mehrfach erwähnt worden: im ganzen mit Arbeit und Beruf Zufriedene, die partielle Mängel oder Enttäuschungen in Kauf nehmen [43]. Für sie müssen u. a. folgende Variablen in bestimmter Richtung überprüft werden:

hinreichende Informiertheit (s. 1.),
Ausgewogenheit von Erwartungen und Erfahrungen (s. 2.),
Koinzidenz von Person und Beruf (s. o.) [44],
Zufriedenheit mit übergreifenden Systemeigenschaften (s. 3.),
positive Erfahrungen (oder zumindest Erwartungen) bei innerbetrieblichen Veränderungswünschen oder Auseinandersetzungen mit Vorgesetzen, Ausbildern, Kollegen,
geringe Maße von Fehlzeiten, Wechselabsichten, Mißerfolgserlebnissen,
positive Realerfahrung in der Familie und unter Gleichaltrigen, besonders intaktes, partnerschaftliches Familienleben (in der Herkunftsfamilie) ohne tiefergehende Einfluß- und Norm-Differenzen und Generationsspannungen.

Mit solchen Erfahrungen hängen wahrscheinlich zusammen Persönlichkeitseigenschaften in Richtung von emotional stability, self reliance, self esteem und positiver Soziabilität *(Guilford, Eysenck)* [45] sowie eine Deutung von Erfolgen und Mißerfolgen im Sinne von internal control *(Julian B. Rotter)* [46]. Damit werden auch psychologische Variablen angeführt, die in vielen sozialwissenschaftlichen Untersuchungen leider nicht zum Zuge kommen. Man liefe sonst Gefahr, den jugendlichen Akteur zum bloßen Reaktor zu degradieren und seine Mitwirkung an seinen Einstellungen, Leistungen, Problemlösungen, Konsequenzen – kurz seinen Beitrag von Selbststeuerung (Selbstsozialisierung) an seinem Leben – und seine Einwirkungen auf Bezugspersonen und -gruppen und »Systeme« zu vergessen.

Zusätzlich wären die Wertpräferenzen der hiermit unterstellten Gruppe von Zufriedenen daraufhin zu überprüfen, wie stark mehr integrative (um nicht zu sagen konservative) Werte wie Fleiß, Tüchtigkeit, Leistungs- und Bildungsstreben, Gesundheit, Fairnes etc. oder wie stark mehr emanzipatorische Werte wie Durchsetzungsvermögen, Solidarität, Kritikfähigkeit u. a. bevorzugt werden [47]. Der hier – zunächst hypothetisch konzipierte – Typus von Zufriedenheit könnte das westliche Gegenstück bilden zu der voran erwähnten »schöpferischen Unzufriedenheit« bei Jugendlichen in der DDR.

7. Abgesehen davon wären Spezialuntersuchungen von besonders begünstigten und besonders (kumulativ) benachteiligten Jugendlichen angebracht, um ihre Schul- und Arbeitslaufbahnen mitsamt ihrer Arbeitseinstellung und -zufriedenheit zu überprüfen.
Zur Klärung der relevanten Zusammenhänge und zur Verifizierung verschiedener Einstellungsgruppen müssen entsprechende, vielseitige Verfahren der Datengewinnung und Datenanalyse angewendet werden, die auch den Beitrag der verschiedenen Variablen zur Zufriedenheit versus Unzufriedenheit erkennen lassen.
Mit den voranstehenden Ausführungen ist mehr eine Problemlage umrissen als ein Vergleich durchgeführt worden. Immerhin implizieren die Interpretationen mangelhafter Zufriedenheiten in der DDR und geringer Unzufriedenheiten in der Bundesrepublik sowohl moralisch-politische wie motivationstheoretische Positionen, die auf beiden Seiten zu weiteren fruchtbaren Jugenduntersuchungen und Diskussionen anregen können.

Anmerkungen

1 *Rudhard Stollberg*, Soziologische Aspekte der Entwicklung des Verhältnisses zur Arbeit in der wissenschaftlich-technischen Revolution, in: Arbeit und Arbeitsrecht 22 (1970), S. 681–685; s. a. Jugendgesetz der DDR 1974.
2 Solche Untersuchungen über Berufszufriedenheit, die von manchen DDR-Autoren auch zu Berufsverbundenheit (*Kurt Ducke*, 1972) und allgemeiner Einstellung zur Arbeit (*Rudhard Stollberg*, 1970) in Beziehung gesetzt wird, sind in der US-amerikanischen Forschung unter dem Aspekt der Überprüfung von Berufswahl, -ausbildung, -laufbahn mit einem umfassenden Gefüge von sehr differenzierten und testanalytisch wesentlich präziser gehandhabten Satisfaktionskriterien angegangen worden, die von subjektiver Selbsteinschätzung der Zufriedenheit mit Beruf, Laufbahn, Berufserfolg, Berufswechsel, mit der individuellen Auszeugung berufsrelevanter Interessen, Fähigkeiten, Bedürfnissen, Temperamentseigenschaften, Werteinstellungen und der Nutzung von Vorleistungen – bis zu objektiven Meßwerten über die jeweils erreichten Ziele der Berufslaufbahn reichen (s. Anm. 24). Vgl. Einstellungen zu Arbeit und Beruf und zum politisch-ideologischen System, in: Anhang zum 4. Jugendbericht der Bundesregierung, Zur Situation der werktätigen Jugend in der DDR (*Walter Jaide, Barbara Hille*).
3 *Holger Michaelis*, Einige Probleme der sozialistischen Integration Jugendlicher im Industriebetrieb, in: *Kurt Braunreuther, Fred Oelssner, Werner Otto* (Hrsg.), Soziologische Aspekte der Arbeitskräftebewegung, Berlin (O) 1967, S. 305–324; *Stollberg*, Arbeitszufriedenheit, Berlin (O) 1968; *Bärbel Bertram*, Einige Probleme der Arbeits- und Berufseinstellungen bei Lehrlingen und jungen Facharbeitern, in: Jugendforschung 12 (1969), 47–61; *Bertram*, Berufswunsch und Berufszufriedenheit bei Jugendlichen, in: Arbeit und Arbeitsrecht 15 (1969), S. 463–466.

4 *Michaelis*, a. a. O., Ähnliche Ergebnisse berichtet *Günther Bohring*, Problemstellungen und einige Ergebnisse berufssoziologischer Untersuchungen im Bereich der chemischen Industrie, in: Jugendforschung 7 (1968), S. 39–54; *Bertram*, a. a. O.; *Herbert F. Wolf*, Erwartungen und Einstellungen junger Produktionsarbeiter in sozialistischen Industriebetrieben, in: Jugendforschung 5 (1968), S. 35–52; *Wolf*, Zum Verhältnis von konkreter Tätigkeit und Arbeitszufriedenheit in der wissenschaftlich-technischen Revolution, in: Wissenschaftliche Zeitschrift der Karl-Marx-Universität Leipzig, gesellschafts- und sprachwissenschaftliche Reihe 5 (1969), S. 653–667; *Werner Gerth*, Die Rolle der Arbeiterjugend im gesellschaftlichen Gesamtsystem der DDR und ihre Widerspiegelung im Bewußtsein von Lehrlingen und jungen Facharbeitern, in: Jugendforschung 11 (1969), S. 59–76; *Fritz Macher, Karoline Macher*, Arbeits- und Berufszufriedenheit bei Lehrlingen, in: Berufsbildung 12 (1971), S. 535–538; *Kurt Ducke*, Berufsverbundenheit und Berufsstolz im Sozialismus, in: Arbeit und Arbeitsrecht 23/24 (1971), S. 737–741; *Ducke*, Berufsverbundenheit bei Lehrlingen – ein Ausdruck ihrer Persönlichkeitsentwicklung, in: Berufsbildung 11 (1972), S. 491–493.

5 *Stollberg*, Arbeitszufriedenheit, a. a. O., S. 41, 45.

6 *Dieter Voigt*, Fluktuation von Arbeitskräften als Forschungsgegenstand in der DDR, in: Deutschland-Archiv 11 (1970), S. 1207–1214.

7 *L. D. Porter*, Job Attitude in Management III, in: Journal of Applied Psychology 47 (1963), S. 276–278; *D. Tscheulin*, Leader Behavior Measurement in German Industry, in: Journal of Applied Psychology 1 (1973), S. 28–31; *D. Tscheulin* u. *A. Rausch*, Beschreibung und Messung des Führungsverhaltens in der Industrie mit der deutschen Version des Ohio-Fragebogens, in: Psychologie und Praxis, XIV. Jg., 2 (1970), S. 50–63; *Renate Pöhlmann*, Eine sozialpsychologische Untersuchung zur Effektivität von Arbeitsgruppen. Wissenschaftliche Zeitschrift der Universität Jena, gesellschafts- und sprachwissenschaftliche Reihe, 22. Jg., 4 (1973), S. 599–661.

8 *Walter Jaide*, Zur Integration der Jugend in die Arbeitswelt, in: Deutschland-Archiv, Sonderheft (1970), S. 60–68.

9 *Peter J. Frey*, Die Entwicklung der Arbeits- und Lerneinstellung der Lehrlinge im Prozeß der beruflichen Ausbildung, in: Berufsbildung 11 (1967), S. 547—550; siehe auch *Klaus Ladensack*, Auch bei der Fluktuation: Vorbeugen ist besser als Heilen, in: Arbeit und Arbeitsrecht 31. Jg., 21 (1976), S. 647—649.

10 Daß sich beim Aufstieg zu höher qualifizierten Tätigkeiten evtl. eine Disparität zwischen Zufriedenheit einerseits und Leistungen und Erfolgen andererseits einstellt, zeigt eine Untersuchung von *A. Jurovsky*, Differentielle Merkmale der leitenden Berufe in Selbsteinschätzungstechniken, in: Wissenschaftliche Zeitschrift der Universität Jena, gesellschafts- und sprachwissenschaftliche Reihe 4 (1973), S. 571–575. Die befragten Meister manifestieren gegenüber den Direktoren eine etwas höhere Gesamtzufriedenheit, Befriedigung der Bedürfnisse und Nutzung der Fähigkeiten, während die Direktoren höhere Maße in Satisfaktionen und in persönlichen fachlichen bzw. moralischen Kompetenzen und Investitionen bekunden; von den Arbeitern werden sowohl Arbeitskriterien wie Satisfaktionen generell niedriger bewertet (meist nur um eine Stufe innerhalb von fünfstufigen Beurteilungsskalen).

11 *Macher* u. *Macher*, a. a. O.

12 S. *Barbara Hille*, Berufswahl und Berufslenkung in der DDR, in diesem Heft.

13 *Siegfried Jenkner*, Arbeitsteilung, allseitige Erziehung des Menschen und polytechnische Bildung, Braunschweig 1966.

14 *Horst Kern, Michael Schumann*, Industriearbeit und Arbeiterbewußtsein I, Frankfurt a. M. 1973, S. 216 f.

15 *D. Slejska*, Tendenzen zur Reversibilität der Identifikationsfaktoren des Arbeiters mit dem sozialen System des Industriebetriebes, in: Sociologicky casopis 3 (1967), Prag. Mit einer fünfstufigen Zustimmung bzw. Ablehnung werden 552 Arbeitnehmer (ohne Altersangabe) befragt nach: Bereitschaft zu aufopfernder Arbeit für den Betrieb – allgemeiner Zufriedenheit mit den betrieblichen Verhältnissen – Bereitschaft, im Betrieb zu bleiben, auch wenn die Möglichkeit besteht, in einem anderen Betrieb eine vorteilhaftere Arbeit zu erhalten – der Bereitschaft, im Betrieb auch das eigene Kind arbeiten zu lassen. Die Antworten darauf wurden

nach einem Schlüssel den folgenden fünf Begriffen zugeordnet: extreme Entfremdung – elementare Identifikation – durchschnittliche Identifikation – überdurchschnittliche Identifikation – maximale Identifikation. (Wer z. B. alle vier Fragen mit höchster Zustimmung beantwortet, dem wird maximale Identifikation zugesprochen.) Dabei stellte sich beinahe eine Normalverteilung heraus, indem auf die mittleren Begriffe 30 Prozent der Zuordnungen entfielen und auf die beiden Pole jeweils etwa zehn Prozent. Anerkennend muß hinzugefügt werden, daß allein bei dieser Studie der volle Fragebogen veröffentlicht worden ist. S. a. Stichwort »Entfremdung«, in: Kleines Politisches Wörterbuch, Berlin (0) 1973.

16 *Werner Hennig,* Ein Verfahren zur Ermittlung von Interessenstrukturen, in: Probleme und Ergebnisse der Psychologie 19 (1966), S. 45–76; *Hennig,* Interessenstrukturen von Jugendlichen, in: Jugendforschung 5 (1968), S. 19–33; *Barbara Hille,* Eine Vergleichsuntersuchung über die Interessen von Jugendlichen in der DDR und der Bundesrepublik Deutschland, in: Deutschland-Archiv 12 (1970), S. 1250–1257; *Hille,* Möglichkeiten und Grenzen interkultureller Vergleiche bei einer empirischen Studie über die Interessen von Jugendlichen in der Bundesrepublik Deutschland und der DDR, in: Psychologische Rundschau 3 (1974), S. 183–204.

17 *Eli Ginzberg, Sol W. Ginsburg, Sidney Axelrad, John L. Herma,* Occupational Choice. An Approach to a General Theory, 4. Aufl., New York 1966; *Donald E. Super, John O. Crites, Raymond C. Hummel, Helen P. Moser, Phoebe L. Overstreet, Charles F. Warnath,* Vocational Development. A Framework for Research, New York 1957; *David V. Tiedeman, Robert P. O'Hara,* Career Development: Choice and Adjustment, New York 1963.

18 *Gerth,* a. a. O., S. 59–76: »Der Lehrling, vor allem aber der junge Facharbeiter, wird vorwiegend nach dem Leistungsaspekt, der qualitativen und quantitativen Normerfüllung beurteilt, seine personalen Voraussetzungen, sein intellektuelles Niveau, seine Bedürfnisse, Einstellungen, Probleme und Interessen werden nur ungenügend erfaßt« (S. 71). Man beachte dagegen die unerbittliche Betonung der Arbeitsdisziplin bei *Fritz Macher* und *Karoline Macher,* Erziehung der Lehrlinge zu sozialistischer Arbeitsdisziplin, in: Berufsbildung 2 (1972), S. 52–55.

19 *Jaide,* Berufsfindung und Berufswahl, in: *Karl Heinz Seifert* (Hrsg.), Handbuch der Psychologie, Bd. Berufspsychologie, Göttingen 1975.

20 *John L. Holland,* The Psychology of Vocational Choice, Waltham 1966.

21 *Bertram,* Einige Probleme der Arbeits- und Berufseinstellungen bei Lehrlingen und jungen Facharbeitern, in: Jugendforschung 12 (1969), S. 47–61.

22 *Stollberg,* Arbeitszufriedenheit und Verhältnis zur Arbeit, in: Wissenschaftliche Zeitschrift der Universität Halle, gesellschafts- und sprachwissenschaftliche Reihe, 21. Jg., 6 (1972), S. 89–95.

23 *Peter M. Blau, John W. Gustad, Richard Jessor, Herbert S. Parnes* u. *Richard C. Wilcock,* Occupational Choice: A Conceptual Framework, in: *B. Hopson* u. *J. Hayes* (Hrsg.), The Theory and Practice of Vocational Guidance, Oxford 1968, S. 59–74.

24 *Alexander W. Astin,* Dimensions of Work Satisfaction in the Occupational Choices of College Freshmen, in: Journal of Applied Psychology 42 (1958), S. 187–190; *Alexander W. Astin, Robert C. Nichols,* Life Goals and Vocational Choice, in: Journal of Applied Psychology 48 (1964), S. 50–58; *R. Hoppock,* Job Satisfaction, New York 1935; *Jean Pierre Jordaan,* Vocational Maturity, International Congress of Applied Psychology, Liège, Belgium, July 1971; *Donald E. Super, Martin J. Bohn* Jr., Occupational Psychology, London 1971; *F. Herzberg* et al., The Motivation to Work among Finish Supervisors, in: Personnel Psychology 18 (1965), S. 393–402; *R. Papadopoulus,* Zur Arbeitszufriedenheit bei deutschen und griechischen Industriearbeitern, Dissertation 1969, Universität Bonn; *R. Kahn,* The Meaning of Work, in Campbell/Converse, The Human Meaning of Social Change, New York 1972; *Infratest* »Jugend und Politik«, München 1971; *Axel R. Bunz, Rolf Jansen, Konrad Schacht,* Qualität des Arbeitslebens, der Bundesminister für Arbeit und Sozialordnung (Hrsg.), Bonn 1973; *Osswald Neuberger,* Theorien der Arbeitszufriedenheit, Stuttgart 1974; *Neuberger,* Messung der Arbeitszufriedenheit, Stuttgart 1974; *Kern/Schumann,* a. a. O., I u. II; *Wilfried Laatz,* Berufs- und Berufszufriedenheit der Lehrlinge, Deutsches Jugendinstitut, München 1974.

25 *Laatz,* a. a. O., S. 140 f.; *Fritz Heiniger,* Lehrlinge beurteilen ihre Berufswahl, in: Berufsberatung und Berufsbildung, 54. Jg. (1969), S. 272–285; *Erwin Egloff,* Wie gut sind die Lei-

stungen der Berufsberatung?, in: Berufsberatung und Berufsbildung, 53. Jg. (1968), S. 207–212; *Elfriede Höhn* (Hrsg.), Ungelernte in der Bundesrepublik, Georg Michael Pfaff, Gedächtnisstiftung, Kaiserslautern 1974; *Heinen/Welbers/Windszus*, Lehrlingsausbildung, Erwartungen und Wirklichkeit, Mainz 1972; *Barbara Lang*, Arbeitszufriedenheit von lernbehinderten Sonderschülern und Zufriedenheit von Arbeitgebern mit diesen Lernbehinderten, Diplomarbeit, Universität Mannheim, 1972; *Max Berg*, Die berufstätige Jugend, Hannover 1969.

[26] *Laatz*, a. a. O., S. 151; *Neuberger*, Theorien der Arbeitszufriedenheit, a. a. O., S. 154, 172.

[27] *W. D. Winterhager, Burkhart Lutz*, Zur Situation der Lehrlingsausbildung, Stuttgart 1970; *Karl-Heinz Diekershoff, Gundolf Kliemt, Sibylle Diekershoff*, Jugendarbeitsschutz aus der Sicht Jugendlicher, 2. Aufl., Essen 1972.

[28] Vgl. *Berg*, a. a. O.; *Heinen*, a. a. O.; *Winterhager*, Lehrlinge – die vergessene Majorität, Weinheim 1970. Die befragten Lehrlinge äußern vielerlei Kritik am Betrieb, Ausbildung, Ausbildern, Rechtsverletzungen, Berufsschulunterricht, -lehrern etc. etc.

[29] *Bunz*, a. a. O., S. 219 f.

[30] *Michaelis*, a. a. O.; *Neuberger*, Theorien der Arbeitszufriedenheit, a. a. O.

[31] *Gerhard Wurzbacher, Walter Jaide* et al., Die junge Arbeiterin, München 1958; *Jaide*, Junge Arbeiterinnen, München 1969; *Höhn*, a. a. O.

[32] *Laatz*, a. a. O.; er ist der Meinung, daß die Berufsanwärter und Auszubildenden im Raum Hamburg wahrscheinlich höhere Ansprüche an Ausbildung und Arbeit stellen, als das im Bundesdurchschnitt der Fall ist, und deshalb etwas geringere Zufriedenheitsquoten aufweisen.

[33] *Infratest*, »Jugend und Politik«, München 1971: Von den befragten 15- bis 24jährigen beurteilen ihre beruflichen Chancen als besonders gut 36 Prozent, durchschnittlich 51 Prozent, sehr gering 12 Prozent. 56 Prozent halten die sozialen Chancen in der BRD für »gerecht verteilt«. *Institut für Jugendforschung München*, Mehrthemenumfrage im Auftrage der Welt, 1972: Die befragten 14- bis 25jährigen halten den gerechten Austausch von Leistungen und Gegenleistungen als Grundlage unserer Gesellschaft für gegeben mit 72,5 Prozent. 48,9 Prozent votieren dafür, daß jeder die gleichen Chancen hat, beruflich an die Spitze zu kommen, wenn er sich nur richtig anstrengt. »Die Einstellung der jungen Generation zum Unternehmer in seinem wirtschafts- und gesellschaftspolitischen Umfeld.« Eine Untersuchung des *Instituts für Jugendforschung München* im Auftrag des Jugendwerkes der Deutschen Shell, 1974: Ein kapitalistisches Wirtschaftssystem bevorzugen 62,7 Prozent – ein sozialistisches 19,3 Prozent. Mit dem gegenwärtigen Wirtschaftssystem sind im großen und ganzen zufrieden 70,3 Prozent. Das gegenwärtige Wirtschaftssystem halten 68,9 Prozent für verbesserungsfähig; 29,8 Prozent meinen, es sollte durch ein ganz anderes abgelöst werden. *EMNID, Internationale Jugenduntersuchung*, 1973: Die Bundesregierung schützt die Rechte und Wohlfahrt der Bevölkerung voll: 21,6 Prozent, mehr oder weniger voll: 61,5 Prozent – nicht voll: 10,1 Prozent, gar nicht 2,4 Prozent. Diese Zustimmungsquoten sind höher als in den gleichzeitig befragten Stichproben der Nachbarländer. *Reinhard Crusius*, Der Lehrling in der Berufsschule, Fachliche Unterweisung und politische Bildung im Urteil der Lehrlinge, *Deutsches Jugendinstitut München*, 1973: Nur 45 Prozent der befragten Lehrlinge leugnen eine Interessenüberschneidung bzw. Interessenidentität zwischen Unternehmern und Lehrlingen.

[34] *Bunz*, a. a. O.

[35] *Laatz*, a. a. O.

[36] *Jaide*, Jugend und Demokratie, München 1970.

[37] *L. Breger*, Further Studies of the Social Desirability Scale, in: J. consul. Psychol., 30. Jg. (1966), S. 281. Daß jemand eine ungünstige Berufswahl, unbefriedigende Berufsausbildung und das schlichte Verbleiben darin transferiert in Zufriedenheit, ist an sich verständlich. Daß eine solche Anpassungszufriedenheit mit dem Alter zunimmt, fügt sich in das Bild. Es gibt allerdings auch gegenläufige Bewegungen einer zunehmenden Unzufriedenheit mit den Lehrjahren. Darf man überhaupt eine solche »Umpolung« bei jungen Menschen dieser Generation im Rahmen eines kaum dagewesenen Wirtschaftswachstums und einer Knappheit der Arbeitskräfte – die Untersuchungen lagen alle vor der Rezession – erwarten und unterstellen? Man könnte sich ebensowohl ein Rechtfertigungsverhalten in genau umgekehrter Richtung denken, nämlich daß jemand eigenes Versagen im Berufswahlprozeß, auf der Berufsschule, im Betrieb

oder auch Diskrepanzen zwischen Person und Arbeitsinhalt transponiert und projiziert in eine Unzufriedenheit mit den Umständen.

[38] *Heinz Hartmann, Erika Boch-Rosenthal, Elvira Helmer,* Leitende Angestellte, Neuwied 1973.

[39] *Neuberger,* Messung der Arbeitszufriedenheit, a. a. O., S. 143, 144 f., 154 f.

[40] *Jaide,* Die Berufswahl, München 1961; *Jaide,* Berufsfindung und Berufswahl, a. a. O.

[41] S. Anm. 33.

[42] *Laatz,* a. a. O.: Von 627 Lehrlingen bekunden, nach einem besonderen Ausbildungsplan ausgebildet zu werden: 453 – nur teilweise 160; von 2643 Lehrlingen wurden von ausgelernten Mitarbeitern angeleitet und beraten: 1138 – von Ausbildern, Lehrmeistern: 955; von 2653 Lehrlingen erhalten nach ihrer Meinung eine systematische, planvolle Ausbildung im Betrieb: 1280 – teils/teils: 728.

[43] *Neuberger,* Theorien der Arbeitszufriedenheit, a. a. O., S. 152, 165.

[44] Man bedenke das Gewicht des Kriteriums Arbeitsinhalt gegenüber anderen Kriterien insbesondere dem der Arbeitsplatzbedingungen in der Untersuchung von *Bunz* et al.

[45] *Joy P. Guilford,* Persönlichkeit, Weinheim 1967; *H. J. Eysenck,* The Structure of Personality, New York 1953; *Eysenck,* The Psychology of Politics, London 1954.

[46] *Julian B. Rotter,* Generalized Expectancies for Internal Versus External Control of Reinforcements, in: Psychol. Monogr., 80. Jg., 1 (1966).

[47] *Infratest,* a. a. O.

Zur Zufriedenheit der Jugendlichen in der Bundesrepublik Deutschland hat die Untersuchung von EMNID, Jugend zwischen 13 und 24, Bielefeld 1975 sehr beachtliche Daten erbracht, die die bisherigen Befunde im wesentlichen unterstützen. Insbesondere zu den voranstehenden Fußnoten [24], [33], [34] sei auf die dort berichteten Ergebnisse hingewiesen. Zum Beispiel erklärten sich 16 Prozent als sehr, 40 Prozent als überwiegend mit ihrer Arbeit zufrieden; 18 Prozent und 31 Prozent lauten die Werte für den Arbeitsplatz –, 14 Prozent und 35 Prozent für das »Arbeitsleben«. 17 Prozent kommen sehr gut, 57 Prozent gut mit ihrer Arbeit zurecht. Nur 2 Prozent bezeichnen sie als schwere Last, 14 Prozent als notwendiges Übel; von den übrigen stimmten 28 Prozent für »Möglichkeit um Geld zu verdienen«, »befriedigende Tätigkeit« und »Erfüllung einer Aufgabe« (20 Prozent). Dabei liegen innerhalb dieser Stichprobe die Werte für Zufriedenheiten bei Hauptschülern mit Berufsausbildung bzw. Facharbeitern und Angestellten (z. T. erheblich) über dem angegebenen Mittelwert, bei Gymnasiasten und Gymnasialabsolventen (z. T. erheblich) darunter. Übrigens zählen sich bei jeder dieser Fragen durchschnittlich 20 Prozent der Gefragten unter die Rubrik »Keine Antwort« bzw. »Keine Meinung«.

KONSUMVERHALTEN BEI JUGENDLICHEN IN DER BUNDESREPUBLIK DEUTSCHLAND UND DER DDR

Von Walter Jaide

Da es weder die Materiallage noch der zur Verfügung stehende Platz gestatten, über Konsum und Konsumverhalten in der Bevölkerung beider deutscher Staaten umfassend zu informieren, sollen hier nur die für einen Vergleich der Jugendbevölkerungen relevanten Fragen skizziert und nach Möglichkeit beantwortet werden:

1. Welches sind die *ökonomischen Rahmenbedingungen,* d. h. die Einkommen der Haushalte und der Jugendlichen in ihrer Höhe, ihren sozial-strukturellen Unterschieden, ihren zeitlichen Trends und die Unterschiede im Lebensstandard zwischen Bundesrepublik und DDR?
2. Wie hoch ist der daran ablesbare Spielraum »frei verfügbaren Geldes« in beiden Jugendpopulationen, nachdem der Aufwand für den Lebensunterhalt gedeckt ist? Lassen sich die verschiedenen *Bedarfs- bzw. Konsumbereiche* (Lebensunterhalt, zivilisatorischer Bedarf, Genußmittel) deutlich voneinander abgrenzen und in ihren beiderseitigen Proportionen feststellen?
3. Verwenden die verschiedenen *sozialen Gliederungen* der beiden Jugendbevölkerungen unterschiedlich viel Geld auf diese Bereiche – in Analogie zu ihrer Zeitverwendung? Sind diese sozialunterschiedlichen Proportionen z. B. für Genußmittel oder für kulturellen Bedarf die gleichen in BRD und DDR? Und was ergibt sich daraus für Sozialisation und Entwicklung der Jugendlichen?
4. Wieweit wird das Konsumverhalten von integrativen und traditionellen und wieweit von subkulturellen und emanzipatorischen Zügen gegenüber der *Elternfamilie* und den übrigen Erwachsenen bestimmt? Welche Bedeutung hat der *»Jugendmarkt«?* Werden die Familienhaushalte stark verändert? Und wieweit verändern sich für beide Jugendbevölkerungen die Gewichte von home and market?
5. Wie wirken sich die Unterschiede der Wirtschafts- und Verteilungssysteme auf Angebot und Nachfrage aus? Oder wirken »jugendliche« Bedürfnisse auf jene zurück? Oder gibt es *systemübergreifende industriegesellschaftliche Bedürfnisse* der Heranwachsenden an vermehrte, prolongierte Bildung und Ausbildung, an erforderliche, ermöglichte Freizeit, Erholung, Urlaub und an akzelerierte Partnerschaft in altershomogenen Beziehungen und Gruppen? Und wie wirken sich Ideologien und der Einfluß entsprechender Institutionen und Agenturen auf das Konsumverhalten der Jugendlichen aus?
6. Gibt es in beiden Jugendbevölkerungen analoges *Sparverhalten* in bezug auf Höhe, Anlagearten und Verwendungsabsichten?

Sofern man Vergleiche zwischen zwei so verschiedenen politischen und sozio-ökonomischen Systemen wie der BRD und DDR anstellen will, muß man sich der üblichen
Vorbehalte bewußt bleiben, die die statistische Erfassung und Aufbereitung sowie die
Interpretation der Daten betreffen. »Eine Gegenüberstellung von Einkommen und
Lebensstandard zwischen der Bevölkerung der Bundesrepublik und der DDR wird
dadurch erschwert, daß die amtliche Statistik der DDR nur wenig Einkommensdaten
veröffentlicht, die überdies wegen abweichender Einkommensdefinitionen mit denen
der Bundesrepublik nicht voll vergleichbar sind[1].« Ähnliche Schwierigkeiten erwähnt
Heinz Vortmann[2]*:* »Ein Vergleich zwischen den disaggregierten gesamtwirtschaftlichen
Größen und den Ergebnissen der Statistiken der Wirtschaftsrechnung ist nur unter
Vorbehalten möglich, weil die Einnahmen und Ausgaben der Haushalte in der Statistik
der Wirtschaftsrechnung nicht voll erfaßt werden; die Struktur der Ausgaben durch die
Statistik der Wirtschaftsrechnung zum Teil verzerrt wiedergegeben wird; sich die
Abgrenzung der makro-ökonomischen Einnahmen und Ausgaben und die der Statistik
der Wirtschaftsrechnung nicht vollständig decken.«

I

Hier sollen nur die wichtigsten Daten und Entwicklungslinien über den *monetären
Bewegungsspielraum* der Familien und der Jugendlichen erwähnt werden. Zwischen
beiden Bevölkerungen bestehen erhebliche Unterschiede im nominalen Einkommen und
im realen Lebensstandard; das gilt auch für die beiden Jugendbevölkerungen. Dabei
hat sich der Abstand der Nominaleinkommen seit 1960 deutlich zugunsten der Ein-
kommensbezieher der Bundesrepublik vergrößert.

Netto-Einnahmen pro *Arbeitnehmer*

	BRD (DM)	DDR (M)
1960	476	485
1972	1 170	720

»Die persönlichen Einkommen (nominal) sind in der Bundesrepublik im letzten Jahrzehnt weit stärker gestiegen als in der DDR. Während die Durchschnittsbruttoeinkommen der Arbeitnehmer 1960 in der DDR nur wenig niedriger als in der Bundesrepublik waren, lagen sie 1969 um ein Drittel unter denen der Bundesrepublik. Die
Bruttoeinkommen der Selbständigen (in der DDR einschl. Genossenschaftsmitgliedern)
erreichten 1965 rund zwei Drittel der Selbständigeneinkommen in der Bundesrepublik.
In beiden Staaten war das Durchschnittsbruttoeinkommen eines Selbständigen doppelt
so hoch wie das durchschnittliche Arbeitnehmereinkommen. Dagegen erhielt 1965 ein
Rentner in der DDR durchschnittlich nur ein Drittel des Einkommens eines Rentners
in der Bundesrepublik[3].«
»Der Abstand der *Haushaltseinkommen* hat sich ebenfalls vergrößert: So erreichten
die nominalen Nettoeinkommen aller Haushalte in der DDR 1969 durchschnittlich

etwa zwei Drittel der Haushaltseinkommen in der Bundesrepublik (1960: 85 Prozent). Die nominalen Nettoeinkommen in Arbeitnehmerhaushalten in der DDR fielen sogar von 90 Prozent (1960) auf 64 Prozent (1969) zurück[4].«

Durchschnitt aller *Haushalte*/Nettoeinkommen

	BRD (DM)	DDR (M)
1960	879	750
1967	1 225	878
1971	1 744	–
1972	–	1 111
1975	2 211	1 310

In beiden deutschen Staaten werden die Haushalte in verschiedene *Typen* eingeteilt und diese Typen an repräsentativen Beispielen ständig in ihren Einnahmen und Ausgaben registriert[5, 6].

BRD (DM)		DDR (M)
	netto	
Haushaltstyp 1		
(2-Personen-Rentner-Haushalt)		Durchschnittliches Monats-Einkommen der Rentnerhaushalte
1972	701	343
1973	755	–
Haushaltstyp 2		
(4-Personen-Arbeitnehmer-Haushalt mit mittlerem Einkommen)		Durchschnittliches Monats-Einkommen der Arbeiter- und Angestellten-Haushalte
1972	1 572	1 123
1973	1 761	–
Haushaltstyp 3		
(4-Personen-Angestellten- und -Beamten-Haushalt mit höherem Einkommen)		
1972	2 805	
1973	3 074	

Als zweiter Trend läßt sich vermerken, daß sich DM und Mark in ihrer *Kaufkraftparität* im Laufe der letzten 10 Jahre angenähert haben. »Da die Preise in der Bundesrepublik im letzten Jahrzehnt z. T. beträchtlich gestiegen sind, während sie in der DDR nahezu unverändert blieben, hat sich – gemessen am Durchschnittsverbrauch von Arbeitnehmerhaushalten (gekreuzter Warenkorb) – die Kaufkraft der Mark im Verhältnis zur DM von rund 76 (1960) auf 86 (1969) und auf 94 Prozent (1972) erhöht. Die Kaufkraft der Mark ist tendenziell im Vergleich zu der DM um so geringer, je mehr sich der Verbrauch auf hochwertige, relativ teure Güter erstreckt[7].«

Es bestehen also je nach Gütergruppen starke Unterschiede. Im Bericht der Bundesregierung ... 1971 (S. 142 f.) sowie in den Materialien zum Bericht ... 1974 (S. 257 f.)
finden sich genaue Aufgliederungen über die relative Kaufkraft der Mark für die verschiedenen Verbrauchsbereiche und Verbrauchsgütergruppen. Besonders auffällig und
in unserem Zusammenhang interessant ist die Tatsache, daß die Kaufkraft der Mark
in Genußmitteln etwa halb so hoch ist wie die der DM und daß analog dazu der
relative Anteil im Haushaltsbudget von DDR-Haushalten gegenüber BRD-Haushalten
doppelt so hoch ist (1968: 11 statt 5,8 Prozent), obwohl die Verbrauchsmenge erst
die der BRD von 1960 erreicht hat[8].
»Während sich der DM-Preis für Bier kaum vom M-Preis unterscheidet, wird für
Bohnenkaffee in der Bundesrepublik Deutschland nur rund ein Viertel des in der DDR
bestehenden Preises bezahlt. Die Relationen der anderen im Rahmen einer mittleren
Lebenshaltung beobachteten Genußmittel liegen zwischen diesen beiden Extremen[9].«
Das bedeutet: »Die Kaufkraft der Mark gemessen an der Kaufkraft der DM ist in
den verschiedenen Waren- und Leistungsgruppen des privaten Bedarfs unterschiedlich
hoch und sinkt mit wachsenden Verbrauchsansprüchen. Vorbehaltlich der Einschränkungen, die bei Preisvergleichen so verschiedener Volkswirtschaften zu beachten sind
(z. B. Qualitätsdifferenzen, Versorgungsunregelmäßigkeiten), ist das durchschnittliche,
um die Kaufkraftunterschiede zwischen Mark und DM bereinigte Nettoeinkommen
(»Realeinkommen«) im Arbeitnehmerhaushalt der DDR um *47 Prozent* (1972) *geringer* als im entsprechenden Haushalt der Bundesrepublik. 1960 belief sich der Ein-
kommensrückstand auf 32 Prozent[10].«
»Die Verbesserung der Kaufkraft der Mark der DDR hat nicht ausgereicht, um den
relativ höheren Zuwachs der nominalen Nettoeinkommen in der Bundesrepublik auszugleichen[11].« »Der Abstand im Lebensstandard zwischen beiden deutschen Staaten
hat sich weiter vergrößert[12].« Allerdings: »Nicht allein der aus Einkommen bestrittene
Erwerb und Verbrauch von Gütern und die aus Nichtverbrauch von Einkommensteilen
resultierende Ersparnis kennzeichnen den Lebensstandard einer Bevölkerung. Er wird
darüber hinaus beeinflußt durch den Umfang der vom Staat oder anderen nichtprivaten
Einrichtungen und Organisationen unentgeltlich bereitgestellten Leistungen, mit denen
kollektive und/oder individuelle Bedürfnisse voll oder teilweise befriedigt werden
können, z. B. in den Bereichen der Bildung, der Kultur, des Sports, des Gesundheits-
und Sozialwesens. In der DDR erfassen diese ›Leistungen und Zuwendungen aus
gesellschaftlichen Fonds‹ in gesamtwirtschaftlicher Betrachtung auch die Subventionen
des privaten Verbrauchs. Sie sollen vor allem die Stabilität des Preisniveaus von Konsumgütern und Dienstleistungen gewährleisten und damit einkommenssubstitutiven
Charakter mit stark nivellierender Wirkung haben (in gewissem Sinn zählen hierzu
auch die Zuschüsse zur Sozialversicherung)[13].«
Die relative Steigerung der Kaufkraft der Mark gegenüber der DM ist z. T. auf die
wenig veränderte, subventionierte Preisfestsetzung für Konsumgüter und Mieten
zurückzuführen.
Immerhin sind in der BRD die Sozialgüter, die den Lebensstandard und die Lebenslage
der Bevölkerung beeinflussen bzw. verbessern, mit derselben Rate gewachsen wie die
öffentlichen Ausgaben (nämlich von 1950 bis 1972 auf das Sechsfache). Die öffentlichen

Sozialleistungen machen sogar einen höheren Anteil am Sozialprodukt der BRD (1969: 19,5 Prozent) aus als in der DDR (13,6 Prozent)[14].

Über die Einkommen der *Jugendlichen* muß man sich mit einigen Hinweisen behelfen und begnügen. In der Bundesrepublik führt eine BRAVO-Studie 1974 folgende Einnahmen-Gliederung der Jugendlichen an[15]:

monatlich netto	16–17 Jahre (in Prozent)	18–19 Jahre (in Prozent)	20–22 Jahre (in Prozent)
bis DM 100	51	27	7
bis DM 300	34	22	14
bis DM 500	7	18	14
über DM 500	8	33	65

Das Durchschnittseinkommen der 14- bis 22jährigen liegt danach bei ca. DM 300.

Die DIVO-Erhebung 1974[16] führt folgende Einkommensgliederung allerdings nur der Berufstätigen zwischen 16 und 24 Jahren auf, wobei die Einbeziehung der Lehrlinge unklar bleibt:

monatlich netto	weibliche (in Prozent)	männliche (in Prozent)
bis unter DM 600	29	15
bis unter DM 1 000	41	36
bis unter DM 1 500	20	42
über DM 1 500	4	6
ohne Angaben	6	1

Ca. 1,3 Millionen der 15- bis 20jährigen sind Auszubildende und verfügen damit über eine Lehrlingsvergütung. Diese beträgt gegenwärtig (z. B. im Bereich der Niedersächsischen Industrie- und Handelskammer) etwa DM 300 im ersten und zwischen DM 350 und DM 450 im dritten Lehrjahr. Die Lehrlingsvergütungen sind Bestandteile der Tarifverträge und deshalb regional und nach Wirtschaftszweigen recht verschieden. Auch das Lebensalter und die Vorbildung der Lehrlinge spielen dabei eine Rolle. Banklehrlinge z. B. haben gewöhnlich die mittlere Reife und eine zweijährige Ausbildung auf der Höheren Handelsschule hinter sich; das schlägt sich in der Vergütung nieder. Auch bei Lehrlingsvergütungen kommen übertarifliche Zahlungen vor, wenn auch selten. Die höchsten Vergütungen zahlt das Baugewerbe: bei vollendetem 18. Lebensjahr und im 3. Lehrjahr DM 875. Daneben muß man die Nebenverdienste der Schüler (durch Ferienarbeit etc.) und die Überstunden bzw. Schwarzarbeit der Lehrlinge mit monatlich zwischen DM 20 bis DM 200 veranschlagen.

Über die Staffelung der Einnahmen bei den Jugendlichen in der DDR kann man einer Aufstellung von *Peter Stöckmann*[17] folgende Ergebnisse aus dem Jahre 1969 entnehmen:

in M (monatlich)	männlich	weiblich
Schüler	19	17
Lehrlinge	58	57
Studenten	200	195
junge Arbeitnehmer	489	371

Die Jüngeren stehen also untenan, sie sind im höheren Maße noch Schüler oder Lehrlinge. Allerdings wird von ihnen wahrscheinlich kein oder nur wenig »Kostgeld« als Zubuße zum Lebensunterhalt der Familie erwartet oder verlangt.
Seit 1974 ergibt sich lt. »Verordnung über die Erhöhung der Lehrlingsentgelte« für etwa 400 000 Lehrlinge folgende Regelung (in M):

	Lehrlinge ohne Abschluß der 10. Klasse	Lehrlinge mit Abschluß der 10. Klasse (einschl. Lehrlinge in Klassen Berufsausbildung mit Abitur)
im 1. Lehrhalbjahr	90	100
im 2. Lehrhalbjahr	95	110
im 3. Lehrhalbjahr	105	120
im 4. Lehrhalbjahr	110	140
im 3. Lehrjahr	120	150

Diese Mark-Beträge sind nicht hoch, besonders wenn man bedenkt, daß im 4. Lehrhalbjahr bereits der volle Einsatz in der Produktion erwartet wird[18]. Allerdings können auch Lehrlinge Prämien bis zur Maximalhöhe von 25 Prozent monatlichen Entgelts erhalten[19].
Der monetäre Bewegungsspielraum ist nach den verfügbaren und interpretierbaren Daten für die Jugendlichen in der DDR – gemessen am Einkommen ihrer Familien und ihrem eigenen – etwa *halb so groß* wie für die Jugendlichen in der BRD. Die Rahmenbedingungen sind also für die ersteren weniger günstig: nominal, real und in der Bereitstellung von Waren und Diensten. Vorteilen in manchen Bereichen (Kosten von Büchern, Eintrittskarten) stehen Nachteile in anderen (Preise für Genußmittel, Angebot an Wohnraum) gegenüber, so daß der im ganzen kargere Lebensstandard der DDR-Jugend durch Einzelheiten nicht gesteigert wird. Auch besteht kein Anlaß zu der Annahme, daß sich die Einkommens- und Konsumverhältnisse — gegenüber der Bundesrepublik — in absehbarer Zeit wesentlich verbessern werden. Jede Mark, die ein 16jähriger in Leipzig in der Tasche hat, hat also monetär und chronologisch und sozial einen anderen Stellenwert und geringeren Tauschwert als die DM in der Hand eines Gleichaltrigen in Hannover[20].
Um den *subjektiv* wirksamen Spielraum an Konsummöglichkeiten auszuloten und zwischen den beiden Jugendbevölkerungen fair zu vergleichen, müßte man zu dem selbstverdienten Geld auch zugewiesenes bzw. geschenktes sowie unentgeltliche Waren und Dienste hinzukalkulieren. Das betrifft die Herkunftsfamilie und den Staat sowie öffentliche Organisationen (s. o.):

1. Je länger und zahlreicher die Jugendlichen im Haushalt der Eltern verbleiben, um so günstiger ist im allgemeinen ihre finanzielle Situation. Dafür liegen in der BRD entsprechende Daten vor: von den 16- bis 22jährigen sind 84,7 Prozent Nesthocker bei 14,9 Prozent Nestflüchtern. Von den Nesthockern haben die meisten ein eigenes Zimmer in der elterlichen Wohnung. Von ihnen leben 27,5 Prozent in einem – eventuell günstiger gestellten – 3-Personen-Haushalt, 28,8 Prozent in einem 4-Personen-Haushalt und ca. 30 Prozent in Haushalten mit 5 und mehr Personen[21]. Von den 16- bis 22jährigen sind 4,5 Prozent verheiratet – dabei die weiblichen doppelt so häufig wie die männlichen –, ca. 28 Prozent leben in festen Freundschaften oder verlobt, 67,4 Prozent sind ledig im engeren Sinne. Von den Frühehen (Ehemann unter 21 Jahren) leben erst etwa die Hälfte im eigenen Haushalt[22].

Zu diesen Daten aus der Bundesrepublik lassen sich nur wenige aktuelle Vergleichsdaten aus der DDR anführen[23]. Somit ist die Frage einer eventuell protrahierten Nestversorgung, die die monetäre Situation für die jungen Menschen begünstigt, kaum zu beantworten. Nur die höhere Rate der berufstätigen jungen Frauen in der DDR gibt einen indirekten Hinweis; junge Hausfrauen ohne eigenes Einkommen sind seltener als in der BRD[24]. Auch die Zahl der direkt von der Schule ohne Ausbildung ins Erwerbsleben tretenden Jugendlichen ist – allen Proklamationen entgegen – etwas höher in der DDR (ca. 17 Prozent der Nichtschüler unter 20 Jahren) als in der BRD (ca. 15 Prozent)[25]. Das bringt zwar per Lohntüte mehr Geld unter »die Jugend«; es hält sich aber im Rahmen der im Vergleich zur Bundesrepublik ungünstigeren Lohntarife und muß sozialstrukturell gesondert betrachtet werden (s. u.).

Relevant ist ferner das Ausmaß des den Jugendlichen zugewiesenen bzw. geschenkten Geldes. Erhalten die Jugendlichen in dem einen Staat von Eltern und Verwandten mehr »Geld zugesteckt« als in dem anderen? Treten die erwachsenen Familienmitglieder mehr an die Jüngeren ab in der BRD als in der DDR? In der Bundesrepublik darf man sicher »verwöhnende« Eltern unterstellen; es gibt sie wahrscheinlich heute häufiger als früher, und zwar in allen sozialen Schichten. Und solche Verwöhnung wird von den Verwöhnten meist nicht zurückgewiesen. Daß durch die Eltern von den jugendlichen Erwerbstätigen beanspruchte Kostgeld hält sich zwischen DM 120 und DM 200 im Monat, ist eher zu gering als zu hoch bemessen[26]. Über Nutzen und Nachteil einer solchen Bemessung kann man verschiedener Meinung sein. In Arbeiterfamilien besteht oft eine unscharfe Trennung zwischen dem, was der Jugendliche schon selbst verdient und bezahlen soll, und dem, was die Mutter ihm noch alles zusteckt. Sicherlich gibt es auch entsagungsbereite Eltern, deren Kinder mehr oder gleich viel geschenktes oder zugewiesenes als selbsterworbenes Einkommen erhalten und die oft nur sehr wenig Kostgeld abgeben müssen. Aber: Vergleiche in dieser Hinsicht zwischen Eltern und Kindern in der Bundesrepublik und in der DDR sind leider nicht möglich.

In diesem Zusammenhang ist auch die Frage nach den monetären gegenüber den nichtmonetären Leistungen zugunsten der Jugendlichen angebracht. Mit der Bemessung des Kostgeldes ist auf seiten der Eltern meist die Meinung verbunden, man könne und wolle solche Naturalleistungen im Familienhaushalt nicht so genau berechnen. In einer »ordentlichen Familie« tut man das nicht. In der Versorgung von Kleinkindern leisten Großmütter oder Urgroßmütter einen unentgeltlichen und unbezahlbaren Beitrag der

Herkunftsfamilie für die Zeugungsfamilie (besonders bei Frühehen). Das Ausmaß und die Qualität solcher Leistungen hängen jedoch vom realen Nettogesamteinkommen, von der Größe der Familie, von Größe und Komfort der Wohnung und auch von der Beanspruchung der Mütter bzw. Großmütter durch Berufstätigkeit ab. Und das ist wie erwähnt in beiden deutschen Staaten recht unterschiedlich, in der DDR eher ungünstiger. Außerdem steht dieser naturalen »Verbundwirtschaft« auch die universelle Monetarisierung des Konsums und der Verselbständigungsdrang der jungen Menschen in beiden deutschen Staaten entgegen sowie ihr Zug zur altershomogenen Gruppe oder Partnerschaft in der Freizeit.

2. Von besonderer Bedeutung sind hierbei die nicht monetären Leistungen der Betriebe, der gesellschaftlichen Organe und des Staates. Sie beziehen sich – von der Subventionierung bestimmter Preise abgesehen – auf Berufskleidung, Verpflegung, Erholung, Qualifizierung u. a. m. Etwa jeder vierte Lehrling lebt in der DDR in einem Lehrlingswohnheim, in dem monatlich 33 M als Unkostenbeitrag zu leisten sind. Sportvereinigungen stellen Sport- und Campingausrüstungen zur Verfügung, die Gesellschaft für Sport und Technik (GST) u. a. Motorräder zum Üben, die FDJ in ihren verschiedenen Arbeitsgemeinschaften Material und Geräte für Hobby-Tätigkeiten. Das Jugendgesetz der DDR (1974) weist den staatlichen und gesellschaftlichen Organen ausdrücklich eine vielseitige, ständige Förderung der Jugend zu (§§ 39–50).

Dem entspricht in analogen Wirkungen, wenn auch nicht in Rechtsform, Stil und Ideologie in der Bundesrepublik das Angebot in Jugendheimen, Heimen der offenen Tür, Vereinen und Verbänden, Schul- und Jugendreisen (Bundesjugendplan, Landesjugendpläne, kommunale Förderungen etc.). Aber alles das ermöglicht keinen sicheren Vergleich, aus dem man entnehmen könnte, das monetäre und individuelle Nettoeinkommen der jugendlichen Arbeitnehmer bzw. Schüler und Hochschüler in der DDR ist zwar geringer, aber die kollektiven Sachleistungen zu ihren Gunsten sind wesentlich höher als in der BRD. Das letztere scheint eher nicht der Fall zu sein. In den Materialien . . . 1971 heißt es: »Die staatlichen Ausgaben für gemeinschaftlich genutzte Güter und Einrichtungen sind in der DDR je Einwohner etwas niedriger und in Prozent des Bruttosozialproduktes nur geringfügig höher als in der Bundesrepublik. Allerdings ist der Anteil der Staatsausgaben für Wissenschaft und Bildung in der DDR um wenigstens ein Viertel höher als in der Bundesrepublik« (S. 126).

II

In der Konsumforschung wird üblicherweise das zum Lebensunterhalt Notwendige abgegrenzt gegenüber dem »frei verfügbaren« Gelde. Das letztere ist der eigentliche Brennpunkt des Interesses – speziell in der Jugendkonsumforschung. Die Relation zwischen fixen und frei disponiblen Ausgaben gibt Aufschluß über den Bildungs- und Freizeitspielraum der Jugendlichen.

Um diese Ausgabenbereiche möglichst großlinig und jugendsoziologisch relevant zu definieren und gegeneinander abzusetzen, sei hier folgende Gliederung vorgeschlagen:
– *Primär-Bedarf:* Fixe Kosten für den Lebensunterhalt, d. h. der lebensnotwendige

(restitutive; *Gerhard Scherhorn* 1969) Bedarf an Wohnung, Wohnungseinrichtung, Wohnungspflege, Energie, Nahrung, Kleidung, Körperpflege, Verkehr und Nachrichten. Dieser Primär-Bedarf nimmt bei bereits allein wohnenden oder verheirateten jungen Menschen einen höheren Budgetanteil ein als bei ledigen, jüngeren Jugendlichen im Haushalt der Eltern, die dort höchstens ein Kostgeld zu erbringen haben. Auch die Abzahlungen und Zinsen bei entsprechenden Ratenkäufen und das Sparen auf die Aussteuer kann man hierher zählen. Von der Höhe des Primär-Bedarfes hängt die Höhe des frei verfügbaren Geldes ab.

- *Sekundär-Bedarf:* Damit sind Ausgaben gemeint, die über das Lebensnotwendige hinausgehen: erhöhter Wohnraumbedarf, Luxushausrat, Haushaltsgeräte – Bekleidung, z. B. Sport-, Freizeit-, Abendkleidung – gehobener Bedarf an Körperpflege (Friseur, Kosmetika, Schwimmbad, Sauna, Massagen) – ein Fahrzeug (anteilweise, falls es beruflich erforderlich ist) – Freizeitgüter und anspruchsvolle Hobbies (Schallplatten, Rundfunk- und Fernsehgerät, Musiktruhe, Fotobedarf, Sportgerät, Werkzeugkiste etc.) – berufliche und kulturelle Information und Fortbildung (Bücher, Zeitungen, Zeitschriften, Eintrittskarten, Mitgliedsbeiträge etc.). Hierher gehört mehr oder minder der Aufwand für Wochenendfreizeit und Urlaub – und schließlich für Geschenke an Angehörige und Partner und für Spenden.
- *Tertiär-Bedarf:* Er umfaßt Ausgaben für Genußmittel (Tabakwaren, Getränke, Süßigkeiten – in der DDR auch Kaffee) – für Kino, Tanzen, Ausgehen, Geselligkeit zu Hause oder andere Zerstreuungen. Dieser Aufwand wird zumeist mit »Taschengeld« umschrieben.
- *Quartär-Bedarf* (Ersparnisse): Damit sind – speziell bei den Jugendlichen – diejenigen Beträge ihres Monatseinkommens gemeint, die nicht sogleich ausgegeben, sondern zunächst zurückgelegt werden. Über Formen dieser Rücklagen und ihre Zielsetzungen ist weiter unten ausführlich zu berichten.

Nur bei einem Konsensus über eine solche definitorische Einteilung dürfte die folgende Problemdiskussion fruchtbar werden[27]. Allerdings sind Abgrenzungen nicht völlig schicht- oder positionsneutral (Aufsteiger versus Bauarbeiter versus Schüler).

Innerhalb eines so aufgeteilten Geld-Budgets, dem eine sinngemäß analoge Aufteilung des *Zeit-Budgets* zur Seite steht, stellt der Sekundär-Bedarf einen besonders interessanten Bereich zwischen Lebensunterhalt und Zerstreuung dar, einen modernen Entfaltungs- und Sozialisationsbereich für junge Menschen. Auf ihn sind auch im wesentlichen die Bemühungen der Freizeitpädagogik gerichtet. Das »frei disponible« Geld umfaßt nach diesen Definitionen den sekundären, tertiären und quartären Bedarf – also alles, was nicht zu den üblichen Basisausgaben für den Lebensunterhalt gehört. Wie groß ist nun der Anteil des frei verfügbaren Geldes an den Nettoeinnahmen der Haushalte bzw. der Jugendlichen? Das ist nur annähernd zu schätzen anhand der Wirtschaftsrechnungen privater Haushalte und der vorangestellten Definitionen. »Über die Entwicklung der *Verbrauchsstruktur* geben in beiden Vergleichsgebieten regelmäßig geführte Wirtschaftsrechnungen für die Haushaltsausgaben Auskunft[28].« Ihre Ergebnisse bestätigen die allgemeine Erfahrung, daß mit wachsendem Wohlstand der Anteil des frei verfügbaren Geldes wächst. Trotz ähnlicher Entwicklungstendenzen in beiden Staaten war das Niveau bei einzelnen Ausgabenanteilen 1968 und auch noch 1972

recht unterschiedlich. Ausgaben für Dienstleistungen (Mieten, Reparaturen u. a. m.)
sind in den Haushalten der DDR relativ halb so hoch wie in der Bundesrepublik.
Dagegen wird dort für Industriewaren relativ mehr vom Haushaltseinkommen auf-
gewendet. Dennoch wurde bisher das Verbrauchsniveau der Bundesrepublik nicht
erreicht. Während die Ausstattung mit Fernseh- und Rundfunkgeräten in beiden
Staaten gleich hoch ist, ist sie bei Personenkraftwagen in der Bundesrepublik, bei
Mopeds und Fotoapparaten in der DDR entsprechend höher. Nach wie vor liegt der
Anteil der Ausgaben für Nahrungs- und Genußmittel in der DDR ein Viertel über
denen in der Bundesrepublik. Wesentlicher Grund hierfür dürften die relativ hohen
Preise für hochwertige Nahrungsmittel sowie für Genußmittel sein; die relativ niedrigen Preise für die Grundnahrungsmittel wie Brot und Kartoffeln erbringen keinen
wesentlichen Kostenausgleich. Deshalb hat die DDR im Genußmittelverbrauch auch
erst etwa den Stand der Bundesrepublik von 1960 erreicht[29].

In der Bundesrepublik ergeben sich aus den Wirtschaftsrechnungen der drei Haushaltstypen folgende (vom Verfasser gemäß der obigen Definition geschätzte) Prozent-
anteile des frei verfügbaren Geldes an den Nettoeinnahmen:

beim 2-Personen-Rentner-Haushalt   37 Prozent,
beim 4-Personen-Arbeitnehmer-Haushalt   42 Prozent,
beim 4-Personen-Beamten- und Angestellten-Haushalt   57 Prozent.

Der Anteil steigt also mit der Höhe des Einkommens[30].

In einer Statistik des Deutschen Instituts für Wirtschaftsforschung finden sich folgende
Prozentzahlen für den frei disponiblen Betrag in der DDR (ebenfalls vom Verfasser
geschätzt):

in Rentnerhaushalten	27 Prozent
vom durchschnittlichen Monatseinkommen aller privaten Haushalte	41 Prozent
vom durchschnittlichen Monatseinkommen der Arbeiter- und Angestellten-Haushalte wie auch der Haushalte von Mitgliedern der LPG Typ III	44 Prozent[31]

Bei den *Jugendlichen* in der BRD kann man den frei verfügbaren Anteil ihres Einkommens im Durchschnitt der 15- bis 25jährigen auf etwa 45 Prozent schätzen. Das
macht für die unter 20jährigen im Durchschnitt etwa DM 150 im Monat aus, für die
über 20jährigen zwischen DM 200 bis DM 250 im Durchschnitt. Genauere Angaben
lassen sich leider nicht machen. Hinter solchen Durchschnittswerten verbergen sich
erhebliche Unterschiede sowohl im Einkommen wie im frei verfügbaren Gelde je nach
dem sozialen, familiären, beruflichen Status der jungen Menschen. Voll im Beruf
Stehende, noch bei den Eltern Lebende haben mehr freies Geld zur Verfügung als
junge Hausfrauen, Lehrlinge, Schüler und Studenten. Jüngere haben weniger als ältere,
weibliche weniger als männliche, dörfliche weniger als städtische Jugendliche bzw.
Heranwachsende. Allerdings gibt es hierbei auch einige Umkehrungen: diejenigen
Mädchen, die keine Berufsausbildung aufnehmen, sondern sogleich nach Schulentlassung
in ungelernte Arbeit eintreten, haben relativ mehr freies Geld als die gleichaltrigen

männlichen Jugendlichen im Ausbildungsverhältnis – wenigstens in den ersten Jahren. Gehen die Mädchen eine Ehe ein, so wird ihr Einkommen stark durch die notwendigen Anschaffungen beansprucht.

Solche sozialen und beruflichen Unterschiede waren immer relativ groß. In der EMNID-Studie 1964 gaben als frei verfügbares Geld an: junge Arbeiter zwischen 15 und 24 Jahren ca. DM 160; die gleiche Summe wurde von den jungen Angestellten und Beamten genannt. Junge Landwirte gaben im Durchschnitt eine Zahl von DM 130, junge Hausfrauen dagegen nur ca. DM 100, Lehrlinge, Schüler und Studenten ca. DM 50 an. Diese Unterschiede hatten also eine Spannweite von etwa DM 110[32]. Inzwischen haben auch die jungen Hausfrauen und die Schüler, Lehrlinge und Studenten ihr frei und selbständig verfügbares Geld erhöhen können. Ihnen wird im allgemeinen auch mehr zugesteckt oder geschenkt. Jedoch die voll im Erwerbsleben Stehenden über 20 Jahre sind ihnen mit hohen Steigerungen ihrer Einkommen davongezogen.

Auch bei der DDR-Jugend gibt es Einkommensunterschiede nach der Zugehörigkeit zu sozialen Schichten und nach sozialen und beruflichen Positionen (s. o.). Der durchschnittliche Monatsbetrag frei verfügbaren Geldes dürfte bei den 15- bis 25jährigen zwischen 60 bis 200 M liegen.

Bei der Verwendung des frei verfügbaren Geldes soll nunmehr aus normativ-analytischen Aspekten die Aufteilung in Sekundär- und Tertiär-Konsum bzw. eine für die personale und soziale Weiterentwicklung der Jugendlichen günstige Relation zwischen beiden besonders beachtet werden. Dabei wird weder auf Sondergruppen der Playboys oder der Protestler in einer »counter culture« abgestellt, sondern auf den »normalen« Jugendlichen von der oberen Mittel- bis zur oberen Unterschicht, für dessen Entfaltung *Sekundär-Konsum* reklamiert und legitimiert werden soll. Wer solchen Aufwand nicht zu praktizieren bereit und geübt ist, stellt sich vermutlich abseits und muß negative Folgen in seinen sozialen Beziehungen, Chancen und Entwicklungen in Kauf nehmen. Den Platz an der Sonne mit Einladungen, Verabredungen, Aufträgen und Anträgen gewinnt man nicht als Aschenputtel. Somit stellt dieser sekundäre Bedarf nur im geringen Maße Luxus dar. Es ist auch nicht nur Raffinesse der Werbung, mit Waren auch Werte, mit Seife auch Körpergefühl anzupreisen. Das eine hängt vielfach tatsächlich mit dem anderen zusammen. Kultivierter Lebensstil um der damit verbundenen Kontakte, Erlebnisse und guten Laune willen läßt sich nicht ohne modische Kleidung und Kosmetika erringen. Es darf nur nicht der Eindruck erweckt werden, daß dieses alles mit Hilfe bestimmter Güter käuflich sei. Was für Kleidung und Körperpflege gilt, ist analog gültig für Freizeitartikel und anspruchsvolle Hobbies (Schallplatten, Sportbedarf, Fernsehgerät, Sportgerät, Werkzeugkiste u. a. m.). Wer darin nichts oder nicht gelegentlich mal etwas Neues zu bieten hat, wird seinen »peers« langweilig. Hierher gehört auch das Sammeln und der Kontakt zu anderen Sammlern. Und ähnliches gilt erst recht für den Bedarf an beruflicher und kultureller Fortbildung und Information, für Schulsachen, Bücher, Zeitungen, Fachzeitschriften, Eintrittskarten, Mitgliedsbeiträge – und schließlich für Geschenke an Angehörige und Freunde und für Spenden zu öffentlichen Zwecken. Zum Sekundär-Bedarf gehört auch der Urlaub. Wer diese Chance nicht nutzt, enthält sich mancherlei Erfahrungen und Erlebnisse – sei es expansiver oder exzessiver, kompensatorischer oder rekreativer Art –

vor. Urlaubsreisen sind allerdings für den überwiegenden Teil der Jugendlichen in der BRD gewohnte Angelegenheiten. Von den 14- bis 18jährigen verreisen ca. 60 Prozent und manche davon sogar zweimal im Jahr[33]. Zum Sekundär-Bedarf ist auch das Fahrzeug zu rechnen. Sofern es nicht nur wegen weiter Wege zur Schule oder Arbeitsstätte notwendig ist, verhilft es zu einem Lebensradius von größerer Weite und Bewegungsfreiheit. Die meisten jungen Menschen wünschen sich denn auch ein Kraftfahrzeug[34].

Wie lassen sich nun die Proportionen der Konsumbereiche annähernd beziffern, ohne daß man sich in endlose Datenvorlagen und -diskussionen verliert? Man dürfte der Sachlage am nächsten kommen, wenn man für den Durchschnitt der Jugendlichen in der BRD folgende tentative Schätzung aufstellt:

Primär-Bedarf	55 Prozent
Sekundär-Bedarf	30 Prozent
Tertiär-Bedarf	10 Prozent
Sparen	5 Prozent.

Dahinter verbergen sich wie immer beachtliche sozialstrukturelle Unterschiede (s. u.). Wenn man die Ergebnisse einer BRAVO-Umfrage[35] entsprechend unserer Einteilung umstellt, ergeben sich für das Befragungsjahr Juli 1968 bis Juni 1969 folgende Ausgaben für je 100 junge Leute in 1000 DM pro anno:

	18–20 Jahre	21–24 Jahre	14–24 Jahre	männlich	weiblich
Sekundär-Bedarf					
Bekleidung	54	67	53	37	70
Kfz	26	39			
Kosmetik und Körperpflege	7	10	7	3,5	10,8
Lesestoff	4	5	4	4,3	3,5
Freizeitartikel inkl. Elektronik und Fotobedarf	14	16	2,8	3,5	2
nicht näher definierter Bedarf, Anschaffungen, Dienstleistungen			94,8	113,7	76
Tertiär-Bedarf					
Getränke	9	14	8,9	10	7,6
Tabakwaren	12	20	11,6	16	7
Süßigkeiten	3	4	3	2,8	3,6

Der Aufstellung sind alters- und geschlechtsspezifische Differenzen zu entnehmen. Eine weitere post hoc-Interpretation sei hier nicht unternommen[36]. Relevant oder zumindest illustrativ für unsere Grobalternative: Tageskonsum versus mittelfristiger kultureller Bedarf – sind folgende Feststellungen bzw. Gegenüberstellungen:

Nach BRAVO/Contest geben die Heranwachsenden im Alter von 18 bis 20 Jahren pro Jahr im Durchschnitt für Genußmittel DM 210, d. h. ca. 17,4 Prozent vom frei verfügbaren Geld und d. h. ca. 8 Prozent von ihren Einnahmen aus; die 21- bis 25jährigen etwa DM 380, d. h. 20 Prozent bzw. 9–10 Prozent. Der Aufwand der privaten Haushalte beträgt demgegenüber (1973) pro anno: Haushaltstyp 1 DM 600 (ca. 6,5 Prozent vom Gesamtnettoeinkommen) – Haushaltstyp 2 DM 820 (ca. 4 Prozent) – Haushaltstyp 3 DM 1044 (ca. 2,8 Prozent)[37]. Daran wird deutlich, wie der relative Genußmittelkonsum mit steigendem Einkommen abnimmt. Allerdings bleibt unklar an dieser Aufstellung, ob der Konsum von Genußmitteln in Gaststätten darin mit einberechnet worden ist.

Nun stecken in solchen Durchschnittszahlen sowohl diejenigen, die Genußmittel konsumieren, wie auch die Abstinenten. In einer DIVO-Studie »Der Westdeutsche Markt in Zahlen« 1972 gaben die 16 bis 24 Jahre alten Jugendlichen an: die meisten von ihnen trinken Bier; etwa 80 Prozent trinken Wein; und die scharfen Sachen werden überhaupt nicht angerührt von 50 bis 70 Prozent. Auch beim Rauchen liegt die Zahl der Abstinenten bei 58 Prozent. Um so höher ist demnach der relative Verbrauch bei den Nichtabstinenten einzuschätzen. Das bedeutet z. B. für die jugendlichen Raucher einen Jahresbedarf von etwa DM 200. Dabei sind die weiblichen Jugendlichen wesentlich maßvoller. D. h. sie sind es zur Zeit noch. Sie geben nur etwa zwei Drittel soviel für Genußmittel aus wie ihre männlichen Altersgenossen. Immerhin muß man bedenken, daß sie bei Vergnügungen, Gaststättenbesuch etc. z. T. von ihren männlichen Partnern freigehalten werden, so daß diese Unkosten bei jenen mit erscheinen. Das bestätigte sich auch in der EMNID-Studie 1964: abgesehen von den weiblichen Jugendlichen zeigten sich besonders maßvoll im Verbrauch von Genußmitteln junge Angestellte, Beamte und Hausfrauen.

Stellt man bei den Jugendlichen die Ausgaben für Genußmittel denen für andere Verbrauchsgüter gegenüber, so ergeben sich folgende Proportionen: ein Viertel so viel für Kosmetika – etwa gleich viel für langlebige Freizeitgüter – etwa doppelt so viel für Bekleidung. In solchen Differenzen mögen sich allerdings auch konjunkturelle oder strukturelle Erscheinungen spiegeln, wie das Abebben einer Bekleidungswelle, längere Modefristen oder die Sättigung mit elektronischen Unterhaltungsmitteln oder die relativ stärkere Verteuerung für Genußmittel und Gaststättenbesuch.

III

Die durchschnittliche Geldverteilung auf die verschiedenen Bedarfsbereiche wird durch die *sozialstrukturellen* Merkmale der Jugendlichen variiert. Das betrifft die Grobeinteilung nach Sekundär- und Tertiär-Konsum wie auch die einzelnen Güter und Dienste. Während sich die Altersgruppen (15 bis 20 Jahre versus 21 bis 25 Jahre) in der BRD darin kaum wesentlich unterscheiden, liegt bei der weiblichen Jugend eine Minderbesetzung des Tertiär-Konsums vor (s. o.). Bedeutsamer sind die Unterschiede nach der sozialen/beruflichen Position: junge Arbeiter verwenden mehr für den Tertiär-Bedarf als Schüler, Studenten, Angestellte und Hausfrauen; die Lehrlinge halten etwa die Mitte (s. Anm. 31). Besonders stark differieren die Ausgaben für Kultur, Information und berufliche Qualifizierung: Sie liegen – generell erheblich unter dem Aufwand für Genußmittel, und zwar – bei den weiblichen Jugendlichen etwas höher als bei den männlichen, bei den älteren Heranwachsenden (ab 21 Jahren) niedriger als bei den Jüngeren und dementsprechend bei den Lehrlingen höher als bei den (älteren) jungen Angestellten und Beamten. Sie liegen bei den jungen Arbeitern am niedrigsten und bei den Schülern und Studenten am höchsten[38].

Auch beim Urlaub zeigen sich soziale Unterschiede. Mädchen beginnen erst später, allein oder mit Gleichaltrigen Urlaub zu machen. Junge Angestellte und Schüler nehmen in erster Linie an Jugendreisen teil oder buchen einen Urlaub bei den Reisegesellschaften. Auch die Urlaubserwartungen und -befriedigungen sind je nach Vorbildung unterschiedlich. Für die jugendlichen Urlauber mit Volksschulbildung geht es eindeutig stärker um ein Urlaubsghetto mit Sommer, Sonne, Wasser, Tanz und Sex. Es genügt ihnen, d. h. den in bestimmten Untersuchungen befragten Gruppen, ohne Beanspruchung und nach völligem Belieben möglichst unter Gleichaltrigen in den Tag – und in die Nacht zu leben. Dagegen spielen bei den gleichaltrigen Schülern und Hochschülern Kontakte und Gespräche mit Einheimischen und kulturelle Eindrücke von Kunstwerken, Städten und Landschaften eine größere Rolle. Für sie sind auch Ruhe und Muße für sich selbst und den Partner wichtiger.

Die Teilnahme am sekundären Konsumbereich dürfte immer noch durch die soziale Schicht des Elternhauses, die Schul- und Berufslaufbahn des Jugendlichen und seinen Verkehrskreis bedingt bzw. erleichtert oder erschwert werden. Dabei geht es weniger – oder eher im Gegensinne – um das Ausmaß frei gestellter Zeit und frei disponiblen Geldes, sondern um den Rollen-Set, den die Jugendlichen innerhalb ihrer verschiedenen sozialen Bezüge zu erfüllen haben bzw. deren Erfüllung ihnen bereits bewußt geworden ist. Für die Schüler umfaßt manches den Bereich des demi loisir. Das große, vielseitige Angebot in diesem sekundären Freizeit- und Konsum-Bereich könnte auch den Hauptschulabsolventen auf die ihm möglichen und zugewiesenen Rollen in Beruf, Betrieb, Familie, Vereinen und Organisationen, Freizeit und Öffentlichkeit anregen und zurüsten. Gerade die in praktischen Berufen Stehenden benötigen Ausgleich, Anregung, Fortbildung und das heißt komplementäre und aktive Freizeitverwendung. Die erstrebte Gleichwertigkeit von Berufsbildung und schulischer Bildung müßte sich darin erweisen, daß die Werktätigen ihre Möglichkeiten wahrnehmen. Aber noch stehen dem handicaps der frühen Sozialisation und der Schulbildung entgegen. Die Chancen, durch Freigeld und Freizeit zur persönlich-sozialen Weiterentwicklung und zur Einebnung von Schichtunterschieden und Chancenungleichheiten selbst beizutragen, werden von der Arbeitnehmerjugend noch unzulänglich wahrgenommen. Bedürfnisse nach Entspannung und Abreagieren und eine Anti-Attitüde gegen besondere Anstrengungen und Aktivitäten wirken sich als intervenierende Variablen ebenso abträglich aus wie das geringe Maß an geistigen Anregungen, Lebensplanung und Weitung der Lebenschancen, wie sie sie erleben. Vielleicht darf man allerdings bei (jüngeren) Jugendlichen noch keine sehr deutlich differenzierten und stabilen Präferenzen, Verbindlichkeiten, Anspruchsniveaus, Normierungen annehmen (*Scherhorn* 1969). Das wäre für intrakulturelle Aspekte wichtig. Immerhin: falls die hier berichteten Tatsachen im Konsumverhalten der DDR-Jugend keine oder stark modifizierte Parallelen fänden, wäre dies für den interkulturellen Vergleich höchst relevant[39].

Aber wie steht es damit in der DDR? Verwenden z. B. auch in der DDR junge Arbeiter ohne Facharbeiterbrief wesentlich mehr Geld für Genußmittel und Vergnügungen und wesentlich weniger für Kultur- und Informationsbedarf als Schüler und Studenten? Oder hat sich hierin eine Angleichung eingespielt? Auch wenn Schüler und Lehrlinge verschieden viel Geld zur Verfügung haben, könnten sie es ja doch in ähnlicher Weise aufteilen und sich insofern in ihrer Geldverwendung von den westdeutschen Jugendlichen unterscheiden. Haben sich sozialistische Konsumtionsgewohnheiten schon so weit ausgebreitet, daß die jungen Arbeiter erst recht ihre freie Zeit und ihr freies Geld für Bildung und berufliche Qualifizierung anwenden, die sie bisher – aus welchen Gründen immer – versäumt haben? Wird dem Jargon der »Hochwertigkeit« und »kulturvollen Freizeit« von allen entsprochen? Denn, so heißt es bei *Alfred Keck* und *Günter Manz* [40], der Staat übernimmt die Verantwortung für die Struktur der Konsumtion bei den Konsumenten. Und der Konsumforscher *Stöckmann* gibt als Ziel an: »Letztlich geht es darum, die Jugend an sozialistische Konsumtionsgewohnheiten heranzuführen, sie zu befähigen, ihr Geld auf sinnvolle Art und Weise auszugeben.« Dafür liegen »objektiv« günstige Voraussetzungen vor: der hohe Organisationsgrad der Jugendlichen, die ausdrücklichen und eindeutigen moralisch-ideologischen Erwartungen von seiten der Gesellschaft und die Honorierung entsprechenden Verhaltens durch Qualifizierungsmöglichkeiten, Aufstieg, Delegierung. Selbst im Jugendgesetz der DDR von 1974 werden in normativen Thesen »Die Entfaltung eines kulturvollen Lebens der Jugend«, »Die Entwicklung von Körperkultur und Sport unter der Jugend«, »Die Gestaltung der Arbeits- und Lebensbedingungen der Jugend«, »Die Feriengestaltung und Touristik der Jugend« in vielen Paragraphen (§§ 27–50) gefordert unter Mitarbeit aller Verantwortlichen und der Jugend selbst. In zahllosen Sätzen werden Leitung, Planung, Lenkung von kultureller Teilnahme, Sport, Reisen, Tourismus erörtert und viele Vergünstigungen, Preisermäßigungen, Bereitstellungen von Räumen, Ausstattungen und Geräten »gewährleistet« (§ 42). Von der Reise in die Sowjetunion bis zum Studentenlager und der künstlerischen Entwicklung der Tanzkapellen wird fast alles bedacht. Aber wieweit die erwähnten Zielsetzungen bereits in der Wirklichkeit erreicht und wieweit sie von den Jugendlichen in ihren verschiedenen sozialen Gliederungen realisiert werden, wird nirgends mitgeteilt, obwohl man sonst mit dem Nachweis von Erfolgen und Errungenschaften nicht so sparsam ist. Genaue und fortlaufende Statistiken, denen die spezifizierte Geldverwendung der verschiedenen Sozialgruppen der Jugendbevölkerung zu entnehmen ist, sind nicht veröffentlicht worden. Nur die Angabe von Sparzielen (s. u.) geben einen gewissen Hinweis auf die Verwendung des frei verfügbaren Geldes. Diesen Angaben kann man entnehmen, daß bei den männlichen Sparern Freizeitinteressen eindeutig überwiegen, während die weiblichen Sparer ihre Sparziele etwa gleichmäßig auf die Freizeit und den Bereich »Wohnung und Hauswirtschaft« verteilen. Man könnte andere Hinweise aus einer »Inventur« der bei den Jugendlichen vorhandenen Güter entnehmen, die zwar angekündigt, aber bisher nicht veröffentlicht ist. Aus der Aufstellung von Sparzielen erfährt man allerdings nichts über den Aufwand für Freizeitgüter, die man unmittelbar aus den monatlichen Einnahmen befriedigen kann. Man erfährt auch nichts über den Aufwand für kulturellen Bedarf und für Körper- und Schönheitspflege. Erst recht kann man daraus nicht den

Tertiär-Konsum ermitteln. Und gerade darin wäre ein Vergleich mit DDR-Daten äußerst aufschlußreich. Statt dessen wird genau berichtet über die Unterschiede von Bekanntheits- und Beliebtheitsgraden bei Rohkostsalaten in den verschiedenen Altersgruppen [41].

IV

Ausgaben tätigt man in der Regel nicht solitär und isoliert – erst recht nicht in der Jugend. Man richtet sich nach seinen *Bezugsgruppen und -personen*, berät sich mit ihnen und tauscht Ansichten und Erfahrungen aus – jeweils mehr oder minder. Am interessantesten ist hierbei das Verhältnis der Jugendlichen zu ihren Eltern, auch ihren älteren Verwandten. Makrosoziologisch und historisch kann man annehmen, daß sich hierbei ein bedeutsamer und starker Prozeß der Emanzipation im engeren und eigentlichen Sinne dieses Wortes vollzieht bzw. bereits vollzogen hat, der zunehmend auch jüngere und weibliche Jugendliche aller Sozialschichten umfaßt. Dafür kann man folgende Bedingungen anführen, die allerdings fast sämtlich nicht erst neu für die gegenwärtige Jugendgeneration gelten, sondern bereits für deren Eltern und z. T. deren Großeltern in Geltung waren. Außerdem gibt es auch gegenläufige Tendenzen bzw. Bedingungen.

1. Seit etwa einem Jahrhundert ist eine altersmäßige Vorverlegung der körperlichen und auch der seelischen Entwicklung im Kindes-(!) und Jugendalter bemerkbar. Diese *Akzeleration* betrifft sowohl die körperliche wie auch die geistige und seelische Entwicklung, wie es ziemlich eindeutig alle neueren und zuverlässigen Untersuchungen zeigen [42]. M. a. W.: Ein heute Sechzehnjähriger hat ungefähr den Entwicklungsstand eines Achtzehnjährigen vor ca. 50 Jahren. Damit war eine allmählich frühere Verselbständigung, die Übertragung entsprechender Erwachsenen- oder Adoleszentenrollen sowie eine Vorverlegung von Wünschen, Ansprüchen und damit auch von Geldausgaben verbunden – und zwar in den Bereichen der Ausbildung, der Freizeit und der Kontakte zu Partnern gleichen Alters und anderen Geschlechts [43]. Wahrscheinlich hängt damit auch der Wunsch nach einer eigenen Wohnung (»sturmfreien Bude«) zusammen, die neuartige und hohe Ausgaben und Aufwendungen mit sich bringt. Vielfach wird diese ausdrücklich als Spielraum persönlicher und sozialer Entfaltung erwähnt und als solche auch unter den Sparzielen ausdrücklich genannt. Das ist eine – zumindest in der städtischen Mittelschichtbevölkerung – keineswegs neue, sondern bereits seit 50 Jahren im Gange befindliche Entwicklung. Dabei steht die per endogener Akzeleration ermöglichte »Frühreife« im Gegensatz zu der in – von der Akzeleration erst später erfaßten – Unterschichten seit jeher frühzeitig erforderlichen ökonomischen Teilreife.

2. Lange dauernde und aufwendige *Schul-* und *Ausbildungslaufbahnen* mit z. T. aufstiegsmobilen Berufsaspirationen schaffen eine gewisse Distanz und Heteronomie zur Elternfamilie – auch in der Zeitverwendung und dem Ausgabenbudget. Jede Bildungsstatistik gibt über diesen langfristigen Prozeß der Prolongierung der Bildungsphase

für die meisten Sozialschichten Auskunft. Verfügte man über Familienbiographien etwa über die fünf Generationen seit den Gründerjahren, könnte man diese Veränderungen genauer verfolgen. Andererseits bedürfen (bislang) gerade anspruchsvollere Bildungsgänge – besonders bei den Mädchen – der langfristigen Unterstützung durch die Elternfamilie, womit auch der Fortbestand von Abhängigkeiten verbunden ist.

3. Auch der Zug zu *altershomogenen* Gruppen- und Partnerbeziehungen hat – soweit er nicht immer bestand – sich seit den zwanziger Jahren verstärkt: Jugendbewegung, Jugendvereine, Jugendherbergswerk, Veranstaltungen für junge Leute, Jugendpflege der Kommunen haben seit damals einen besonderen Lebens- und Sozialisationsbereich für die Jugend geschaffen und ausgestaltet. Die Beschränkung der täglichen Arbeitszeit, die Zunahme an freien Wochenendstunden und Urlaubstagen hat dafür weitere Voraussetzungen geschaffen. Hinzu kamen seit den zwanziger Jahren die bekannten Phänomene der Desintegration und Desorganisation der Familie *(René König[44])* – verstärkt durch den Ausfall der Väter nach beiden Weltkriegen und durch die Proletarisierung vieler Stadtfamilien während der Weimarer Republik. Somit konnte vielen Jugendlichen von seiten der Familien kein rechtes Jugendleben geboten werden, was sie auf den Weg der frühzeitigen Verselbständigung und Herauslösung aus der Familie drängte. In der Abnahme der Familienangehörigen als Freizeitpartner – wenn auch weniger als »Instanz« *(Rosenmayr[45])* – spiegelt sich dieser Prozeß wider.
Aber auch dagegen lassen sich Gegentendenzen vermuten oder z. T. belegen[46]. Zunehmender Wohlstand besonders in Form zunehmend größerer Wohnungen und Eigenheime dürfte die Eltern und älteren Geschwister wieder etwas häufiger zu Freizeitpartnern (oder zumindest Anteilnehmenden) machen (s. o.); das dürfte im Kaufverhalten (u. a. zur Einrichtung des eigenen Zimmers) nicht ohne Wirkung bleiben[47].

4. Viele Bedürfnisse sind früher und bis heute naturaliter durch die Familie erfüllt worden. Aber Ferien bei Verwandten kommen aus der Mode, und vieles, was man früher zu Hause nähte, flickte, reinigte, bastelte, einmachte wird heute zumeist rascher und besser im Geschäft gekauft. Das hat natürlich seinen Niederschlag im Konsumverhalten der Jugendlichen gefunden. Und zudem hat die Industrie vieler Branchen die Jugendlichen als Käufer entdeckt und umworben und z. T. einen besonderen *Jugendmarkt* für Teens und Twens geschaffen. Hinzu kommt die Kurzlebigkeit, der rasche Verschleiß und die Überholung von Gütern durch die Mode: der Bratenrock, den Großvater sein Leben lang trug, wird heute durch einen Partyanzug ersetzt, der alle zwei Jahre gewechselt werden müßte. Auch dabei darf man wiederum nicht eine gegenläufige Bewegung außer acht lassen, nämlich den Zug zu Heimhobbies, bei denen wieder vieles selbst gebastelt oder hergestellt wird wie z. B. Tischdecken, Wandbehänge, Radiotischchen und manches andere mehr.

5. Hinzu kommt eine Veränderung in der Rechtslage in der BRD, speziell im Jugendrecht: Die *Volljährigkeit* beginnt ab 1975 mit 18 statt mit 21 Jahren[48]. Sie schließt die selbständige Geschäftsfähigkeit ein: Käufe in unbegrenztem Ausmaß, Kaufverträge, Mietverträge, Darlehen, Bürgschaften, Erbschaften, sogar Geschäftseröffnungen sind

ohne elterliche oder vormundschaftliche Genehmigung möglich. Das dürfte den Radius der Eigenverantwortung und auch die persönlichen Risiken in Geldsachen erheblich erweitern. Daß dies ohne entsprechende rechtskundliche Vorbereitung und Vorbildung, ja ohne das gleichzeitige Anlaufen entsprechender flankierender Maßnahmen geschieht, unterliegt der Verantwortung der Gesetzgeber. Die Folgen wird man abwarten müssen. Die Eltern werden mit diesen Folgen sicher konfrontiert werden; denn die Unterhaltspflicht der Eltern ist in keiner Weise aufgehoben oder verändert worden. Sie sind allerdings über die Sachlage niemals gefragt oder informiert worden. In einer Untersuchung von *Hermann Stutte*[49] an 17- bis 18jährigen im Jahre 1972 sprachen sich 81 Prozent der Befragten dafür aus: sie wollen ab 18 Jahren voll geschäftsfähig sein – auch bei großen Geldbeträgen und umfangreichen Kauf- und Ratenverträgen. Allerdings meinten 69 Prozent, die Heranwachsenden bedürften mehr als die Älteren einer sachverständigen Beratung. 55 Prozent waren sogar für einen gesetzlichen Zwang, demgemäß Jugendliche bei großen Geldgeschäften eine neutrale Institution zu Rate ziehen müssen. Nur 50 Prozent trauen ihren Altersgenossen einen vollen Überblick über die Folgen von Kaufverträgen und großen Geldgeschäften zu. Der Wunsch nach früher Volljährigkeit steht also verständlicherweise im Widerspruch zur Skepsis, ob man den entsprechenden Aufgaben und Entscheidungen gewachsen sei, besonders wenn dies ohne gründliche Beratung und entsprechende Vorbildung geschieht. Dementsprechend zeigten sich vor der Gesetzesänderung in einer Umfrage nur etwa die Hälfte der jungen Leute an einer solchen Herabsetzung des Volljährigkeitsalters interessiert. Diese schließt allerdings den weiteren Austausch der Jugendlichen mit den Eltern im Kaufverhalten keineswegs aus; evtl. wird er, dadurch entlastet und entkrampft, um so wirksamer.

Gegenüber dieser Auflistung möglicherweise emanzipatorisch wirkender Bedingungen muß nun empirisch die Frage gestellt bzw. gelöst werden: welche Rolle spielen weiterhin die Eltern beim Konsumverhalten der Jugendlichen? Bleiben diese dabei in regem Kontakt mit den Eltern, und wie stellen sich diese Beziehungen in beiden deutschen Jugendpopulationen dar? Oder tätigen die Jugendlichen ihre Käufe und Buchungen auf sich allein gestellt oder nur dem Angebot und Manipulationsdruck des Marktes ausgesetzt?

Über den Gesprächskontakt überhaupt und speziell zur Freizeit- und Geldverwendung innerhalb der Familien steht in erster Linie die erwähnte BRAVO/Contest-Untersuchung[50] (1971) zur Verfügung, in der allerdings z. T. Daten und Interpretationen ein wenig auseinanderklaffen. Immerhin sind dabei sowohl Eltern als auch Jugendliche gefragt worden:

– worüber man miteinander spricht;
– worin man die Jugendlichen um Rat fragt bzw. ihnen Kompetenz zumißt;
– worin Übereinstimmung der Ansichten vorherrscht.

In über der Hälfte der befragten Familien bekunden Eltern und Jugendliche meist gleichermaßen *Gespräche* über viele Themenbereiche: Politik, Religion, Sport, Mode, Haushalt, Anschaffungen, Urlaub etc. Allerdings werden je nach Bildungsniveau der Eltern verschiedene Bereiche bevorzugt genannt: In der Unterschicht rangiert Sport vor Politik, in der Mittel- und Oberschicht umgekehrt; hier wird auch mehr über

Urlaubsreisen gesprochen. Analog wird den Jugendlichen in Unterschichten weniger *Kompetenz* in politischen Fragen zugemessen als den Jugendlichen der Mittelschichten; bei den Urlaubsplänen ist es ähnlich. Im übrigen variiert die Kompetenzzuweisung nach dem Alter der Eltern. Bei sexuellen Problemen, Fragen des Benehmens, über Parties und Ausgehen und auch bei Schulfragen sind junge Eltern (30 bis 39 Jahre) häufiger bereit, den Jugendlichen Kompetenz zuzuweisen, als »alte« Eltern (über 50 Jahre).

Was die sachliche *Übereinstimmung* in den Ansichten betrifft, so liegt sie bei Eltern und Jugendlichen relativ hoch (d. h. mit jeweils einem Drittel der Stimmen) für Sport und Anschaffungen(!) und mit Abstand für Politik. Im übrigen gibt es viele Meinungsunterschiede zwischen beiden Generationen sowie zwischen den beiden Elternteilen je nach Geschlecht und Bildungsniveau. Es bleiben also viele Bereiche übrig, über die nicht gesprochen bzw. keine Übereinstimmung erzielt bzw. die Jugendlichen nicht um Rat gefragt werden. Das geht in der etwas optimistischen BRAVO-Interpretation ein wenig unter. Immerhin verrät diese Befragung, daß man in vielen Familien miteinander spricht, aufeinander hört und daß die Meinungen nicht zu weit auseinandergehen. BRAVO kommentiert diese Ergebnisse dahin, »daß tatsächlich ein mehr oder weniger gleichberechtigter Austausch von Meinungen zwischen den beiden Generationen stattfindet, ein wechselweiser Informationsfluß, der wichtige Voraussetzungen für eine gegenseitig akzeptierte Meinungsbildung darstellt«. Das entspräche dem »Integrationsaxiom« *(Scherhorn)*.

Die in dieser Studie angeführten Zahlen verraten allerdings auch, daß es nicht in allen Familien so harmonisch oder partnerschaftlich zugeht, sondern daß man in vielen Familien weniger Kenntnis voneinander nimmt – auch in Fragen des *Konsums*. Immerhin wird im einzelnen nachgewiesen, daß sehr viele Jugendliche – es sind über 80 Prozent – bei größeren Anschaffungen für sich selbst vorher mit den Eltern über den Kauf sprechen und Informationen und Meinungen darüber austauschen. Das ist nicht verwunderlich, denn 73 Prozent bekunden: wir verstehen uns zu Hause gut; 40 bis 42 Prozent sagen aus, daß sie mit den Eltern zusammen zum Einkaufen gehen oder wenigstens zum Einkaufs- und Orientierungsbummel. Je jünger die Jugendlichen sind, um so mehr nehmen die Eltern noch Einfluß auf deren Geldverwendung, soweit sie über geringe Beträge hinausgeht. Die Aussagen der beiden Gruppen: Eltern und Jugendliche über die Kaufpartnerschaft in der Familie lauten ziemlich ähnlich. Sie werden allerdings vom Blickpunkt der Jugendlichen her etwas eingeschränkt, von den Eltern her vielleicht etwas übertrieben. Bei den Eltern mag darin eine Tendenz zur Harmonie und Angleichung an ihre Kinder mitsprechen, bei den Jugendlichen eine Tendenz zur Verselbständigung und Abstandnahme. Es gibt hierbei noch eine zweite Parallaxe: Die Jugendlichen werden von den Eltern zu 60 bis 70 Prozent als konsumfreudig eingeschätzt; dagegen meinen die Jugendlichen dies von sich selbst bzw. ihresgleichen nur zu 20 bis 30 Prozent; und sie wünschen, daß es nur für 15 bis 20 Prozent gelte.

Wenn die BRAVO-Studie das frei verfügbare Geld in den Händen von Jugendlichen im Jahre 1968/69 auf insgesamt *16 Milliarden* schätzt, so sind das hohe Summen, auf die hin die Öffentlichkeit schon öfter alarmiert worden ist. Bedeutsamer noch als diese teils in eigener Verfügung, teils durch Kontrolle und Rat der Eltern beeinflußte Verwendung eigenen Geldes ist der Einfluß auf das Kaufverhalten der Familien und die dabei umgesetzten wesentlich höheren Beträge. Das zur sogenannten freien Disposition stehende Einkommen sämtlicher Haushalte in der Bundesrepublik, läßt sich auf etwa *200 Milliarden* (1972) beziffern. Aus der erwähnten Untersuchung geht hervor, daß viele Eltern ihre Söhne und Töchter in manchen Konsumbereichen für kompetenter und geschickter als sich selbst halten. Sie lassen sich dementsprechend bei solchen Einkäufen für den eigenen oder für den familiären Bedarf beraten. Diese Zuweisung von *Zuständigkeiten* an die Kinder ist am häufigsten bei technischen Artikeln und Freizeitkleidung; mit Abstand folgen Urlaubsfragen; am geringsten ist es der Fall bei Nahrungsmitteln und Spirituosen. Daß es nicht nur bei der Beraterrolle der Jugendlichen bleibt, sondern daß die Eltern tatsächlich in erheblichem Maße Anregungen der Kinder in Kaufentscheidungen umsetzen, wird an einer Reihe von Produktbereichen deutlich: Bei knapp 50 Prozent beteiligen sich die Jugendlichen am Einkauf und nehmen von daher Einfluß auf die Entscheidung der Eltern. Mit diesem Einfluß der Jugendlichen auf das Konsumverhalten der Eltern könnten sie den Konsum der Familien laufend erhöhen und auf moderne Güter lenken bzw. aufschiebbaren Bedarf beschleunigen und dadurch die bisher für die Familien gültigen Normen und Proportionen verschieben. Es könnte auch eine Egalisierung aller Familienmitglieder oder gar eine Umstufung des Bedarfs damit verbunden sein. Es könnte also dadurch und aufgrund der weitgehenden Kommerzialisierung der Jugendlichenbedürfnisse und der zunehmenden Ausgliederung des Jugendlebens aus der Familie eine Gewichtsverschiebung zwischen *»home and market«* stattfinden. Darüber jedoch lassen sich in beiden deutschen Staaten m. E. zur Zeit keine zuverlässigen Angaben machen. Nach eigenen partiellen Interviewerfahrungen dürfte dergleichen weit überschätzt werden. Für den im ganzen positiven und ein wenig retardierenden Austausch zwischen Eltern und Kindern sprechen auch die generellen Beurteilungen des jugendlichen Konsumverhaltens in der einschlägigen Literatur: es wird häufig als solide, konservativ, gemäßigt komfortabel, mittelständisch-kleinbürgerlich bezeichnet, womit eine Tendenz zur Angleichung an oder zum Gleichziehen der Jugendlichen mit den Erwachsenen, so wie sie sie erleben, gemeint ist[51].

Vergleichen wir dieses vielgestaltige Bild wiederum mit den Quellen aus der DDR. Nach Auskunft der dortigen Konsumforscher besteht bei den Jugendlichen der DDR weniger Kontakt zu den Eltern, als es für die Bundesrepublik ausgeführt wurde. Zwar geben auch dort die Jugendlichen im Elternhaus Anstöße für die Anschaffung moderner, hochwertiger Ausstattungsgüter. Und es bleibt auch dort ungeklärt, wieweit damit die Anschaffungen der Familien gesteigert und beschleunigt werden und wieweit sich die Jugendlichen mit ihren Ansprüchen und Wünschen gegenüber denen der Eltern durchsetzen. Aber bei den Ausgaben der Jugendlichen für sich selbst treten sie häufiger direkt und allein als Käufer auf, wenn auch die Beratung durch die Eltern beim eigentlichen Kaufakt nicht ausgeschlossen wird. »Einmal sind es die grundlegenden Unterschiede im Konsumverhalten zwischen ledigen Jugendlichen und den Erwachsenen, zum anderen die in den letzten Jahren immer stärker ausgeprägten neuen Verbrauchsgewohnheiten und Verhaltensweisen der Jugendlichen, die sie von ihren Altersgenossen in früheren Jahren unterscheiden[52].« Diese grundlegenden Unterschiede zwischen DDR-Jugendlichen und ihren Eltern bzw. ihren Vorgängern bestehen darin, daß sie sich auf wenige Bedarfsbereiche – besonders Freizeitartikel – konzentrieren und modische Aufmachung der Qualität vorziehen. Auch seien sie für altersspezifische Angebote und Kaufargumente sehr aufgeschlossen und meist schnell zum Kauf bereit. Das alles würde auf eine stärkere Emanzipation im Konsum- und Freizeitverhalten der jungen Generation in der DDR hindeuten. Analoge Ergebnisse hat eine vergleichende Image-Untersuchung von *Seward* und *Larson*[53] erbracht: Das Selbstbild der Mädchen und Jungen divergiert vom Bild der eigenen Mutter und des eigenen Vaters wie auch vom Bild der Männer und Frauen allgemein in der DDR stärker als in der BRD und den USA. Dem würde entsprechen eine stärkere Zuwendung der politischen und gesellschaftlichen Instanzen an die Jugend als Träger einer neuen, sozialistischen Zukunft und der Abwertung der Familien als Gegenkräfte. Dem widerspricht aber die Absage an jugend- oder generationsspezifische Besonderheiten der Heranwachsenden gegenüber der Klassenlage ihrer Familien bzw. Schicht.

Ein stärkerer Einfluß des »Marktes« in der DDR könnte allerdings auch aus der sehr unterschiedlichen Preisgestaltung für die verschiedenen Güter (Mieten, Urlaubsreisen, Genußmittel, industrielle Güter etc. s. o.) resultieren. Überteure aber begehrte Produkte können den Konsum auf sich ziehen und damit andere Konsumbereiche austrocknen. Ebenso könnte die unterschiedliche Flexibilität des Marktes (z. B. des Wohnungsmarktes) gegenüber der Nachfrage und den Ansprüchen der Jugendbevölkerung eine steuernde Rolle spielen. Wenn z. B. ledige Heranwachsende in der DDR keine Aussicht haben, eine eigene Wohnung oder zumindest ein eigenes Zimmer zu erhalten, werden Wünsche nach Hausratsbeschaffung wahrscheinlich weithin aufgeschoben etc. etc.

Eine mögliche Unterscheidung von jugendlichem und erwachsenem Konsumverhalten bzw. eine stärkere Abgrenzung von Subkultur und Integration bietet eine Erörterung des sogenannten *Jugendmarktes*. Er umfaßt Jugendläden mit jugendlicher Kleidung in ausgeprägt modischer Aufmachung und Freizeit- und Sportausrüstung, Freizeitgüter besonders der elektronischen Freizeitindustrie, Kosmetik, Einrichtungsgegenstände im Stile von Pop und Kitsch sowie Jugendmagazine, Jugendlokale, Diskotheken und schließlich Jugendreisen. In diesem Bereich gehen wohl am ehesten elterliche und jugendliche Wünsche, Geschmacksrichtungen und Ausgabewilligkeiten auseinander, obwohl auch die »reifere« Jugend unter einem Jugendlichkeitsideal dort einkauft. Hier dürfte sich am ehesten eine stärkere Absonderung Jugendlicher von Eltern und anderen Erwachsenen vollziehen, wie es früher in diesem Maße nur für das organisierte Jugendleben gegolten hat. Auf diesem Jugendmarkt können Spitzenverbraucher und spezielle Gruppen und Cliquen den Ton angeben und die übrigen »Normalverbraucher« zur Nachahmung beeinflussen, obwohl jene von sich aus weder das Bedürfnis noch das Geld dafür aufbringen würden. Spezielle Jugendmagazine und Jugendzeitschriften für Teens und Twens wirken dabei mit. Hier könnte auch am ehesten die Verführung zu übertriebenem oder absurdem Konsum und Renommierkonsum stattfinden. Vielleicht gilt nur für den Jugendmarkt, was manche Kritiker am Konsum entlarven wollen: Erfüllung von Herdentrieb, Geltungsbedürfnis und Ersatzbefriedigung für Lebens-

verhältnisse und Ausbildungs- und Berufsbedingungen, die – mit oder ohne eigenes
Verschulden – unbefriedigend laufen.

Aber für wie viele Jugendliche und für welche Art Jugendlicher dieses konstruierte
Modellbild nun tatsächlich so zutrifft, wie viele Spitzenverbraucher und wie viele
Mitläufer es tatsächlich gibt, darüber läßt sich einstweilen empirisch nichts Genaues
vortragen. Vermutungen und gelegentliche Beobachtungen helfen nicht weiter; sie
dürften höchstens zur Überschätzung des Einflusses von seiten des Jugendmarktes beitragen. Die weniger auffällige breite Mehrheit der Jugend hält offenbar andere Kriterien für das Ansehen unter ihresgleichen für wichtiger: nämlich Fleiß und Zuver-
lässigkeit – Bildung und Leistung – Selbstvertrauen und Verantwortungsgefühl –
faires Verhalten zu Mitmenschen etc. [54].

Außerdem sind viele Erscheinungen keineswegs neu und den Eltern und Großeltern
durchaus nicht unbekannt: Mißbrauch und Verschwendung von Zeit und Geld hat es
immer gegeben. Und wenn man früheren Schriftstellern glauben darf, so haben in der
Vergangenheit manche Wirtshäuser, Studentenkneipen, Kirmesplätze durch Suff und
Rauferei eine viel wüstere Art von Konsumzwang und Renommiergehabe hervor-
gebracht, als das bei dem etwas anspruchsvolleren und eigenwilligeren Konsum mancher
heutiger Jugendlicher geschieht. Auch Dandys, Schlurfs, Stenze gab es wohl immer.
Und auch auf der Gegenseite gab es häufiger Strömungen und Gruppen, die eine
schlichte Zunft- oder Protesttracht bevorzugten und Konsumverzicht übten, wenngleich
solche Erscheinungen heute andere Ziele einschließen als früher [55]. Gerade dieses
Gegenteil ist heute im Sinne oder nur im Gehabe einer »counter culture« auffälliger
vertreten: Koketterie mit dürftiger, schmuddeliger Kleidung, Besuch kümmerlicher
Pinten und ungesteuerter Konsum von Genußmitteln bis zum Rauschgift. Es mögen
Außenseiter darunter sein mit schwierigen, unbefriedigenden Schicksalen, die ihr Selbst
und ihren Weg noch nicht gefunden haben. Es mögen Protestler darunter sein, die sich
»emanzipiert« geben wollen oder einem Proletkult anhängen. Die meisten sind wohl
nur Mitläufer dieser Mode – und das bald im zehnten Jahr. Immerhin: wenn man als
Jugendlicher heute in der BRD wählen kann zwischen Extravaganz – Normalität –
Sportlichkeit und »counter culture«, so dürfte der jeweilige Konformitätsdruck der
gewählten Gruppe erträglich sein.

V

Vor dem Hintergrund des offenbar ziemlich aktiven, balancierten, partnerschaftlichen
Verhältnisses zwischen Erwachsenen und Jugendlichen – zumindest in den Familien –
ist die häufig gestellte Frage zu erörtern: Sind die Jugendlichen stärker als die Erwachsenen dem Einfluß der »geheimen Verführer« *(Packard)* [56] ausgeliefert? Werden
sie durch die Werbung problematischen Leitbildern, Schönwetteridealen, attraktiven
Personifizierungen ausgesetzt und somit zu Konsumsklaven der Konsum- und Unter-
haltungsindustrie geprägt? Und dadurch gar um Selbstbestimmung und demokratische
Politisierung betrogen?

Ohne hier auf die Probleme der Werbung und Gegenwerbung (z. B. gegen das Rauchen von seiten des Bundesministeriums für Familie, Jugend und Gesundheit) eingehen zu können, kann man auf den Konsensus aller empirischer Untersucher hinweisen, daß beim jugendlichen Konsum im wesentlichen langhin gültige epochale Jugendbedürfnisse nach Erholung, Unterhaltung, Urlaub sowie nach Aktivitäten und Fortbildung die entscheidende Rolle spielen. Sie bestimmen das Konsumverhalten allerdings nicht ohne Aufschübe, Interferenzen, Disparitäten und Gegenläufe. Sie gehen mit den Wünschen der Eltern und der übrigen Erwachsenen – von gewissen Sonderbereichen abgesehen – vielfach kontinuierlich konform. Deshalb sind sie in die Haushalts- und Personalbudgets eingegliedert und eingegrenzt und verteilen sich nach einem bestimmten Schlüssel auf die vier erwähnten Bereiche (Lebensunterhalt – Sekundärkonsum – Genußmittel – Sparen). Das Angebot und die Werbung können diese Proportionen kaum verändern; es dürfte auch kaum Bedürfnisse geben, die ausdrücklich erst durch Reklame geweckt werden. Wohl aber mag die Werbung innerhalb der einzelnen Bereiche Einfluß auf Qualität und Quantität der erworbenen Güter und Dienstleistungen ausüben. Aber auch hierin helfen den Jugendlichen in der BRD die allgemeinen Kaufgewohnheiten und Kauferfahrungen im Rahmen einer konkurrierenden Marktwirtschaft mit einem reichhaltigen, stark differenzierten, jederzeit präsenten Angebot an Gütern und Leistungen für jedermann.

Mit diesen epochalen Bedürfnissen, Ansprüchen und Möglichkeiten an Entfaltung und Entspannung hat man, so ist zumindest zu fragen, doch wohl gemeinsame systemübergreifende Konsumanliegen und Geldverteilungen in beiden deutschen Jugendbevölkerungen im Griff. Systemspezifika dürften eher die Rolle von intervenierenden, modifizierenden, verstärkenden Variablen spielen.

Auch in der DDR gibt es einen speziellen Jugendmarkt; er wird auch von den Jugendkonsumforschern identifiziert[57]. Es handelt sich um besondere Verkaufsstellen, Verkaufsetagen, Jugendmodezentren mit speziellen Produkten für Jugendliche, Jugendschuhe, Partnerschaftsstil, »Sonn-Idee«, Kleidung für »die jugendliche Dame«. Dabei werden folgende Anforderungen z. T. aufgrund von Umfragen unter Jugendlichen herausgestellt: jugendgemäßes Angebot – modische Aktualität – differenziertes Preisniveau – Möglichkeiten, eigene Vorstellungen entscheiden zu lassen. »Die jugendlichen Befragten besitzen fast ausnahmslos konkrete Vorstellungen über die Bekleidungsgewohnheiten modisch aktuell gekleideter junger Leute[58].« Demgemäß soll die Kleidung modern, geschmackvoll, farblich abgestimmt, aber nicht auffällig sein. Das schließt auch das Schuhwerk mit ein. In solchen Präferenzen unterscheiden sich offenbar die Jugendlichen in der DDR nicht von jungen Menschen anderer Industriegesellschaften. Auch bei ihnen sind Modezeitschriften (besonders bei den Mädchen) und Bekanntenkreis (besonders bei den Jungen) neben dem Angebot des Handels bedarfslenkende Faktoren. Konsumforscher der DDR raten, den Wünschen der Jugend und deren raschen Veränderungen nachzukommen. Produktions- und Handelsorgane sollten schnell und elastischer als bisher auf die Konsumwünsche der jugendlichen Verbraucher und deren unmittelbare Kaufbereitschaft reagieren. Durch verspätete Markteinführung für bestimmte Erzeugnisse könnten zunächst Enttäuschungen und später Absatzschwierigkeiten mit Ladenhütern auftreten. Dieses Entgegenkommen ist auffällig. Diese subkulturelle Besonderung jugendlicher Konsumansprüche und Verhaltensweisen widerspricht zwar der Leugnung einer alters- bzw. generationstypischen Sonderrolle der Jugend. Aber es entspricht dem Prinzip der materiellen Interessiertheit und Produktionsstimulierung durch spezifische Konsumangebote zugunsten der dringend benötigten jugendlichen Arbeitskräfte. Es entspricht der Tendenz, durch jugendmodisches Air und Flair zu Arbeit, Wettbewerb und Übersoll anzureizen; natürlich ist das im Sozialismus keine Konsumverführung. Denn die sozialistische Produktion will ja gemäß den ökonomischen Grundgesetzen des Sozialismus der immer besseren Befriedigung der materiellen und kulturellen Bedürfnisse der Gesellschaft dienen. Außerdem bleibt dieses Entgegenkommen in der DDR nicht ohne Widerspruch. Dem spät erwachten Interesse für die Erforschung der realen Konsumwünsche, Ansprüche, Gepflogenheiten der Jugend steht der Planungs- und Erziehungsgedanke zur Seite bzw. entgegen [59]. In der sozialistischen Planwirtschaft müssen sich Produktion und Konsumtion in untrennbarer Einheit entwickeln. Der Plan muß eine richtige Struktur nicht nur der Produktion, sondern auch der Konsumtion und ihrer rationellen Entwicklung gewährleisten. Deshalb sind Daten aus der Konsumforschung für die Produktion und den Handel unerläßlich. Allerdings ist in der sozialistischen Gesellschaft die Konsumtion nicht eine private Angelegenheit, sondern ein allgemein gesellschaftliches Problem. Das ist sie eigentlich nirgends: Parvenü-Konsum, Angstkäufe oder Kaufabstinenz, Verlagerungen und Differenzierungen der Konsumansprüche sind in allen Systemen ökonomisch und gesellschaftlich und auch jugendpädagogisch relevant. Unterschiedlich ist nur der Freiheitsspielraum, in dem Konsum und Produktion aufeinander zukommen. In der DDR ist dieser Spielraum nicht nur durch die Produktionsplanung eingeengt. In der DDR übernimmt der Staat die »Verantwortung« für die Struktur der Konsumtion bei den Konsumenten. Deshalb müsse man die Motive des Verbraucherverhaltens auf dem Markt untersuchen, um mittels der Werbung und der Preise den Geschmack und den Verbrauch in die gewünschte Richtung zu *lenken*. Die Konsumforschung soll die vielschichtigen Gesetzmäßigkeiten des individuellen Bedarfs feststellen, damit darauf nicht etwa nur Handel und Produktion, sondern auch die Partei- und Staatsorgane Bezug nehmen können, um sie bewußt zu gestalten. *Stöckmann* nennt es sozialistische Konsumtionsgewohnheiten. Was im einzelnen damit gemeint ist, wird nicht dargestellt [60]. *Manz* bezeichnet es als »sozialistische Lebensweise«; er führt dafür allerdings auch nur formale Umschreibungen (neu, bewußt, aktiv) und Tugendkataloge an: »Herausbildung sozialistischer Verbrauchsverhältnisse, die den Menschen nicht zu kleinbürgerlichem Besitzstreben verleiten, sondern zur Ausnutzung der Konsumtion für den Gewinn von Freizeit und deren sinnvoller Nutzung anregen und die Tendenz, gesund zu leben, fördern« (S. 15). Für einen Vergleich mit der Jugend der BRD fehlt es an Konkretheit der Zielsetzungen und an Empirie der Verwirklichungen. Und dabei wäre es nicht so schwierig, sich in der DDR und sogar weithin mit den Industriegesellschaften über folgende Zielsetzungen für Freizeit und Konsum zu einigen. Bis auf weiteres sollen, so könnte man beiderseits und vergleichsweise postulieren, freie Zeit und frei verfügbares Geld im Jugendalter dienen bzw. beitragen:

— zum (materiellen und immateriellen) Ausgleich fortbestehender sozialer Unterschiede aufgrund der Schul- und Berufslaufbahnen und der Elternfamilien

— zur Kompensation von Belastungen und Mängeln in bestimmten Sektoren der Arbeitswelt und unter bestimmten Arbeitsplatzbedingungen

— zur Rekreation und Satisfaktion für Schul-, Ausbildungs- und Arbeitsleistungen und gesellschaftliche Tätigkeiten

— zur Minderung von Diskrepanzen zwischen Fähigkeiten, Entfaltungsmöglichkeiten, Leistungen und Bedürfnissen

— zur Entwicklung und Harmonisierung der jugendlichen Persönlichkeit

— zum Bewußtwerden eines allgemeinen professionellen, technischen, ökonomischen und sozialen Fortschritts durch höhere »Lebensqualität«

Das Verhältnis von Markt und Konsum stellen manche DDR-Autoren noch mit der üblicherweise vereinfachten und entstellenden Unterscheidung dar: im Kapitalismus Manipulierung des Konsums aus Profitinteressen – im Sozialismus Deckung des Bedarfes. Aber der Bedarf ist auch im Sozialismus keine Größe sui generis; es soll ja auch (s. o.) manipuliert werden – wenn auch aus »höheren« Beweggründen. Neue Autoren gehen zu einer differenzierten Betrachtung über. *Keck* und *Manz* [61] gestehen ein, daß sich neuere Erzeugnisse zu Beginn der Produktion zunächst ein Bedürfnis und einen entsprechenden Markt schaffen müssen, bevor sie einen Massenabsatz finden können. In dieser Periode ist es auch möglich, Teilzahlungen zu gestatten. Darauf folgt eine normale Befriedigung und Stabilisierung des Marktes und später dann eine Marktsättigung. Während dieser letzten Periode darf man wieder Teilzahlung leisten. Wenn auch nicht um Profit, so geht es doch offenbar um eine rationelle und rentable Nutzung von Anlagen und Materialien, ohne die man übrigens auch keinen Profit erwirtschaften könnte.

Mit alledem ist deutlich ein Widerspruch bloßgelegt zwischen der Rücksichtnahme auf die dringlichen Konsumwünsche der Jugendlichen einerseits und dem sozialistischen Plandenken und der damit verbundenen Bedarfslenkung andererseits. Vielleicht soll die Konsumforschung eine Brücke zwischen beidem schlagen. Die Arbeiten der hier zitierten Autoren und die Existenz des Instituts für Marktforschung in Leipzig legen Zeugnis dafür ab.

Leider muß auch dieser Teil mit einem Bedauern abgeschlossen werden. Über eine eventuell veränderte Korrelation von Sozialschicht und Freizeit- bzw. Geldverwendung ist nichts zu erfahren. Ebenso undeutlich bleibt das Bild, wenn man darauf abstellt, daß es universelle, systemübergreifende Konsumbedürfnisse der Jugend in (Veredelungs-)Industrieländern an Fortbildung, Sport, Urlaub, Unterhaltung etc. gibt, daß diese Bedürfnisse jedoch systemspezifisch ausgeprägt oder überprägt werden. Obwohl in der DDR ganz bestimmte machtvolle und einzigartig legitimierte Organisationen (FDJ, FDGB, GST) bestehen, erfährt man zu wenig empirisch konkret, welche Bedürfnisse auf welche Weise in welchen Quantitäten befriedigt, modifiziert oder repressiert werden – und welche Folgen das im einzelnen hat. Wieviel bringen die Jugendlichen dafür auf? Wie groß sind die ihnen dafür zur Verfügung stehenden Fonds – absolut beziffert oder pro Kopf eines Jahrganges, einer Lehrlingskohorte etc.? Welches sind die konkret differenzierten Lenkungsziele bzw. Leitbilder für einen sozialistischen jugendlichen Konsumenten? Wieweit werden solche Normen von Schule, Betrieb, FDJ etc. realiter geprägt, gefördert bzw. ermöglicht? Im Jugendgesetz steht

(§ 33), daß sogar die staatlichen Organe auf die Tanzmusik in den Diskotheken Einfluß nehmen sollen. Auch über die Planung von Urlaub, Urlaubsreisen etc. wird viel ausgesagt (s. o.). Was sich aber wirklich dabei abspielt hinter der normativen Fassade, darüber sind empirische Untersuchungen bzw. Ergebnisse nicht publiziert. Sie aber gerade würden das Bild der Jugend im anderen Teil Deutschlands wesentlich deutlicher zeichnen helfen.

Man wüßte auch gern mehr darüber, ob es ein erklärtes und realisiertes Prinzip ist, den privaten Konsumspielraum klein zu halten und statt dessen und dafür den öffentlichen, organisierten Spielraum an Sach- und Dienstleistungen groß anzusetzen (z. B. mit Hilfe geringer Eintrittsgelder, Mitgliedsbeiträge, Bücherpreise, Urlaubskosten; s. Wie lebt man in der DDR, Panorama-DDR, Berlin (O) 1974). Über dieses Prinzip wäre zu diskutieren. Es müßte aber ersichtlich sein, wieweit es tatsächlich verwirklicht wird.

VI

Ein Überblick über das Konsumverhalten wäre unvollständig, wenn man nicht auch das Sparverhalten der Jugendlichen mit einbezöge. Sparen ist ein Gegenstück zum unmittelbaren Konsum. Deshalb wird in den Untersuchungen auch meist der Anteil an den laufenden Einnahmen erfragt, den die Jugendlichen zunächst einmal zurücklegen. Dabei wollen folgende Probleme geklärt werden:

- Zielsetzung des Sparens,
- Sparformen,
- Relation Sparer versus Nichtsparer,
- Sparquoten in den sozialstrukturellen Gruppierungen,
- Sparbeträge pro Sparer/Einlagenbestände,
- Sparziele im einzelnen.

Für die *allgemeine Zielsetzung* des Sparens bei den Erwachsenen und in den Haushalten läßt sich eine Dreiteilung annehmen[62]: mittelfristiges Zielsparen für Anschaffungen und Aufwendungen, die nicht direkt von den monatlichen Einnahmen zu bestreiten sind – Vermögensbildung und Alterssicherung (Sparkonten, Lebensversicherungen, Bausparverträge, Aktienbesitz usw.) – Rücklagen als Notgroschen für alle Fälle. Bei den Jugendlichen dominiert davon bei weitem die erste Zielsetzung. Vermögensbildung und Alterssicherung liegen ihnen altersmäßig noch fern – evtl. abgesehen von einem Bausparvertrag. Ein »großes Bankkonto« trauen sich die meisten erst in zehn Jahren oder später oder niemals zu. Der Gedanke an einen Notgroschen ist teilweise zu selbstverständlich und war teils bis vor kurzem unüblich angesichts des ständig steigenden Arbeitskräftebedarfs und Wohlstandes. Heute, so darf man vermuten, dürfte auch die dritte Zielsetzung beim Sparen junger Menschen eine etwas größere Rolle erlangen.

Offenbar wird die generelle Spartradition der deutschen Bevölkerung von den Jugendlichen übernommen, auch wenn sie bei entsprechenden Diskussionen übertriebene, »asketische« Einschränkung oder Vorsorge verbal ablehnen. Sicherlich findet auch beim Sparverhalten zwischen Eltern und Kindern ein Austausch von Überlegungen und Ratschlägen statt (s. o.). Dem, was ringsum üblich ist, können sich die Jugendlichen nicht entziehen. Hierbei sind nun Unterschiede im Sparverhalten der beiden Erwachsenen-Bevölkerungen in BRD und DDR zu beachten. »Die *Sparformen* in beiden Staaten unterscheiden sich deutlich. So entfielen 1969 in der Bundesrepublik rund 60 Prozent der Ersparnisse auf Spareinlagen (davon 8 Prozent auf Bau-Spareinlagen), 25 Prozent auf Wertpapiere und 15 Prozent auf Versicherungen, dagegen in der DDR rund 10 Prozent auf Versicherungen, 2 Prozent auf Wertpapiere und 88 Prozent auf Spareinlagen. Das Bausparen spielt mit einem Anteil von rund 3 Prozent eine untergeordnete Rolle – ein Hinweis darauf, daß in der DDR nur geringe Möglichkeiten der Umwandlung von Geld in Sachvermögen bestehen. So hat der Eigenheimbau auch nicht annähernd die gleiche Bedeutung wie in der Bundesrepublik[63].« Das Bausparen ist inzwischen abgeschafft worden. »Die Vermögensbildung ist somit in der DDR fast vollständig auf Bildung von Geldvermögen beschränkt[64].«

Private Geldvermögen in beiden deutschen Staaten Ende 1969[65]

Anlageform	BRD			DDR		
	Mrd. DM	DM je Einwohner	in Prozent	Mrd. M	M je Einwohner	in Prozent
Spareinlagen	240	3 945	60	48	2 810	88
Wertpapiere	100	1 645	25	1	60	2
Versicherungs-guthaben	60	985	15	6	335	10
zusammen	400	6 575	100	55	3 205	100

Für die allgemeinen Sparmotive in der DDR-Bevölkerung führt dieselbe Quelle an: In Planwirtschaften erfordern »die hohen Preise einzelner Güter eine längere Ansparzeit. Unregelmäßigkeiten in der Belieferung mit hochwertigen Konsumgütern zwingen zu höherer Bestandshaltung kurzfristig verfügbarer Mittel[66].« Die noch unzureichende Reagibilität des Warenangebotes und die manchmal plötzlich ansteigende Nachfrage aus unplanmäßigen Einkommenserhöhungen führen zu einem latenten Kaufkraftüberhang. Deshalb dürfte die Zielsetzung einer zusätzlichen Altersversorgung oder einer langfristigen Bildung von Geld- und Sachvermögen bei der DDR-Bevölkerung eine viel geringere Rolle spielen als beim Sparverhalten der BRD-Bevölkerung. Zu diesem Gegensatz gehört, daß selbst die jugendlichen Sparer zwischen 15 und 24 Jahren in der Bundesrepublik asketische Sparmethoden, d. h. Konten mit vereinbarter Kündigungsfrist oder Ratensparverträgen gegenüber normalen Sparbüchern bevorzugen ebenso wie die Erwachsenen[67]. Auch das 624-Mark-Gesetz ist den Jugendlichen bereits in den Hauptschulen nicht unbekannt. Für kurzfristige Sparzwecke wie z. B. den nächsten Urlaub werden Postsparbücher bevorzugt oder sogar Spargelder zu Hause »im Strumpf« deponiert. Schon daraus läßt sich annehmen, daß das Sparverhalten bei Jugendlichen in der DDR in stärkerem Maße auf Zielsparen für Anschaffungen und

Aufwendungen eingeschränkt ist, die sich nicht aus dem Monatseinkommen direkt bestreiten lassen oder synchron verfügbar sind.

Über die Relation zwischen *Sparern und Nichtsparern* ergibt sich aus den drei repräsentativen Untersuchungen des Deutschen Sparkassen- und Giroverbandes aus den Jahren 1959, 1964, 1969 folgendes[68]: Im Rahmen einer allgemeinen günstigen Entwicklung des Sparens fällt der Anteil der 18- bis 20jährigen gegenüber den übrigen Altersgruppen bemerkenswert auf. Diese Gruppe ist mit 4 Prozent der Sparer und der Sparbücher genauso hoch repräsentiert, wie der Anteil an der Gesamtbevölkerung beträgt – nämlich auch 4 Prozent. Das gilt genauso für die 21- bis 24jährigen. Aus einer bankinternen Aufstellung 1971 geht hervor, daß innerhalb einer bestimmten Stichprobe die 14- bis 17jährigen zu 78 Prozent, die 18- bis 20jährigen zu 80 Prozent und die 21- bis 25jährigen zu 82 Prozent ein Sparkonto besitzen. Bei den Familienhaushalten in der Bundesrepublik sind nur 8 Prozent ohne ein Sparguthaben; das sind meist ältere Personen der sozialen Unterschicht. Aus der DDR berichtet *Peter Stöckmann*[69]: ca. zwei Drittel aller Jugendlichen zwischen 15 und 25 Jahren sparen. Jugendliche, die gar nicht sparen, machen ca. 29 Prozent bei männlichen, 33 Prozent bei weiblichen Jugendlichen aus. Der Anteil der Sparer variiert nach der sozialen Position: er ist am höchsten unter den jungen Angestellten und Arbeitern und am niedrigsten unter den Schülern, die meist kein eigenes ständiges Einkommen haben, sowie unter den Lehrlingen, und im ganzen niedriger als in der BRD.

Dementsprechend ist die *Sparquote* in der DDR, d. h. der ersparte Prozentanteil am (selbstverdienten oder zugewiesenen) Einkommen besonders hoch bei Schülern (weiblich: 94 Prozent/männlich: 74 Prozent), mittelmäßig bei Lehrlingen (53/50) und relativ niedriger bei Gehaltsempfängern (31/27). Das ist darauf zurückzuführen, daß zur Erfüllung besonderer Wünsche (Zielsparen) eine um so höhere Quote erspart werden muß, je niedriger das Einkommen ist. Dabei haben die Mädchen generell eine höhere Sparquote als die jungen Männer. Das weist wiederum daraufhin, daß sie ihr frei verfügbares Geld in höherem Maße mittelfristig ausgeben.

Eine solche Quotenbemessung für das Sparverhalten der Jugendlichen in der Bundesrepublik ist indirekt der EMNID-Untersuchung 1964[70] zu entnehmen: ca. 12 Prozent vom frei verfügbaren, ca. 5 Prozent vom gesamten Nettoeinkommen. Auch diese Quote variiert nach Geschlecht, Lebensalter und sozialer Position. Sie ist dort niedriger, wo man weniger übrig hat, aber auch dort, wo man vieles direkt vom Monatseinkommen begleichen kann. Die Sparquoten vom Nettoeinkommen in den Haushalten der BRD sind seit 1960 von 8,5 Prozent auf 12 Prozent (1969) und 14 Prozent (1970) angestiegen, während diese Quote in den Haushalten der DDR in diesem Zeitraum etwa gleichgeblieben (7 Prozent), sogar bis 1972 auf 6,1 Prozent zurückgegangen ist[71].

Um die *Spareinlagen* und die monatlichen *Sparbeträge* der Jugendlichen beurteilen zu können, bedarf es der Kalkulation der privaten Geldvermögen in beiden deutschen Staaten (s. o.). »Mit rd. 3200 M je Kopf der Bevölkerung (in der DDR) erreichte es 1969 etwa die Hälfte des Betrages in der Bundesrepublik. Dabei ist zu berücksichtigen, daß die Kaufkraft dieser zum Teil für den Erwerb teurer Konsumgüter angelegten Ersparnisse im Verhältnis zur DM noch erheblich niedriger ist[72].«

Bei den Jugendlichen in der Bundesrepublik beliefen sich die Spareinlagenbestände am
Jahresende 1969 je Sparer:
bei den 15- bis 17jährigen auf   DM   784
bei den 18- bis 20jährigen auf   DM 1442
bei den 21- bis 24jährigen auf   DM 1600[73].
Diese Rücklagen sind besonders respektabel, wenn man bedenkt, daß etwa zwei Fünftel
der 18- bis 20jährigen noch Lehrlinge, Praktikanten oder Schüler sind und die übrigen
gerade Ausbildung oder Schule beendet haben. Außerdem verfügen die meisten noch
über Postsparbücher oder Barrücklagen zu Hause.
Die Sparrücklagen in den drei Haushaltstypen betrugen im Jahr 1973 monatlich im:
2-Personen-Rentner-Haushalt   DM   52
4-Personen-Arbeitnehmer-Haushalt   DM 201
4-Personen-Beamten- und Angestellten-Haushalt   DM 515[74].
Diese Beträge haben sich im Jahre 1974 weiter erhöht und zeigen, daß sich die Spartätigkeit auch in diesem wirtschaftlich kritischen Jahr nicht verringert hat. Eher ist
ein Umsteigen auf höher verzinste und längerfristige Sparverträge zu registrieren.
Z. B. hat sich der relative Anteil der einfachen Sparbucheinlagen am Gesamtsparauf-
kommen von ca. zwei Fünftel auf ca. ein Fünftel verringert.
In der DDR betrug der durchschnittliche monatliche Sparbetrag
aller privaten Haushalte   70 M
der Rentner-Haushalte   11 M
der Arbeiter-Angestellten-Haushalte   74 M
der Haushalte der LPG Typ III (üb-
rige Ausgaben und Ersparnis)   143 M[75].
Im Jahr 1972 betrug der Sparbetrag pro Einwohner und Jahr in der DDR 317 M,
in der BRD DM 1189.
Über die Sparbeträge bei den Jugendlichen in der DDR berichtet *Stöckmann*[76]: »Der
durchschnittliche Sparbetrag der von uns befragten ledigen Jugendlichen im Alter von
15 bis 25 Jahren beträgt 65 M im Monat. Mit diesem beachtlichen Sparbetrag kann
man z. B. innerhalb von sechs Monaten ein Kofferradio der mittleren Preisklasse
kaufen bzw. schon in vier Monaten den Preis für ein Tourenrad bezahlen.«
Reziprok zur Sparquote differenziert sich der Sparbetrag nach den finanziellen Möglichkeiten der Jugendlichen. Die jungen Lohn- und Gehaltsempfänger sparen relativ
höhere Beträge als die sich noch in der Ausbildung befindlichen Jugendlichen bzw.
Studenten.
Da die Sparquoten bei den weiblichen Jugendlichen höher, die Sparsummen jedoch
niedriger sind als bei den männlichen Altersgenossen, verdienen die weiblichen Jugendlichen in »ihren« Berufen (Handel, Gesundheitswesen etc.) offenbar weniger als die
männlichen im Produktionssektor. Vielleicht ist der starke Unterschied zwischen 119
und 185 M allerdings auch durch ein Zielsparen für teure Produkte (Fahrzeuge) bei
den jungen Männern zu erklären.
Über die *Sparziele im einzelnen* und ihre Unterschiedlichkeit zwischen männlichen und
weiblichen Jugendlichen berichtet *Stöckmann*[77]: »Für die männliche Jugend sind
Motorrad und Moped mit Abstand die begehrtesten Erzeugnisse. Danach rangieren

Durchschnittliche monatliche Sparbeträge von sparenden Jugendlichen (DDR)
– in Mark –

	männliche Sparer	weibliche Sparer
nach der sozialen Stellung:		
Schüler	14	16
Lehrling	29	30
Student	36	39
junge Lohn- und Gehaltsempfänger	132	115
nach der Altersgruppe:		
15 und 16 Jahre	13	11
17 und 18 Jahre	35	41
19 und 20 Jahre	86	91
21 und 22 Jahre	185	119
nach dem persönlichen monatlichen Nettoeinkommen:		
unter 400 Mark	74	98
400 bis unter 500 Mark	100	122
500 bis unter 600 Mark	163	215
Jugendliche Sparer insgesamt	66	65

Urlaubsreisen, Aussteuer, Möbel, Pkw, Tonbandgeräte und Bekleidung. Zu den weniger genannten Sparzielen gehören Campingausstattungen, Finanzierung des Studiums und der Hochzeit, Fahrräder, Radios und Musikinstrumente. Die weibliche Jugend hat naturgemäß andere Interessen. Sie spart vorwiegend für die Aussteuer, die Urlaubsreise, für Möbel und Bekleidung. Als weitere Sparziele werden häufig Moped, Hochzeit, Radio, Tonbandgerät, Fahrrad, Fotoapparat, Studium, Plattenspieler und Pkw genannt.«
»Bei männlichen Sparern überwiegen eindeutig Freizeitinteressen, während bei weiblichen Sparern die Sparziele zu gleichen Teilen den Bedarfskomplexen ›Freizeit‹ und ›Wohnen und Hauswirtschaft‹ zuordenbar sind. Offensichtlich spielen bei den weiblichen Jugendlichen Heirat und Haushaltsgründung eine nicht unterschätzbare Rolle.«
Eine abweichende Sparplanung haben wahrscheinlich die älteren, vor der Heirat stehenden oder bereits verheirateten »Jugendlichen« bis zu 25 Jahren. Hierbei tritt der spezielle »Jugendbedarf« vermutlich zugunsten der Haushaltsgründung zurück. Allerdings sind die Verheirateten nicht in die hier erwähnte Untersuchung einbezogen worden. Ihnen werden u. a. Ehestandsdarlehen gewährt[78].
Bei den Sparzielangaben innerhalb der BRD-Jugend (EMNID 1967 – BRAVO/Contest 1970) spielen wertbeständige Anlagen (Wohnung – inkl. Bausparvertrag – Wohnungseinrichtung, Aussteuer, Schmuckwaren) eine etwas größere Rolle; die höheren Sparbeträge lassen dergleichen eher zu. Auch werden etwas häufiger langfristige – in ihrer Verwendung unbestimmte – Spareinlagen (Vermögensbildung) genannt.
Ein Mangel bei den bisherigen Untersuchungen ist die Tatsache, daß man nichts über die Umlaufgeschwindigkeit der Gelder auf den Girokonten bzw. den Sparkonten mit normaler Kündigungsfrist erfährt. Aus dieser Umlaufgeschwindigkeit könnte man wiederum Anhaltspunkte dafür gewinnen, ob es sich mehr oder minder nur um ein

Zielsparen für naheliegende Ausgaben handelt. Unterschiede darin in den beiden deutschen Staaten sind allerdings nicht bekannt.

Quantitäten und Qualitäten des Sparverhaltens in beiden Jugendbevölkerungen geben Hinweise auf eine im ganzen räsonable, angemessene Geldverwendung und Konsumeinstellung. Sie widersprechen einer »Konsumsklaverei« in der BRD und einer Notdürftigkeit in der DDR. Immerhin darf man annehmen, daß die Jugend in der DDR eher eine zeitlich aufschiebende Liquidität und Disponibilität praktiziert, während die Jugend in der BRD im Sparverhalten und Sparerfolg eher zunehmende persönliche Verfügungsfreiheit, Verselbständigung, Solidität und einen sich weitenden Ausgabenhorizont erlebt.

Anmerkungen

[1] Bericht der Bundesregierung und Materialien zur Lage der Nation 1971, Bundesministerium für innerdeutsche Beziehungen (Hrsg.), Bonn 1971, S. 149 f. An dieser Stelle werden die Vorbehalte ausführlich erörtert.

[2] *Heinz Vortmann*, Einkommen und Verbrauch ausgewählter Haushalte in der DDR, in: Vierteljahreshefte zur Wirtschaftsforschung 1 (1974), S. 94.

[3] Bericht der Bundesregierung ... 1971, S. 125.

[4] Bericht der Bundesregierung ... 1971, S. 125; Materialien zum Bericht zur Lage der Nation 1974, Bundesministerium für innerdeutsche Beziehungen (Hrsg.), Bonn 1974, S. 430 f.

[5] Statistisches Jahrbuch für die Bundesrepublik Deutschland 1974, S. 484, 485.

[6] *Vortmann*, a. a. O., S. 105–107; »Im Vergleich zur Bundesrepublik Deutschland, wo eine ähnliche Rangfolge der sozio-ökonomischen Gruppen nach der Höhe der Einkommen festzustellen ist, hat sich der Abstand zwischen den nominalen Einkommen sowohl relativ als auch absolut ständig vergrößert. Waren 1960 die Arbeitnehmer-Einkommen in jeweiliger Währung noch etwa gleich hoch, so erhielt der DDR-Arbeitnehmer 1972 rund 38 Prozent weniger als sein westdeutscher Kollege. Der DDR-Rentner konnte 1960 noch über ein Einkommen verfügen, das 44 Prozent des Einkommens eines Rentners in der Bundesrepublik entsprach; 1972 waren es nur noch 28 Prozent. Bei den Selbständigen waren die Einkommen in der DDR 1960 sogar weit über denen in der Bundesrepublik, 1970 waren sie nur noch reichlich halb so hoch« (*Vortmann*, Einkommensverteilung in der DDR, in: Deutschland-Archiv 3 (1974), S. 271–277).

[7] Bericht der Bundesregierung ... 1971, S. 126; Materialien zum Bericht ... 1974, S. 256/7, 263.

[8] Bericht der Bundesregierung ... 1971, S. 140, 141; Materialien zum Bericht ... 1974, S. 251–256.

[9] Materialien zum Bericht ... 1974, S. 256–260.

[10] Einkommensverteilung in der DDR, a. a. O., S. 271; s. a. Materialien zum Bericht ... 1974, S. 256.

[11] Bericht der Bundesregierung ... 1971, S. 126.

[12] Ebd., S. 125.

[13] Materialien zum Bericht ... 1974, S. 266.

[14] Ebd., S. 412, 452.

[15] BRAVO, Jugend-Panel 1, durchgeführt vom Institut für Jugendforschung, München, 1. Halbjahr 1974.

[16] DIVO, Der Westdeutsche Markt in Zahlen, 1974; s. a. EMNID, Jugend zwischen 13 und 24, Bielefeld 1975.

[17] *Peter Stöckmann*, Sparverhalten und Bedarf, in: Mitteilungen des Instituts für Marktforschung 3 (1971).

[18] Das bringt viele Konsequenzen wie Schichtarbeit, Einsatz an Arbeitsplätzen mit erschwerten Bedingungen usw. mit sich. Die volle Facharbeiterleistung soll von den Lehrlingen mindestens 8 Wochen vor Abschluß der meist zweijährigen Lehrzeit erreicht werden (s. Instruktion zur effektiven Gestaltung des Berufspraktischen Unterrichts vom 6. 3. 1972, in Berufsbildung 5 (1972), S. 218–220).

[19] Gesetzliche Grundlage dafür ist die Verordnung vom 5. Mai 1967 über die Bildung und Verwendung des Kultur-, Sozial- und Prämienfonds in Betriebsberufsschulen und Lehrlingsausbildungsstätten.

[20] Dabei darf man nicht außer acht lassen, daß die Verhältnisse in den übrigen Ostblockstaaten wesentlich ungünstiger sind (s. *Peter Mitzscherling* u. a., DDR-Wirtschaft, Deutsches Institut für Wirtschaftsforschung (Hrsg.), Frankfurt a. M. 1974).

[21] *BRAVO*, Jugend-Panel 1, a. a. O.

[22] *Walter Jaide*, Die Herabsetzung des Volljährigkeitsalters aus entwicklungspsychologischer Sicht, Gutachten erstattet im Auftrage des Bundesministers der Justiz 1973.

[23] Die Zahl der Frühehen liegt relativ um ca. die Hälfte höher. Diese dürften aufgrund der weniger günstigen Wohnverhältnisse nicht häufiger als in der Bundesrepublik einen eigenen Haushalt führen.

[24] Materialien zum Bericht . . . 1974, S. 445.

[25] In der DDR gab es 1971 273 678 »wirtschaftlich Tätige ohne abgeschlossene Berufsbildung« im Alter von unter 25 Jahren (Lehrlinge zählen nicht zu den wirtschaftlich Tätigen. Statistisches Jahrbuch der DDR 1973, S. 415, Vorbemerkung). Demgegenüber gab es 1 187 646 »wirtschaftlich Tätige mit abgeschlossener Berufsbildung« im Alter von unter 25 Jahren und 455 200 Lehrlinge. Damit ergibt sich für die unter 25jährigen ein »Ungelerntenanteil« von 16,7 Prozent an allen gleichaltrigen Berufstätigen und Auszubildenden. Statistisches Jahrbuch der DDR 1973, S. 53 und 433.

[26] *Blücher*, a. a. O.; *Jaide*, Junge Arbeiterinnen, München 1969.

[27] *Gerhard Scherhorn*, Soziologie des Konsums, in: *René König* (Hrsg.), Handbuch der empirischen Sozialforschung II, Stuttgart 1969.

[28] Bericht der Bundesregierung . . . 1971, S. 140.

[29] Ebd., S. 140–142; Materialien zum Bericht . . . 1974, S. 249–254.

[30] DIVO, a. a. O., gibt folgende nicht näher erläuterte Schätzungen an: Die 22,8 Millionen privater Haushalte in der Bundesrepublik verfügen durchschnittlich über ein monatliches Gesamtnettoeinkommen pro Haushalt von DM 1 658. Davon beträgt der frei verfügbare Betrag DM 639, also 38 Prozent. In einer Allensbach-Umfrage 1972/2 wird der Mindestbedarf für einen 4-Personen-Haushalt auf monatlich DM 1 133 geschätzt, wobei in diese Schätzungen unterschiedliche und im Mittelwert zusammengefaßte Ansprüche eingehen. Nur 45 Prozent der Befragten gaben an, daß sie selbst in ihrem eigenen Haushalt mehr als dieses Existenzminimum zur Verfügung haben.

[31] *Vortmann*, Vierteljahreshefte . . . 1 (1974).

[32] *Blücher*, Die Generation der Unbefangenen, Düsseldorf/Köln 1966, S. 270; *Blücher*, Konsum- und Geldverhalten bei Jugendlichen, in: Kleiner Almanach der Marktforschung 1967; vgl. a. *Theodor Scharmann*, Lebensplanung und Lebensgestaltung junger Arbeiter, Bern/Stuttgart 1967; *Dorothea Luise Scharmann*, Konsumverhalten von Jugendlichen, München 1965; *Dorothea Luise Scharmann*, Die finanzielle Situation der Jugend (1965), in: *H. Giesecke*, Freizeit- und Konsumerziehung, Göttingen 1968; *Jaide*, Junge Arbeiterinnen; *Ulrich Planck*, Landjugend im sozialen Wandel, München 1970.

[33] Der Rest bleibt zuhause; darunter sind die Jüngeren etwas stärker vertreten. Die Reiselust zieht häufig, und zwar bei etwa zwei Dritteln ins Ausland; das nimmt mit dem Alter zu. Im Durchschnitt haben die 14- bis 28jährigen drei bis vier andere Länder besucht, und zwar bevorzugt Österreich, die Schweiz, Niederlande, Belgien, Italien, Frankreich; 3 Prozent waren schon einmal in den USA. Nur 8 Prozent innerhalb der genannten Altersgruppen sind noch nie im Ausland gewesen. S. die Diagnose deutschen Reisefiebers, in: Der Fremdenverkehr, Tourismus und Kongreß 6 (1974); *Brigitte Gayler*, Urlaubserwartungen, Urlaubsverhalten und Urlaubswünsche junger Leute, in: Sonderdruck für den Studienkreis für Tourismus e. V.

aus dem »Jahrbuch für Jugendreisen und internationalen Jugendaustausch 1973«, Bonn, S. 3–12; *Peter Alexander Wacker*, Urlaubserwartungen junger Leute, in: Sonderdruck für den Studienkreis für Tourismus e. V. aus dem »Jahrbuch für Jugendreisen und internationalen Jugendaustausch 1973«, Bonn, S. 13–21; *Helmut Kentler, Thomas Leithäuser, Hellmut Lessing*, Jugend im Urlaub 1, Weinheim/Berlin/Basel 1969.
Die Ausgaben für den Urlaub wurden 1972 von den Jugendlichen im folgenden Maße eingeschätzt: Bei einem Viertel bis zu DM 200, bei einem Drittel bis zu DM 500. Der Rest der Befragten zahlte bis DM 750 und mehr für den Urlaub ein. Damit werden allerdings nur die verbindlichen Reisekosten angegeben, nicht das Taschengeld, das zu Fahrt, Übernachtung, Verpflegung hinzukommt. Diese Ausgabebereitschaft wird unterstützt durch beachtliche Ansprüche an Hygiene, Komfort, gutes Essen, wie sie den Aussagen der Befragten zu entnehmen sind. Mängel in puncto Bettwäsche, Bad oder Dusche, Essen, Lage des Zimmers stehen hoch obenan unter den Kriterien der Unzufriedenheit, falls man mit dem Urlaub nicht so recht oder gar nicht zufrieden war (s. *Gayler*, a. a. O.). Die jährlichen Aufwendungen ausgewählter privater Haushalte für Urlaubs- und Erholungsreisen (1973) ergeben sich aus dem Statistischen Jahrbuch der Bundesrepublik Deutschland 1974: Haushaltstyp 1 je Haushalt: DM 145; je Haushalt *mit* Urlaubs- und Erholungsreise DM 475; Haushaltstyp 2 je Haushalt: DM 723; je Haushalt *mit* Urlaubs- und Erholungsreise DM 1 173; Haushaltstyp 3 je Haushalt: DM 1 659; je Haushalt *mit* Urlaubs- und Erholungsreise DM 2 028.

[34] In der *BRAVO/Contest-Studie* sind die Ausgaben der Jugendlichen für ein Kraftfahrzeug – vom Moped bis zum Auto – pro Kopf und Jahr mit DM 250 beziffert worden; für die älteren Heranwachsenden über 20 Jahre sind es DM 390. Wieweit hierin Kaufraten mit einbezogen sind oder diese von den Eltern mit übernommen werden, wird nicht angegeben. Immerhin verfügt die Altersgruppe bis zu 25 Jahren über ca. 1,1 Million Pkw und macht damit 8 Prozent aller Kraftfahrzeughalter aus. Die monatlichen Ausgaben der Familien (1973) für ein Kraftfahrzeug sind dem Statistischen Jahrbuch 1974 zu entnehmen: Haushaltstyp 2 je Haushalt DM 104; je Haushalt *mit* Kraftfahrzeug DM 153; Haushaltstyp 3 je Haushalt DM 194; je Haushalt *mit* Kraftfahrzeug DM 218 (ohne Anschaffungskosten und ohne Abschreibungen).

[35] Einkaufspanel *BRAVO*, 1968/69.

[36] Folgende Aufgliederung der »freien« Ausgaben hat *Blücher*, Die Generation der Unbefangenen, a. a. O., vorgelegt, wovon hier nur die universelle Ausgabenstruktur aufgeführt werden kann: gehobener Bedarf (ca.) 21 Prozent – Kultur und Information 11 Prozent – Hobbies 11 Prozent – Vergnügen und Genußmittel 44 Prozent – Sparen 12 Prozent.

[37] Statistisches Jahrbuch für die Bundesrepublik Deutschland 1974, S. 483 f.

[38] Die Ausgaben der verschiedenen Haushaltstypen in der Bundesrepublik für Bildung und Unterhaltung betrugen im Jahr 1973 monatlich: Haushaltstyp 1 DM 25, Haushaltstyp 2 DM 117, Haushaltstyp 3 DM 216.

[39] Allerdings müßte man für einen solchen sozio-ökologischen Vergleich genaue und vergleichbare Untersuchungen und Daten zur Sozialstruktur der DDR einschließlich mikro-soziologischer Details in beiden deutschen Staaten zur Verfügung haben (s. »Zur sozio-ökonomischen Situation der Bevölkerung bzw. Jugendbevölkerung in der DDR«, in: Anhang zum vierten Jugendbericht der Bundesregierung). Über sozialspezifische Unterschiede in Kaufgeübtheit, Aktivität bei Erwerb und Konsum, in der Bedeutung des »Lebensstiles« und d. h. der symbolischen Komponenten besonders im Sekundär-Bedarf s. *Scherhorn*, a. a. O.; *George Katona, Eva Mueller*, A Study of Purchase Decisions; *William H. Whyte*, Jr., The Web of Word of Mouth, beide in: *Lincoln H. Clark* (Hrsg.), Consumer Behavior, Bd. 1 u. 2, New York 1955.

[40] *Alfred Keck, Günter Manz*, Neue Aspekte der Planung der nichtproduktiven Konsumtion, in: Autorenkollektiv unter *Manz*, Beiträge zur Lebensstandardforschung, Planung und Leitung der Volkswirtschaft 23 (1966).

[41] *H. R. Günther*, Unterschiede in der Beliebtheit von warmen Speisen und Beilagen zwischen wichtigen Altersgruppen unserer Bevölkerung, in: Mitteilungen des Instituts für Marktforschung 1 (1973).

42 *Widukind Lenz* und *Hellmut Kellner,* Die körperliche Akzeleration, München 1965; *Hans Thomae* (Hrsg.), Entwicklungspsychologie, Handbuch der Psychologie 3, Göttingen 1959; *Udo Undeutsch,* Die psychische Entwicklung der heutigen Jugend, München 1965. Während der beiden Weltkriege trat aus vielerlei Gründen z. B. aus Eiweißmangel in der Ernährung ein Aufschub dieser Entwicklung ein. Nach den Kriegen setzte sich die Vorverlegung fort.

43 Frühehen: Von den 14- bis 22jährigen sind z. Z. in der BRD ca. 4,5 Prozent verheiratet, wobei der Anteil der Mädchen etwa zweieinhalbmal so hoch ist wie der der jungen Männer. Von den Frühehen (Ehemann unter 21 Jahren) lebt etwa die Hälfte in einem eigenen Haushalt. Nur 2,3 Prozent aller 15,3 Millionen bundesdeutscher Mehrpersonenhaushalte haben einen verheirateten Haushaltsvorstand unter 25 Jahren. Gerade die frühe Eheschließung bedarf meist der Unterstützung durch die Eltern. Sie wird in der Regel wegen einer vorzeitigen Empfängnis vollzogen. Oft ist die Betreuung der Säuglinge oder Kleinkinder Sache der Großmütter. *Walter Becker* und *W. Salewski,* Frühehen als Wagnis und Aufgabe, Berlin 1963; *Lothar Löffler* und *W. Kowalewski,* Ehemündigkeit und Volljährigkeit, Berlin 1961; *Gertrud Ziskoven,* Frühehen in Köln, Unveröffentlichtes Material des Rates der Stadt Köln, Köln 1965. In der DDR ist der Anteil der Verheirateten unter den Heranwachsenden etwa um die Hälfte größer; dort begannen Volljährigkeitsalter und Ehemündigkeit seit längerem bei weiblichen und männlichen mit 18 Jahren.

44 *Günther Lüschen, René König,* Jugend in der Familie, München 1965; *René König,* Soziologie der Familie, in: René König (Hrsg.), Handbuch der empirischen Sozialforschung 2, Stuttgart (1969); *René König,* Materialien zur Soziologie der Familie, 2. Aufl., Köln 1974; *Friedhelm Neidhardt,* Die Familie in Deutschland, in: Karl M. Bolte, Friedhelm Neidhardt, Horst Holzer, Deutsche Gesellschaft im Wandel 2, Opladen (1970).

45 *Leopold Rosenmayr,* Familienbeziehungen und Freizeitgewohnheiten jugendlicher Arbeiter, Wien 1963.

46 Freizeit im Ruhrgebiet, durchgeführt vom *EMNID-Institut* Bielefeld, Gesamtverantwortung Viggo Graf Blücher, Bielefeld 1971; *Blücher,* Die Generation der Unbefangenen, Düsseldorf/Köln 1966.

47 *BRAVO,* Meinungsmacher junger Markt, Untersuchung durchgeführt vom Contest-Institut, Frankfurt a. M. 1971. Von den Ledigen unter 25 Jahren haben nur 300 000 einen 1-Personen-Haushalt (1970). Diese Nesthockertendenz hat sicher nicht nur ökonomische Gründe.

48 *Walter Jaide,* Die Herabsetzung des Volljährigkeitsalters aus entwicklungspsychologischer Sicht, Gutachten erstattet im Auftrag des Bundesministers der Justiz 1973.

49 *Hermann Stutte, Helmut Remschmidt,* Die Herabsetzung des Volljährigkeitsalters im Urteil der Betroffenen, in: Wissenschaftliche Informationsschriften der Arbeitsgemeinschaft für Erziehungs-Hilfe e. V., Hannover 1973.

50 *BRAVO,* a. a. O. S. a. BRAVO-Leser stellen sich vor, Untersuchung durchgeführt vom DIVO-Institut, Kindler und Schiermeyer, München 1961; vgl. *Viggo Graf Blücher,* Die Generation der Unbefangenen, Düsseldorf/Köln 1966, S. 97 f. (s. a. Anm. 4); s. a. EMNID 1975.

51 *Reinhold Bergler* (Hrsg.), Psychologische Marktanalysen, Bern/Stuttgart 1965; *Manfred Hambitzer,* Jugendliche und Konsumverhalten, in: Reinhold Bergler (Hrsg.), Psychologische Marktanalyse, Stuttgart 1965; *Viggo Graf Blücher,* Die Generation der Unbefangenen, a. a. O.; *Dorothea Luise Scharmann,* Konsumverhalten von Jugendlichen, München 1965; *Dorothea Luise Scharmann,* Die finanzielle Situation der Jugend, in: Hermann Giesecke, Freizeit- und Konsumerziehung, Göttingen 1968; *G. Scherhorn,* a. a. O., S. 847.

52 *Peter Stöckmann,* Der Jugendmarkt, a. a. O.

53 *Georgene H. Seward* and *Walter R. Larson,* Adolescent Concepts of Social Sex Roles in the United States and the Two Germanies, in: Human Development 11 (1968), S. 217–248. Auf die Relationen zwischen Erwachsenenkonsum und Jugendkonsum wirft u. a. ein Schlaglicht das Einkommen des Lehrers: es liegt zwischen 650 M und 1 080 M im Monat je nach Vorbildung und Alter (1973).

54 *Infratest,* »Jugend und Politik«, München 1971.

55 Übrigens gibt es an den Extremen stets Berührungen: Die schmuddelige Protestkleidung findet in modischen Jugendläden ihre Entsprechung; es gibt auch Jeans für DM 100 und mehr.

56 *Vance Packard*, Die geheimen Verführer, Düsseldorf 1958.
57 *Stöckmann*, a. a. O.
58 *Waltraud Nieke*, Zur Nachfrage der jugendlichen Konsumenten nach Straßenschuhen, in: Mitteilungen des Instituts für Marktforschung 4 (1970).
59 *Alfred Keck, Günter Manz*, Neue Aspekte der Planung der nichtproduktiven Konsumtion, in: Beiträge zur Lebensstandardforschung, in: Die Planung und Leitung der Volkswirtschaft 23 (1967), S. 51–67; Autorenkollektiv unter *Manz*, Planung des materiellen und kulturellen Lebensniveaus, in: Planung und Leitung der Volkswirtschaft 44 (1972); *Gerd Knobloch*, Gesellschaftliche Bedürfnisse, Produktionsstruktur und volkswirtschaftliche Proportionen, in: *K. Bichtler, H. Maier* (Hrsg.), Faktoren und Kriterien der intensiv erweiterten Reproduktion im Sozialismus, Berlin (O) 1972; *Knobloch*, Bedürfnisbefriedigung, Produktionsstruktur, Grundproportionen, Berlin (O) 1974; *Gertraud Kalok*, Arbeitsbericht: Der Verbrauch von Erzeugnissen und materiellen Leistungen nach Bedürfniskomplexen. Eine Analyse des Endprodukts 1968, Zentralinstitut für Wirtschaftswissenschaften der Deutschen Akademie der Wissenschaften, Berlin 1972.
60 *Günter Fabiunke*, Das Konsumentenverhalten als Gegenstand soziologischer Forschung, in: *G. Bohring, K. Braunreuther* (Hrsg.), Soziologie und Praxis, 1966, S. 152–162: »Wenn wir aber die gesetzmäßige Entwicklung der Bedürfnisse des Volkes genauestens kennen wollen und hierauf, genau wie auf die Entwicklung der Produktion, bewußten und aktiven Einfluß ausüben wollen, dann bedarf das u. a. auch einer fundierten soziologischen Erforschung des Konsumverhaltens der Menschen, ihrer wichtigsten Gruppierungen und Gruppen. Ohne eine umfassende soziologische Verbrauchsforschung können die vielschichtigen Gesetzmäßigkeiten der individuellen Konsumtion nicht festgestellt werden, die in Handel und Produktion und nicht zuletzt auch in der kulturell-erzieherischen und ideologischen Arbeit von den Partei-, Staats- und Wirtschaftsorganen in ihren konkreten qualitativen und quantitativen Aspekten berücksichtigt und bewußt gestaltet werden müssen« (S. 155/56). *Fritz Döbbel* (Die Konsumgüterforschung braucht koordinierte Konzeptionen, in: Die Wirtschaft 26 (1972), S. 10) lamentiert: »Die langfristige Entwicklung der Konsumgüterindustrie ist die entscheidende Ausgangsbasis und ein Schwerpunktproblem für die gesamte Strukturpolitik. Dabei sind spezifische Maßstäbe zu entwickeln, die unsere Gesellschaft immer deutlicher von der aus Profitgründen gezüchteten Konsumideologie und ihrem Prestigeverhalten unterscheiden. Während es im Arbeitsprozeß, in der Freizeitgestaltung, im kulturellen und Bildungsbereich sowie im Zusammenleben in der Gemeinschaft des Hauses und den Wohngebieten schon gelungen ist, die prinzipiell andere Stellung des Menschen im Sozialismus zu verwirklichen, so sind die der entwickelten sozialistischen Gesellschaft gemäßen Ansprüche bezüglich der Wohnungseinrichtung, der Bekleidung, der technischen Hilfsmittel für Hausarbeit, Verkehr und Information bis jetzt noch zu wenig formuliert und bekannt. Industrie und Handel arbeiten eher nebeneinander statt miteinander. Das zeigt sich gerade bei der Neuentwicklung von Erzeugnissen (wie z. B. jüngst bei der Produktion von Geschirrspülautomaten).« *Günter Manz*, Zur Entwicklung des materiellen und kulturellen Lebensniveaus und der sozialistischen Lebensweise, in: Planung und Leitung der Volkswirtschaft 44 (1972).
61 *Keck, Manz*, a. a. O.
62 Bericht der Bundesregierung und Materialien zur Lage der Nation 1971, a. a. O., S. 148; Materialien zum Bericht zur Lage der Nation 1974, S. 269, 443; Materialien zur Vermögensbildung, Deutscher Sparkassen- und Giroverband e. V. (Hrsg.), 1971.
63 Bericht der Bundesregierung ... 1971, a. a. O., S. 148.
64 Ebd., S. 149.
65 Ebd.
66 Ebd. Materialien zum Bericht zur Lage der Nation 1974, a. a. O., S. 271. Dagegen heißt es bei *Keck* und *Manz*, a. a. O., S. 59; »In der sozialistischen Wirtschaft besteht folgende Freiheit der Marktwahl: 1. Kauf bestimmter Güter und Dienstleistungen oder Verzicht auf Kauf, 2. Wahl des Kaufzeitpunktes, 3. Bestimmung des Verhältnisses zwischen Kaufen und Sparen, 4. Wahl des Kaufortes und -platzes, 5. Wahl der Art der Bezahlung und 6. Bestimmung der Menge der gekauften Ware.«

67 *Manfred Hiltner*, Lebensalter und Spartätigkeit, in: Sparkasse, 88. Jg., 12 (1971).
68 Sparkasse, 84. Jg., 23/24 (1967); Sparkasse, 88. Jg., 12 (1971).
69 *Peter Stöckmann*, Sparverhalten und Bedarf, in: Mitteilungen des Instituts für Marktforschung 3 (1971).
70 *Blücher*, Die Generation der Unbefangenen, a. a. O.
71 Materialien zum Bericht zur Lage der Nation 1974, a. a. O., S. 271.
72 Bericht der Bundesregierung ... 1971, a. a. O., S. 149.
73 *Hiltner*, a. a. O., S. 374.
74 Statistisches Jahrbuch für die Bundesrepublik Deutschland 1974.
75 *Vortmann*, a. a. O., S. 104 f.
76 *Stöckmann*, a. a. O., S. 18–21.
77 Ebd., S. 20/21.
78 *Joachim Jäger, Brigitte Sauer*, Die Inanspruchnahme von Krediten für Wohnungsausstattungen junger Eheleute stellt höhere Anforderungen an Industrie und Handel, in: Mitteilungen des Instituts für Marktforschung 3 (1973).

ZUR SOZIALSTRUKTUR DER DDR

Von Arnold Freiburg

Das Thema »Sozialstruktur der DDR« ist in der westdeutschen Literatur mehrfach behandelt worden, zum Teil sehr eingehend und in Auseinandersetzung mit den östlichen und westlichen Konzepten der Sozialstrukturforschung [1]. Mit diesen Publikationen sollen diese Zeilen nicht in Konkurrenz treten. Ihre Aufgabe ist es vielmehr, unter dem Aspekt »Jugend in der DDR« eine deskriptive Sozialstatistik zu liefern, welche die wesentlichen, neuesten verfügbaren demographischen Daten erfaßt. Darüber hinaus sollen diese Angaben dazu dienen, die drei entscheidenden Dimensionen jeder Sozialstruktur, hier also die der DDR, insoweit kenntlich zu machen, wie es im Rahmen des demographischen Ansatzes und anhand der in einem spezifischen theoretischen Zusammenhang erhobenen und nur selektiv veröffentlichten DDR-Daten [2] möglich ist. Die drei wesentlichen Dimensionen sind:

»1. Die Gliederung einer Gesellschaft nach Klassen, Ständen oder Schichten, damit auch die gesamtgesellschaftliche Verteilung sozialer Lebenslagen und -chancen;

2. die horizontalen und vertikalen Austauschverhältnisse innerhalb von und zwischen diesen sozialen Gruppierungen (Mobilität);

3. die inneren Abhängigkeitsverhältnisse und Verteilungen von Interessenlagen (Macht und Herrschaft, Verteilung des Eigentums an Produktionsmitteln)« [3,4].

I. Zur »Klassenstruktur« der DDR

Militäradministration und Partei betrieben zwischen 1945 und 1961 in der sowjetischen Besatzungszone Deutschlands — seit 1949 DDR — einen gesellschaftlichen Umformungsprozeß, der seinerzeit im Programm der SED des Jahres 1963 als »größte Revolution in der deutschen Geschichte« bezeichnet wurde [5]. Die alte Führungsschicht wurde fast vollständig ersetzt, das Berufsbeamtentum abgeschafft, das Privateigentum an Produktionsmitteln weitgehend beseitigt. Gleichzeitig entwickelte bzw. übernahm man aus der UdSSR neue, sozialistische Eigentumsformen und ein Bildungs- und Ausbildungssystem, mit dessen Hilfe man soziale Ungleichheiten abbauen und den Kindern der Arbeiter und Bauern soziale Chancen vermitteln wollte, die bisher ganz überwiegend den Kindern der alten Mittel- und Oberschicht vorbehalten waren. Die Abwanderung erheblicher Teile dieser Schichten nach Westdeutschland unterstützte diesen Prozeß [6]. Das folgende Modell der DDR-Gesellschaft wurde als das Ergebnis dieser Gesellschaftspolitik ausgewiesen:

Tabelle 1: DDR-Wohnbevölkerung »nach sozialer Zugehörigkeit«

	31. 12. 1964 absolut	31. 12. 1964 in Prozent der Bevölkerung	1972 in Prozent der Bevölkerung
Arbeiterklasse	12 587 289	74,0	84
Klasse der Genossenschaftsbauern	1 634 391	9,6	»knapp« 10
Genossenschaftshandwerker	292 415	1,7	»verschiedene soziale Schichten« 3,5
Private Handwerker und Kleingewerbetreibende	437 849	2,6	
Einzelhändler	111 244	0,7	
Sonstige Selbständige	290 522	1,7	
»Statistisch nicht klassifizierbare Personen« [1]	499 564	2,9	
Intelligenz	1 150 387	6,8	»gut« 2,5
	17 003 661	100	100

[1]) sämtlich nicht wirtschaftlich tätig, davon 60,3 Prozent 60 Jahre und älter, 33,4 Prozent zwischen 17 und 60 Jahren, 6,3 Prozent jünger als 17 Jahre. 83,9 Prozent verfügen über ein eigenes Einkommen, 3,8 Prozent gelten als »zu unterstützende Familienangehörige«, 12,3 Prozent sind ohne Einkommen. Es handelt sich hier anscheinend überwiegend um die aussterbende Gruppe derer, die von ihrem Vermögen oder von Zuwendungen außerhalb des Renten- und Sozialetats der DDR leben sowie um Anstaltsinsassen.

Quellen bzw. errechnet nach: Staatliche Zentralverwaltung für Statistik (Hrsg.), Ergebnisse der Volks- und Berufszählung am 31. Dezember 1964, Berlin (O) 1967, S. 97; »Der neue Liebknecht: Klassen im Sozialismus«, Junge Welt vom 10. 2. 1972, S. 2.

Die in *Tabelle 1* ausgewiesenen Angaben basieren auf den Daten der Staatlichen Zentralverwaltung für Statistik der DDR bzw. auf dem »Bericht des ZK an den VIII. Parteitag der SED« [7], sie haben also authentischen Charakter. Es ist nicht Aufgabe dieser Zeilen, der Frage des Erkenntniswertes des Marx-Leninschen Klassenmodells, speziell auch der Problematik seiner Anwendung auf eine sozialistische Gesellschaft sowjetischen Typs, nachzugehen. Hierzu sei auf die einschlägige Diskussion in der DDR und in der Bundesrepublik verwiesen [8]. Im Zusammenhang des hier zu behandelnden Themas mögen einige Anmerkungen genügen.
Tabelle 1 zeigt, daß der weitaus überwiegende Teil der Bevölkerung, nämlich drei Viertel bzw. mehr als vier Fünftel aller, der »Arbeiterklasse« zugerechnet wird. Es sind dies »alle in Verbindung mit dem Volkseigentum« Tätigen und deren Angehörige. D. h. alle in der volkseigenen Wirtschaft, in den staatlichen Verwaltungen und Einrichtungen, den gesellschaftlichen Organisationen und deren Einrichtungen Beschäftigten und deren Familien. Dies unabhängig davon, ob sie als Hilfsarbeiter oder als hochqualifizierter Facharbeiter, als Verkäuferin oder als Betriebsleiter tätig sind, ob sie körperlich oder geistig arbeiten, eine leitende oder eine ausführende Funktion haben, ob sie produzieren oder verwalten, Forstarbeiter, Seemann, Polizist oder Berufssoldat sind, unabhängig

auch vom Bildungs-, Ausbildungs- und Einkommensstand. Eine Ausnahme machen lediglich jene, die nach Ausbildung und beruflicher Tätigkeit der »Intelligenz« zugezählt werden. Das Klassenmodell steht in einem spezifischen Kontext, es soll die Stellung der Bevölkerungsgruppen zu den Produktionsmitteln kennzeichnen, nicht aber eine detaillierte Sozialstatistik ersetzen. Geht es um die Beantwortung spezieller Fragen, etwa der Einstellung und des Verhaltens bestimmter Bevölkerungsteile, so setzt auch die Sozialforschung der DDR aus guten Gründen »unterhalb der Klassenstruktur« an [9]. Dies ist nötig, weil insbesondere die Sozialgruppe »Arbeiterklasse« so umfänglich und derart heterogen ist, daß die Einordnung in diese Kategorie über die »Stellung zu den Produktionsmitteln« im DDR-Sinne hinaus kaum Aussagen zuläßt.

Auffällig sind die Unterschiede zwischen den Klassenmodellen von 1964 und 1972. Der Anteil der »Arbeiterklasse« nahm in diesem Zeitraum um 10 Prozentpunkte zu, die Anteile der Selbständigen und der Genossenschafter gingen zurück. Dieser Konzentrationsprozeß der Arbeitskräfte zugunsten des Volkseigenen Sektors der Wirtschaft wird im Folgenden noch detaillierter dargestellt werden.

Bemerkenswert ist der 1972 behauptete Rückgang des Anteils der »Intelligenz« auf weniger als die Hälfte der Angabe von 1964. Die »soziale Schicht« der »Intelligenz« umfaßt definitionsgemäß alle »berufsmäßig Geistesschaffenden wie Wissenschaftler, Ärzte, Lehrer, Künstler, Ingenieure usw.« [10]. Dabei lag im Jahre 1971 [11] der Anteil der Hochschulabsolventen an der Gesamtbevölkerung bei 2,0 Prozent, der Anteil der berufstätigen Hochschulabsolventen an allen Berufstätigen bei 4,0 Prozent. Nimmt man die definitionsgemäß ebenfalls zur »Intelligenz« zählenden Fachschulabsolventen [12] hinzu, so ergeben sich Anteile von insgesamt 5,7 Prozent der Bevölkerung bzw. 10,9 Prozent der Berufstätigen [13]. Bedenkt man, daß auch die Sozialstrukturforschung der DDR die Familienangehörigen gemäß dem Status des »Haushaltungsvorstandes« einzuordnen pflegt, so dürfte der tatsächliche Anteil der »Intelligenz« an der DDR-Bevölkerung 1972 sich gegenüber 1964 nicht verringert haben, sondern in diesem Zeitraum von knapp 7 auf etwa 10 Prozent gestiegen sein, wie angesichts der Steigerung der Zahl der Hochschul- und Fachschulabsolventen von (1960) 39 600 auf (1970) 55 194 [14] kaum anders möglich. Insgesamt deutet der vorstehend skizzierte Sachverhalt auf die Probleme hin, welche die Einordnung der »Intelligenz« der Sozialstrukturforschung der DDR bereitet [15]. Es ist zu vermuten, daß die Ausdifferenzierung neuer, qualifizierter Sozialgruppen ideologisch bedenklich schien, so daß in den sozialstatistischen Ausweisungen der Nachdruck eher auf den propagierten Zielen der SED entsprechende Tendenzen der »Vereinheitlichung« der DDR-Bevölkerung gelegt wurde.

Dem würde entsprechen, daß die Statistiken und relevanten Publikationen seit Jahren keinerlei Angaben über die Zahl der Arbeiter bzw. der Angestellten enthalten, sondern diese Gruppen stets — d. h. auch etwa in der Einkommensstatistik — zusammenfassen. Dies trotz des Vorranges, welcher der Arbeiterschaft, den Produktionsarbeitern, der Arbeiterjugend in allen offiziellen Verlautbarungen zugebilligt wird. Es wäre sicherlich falsch, dies ausschließlich negativ bewerten zu wollen. Die arbeitsrechtlichen Unterschiede zwischen beiden Gruppen wurden in der DDR eingeebnet, zudem gibt die Frage der Einordnung bestimmter Teilgruppen, etwa der Verkäuferinnen oder der Meister, auch der westlichen Sozialstrukturforschung einige Probleme auf. Andererseits bestehen

auch in der DDR nach wie vor gewichtige soziale Unterschiede zwischen den überwiegend körperlich Arbeitenden und den an den Schreibtischen der staatlichen oder
betrieblichen Verwaltung Tätigen, Unterschiede z. B. auch hinsichtlich des Einkommens,
deren Existenz nicht verwischt werden sollte, zumal sie auch in der DDR-Literatur
thematisiert werden und bis zum heutigen Tage in der Bezeichnung »Arbeiter und Angestellte« ihren Ausdruck finden.
Auffällig, aber im Rahmen des Modells stimmig ist schließlich, daß das Klassenmodell
die in jeder Gesellschaft vorhandene Machtelite der Staats-, Partei-, Organisations- und
Wirtschaftsführer nicht kenntlich macht [16], so daß sie irgendwo innerhalb der »Arbeiterklasse« oder der »Intelligenz« vermutet werden muß, ohne daß man genauere Angaben
machen könnte.

Tabelle 2: DDR — Entwicklung der »sozialökonomischen Struktur der Berufstätigen« (einschließlich Lehrlinge — 1950 ohne Lehrlinge und ohne Ostberlin) in Prozent aller Berufstätigen
und Lehrlinge. Die Rubriken »Komplementäre« und folgende schließen mithelfende Familienangehörige mit ein.

	1950	1955	1960	1965	1970	1975
Arbeiter	52,1	73,4	78,4	81,2 [1]	82,5	84,5	88,3 [2]
Angestellte	21,3						
Genossenschaftsbauern		0,0	2,3	12,0	10,6	8,7	7,3
Genossenschaftshandwerker		0,0	0,0	1,8	2,4	3,1	1,7
Komplementäre und Kommissionshändler		0,0	0,0	0,5	0,5	0,5	0,3
Einzelbauern und private Gärtner	18,1	12,6	0,4	0,2	0,1	0,1
Privates Handwerk		3,9	2,8	2,5	1,7	1,4
Privater Groß- und Einzelhandel	18,5	1,8	0,8	0,5	0,3	0,2
Freiberuflich Tätige		0,4	0,3	0,2	0,2	0,1
Sonstige [3]		0,6	0,4	0,6	0,9	0,6
	100	100	100	100	100	100

[1] 1961/62 setzt sich diese Gruppe »etwa je zur Hälfte« aus Arbeitern und Angestellten zusammen. Nach: *Erich Buchholz,* Entwicklung und Erscheinungsform der Eigentumskriminalität in
der DDR. Wissenschaftliche Zeitschrift der Humboldt-Universität zu Berlin, Ges.-Sprachw. R.,
17. Jg., 5 (1968), S. 637—652, hier S. 643.
[2] *Dieter Voigt* schätzt für 1974 Anteile an der Gesamtbevölkerung: 50 Prozent Arbeiter, 25 Prozent Angestellte (einschl. Angehörige). *Dieter Voigt,* Soziologie in der DDR, Köln 1975, S. 169.
[3] Rechnerisch. In dieser Gruppe sind (vornehmlich in den fünfziger Jahren) die privaten Unternehmer, später u. a. auch die Mitglieder von »Rechtsanwaltkollegien« enthalten.
Quellen bzw. errechnet nach: Statistisches Jahrbuch der DDR 1955, S. 32 f.; 1976, S. 48.

Genauere Aufschlüsse als die Angaben zur »Klassenstruktur« der DDR-Bevölkerung
vermitteln die im Statistischen Jahrbuch der DDR jährlich veröffentlichten Angaben
zur »sozialökonomischen Struktur der Berufstätigen«, wie sie in *Tabelle 2* zusammengefaßt wurden. Diese Tabelle weist freilich die »soziale Schicht der Intelligenz« nicht
aus. Diese Personengruppe verteilt sich hier auf die Angestellten, die genossenschaftlich
— insbesondere in der Landwirtschaft und in Rechtsanwaltkollegien — Tätigen sowie auf

die Freiberufler. Der in der DDR erfolgte soziale Wandel ist deutlich erkennbar. Er ist abzulesen an der stetigen Zunahme des Anteils der Arbeiter und Angestellten, der Zunahme und Wiederabnahme der Anteile der genossenschaftlich Tätigen sowie derer, die als »Komplementäre« oder »Kommissionshändler« Unternehmen mit staatlicher Beteiligung betreiben. Die wesentliche Entwicklung, die Kollektivierung der größeren Betriebe und der Landwirtschaft, war bereits 1960 abgeschlossen. In den Folgejahren begann die Kollektivierung des Handwerks zu Buche zu schlagen. Doch gingen die Anteile der genossenschaftlich Tätigen in der Landwirtschaft bereits seit 1960, im Handwerk seit 1970 deutlich zurück.

Über die Entwicklung der Anteile der Arbeiter bzw. der Angestellten jeweils allein gibt es nur Vermutungen, errechnen lassen sie sich lediglich für 1950. Zu Beginn der sechziger Jahre setzte sich diese Gruppe nach Buchholz »etwa je zur Hälfte« aus Arbeitern und Angestellten zusammen. Danach hätten diese Anteile seinerzeit jeweils etwa 40 Prozent, eher wohl 45 und 35 Prozent, betragen. Voigt schätzt für 1974 die Arbeiterschaft auf 50, die Angestelltenschaft auf 25 Prozent. Diese Anteile beziehen sich freilich auf die Gesamtbevölkerung. Vergleichsweise betrug 1975 in der Bundesrepublik der Anteil der Arbeiter an allen Erwerbstätigen 42,9 Prozent, der Anteil der Angestellten und Beamten zusammen ebenfalls 42,9 Prozent. Die Selbständigen und die mithelfenden Familienangehörigen hatten Anteile von 9,2 bzw. 5,0 Prozent [17]. In der DDR sind die beiden letztgenannten Gruppen weitgehend im Heer der Arbeiter und Angestellten sowie der genossenschaftlich Tätigen aufgegangen. Mithelfende Familienangehörige gibt es nur noch bei den Komplementären und Kommissionshändlern und den wenigen verbliebenen Privaten. Vor dem Hintergrund dieser Daten, angesichts der Ausweitung der »nichtproduzierenden Bereiche« und im Hinblick auf die seit 1950 durchgängig zu beobachtende Zunahme des Bedarfs an Höherqualifizierten scheint Voigt seine Anteile, die etwa denen von 1950 entsprechen, zu hoch angesetzt zu haben, was die Arbeiter, und zu niedrig, was die Angestellten anbetrifft. Doch ist dies lediglich eine Vermutung.

Insgesamt zeigt *Tabelle 2* die Entwicklung der DDR zu einer Gesellschaft von Arbeitern und Angestellten. Die Anteile dieser Gruppe und der Rückgang der Zahl der landwirtschaftlich Tätigen entsprechen weithin den westdeutschen Werten. Nicht dies also ist DDR-spezifisch, sondern die Eigentumsform der Betriebe. *Tabelle 3* zeigt die Aufteilung der Berufstätigen nach den Eigentumsformen der Betriebe, in denen sie tätig sind:

Tabelle 3: DDR — Berufstätige (ohne Lehrlinge) nach den Eigentumsformen der Betriebe, Einrichtungen und Verwaltungen in Prozentanteilen

	1955	1965	1975
Volkseigen	54,0	64,2	78,4
Genossenschaftlich	6,0	19,5	15,4
Staatliche Beteiligung	—	6,1	0,7
Privat	40,0	10,2	5,5
	100	100	100

Errechnet nach: Statistisches Jahrbuch der DDR 1976, S. 51.

Nach den bisher mitgeteilten Daten unterscheidet sich die DDR-Gesellschaft von vergleichbaren westlichen Gesellschaften dadurch, daß nach Ausschaltung der kleinen Gruppe der Großunternehmer in der ersten Nachkriegszeit auch der eigenständige bäuerliche und städtische Mittelstand beseitigt wurde. Die DDR wurde zu einer Gesellschaft der »Werktätigen«, wobei die Unterschiede zwischen »genossenschaftlicher« und Arbeiter- und Angestelltentätigkeit zunehmend an Bedeutung verloren. Die soziale Placierung ergibt sich aus der schulischen, beruflichen und im DDR-Sinne »gesellschaftlichen« Leistung, ausschließlich Partei und Staat weisen Status und Prestige zu.

II. Zur Beschäftigten- und Berufsstruktur

Die folgenden *Tabellen 4* und *5* zeigen die Entwicklung der Beschäftigtenstruktur nach Wirtschaftsbereichen. Dabei weist *Tabelle 4* die absoluten Größenordnungen, *Tabelle 5* die relative Entwicklung der Beschäftigtenanteile der einzelnen Wirtschaftsbereiche aus:

Tabelle 4: DDR — Entwicklung der Beschäftigtenstruktur.
Berufstätige (ohne Lehrlinge) nach Wirtschaftsbereichen in Tausend
Wirtschaftsbereiche geordnet nach der DDR-Statistik

	1952	1955	1960	1965	1970 [1]	1975 [1]	Veränderung 1952—1975
Industrie	2 374,7	2 586,6	2 803,1	2 747,4	2 838,2	3 033,0	+ 658,3
Bauwirtschaft	422,9	426,1	455,0	442,2	572,5	556,5	+ 133,6
Produzierendes Handwerk (ohne Bauhandwerk)	512,7	505,6	414,1	393,1	403,8	269,0	− 243,7
Land- und Forstwirtschaft	1 666,9	1 741,1	1 365,6	1 249,0	997,1	894,5	− 772,4
Verkehr, Post- und Fernmeldewesen	512,1	535,5	520,8	552,8	563,9	600,8	+ 88,7
Handel	778,8	846,5	892,0	889,1	857,9	845,9	+ 67,1
Sonstige produzierende Zweige [1]	—	—	—	—	180,7	234,1	—
Nichtproduzierende Bereiche	1 002,8	1 081,5	1 288,5	1 402,2	1 355,2	1 513,7	+ 510,9
Insgesamt	7 271,0	7 722,5	7 739,0	7 675,8	7 769,3	7 947,6	+ 676,6

[1] Die Einführung einer neuen Betriebssystematik ab 1967 veränderte die Abgrenzung der Wirtschaftsbereiche. Vgl. Statistisches Jahrbuch der DDR 1971, S. 51, »Methodische Hinweise«.
Quellen bzw. errechnet nach: Statistisches Jahrbuch der DDR 1967, S. 59; 1968, S. 65; 1971, S. 53; 1976, S. 49.

Nach diesen Daten kann gesagt werden: Absolut wie relativ bedeutendster Wirtschaftsbereich ist die Industrie. Die Zahl der dort Tätigen stieg bis 1975 um knapp 660 000 bzw. um ein knappes Drittel. Gleichzeitig erhöhte die Industrie ihren Anteil an allen Erwerbstätigen von knapp 33 auf gut 38 Prozent. In der Bundesrepublik waren 1975 37,9 Prozent aller Arbeitnehmer bzw. 30 Prozent aller Erwerbstätigen überhaupt in

Tabelle 5: DDR — Entwicklung der Beschäftigtenstruktur
Berufstätige (ohne Lehrlinge) nach Wirtschaftsbereichen in Prozentanteilen, Wirtschaftsbereiche
geordnet nach den Beschäftigtenanteilen 1975

	1952	1955	1960	1965	1970 [1]	1975 [1]	Veränderung 1952—1975
Industrie	32,7	33,5	36,2	35,8	36,5	38,2	+ 5,5
Nichtproduzierende Bereiche	13,8	14,0	16,6	18,3	17,5	19,0	+ 5,2
Land- und Forstwirtschaft	22,9	22,6	17,6	16,3	12,8	11,3	− 11,6
Handel	10,7	11,0	11,5	11,6	11,0	10,6	− 0,1
Verkehr, Post- und Fernmeldewesen	7,0	6,9	6,8	7,1	7,3	7,6	+ 0,6
Bauwirtschaft	5,8	5,5	5,9	5,8	7,4	7,0	+ 1,2
Produzierendes Handwerk (ohne Bauhandwerk)	7,1	6,5	5,4	5,1	5,2	3,4	− 3,7
Sonstige produzierende Zweige [1]	—	—	—	—	2,3	2,9	—
	100	100	100	100	100	100	

[1] Die Einführung einer neuen Betriebssystematik ab 1967 veränderte die Abgrenzung der Wirtschaftsbereiche. Vgl. Statistisches Jahrbuch der DDR 1971, S. 51, »Methodische Hinweise«.
Errechnet nach: Statistisches Jahrbuch der DDR 1967, S. 59; 1968, S. 65; 1971, S. 53; 1976, S. 49.

der Industrie tätig. Auch die Anteile der im »warenproduzierenden Gewerbe« (Industrie einschl. Bergbau und Energie und produzierendes Handwerk, ohne Baugewerbe) insgesamt Erwerbstätigen differieren. Sind es in der DDR 44,5 Prozent, so in der Bundesrepublik (1975) nur 38,8 Prozent. Die Vernachlässigung der Versorgung der DDR-Bevölkerung mit Konsumgütern und Dienstleistungen zugunsten des Aufbaus der Industrie, die unterschiedliche statistische Eingrenzung der Wirtschaftsbereiche und der unterschiedliche Stand der Arbeitsproduktivität dürften Ursache dieser Differenz sein. Die Bundesrepublik kann sich offenbar einen umfänglicheren Versorgungs- und Dienstleistungssektor leisten.
Der dem Umfang nach nächstbedeutende Wirtschaftszweig ist der »nichtproduzierende«. Dieser Sektor hatte die stärksten Zuwachsraten zu verzeichnen. Seine Erwerbstätigenzahl stieg seit 1952 um mehr als eine halbe Million auf das Anderthalbfache, sein Erwerbstätigenanteil von knapp 14 auf 19 Prozent. Dieser Bereich hat in der Bundesrepublik mit (1975) 26,8 Prozent ein noch größeres Gewicht, wobei die unterschiedliche statistische Eingrenzung mit zu berücksichtigen ist. Er weitet sich aber auch in der DDR ständig aus, so daß der Lehrlingszufluß in jüngster Zeit reduziert werden mußte (s. u.).
Der in den *Tabellen 4* und *5* abzulesende Rückgang der »nichtproduzierenden Bereiche« zwischen 1965 und 1970 beruht ganz überwiegend auf der Einführung einer neuen Betriebssystematik ab 1967, die den Kreis der produzierenden Zweige erweiterte. Dieser Rückgang ist somit ein nur scheinbarer.

Der Erwerbstätigenzahl nach folgt gegenwärtig noch als drittbedeutender Wirtschaftsbereich die Land- und Forstwirtschaft. Die Zahl der hier Berufstätigen ging zwischen
1952 und 1975 um gut eine dreiviertel Million bzw. auf weniger als die Hälfte zurück.
Der Erwerbstätigenanteil wurde dementsprechend von knapp 23 auf gut 11 Prozent
halbiert. Dieser Rückgang ist ebenso wie die Zunahme der im Dienstleistungssektor
Tätigen kein Spezifikum der sozialistischen Gesellschaft. In der Bundesrepublik ging
der Erwerbstätigenanteil der Land- und Forstwirtschaft noch stärker zurück, nämlich
bis 1975 auf 7,2 Prozent.

Für den Handel und das Verkehrs-, Post- und Fernmeldewesen ist kennzeichnend, daß
die Beschäftigtenanteile seit 1952 annähernd konstant blieben. Die absoluten Zahlen
erhöhten sich nur geringfügig. In der Bundesrepublik hat der Handel mit (1975)
12,0 Prozent aller Beschäftigten ein etwas größeres Gewicht, insgesamt entsprechen
sich aber auch hier die Relationen. Mit einer Ausweitung dieser Sektoren ist in der DDR
kaum zu rechnen.

Auch die Bauwirtschaft konnte ihren Beschäftigtenanteil nur von 5,8 auf 7 Prozent erhöhen. Immerhin erhöhte sich die absolute Beschäftigtenzahl gegenüber 1952 um ein
Drittel. Der Nachholbedarf der DDR zwingt weiterhin zu einer Ausweitung dieses
Sektors (s. u.), doch sind hier ökonomische und vom Arbeitskräftemangel bedingte
Grenzen gesetzt, wie der Rückgang der absoluten Zahlen für 1975 gegenüber 1970 erkennen läßt. Gegenwärtig entspricht der Beschäftigtenanteil der Bauwirtschaft ziemlich
genau dem westdeutschen mit (1975) 7,0 Prozent.

Das produzierende Handwerk war neben der Land- und Forstwirtschaft der »Verlierer« im Strukturwandlungsprozeß. Die Beschäftigtenzahl ging um nahezu die Hälfte
zurück, der Beschäftigtenanteil um mehr als die Hälfte. Auch in der Bundesrepublik
gingen Zahl und Anteil der Handwerksbetriebe zurück, doch nicht in diesem Maße [18].

Zusammenfassend läßt sich sagen: Gemessen an der Entwicklung der Beschäftigtenstruktur nach Wirtschaftsbereichen entspricht der sozio-strukturelle Wandel in der DDR
weitgehend den westdeutschen Gegebenheiten. Industrieller und Dienstleistungssektor
beschäftigen mehr als die Hälfte aller Berufstätigen und dehnen sich weiter aus, Landwirtschaft und Handwerk gingen stark zurück und beschäftigen nur noch ein Sechstel
aller Berufstätigen, Bauwirtschaft, Handel, Verkehr und Nachrichtenwesen weisen
etwa konstante Beschäftigtenanteile auf und beschäftigen das restliche Viertel aller Erwerbstätigen. Auffällige Unterschiede zwischen beiden deutschen Staaten ergeben sich
auf dieser Betrachtungsebene lediglich hinsichtlich des höheren Industrieanteils in der
DDR. Wesentlicher als dies scheint jedoch der in beiden deutschen Staaten gemeinsame
starke Rückgang der traditionellen Formen der Erwerbstätigkeit zugunsten von Industrie und Dienstleistungssektor.

Tabelle 6 zeigt, wo und zu welchen Anteilen gegenwärtig die Ausbildung absolviert
wird. Auffällig sind die unterschiedlichen Lehrlingsanteile an allen Beschäftigten und
Auszubildenden des jeweiligen Wirtschaftszweiges. Sie weisen auf die ökonomische
Priorität von Industrie und Bauwirtschaft hin. Bauwirtschaft und Handel konnten ihren
Anteil am Lehrlings*kontingent* gegenüber 1973 steigern, ein Hinweis darauf, daß man
die Versorgung der Bevölkerung mit Gütern und Wohnraum nicht weiterhin vernachlässigen kann. Der niedrige Lehrlingsanteil in der Landwirtschaft deutet auf deren Um-

Tabelle 6: DDR — Berufstätige und Lehrlinge nach Wirtschaftszweigen 1975, geordnet nach den der Wirtschaft 1975 zugewiesenen Lehrlingsanteilen

	Berufstätige ohne Lehrlinge		Lehrlinge		Lehrlingsanteil an allen Beschäftigten und Lehrlingen
	in Tsd.	in %	in Tsd.	in %	in %
Industrie	3 033,0	38,2	212,6	46,9	6,6
Bauwirtschaft	556,5	7,0	70,1 [1]	15,5 [1]	11,2 [1]
Handel	845,9	10,6	46,0 [2]	10,1 [2]	5,5 [2]
Verkehr, Post und Fernmeldewesen	600,8	7,6	39,1	8,6	6,1
Nichtproduzierende Zweige	1 513,7	19,0	32,2 [3]	7,1 [3]	2,1 [3]
Land- und Forstwirtschaft	894,5	11,3	28,1	6,2	3,0
Produzierendes Handwerk (ohne Bau)	269,0	3,4	15,0	3,3	5,3
Sonstige produzierende Zweige	234,1	2,9	10,5	2,3	4,3
Insgesamt	7 947,6	100	453,6	100	5,4

[1] 1973 lauten diese Werte noch 63,7; 13,7 und 10,5.
[2] 1973: 41,1; 8,9 und 4,7.
[3] 1973 noch: 52,7; 11,4 und 3,5. Lehrlingsgesamtzahl 1973: 462 900.
Quellen bzw. errechnet nach: Statistisches Jahrbuch der DDR 1974, S. 53; 1976, S. 53.

stellung auf eine intensivere Produktionsweise hin. Bemerkenswert ist der niedrige Lehrlingsanteil im nichtproduzierenden Bereich, wobei freilich zu berücksichtigen ist, daß Bildungswesen, Armee und Polizei, um nur diese zu nennen, ihren Nachwuchs nicht über eine Lehrausbildung rekrutieren. Gleichwohl ist dieser Bereich der »Verlierer« im Kampf um die Verteilung des Nachwuchses. Bildete er 1973 noch 52 700 Lehrlinge aus, so 1975 nur noch 32 200. Sein Anteil am Lehrlingskontingent ging von 11,4 auf 7,1 Prozent zurück. Insgesamt weisen diese Daten auf die schmale ökonomische und Arbeitskräftebasis der DDR hin, auf die von der Wirtschaftsplanung gesetzten Prioritäten und auf das System gezielter Berufslenkung.

»Die vollständigste, allgemein zugängliche Quelle für Daten zur Berufsstruktur« sind nach Ansicht der Verfasser des 1976 ausgelieferten »DDR-Handbuchs« nach wie vor die Ergebnisse der Volks- und Berufszählung vom 31. 12. 1964 [19]. Die seinerzeit in der DDR erhobene »Aufgliederung der wirtschaftlich Tätigen nach 8 Berufsabteilungen« wird hier deshalb mitgeteilt:

Diese Berufsstruktur wich »nur hinsichtlich der Berufsabteilungen 6 und 8 von der Berufsstruktur der Bundesrepublik Deutschland zu diesem Zeitpunkt ab: Berufe im Bereich des Bildungswesens usw. sind in der Bundesrepublik vergleichsweise weniger, Berufe der Wirtschaftsleitung vergleichsweise mehr vertreten« [20].

Tabelle 7: DDR — Wirtschaftlich Tätige (ohne Lehrlinge) nach Berufsabteilungen am 31. 12. 1964

Berufe der	in Tsd.	in %	darunter weibliche in % aller
1. Grundstoffindustrie	213,1	2,7	27,2
2. stoffbe- und verarbeitende Industrie	2 495,5	31,3	27,5
3. Technische Berufe	377,6	4,7	21,3
4. der Land- und Forstwirtschaft	1 000,7	12,5	47,2
5. des Verkehrs, Nachrichtenverkehrs und des Handels	1 496,2	18,7	50,1
6. Bildung, Kultur, Wissenschaft und des Gesundheits- und Sozialwesens	506,6	7,0	64,4
7. Dienstleistungsberufe und sonstige Berufe	514,7	6,4	71,7
8. Wirtschaftsleitung, der Verwaltung und des Rechtswesens	1 170,9	14,6	55,0
	7 994,6	100,0	44,2

Quelle: Bundesministerium für innerdeutsche Beziehungen (Hrsg.) DDR-Handbuch, Köln 1975, S. 789.

III. Zur Qualifikationsstruktur

Eine erste Übersicht über die Qualifikationsstruktur und deren Entwicklung gibt *Tabelle 8*:

Tabelle 8: DDR — Berufstätige (ohne Lehrlinge) nach Qualifikationsstufen

	1960 in Tsd.	in %	1970 in Tsd.	in %	1960 = 100
Un- und Angelernte	4 383,4	56,7	2 985,6	38,4	68,1
Facharbeiter	2 943,5	38,0	3 933,9	50,7	133,6
Fachschulabschluß	263,4	3,4	545,5	7,0	207,1
Hochschulabschluß	148,7	1,9	304,3	3,9	204,6
	7 739,0	100,0	7 768,3	100,0	100,4

Quelle bzw. errechnet nach: Autorenkollektiv unter Leitung von G. Schmunk, G. Tietze und G. Winkler, Marxistisch-leninistische Sozialpolitik, Berlin (O) 1975, S. 156.

Nach diesen Daten ist der Anteil der Ungelernten und Angelernten immer noch recht hoch. Man sieht aber auch, daß erhebliche Anstrengungen unternommen wurden, den Anteil der beruflich nicht Qualifizierten zu senken, wobei das Ergebnis hinsichtlich der männlichen Berufstätigen etwa den westdeutschen Verhältnissen entsprechen oder doch nicht sehr viel günstiger sein dürfte. Anders bei den Frauen (s. u.). Als »Facharbeiter« gelten nach der DDR-Statistik alle Absolventen einer Lehrausbildung, also auch etwa einer kaufmännischen Lehre. Bemerkenswert ist insbesondere die Höherqualifizierung der traditionell »rückständigen« Landwirtschaft, wie sie Tabelle 9 ausweist. Diese Entwicklung ist ein Ergebnis — wenn man so will, die positive Kehrseite — der Kollektivierung, später Industrialisierung [21] der Landwirtschaft:

Tabelle 9: DDR — Ausbildungsstand der in der Landwirtschaft Berufstätigen (ohne Veterinärwesen, Pflanzenschutz und agrochemische Zentren) nach Ausbildungsabschlüssen

	1963	in %	1975	in %
ohne	842 608	81,9	168 486	21,3
Facharbeiterprüfung	136 894	13,3	522 711	65,9
Meisterprüfung	28 541	2,8	52 333	6,6
Fachschulabschluß	16 789	1,6	37 656	4,8
Hochschulabschluß	4 095	0,4	11 783	1,5
	1 028 927	100,0	792 969	100,0

Quelle bzw. errechnet nach: Statistisches Jahrbuch der DDR 1976, S. 185.

Insgesamt sind die beruflichen Qualifikationen nach dem Alter und nach dem Geschlecht recht unterschiedlich verteilt. Dies zeigt die folgende Übersicht:

Tabelle 10: DDR — Wirtschaftlich Tätige [1] nach dem Geschlecht, nach Altersgruppen und Berufsabschluß 1971

Altersgruppe	Erwerbs- quote in % aller Gleich- altrigen	wirtschaftlich Tätige absolut	Berufsabschluß in % aller wirtschaftlich Tätigen			
			ohne	Fach- arbeiter, Meister	Fach- schule	Hoch- schule
Männer						
15—24	52,3	649 871	20,3	76,0	1,9	0,9	100
25—29	97,1	540 068	14,7	67,9	9,9	7,5	100
30—39	98,8	1 204 078	20,9	59,9	11,2	8,0	100
40—49	98,0	802 336	20,5	59,1	12,3	8,1	100
50—59	93,9	574 283	22,5	65,3	8,1	4,1	100
60 und älter	44,2	642 490	35,7	57,9	4,4	2,0	100
15—64	90,3						
15 und älter	74,8	4 413 126	22,5	63,5	8,5	5,5	100
männl. Gesamt- bevölkerung	56,1						
Frauen						
15—24	45,4	537 775	25,3	68,6	5,1	1,1	100
25—29	79,3	434 994	22,5	60,7	11,5	5,3	100
30—39	79,6	955 078	41,4	48,0	7,0	3,6	100
40—49	79,8	886 189	56,3	38,2	3,9	1,6	100
50—59	66,9	672 793	65,9	31,7	1,7	0,7	100
60 und älter	14,4	332 296	77,3	21,3	0,9	0,5	100
15—59	76,1						
15 und älter	51,8	3 801 125	47,8	44,9	5,1	2,2	100
weibl. Gesamt- bevölkerung	41,3						

[1] Berufstätige ohne Lehrlinge. Vgl. Statistisches Jahrbuch der DDR 1974, S. 415, »Definitionen«.
Quellen bzw. errechnet nach: Statistisches Jahrbuch der DDR 1974, S. 421, S. 426 f., S. 429 f.

Tabelle 10 zeigt, daß die männlichen Berufstätigen im Alter zwischen 25 und 60 Jahren zu 80 Prozent und mehr über eine Berufsausbildung verfügen. Diese wurde zu einem beachtlichen Teil erst nachträglich während der Berufstätigkeit erworben:

Tabelle 11: DDR — Bestandene Facharbeiterprüfungen

	von Lehrlingen	darunter weiblich in %	von Werktätigen	darunter weiblich in %
1960	125 877	38,8	30 110	41,4
1965	108 284	44,4	89 472	41,6
1970	159 368	48,5	101 127	53,0
1975	167 845	46,8	80 224	56,1

Quelle bzw. errechnet nach: Statistisches Jahrbuch der DDR 1976, S. 334.

Da die Altersgruppe der 25- bis 30jährigen den niedrigsten Ungelerntenanteil aufweist, scheinen vor allem auch die Jugendlichen und Jungerwachsenen unter 25 Jahren von der Möglichkeit einer nachträglichen Qualifizierung Gebrauch zu machen (siehe Tabelle 10). Die Ungelerntenanteile der weiblichen Berufstätigen liegen in allen Altersgruppen höher als bei den Männern, besonders ab 40 Jahren. Doch zeigt Tabelle 11 die im Vergleich zum weiblichen Lehrlingsanteil überproportionale nachträgliche berufliche Förderung der berufstätigen Frauen. Der Vorsprung der jüngeren Frauen im Bereich der Fachschul- und Hochschulbildung erklärt sich weitgehend aus der Wehrpflicht der Männer und wird von diesen in den höheren Altersgruppen rasch wettgemacht.

Es besteht kein Zweifel darüber, daß die Qualifikationsstruktur der berufstätigen Frauen in der DDR erheblich günstiger ist als in der Bundesrepublik. Fraglich ist freilich, ob gerade die Frauen stets entsprechend ihrer Qualifikation eingesetzt werden. Die unverhältnismäßig hohe Erwerbsquote der Frauen (1971: 76,1 Prozent aller Frauen zwischen 15 und 60 Jahren), auch der verheirateten und solcher mit Kindern, ist die Kehrseite der Medaille. 1971 waren 76,2 Prozent aller Mütter mit Kindern unter 17 Jahren berufstätig. Vergleichsweise waren in der Bundesrepublik im Jahre 1974 insgesamt 47,2 Prozent aller Frauen und Mädchen im Alter zwischen 15 und 65 Jahren erwerbstätig, außerhalb der Land- und Forstwirtschaft, dem Bereich traditionell hoher Quoten weiblicher Erwerbstätigkeit, betrug der Anteil 43,1 Prozent. Mütter mit Kindern unter 18 Jahren waren zu 41,2 Prozent, außerhalb der Land- und Forstwirtschaft zu 35,3 Prozent berufstätig [22]. Doch auch die DDR-Daten zeigen, daß Familien- und Erziehungspflichten die Frauen zu einem Kompromiß zwischen Beruf und Haushalt zwingen. Dies schlägt sich in niedrigeren Qualifikations- und Erwerbsquoten nieder, als sie bei den Männern anzutreffen sind, und auch in Teilzeitarbeit.

Bemerkenswert ist die in der DDR zu beobachtende Tendenz, die Zahl der in der Schule unmittelbar zum Abitur Geführten annähernd konstant zu halten und gleichzeitig die Berechtigung zum Studium in zunehmendem Maße an Berufstätige zu vermitteln. Für das Fachschulstudium ist der Studienabschluß »im Betrieb« der Regelfall. Voraussetzung ist der Abschluß der 10. Klasse, die Facharbeiterprüfung und eine mindestens einjährige

Berufspraxis. Das Studium selbst besteht aus einer zweijährigen Ausbildung an der Fachschule, das häufig auch als Fern- oder Abendstudium absolviert wird, und aus einer einjährigen Spezialisierung im Betrieb. Ziel dieser Maßnahmen ist die enge Verbindung von Studium und Praxis und eine verbesserte Nachwuchslenkung[23]. Ähnliches gilt für das Hochschulstudium. Damit wurde die herkömmliche Zweiteilung der Berufstätigen in die Mehrheit derer, die mit 16 Jahren in den Beruf eintreten, und die Minderheit derer, die zehn Jahre älter nach Gymnasium und Studium die Führungspositionen einnehmen, prinzipiell überwunden. Die *Tabellen 12* und *13* veranschaulichen diese Entwicklung:

Tabelle 12: DDR — Entwicklung der Abiturientenzahlen im Vergleich zur Entwicklung der Neuzulassungen zum Fachschul-, Hochschul- und Universitätsstudium

		Neuzulassungen	
	Teilnehmer an den Reifeprüfungen der EOS [1]	Fachschulen	Universitäten und Hochschulen
1955	19 678	—	19 373
1960	18 282	57 800	30 081
1965	19 332	43 300	24 735
1970	25 709	56 500	43 975
1975	24 490	52 300	34 390

Quelle: Statistisches Jahrbuch der DDR 1976, S. 332 und 338 f.
[1] Erweiterte polytechnische Oberschule, zum Abitur führende Schule.

Tabelle 13: DDR — Qualifizierung der Werktätigen in der sozialistischen Wirtschaft (nur Industrie, Bauindustrie, Verkehr, Post- und Fernmeldewesen), Zahl der Schulungsteilnehmer

Qualifizierung	1961	1965	1970	1975
für einen Teilberuf	—	—	—	45 064
zum Facharbeiter	66 573	92 649	79 707	74 288
zum Meister	12 340	31 216	31 170	23 104
Fachschulstudium	29 546	41 307	64 635	42 378
Hochschulstudium	6 664	12 013	14 532	11 396

Errechnet nach: Statistisches Jahrbuch der DDR 1972, S. 382 f.; 1976, S. 336 f.

Darüber hinaus läßt *Tabelle 13* die Größenordnung der betrieblichen Qualifizierungsmaßnahmen erkennen. Im Jahre 1973 erfaßten diese 6,3 Prozent der in den genannten Wirtschaftsbereichen insgesamt Beschäftigten. Außerdem nahmen 14 Prozent der dort Beschäftigten an Lehrgängen zur fachlichen und zur allgemeinbildenden Fortbildung teil. Schließlich zeigen die Tabellen auch, daß seit 1970 die Zahlen der Qualifizierungen über den Facharbeiterbrief hinaus reduziert wurden. Der Bedarf an Höherqualifizierten ging zurück.

Umfangreiche Maßnahmen der Erwachsenenbildung und der betrieblichen Höherqualifizierung gibt es seit längerem auch in der Bundesrepublik, das sollte über diesen Angaben nicht vergessen werden. Ferner kommt in den genannten Zahlen der Qualifikationsrückstand der älteren Berufstätigen, besonders der Frauen, der durch die Abwanderung in den Westen entstandene Nachholbedarf der DDR an Qualifizierten und insgesamt der Mangel an Arbeitskräften der jeweils benötigten Qualifikationsstufe zum Ausdruck. Trotz dieser Einschränkungen bedeutet die DDR-typische Verzahnung von Betrieb und Bildungswesen die Überwindung beruflicher und sozialer »Sackgassen«. In den Grenzen der eigenen Fähigkeiten und der von Partei, Staat und Betrieb gesetzten Prioritäten ist dem Werktätigen prinzipiell jeder Bildungs- und Berufsabschluß zugänglich, und dies nicht nur formal oder als Ausnahme, wie die genannten Daten zeigen. Dies dürfte trotz aller damit verbundenen Leistungsanforderungen und politisch-ideologischen Zwänge von der werktätigen Jugend als ein Positivum betrachtet werden, das sie zu schätzen und zu nutzen weiß. So beteiligten sich 1972 »rund eine Viertel Million junger Menschen« an der Erwachsenenqualifizierung [24].

Insgesamt verdeutlichen die in den *Tabellen 1* bis *13* ausgewiesenen Daten den Einschmelzungsprozeß, dem die Selbständigen, die Landwirte und die Frauen in der DDR unterliegen. Diese Entwicklung geht um einiges über Parallelerscheinungen in der Bundesrepublik hinaus. Die Aufhebung der Klassen- und Schichtunterschiede ist das erklärte Ziel der sozialistischen Gesellschaft, die Aufhebung der Unterschiede zwischen körperlicher und geistiger Arbeit, zwischen der sozialen Lage von Männern und Frauen sowie zwischen Stadt und Land ist ein Teil dieser Zielsetzung [25]. Diesem Ziel scheint man auf den ersten Blick recht nahegekommen zu sein.

Indessen verläuft eine zweite Entwicklung diesem Einschmelzungsprozeß entgegen: es entstanden neue Ungleichheiten, neue hierarchische Gliederungen, neue Stufungen hinsichtlich Lebensstandard, sozialem Status und Machtteilhabe. Nach *Zimmermann* spiegeln sich im Bildungswesen der DDR »und in den in ihm erreichbaren Qualifikationen die arbeitsteiligen und hierarchisierten Strukturen der Gesamtgesellschaft« [26]. Die Arbeiterschaft wartete vergeblich auf die versprochenen Arbeitserleichterungen. Noch immer arbeiten »rund 75 Prozent der« in der Industrie »Beschäftigten überwiegend körperlich, die Hälfte dieser Werktätigen verrichtet körperlich schwere Arbeit« [27]. Gleichzeitig wird die Schichtarbeit verstärkt eingeführt. Im vom FDGB herausgegebenen Lehrbuch »Marxistisch-leninistische Sozialpolitik« heißt es dazu: »Die Schichtarbeit ist ein ökonomisches und wissenschaftlich-technisches Erfordernis, das durch die hohe Auslastung der Grundfonds zur schnelleren Hebung des Lebensstandards beiträgt«. Im Klartext: die teuren Anlagen müssen besser ausgelastet werden, und sei es um den Preis vermehrter Schichtarbeit. Und: »In den letzten Jahren hat die Dreischichtarbeit in der Tendenz stetig zugenommen. Dieser Trend hält weiter an und wird sich in den Zweigen und Bereichen der Volkswirtschaft verstärken, in denen die hochproduktiven Grundfonds zunehmen« [28].

So hat die DDR-Gesellschaft nach Auskunft ihrer Sozialforschung den seit 1945 betriebenen Transformationsprozeß noch keineswegs abschließen können. Die Unterschiede zwischen den Bevölkerungs- und Berufsgruppen, zwischen Stadt und Land, zwischen körperlicher und geistiger Arbeit wurden noch nicht beseitigt [29]. Auch die Arbeiterschaft ist keine homogene Gruppe. Zum einen stehen sich hier Facharbeiter und Un- und Angelernte gegenüber [30], zum anderen schuf die Einbeziehung der ehemaligen

Bauern und Handwerker in die Arbeiterschaft neue Probleme. Sie bildet »eine ständige Quelle kleinbürgerlicher Verhaltensweisen«, wie es heißt, so daß es der Arbeiterschaft gegenwärtig noch an jenen gemeinsamen »sozialen Normen und Verhaltensweisen« fehlt, die nach DDR-Auffassung für die führende Klasse einer sozialistischen Gesellschaft unabdingbar sind [31].

Der Gegensatz von körperlicher und geistiger Arbeit, von Facharbeiterbrief und Hochschul- oder Fachschulzertifikat strukturiert die DDR-Gesellschaft nach wie vor. »Zur Strafe«, und nicht etwa als Beförderung in die »führende Klasse«, »werden die Kader in die Produktion, also als Arbeiter, geschickt« [32]. Letztlich stehen ökonomische Zielsetzungen und Gegebenheiten dem Einschmelzungsprozeß entgegen. Das Leistungsprinzip gilt als das »einzig mögliche Verteilungsprinzip«, denn »die Stimulierung der individuellen Leistung durch materiellen und moralischen Anreiz ist wesentliche Bedingung für die Durchsetzung des historischen Fortschritts, für das Erreichen einer Arbeitsproduktivität, die schließlich die kommunistische Verteilung nach den Bedürfnissen ermöglicht« [33]. Wohl war es möglich, die Gruppe der Unternehmer und den alten selbständigen bäuerlichen und städtischen »Mittelstand« — letzterer spielt auch »in der sozialen Schichtung der BRD keine entscheidende Rolle mehr« [34] — in das Heer der unselbständig Berufstätigen einzugliedern. Es war aber nicht möglich und auch nicht Absicht der DDR-Führung, die Zweiteilung in Hand- und Kopfarbeit, ausführende und führende Tätigkeit, »einfache« und »qualifizierte« Bildung, niedrigeres und höheres Einkommen und Sozialprestige und die Abstufung in der Machtteilhabe aufzuheben. Es bedarf dieser Teilungen weiterhin, um die Produktivität auf jenes Maß zu steigern, welches nach marxistisch-leninistischer Auffassung die Aufhebung eben dieser Unterschiede in ferner Zukunft einmal gestatten wird.

IV. Zur Einkommensverteilung

Die genannten politischen und ökonomischen Gegebenheiten und Zielsetzungen schlagen sich in der Einkommenssituation der DDR-Bevölkerung nieder. Die Daten zur Einkommensverteilung sind freilich recht lückenhaft. Angaben zur Verteilung des Einkommens nach dem Lebensalter und nach der schulisch-beruflichen Qualifikation fehlen, ebenso Daten zum Einkommen der genossenschaftlich Tätigen, der Selbständigen und der Angehörigen weiter Bereiche des öffentlichen Dienstes.

Den Daten zur Einkommenssituation ist zum einen die im Vergleich zur Bundesrepublik geringe nominale — und auch reale — Höhe der DDR-Einkommen [35] zu entnehmen. Zum anderen zeigt sich auch hier die DDR-spezifische Gleichzeitigkeit nivellierender und differenzierender Tendenzen. Die gesellschaftspolitische Zielsetzung, Ungleichheiten abzubauen, konkurriert mit dem als unabdingbar angesehenen Prinzip der «Verteilung nach der Leistung« [36]. Die durch dieses Prinzip bewirkte Stufung des Lebensstandards setzt sich bis in das Rentenalter hinein fort [37].

Tabelle 14 zeigt erstens die beachtlichen Unterschiede zwischen den in den einzelnen Wirtschaftsbereichen gezahlten Löhnen und Gehältern. Überdurchschnittlich hoch sind die in der Bauwirtschaft, im Verkehrswesen und in der Industrie bezogenen Einkom-

Tabelle 14: DDR — Durchschnittliches monatliches Arbeitseinkommen in Mark (brutto)

	vollbeschäftigter Produktionsarbeiter			vollbeschäftigter Arbeiter und Angestellter im Durchschnitt		
	1955 [1]	1967 [2]	1975	1955 [1]	1967 [2]	1975
Textilindustrie	304-330	534	741	321-348	549	765
Leichtindustrie	360-410	586	772	378-417	597	793
Lebensmittelindustrie	369	613	860	395	615	848
Wasserwirtschaft	—	—	832	—	—	854
Elektrotechnik, Elektronik, Gerätebau	444	627	853	481	671	910
Baumaterialienindustrie	427	691	924	436	685	912
Chemische Industrie	443	691	904	475	717	937
Maschinen- und Fahrzeugbau (einschl. Schiffbau)	466-542	701	921	496-563	710	933
Energie- und Brennstoffindustrie	454-529	742	946	463-538	749	971
Metallurgie	521	974	999	522	794	1001
Industrie (ohne Bauindustrie), Durchschnitt	435	663	869	459	680	893
VE [3] Bauindustrie	440	723	937	440	724	949
VE [3] landwirtschaftliche Güter	288	609	828	301	629	833
Staatl. Forstwirtschaftsbetriebe	338	601	896	356	624	895
Deutsche Eisenbahn	421/501 [4]	688/750	985	443/511	689/740	970
Seeschiffahrt	475	897	1226	481	868	1185
Binnenschiffahrt	457	771	1065	454	745	1013
Kraftverkehr	447	763	1043	437	730	985
Städt. Nahverkehr	362	714	1068	365	697	1027
Deutsche Post	323	576	758	345	601	818
Sozialistischer Großhandel	—	—	—	393	606	791
Einzelhandel (einschl. Gastronomie)	—	—	—	350	543	763
Sozialistische Wirtschaft insgesamt [5]	—	—	—	432	633	889

[1] Die Angaben für 1955 — Industrie — sind nicht direkt mit denen für 1967 und 1975 zu vergleichen. Nach Einführung der neuen Betriebssystematik im Jahre 1967 decken sich die ausgewiesenen Industriebereiche nicht stets mit den vor 1967 ausgewiesenen. Vgl. Statistisches Jahrbuch der DDR 1969, S. 95 f., »Methodische Hinweise«.
[2] Einführung der neuen Betriebssystematik.
[3] In Abgrenzung zu genossenschaftlichen Betrieben.
[4] Eisenbahntransport / Fahrzeugausbesserung.
[5] Volkseigene und genossenschaftliche Betriebe, Einrichtungen.
Quellen: Statistisches Jahrbuch der DDR 1968, S. 190 f.; 1969, S. 95 f., 125, 275; 1976, S. 128, 155, 183, 239, 248.

men, die niedrigsten Löhne und Gehälter werden im Post- und Fernmeldewesen und im Handel bezogen. Auffällig niedrig sind ferner die Löhne der Landarbeiter sowie der in der Textil-, Leicht- und Lebensmittelindustrie Beschäftigten, d. h. in Industriezweigen mit hohen Anteilen weiblicher Beschäftigter (1975: Lebensmittelindustrie 50,2; Leichtindustrie 61,2; Textilindustrie 71,1 Prozent aller dort Tätigen) [38]. Der Tabelle ist ferner zu entnehmen, daß in den einzelnen Wirtschaftszweigen die Einkommen der Angestellten zumeist über denen der Arbeiter liegen. Eine Ausnahme machen Schiffahrt, Kraft- und Nahverkehr, doch dürfte auch hier das Einkommen der Facharbeiter das der leitenden Angestellten nicht übersteigen.

Tabelle 15: DDR — Arbeiter- und Angestelltenhaushalte nach Haushaltsnettoeinkommensgruppen in Prozentanteilen

Haushaltsnetto-einkommensgruppen, Mark pro Monat	1965		1970		1974	
unter 600	24,9		14,9		7,7	
600 bis unter 800	21,9		14,3		9,9	
800 bis unter 1 000	25,5	72,3	19,0	48,2	11,8	29,4
1 000 bis unter 1 200	15,8		22,0		17,0	
1 200 bis unter 1 400	6,6		14,4		19,6	
1 400 bis unter 1 600	2,8		8,1		14,6	
1 600 bis unter 1 800	1,2		3,3		8,9	
1 800 bis unter 2 000	0,7	27,1	2,0	49,8	4,7	64,8
2 000 und darüber	0,6		2,0		5,8	
	100		100		100	

Quelle: Statistisches Jahrbuch der DDR 1976, S. 318.

Auch *Tabelle 15* deutet sowohl auf Nivellierungstendenzen als auch auf die Belohnung von Leistung an den ökonomischen Schwerpunkten in der Einkommenspolitik der DDR hin. Bemerkenswert ist, daß 1965 noch drei Viertel aller Haushalte weniger als 1000 M monatlich zur Verfügung hatten. 1974 bezogen mehr als 50 Prozent aller Haushalte zwischen 1000 und 1600 M. Bemerkenswert auch der überaus geringe Anteil der Haushalte mit einem Einkommen über 2000 M. Insgesamt sind die Einkommensunterschiede in der DDR geringer als in der Bundesrepublik [39].

Tabelle 16 schließlich zeigt den Einkommensanstieg mit wachsender Haushaltsgröße. Gleichzeitig sinkt jedoch das verfügbare Einkommen pro Kopf, wobei hier der An-

Tabelle 16: DDR — Durchschnittliches monatliches Haushaltsnettoeinkommen der Arbeiter- und Angestelltenhaushalte nach Haushaltsgrößen

	1960	pro Kopf	1965	pro Kopf	1970	pro Kopf	1974	pro Kopf
	M	Kopf	M	Kopf	M	Kopf	M	Kopf
1-Personen-Haushalte	417	417	451	451	535	535	655	655
2-Personen-Haushalte	665	333	765	383	928	464	1 118	559
3-Personen-Haushalte	839	280	929	310	1 121	374	1 339	446
4-Personen-Haushalte	913	228	1 000	250	1 209	302	1 440	360
Haushalte mit 5 und mehr Personen	992	< 198	1 037	< 207	1 287	< 257	1 583	< 317
alle Haushalte	758	—	843	—	1 031	—	1 253	—

Quelle: Statistisches Jahrbuch der DDR 1976, S. 319.

schaulichkeit halber die — tatsächlich weniger kostenaufwendigen — Kinder und Jugendlichen, die einem Großteil der Mehrpersonenhaushalte angehören [40], den Erwachsenen
gleichgestellt wurden. Zwar wird mit Hilfe sozialpolitischer Maßnahmen ein gewisser
Ausgleich geschaffen. Geburtenbeihilfen, Gewährung zinsloser Kredite an junge Ehe-
paare, Verkürzung der Arbeitszeit berufstätiger Mütter, Schaffung von Hort- und
Krippenplätzen, Ausgabe einer warmen Mahlzeit zum Preise von 0,50 M an (1972)
1,5 Millionen Schüler täglich [41] und anderes mehr sollen die Eltern entlasten. Insgesamt
jedoch zeigt die Tabelle, daß die Einkommens- und Sozialpolitik der DDR die Haushalte mit Kindern keineswegs in dem Maße begünstigt, daß ein Ausgleich gegenüber
den reinen »Verdienerhaushalten« geschaffen wäre. Der Trend zur kinderlosen oder
Ein-Kind-Familie mag, außer mit der beruflichen Belastung der Frauen, auch mit
diesem Sachverhalt zusammenhängen.

V. Zum Zeitbudget

Schließlich ermöglicht auch ein Blick auf das Zeitbudget der DDR-Bevölkerung gewisse
Rückschlüsse auf den tatsächlichen erreichten Stand der »Annäherung der sozialen
Klassen und Schichten« sowie der einzelnen Bevölkerungsgruppen. Die in *Tabelle 17*
ausgewiesenen Aggregatdaten zeigen das unterschiedliche Maß an Arbeitszeit, an
arbeits-, haushalts-, familien- und physiologisch gebundener Zeit sowie an Freizeit,
das einzelnen Bevölkerungsgruppen zur Verfügung steht. Auffällig ist die längere Arbeitszeit der Gruppe der »Sonstigen«, bei denen es sich vor allem um die wenigen verbliebenen Selbständigen handeln dürfte. Der vergleichsweise hohe Anteil hauswirtschaft-
licher Tätigkeit bei den Genossenschaftsbauern erklärt sich aus der privaten landwirtschaftlichen Tätigkeit in Garten und Stall nach Feierabend. Auffällig ist auch die im
Vergleich zu den Arbeitern kürzere Arbeitszeit der Angestellten und die längere der
Genossenschaftshandwerker.

Leider unterscheidet das in *Tabelle 17* ausgewiesene Zeitbudget nach Geschlechtern nur
hinsichtlich der Gesamtbevölkerung zwischen 18 und 65 Jahren. Das erklärt die sehr viel
geringere Arbeitszeit der Frauen, denn hier wurden Nichtberufstätige und Teilbeschäf-
tigte in die Rechnung einbezogen. Um so beachtlicher ist das im Vergleich zu den
Männern sehr viel geringere Maß an Freizeit. Eine Ausweisung der Berufstätigen-
gruppen nach Geschlechtern würde die Doppelbelastung der Frauen durch Beruf und
Haushalt und Familie noch sehr viel deutlicher machen, und ebenso, daß die männlichen
DDR-Bürger noch keineswegs in genügendem Maße bereit sind, die berufstätige Frau
von Haushalts- und Familienpflichten zu entlasten. Bemerkenswert ist schließlich die
bei allen ausgewiesenen Bevölkerungsgruppen überaus geringe Wochenstundenzahl, die
für die Betreuung und Erziehung der Kinder zur Verfügung steht. Hierzu wären
detaillierte Angaben wünschenswert, da die ausgewiesenen Aggregatdaten auch Familien ohne Kinder bzw. mit erwachsenen Kindern in die Rechnung einbeziehen und derart
die Relationen verzerren. Dennoch kann gesagt werden, daß die sehr hohe Erwerbsquote der Frauen in der DDR ein entsprechend hohes Maß an Krippen- und Hort-
erziehung bedingt, das für die Familien und vor allem für die betroffenen Kinder
keineswegs nur positive Auswirkungen hat [42].

Tabelle 17: DDR 1973 — Zeitbudget der 18- bis 65jährigen Personen. Zeitaufwand in Stunden und Zehntelstunden im Durchschnitt pro Person und Woche

| | Berufstätige | | | | | Bevölkerung insgesamt | | |
	Arbeiter	An-gestellte	Genossen-schafts-bauern	Genossen-schafts-hand-werker	Sonstige	Männer	Frauen	Männer und Frauen
Arbeitszeit	42,0	40,6	42,7	44,1	46,9	44,8	29,2	31,1
arbeitsgebundene Zeit [1]	7,7	7,0	5,6	7,0	4,9	8,4	4,9	6,3
hauswirtschaftliche Tätigkeiten	27,3	28,0	32,9	24,5	25,9	18,2	42,7	30,8
Pflege, Betreuung und Erziehung der Kinder usw.	2,8	3,5	2,8	3,5	2,1	2,1	5,6	3,5
Befriedigung physiologisch bedingter Bedürfnisse (vorwiegend) [2]	64,4	65,1	64,4	65,1	66,5	64,4	65,8	65,8
Freizeit	23,8	23,8	19,6	23,8	21,7	30,1	19,6	24,5
	168	168	168	168	168	168	168	168

[1] insbesondere der Weg zur Arbeit.
[2] insbesondere Schlafen, Essen, Körper- und Gesundheitspflege.
Quellen: *G. Schmunk, G. Tietze, G. Winkler*, Marxistisch-leninistische Sozialpolitik, Berlin (O) 1975, S. 271.

VI. Jugend und Sozialstruktur

Aus den hier skizzierten Daten zur Sozialstruktur [43] der DDR folgt für die heranwachsende junge Generation:

1. Die DDR-Bevölkerung ist (noch) in sich erheblich differenziert. Neue Differenzierungen bilden sich heraus. Zur Zeit (1971) besteht die berufstätige männliche Bevölkerung zwischen 25 und 40 Jahren, die Vätergeneration der heute heranwachsenden Kinder und Jugendlichen also, zu 19 Prozent aus beruflich unqualifizierten Hilfsarbeitern usw., zu 62 Prozent aus auf der Facharbeiter- und Meisterebene qualifizierten Berufstätigen, und zu 19 Prozent aus Hochschul- und Fachschulabsolventen, wie sich nach *Tabelle 10* errechnen läßt. Hinzu kommen die Unterschiede zwischen Stadt und Land, Arbeitern und Angestellten, den Berufs- und Einkommensgruppen usw. Die schulischen und beruflichen Startchancen der Jugendlichen sind daher durchaus unterschiedlich [44].

2. Die ökonomischen Gegebenheiten und Zielsetzungen bedingen eine Anpassung der Arbeitsbedingungen, der Berufswahl (vgl. Kapitel »Berufswahl und Berufslenkung in der DDR«) und der Aufstiegsmöglichkeiten an die Vorgabe der Staats- und Wirtschaftsführung. Speziell die Arbeitsbedingungen der Arbeiter entsprechen noch kaum

der gesellschaftlichen Führungsrolle, die der Arbeiterklasse von der Ideologie zugewiesen wird. »Gegenwärtig zu berücksichtigender Fakt ist«, so heißt es, »daß längst nicht alle negativen Auswirkungen auf Gesundheit und Leistungsfähigkeit durch Umweltschädigungen beseitigt werden können; daß der Abbau der körperlich schweren und gesundheitsschädigenden sowie unqualifizierten Arbeit nur schrittweise, über einen längeren Zeitraum erfolgen kann« [45].

3. Der Anteil der weiblichen Berufstätigen ist sehr hoch und entspricht nahezu dem der Männer. Ist dies auch zunächst eine Folge des DDR-spezifischen Arbeitskräftemangels, so geben Ausbildung und Beruf den Frauen andererseits ein hohes Maß an Unabhängigkeit und sozialer Sicherheit und damit ein Mehr an Selbstbestimmung. Allerdings wurde die Benachteiligung der weiblichen Berufstätigen nach Qualifikation, Einkommen und familiärer Belastung noch nicht überwunden. Hohe Scheidungsquoten und negative Auswirkungen auf die Erziehung der Kinder zeigen, wie hoch der Preis ist, der in der DDR für die dortige Variante der Emanzipation der Frau über die Berufstätigkeit gezahlt werden muß.

4. Die Gruppe der beruflich Selbständigen ist nahezu bedeutungslos geworden und hat damit auch jene »Anreiz- und Vorbildfunktion« verloren, welche sie in der Bundesrepublik für einen Teil der Jugend sicherlich hat. Die Einschmelzung der überkommenen Sozialgruppen bewirkte auch die Abschaffung ererbter tatsächlicher oder vermeintlicher Privelegien bzw. Unterprivilegierungen. Die Statuszuweisung erfolgt prinzipiell nach der selbsterworbenen schulischen und beruflichen Qualifikation. Freilich ist eine Bevorzugung der Kinder der Führungselite zumindest durch das Bildungswesen anzunehmen, doch läßt sich dieser Verdacht nicht belegen. Das Studium »aus dem Betrieb heraus« bewirkte ein vergleichsweise hohes Maß an Mobilität. Dieser nach *Thomas* »wichtige Ansatz zur Verwirklichung von Chancengleichheit« [46] mag in den Augen vieler junger DDR-Bürger die wohl bedeutendste Errungenschaft der sozialistischen Gesellschaft darstellen. Einschränkend ist freilich anzumerken, daß die betriebliche Weiterqualifizierung, das Studium »aus dem Betrieb heraus«, in erster Linie Sache der Jüngeren ist, also solcher, die in einer anders verfaßten Gesellschaft zum großen Teil nicht den »Umweg« über den Betrieb gegangen wären, sondern von vornherein studiert hätten. Bezeichnenderweise sind die den *Tabellen 12* und *13* zugrundeliegenden DDR-Daten nicht nach Altersgruppen aufgeschlüsselt. Einschränkend ist ferner zu bemerken, daß die Zahl der Fachschul- und Hochschulqualifizierungen in den letzten Jahren gedrosselt wurde [47].

5. Der Preis für die Wahrnehmung der Chancen, welche die sozialistische Gesellschaft ihrer Jugend bietet, ist — neben einer im Vergleich zur Bundesrepublik ungünstigeren Einkommens- und Konsumsituation — Leistung und Anpassung und eine weitgehende Opferung der Freiräume. Die Aus- und Weiterbildung der Werktätigen in der DDR ist Bestandteil der gesamtgesellschaftlichen, insbesondere ökonomischen Planung. Sie soll als »Einheit von politisch-ideologischer und beruflich-fachlicher Bildung und Erziehung« durchgeführt werden [48]. Die ständige, planmäßige Hebung der Qualifikation der Werktätigen dient der »Steigerung der Arbeitsproduktivität«, dem »technisch-wissenschaftlichen Fortschritt«, der »Vervollkommnung der sozialistischen Demokratie« und der »Erhöhung des Kulturniveaus der Werktätigen«, wie es heißt, und zwar in dieser Reihenfolge [49]. Dabei kommt der Steigerung der Arbeitsproduktivität die größte

Bedeutung zu, denn »solange das Produktionsniveau relativ niedrig, unzureichend für die Befriedigung aller Bedürfnisse jedes Gesellschaftsmitgliedes ist, bleibt die Arbeitsproduktivität das höchste Kriterium des gesellschaftlichen Fortschritts und demgemäß auch das Kriterium der sozialen Werte dieses oder jenes Menschen« [50]. So gesehen bedeutet die Vergesellschaftung der Betriebe nicht unbedingt auch eine Humanisierung der Arbeitswelt, die Eliminierung der Unternehmer und der mittelständischen Selbständigen nicht schon ein Mehr an Demokratie. Die Frage, worin denn der soziale Fortschritt tatsächlich bestehe, wenn Bauern zu Landarbeitern, selbständige Handwerker zu Fabrikarbeitern und kleine Kaufleute zu Angestellten des staatlichen Handels werden, ist — sieht man einmal ab von den Versorgungsmängeln, welche diese Gesellschaftspolitik der DDR-Bevölkerung bescherte — nur ideologisch zu beantworten und deshalb hier nicht zu diskutieren. Wesentlicher ist, daß die Vergesellschaftung der Großbetriebe nach DDR-Auffassung weder eine bloße Nationalisierung noch eine »syndikalistische« Aneignung der Betriebe durch die dort Beschäftigten bedeutet. Vielmehr erfordere der »gesellschaftliche Aneignungsprozeß« im Sozialismus die Anleitung und Führung durch Partei und Staat. Das neue Zivilgesetzbuch der DDR schreibt die staatliche Verfügungsgewalt über die »volkseigenen« Betriebe denn auch ausdrücklich fest [51]. Die »Mitwirkung« der sozialistischen Eigentümer, der Werktätigen, besteht darin, der geforderten Produktivitätssteigerung gerecht zu werden [52] und auch das nicht unmittelbar auf die Produktion abzielende Handeln auf die von Partei, Staat und Betrieb vorgegebenen Setzungen abzustimmen. Denn »je vollkommener die sozialistische Gesellschaft wird, desto weniger Raum bleibt in ihr für spontane und unkontrollierbare Prozesse« [53].
So wird der behauptete soziale Fortschritt frag-würdig und reduziert sich über weite Strecken auf eine bloße Umwandlung in eine Gesellschaft von Staatsangestellten. »Initiative ergreift der Bürger nur unter Anleitung der Obrigkeit«, registrierte der französische Politikwissenschaftler *Jean-Paul Picaper* [54]. *Ernst Richert* bescheinigte der DDR-Gesellschaft zunehmend die Züge einer Gesellschaft von »öffentlich Bediensteten« mit entsprechender Mentalität [55]. Ob es sich tatsächlich so verhält, sei dahingestellt. Auffällig ist jedenfalls die Übereinstimmung zwischen den im sozialistischen Staat geforderten Einstellungen und Verhaltensweisen — und überkommenen »Mittelschichtstandards« etwa hinsichtlich Wertorientierung und Leistungsorientierung. Diese erwünschte »Karrierementalität«, die Betonung der gesellschaftlichen Erziehung, bedingt nicht zuletzt durch die Berufstätigkeit vieler Mütter, der täglich erfahrene Widerspruch zwischen revolutionärem Anspruch und affirmativer Praxis [56] und die »gesellschaftliche Honorierung sekundärer Tugenden« in einem Ausmaß, das man in einer auf *Marx* gegründeten Gesellschaft eigentlich nicht vermuten sollte, sie legen den Verdacht nahe, daß der Erwerb des — so *Irma Hanke* — »außengeleiteten Charakters« im Sinne *David Riesman's* zumindest tendenziell der Preis ist, den die junge DDR-Generation zu zahlen hat [57].

Anmerkungen

¹ So u. a.: Bundesministerium für innerdeutsche Beziehungen (Hrsg.), Bericht der Bundesregierung und Materialien zur Lage der Nation 1971, Bonn 1971; *Frank Grätz, Dieter Voigt,* Der Einfluß materieller Stimuli auf sozial-strukturelle Veränderungen im Verlauf der wissenschaftlich-technischen Revolution in der DDR. Deutschland-Archiv, 9. Jg. (1976), Sonderheft »Wissenschaftlich-technische Revolution und industrieller Arbeitsprozeß«, S. 119—140; *Peter Christian Ludz* (Hrsg.), Soziologie und Marxismus in der Deutschen Demokratischen Republik, Neuwied u. Berlin 1972, 2 Bde.; *Horst Röder,* Abschied vom Klassenbegriff? Ein Beitrag zur Analyse der marxistischen Soziologie in der DDR, Opladen 1972; ders., Soziologische Kategorien und Konzepte zur Analyse der Sozialstruktur der DDR. Deutschland-Archiv, 8. Jg. (1975), Sonderheft »Sozialstruktur und Sozialplanung in der DDR«, S. 1—18; *Dieter Voigt,* Soziologie in der DDR. Eine exemplarische Untersuchung, Köln 1975. In diesen Arbeiten zahlreiche Verweise auf die westdeutsche und die DDR-Literatur. Das von *Ludz* herausgegebene Sammelwerk enthält zahlreiche Originalarbeiten aus der DDR, geordnet nach soziologischen Sachgebieten.
² Dies gilt prinzipiell für alle in der DDR-Literatur ausgewiesenen quantitativen Daten. Vgl. etwa das im Kapitel »Zur Jugendkriminalität in der DDR« dazu Ausgeführte.
³ *Röder,* Soziologische Kategorien und Konzepte zur Analyse der Sozialstruktur der DDR a. a. O. (Anm. 1), S. 4.
⁴ Ebenso wesentlich wie die genannten soziologischen dürften die psychologischen Dimensionen schicht- und gruppenspezifischer Bewußtseinslagen und Erziehungsstile sein. Vgl. dazu *Walter Jaide,* Probleme der »social stratification«, in: *Theo Herrmann* (Hrsg.), Psychologie der Erziehungsstile, Göttingen 1966; und die übrigen Beiträge dieses Sammelwerkes zur Frage der Erziehungsstile und zu deren Abhängigkeit von sozio-kulturellen Normen.
⁵ Vgl. die ausführliche Erörterung bei *Irma Hanke,* Die Sozialstruktur, in: *H. Rausch, T. Stammen* (Hrsg.), DDR — Das politische, wirtschaftliche und soziale System, München, 2. Aufl. 1974.
⁶ *Margarete Tjaden-Steinhauer, Karl Hermann Tjaden,* Die Entwicklung der Sozialstruktur in der BRD und in der DDR, in: *Heinz Jung* et al., BRD — DDR. Vergleich der Systeme, Köln 1971, S. 191.
⁷ Bericht des ZK an den VIII. Parteitag der SED. Berichterstatter: *E. Honecker.* Berlin (O) 1971, S. 58—61.
⁸ Zur DDR-Sicht vgl. Wissenschaftlicher Rat für soziologische Forschung in der DDR (Hrsg.), Zur Sozialstruktur der sozialistischen Gesellschaft, Berlin (O) 1974.
⁹ Vgl. ebenda.
¹⁰ Kleines Politisches Wörterbuch, Berlin (O) 1973, S. 364 f.
¹¹ In diesem Jahr wurde eine Volks-, Berufs-, Wohnraum- und Gebäudezählung durchgeführt. Vgl. Statistisches Jahrbuch der DDR 1974, S. 415, Vorbemerkung. Neuere Daten zur Qualifikationsstruktur liegen nicht vor.
¹² Kleines Politisches Wörterbuch a. a. O. (Anm. 10), S. 365.
¹³ Errechnet nach Statistisches Jahrbuch der DDR 1974, S. 421, 426 f, 429 f.
¹⁴ Statistisches Jahrbuch der DDR 1976, S. 338 f.
¹⁵ So schrieben *Tjaden* und *Tjaden* a. a. O. (Anm. 6), S. 191 f. noch 1971: »Die strittige Frage, ob der heterogenen Gruppe der Intelligenz einer Gesellschaft der Charakter einer besonderen Schicht zuzusprechen sei, wird in der Soziologie der DDR heute zu Recht eher negativ beantwortet«. Im selben Jahr vollzog der VIII. Parteitag der SED die Abkehr von der Ulbricht'schen »sozialistischen Menschengemeinschaft«. Das Eingeständnis, noch »Klassengesellschaft« zu sein, bedeutet auch die Wiederkehr der »sozialen Schicht der Intelligenz«. Vgl. *Hartmut Zimmermann,* Sozialpolitik als Gesellschaftspolitik? DDR Report 9. Jg., 12 (1976), S. 749—753.
¹⁶ *Voigt* a. a. O. (Anm. 1), S. 169, schätzt den Anteil der, wie er es nennt, »Oberschicht« an der DDR-Bevölkerung auf 1,5 bis 3 Prozent. Interessant wäre zu wissen, in welchem Maße die Führung der »Partei der Arbeiterklasse« (und damit der Arbeiterklasse und damit der DDR) dieser Klasse selbst noch zugerechnet werden kann im Hinblick auf ihren Qualifikationsstand, und wie eine Führung dieser Partei durch Fachschul- und Hochschulabsolventen gerechtfertigt wird.

[17] Statistisches Jahrbuch für die Bundesrepublik Deutschland 1976, S. 149.

[18] Vgl. die zusammenfassende Übersicht über die ökonomische und sozial-strukturelle Entwicklung der Bundesrepublik Deutschland in *Karl Martin Bolte, Dieter Kappe, Friedhelm Neidhardt*, Soziale Ungleichheit, Opladen, 3. neubearb. Aufl. 1974; *Karl Martin Bolte* et al., Beruf und Gesellschaft in Deutschland, Opladen 1970; *Dieter Claessens, Arno Klönne, Armin Tschoepe*, Sozialkunde der Bundesrepublik Deutschland, Köln, 4. überarbeitete Aufl. 1970. Die neueren Daten wurden dem Statistischen Jahrbuch für die Bundesrepublik Deutschland 1976 entnommen, ohne daß dies jeweils im einzelnen belegt wird.

[19] Bundesministerium für innerdeutsche Beziehungen (Hrsg.), DDR-Handbuch, Köln 1975, S. 789. Siehe auch den Artikel »Sozialstruktur« in diesem Handbuch, S. 786—790.

[20] Ebenda.

[21] Zur Entwicklung der Landwirtschaft in der DDR siehe *Hans Immler*, Agrarpolitik der DDR, Köln 1971; *Konrad Merkel*, Sektorale Produktionsleistungen in der Landwirtschaft beider deutscher Staaten im Entwicklungsvergleich, FS-Analysen 6 (1974), Hrsg. von der Forschungsstelle für gesamtdeutsche, wirtschaftliche und soziale Fragen, Berlin; *Christian Krebs*, Entwicklungstendenzen in der DDR-Landwirtschaft, FS-Analysen 5 (1974); sowie die diesbezüglichen Stichworte und Artikel im DDR-Handbuch a. a. O. (Anm. 19); Bericht der Bundesregierung und Materialien zur Lage der Nation 1971, a. a. O. (Anm. 1), S. 99—105.

[22] Errechnet nach Statistisches Jahrbuch der DDR 1974, S. 429, 437 f. Statistisches Jahrbuch für die Bundesrepublik Deutschland 1976, S. 155.

[23] Vgl. *Rüdiger Thomas*, Modell DDR. Die kalkulierte Emanzipation, München, 4. Aufl. 1974, S. 89 f.

[24] Amt für Jugendfragen beim Ministerrat der DDR (Hrsg.), DDR — Staat der Jugend, Berlin (O) 1973, S. 68.

[25] Vgl. Kleines Politisches Wörterbuch a. a. O. (Anm. 10), S. 402—404; *Gerda Grammdorf*, Die materiellen Grundlagen der dynamischen Veränderung der sozialen Struktur der sozialistischen Gesellschaft. WZ der Universität Rostock, Ges.- und Sprachw. Reihe, 21. Jg., 5 (1972), S. 455 bis 462.

[26] *Zimmermann* a. a. O. (Anm. 15), S. 749 f.

[27] *Irene Dölling*, Biologische Konstitution und sozialistische Persönlichkeitsentwicklung, Weimarer Beiträge, 20. Jg., 2 (1974), S. 97—126, hier S. 124 f.

[28] Gewerkschaftshochschule »Fritz Heckert« beim Bundesvorstand des FDGB (Hrsg.), Marxistisch-leninistische Sozialpolitik, Berlin (O) 1975, S. 353 und 349.

[29] Vgl. *Grammdorf* a. a. O. (Anm. 25), S. 458.

[30] Vgl. etwa die Ausführungen des DDR-Kriminologen *Erich Buchholz* (im Kapitel »Zur Jugendkriminalität in der DDR«) zum Unterschied zwischen Facharbeitern und Ungelernten in kriminologischer Hinsicht.

[31] *Grammdorf* a. a. O. (Anm. 25), S. 458.

[32] *Jean-Paul Picaper*, Kommunikation und Propaganda in der DDR, Stuttgart, 1976, S. 197.

[33] *Dölling* a. a. O. (Anm. 27), S. 120.

[34] *Claessens, Klönne, Tschoepe* a. a. O. (Anm. 18), S. 315.

[35] Das Argument, das niedrigere Nominaleinkommen des DDR-Bürgers würde durch die dortigen niedrigen Mieten, Grundnahrungsmittelpreise etc. wettgemacht, ist nicht stichhaltig. Der Lebensstandard in der DDR liegt »noch um fast ein Drittel unter dem der Bundesrepublik«. DIW Wochenbericht, 37. Jg., 1—2 (1970), S. 5; Vgl. im einzelnen *Maria Elisabeth Ruban, Maria Lodahl, Heinrich Machowski, Heinz Vortmann*, Die Entwicklung des Lebensstandards in den osteuropäischen Ländern, Berlin 1975. Siehe auch Kapitel »Konsumverhalten«.

[36] Ausführlich dazu *Grätz/Voigt* a. a. O. (Anm. 1), vgl. auch *Zimmermann* a. a. O. (Anm. 15).

[37] *Zimmermann* a. a. O., S. 753. Vgl. auch *Ruban* a. a. O. und Kapitel »Konsumverhalten«.

[38] Errechnet nach Statistisches Jahrbuch der DDR 1976, S. 128.

[39] Bundesministerium für innerdeutsche Beziehungen (Hrsg.), Materialien zum Bericht der Lage der Nation 1974, Bonn 1974, S. 422—447.

[40] Am 1. 1. 1971 gab es in der DDR 6 403 537 Privathaushalte, darunter 4 740 178 Mehrpersonenhaushalte, darunter 2 447 417 »mit Kindern unter 17 Jahren«. Statistisches Jahrbuch der

DDR 1974, S. 431. 1977 hieß es: »Die meisten 14- bis 25jährigen jungen Bürger unserer Republik wohnen in ihren Herkunftsfamilien, und es kann angenommen werden, daß sich jeder junge Mensch im Durchschnitt 20 bis 23 Jahre in seiner Herkunftsfamilien befindet«. *Harry Dorn,* Zur Problematik des Erziehungsversagens von Familien, Jugendhilfe, 15. Jg., 1 (1977), S. 16—22, hier S. 16.

[41] Amt für Jugendfragen (Hrsg.), a. a. O. (Anm. 24), S. 77—80.

[42] Zur Situation der Frau in der DDR und zu ihren Problemen ausführlich *Gisela Helwig,* Zwischen Familie und Beruf. Die Stellung der Frau in beiden deutschen Staaten. Köln 1974; dies., Frau '75. Bundesrepublik Deutschland — DDR, Köln 1975.

[43] Auf die Wiedergabe der Daten zur Struktur der DDR-Bevölkerung nach dem Alter, dem Geschlecht, der Ortsgröße und der regionalen Verteilung wurde hier verzichtet. Vgl. dazu Kapitel »Zur Jugendkriminalität in der DDR«, Tabellen 18 bis 24, sowie auch »Anhang, Jugendbevölkerung der DDR, ausgewählte statistische Angaben«.

[44] Vgl. *Hans Löwe,* Probleme des Leistungsversagens in der Schule, Berlin (O), 2. Aufl. 1972.

[45] *Dölling* a. a. O. (Anm. 27), S. 120.

[46] *Thomas* a. a. O. (Anm. 23), S. 54—56.

[47] Bildung und Ausbildung, Weiterbildung und Höherqualifizierung sind eben nicht ausschließlich der Initiative des einzelnen überlassen, sondern Planungsbestandteil. Vgl. Art. 26, Abs. 1 der Verfassung der DDR vom 6. 4. 1968 i. d. F. vom 7. 10. 1974, wo es heißt: »Der Staat sichert die Möglichkeit des Übergangs zur nächsthöheren Bildungsstufe bis zu den höchsten Bildungsstätten, den Universitäten und Hochschulen, entsprechend dem Leistungsprinzip, den gesellschaftlichen Erfordernissen und unter Berücksichtigung der sozialen Zusammensetzung der Bevölkerung« (Hervorhebung von mir *A. F.*).

[48] Kleines Politisches Wörterbuch a. a. O. (Anm. 10), S. 694.

[49] Ebenda, S. 952.

[50] *I. S. Kon,* Soziologie der Persönlichkeit. Berlin (O) 1971, S. 393; *Grammdorf* a. a. O. (Anm. 25), S. 458.

[51] Vgl. *Herwig Roggemann,* Das Zivilgesetzbuch der DDR von 1975, Neue Juristische Wochenschrift, 29. Jg., 10 (1976), S. 393—403, speziell S. 396 f. Dort heißt es: »Als Träger des Volkseigentums hat der Staat zu gelten«.

[52] Zur »Mitwirkung« — der Begriff »Mitbestimmung« wird abgelehnt — der Werktätigen in der DDR vgl. *Hartmut Zimmermann,* Probleme der Mitbestimmung in der DDR. Der FDGB und die Mitwirkungsrechte der Werktätigen. Kommunität, Vierteljahreshefte der Evangelischen Akademie (Berlin), 17. Jg., 65 (1973), S. 4 ff; Friedrich-Ebert-Stiftung (Hrsg.), Schriftenreihe »Die DDR — Realitäten — Argumente«. Speziell »Der FDGB von A—Z«, »Das Gesetzbuch der Arbeit der DDR«, »Jugend und Gewerkschaften«. Sämtlich Bonn-Bad Godesberg 1971; *Arnold Freiburg,* Organisatorische Möglichkeiten und Grenzen betrieblicher Mitbestimmung der werktätigen Jugend in der DDR, Deutschland-Archiv, 7. Jg. (1974), Sonderheft »Arbeits- und Lebensbedingungen in Industrie und Landwirtschaft der DDR«, S. 41—48.

[53] *M. Wockenfuß,* Der Vergesellschaftungsprozeß der Arbeit und die Entwicklung der sozialistischen Eigentumsverhältnisse, Staat und Recht, 23. Jg., 8 (1974), S. 1252 ff, hier S. 1263.

[54] *Picaper* a. a. O. (Anm. 32), S. 183.

[55] Dies der Tenor seines Referates auf der »VIII. Tagung zum Stand der DDR-Forschung in der Bundesrepublik« vom 20. bis 23. Mai 1975 in Tutzing. Vgl. *Ernst Richert,* Revolutionäre und evolutionäre Tendenzen im DDR-Gesellschaftsprozeß. Ein Versuch über den Befund und sein Selbstverständnis. Deutschland-Archiv, 8. Jg. (1975), Sonderheft »Sozialstruktur und Sozialplanung in der DDR«, S. 19—45.

[56] Anstelle des hier eigentlich nötigen Exkurses zur DDR-Pädagogik sei verwiesen auf *Horst Siebert,* Bildungspraxis in Deutschland, Düsseldorf 1970; auf den Beitrag desselben Verfassers in *Peter Christian Ludz,* Wissenschaft und Gesellschaft in der DDR, München 1971; sowie auf das in Abschnitt I, »Die Entwicklung der Jugend zu sozialistischen Persönlichkeiten«, des (dritten) Jugendgesetzes der DDR vom 28. Januar 1974 Bestimmte. Die Frage ist, ob Affirmation unter sozialistischem Vorzeichen tatsächlich etwas qualitativ anderes bedeutet als in der Bundesrepublik.

[57] *Hanke* a. a. O. (Anm. 5), S. 78.

ZUR JUGENDKRIMINALITÄT IN DER DDR

Von Arnold Freiburg

I. Intention und Probleme

Das Thema »Jugendkriminalität in der DDR« ist nicht mehr ganz neu. *A. Tschernoff* widmete ihm 1969 in den einzelnen Abschnitten seiner Analyse »Kriminalität und Kriminalitätsbekämpfung in der ›DDR‹« jeweils einige Zeilen [1], *Joachim Hellmer* sprach es 1972 in seinem Beitrag »Zur Kriminalität in beiden Teilen Deutschlands« auf insgesamt etwa einer Seite an [2], im Kapitel »Strafrecht und Kriminalität« des »Berichts der Bundesregierung und Materialien zur Lage der Nation 1972« wurde es auf etwa zwei Seiten abgehandelt [3]. Eingehender befaßt sich *Günther Kaiser* mit dem Thema. 1971 stellte er in seiner »Kriminologie« die kriminologischen und kriminalpolitischen Konzeptionen auch der sozialistischen Staaten und speziell der DDR dar [4], 1973 behandelte er in »Jugendrecht und Jugendkriminalität« auch die Jugenddelinquenz der DDR im Zusammenhang einer allgemeinen Untersuchung »über die Beziehungen zwischen Gesellschaft, Jugendrecht und Jugendkriminalität« [5]. Ausschließlich dem Thema gewidmet waren die Berichte von *Horst Hildebrand*, »Steigende Jugendkriminalität« und »Die Jugendkriminalität in der SBZ«, beide 1965 [6], sowie zwei Analysen von *Ludwig Auerbach*, »Stand, Entwicklung und Ursachen der mitteldeutschen Jugendkriminalität« und »Kriminalität ohne Kapitalismus – mitteldeutsche Jugendkriminalität im Spiegel der Statistik«, 1966 bzw. 1967 erschienen [7]. Außerdem erschienen zum Thema einige Aufsätze aus der *Forschungsstelle für Jugendfragen, Hannover* [8]. Schließlich müssen auch die Mitteilungen der Presse- und Informationsdienste [9] und die einschlägigen Berichte der Publikumszeitschriften erwähnt werden [10].

Diese Arbeiten fortzusetzen und sie um bisher noch nicht berücksichtigte Daten zu ergänzen, ist die eine Absicht dieses Beitrages. Die andere: das Datenmaterial in der Weise zusammenzufassen, daß es eher möglich wird, den Einfluß des in der DDR seit nunmehr 30 Jahren betriebenen gesellschaftlichen Transformationsprozesses auf die Kriminalitätsentwicklung von solchen Einflüssen zu trennen, die nicht spezifisch »sozialistisch« genannt werden können. Hier soll also nicht der Frage nachgegangen werden, ob oder inwiefern Kriminalität eine »dem Sozialismus wesensfremde Erscheinung« sei, deren »soziale Hauptursachen« in der DDR »mit der kapitalistischen Ausbeutung ... im wesentlichen beseitigt« worden seien, wie es im DDR-offiziösen »Wörterbuch zum sozialistischen Staat« heißt [11]. Nicht das »Wesen« der Kriminalität unter den Bedingungen einer sozialistischen Gesellschaft sowjetischen Typs soll hier untersucht werden, sondern deren bloße »Erscheinung«, und dies speziell in der DDR. Dementsprechend stellt dieser Beitrag vor allem ab auf die aus der DDR bekannt gewordenen statistischen Daten.

Um es deutlich zu machen: es wird von der Annahme ausgegangen, daß der in der DDR betriebene gesellschaftliche Wandel nach Zeitraum und Qualität einen prinzipiellen Wandel auf dem Gebiete der Kriminalität (noch) nicht bewirken konnte. Diese Annahme stützt sich allgemein auf den gegenwärtigen Diskussionsstand der Sozialisationsforschung, soweit er von kriminologischer Bedeutung ist [12], und speziell auf die aus der DDR bekannt gewordenen Daten. Insoweit kommt die hier vertretene Position der DDR-üblichen Annahme entgegen, Kriminalität sei eine Äußerung der Nachwirkungen der Vergangenheit [13]. Der Beitrag stimmt jedoch nicht der in der DDR-Literatur durchgängig vertretenen Auffassung zu, nach der alle Übereinstimmungen im Erscheinungsbild der Kriminalität in Ost und West letztlich ausschließlich dem vergangenen und gegenwärtigen Kapitalismus, alle für die DDR positiven Unterschiede aber ausnahmslos der sozialistischen Gesellschaftsordnung zuzuschreiben seien. Dabei wird keineswegs verkannt, daß eine ganze Reihe kriminalitätshemmender Maßnahmen staatlicher, im DDR-Sinne »gesellschaftlicher« und allgemein sozialer Kontrolle, Erziehung und (Wieder-)Eingliederung nur im sozialistischen Staat möglich sind und angewendet werden. Sie sind bei der Beurteilung der DDR-Kriminalität zu berücksichtigen. Daneben aber gibt es eine Reihe von Bedingungen, die nach allgemeiner kriminologischer Erfahrung und auch nach den aus der DDR bekannt gewordenen Daten zumindest bis zum heutigen Tage unter annähernd vergleichbaren Bedingungen überall von Einfluß auf die Entwicklung, das Ausmaß, die Ausprägung der Kriminalität waren und sind. Etwa die (immer noch) unterschiedliche Kriminalitätsneigung der Geschlechter, der Altersgruppen und der Sozialschichten, der Einfluß der Siedlungsdichte, der Motorisierung, der Polizeidichte. Diese Einflüsse wurden in der DDR-Literatur bei den häufig angestellten Vergleichen zwischen beiden deutschen Staaten regelmäßig übersehen. Doch auch in den westlichen Analysen der DDR-Kriminalität wurden sie, wenn auch erwähnt, so doch unseres Erachtens nicht in ausreichendem Maße angesprochen. Auf diese Einflüsse stellt der vorliegende Beitrag in starkem Maße ab. Das meint, um es deutlich zu sagen, nicht ein Abstellen auf konvergenztheoretisch begründete »Industriestaat-Konzepte« der DDR-Forschung. Kriminalität ist ein soziales Phänomen und daher etwa vom Normativen einer Gesellschaft nicht zu trennen. Insofern wäre diesem Thema (und jedem anderen, das sich mit menschlichem Handeln befaßt) eine »ganzheitliche« Betrachtungsweise angemessen. Das leistet aber, wenigstens dem Anspruch nach, lediglich die »marxistisch-leninistische Kriminologie«. Doch hat gerade sie bisher das Problem der Vermittlung zwischen gesamtgesellschaftlichen und individuellen Daten nicht zu lösen vermocht. Neben empirisch gewonnenen Daten zur Täterpersönlichkeit stehen unverbunden ideologische Setzungen, die sich auf die Gesellschaftsanalysen der Klassiker des Marxismus-Leninismus stützen. Der Begründungszusammenhang zwischen dem empirisch Gewonnenen und dem aus der Theorie Deduzierten ist nicht immer zu erkennen. Um es an einem Beispiel aus der Zeit des »Kalten Krieges« zu demonstrieren: *Harri Harrland*, seinerzeit Hauptreferent im DDR-Ministerium der Justiz, stellte 1961 fest: »Was Westdeutschland angeht, so erweist sich auch heute noch uneingeschränkt die Richtigkeit jener Feststellung, die Marx und Engels vor hundert Jahren trafen: In demselben Maße, wie die Armut der Massen wächst, wächst auch die Kriminalität [14].« Zwar

begründete *Harrland* diese Aussage mit dem Hinweis auf die unterschiedlichen Wachstumsraten der Arbeitnehmer- und der Unternehmereinkommen, die sogenannte »relative Verelendung« also, und zusätzlich mit dem Hinweis auf die jährliche Zahl der Zivilprozesse (»über eine Million«) und der Zahlungsbefehle (»2,5 Millionen, achtzehnmal mehr als in der DDR«), dennoch dürfte *Harrlands* Feststellung weder die Frage nach den Ursachen der westdeutschen Kriminalitätsentwicklung befriedigend beantworten noch der *Marx-Engelsschen* Gesellschaftsanalyse gerecht werden. Hier wie noch bei jedem Rekurs auf die Klassiker des Marxismus-Leninismus blieb die Frage unerörtert, ob oder inwieweit sich die von diesen in einer bestimmten historisch-gesellschaftlichen Situation getroffenen Aussagen mit den gegenwärtig festzustellenden Daten überhaupt zur Deckung bringen lassen. Die Anwendung oder vielmehr Nichtanwendung der *Marx*schen Kategorien auf soziale Phänomene innerhalb der sozialistischen Gesellschaft ist ein besonders betrübliches Kapitel. Dies zeigt sich auch auf dem Gebiete der Kriminologie. Hier haben normative Setzungen den Vorrang selbst dann, wenn die bekannt gewordenen Fakten ihnen diametral entgegenstehen [15]. Welche ideologischen, wissenschaftstheoretischen und methodischen oder auch primär politischen Gründe hierfür im einzelnen auch ausschlaggebend sein mögen, insgesamt ist die »marxistisch-leninistische Kriminologie« der »bürgerlichen« vorläufig noch nicht überlegen. So wünschenswert es wäre, gegenwärtig ist es nicht möglich, alle für das Phänomen Kriminalität – möglicherweise – bedeutsamen Makro- und Mikrobedingungen in die »ganzheitliche« Analyse einzubringen. Vorab sind Untersuchungen auf Teilgebieten nötig, etwa hinsichtlich des Einflusses der oben genannten demographischen Daten. Legitim sind solche Untersuchungen jedenfalls so lange, wie von der Annahme ausgegangen werden muß, der Aufbau des Sozialismus in der DDR sei noch nicht so weit gediehen, daß der Einfluß jener Faktoren vernachlässigt werden könnte. Und hier scheint ein »Nachholbedarf« zu bestehen, der mit diesem Beitrag jedenfalls im Ansatz aufgearbeitet werden soll.
Dabei ergibt sich eine Reihe von Problemen. *Fritz Sack* machte darauf aufmerksam, daß alle Versuche eines exakten internationalen Kriminalitätsvergleichs gescheitert sind [16]. Sie mußten scheitern, da die Rechtsordnungen, die modi statistischer Ausweisung, die Intensität und Richtung sozialer Kontrolle und anderes mehr außerordentlich unterschiedlich sind, so daß als »Kriminalität« miteinander nur verglichen werden kann, was die Statistiken jeweils als solche ausweisen. Am Beispiel der DDR: im Jahre 1967 betrug die Aufklärungsquote in der Bundesrepublik 52,2 Prozent, in der DDR dagegen »mehr als 80 Prozent« [17]. Da die Täterziffern von der Aufklärungsquote abhängig sind, verzerrt ein Unterschied von rd. 30 Prozent diese Ziffern erheblich, in diesem Fall zugunsten der Bundesrepublik. Andererseits enthielt die Kriminalstatistik der Bundesrepublik bis zu ihrer Umstellung 1971 Doppelzählungen in Höhe von rd. einem Drittel. Doch auch heute noch geht man von einer Fehlerquote von 25 Prozent aus [18]. Die Statistiken der DDR enthalten dagegen nur »endgültig«, d. h. bei Verfahrensabschluß, festgestellte Täter (seit 1960) und Straftaten (seit 1964) [19]. Dies reduziert die DDR-Ziffern sicherlich in beachtlichem Umfang. Aber auch die Rechtsunterschiede bewirken, daß Täter nicht gleich Täter und Straftat nicht gleich Straftat ist. Anläßlich der Strafrechtsreform der DDR im Jahre 1968 wurden

Diebstähle mit einem Schaden von unter 50 M als »Verfehlungen« eingestuft. Sie werden nunmehr von der »Gesellschaftlichen Gerichtsbarkeit« geahndet [20] und erscheinen nicht mehr in der Kriminalstatistik. Eigentumsdelikte mit einem Schaden bis zu 50 M machten in der DDR 1963/1964 36,4 Prozent aller Eigentumsdelikte aus [21]. In dieser Zahl sind allerdings auch Raub- und Erpressungsdelikte enthalten, für welche die Entkriminalisierung auch bei geringer Schadenshöhe nicht gilt. Dennoch dürfte die Strafrechtsreform von 1968 rund ein Drittel aller Vermögensdelikte und damit etwa jede sechste Straftat in der DDR überhaupt aus der Statistik beseitigt haben. Würde diese Regelung auch für die Bundesrepublik gelten, so entfiele auch hier etwa ein Drittel aller ausgewiesenen einfachen Diebstähle, und die Verurteilungsstatistik enthielte vermutlich einige zehntausend Verurteilte weniger. Die hier skizzierten Einflüsse auf das statistisch als Kriminalität Ausgewiesene lassen sich tabellarisch wie folgt deutlich machen:

Tabelle 1: »Schwund« bekanntgewordener Straftaten

	DDR o. J.	BRD 1970 (ohne Verkehrsdelikte)
Bekanntgewordene Straftaten	100 %	100 %
ermittelte tatverdächtige Personen	54 %	39,6 %
Verurteilte	30 %	13,9 %
Verurteilte in Prozent aller ermittelten tatverdächtigen Personen	55,6 %	35,1 %

Quellen bzw. errechnet nach: *Harri Harrland* et al., Kriminalstatistik, Berlin (O) 1968, S. 44, wonach für die DDR diese Größenordnungen »in der Regel vorliegen«; Statistisches Jahrbuch für die Bundesrepublik Deutschland 1972, S. 103–105.

Die *Tabelle 1* läßt in Zeile 2 den Einfluß der unterschiedlichen Aufklärungsquoten erkennen, wobei freilich zu berücksichtigen ist, daß ein linearer Zusammenhang zwischen den Zahlen der Straftaten und der Straftäter nicht besteht. Ein Delikt kann gemeinschaftlich von mehreren Tätern begangen werden, ein Täter kann mehrere Delikte verüben, die Statistik stellt den ausgewiesenen Straftaten nicht notwendig die »zugehörigen« Täter bzw. Verurteilten gegenüber, sondern entsprechend der Dauer der Ermittlung auch Täter aus dem Vorjahr. Zeile 4 macht den Einfluß unterschiedlicher Rechtssysteme deutlich, der Anteil der Freisprüche, Verfahrenseinstellungen usw. ist in der Bundesrepublik größer. Diese Beispiele mögen genügen. Sie sollen sichtbar machen, mit welchen Vorbehalten Gegenüberstellungen von Daten zur Kriminalität zu betrachten sind. Dies wird auch von DDR-Autoren eingeräumt: »Unseres Wissens gibt es derzeit nicht in allen Ländern einheitliche Kriterien für die Bestimmung und Abgrenzung der Erfassungseinheiten der Kriminalität. Vergleiche mit anderen Staaten setzen deshalb jeweils eine sorgfältige Prüfung voraus, inwieweit eine Gegenüberstellung möglich oder zumindest vertretbar ist [22].« Diese Einsicht hat allerdings DDR-Autoren bis zum heutigen Tage nicht gehindert, die Überlegenheit der sozialistischen Gesellschaftsordnung anhand von Vergleichszahlen aus der Bundesrepublik zu belegen [23]. Ein wie unzulänglicher Vergleichsmaßstab die ausgewiesenen Häufigkeitsziffern indessen auch sein mögen, sie lassen doch Schwerpunkte und Entwicklungen erkennbar werden und geben Hinweise auf das Maß der Wahrscheinlichkeit, in einer bestimmten Gesellschaft und zu deren Bedingungen kriminell zu werden oder umgekehrt einer Straftat zum Opfer zu fallen.

Ein weiteres Problem ergibt sich aus der Übung der Kriminologen und Strafrechtler der DDR, Fragen zum Zusammenhang zwischen Straffälligkeit und Sozialstruktur möglichst zu unterlaufen und im Anschluß an einen Hinweis auf den Erkenntniswert des *Marx-Leninschen* Klassenmodells unmittelbar auf die Einzelperson und auf die Mikrogruppe abzustellen. So führte *Walter Hennig* in seinem Beitrag »Zu einigen Grundfragen jugendkriminologischer Forschung in der DDR« noch 1974 aus: »Dabei konzentriert sich die jugendkriminologische Ursachenforschung bei den sozialen Bedingungen auf die unmittelbaren Lebensbedingungen des Jugendlichen [24].« So wissen wir wenig über die soziale Herkunft jugendlicher Straftäter in der DDR. Erst mittelbar kann aus den Angaben zum schulischen und beruflichen Schicksal auf den sozialen Status geschlossen werden.

Schließlich wird gerade auf dem Gebiete der Kriminalitätsanalyse die Publizitätsscheu der DDR insgesamt zum Problem. Bis zum Jahre 1957 liegen kaum Angaben vor. In den sechziger Jahren erschienen eine Reihe von Buch- und Zeitschriftenveröffentlichungen zum Thema allgemeiner bzw. Jugendkriminalität sowie zu Einzelfragen der Kriminologie. Die wichtigsten Daten waren den Statistischen Jahrbüchern der DDR und den jährlichen Berichten zur Entwicklung der Kriminalität in der DDR zu entnehmen, die *Harrland* in der Zeitschrift »Neue Justiz« veröffentlichte. Mit dem Jahr 1970 entfielen diese Auskünfte ohne Angabe von Gründen. Diese sind anscheinend im Wiederanstieg der Kriminalität zu suchen, der sich 1969 abzuzeichnen begann. Darauf deuten auch spätere Veröffentlichungen hin, insbesondere die Kritik des Generalstaatsanwalts der DDR an den bisherigen Methoden und Erfolgen der Kriminalitätsvorbeugung und -bekämpfung [25]. Seitdem werden lediglich Arbeiten zu bestimmten Einzelaspekten und Schwerpunkten der Kriminalität veröffentlicht. Sie enthalten kaum statistische Angaben, dennoch ist ihnen einiges über die weitere Entwicklung der Delinquenz zu entnehmen.

Die Verkehrsdelinquenz der DDR, ihr Straßenverkehr und das damit verbundene Unfallgeschehen wurden bisher unseres Wissens in der Bundesrepublik noch nicht bearbeitet. Abgesehen vom »Nachholbedarf«, der hier besteht, scheint dieser Bereich besonders geeignet für eine exemplarische Darstellung des mit diesem Beitrag insgesamt Beabsichtigten. Des Hinweises nämlich auf solche Bedingungen delinquenten Verhaltens, die nicht oder nur zum geringen Teil auf den Einfluß einer bestimmten Gesellschaftsformation reduziert werden können.

II. Zur Empirie der Jugendkriminalität in der DDR

1. Jugendkriminalität und Gesamtkriminalität

Der Begriff »Jugend« wird in der DDR mit unterschiedlicher Bedeutung verwendet. So gilt das »Jugendgesetz der DDR« vom 28. Januar 1974 »für alle Bürger der

Deutschen Demokratischen Republik bis zum vollendeten 25. Lebensjahr« [26], während andererseits Volljährigkeit und Wahlrecht bereits mit Vollendung des 18. Lebensjahres erlangt werden. Das Jugendstrafrecht der DDR gilt für die 14- bis einschließlich 17jährigen, seine Anwendung auf die »Heranwachsenden« im Alter von 18 bis unter 21 Jahren ist nicht vorgesehen. In der juristischen und kriminologischen Literatur der DDR meint »Jugendkriminalität« in der Regel die Delinquenz der 14- bis 17jährigen, »Kriminalität der Jugend« oder »der Jugendjahrgänge« dagegen meistens die Delinquenz der DDR-Bürger unter 25 Jahren, ohne daß diese Unterscheidung immer deutlich gemacht würde. Hier soll in Anlehnung an die übrigen Beiträge dieses Heftes sowie an den in der DDR-Literatur überwiegend verwendeten weiteren Jugendbegriff (ungeachtet der strafrechtlichen Eingrenzung) die Kriminalität der jungen DDR-Bürger im Alter von 14 bis unter 25 Jahren besprochen werden, wobei hiervon abweichende Alterseingrenzungen jeweils kenntlich gemacht werden. Um das Spezifische der Delinquenz dieser Altersgruppe erkennen zu können, hier zunächst ein Blick auf die Entwicklung und Struktur der Gesamtkriminalität.

Tabelle 2: DDR – Entwicklung der Kriminalität

	Festgestellte Straftaten	Straftaten je 100 000 Einw.	Festgestellte Täter	Täter je 100 000 der strafmündigen Bevölkerung
1946	500 446	2 771	–	–
1947	482 235	2 552	–	–
1948	434 203	2 277	–	–
–	–	–	–	–
–	–	–	–	–
1950	230 263	1 252	–	–
–	–	–	–	–
–	–	–	–	–
–	–	–	–	–
1957	169 557	968	–	–
1958	186 138	1 073	–	–
1959	156 970	907	–	–
1960	139 021	806	93 040	676
1961	148 502	867	87 821	648
1962	162 280	949	102 564	763
1963	163 999	956	90 921	678
1964	138 350	814	92 237	698
1965	128 661	756	82 944	627
1966	124 524	730	91 174	688
1967	116 080	680	91 622	690
1968	100 126	586	81 609	614
1969	105 869	620	83 758	629
1970	109 101	640	87 400	655
–	–	–	–	–

Quellen: *Harri Harrland*, Die Kriminalität in der DDR im Jahre 1969, in: Neue Justiz, 24. Jg., 14 (1970), S. 409; Statistisches Jahrbuch der DDR 1971, S. 480.

Die *Tabelle 2* zeigt die Entwicklung der Gesamtkriminalität, soweit sie bekannt geworden ist. Es zeichnen sich drei Entwicklungsphasen ab, deren erste etwa den Zeitraum bis zur Gründung der DDR (1949) umfaßt. Ihre Kriminalität, von *Auerbach* als »typische Notkriminalität« bezeichnet, dürfte sich nicht von der Nachkriegskriminalität anderer Länder unterschieden haben [27]. Die zweite Phase umfaßt die Zeit des Aufbaus der DDR bis zu deren vollständiger Abgrenzung 1961. In dieser Phase sank die Kriminalität bedeutend, nach einer von *Harrland* 1968 ausgewiesenen Graphik zur Kriminalitätsentwicklung jedoch nicht kontinuierlich. 1953/1954 kam es zu einem Wiederanstieg der Kriminalität, der anscheinend mit den Ereignissen des 17. Juni 1953 und dem darauf folgenden »Neuen Kurs« auch in der Kriminalpolitik zusammenhing [28]. Die dritte Phase umfaßt die Zeit der Konsolidierung der DDR seit 1961. Der Kriminalitätsanstieg der Jahre 1961 bis 1963 ist in der Tabelle deutlich zu erkennen. Ihm folgte ein Rückgang bis 1968, diesem jedoch allem Anschein nach ein Wiederanstieg in einem für DDR-Verhältnisse so beträchtlichen Ausmaß, daß die bisherigen »unrealistischen Formen und Methoden bei der Bekämpfung und Vorbeugung von Straftaten«, die »unsere Erwartungen nicht erfüllt haben«, vom Generalstaatsanwalt der DDR *Josef Streit* scharf kritisiert und Daten zur Kriminalitätsentwicklung seit 1971 (für das Jahr 1970) nicht mehr veröffentlicht wurden [29]. *Harrland* faßte 1968 die Entwicklung der DDR-Gesamtkriminalität so zusammen: »Für die ersten 10 Jahre nach dem zweiten Weltkrieg war eine zunächst steil fallende Trendkurve mit später wachsender Verzögerung der Abnahme und schließlichem »Auslauf« bis zur Mitte der fünfziger Jahre charakteristisch.« »Seit Ende der fünfziger Jahre offenbart der statistische Trend der Kriminalität eine Entwicklung, die von der vorangegangenen beträchtlich abweicht. Die Grundrichtung ist ebenfalls abnehmend, aber um sehr viel allmählicher und mit der deutlichen Tendenz zur weiteren Verlangsamung« [30].

Ein genaueres Bild gewinnt man bei Betrachtung der Entwicklung der einzelnen Deliktgruppen, denn diese wiesen, so *Harrland,* »recht unterschiedliche Entwicklungstendenzen auf [31].«

Um die Bedeutung dieser Bewegungen abschätzen zu können, zeigt zunächst *Tabelle 3* die Deliktstruktur der DDR-Gesamtkriminalität.

Sie stellt sich wie folgt dar. Die Gruppe der »Eigentumsdelikte« ist nach der Größenordnung die bedeutendste. Zu dieser Deliktgruppe zählen Strafrecht und Statistik der DDR die Straftaten »gegen das sozialistische« bzw. »das private und persönliche Eigentum«, nämlich Diebstahl, Betrug, Untreue sowie die vorsätzliche und die »verbrecherische« Sachbeschädigung (außer durch Brandstiftung oder im Straßenverkehr), nicht aber die Wirtschaftskriminalität (»Straftaten gegen die Volkswirtschaft«). Letztere wird auch in der Statistik gesondert ausgewiesen. Hier lauteten die Kriminalitätsziffern 1960 : 42 Wirtschaftsstraftaten je 100 000 Einwohner, 1965 : 4. Das bedeutet Anteile an der Gesamtkriminalität von gut 5 bzw. 0,5 Prozent. Die Zahlen für 1970 sind nicht bekannt. Die Deliktarten Diebstahl und Unterschlagung machen »seit Jahren etwa 90 Prozent« aller Eigentumsdelikte aus. Die Delikte des Betruges und der Untreue hatten 1970 einen Anteil von 4 Prozent aller ausgewiesenen Straftaten [32]. Der Anteil der Sachbeschädigungen ist demnach nur gering.

Tabelle 3: DDR – Deliktstruktur

	je 100 000 Einwohner			in Prozent aller Straftaten		
	1960	1965	1970	1960	1965	1970
»Eigentumsdelikte«	403,9	439,7	318,4	50,1	58,2	45,6
(darunter Diebstahl und Unterschlagung)				(45,3)	(43,3)	(41,6)*
Verkehrsdelikte	64,0	79,6	94,5	7,9	10,5	14,8
vorsätzliche Körperverletzung	50,6	55,7	57,8	6,3	7,4	9,0
Sexualdelikte (außer Notzucht)	40,8	31,2	24,6	5,1	4,1	3,8
Notzucht	4,5	3,9	4,5	0,6	0,5	0,7
Brandstiftung	12,0	5,1	1,3	1,6	0,7	0,2
Raub und Erpressung	2,0	2,2	1,9	0,3	0,3	0,3
vorsätzliche Tötung (einschl. Versuch)	0,9	0,7	0,8	0,1	0,1	0,1
Verletzung der Bestimmungen des Gesundheits- und Arbeitsschutzes	2,3	2,9	2,7	0,3	0,4	0,4
Übrige Delikte	225,0	135,0	133,5	27,7	17,8	20,9
insgesamt	806	756	640	100	100	100

Nur Diebstahl; »Eigentumsdelikte« ohne Wirtschaftskriminalität; 1960 und 1965 einschließlich, 1970 ohne Sachbeschädigungsdelikte gem. §§ 163 f. und 183 f. StGB der DDR vom 12. Januar 1968.
Quellen bzw. errechnet nach: *Harri Harrland,* Die Kriminalität in der DDR im Jahre 1969, in: Neue Justiz, 24. Jg., 14 (1970), S. 412; Statistisches Jahrbuch der DDR 1969, S. 446; 1971, S. 480.

Die nächst bedeutende Deliktgruppe bilden die Verkehrsstraftaten. Sie nahmen ständig zu und stiegen von 34 Verkehrsdelikten je 100 000 Einwohner im Jahre 1957 auf 94,5 im Jahre 1970. Die Anteile bzw. Häufigkeitsziffern der Körperverletzungsdelikte sind nach *Harrland* seit etwa 1958 konstant, auch die schweren Gewaltverbrechen wie Mord und Totschlag, Raub und Vergewaltigung gingen seit dem Ende der fünfziger Jahre nicht weiter zurück [33]. Die Zahl der »Verletzungen der Bestimmungen des Gesundheits- und Arbeitsschutzes« (diese Delikte sind vor allem im Zusammenhang mit Arbeitsunfällen von Bedeutung) nahm bis 1967 zu, um dann nach einem leichten Rückgang etwa auf dem Niveau des Jahres 1965 zu stagnieren.
Die Daten zur Struktur und Entwicklung der Kriminalität aller Altersgruppen lassen sich so zusammenfassen:
Die Verkehrsdelikte nehmen ständig zu, Anteile und Kriminalitätsziffern der Gewaltdelikte sind seit Jahren konstant, dies galt bis zur Strafrechtsreform 1968 auch für die Sexualdelikte [34], deren Rückgang in den folgenden Jahren auf der Entkriminalisierung vor allem der Homosexualität beruht. Die »Eigentumsdelikte« bilden mit einem Anteil von rd. 50 Prozent die bedeutendste Gruppe aller Straftaten. Der Rückgang der Gesamtkriminalität beruht im Wesentlichen auf der Abnahme der Eigentumsstraftaten. Allerdings zeigten »die schweren Eigentumsdelikte, mit denen Schäden von mehr als 1000 Mark angerichtet werden, ... in den letzten Jahren keine sinkende

Tendenz[35].« Was bedeutet, daß die Verminderung der Eigentums- wie auch der Gesamtkriminalität mit der unterschiedlichen Strafverfolgungspraxis vor allem gegen die Bereichungsdelikte von geringer Schadenshöhe zusammenhängt. So schrieb *Harrland* nach der Strafrechtsreform: »Die diesmal überdurchschnittliche Verminderung der Zahl der registrierten Eigentumsdelikte hängt zweifellos mit der Verfehlungsregelung[36] zusammen. Auch bei den Wirtschafts-, Verkehrs- und Arbeitsschutzdelikten werden einzelne differenziertere strafrechtliche Regelungen seit dem 1. Juli 1968 nicht ohne Auswirkung geblieben sein[37].« Doch auch schon ein Jahr zuvor führte derselbe Autor die Schwankungen in der Entwicklung der Eigentumsdelikte auf »eine nicht immer kontinuierliche Strafverfolgungspraxis zurück[38].« Mit anderen Worten: In der DDR ist es bis zum Jahre 1968 gelungen, die manifeste Kriminalität – zum Teil auch in Form einer Entkriminalisierung der Bagatelldelikte – im Vergleich zu 1950 auf die Hälfte zu reduzieren. Zwar nahm die nach dem Schaden oder der Begehungsweise schwerere Kriminalität nicht ab, aber sie nahm auch nicht zu. Der Anstieg der Verkehrsdelinquenz war dagegen nicht zu verhindern.

Die Deliktstruktur der westdeutschen Kriminalität ist der in *Tabelle 3* ausgewiesenen recht ähnlich, wie von *Hellmer* und im Kapitel V des »Berichts der Bundesregierung und Materialien zur Lage der Nation 1972« im Einzelnen ausgeführt wurde[39]. Die Anteile der Hauptdeliktgruppen entsprechen einander auffällig, sofern man die Statistiken beider Staaten um die Verkehrsdelinquenz bereinigt. Denn diese hatte 1970 in der DDR einen Anteil von knapp 15, in der Bundesrepublik dagegen von nahezu 50 Prozent aller Straftaten. In diesem Jahr waren in der Bundesrepublik 47,9 Prozent aller Verurteilten Verkehrsstraftäter[40]. Läßt man die Verkehrsdelikte unberücksichtigt, so führten in der Bundesrepublik wie in der DDR Diebstahl und Betrug mit 71 bzw. 54 Prozent aller Delikte, ihnen folgten die Körperverletzungsdelikte mit 4,5 bzw. 10,6 Prozent, die Sittlichkeitsdelikte hatten Anteile von 2,2 bzw. 5,3 Prozent, während Raub, Erpressung und Tötungsdelikte zusammen 0,6 bzw. 0,4 Prozent aller Straftaten ausmachten[41].

Bei dieser Gegenüberstellung ist freilich zu berücksichtigen, daß die Häufigkeitsziffern der Bundesrepublik erheblich über denen der DDR lagen. Umgerechnet auf die gleiche Einwohnerzahl wurden Diebstahl und Unterschlagung im Jahre 1970 in der Bundesrepublik zehnmal so häufig verübt wie in der DDR, andere Vermögensdelikte achtmal, Raub und Erpressung zwölfmal, Sexualdelikte dreimal und Mord und Totschlag fünfmal. Die Gesamtkriminalität der Bundesrepublik betrug, umgerechnet, das Sechsfache der DDR-Kriminalität, und dies ohne die Verkehrsdelikte[42]! Die Kriminalität beider Staaten entspricht einander also nur nach der Struktur, sofern man von der Verkehrsdelinquenz absieht, nicht aber nach der Höhe. Doch belegt diese Strukturähnlichkeit nach *Hellmer*, daß der Einfluß der sozialistischen Gesellschaftsordnung auf die Kriminalitätsentwicklung qualitativ geringer ist, als in der DDR-Literatur behauptet, während der quantitative Einfluß nicht zu übersehen ist[43].

An der oben skizzierten Kriminalität der DDR haben die Jugendjahrgänge der 14- bis 24jährigen seit Jahren den Hauptanteil. Diese Altersgruppe stellte seit 1950 zwischen 17,7 und 21,7 Prozent aller Strafmündigen, d. h. aller DDR-Bürger älter als 13 Jahre. Demgegenüber wurde 1965 (für die Jahre 1960 bis 1964), 1968 und zuletzt

1972 übereinstimmend angegeben, daß der Anteil dieser Altersgruppe an der Gesamtkriminalität »etwa 50 Prozent« betrug[44]. Der Schwerpunkt der DDR-Kriminalität
liegt also nach der Altersverteilung bei den Jugendjahrgängen. In der DDR wird,
wie noch 1974 mitgeteilt wurde, »der Höhepunkt krimineller Aktivität bereits mit
16 bis 17 Jahren erreicht und bleibt mit einer leicht sinkenden Tendenz nach dem
21. Lebensjahr bis zum Alter von 24 Jahren erhalten. Danach nimmt die Kriminalität
rapide ab und wird schließlich bei den 45jährigen und Älteren bedeutungslos[45]«. Dies
belegen die in *Tabelle 4* ausgewiesenen Kriminalitätskoeffizienten.

Tabelle 4: DDR – Altersstruktur der Kriminalität
Straftäter je 100 000 der gleichen Gruppe

Alter von ... bis unter ... Jahre	1960	1961	1962	1963	1965	1969
14–16	1 101	870	1 393	1 224	836	800
16–18	2 048	2 085	2 475	2 608	2 026	1 900
18–21	1 936	1 980	2 320	2 323	2 476	1 800
21–25	1 467	1 546	1 849	1 624	1 681	1 500
25–35					993	1 000
35–45					483	500
45–60					235	200
60 u. älter					65	50

Quellen: *John Lekschas,* Studien zur Bewegung der Jugendkriminalität in Deutschland und zu
ihren Ursachen, in: Wissenschaftlicher Beirat für Jugendforschung des Amtes für Jugendfragen
beim Ministerrat der Deutschen Demokratischen Republik (Hrsg.), Studien zur Jugendkriminalität, Berlin (O) 1965, S. 36; *Harri Harrland,* Zur Entwicklung der Kriminalität und zu
einigen Problemen ihrer wirksamen Bekämpfung, in: Neue Justiz, 20. Jg., 20 (1966), S. 618;
ders., Die Kriminalität in der DDR im Jahre 1969, in: Neue Justiz, 24. Jg., 14 (1970), S. 412.

Diese Tabelle faßt (zusammen mit *Tabelle 5)* alle überhaupt bekannt gewordenen
Angaben zur Kriminalitätsbelastung der einzelnen Altersgruppen zusammen. Die Entwicklung der Belastungsziffern spiegelt den Anstieg der Gesamtkriminalität in den
Jahren 1961 bis 1963 wider. 1965 war man dieses Anstiegs bereits Herr geworden,
wie auch *Tabelle 1* zeigt. Dennoch überrascht der Hinweis *Harrlands* aus dem Jahre
1970, die Kriminalitätskoffizienten streuten »seit mehreren Jahren« um die für 1969
ausgewiesenen Werte[46]. Das Ausmaß dieser Streuung ist der Tabelle zu entnehmen
und läßt es als möglich erscheinen, daß die Belastungsziffern zumal der Jugendjahrgänge seit 1970 wieder höher liegen als die für 1969 angegebenen. Doch ist darüber
nichts bekannt geworden. Die Tabelle zeigt, daß die 16- und 17jährigen die höchste
Belastung aller Altersgruppen aufweisen. Die Altersentwicklung der westdeutschen
Kriminalität verläuft ähnlich, doch liegt hier der Höhepunkt der kriminellen Aktivität, gemessen an den Verurteiltenziffern, für die »klassische« Kriminalität eindeutig
bei den 18- bis 20jährigen, für die Verkehrsdelinquenz bei den 21- bis 24jährigen, so
daß beide Altersgruppen insgesamt etwa gleich stark belastet sind[47]. Dies zeigt, daß
es in der DDR gelungen ist, zumindest die »klassische« Kriminalität in einem früheren Lebensalter wieder abzubauen, als in der Bundesrepublik bisher möglich. Einen

Tabelle 5: Altersstruktur der Kriminalität
Ermittelte Straftäter je 100 000 Gleichaltrige

Alter von ... bis unter ... Jahre	1960	1965	1967	1968
DDR 14–18	1 648	1 342	1 569	1 433
DDR 18–21	1 936	2 341	2 014	1 727
BRD 14–18	3 524	2 740	3 420	3 848
BRD 18–21	5 402	3 715	4 332	4 517

Bundesrepublik ab 1965 ohne Verkehrsdelikte.
DDR 1965 ohne Verkehrsdelikte.

Quellen: *John Lekschas*, Studien zur Bewegung der Jugendkriminalität in Deutschland und zu ihren Ursachen, in: Wissenschaftlicher Beirat für Jugendforschung des Amtes für Jugendfragen beim Ministerrat der Deutschen Demokratischen Republik (Hrsg.), Studien zur Jugendkriminalität, Berlin (O) 1965, S. 35 f.; *Harri Harrland*, Zur Entwicklung der Kriminalität und zu einigen Problemen ihrer wirksamen Bekämpfung, in: Neue Justiz, 20. Jg., 20 (1966), S. 618; *ders.*, Zwanzig Jahre Kampf für die Zurückdrängung der Kriminalität in der DDR, in: Neue Justiz, 23. Jg., 13 (1969), S. 388; Statistisches Jahrbuch für die Bundesrepublik Deutschland 1962, S. 125; 1969, S. 105; 1971, S. 104.

ungefähren Vergleich der Kriminalitätsbelastung der Jugendjahrgänge ermöglicht *Tabelle 5.*
Die Tabelle zeigt zum einen, daß die Kriminalität der jungen Westdeutschen auch unter Berücksichtigung aller oben angesprochenen Vergleichsprobleme erheblich über der ihrer Altersgenossen in der DDR liegt, zum anderen, daß die Kriminalität der Jugendjahrgänge der DDR im ausgewiesenen Zeitraum annähernd konstant war, während sie in der Bundesrepublik kontinuierlich zunahm.

2. Der Täterkreis

Die Aussagen über den Täterkreis lassen sich so zusammenfassen: Als »wesentliche Entstehungskomponenten« für Jugendkriminalität gelten zum einen »negative Einflüsse auf die Persönlichkeitsentwicklung außerhalb der Familie«, also etwa Einflüsse Gleichaltriger und anderer besonders im Freizeitbereich, aber auch »ideologische Einflüsse des Klassengegners«, die »insbesondere über Funk, Fernsehen und andere Massenmedien verbreitet werden«, wie es heißt [48]. Vor allem aber werden »gestörte Milieuverhältnisse im Elternhaus« als Ursache angesehen. »Erbliche Faktoren« seien dagegen »ganz ohne Bedeutung für die Erklärung der Fehlentwicklung oder Verhaltensstörung«. Störungen im medizinischen Sinne wie frühkindliche Hirnschädigungen, Entwicklungsretardationen usw. erlangen nach DDR-Auffassung »fast nur zusammen mit« den genannten sozio-kulturellen Beeinträchtigungen kriminogene Bedeutung [49]. Nach DDR-Untersuchungen lag »bei 68 Prozent der straffälligen Jugendlichen eine ausgesprochene Fehlerziehung im Elternhaus vor« [50], speziell bei jugendlichen Rückfalltätern wurde in 64 Prozent der untersuchten Fälle eine »permanente Mangelerziehung« nachgewiesen [51]. Mit diesen Erziehungsdefiziten korrespondiert das häufige Vorkommen unvollständiger Elternhäuser bei Straftätern. Nach einer von *Gerhard*

Stiller 1965 mitgeteilten Analyse der Straftaten von Jugendlichen bis zu 25 Jahren
»in einem Bezirk unserer Republik« kamen 15 Prozent der Täter aus Heimen und
Jugendwerkhöfen (Heimen für Schwererziehbare und Straffällige). *Erich Buchholz*
teilte 1964 aus der unveröffentlicht und unzugänglich gebliebenen Untersuchung *Kurt
Grathenauers* zu den Eigentumsdelikten Jugendlicher mit, daß von den seinerzeit in
Berlin-Mitte ermittelten jugendlichen Dieben in Selbstbedienungsläden 70 Prozent
ohne Vater oder überwiegend in Heimen aufgewachsen waren [52]. Dieser hohe Anteil
mag noch auf die Bedingungen der Nachkriegszeit zurückzuführen sein, indessen sind
Jugendliche aus »broken homes« wie an der westdeutschen so auch an der DDR-
Kriminalität überdurchschnittlich beteiligt [53]. Besonders hoch ist der Anteil der Täter
aus unvollständigem Elternhaus bei den Gewaltdelikten. Hier liegt er nach DDR-
Untersuchungen je nach Deliktgruppe bei 48 bis über 60 Prozent [54].
Die genannten Erziehungsdefizite spiegeln sich in der schulischen und beruflichen
Qualifikation der Täter wieder. In den Jahren von 1955 bis 1957 hatte »weit über
die Hälfte aller jugendlichen Rechtsverletzer das Schulziel nicht erreicht«, 1960 waren
es noch 49,6 [55], 1966 41 Prozent [56]. Speziell bei Gewaltdelikten lagen diese Anteile
besonders hoch und betrugen zwischen 39 und 70 Prozent je nach Deliktgruppe [57].
Auch hinsichtlich der beruflichen Qualifikation unterscheiden sich die jungen Straftäter von ihren Altersgenossen. Für 1971 läßt sich ein Anteil »Ungelernter« von 16,7
Prozent an allen Berufstätigen und Lehrlingen im Alter bis unter 25 Jahre errechnen.
Dagegen hatten die ungelernten Straftäter dieser Altersgruppe nach Angaben aus dem
Jahre 1965 einen Anteil von 31,5 Prozent an allen gleichaltrigen Rechtsbrechern, nach
einer Untersuchung aus dem Jahre 1972 betrug dieser Anteil sogar 38 Prozent [58]. Von
den Mitgliedern »krimineller Gruppen« im Alter zwischen 14 und 25 Jahren waren
nach Untersuchungen im Bezirk Erfurt aus den Jahren 1964/65 45 Prozent ungelernte
Arbeiter gegenüber 14 Prozent Facharbeitern, 24 Prozent Lehrlingen und 16 Prozent
Schülern. 27 Prozent der Gruppenmitglieder hatten das Ziel der 8. Klasse nicht erreicht [59]. Besonders bei Rückfalltätern häufen sich die negativen Erziehungs- und
Berufsmerkmale: Aus unvollständigem Elternhaus stammten (1967) 50 Prozent der
erstmals und 70 Prozent der mehrfach Rückfälligen, ohne regulären Schulabschluß
waren 50 bzw. 67 Prozent, einen Beruf hatten nicht erlernt 50 bzw. 63 Prozent.
Dabei liegt der Schwerpunkt der Rückfallkriminalität bei den 18- bis 24jährigen [60].
1963 hatten die Altersgruppen die folgenden Anteile am Gesamtrückfall: 14 bis 17
Jahre: 6,3 Prozent, 18 bis 24 Jahre: 50,4 Prozent, 25 bis 34 Jahre: 27,4 Prozent,
35 Jahre und älter: 15,9 Prozent [61]. Die Rückfallkriminalität macht rd. 20 bis 25
Prozent der Gesamtkriminalität aus und gilt seit Jahren als besonders ernst zu neh-
mendes Problem [62].
Die unterschiedliche Richtung der Kriminalität der beiden Geschlechter zeigt die folgende *Tabelle 6*.
Das Verhältnis der Gesamtkriminalität der weiblichen zu jener der männlichen Täter
betrug 1963 bei den 14- und 15jährigen 1:9,7; den 16- und 17jährigen 1:7,5; den
18- bis 20jährigen 1:6,8; den 21- bis 24jährigen 1:6 und schließlich bei den 25- bis
39jährigen 1:7 [63]. Dies entspricht in etwa den westdeutschen Proportionen, doch liegen
hier die Kriminalitätsanteile der Frauen und Mädchen ein wenig höher [64]. 1968

Tabelle 6: DDR – Deliktstruktur der Jugendkriminalität 1963,
Straftaten 14- bis unter 18jähriger nach dem Geschlecht, in Prozent

Delikt	männlich	weiblich
Diebstahl und Unterschlagung	46	69
Urkundenfälschung	--	2,8
Betrug	–	2,7
Hehlerei und Begünstigung	–	1,5
Sittlichkeitsdelikte	7,7	–
vorsätzliche Körperverletzung	4,8	–
Sachbeschädigung	2,2	–
Beeinträchtigung der Fahrtüchtigkeit, Fahren ohne Fahrerlaubnis, unbefugte Benutzung von Kfz	0,8	–
Übrige	38,5	24,0
	100	100

Quelle: *Barbara Redlich*, Sozialverhalten und Kriminalität weiblicher Jugendlicher, in: Neue Justiz, 19. Jg., 17 (1965), S. 537.

betrug in der DDR der Anteil der weiblichen Täter aller Altersgruppen an der Gesamtzahl der Straftäter »etwa 15 Prozent«. Speziell bei der Eigentumskriminalität lag er jedoch höher, nämlich bei »über 20 Prozent«. Auch *Tabelle 6* läßt die vergleichsweise stärkere Neigung weiblicher Straftäter zur Eigentumsdelinquenz erkennen, allerdings seien »die von Frauen ausgeführten Eigentumsdelikte ... im allgemeinen weniger schwerwiegend als die von männlichen Tätern ausgeführten [65].« Nach DDR-Untersuchungen scheinen die familialen, schulischen und beruflichen Negativmerkmale, die einen Teil der jungen Straftäter kennzeichnen, bei den (wenigen) jungen weiblichen Tätern in besonderem Maße ausgeprägt zu sein [66].

Zur »Kinderkriminalität« liegen aus der DDR kaum Angaben vor. Für die Jahre 1959 und 1960 wurde mitgeteilt, daß 3743 bzw. 2933 der ermittelten Täter Kinder waren [67]. 1968 schrieb *Harrland,* »daß die derzeitigen Angaben über die Kinderkriminalität nicht darauf schließen lassen, daß die neuen (in das Strafmündigkeitsalter hineinwachsenden, d. Verf.) Jahrgänge weniger kriminalitätsintensiv sein werden [68].«

Über den sozialen Status der Elternhäuser junger Straftäter ist kaum etwas bekannt, man kann allerdings aus den Angaben zur Familien-, Schul- und Berufssituation, zum »kulturlosen« Lebensstil vieler Täter sowie aus den Daten zur Gesamtkriminalität den Schluß ziehen, daß auch in der DDR die Jugend aus den »unteren Sozialschichten« (noch immer) erheblich überrepräsentiert ist. Diese Vermutung stützen die beiden folgenden Tabellen.

Die in *Tabelle 7* ausgewiesenen Daten wurden nach der Gerichtsstatistik des Jahres 1961 errechnet, »die Relation jedoch, auf die es allein ankommt, hat seitdem keine beachtliche Veränderung erfahren«, wie der Autor *Buchholz* 1968 schrieb [69]. Dennoch vermittelt diese Tabelle nur ein ungefähres Bild der Kriminalitätsbelastung der verschiedenen sozialen Gruppen. Zum einen ist der hier ausgewiesene Diebstahl zwar das Hauptdelikt der DDR, wie oben dargestellt, Diebstahl ist aber z. B. nicht typisch für die eher zu Betrug und Wirtschaftsstraftaten neigenden höheren Angestellten und

Tabelle 7: DDR – Kriminalitätsbelastung sozialer Gruppen 1961
Von je 100 000 der gleichen Bevölkerungsgruppe
begingen Diebstahl oder Unterschlagung

Arbeiter	565
Schüler und Studenten	205
Angestellte	106
Genossenschaftsbauern	80
Unternehmer	74
genossenschaftl. Handwerker	72
Einzelhandwerker	50
Intelligenz	32
Hausfrauen	27
Rentner	7

Quelle: *Erich Buchholz,* Entwicklung und Erscheinungsformen der Eigentumskriminalität in der DDR, in: Wissenschaftliche Zeitschrift der Humboldt-Universität zu Berlin, Gesellschafts- und sprachwissenschaftliche Reihe, 17. Jg., 5 (1968), S. 644.

Tabelle 8: DDR – Kriminalitätsanteile sozialer Gruppen 1965

	Bevölkerung »nach sozialer Zugehörigkeit« 1964	Anteil an allen Diebstahls-, Unterschlagungs-, Betrugs- u. Untreue-Delikte 1965
Arbeiter	ca. 37	79
Angestellte	ca. 37	11
Intelligenz	6,8	1,2
Genossenschaftsbauern	9,6	5,5
Genossenschafts-Handwerker	1,7	1,0
Private Handwerker und Kleingewerbetreibende	2,6	0,5
Einzelhändler	0,7	0,1
Sonstige Selbständige	1,7	0,7
»Statistisch nicht klassifizierbar«	2,9	–
	100	99

Quellen bzw. errechnet nach: Statistisches Jahrbuch der DDR 1968, S. 524; *Erich Buchholz,* Entwicklung und Erscheinungsformen der Eigentumskriminalität in der DDR, in: Wissenschaftliche Zeitschrift der Humboldt-Universität zu Berlin, Gesellschafts- und sprachwissenschaftliche Reihe, 17. Jg., 5 (1968), S. 645.

die Intelligenz. Zum anderen gehen hier alters- und geschlechtsrollenbedingte Verzerrungen ein: Die Gruppe der Rentner umfaßt ehemalige Angehörige aller übrigen Gruppen, die Gruppe der Schüler und Studenten umfaßt ausschließlich Jugendliche und junge Erwachsene, junge Menschen sind aber auch in den meisten übrigen Gruppen enthalten. Ähnliches gilt für die Gruppe der (Haus-)Frauen. Dennoch läßt sich aus diesen Daten der Zusammenhang zwischen Kriminalität und beruflich-sozialer Lage erkennen, vor allem die höhere Kriminalitätsbelastung der Arbeiter gegenüber der alten und der neuen »Mittelschicht«.

Tabelle 8 vermischt soziale, Alters- und Geschlechtsgruppen nicht, sie weist jedoch nur die weniger aussagekräftigen Kriminalitätsanteile der Gruppen aus. Zum Vergleich wurden diesen die Anteile der Gruppen an der Gesamtbevölkerung gegenübergestellt, wie sie sich aus den Statistischen Jahrbüchern der DDR errechnen ließen. Auch nach diesen Daten liegt die Kriminalitätsbelastung der Arbeiter weit über der aller übrigen Gruppen. Dieser Sachverhalt bereitet *Buchholz* einiges Kopfzerbrechen. Er versuchte die hohe Kriminalität der Arbeiter mit dem (bei Bereicherungsdelikten) zutreffenden Hinweis auf die größere Schadenshöhe der Delikte der Angestellten, der Intelligenz usw. zu relativieren, und führte überdies aus: es fehle »an einer hinreichend präzisen Bestimmung dessen ..., was unter unseren Verhältnissen sozial (nicht nur nach seinem äußeren beruflichen Anstellungsverhältnis) zur Arbeiterklasse gehört«. »Es sei beispielsweise nur darauf hingewiesen, daß nicht wenige der in der Statistik als Arbeiter registrierten Täter tatsächlich das Gegenteil eines Arbeiters sind, nämlich Arbeitsscheue oder Arbeitsbummelanten, daß spezifische Beobachtungen dahingehen, daß der Kern der heutigen Arbeiterklasse, die Facharbeiter der Industrie, kriminell nur ganz gering belastet sind, die Kriminalität der Arbeiter sich dagegen mehr auf die Peripherie, auf die ungelernten und Gelegenheitsarbeiter konzentriert.« »Mit anderen Worten: Aus der Kriminalstatistik die hohe kriminelle Belastung der Arbeiterklasse, der Avantgarde der sozialistischen Gesellschaft, ablesen zu wollen, wären wissenschaftlicher Dilettantismus, politischer Unsinn [70].« Im Kern besagt diese Argumentation, daß es zur Ermittlung der Beziehungen zwischen Kriminalität und sozialem Status präziserer Kategorien bedarf als der des »Arbeiters« und des »Angestellten«, und daß diese dem Autor, seinerzeit ordentlicher Professor für Strafrecht und Pönologie an der Sektion Rechtswissenschaft der Humboldt-Universität zu Berlin, aus für den westdeutschen Leser nicht ganz verständlichen Gründen nicht zur Verfügung standen.

Von Einfluß auf Tat und Täter sind auch die lokalen und regionalen Gegebenheiten. Auch für die Jugendkriminalität der DDR gilt, daß die durchschnittliche Kriminalitätsbelastung »um so größer ist, je stärker die Konzentration der Bevölkerung ist [71].« Zwar bestreitet die DDR-Kriminologie das Vorhandensein eines »gesetzmäßigen« Zusammenhanges zwischen der – für den Aufbau des Sozialismus notwendigen – Urbanisierung und dem Anwachsen der Kriminalität [72], dennoch wiesen die Großstädte der DDR 1969 mehr als die doppelte Kriminalitätsbelastung des flachen Landes auf [73]. Ähnlich hoch war die Kriminalitätsbelastung der »Aufbau- und Entwicklungszentren« wie Schwedt und Eisenhüttenstadt, welche zeitweise an der Spitze aller Kreise der DDR lag. Eine überdurchschnittlich hohe Kriminalität wurde generell an Großbaustellen mit ihrer Konzentration vor allem junger Menschen zu teilweise recht unbefriedigenden Arbeits- und Lebensbedingungen sowie bei vergleichsweise erschwerter sozialer Kontrolle festgestellt. Dabei ging die Kriminalität »vor allem« zu Lasten der »dort nicht ständig Wohnhaften«. *Heinz Kuschel* entwarf 1967 ein recht negatives Bild der Verhältnisse in den Städten Schwedt und Eisenhüttenstadt. Er sprach von einer »höheren Zahl von Ehescheidungen als in anderen Gebieten« der DDR, von einer »relativ hohen ›Kinderkriminalität‹«, von »Arbeitsbummelanten und wiederholt Vorbestraften«, die von ihren Betrieben in die Aufbauzentren »zur Bewäh-

rung abgeschoben« worden seien. Zwei Drittel der jüngeren Täter von Eigentumsdelikten hatten nach *Kuschel* »eine mangelhafte Erziehung« sowie »ein niedriges Bildungsniveau«, »10 bis 17 Prozent« standen »bei ihren Straftaten unter Alkoholeinfluß«, »über ein Drittel der Täter in Eisenhüttenstadt und etwa die Hälfte in Schwedt
wechselten häufig die Arbeitsstellen«, bei »40 bis 50 Prozent« waren »selbstverschul-
dete Geldschwierigkeiten tatauslösend«, die berufliche Tätigkeit der Täter bestand
»oft aus körperlich schwerer Hilfs- und Nebenarbeit«, »10 bis 15 Prozent der Täter«
waren »völlig haltlos, zum Teil asozial«[74]. Die *Tabellen 9* und *10* zeigen die unterschiedliche Kriminalitätsbelastung nach Bezirken.

Tabelle 9: DDR – regionale Verteilung der Gesamtkriminalität
Straftaten je 100 000 Einwohner nach Bezirken
Bezirk

	Einw. pro km² 1970	1960	Straftaten je 100 000 Einwohner				
			1962	1964	1966	1968	1970
Berlin	2 693	1 064	1 375	1 119	1 094	871	964
Cottbus	104	711	853	809	574	510	552
Dresden	278	755	809	771	648	513	517
Erfurt	171	667	882	659	641	510	481
Frankfurt	95	917	1 140	1 082	1 013	742	851
Gera	184	628	719	682	602	514	529
Halle	220	831	958	842	780	583	667
Karl-Marx-Stadt	341	635	648	593	612	493	510
Leipzig	300	807	1 031	749	737	602	660
Magdeburg	114	844	977	865	782	634	706
Neubrandenburg	59	747	755	755	733	596	704
Potsdam	90	774	972	876	700	586	688
Rostock	121	762	991	942	829	695	778
Schwerin	69	513	641	699	661	545	669
Suhl	143	748	747	703	640	527	537
DDR	158	806	949	814	730	586	640

Die ersten drei Rangplätze jeweils hervorgehoben.

Quellen: Statistisches Jahrbuch der DDR 1966, S. 576; 1971, S. 3 und 480; *Harri Harrland*,
Die Kriminalität in der DDR und in Westdeutschland im Jahre 1961, in: Neue Justiz, 16. Jg.,
23 (1962), S. 733.

Die Bezirke der DDR haben (1973) zwischen 0,5 Millionen (Suhl) und 2 Millionen
(Karl-Marx-Stadt) Einwohner. Sie entsprechen insofern den Regierungs- und Verwal-
tungsbezirken der Bundesrepublik, deren Einwohnerzahlen zwischen 0,5 Millionen
(Trier) und 5,6 Millionen (Düsseldorf) betragen. Regionen dieser Größenordnung
haben eine recht differenzierte Struktur. So umfaßt der Bezirk Leipzig neben der
gleichnamigen Bezirksstadt mit 0,57 Millionen Einwohnern und einer Bevölkerungsdichte von 4074 Einwohnern pro km² zwölf Landkreise, darunter den Kreis Torgau
mit 57 000 Einwohnern und einer Bevölkerungsdichte von nur 93 Einwohnern pro
km²[75]. Für die Zwecke der Analyse geben die Bezirke daher nur recht grobe Raster

ab, wie bereits im »Bericht der Bundesregierung und Materialien zur Lage der Nation 1972« angemerkt wurde. Doch stehen andere Daten nicht zur Verfügung, und auch diese Zahlen geben bereits einige Hinweise. Berlin als einziger rein städtischer Bezirk nimmt im gesamten ausgewiesenen Zeitraum den ersten Rangplatz ein, wie nicht anders zu erwarten. Ihm folgen jedoch nicht die Bezirke mit den beiden Einhalbmillionenstädten der DDR, Dresden und Leipzig, sondern Frankfurt und seit 1964 Rostock. Die Bevölkerungsdichte dieser Bezirke liegt mit 96 bzw. 122 um einiges unter dem DDR-Durchschnitt von 157 Einwohnern pro km², die Bezirksstädte haben lediglich 65 000 bzw. 200 000 Einwohner[76]. Für Frankfurt läßt sich diese Abweichung vom eigentlich zu Erwartenden mit den oben erwähnten Problemen in den »Aufbauzentren« erklären.

Dagegen muß die Frage offen bleiben, wie die vergleichsweise hohe Kriminalität des Ostseebezirks zu erklären ist. Ob hier die speziellen Gegebenheiten der Hafenstadt Rostock oder andere Einflüsse eine Rolle spielen, ist nach der Datenlage nicht zu beantworten.

Tabelle 10: DDR – Jugendliche, Diebstahl und Unterschlagung im Mittel der Jahre 1960 bis 1964 nach Bezirken

Von je 100 000 Jugendlichen verübten Diebstahl und Unterschlagung	
Berlin	1 296
Leipzig	858
Halle	845
Cottbus (mit Schwarze Pumpe und anderen Großbaustellen)	790
Potsdam	786
Frankfurt (mit Eisenhüttenstadt und Schwedt)	770
Karl-Marx-Stadt	756
Erfurt	754
Gera	738
Dresden	731
Rostock	723
Magdeburg	713
»Mit größerem Abstand folgen dann die ausgeprägt landwirtschaftlichen Bezirke«:	
Schwerin	577
Suhl	571
Neubrandenburg	537

Quelle: *Erich Buchholz,* Entwicklung und Erscheinungsformen der Eigentumskriminalität in der DDR, in: Wissenschaftliche Zeitschrift der Humboldt-Universität zu Berlin, Gesellschafts- und sprachwissenschaftliche Reihe, 17. Jg., 5 (1968), S. 651.

Tabelle 10 zeigt die regionale Verteilung der Diebstahlskriminalität Jugendlicher im Mittel der Jahre 1960 bis 1964. Auch hier lagen die Schwerpunkte bei der Großstadt Berlin und den Bezirken mit »Aufbauzentren«, doch rangierten die Großstadt- und Industriebezirke Leipzig und Halle noch vor diesen. Für den Bezirk Potsdam mögen auch die besonderen Bedingungen des Berliner Umlandes eine Rolle spielen. Die Eigentumskriminalität der Jugendlichen verteilte sich nach dieser Tabelle in noch höherem Maße »erwartungsgemäß« als die Gesamtkriminalität. Diese regionale Verteilung entspricht exakt dem 1968 mitgeteilten Sachverhalt, »daß in den Großstädten ein Ballungszentrum zu erblicken sei, denn in den 11 Großstädten werden fast ein Drittel aller Straftaten begangen«[77]. Höhe und Ausprägung der regionalen Kriminalität sind aber keine bloße Abhängige der Siedlungsdichte, regionale Eigentümlichkeiten kommen hinzu. So erinnerte *Harrland* 1964 »daran, daß in Bezirken wie Rostock, Schwerin und Neubrandenburg, die im Alkoholverbrauch mit die Spitze einnehmen, rund jeder dritte Verurteilte unter Alkoholeinwirkung straffällig wurde, während in den südlichen Bezirken Karl-Marx-Stadt, Dresden und Leipzig entsprechend ihrem relativ geringen Alkoholverbrauch je Kopf der Bevölkerung die ›Alkoholkriminalität‹ bei 17 bis 20 Prozent liegt[78].« Wie 1972 mitgeteilt wurde, unterscheiden sich die allgemeine und die Jugendkriminalität des flachen Landes und der kleineren Städte nicht nur quantitativ, sondern auch »strukturell« von der Delinquenz in Ballungsgebieten[79]. Hierzu wurden statistische Daten nicht mitgeteilt, die Art der Unterschiede läßt sich daher nur vermuten[80].

3. Straftaten und Begehungsweise
Die Schwerpunkte der Kriminalität der Jugendjahrgänge weist *Tabelle 11* aus.

Tabelle 11: DDR – Deliktstruktur der Jugendkriminalität 1963
Ermittelte Täter je 100 000 Gleichaltrige

Delikt	14 bis unter 18 Jahre		18 bis unter 21 Jahre	
	je 100 000	in %	je 100 000	in %
Diebstahl und Unterschlagung	847	44,2	712	30,7
Betrug	18	0,9	92	4,0
Hehlerei	23	1,2	23	1,0
Raub/Erpressung	4	0,2	12	0,6
Sexualverbrechen	55	2,9	97	4,1
Übrige	969	50,6	1 387	59,6
insgesamt	1 916	100	2 323	100

Die Tabelle wurde vom Verf. auf 100 ergänzt, um die Größenordnungen der ausgewiesenen und der hier nicht ausgewiesenen Gruppen sichtbar zu machen. Die Gruppe »Übrige« enthält vor allem Körperverletzungs- und minder schwere Sittlichkeitsdelikte, Sachbeschädigungen und Verkehrsdelikte.
Quelle bzw. errechnet nach: *Josef Streit,* Die weiteren Aufgaben bei der Verhütung und Bekämpfung der Jugendkriminalität, in: Neue Justiz, 19. Jg., 11 (1965), S. 344; *John Lekschas,* Studien zur Bewegung der Jugendkriminalität in Deutschland und zu ihren Ursachen, in: Wissenschaftlicher Beirat für Jugendforschung des Amtes für Jugendfragen beim Ministerrat der Deutschen Demokratischen Republik (Hrsg.), Studien zur Jugendkriminalität, Berlin (O) 1965, S. 35 f.

Die Bereicherungsdelikte dominieren, doch geht ihr Anteil mit wachsendem Alter zugunsten der schweren Kriminalität zurück. Nach *Lekschas* hatten die »Eigentumsdelikte«, die allerdings Sachbeschädigungsstraftaten miteinschließen, 1957 folgende Anteile an der Kriminalität jugendlicher Verurteilter: 14jährige: 86 Prozent; 15jährige: 79 Prozent; 16jährige: 73 Prozent; 17jährige: 62 Prozent. Gleichzeitig nahm jedoch die Kriminalität vom 15. zum 18. Lebensjahr im Verhältnis von 1:2,16:3,21:3,53 zu, so daß der Rückgang der Eigentumsdelikte überwiegend ein nur relativer ist [81]. 1963 betrug der Anteil der Eigentumsdelikte an den Straftaten der 14- und 15jährigen rd. 50, an den Delikten der 16- und 17jährigen rd. 40 Prozent [82].

Über das Ausmaß der Verkehrsdelinquenz junger DDR-Bürger ist nur wenig bekannt. Aus den von *Harrland* für 1965 mitgeteilten Daten zur Kriminalitätsentwicklung läßt sich für die Altersgruppe der 18- bis 20jährigen eine Häufigkeitsziffer von 135 Verkehrstätern je 100 000 Gleichaltrige errechnen. Das entspräche einem Anteil von 5,5 Prozent an allen Delikten dieser Jahrgänge, während der Anteil der Verkehrsstraftaten aller Altersgruppen an der Gesamtdelinquenz dieses Jahres 10,5 Prozent betrug. Mit wachsender Verkehrsdichte dürfte dieses Delikt absolut wie relativ zugenommen haben. Denn über die in der DDR den Verkehrsdelikten zugerechnete jugendtypische Straftat der unbefugten Benutzung von Fahrzeugen wurde 1973 mitgeteilt, daß sie »zahlenmäßig eine steigende Tendenz aufweist« [83].

Einen dritten Schwerpunkt bilden die Gewalt- und Sexualdelikte. Letztere hatten 1963 Anteile von 11,8 Prozent bei den 14- und 15jährigen Tätern, von 9,7 Prozent bei den 16- und 17jährigen [84], so daß die in *Tabelle 11* ausgewiesenen Sexual-»Verbrechen« offenbar lediglich die schweren Sexualdelikte wie etwa Notzucht meinen. Die Anteile der Gewaltdelikte entsprachen 1963 etwa den für die Sexualdelikte ausgewiesenen [85].

Diese Deliktgruppen wurden anscheinend in der Zwischenzeit von den Verkehrsdelikten auf den dritten Platz verwiesen, behielten jedoch ihren alten Umfang und erfuhren überdies eine zunehmende Brutalisierung, die man in der DDR mit der »Ausstrahlung der Entwicklung in den kapitalistischen Ländern« erklärt [86].

Über die im (weitesten Sinne) politische Delinquenz der Jugend ist so gut wie nichts bekannt geworden. *Hilde Benjamin* und *Ernst Melsheimer* teilten 1955 mit, »daß auf diesem Gebiet der Kriminalität die prozentuale Beteiligung der Arbeiter und ebenso die prozentuale Beteiligung der Jugendlichen schon immer erheblich geringer war als auf allen anderen Gebieten der Kriminalität und daß diese Beteiligung in ständigem weiteren Abstieg begriffen ist« [87].

Dagegen hieß es 1962 aus Ost-Berlin: »Die Analyse der Straftaten von Jugendlichen ergibt, daß *neben den anti-demokratischen Delikten von Jugendlichen* nach wie vor hauptsächlich Eigentumsdelikte begangen wurden.« »Nach den Maßnahmen vom 13. August 1961« inszenierten Jugendliche, vor allem solche, »die sich vorher in Westberlin umhergetrieben hatten«, »negative Diskussionen und lehnten die Einflußnahme der FDJ ab«. Es gab in dieser Zeit in Ostberlin offenbar eine ganze Reihe von Verfahren wegen versuchter Republikflucht und anderer »gesellschaftsgefährlicher« Straftaten, die auf die »zersetzenden Einflüsse aus Westberlin« zurückgeführt wurden [88]. 1965 teilte *Harrland* mit, »daß die jährliche Anzahl der festgestellten Staatsverbrechen (aller Altersgruppen, A. F.) erheblich abgenommen hat. Die Straftaten gegen die Staatsorgane und die allgemeine Sicherheit sind vom Jahre 1961 bis zum Jahre 1964 um 20,4 Prozent zurückgegangen.« 1964 kamen in der DDR auf 100 000 Einwohner

4 Delikte des Widerstands gegen die Staatsgewalt gegenüber 16 in der Bundesrepublik [89]. 1970 berichteten *Wilfried Friebel* et al. über die Delinquenz organisierter Gruppen, deren Mitglieder zwischen 14 und 30 Jahre, überwiegend jedoch 18 bis 21 Jahre alt waren, daß »stets eine Vielzahl verschiedenster Straftaten, vor allem *Angriffe auf die Staatsorgane und die öffentliche Ordnung*, Eigentumsdelikte und Sachbeschädigungen begangen« wurden [90]. Doch dürfte, sieht man einmal ab von den offenbar auch in der DDR unvermeidlichen Zusammenstößen zwischen jungen Randalierern und der Polizei, insgesamt seit etwa 1964 *Lekschas'* Aussage zutreffen, daß »die politisch-kriminellen Handlungen Jugendlicher letztlich verschwindend gering sind«[91].

Gegenwärtig (1974) wird die Kriminalität der Jugendjahrgänge wie folgt charakterisiert: Sie unterscheide sich erheblich von der Delinquenz der älteren, eher an Delikten gegen das sozialistische Eigentum beteiligten Jahrgänge, denn »Jugendliche und junge Erwachsene sind mehr an Körperverletzungen, Raub, sexuellen Gewaltdelikten, Einbruchsdiebstählen und anderen, überwiegend schweren und mit Gewaltanwendung verbundenen Straftaten, die nahezu ausschließlich in Wohnbereichen begangen werden, beteiligt.« Diese Delikte werden »überwiegend unter Alkoholeinfluß begangen, durch Alkoholeinfluß ausgelöst oder mit verursacht.« »Jugendliche oder junge Erwachsene begehen Straftaten im Wohnbereich häufig gruppenweise. In diesen Gruppen haben vielfach Vorbestrafte, Arbeitsbummelanten, Trinker oder andere fehlentwickelte junge Menschen den bestimmenden Einfluß [92].« Kennzeichnend für die Kriminalität junger DDR-Bürger ist also ihr Auftreten überwiegend im Freizeitbereich, ein hoher Diebstahlsanteil, Gewaltanwendung gegen Personen und Sachen, gruppenförmige Begehungsweise und Alkoholeinfluß.

Straftaten unter Alkoholeinfluß werden vorwiegend von Tätern im Alter zwischen 18 und 35 Jahren begangen [93]. 1969 betrug der Anteil der alkoholbeeinflußten Straftaten an den Delikten aller Altersgruppen 30,6 Prozent [94]. *Harry Dettenborn* teilte 1971 aus einer Untersuchung der Täterpersönlichkeit 16- und 17jähriger Verurteilter folgende Anteile alkoholbeeinflußter Straftaten mit: Bei Bereicherungstätern (Diebstahl, Unterschlagung, Betrug, unbefugte Benutzung von Fahrzeugen) 13 Prozent, bei Sexualtätern 28 Prozent, bei »Aggressivtätern« (zum weitaus größten Teil Körperverletzter) 49 Prozent [95]. Nach *Friebel* et al. liegt der Anteil der alkoholbeeinflußten an den Gewaltdelikten noch höher, er beträgt je nach Deliktgruppe 42 bis 78 Prozent [96].

Unter Alkoholeinfluß standen 1964 23,2 Prozent aller Verkehrsstraftäter von 14 bis unter 18 Jahren, 64,1 Prozent aller Verkehrsstraftäter von 18 bis unter 25 Jahren, 65,7 Prozent aller älteren Verkehrsstraftäter und 61,9 Prozent aller Verkehrsstraftäter insgesamt [97]. Das vorwiegend von jungen Menschen begangene Delikt unbefugter Benutzung von Fahrzeugen wurde (1973) zu 35 Prozent, »Rowdystraftaten«, die ausschließlich den Jugendjahrgängen vorbehalten sind, wurden (1972) »in mehr als zwei Drittel aller Fälle« unter dem Einfluß von Alkohol begangen [98]. Zwar dürfte die alkoholbeeinflußte Kriminalität in der DDR durchaus noch im Rahmen des international Üblichen liegen, dennoch führt man seit Jahren einen energischen Kampf gegen den Alkoholmißbrauch und die ihn begünstigenden Faktoren wie »fehlende sinnvolle Freizeitgestaltung«, »negative Trinkgewohnheiten« und deren Tolerierung besonders durch die Arbeitskollegen und am Arbeitsplatz, Verletzungen der Bestimmungen über den Alkoholausschank an Jugendliche und eine »fehlerhafte Umsatzideologie in Gaststätten [99].« So klagten 1971 *Herbert Kern* und *Günter Lehmann* in der Zeitschrift »Staat und Recht«: »So ist z. B. der Zusammenhang zwischen Alkoholmißbrauch und Kriminalität nachgewiesen und allgemein bekannt. Wenn aber, lediglich von ökonomischen Gesichtspunkten ausgehend, eine ständige Steigerung des Alkoholumsatzes geplant wird, dann hat die Erfüllung der Planung unweigerlich zur Folge, daß allgemein mehr getrunken wird und neue »Trinker gewonnen« werden. Daß sich damit die Auswüchse mehren, liegt auf der Hand.« Die Verfasser fordern, diese Problematik in eine zu entwickelnde »komplexe Gesellschaftsplanung« einzubeziehen [100]. All diese Bemühungen hatten jedoch bisher nicht den gewünschten Erfolg, denn etwa in der Bauwirtschaft, im asozialen Vorfeld der Kriminalität und speziell bei den Gruppenstraftaten Jugendlicher spielt der Alkoholmißbrauch nach wie vor »eine wesentliche Rolle« [101].

In der Mitte der sechziger Jahre wurden Bevölkerung und Behörden der DDR durch die Aktivitäten krimineller Jugendbanden erheblich beunruhigt, wie *Auerbach* ausführlich darstellte [102]. Zwar bestritt man in der Fachliteratur entschieden die Existenz jugendlicher »Gangs« entsprechend den US-amerikanischen Verhältnissen [103], beklagte jedoch gleichzeitig das sogenannte »Rowdytum«. Diese Erscheinung wurde offenbar so ernst genommen, daß man ihr anläßlich der Strafrechtsreform des Jahres 1968 eigene Strafbestimmungen widmete. Danach werden Gewalttätigkeiten, grobe Belästigungen oder böswillige Sachbeschädigungen härter geahndet, wenn sie in der Gruppe begangen werden und die »Mißachtung der öffentlichen Ordnung oder der Regeln des sozialistischen Gemeinschaftslebens« demonstrieren. Gruppendelikte gelten also nur in speziellen, schweren Fällen als »Rowdystraftaten« [104]. Der Anteil der Gruppendelikte ist beachtlich. »Im Jahre 1964 betrug im Bezirk Erfurt der Anteil der Gruppentäter bei den 14- bis 18jährigen etwa 55 Prozent, bei den 18- bis 21jährigen etwa 35 Prozent und bei den 21- bis 25jährigen etwa 20 Prozent [105].« 1969 wurde mitgeteilt: »Bei Jugendlichen ist die Kriminalität in Gruppenform sehr hoch und beträgt nach unseren Schätzungen für den Bereich der DDR mindestens 60 Prozent [106].«

Vor allem Körperverletzungen und sexuelle Gewaltdelikte werden vorwiegend als Gruppendelikt begangen. Dabei handelt es sich überwiegend um junge Täter, von denen »sehr viele« noch unter 18 Jahren waren [107]. Zielt die Strafverfolgungspraxis der DDR bei Jugenddelikten gewöhnlich eher auf erzieherische Maßnahmen – 1973/74 wurden gegen nur 40 Prozent der ermittelten jugendlichen Straftäter Anklage erhoben – so werden Rowdydelikte unnachsichtig verfolgt. 1971 wurden bei nur 20,5 Prozent der wegen Rowdytum Verurteilten Strafen ohne Freiheitsentzug ausgesprochen [108]. Auch Polizei und FDJ werden verstärkt gegen das Rowdytum eingesetzt. Die »Ordnungsgruppen« des Jugendverbandes sorgen seit dem Jahre 1960 für »Ordnung und Disziplin in den Jugendeinrichtungen und auf FDJ- und Jugendveranstaltungen« sowie entsprechend für »Ordnung und Sicherheit auf den öffentlichen Straßen und Plätzen« [109].

Dennoch werden weiterhin Rowdystraftaten begangen, und zwar »fast ausschließlich von Tätern im Alter bis zu 25 Jahren«[110].

Über den hier ausgebreiteten Details jugendlicher Straffälligkeit sollte jedoch nicht vergessen werden, daß die Kriminalitätsbelastung der DDR-Jugend erheblich geringer ist als die ihrer Altersgenossen in der Bundesrepublik. *Tabelle 12* mag dies ausschnitthaft veranschaulichen und erkennen lassen, daß die Kriminalität der jungen DDR-Bürger, gemessen an den ausgewiesenen Daten, etwa ein Drittel der Höhe der westdeutschen Jugend- und Jungerwachsenen-Kriminalität erreicht.

Tabelle 12: Jugendkriminalität 1963
          Ermittelte Täter je 100 000 Gleichaltrige nach ausgewählten Deliktgruppen
          im Vergleich

Delikt	Alter von ... bis unter ...	DDR	BRD	DDR : BRD
Diebstahl und				
Unterschlagung	14–18	847	1 662	1 : 2
	18–21	712	1 734	1 : 2,4
Betrug	14–18	18	71	1 : 3,9
	18–21	92	279	1 : 3
Hehlerei	14–18	23	40	1 : 1,7
	18–21	23	46	1 : 2
Raub u. Erpressung	14–18	4	24	1 : 6
	18–21	12	45	1 : 3,8
Sexualverbrechen	14–18	55	197	1 : 3,6
	18–21	97	180	1 : 1,9
alle Delikte	14–18	1 916	2 676	1 : 1,4
	18–21	2 323	3 541	1 : 1,5

Bundesrepublik: Tätergesamtziffern ohne Verkehrstäter. Mit diesen beträgt das Verhältnis DDR : BRD bei den 14- bis 18jährigen etwa 1 : 2, bei den 18- bis 21jährigen 1 : 3. Vgl. Tab. 5, Daten für 1960.

Quellen bzw. errechnet nach: *Josef Streit,* Die weiteren Aufgaben bei der Verhütung und Bekämpfung der Jugendkriminalität, in: Neue Justiz, 19. Jg., 11 (1965), S. 344; *John Lekschas,* Studien zur Bewegung der Jugendkriminalität in Deutschland und zu ihren Ursachen, in: Wissenschaftlicher Beirat für Jugendforschung des Amtes für Jugendfragen beim Ministerrat der Deutschen Demokratischen Republik (Hrsg.), Studien zur Jugendkriminalität, Berlin (O) 1965, S. 35 f.; Statistisches Jahrbuch für die Bundesrepublik Deutschland 1965, S. 133.

4. Das Delikt gegen das sozialistische Eigentum

In der DDR haben die Eigentumsdelikte mit rd. 50 Prozent den größten Anteil an allen Straftaten. Sie richten sich zur einen Hälfte gegen das Privateigentum der Bürger, zur anderen gegen das »sozialistische Eigentum«, unter dem das Staatseigentum einschließlich der Volkseigenen Betriebe, das Vermögen sozialistischer Genossenschaften sowie der Parteien und Organisationen verstanden wird. Betriebe mit staatlicher Beteiligung sind in strafrechtlicher Hinsicht den volkseigenen gleichgestellt [111].

Im Zeitabschnitt von 1960 bis 1970 gelang es, die Straftaten gegen das persönliche Eigentum auf weniger als die Hälfte zu reduzieren, wozu die Entkriminalisierung der Bagatellstraftaten 1968 erheblich beigetragen haben dürfte *(Tabelle 13).* Die Straf-

Tabelle 13: DDR – Entwicklung der Delikte gegen das sozialistische und gegen das persönliche Eigentum, absolut und in Prozent aller Straftaten

Delikte gegen das sozialistische Eigentum			Delikte gegen das persönliche u. private Eigentum	
	absolut	in Prozent	absolut	in Prozent
1957	34 300	20,2	68 869	40,6
1960	27 230	19,6	43 436	31,2
1965	30 131	23,4	45 415	35,3
1969	24 710	23,3	24 170	22,8
1970 *	26 375	24,2	23 788	21,8

* 1970 ohne Sachbeschädigungsdelikte.

Quellen bzw. errechnet nach: Statistisches Jahrbuch der DDR 1971, S. 481; *Harri Harrland,* Die Kriminalität in der DDR im Jahre 1969, in: Neue Justiz, 24. Jg., 14 (1970), S. 412.

taten gegen das sozialistische Eigentum, die 1960 noch die Hälfte der anderen Delikt-gruppe ausmachten, gingen dagegen nicht zurück, sondern begannen jene ab 1969 relativ wie absolut zu überflügeln. Zudem nehmen die Intensität der Begehungsweise und die Schadenshöhe zu [112]. Der verursachte Schaden übertraf ohnehin stets den bei Straftaten gegen das persönliche Eigentum angerichteten. Der Schaden pro Delikt betrug im Mittel der Jahre 1961 bis 1964 (einschließlich) bei persönlichem Eigentum 183 Mark gegenüber 577 Mark bei sozialistischem Eigentum [113]. Die Straftaten gegen das sozialistische Eigentum gelten aber nicht nur wegen des ökonomischen Schadens als besonders problematisch, sondern vor allem deshalb, weil das sozialistische Eigen-tum an den Produktionsmitteln, um das es sich bei diesen Straftaten sehr häufig handelt, als die entscheidende Grundlage der sozialistischen Gesellschaft betrachtet wird. Indessen ist trotz aller Bemühungen auch heute, nach dreißig Jahren gesell-schaftlichen Wandels, »bei einer Anzahl von Bürgern ... sozialistisches Eigentümer-denken noch nicht vorhanden« [114]. Konkret: »Etwa jede vierte Straftat richtet sich gegen das sozialistische Eigentum [115].« Die *Tabellen 14* bis *16* zeigen Entwicklung und Schwerpunkte dieser Delikte.

Tabelle 14: DDR – Delikte gegen das sozialistische Eigentum 1960/61 nach Bereichen in Prozent

Handel	»fast«	50
Bauwesen	»etwa«	5
Landwirtschaft	»über«	10
Transport und Verkehr	»über«	6
Verwaltungen	»über«	7
Gesellschaftliche Organisationen, insbesondere FDGB u. FDJ	»über«	5

100

Quelle: *Erich Buchholz,* Entwicklung und Erscheinungsformen der Eigentumskriminalität in der DDR, in: Wissenschaftliche Zeitschrift der Humboldt-Universität zu Berlin, Gesellschafts- und sprachwissenschaftliche Reihe, 17. Jg., 5 (1968), S. 647.

Tabelle 15: DDR – Delikte gegen das sozialistische Eigentum 1965 nach Wirtschaftsbereichen
in Prozent

	Diebstahl und Unterschlagung	Betrug
Industrie	18	17
Bauwesen	11	3
Nachrichten- und Transportwesen	11	15
Landwirtschaft	13	6
Handel	28	33
	81	74

Quelle: *Erich Buchholz*, Entwicklung und Erscheinungsformen der Eigentumskriminalität in
der DDR, in: Wissenschaftliche Zeitschrift der Humboldt-Universität zu Berlin, Gesellschafts-
und sprachwissenschaftliche Reihe, 17. Jg., 5 (1968), S. 648.

Tabelle 16: DDR – Beschäftigte und Straftaten gegen das sozialistische Eigentum
nach Wirtschaftsbereichen 1972

Wirtschaftsbereiche	Berufstätige und Lehrlinge in Prozent	Straftaten in Prozent
Binnenhandel	10,7	30
Industrie	38,2	15–20
Landwirtschaft	11,6	10 (»reichlich«)
Bauwesen	7,6	10 (»annähernd«)
Übrige	31,5	30–35
	100	100

Die Angaben zur Berufstätigkeit beziehen sich auf den gesamten Handel und die gesamte
Land- und Forstwirtschaft.
Quellen bzw. errechnet aus: *Autorenkollektiv*, Kriminalitätsvorbeugung und -bekämpfung im
Betrieb, Berlin (O) 1974, S. 59; Statistisches Jahrbuch der DDR 1973, S. 53.

Interessant ist vor allem das Verhältnis der Kriminalitätsanteile zu den Beschäftigtenanteilen, wie es *Tabelle 16* ausweist. Danach sind Handel und Bauwesen deutlich
überrepräsentiert. Dabei ist jedoch zu berücksichtigen, daß die Eigentumsdelikte im
Bereich des Handels »weniger als zur Hälfte« von Betriebsangehörigen begangen
wurden, während der Anteil der Betriebsangehörigen in den übrigen Wirtschaftszweigen 62 bis 72 Prozent betrug, bei Sachbeschädigungen sogar 75 bis 100 Prozent.
Da Eigentumsdelikte im Handel jedoch zahlreicher als in anderen Bereichen begangen
wurden, war die Kriminalität der Betriebsangehörigen »trotzdem absolut sehr beachtlich«. Die Schadenshöhe lag in den Jahren 1971/1972 »bei der Mehrzahl der Straftaten« bei »bis zu 100 oder 500 M«, doch betrug der Schaden im Binnenhandel pro
Täter durchschnittlich 2200 Mark, in einem untersuchten Baukombinat pro Delikt
3600 Mark und in 12 Prozent der Fälle mehr als 10 000 Mark [116]. Aus der Land-
und Nahrungsgüterwirtschaft wird von Betrügereien, Manipulationen und Preisver-

stößen berichtet, die Schäden in Höhe von »mehreren 100 000 M« verursachten [117]. Beachtlich sind die Kriminalitätsanteile der Verwaltungen und der gesellschaftlichen Organisationen, die *Tabelle 14* ausweist. Bedauerlicherweise wurde dieser Bereich in späteren Untersuchungen nicht mehr berücksichtigt.

Für das hier zu behandelnde Thema ist von Bedeutung, daß sich die Täter der innerbetrieblichen, gegen das sozialistische Eigentum gerichteten Kriminalität vom allgemeinen Täterbild wesentlich unterscheiden. Das zeigt *Tabelle 17.*

Tabelle 17: DDR – Altersverteilung der Täter von 1971/72 der in den Betrieben begangenen Straftaten, in Prozent

14 bis unter 18 Jahre	5
18 bis unter 25 Jahre	18
25 bis unter 35 Jahre	42
35 bis unter 45 Jahre	20
45 und älter	15
	100

Quelle: *Autorenkollektiv,* Kriminalitätsvorbeugung und -bekämpfung im Betrieb, Berlin (O) 1974, S. 68.

»Der Höhepunkt krimineller Aktivität liegt hier erst im Alter von 25 bis 34 Jahren, die Anzahl der Strafrechtsverletzter in der Altersgruppe von 35 bis 44 Jahren ist noch erheblich. Bei Tätern über 44 nimmt die Kriminalität nur langsam ab [118].« Diese Kriminalität unterscheidet sich aber von der Gesamtkriminalität nicht nur nach der Altersverteilung, sondern auch nach der Schulbildung und der beruflichen Position der Täter. Bei ihnen handelt es sich – außer im Bauwesen – nur selten um Schulversager, 67 bis 88 Prozent von ihnen haben eine Berufsausbildung abgeschlossen, 70 bis 90 Prozent leisten gute Arbeit. Von den untersuchten Tätern im Bauwesen einer Großstadt besaßen 10,9 Prozent einen Fachschul- oder Hochschulabschluß. Der Anteil der Vorbestraften liegt mit im allgemeinen rd. 15 Prozent unter dem DDR-Durchschnitt, nur im Bauwesen traten mehrfach vorbestrafte Täter konzentriert auf (40 bis 47 Prozent). Die nach der Schadenshöhe und der Begehungsweise schwersten Delikte, vom StGB der DDR als »Verbrechen« eingestuft, wurden zu 83 Prozent von Tätern über 30 Jahre begangen. Leitende Mitarbeiter waren an den Straftaten je nach Wirtschaftsbereich zu 28 bis 46 Prozent als Täter, zu 41 Prozent als Täter von »Verbrechen« beteiligt [119].

Tabelle 18 veranschaulicht die Besonderheiten dieser Deliktgruppe. Verhielt sich die Gesamt-Diebstahlsbelastung der Angestellten zu der der Arbeiter nach *Tabelle 7* etwa wie 1:6, so reduziert sich der Abstand zwischen beiden Gruppen beim Diebstahl am sozialistischen Eigentum auf 1:3. Bei allen ausgewiesenen Gruppen überwiegt der Diebstahl am sozialistischen Eigentum. Eine Ausnahme bilden lediglich die Schüler und Studenten. Dies dürfte zum einen aus der spezifischen Ausprägung der Delinquenz dieser Gruppe überwiegend junger Menschen zu erklären sein, es ist aber auch eine Frage des Zugangs zum sozialistischen Eigentum.

Tabelle 18: DDR – Delikte gegen das private und das sozialistische Eigentum 1961
Von je 100 000 der gleichen Gruppe begingen Diebstähle und Unterschlagungen,
gerichtet gegen

	»privates und persönliches Eigentum«	»sozialistisches Eigentum«
Arbeiter	275	290
Angestellte	17	89
Genossenschaftsbauern	26	54
Genossenschaftliche Handwerker	26	46
Intelligenz	6	26
Einzelhandwerker und kleine Gewerbetreibende	13	37
Unternehmer	12	62
Rentner	1	6
Hausfrauen	8	19
Schüler und Studenten	125	80

Quelle: Erich Buchholz, Entwicklung und Erscheinungsformen der Eigentumskriminalität in der DDR, in: Wissenschaftliche Zeitschrift der Humboldt-Universität zu Berlin, Gesellschafts- und sprachwissenschaftliche Reihe, 17. Jg., 5 (1968), S. 644.

III. Interpretation

1. Jugendkriminalität in der Sicht der DDR

Die Entwicklung der Auffassungen über die Ursachen der Kriminalität wurde für die sozialistischen Staaten insgesamt von *Kaiser,* speziell für die DDR sehr eingehend von *Tschernoff* dargestellt [120]. Sie läßt sich so zusammenfassen: Bis etwa zum Jahre 1961 wurde die in der DDR noch vorhandene Kriminalität »ohne weiteres dem Klassenkampf zugeschrieben«[121]. Kennzeichnend für die damalige Auffassung ist ein Artikel unter der Überschrift »Zehn Jahre demokratische Justiz in Deutschland«, den der damalige Justizminister der DDR, *Hilde Benjamin,* und der Generalstaatsanwalt der DDR, *Ernst Melsheimer,* 1955 in der Zeitschrift »Neue Justiz« veröffentlichten. In ihm ist von »Konzernknechten« die Rede, von Strafverfahren gegen die Zeugen Jehovas, von »Staatsverbrechen« und ganz besonders »Spionageverbrechen«, deren Intensität und Gefährlichkeit zugenommen habe, von »Sabotageverbrechen auf dem Lande«, vom »organisierten illegalen Verbringen unserer hochwertigsten Industriegüter«, von der »Bekämpfung böswilliger Nichtablieferer« und so fort [122]. Noch 1961 schrieb *Harrland:* »Bekanntlich ermöglicht die derzeitige Lage in Deutschland das Einfließen der imperialistischen Verfaulungserscheinungen von Westdeutschland in die DDR, ganz zu schweigen davon, daß in Gestalt von Westberlin mitten im Herzen der DDR immer noch eine Enklave fremder Mächte existiert, deren Kriminalitätsziffer sogar den westlichen Durchschnitt erheblich überschreitet und von welcher aus systematisch die schwersten Verbrechen gegen die DDR organisiert werden. Erst bei Einbeziehung all dessen in unsere Betrachtung ist die günstige Bewegung der Kriminalität in der Deutschen Demokratischen Republik richtig einzuschätzen [123].«

Der »Klassenkampf« innerhalb der DDR, d. h. die sozialistische Umgestaltung der Gesellschaft, war 1958 mit dem V. Parteitag der SED offiziell abgeschlossen, der schädliche westliche Einfluß mit den Sperrmaßnahmen des 13. August 1961 weitgehend beseitigt. Dennoch war die Kriminalität keineswegs verschwunden. Es bedurfte neuer Konzepte zur Erklärung und Bekämpfung der Delinquenz. Der vorübergehende Wiederanstieg der Kriminalität zwischen 1961 und 1963 wurde noch als Folge der Sperrmaßnahmen interpretiert. So schrieb *Streit* 1963: »Das geringfügige Ansteigen der Kriminalität in der DDR in den letzten beiden Jahren liegt in folgendem begründet. Während bis zum 13. August 1961 kriminelle Elemente sich ihrer Verantwortung durch die Flucht nach Westberlin entzogen und dort als ›Helden‹ gefeiert wurden, ist das nach der Errichtung des antifaschistischen Schutzwalles anders geworden. Sie entgehen der Strafverfolgung nicht mehr [124].« *Streit* und *Harrland* führten den Kriminalitätsanstieg ferner zurück auf die »wachsende Unduldsamkeit der Werktätigen gegenüber gesellschaftswidrigen Handlungen«. »Es werden darum auch mehr Straftaten aufgedeckt als früher [125].« Und *Harrland* 1965: «Aus der heutigen Sicht erscheint die vorübergehende Zunahme der statistisch erfaßten Eigentumskriminalität in den Jahren 1961 bis 1963 keineswegs bedenklich. Denn hier fand nicht ein Anstieg der Kriminalität, sondern ein für die wirksame Kriminalitätsbekämpfung unerläßlicher Prozeß seinen Ausdruck, der heute noch nicht abgeschlossen ist und in dessen Verlauf die tatsächlich vorkommenden Straftaten besser aufgedeckt werden [126].« Indessen war der Gedanke, jedes Mehr an statistisch ausgewiesenen Straftaten zeuge von der erhöhten Wachsamkeit der Bürger und der Polizei, auf die Dauer auch für die Kriminalpolitiker der DDR ein unzulänglicher Trost [127]. Nachdem die bisherigen Konzepte von der Realität widerlegt worden waren, entwickelte man eine neue, differenziertere Auffassung. Dabei ergaben sich erhebliche Meinungsverschiedenheiten zwischen den maßgebenden Strafrechtlern untereinander wie auch zwischen diesen und der SED-Führung, die erst durch *Ulbrichts* persönliches Eingreifen 1962 beigelegt wurden, wie *Tschernoff* darstellt [128]. Seitdem ist die folgende Auffassung verbindlich, wobei in der Literatur die Akzente mit unterschiedlichem Nachdruck auf die Nachwirkungen der Vergangenheit, die ideologische Diversion oder die Entwicklungsprobleme der DDR gesetzt werden: »In der DDR wurden mit der kapitalistischen Ausbeutung auch die sozialen Hauptursachen der Kriminalität im wesentlichen beseitigt. Die Ursachen der Straftaten liegen hier hauptsächlich in den Nachwirkungen der Ausbeutergesellschaft im Denken, in den Lebensgewohnheiten und in den Lebensbedingungen der Menschen, sowie in imperialistischen Einflüssen, insbesondere in der ideologischen Diversion, auf das Denken und Handeln eines Teiles der Bürger. Der Kriminalität in der DDR liegen auch Ursachen und Bedingungen zugrunde, die mit den Entwicklungswidersprüchen beim Übergang von der alten Ausbeuterordnung zur neuen, sozialistischen Gesellschaftsordnung und bei der Weiterentwicklung und Festigung der sozialistischen Gesellschaft, bzw. mit Mängeln bei der Bewältigung dieser Entwicklungswidersprüche verbunden sind. Sie werden jedoch nur dann zu Ursachen und Bedingungen der Kriminalität, wenn sie auf rudimentäres Denken bzw. Einflüsse des Imperialismus treffen. Im Gegensatz zur kapitalistischen Gesellschaft sind die Ursachen und Bedingungen der Kriminalität im sozialistischen Staat grundsätzlich überwindbar. Ihre Überwindung hängt vom Grad ihrer Überwindungsreife und damit letztlich von der Qualität und dem Tempo der sozialistischen Entwicklung ab [129].«

Zu Kriminalitätsursachen können also werden erstens die materiellen und immateriellen Residuen der kapitalistischen Vergangenheit, die sich etwa als »falsche« Einstellungen, Lebensgewohnheiten und vor allem Erziehungspraktiken äußern. So schrieben *Buchholz, Richard Hartmann* und *Inge Schaefer* 1969: » Wir halten es für sehr notwendig, mit solch mechanistischen, nur nach Jahreszahlen orientierten Vorstellungen aufzuräumen, als wären alle nach 1945 geborenen jungen Menschen ausnahms- und widerspruchslos in sozialistischer Weise erzogen worden, als brächte die bloße Tatsache des Lebens in einem sozialistischen Staat automatisch, im Selbstlauf sozialistisches Bewußtsein hervor, als hätten wir keinen ideologisch-moralischen Kampf um die Erziehung der Erzieher zu führen gehabt und noch zu führen, als sei bei allen mit erzieherischen Aufgaben Betrauten bereits ein vollkommener sozialistischer Erziehungsstil vorhanden, als gäbe es überhaupt keine bürgerlichen und kleinbürgerlichen Erscheinungen bei der Erziehung der jungen Generation. ... Die Jugendkriminalität als ein spezifischer Ausfluß des sich hartnäckig im Weltmaßstab zur Wehr setzenden Alten wird uns also ganz zwangsläufig noch viele Jahre beschäftigen [130].«

Hinzu kommen zweitens die gegenwärtigen Einflüsse des Kapitalismus auf das Denken und Handeln der Bürger. So ist man überzeugt vom kriminalitätsverursachenden Einfluß westlicher Medien. 1974 hieß es: »Eine Analyse im Bauwesen ergab, daß bei etwa 40 Prozent der Täter feindliche ideologische Einflüsse wirksam geworden sind. Aus Kriminalitätsanalysen und Befragungen der Täter anderer Deliktgruppen ist bekannt, daß die imperialistische Ideologie vor allem über den Empfang westlicher Rundfunk- und Fernsehsendungen auf die meisten Täter einwirkt und ihre Persönlichkeitsentwicklung nachhaltig negativ beeinflußt [131].« Eine im Vergleich zum Stand der westlichen Forschungen zur Medienwirkung erstaunlich sichere Aussage [132]. Leider teilen die Autoren auch nicht andeutungsweise mit, worauf sie sich stützt.

Drittens schließlich wird auch den Entwicklungsproblemen der sozialistischen Gesellschaft ein gewisser kriminalitätsauslösender Einfluß eingeräumt. Allerdings mit zwei Einschränkungen. Sie wirkten nur dann kriminalitätsverursachend, wenn das Bewußtsein der mit ihnen Konfrontierten (noch) vom Kapitalismus beeinflußt sei. Ferner seien diese Entwicklungswidersprüche – im Gegensatz zu denen in kapitalistischen Gesellschaften – nicht-antagonistischer Natur, d. h. prinzipiell überwindbar. Letztlich gebe es »keine Kriminalität, die aus den Errungenschaften des Sozialismus, aus den sozialistischen Produktionsverhältnissen und anderen sozialistischen Gesellschaftsbeziehungen erwächst« [133]. So heißt es etwa im Hinblick auf die im Zusammenhang auch dieses Themas sicherlich nicht unproblematischen Arbeitsbedingungen und die Verteilung der Arbeitsergebnisse: »Es bestehe ›Übereinstimmung ... dahingehend, daß weder das Leistungsprinzip noch die Ware-Geld-Beziehung und das Wertgesetz, da sie dem Sozialismus wesenseigene und seine Entwicklung vorantreibende ökonomische Kategorien sind, als Ursache oder Determinanten der Kriminalität aufgefaßt werden können‹ [134].« Aus den gleichen Gründen muß auch die »strukturpolitisch bedingte Arbeitskräfte- und Bevölkerungskonzentration« Kriminalität prinzipiell nicht be-

günstigen, wie *Streit* 1971 ausführte[135]. Bei allem Verständnis für die politische Notwendigkeit normativer Setzungen, genauer: für die Notwendigkeit, politische Ziele
auch dort zu bestimmen und zu verfolgen, wo sich die Durchführung als schwierig
erweist, diese Argumentation erinnert fatal an das bekannte Morgensternsche »weil –
so schließt er messerscharf – nicht sein kann, was nicht sein darf«. Es ist zu vermuten,
daß die zitierte These durch die Realität auf eine harte Probe gestellt werden wird.
Die besonders hohe Kriminalität derer, die ausschließlich unter sozialistischen Bedingungen aufgewachsen sind und insofern von den Nachwirkungen der überwundenen
Gesellschaftsformation am wenigsten berührt wurden, der Jugend also, bedurfte einer
zusätzlichen Erklärung. *Lekschas* widmete dieser Frage eine Studie, die 1965 veröffentlicht wurde. Danach muß die Kriminalität »in der sozialistischen Gesellschaft
dort am häufigsten zu finden sein, wo die mögliche und notwendige bewußtseinsmäßige
Reife noch nicht« voll oder nicht genügend ausgeprägt ist« (dies erklärt nach *Lekschas*
zugleich die vergleichsweise höhere Kriminalitätsbelastung der Erwachsenen, die auf
einem niedrigen geistigen, kulturellen und Bildungsniveau stehen)[136]. Die Auffassung,
Jugendkriminalität sei ein Ausdruck sozialer Unreife, wurde allgemein übernommen.
Harrland schrieb 1968: Der Verlauf der Alterskurve der DDR-Kriminalität (vgl.
Tabelle 4) sei »für sozialistische Bedingungen durchaus nicht atypisch. Es handelt sich
vielmehr um eine extrem negative Äußerung des komplizierten sozialen Reifeprozesses
im Jugendalter. Hier kumulieren viele spezifische Probleme der Integration in die
sozialistische Gesellschaft, namentlich der Reifung des Verantwortungsbewußtseins.«
Und: »Es wäre in der Tat völlig unnatürlich, wenn in der sozialistischen Gesellschaft
der Kriminalitätshöhepunkt mehr in die Richtung der älteren, reiferen Jahrgänge, die
ihren Platz im sozialistischen Leben längst gefunden haben, verlagert wäre oder wenn
in diesen Jahrgängen – wie im kapitalistischen Deutschland – eine beträchtliche Krimi-
nalitätshäufigkeit lange erhalten bliebe[137].«
Indessen gibt es auch in der DDR eine Kriminalität der bisher unauffälligen, sozial
integrierten, schulisch und beruflich erfolgreichen »älteren, reiferen Jahrgänge, die
ihren Platz im sozialistischen Leben längst gefunden haben«, nämlich die Delikte, die
im Straßenverkehr, im Rahmen des Berufs und gegen das sozialistische Eigentum verübt werden. Im Betrieb und im Rahmen der Berufsausübung werden mehr als ein
Drittel aller Straftaten begangen[138]. Wenn die bis zu 25jährigen daran nicht mit den
zu erwartenden 50 Prozent, sondern nur zu 23 Prozent beteiligt sind, während daran
andererseits die älteren und bewährten Arbeitskräfte, die Betriebs- und Abteilungs-
leiter, die Hochschul- und Fachschulabsolventen mit den in *Tabelle 17* ausgewiesenen
Anteilen mitwirken, so zeigt dies selbst unter Berücksichtigung der geringeren Möglichkeiten der Jugend, solche Delikte zu verüben, daß auch in der DDR Formen
kriminellen Verhaltens existieren, die erst im Erwachsenenalter »erlernt« werden. Indem die Jugend in die sozialistische Gesellschaft und ihre Arbeitswelt hineinwächst,
entwächst sie in aller Regel auch den »anarchischen« Bereicherungs- und Gewaltdelikten. Sie läuft aber gleichzeitig Gefahr, eine neue, qualifiziertere Form der Kriminalität zu erlernen.

2. Zum Einfluß demographischer Gegebenheiten

Seit Vorliegen der kriminalstatistischen Arbeiten von *A. M. Guerry* und *Adolphe Quetelet*, seit 140 Jahren also, ist bekannt, daß Kriminalität als Gesamterscheinung bestimmten Gesetzmäßigkeiten unterliegt, speziell daß ein Zusammenhang besteht zwischen der Wohndichte, der Struktur und der Entwicklung der Bevölkerung einerseits und dem Ausmaß, der Struktur und der Entwicklung der Kriminalität andererseits. Ändern sich die demographischen Daten, so ändern sich auch Höhe und Erscheinungsform der Kriminalität [139]. Diesen Fragen ist man in der DDR-Literatur bei der Betrachtung der eigenen Kriminalitätsentwicklung nur mit Vorbehalt, bei Vergleichen mit der westdeutschen Kriminalität überhaupt nicht nachgegangen, wie *Tschernoff* kritisch anmerkt [140]. *Harrland* verwahrte sich noch 1969 gegen das Argument, »es müsse berücksichtigt werden, daß die Gesamtkriminalität wesentlich durch die Kriminalität in den Großstädten beeinflußt werde und Westdeutschland dadurch ungünstiger dran sei als die DDR« [141] und verglich zum Beweis dessen die Kriminalitätsbelastungen Ostberlins, Magdeburgs, Rostocks usf. mit den Häufigkeitsziffern der Städte Hamburg und Bremen. Indessen wird eine ganze Reihe von Erscheinungen der Kriminalität in der DDR, auch im Vergleich zur westdeutschen Entwicklung, erheblich transparenter, bringt man sie mit relevanten demographischen Daten aus beiden deutschen Staaten in Zusammenhang. Derartige Gegenüberstellungen können Kriminalität nicht »erklären«, sie ermöglichen aber eine vergleichende Einordnung nach den bisherigen Erfahrungen der Kriminologie. Art und Ausmaß der Abweichungen von diesen machen das Spezifische der untersuchten Kriminalität aus und können als Ansatzpunkte für speziellere, tiefergehende Fragestellungen dienen.

Tabelle 19: Bevölkerungsentwicklung in beiden deutschen Staaten

	DDR			Bundesrepublik Deutschland *		
Gebiet	108 178 km²			248 577 km²		
	Bevölkerung	Bev. 1950 = 100	Bev./ km²	Bevölkerung	Bev. 1950 = 100	Bev./ km²
1950	18 388 172	100	170	50 790 700	100	205
1960	17 188 488	93,5	159	55 958 000	110,2	225
1970	17 056 983	92,8	158	60 650 600	119,4	244
1973	16 951 251	92,2	157	61 973 000	122,0	249

* Territorium und Bevölkerung stets einschließlich Berlin (West) und Saarland.

Quellen bzw. errechnet nach: Statistisches Jahrbuch der DDR 1955, S. 20; 1960/61, S. 34; 1966, S. 517; 1971, S. 430; 1974, S. 417. Statistisches Jahrbuch für die Bundesrepublik Deutschland 1952, S. 12; 1962, S. 41 u. 46; 1972, S. 30, 34 u. 44; 1974, S. 34.

Nach diesen Daten *(Tabelle 19)* lebt in der Bundesrepublik auf wenig mehr als der doppelten Fläche der DDR eine mehr als das Dreieinhalbfache betragende Bevölkerung. In unserem Zusammenhang ist der Rückgang der DDR-Bevölkerung um rd. 1,5 Millionen und der Zuwachs der westdeutschen Bevölkerung um knapp 11 Millionen von besonderem Interesse. Und ebenso die unterschiedliche Bevölkerungsdichte bereits im

Jahre 1950 und deren gegenläufige Entwicklung bis 1973. Auf die mögliche Bedeutung dieser Daten für die unterschiedliche Kriminalitätsentwicklung in beiden deutschen Staaten wies *Hellmer* hin, ohne diesen Fragen jedoch im einzelnen nachzugehen [142]. Auch an dieser Stelle soll zunächst der Hinweis genügen, daß eine Zunahme der Bevölkerung und der Bevölkerungsdichte von diesem Ausmaß nach aller Erfahrung mit einem Kriminalitätsanstieg verbunden ist, ein Bevölkerungsrückgang dagegen eher eine Abnahme oder doch Stabilisierung der Kriminalität wahrscheinlich macht [143]. Ähnliche Unterschiede, wie in *Tabelle 19* ausgewiesen, ergeben sich, ordnet man die Bevölkerung nach der Wohnortgröße.

Tabelle 20: Bevölkerung nach der Wohnortgröße in Prozentanteilen

»Gemeinde-größenklasse« *	Gemeinden von ... bis unter ... Einwohner	DDR		Bundesrepublik	
		1950	1970	1950	1970
»Landgebiet«	unter 2 000	29,0	26,3	27,6	18,7
	2 000– 5 000	13,7	11,8	13,0	11,2
	5 000– 20 000	18,2	17,9	15,3	18,9
»Kleinstadt«	20 000– 50 000	13,6	15,3	8,4	11,8
	50 000–100 000	4,8	6,8	5,2	7,0
»Mittelstadt«	100 000–500 000		9,2		15,1
		20,7		30,5	
»Großstadt«	500 000 u. mehr		12,7		17,3

* Nach *Anne-Eva Brauneck*, Allgemeine Kriminologie, Reinbek bei Hamburg 1974, S. 46. Bundesrepublik 1950 ohne Saarland, dessen Bevölkerungsdichte in diesem Jahr mit 369,3 Einwohnern pro km² erheblich über dem Durchschnitt von 205 lag, so daß nach heutigem Gebietsstand der Bevölkerungsanteil der größeren Gemeinden bereits 1950 im Vergleich zur DDR noch höher gelegen haben dürfte.
Quellen bzw. errechnet nach: Statistisches Jahrbuch der DDR 1971, S. 10 u. 14. Statistisches Jahrbuch für die Bundesrepublik Deutschland 1952, S. 20 u. 23; 1972, S. 34.

Tabelle 20 zeigt die Unterschiede in der Siedlungsstruktur beider deutschen Staaten, die bereits 1950 deutlich ausgeprägt waren. Ferner den in beiden Staaten mit recht unterschiedlicher Intensität verlaufenden Prozeß der Bevölkerungskonzentration in die größeren und Großstädte. Folgt man der von *Anne-Eva Brauneck* mitgeteilten polizeistatistischen Einteilung nach »Gemeindegrößenklassen« [144], so lag der Anteil der im »Landgebiet« lebenden DDR-Bevölkerung 1950 um 5,0, 1970 sogar um 7,2 Prozentpunkte über dem entsprechenden westdeutschen Anteil. Noch stärker differieren die Bevölkerungsanteile der großen Städte. 1950 wie 1970 lag der Anteil der Städte mit 100 000 Einwohnern und mehr in der Bundesrepublik um 10 Prozentpunkte höher als in der DDR, 1970 der Anteil allein der »Großstädte« um knapp 5 Prozentpunkte. Dabei sind nicht nur die Relationen, sondern auch die absoluten Größenordnungen von Bedeutung. 1970 lebten in den »Mittelstädten« der DDR rd. 1,57 Millionen Einwohner, gegenüber 9,18 Millionen in der Bundesrepublik. Für die »Großstädte« betrugen die Zahlen 2,17 bzw. 10,47 Millionen.

Tabelle 21: Entwicklung der Bevölkerung nach Altersgruppen in Prozentanteilen

	... bis unter ... Jahre	1950	1955	1960	1965	1970	1973 (BRD 1972)
DDR	0–14	21,1	19,0	20,7	22,3	21,8	20,8
	14–18	6,4	7,4	4,5	5,4	6,1	6,2
	18–21	4,0	5,0	4,9	2,8	4,5	4,7
	21–25	5,0	5,2	6,4	5,6	4,2	5,8
	25–35	10,3	11,8	12,6	14,2	14,3	12,8
	35–45	15,1	10,7	9,6	11,3	12,2	13,3
	45–60	21,9	22,6	21,0	16,9	14,8	14,3
	60 u. älter	16,2	18,3	20,3	21,5	22,1	22,1
		100	100	100	100	100	100
BRD	0–14	21,8		20,6			21,3
	14–18	6,2		5,1			5,5
	18–21	4,3		5,2			4,0
	21–25	6,0		6,7			5,4
	25–35	12,6		13,7			14,5
	35–45	15,6		11,7			13,4
	45–60	19,7		21,0			16,2
	60 u. älter	13,8		16,0			19,7
		100		100			100

DDR-Minima hervorgehoben.
Bundesrepublik 1950 ohne Berlin (W) und Saarland, 1960 ohne Berlin (W).
Errechnet nach: Statistisches Jahrbuch der DDR 1955, S. 20; 1960/61, S. 34; 1966, S. 517; 1971, S. 430; 1974, S. 417. Statistisches Jahrbuch der Bundesrepublik Deutschland 1952, S. 26; 1962, S. 44; 1974, S. 44.

Tabelle 22: DDR – Entwicklung der Bevölkerung nach Altersgruppen, Indexzahlen, 1950 = 100

... bis unter ... Jahre	1950	1955	1960	1965	1970	1973
0–14	100	87,7	91,2	98,2	95,7	90,9
14–18	100	111,7	66,1	77,6	88,9	88,7
18–21	100	119,8	112,8	63,8	105,0	108,2
21–25	100	101,0	119,7	103,0	78,3	107,2
25–35	100	111,0	114,2	127,9	128,4	114,7
35–45	100	68,8	59,7	69,7	75,3	81,6
45–60	100	99,9	89,8	71,3	62,4	60,0
60 u. älter	100	109,7	117,7	123,6	126,8	125,8
Gesamtbevölkerung	100	97,0	93,5	92,7	92,8	92,2

Minima hervorgehoben.
Errechnet nach: Statistisches Jahrbuch der DDR 1955, S. 20; 1960/61, S. 34; 1966, S. 517; 1971, S. 430; 1974, S. 417.

Noch deutlicher werden die Unterschiede, stellt man ab auf die sogenannten Ballungsräume. Sie sind definiert als Gebiete, in denen mehr als eine halbe Million Menschen bei einer Wohndichte von rd. 1000 Einwohnern pro km² auf zusammenhängender Fläche leben[145]. Danach weist die DDR vier Ballungsräume mit insgesamt 4,34 Millionen Einwohnern auf, nämlich Berlin (O), Karl-Marx-Stadt/Zwickau, Halle/Leipzig/ Merseburg und Dresden, die Bundesrepublik dagegen deren elf mit insgesamt 22,65 Millionen Einwohnern. Hinzu kommen nach den Gesetzen und Beschlüssen zur Raumordnung 14 sogenannte Verdichtungsräume wie etwa Bielefeld/Herford, Braunschweig oder Augsburg mit rd. 3,7 Millionen Einwohnern, denen in der DDR nur die vier Räume Erfurt, Magdeburg, Potsdam und Rostock mit zusammen 0,85 Millionen Einwohnern entsprechen[146]. Damit leben in Ballungs- und Verdichtungsräumen in der DDR 5,19 Millionen oder rd. 31 Prozent der Bürger, in der Bundesrepublik dagegen 25,35 Millionen oder rd. 43 Prozent der Einwohner. Dabei haben diese Räume in der Bundesrepublik die Tendenz zur Ausweitung und weiterer Verdichtung, während sie in der DDR aufgrund geringer Binnenwanderung eher konstant bleiben[147]. Statt dessen entstanden drei neue Konzentrationen »auf grüner Wiese« in Eisenhüttenstadt, Hoyerswerda und Schwedt, jedoch mit 30 000–60 000 Einwohnern in nur »kleinstädtischer« Größenordnung – dennoch freilich mit beachtlicher Kriminalität. Insgesamt ist nicht zu übersehen, daß die DDR im Vergleich zur Bundesrepublik in erheblich höherem Maße »ländlich-kleinstädtisch« strukturiert ist. Daß eine solche Struktur kriminalitätshemmend wirkt, wird inzwischen auch von DDR-Autoren eingeräumt. 1960 allerdings versuchte *Harrland* noch, den Einfluß der Bevölkerungsdichte auf das Kriminalitätsausmaß zu leugnen. Seine Begründung: die Kriminalitätsziffer des überwiegend landwirtschaftlich ausgerichteten Bezirks Frankfurt (Oder) übertreffe die des industriellen Bezirks Karl-Marx-Stadt bei weitem. Daher habe die Kriminalität »mit der Industrie« und »der dadurch bedingten Konzentrierung großer Bevölkerungsgruppen« nur »wenig ... zu tun«[148]. Der Autor vergaß seinerzeit allerdings, die für die Anomalie ursächliche, extrem hohe Kriminalität der im Bezirk Frankfurt gelegenen »Aufbauzentren« Eisenhüttenstadt und Schwedt zu erwähnen. Die seit 1960 veröffentlichten DDR-Daten zur Verteilung der Kriminalität nach der Ortsgröße entsprechen indessen zumindest hinsichtlich der Relationen den internationalen Befunden.
Harrland wies 1968 darauf hin, »daß die künftig in das Strafmündigkeitsalter hineinwachsenden Jahrgänge in der Regel stärker besetzt sein werden als die bisherigen (schwachen Geburtsjahrgänge aus der Kriegs- und Nachkriegszeit)«, und daß dies Auswirkungen auf die Entwicklung der Kriminalität in der DDR haben werde[149]. Dieser Hinweis läßt es lohnend erscheinen, die Entwicklung der einzelnen Altersgruppen in beiden Staaten miteinander zu vergleichen.
Nach den *Tabellen 21* und *22* hätte in der DDR die Gruppe der gerade strafmündig gewordenen 14- bis 17jährigen im Jahre 1960 ihr Minimum erreicht und nimmt seitdem relativ wie absolut zu. Die Gruppe der 18- bis 20jährigen wächst seit 1965, die der 21- bis 25jährigen seit 1970. Vergegenwärtigt man sich die hohen Täterziffern dieser Altersgruppen, so wird klar, daß diese Entwicklung bei einer auch nur annähernd konstanten Kriminalitätsbelastung dieser Jahrgänge einen Anstieg der Jugend- und der Gesamtkriminalität bewirken muß. Der Einfluß der Altersstruktur der Be-

völkerung auf die Kriminalitätsentwicklung ist nicht zu übersehen. Die hier ange-sprochenen Unterschiede zwischen DDR und Bundesrepublik werden besonders deut-lich, faßt man die strafmündige Bevölkerung in drei Gruppen gemäß dem Alter und der Kriminalitätsbelastung zusammen, wie dies *Tabelle 23* ausweist:

Tabelle 23: Entwicklung der strafmündigen Bevölkerung (14 J. und älter) nach Altersgruppen in Prozent

	Alter von ... bis unter ...	Kriminalitäts-belastung	1950	1955	1960	1965	1973
DDR	14–25	hoch	19,6	21,7	19,9	17,7	21,2
	25–45	mittel	32,1	27,8	28,0	32,9	33,0
	45 u. älter	niedrig	48,3	50,5	52,1	49,4	45,8
			100	100	100	100	100
							1972
BRD	14–25	hoch	21,1		21,4		18,9
	25–45	mittel	36,1		32,0		35,5
	45 u. älter	niedrig	42,8		46,6		45,6
			100		100		100

Bundesrepublik 1950 ohne Berlin (West) und Saarland, 1960 ohne Berlin (West).
Errechnet nach: Statistisches Jahrbuch der DDR 1955, S. 20; 1960/61, S. 34; 1966, S. 517; 1971, S. 430; 1974, S. 417. Statistisches Jahrbuch für die Bundesrepublik Deutschland 1952, S. 26; 1962, S. 44; 1974, S. 44.

Die Tabelle läßt die ungleiche Ausgangsposition beider Staaten im Jahre 1950 er-kennen. Die Anteile der hoch- und mittelbelasteten Bevölkerungsgruppen der Bundes-republik lagen über, der Anteil der niedrig belasteten Gruppe lag weit unter den entsprechenden DDR-Anteilen. 1960 differierten die Anteile der niedrig belasteten Gruppe um nahezu den gleichen Betrag, und auch die Anteile der höher belasteten Gruppen unterschieden sich weiterhin zugunsten der DDR. 1972/1973 trat dann eine Annäherung ein, die Folgen des Krieges und der Fluchtbewegung waren überwunden, die Bevölkerungsstruktur der DDR normalisierte sich. Die DDR-Jugend nimmt vor-läufig noch zu, doch läßt ein Blick zurück auf die jeweils erste Zeile der *Tabellen 21* und *22* den Geburtenrückgang seit 1965 deutlich erkennen. Langfristig nehmen die Anteile der über 60jährigen in beiden Staaten nach den *Tabellen 21* und *22* kontinuier-lich zu. Die vergleichsweise geringere Kriminalität in der DDR in den vergangenen Jahren dürfte sich zum Teil aus den in *Tabelle 23* ausgewiesenen Unterschieden er-klären lassen. Der Anstieg der DDR-Kriminalität in den letzten Jahren wäre nach diesen Daten auch ein Ausdruck der Normalisierung der Bevölkerungszusammen-setzung.

Angesichts der aus beiden Staaten berichteten Unterschiede in der Kriminalitäts-belastung der beiden Geschlechter ist auch ein Blick auf die Entwicklung der Bevölke-rungszusammensetzung nach dem Geschlecht recht aufschlußreich.

Tabelle 24 zeigt nämlich, daß auch hier beachtliche Unterschiede zwischen den Bevöl-kerungen beider Staaten bestanden und zum Teil noch bestehen. Die Anteile der Frauen aller Altersgruppen waren in der DDR stets größer, lediglich bei der Jugend fand

Tabelle 24: Weiblicher Anteil an der Gesamtbevölkerung sowie an den Strafmündigen
nach Altersgruppen, in Prozent

| | DDR | | | Bundesrepublik * | | |
	1950	1960	1973	1950	1960	1973
Gesamtbevölkerung	55,6	54,9	53,7	53,1	52,8	52,2
14 bis unter 25 Jahre	52,2	49,4	48,7	49,7	48,9	48,7
25 bis unter 45 Jahre	60,8	56,3	49,7	56,4	53,4	47,8
45 und älter	57,2	59,4	61,6	54,8	56,6	59,2

* 1950 ohne Berlin (West) und Saarland, 1960 ohne Berlin (West).
Errechnet nach: Statistisches Jahrbuch der DDR 1960/61, S. 34; 1971, S. 430; 1974, S. 417.
Statistisches Jahrbuch für die Bundesrepublik Deutschland 1952, S. 26; 1962, S. 44 u. 46;
1974, S. 44.

1972/73 eine Angleichung statt. Zur Veranschaulichung der ausgewiesenen Verhältniszahlen: in der DDR kamen 1950 auf 100 Männer 125 Frauen, 1973 immer noch 116
Frauen. Die Zahlen für die Bundesrepublik lauten 113 bzw. 109. Ein höherer Frauen-
anteil bedeutet aber niedrigere Kriminalitätsziffern, ein Rückgang des Frauenanteils
der Bevölkerungsgruppe im Alter von 14 bis 44 Jahren, wie er in beiden Staaten zu
verzeichnen ist, läßt die Kriminalität steigen.
Insgesamt zeigen die in diesem Abschnitt ausgewiesenen Daten, daß beachtliche Unterschiede zwischen beiden deutschen Staaten bestanden und noch bestehen, die kaum ohne
Einfluß auf die jeweilige Kriminalitätsentwicklung gewesen sein können. Dies gilt für
die Bevölkerungsentwicklung und die Entwicklung der Siedlungsdichte, für die Siedlungsstruktur und die Altersstruktur der Bevölkerung sowie für die Zusammensetzung
der Bevölkerung nach dem Geschlecht. Unter all diesen Aspekten begünstigen die
DDR-Verhältnisse eher eine niedrigere, die westdeutschen Verhältnisse eher eine
höhere Kriminalität. Wenn dies in der DDR-Literatur verschwiegen oder gar bestritten wird und alle Unterschiede ausschließlich auf die jeweilige Gesellschaftsordnung
zurückgeführt werden, so ist dies sicherlich ebenso bedenklich, wie es eine Vernachlässigung der systemspezifischen Einflüsse sein würde.

3. Straßenverkehr und Verkehrsdelinquenz
Bei Kriminalitätsvergleichen zwischen Ost und West und in den westdeutschen
Analysen der DDR-Kriminalität nimmt die Verkehrsdelinquenz eine Sonderstellung
ein: sie bleibt gewöhnlich unberücksichtigt. Das Bild der Gesamtkriminalität und ihrer
Struktur wird durch die unterschiedliche Höhe der Verkehrsdelinquenz in solchem
Maße verzerrt, daß man zu Vergleichszwecken ausschließlich auf die »klassische« Kriminalität abstellt. Ein solches Vorgehen, etwa im »Bericht der Bundesregierung und
Materialien zur Lage der Nation 1972«, ist um so legitimer, als der Verkehrsdelinquenz
in der kriminologischen Literatur ohnehin eine Sonderstellung zugewiesen wird. Diese
dürfte nach *Kaiser* et al. in der Häufigkeit dieser Delikte und in der ganz überwiegend
nur fahrlässigen Begehungsweise begründet sein[150]. Auch die Herausnahme der Verkehrsdelikte aus der westdeutschen Kriminalstatistik kennzeichnet diese Sonderstellung. Da die Verkehrsdelinquenz in der Bundesrepublik jedoch seit langem etwa die

Hälfte aller Straftaten ausmacht und auch in der DDR zunehmend Probleme aufwirft, da sie überdies nach dem Ausmaß des angerichteten Schadens keineswegs als eine Summe von »Kavaliersdelikten« abgetan werden kann, soll sie hier ausdrücklich behandelt werden. Am ›Sonderfall Verkehrsdelinquenz‹ läßt sich deutlich machen, daß ein Zusammenhang zwischen dem Stand der technisch-wirtschaftlichen Gegebenheiten und dem Auftreten bestimmter strafbarer Handlungen besteht.

Soweit die Verkehrsdelinquenz im jeweils anderen deutschen Staat überhaupt behandelt wurde, geschah dies nur skizzenhaft. In der DDR-Literatur wies man zwar gelegentlich auf die hohe westdeutsche Verkehrsdelinquenz hin, ging jedoch auf die möglichen Ursachen, etwa den Stand der Motorisierung, nicht näher ein. In der westlichen Literatur dagegen wurde das Thema gewöhnlich mit dem Hinweis auf den unterschiedlichen Stand der Motorisierung abgetan. Dieser Hinweis ist zutreffend, zu seiner Bestätigung bedarf es allerdings der genaueren Analyse.

Wählt man 1967 zum Vergleichsjahr (das letzte, aus dem die Verurteiltenzahlen der DDR bekannt sind), so verhalten sich, umgerechnet auf die gleiche Einwohnerzahl, der Kraftfahrzeugbestand der DDR zu dem der Bundesrepublik wie 1:1,1; die Verkehrsflächen, gemessen in Kilometern der Straßen des überörtlichen Verkehrs, wie 1:1; dagegen die Straßenverkehrsunfälle der DDR zu denen der Bundesrepublik wie 1:5,9; die Zahlen der Verletzten wie 1:2,5; die der Getöteten wie 1:2,7 und die der wegen Straßenverkehrsdelikten Verurteilten wie 1:9,9 [151]. Stellt man lediglich auf den Kraftfahrzeugbestand ab, so ist die Verkehrsdisziplin der DDR-Bürger unvergleichlich besser als die der westdeutschen Verkehrsteilnehmer. Das Bild ändert sich jedoch, berücksichtigt man die Zusammensetzung der Fahrzeugbestände. In der DDR machten die Pkw noch 1973 nur 29,6 Prozent, die Zweiräder dagegen 60,9 Prozent aller Fahrzeuge aus. Für die Bundesrepublik lauteten die Zahlen 78,6 und 8,4 Prozent. Obwohl die Anteile der Nutzfahrzeuge (Lkw, Busse, Zugmaschinen und Schlepper) einander etwa entsprechen, ist die Zusammensetzung der Fahrzeugbestände – und damit des Straßenverkehrs – beider Staaten außerordentlich unterschiedlich. Gegenwärtig verkehren auf den Straßen der DDR, umgerechnet auf die gleiche Bevölkerungszahl und im Vergleich zur Bundesrepublik: ein Drittel an Pkw, drei Viertel an Lkw, die Hälfte an Zugmaschinen und Schleppern, dafür jedoch das Vierfache an Mopeds und das Vierundzwanzigfache an Motorrädern und Rollern *(Tabelle 25)*. Die gleichen Relationen ergeben sich, stellt man ab auf die Fahrzeugzahl je Kilometer Straße, weil die Verkehrsflächen einander entsprechen.

Die Bedeutung der unterschiedlichen Zusammensetzung des Fahrzeugparks für das hier zu behandelnde Thema ergibt sich vor allem aus der recht unterschiedlichen jährlichen Fahrleistung der einzelnen Fahrzeugarten. Für die Fahrzeuge der Bundesrepublik wurden 1966 folgende jährliche Durchschnittsfahrleistungen angegeben: Mopeds und Mofas: 3500 km, Motorräder und Roller: 5100 km; Pkw und Kombi: 16 800 km; Lkw und Sonderfahrzeuge (wie Krankenwagen, Tanklastwagen, Betontransporter usw.): 25 300 km und für Omnibusse 47 800 km [152]. Die Fahrzeugleistungen in den Jahren vor und nach 1966 mögen von diesen Werten ein wenig abweichen, doch dürfte das im Rahmen dieser Betrachtung zu vernachlässigen sein. Die jährlichen Kilometerleistungen der DDR-Fahrzeuge dürften um einiges unter den Durchschnittswerten für

Tabelle 25: Bestand an zugelassenen Fahrzeugen je 1 000 Einwohner

		1950	1955	1960	1965	1970	1973
DDR	Pkw und Kombi	4,1	6,5	17,3	38,9	68,0	90,6
	Lkw und Spezialfahrzeuge	5,3	5,6	7,6	9,7	13,4	15,9
	Omnibusse	0,1	0,3	0,5	0,7	1,0	1,1
	Motorräder u. Roller	10,7	19,4	49,2	69,8	80,5	80,1
	Mopeds u. Mofas	–	2,4	27,7	67,2	90,2	106,8
	Zugmaschinen und landwirtschaftliche Schlepper	–	3,3	5,0	8,8	11,4	12,0
	insgesamt	20,3	37,5	107,3	195,1	264,5	306,5
BRD	Pkw und Kombi	10,9		79,9		229,9	274,9
	Lkw und Spezialfahrzeuge	7,8		12,8		18,5	20,2
	Omnibusse einschl. O-Busse	0,3		0,6		0,8	0,9
	Motorräder u. Roller	12,9		33,7		3,8	3,4
	Mopeds u. Mofas	–		39,4		17,4	25,8
	Zugmaschinen und landwirtschaftliche Schlepper	2,9		15,5		23,9	24,7
	insgesamt	34,8		181,9		294,3	349,7

Bundesrepublik 1950 ohne Berlin (West) und Saarland.
Errechnet nach: Statistisches Jahrbuch der DDR 1974, S. 3 u. 245. Statistisches Jahrbuch für die Bundesrepublik Deutschland 1952, S. 299; 1961, S. 358; 1972, S. 13 u. 324; 1974, S. 326.

die Bundesrepublik liegen. Hierfür sind die Fahrzeug- und Treibstoffpreise (in Relation zum Einkommen) sowie die Schwierigkeiten der Ersatzteil- und Fahrzeugneubeschaffung von Bedeutung[153]. Da genauere Daten nicht zur Verfügung stehen, sollen die oben angeführten jährlichen Durchschnittsfahrleistungen (und die in den statistischen Jahrbüchern detailliert ausgewiesenen Fahrzeugbestände) der folgenden Berechnung zugrunde gelegt werden. Dies bedeutet keine »Benachteiligung« der DDR, niedrigere Fahrleistungen als die oben angegebenen ergeben rechnerisch eine geringere Verkehrsdichte und damit ungünstigere Unfallrelationen. Die Leistung der Zugmaschinen und Schlepper konnte nicht berücksichtigt werden, da sie in Arbeitsstunden und nicht in Kilometern gemessen wird. Da diese Leistung jedoch überwiegend abseits der Hauptverkehrswege erbracht wird und der Schlepperbestand der DDR (umgerechnet) nur die Hälfte des westdeutschen ausmacht, konnte diese Fahrzeuggruppe vernachlässigt werden, ohne daß dadurch das Bild des Straßenverkehrs wesentlich verzerrt würde oder der Vergleich zuungunsten der DDR ausfiele.
Es ergeben sich für die Jahre 1950, 1960 und 1973 folgende Werte: In der DDR stieg die Zahl der Kraftfahrzeuge von 0,37 über 1,85 auf 5,20 Millionen, in der Bundesrepublik von 1,95 über 10,22 auf 21,72 Millionen. In der DDR stieg die jährliche Fahrzeuggesamtleistung in Kilometern von 5,58 über 14,79 auf 46,88 Milliarden, in

der Bundesrepublik von 23,46 über 112,63 auf 326,95 Milliarden. Die Zahl der Fahr-
zeugkilometer pro Einwohner stieg in der DDR von 304 über 858 auf 2761, in der
Bundesrepublik von 492 über 2005 auf 5276. Diese Auflistung konnte dem Leser nicht
erspart werden, weil sie deutlich macht, daß der Straßenverkehr der Bundesrepublik
bereits 1950 wesentlich dichter war als der der DDR, und daß sich der Abstand seitdem noch vergrößerte. Zwar verhalten sich die Fahrzeugbestände (umgerechnet) zueinander etwa wie 1:1, die Kilometerleistung jedoch 1960 wie 1973 wie 1:2. Mit
anderen Worten: Der Straßenverkehr in der Bundesrepublik ist etwa doppelt so dicht
wie der in der DDR. Welcher Zusammenhang besteht nun zwischen der Verkehrsleistung und dem Unfallgeschehen? Das sollen die folgenden *Tabellen 26* und *27*
deutlich machen.

Tabelle 26: Getötete im Straßenverkehr

		1950	1960	1965	1970	1973
DDR	absolut	–	–	1 730	2 139	2 122
	pro 100 000 Einwohner	–	–	10,1	12,5	12,5
	pro 100 000 Kraftfahrzeuge	–	–	52,1	47,4	40,8
	pro 1 Milliarde Kfz-km	–	–	66,7	55,6	45,3
BRD *	absolut	6 314	14 404	15 753	19 193	16 317
	pro 100 000 Einwohner	13,2	25,9	26,7	31,6	26,3
	pro 100 000 Kraftfahrzeuge	324,0	141,0	117,8	107,6	75,3
	pro 1 Milliarde Kfz-km	269,1	127,9	83,2	71,2	49,9

* 1950 ohne Berlin (West) und Saarland.
Quellen bzw. errechnet nach: Statistisches Jahrbuch der DDR 1971, S. 481; 1974, S. 3, 245,
S. 247. Statistisches Jahrbuch für die Bundesrepublik Deutschland 1952, S. 306; 1961, S. 365;
1969, S. 340 f.; 1974, S. 349 f.

Tabelle 27: Verletzte im Straßenverkehr

		1950	1960	1965	1970	1973
DDR	absolut	–	–	53 487	46 237	47 164
	pro 100 000 Einwohner	–	–	314	271	278
	pro 100 000 Kraftfahrzeuge	–	–	1 611	1 025	906
	pro 1 Milliarde Kfz-km	–	–	2 061	1 202	1 006
BRD *	absolut	150 416	454 929	433 490	531 795	488 075
	pro 100 000 Einwohner	315	810	735	877	788
	pro 100 000 Kraftfahrzeuge	7 717	4 453	3 241	2 981	2 252
	pro 1 Milliarde Kfz-km	6 412	4 039	2 291	1 972	1 493

* 1950 ohne Berlin (West) und Saarland.
Quellen bzw. errechnet nach: Statistisches Jahrbuch der DDR 1971, S. 481; 1974, S. 3, 245,
S. 247. Statistisches Jahrbuch für die Bundesrepublik Deutschland 1952, S. 306; 1961, S. 365;
1969, S. 340 f.; 1974, S. 349 f.

In der Bundesrepublik stiegen die absoluten Zahlen der Unfallopfer bis zum Jahre
1970, in der DDR ging die Zahl der Verletzten von 55 401 (1963) auf 45 930 (1971)
zurück, sie ist seitdem wieder leicht angestiegen. Die Zahl der Getöteten stieg dagegen

kontinuierlich von 1769 (1963) auf 2122 (1973)[154]. Für die Zeit vor 1963 liegen aus der DDR lediglich Index- und Verhältniszahlen vor. So stieg die Indexzahl der Verkehrsunfälle von 1957 bis 1963 von 100 auf 169,6. Im gleichen Zeitraum ging die Zahl der Unfälle je 1000 Kraftfahrzeuge von 48 auf 30 zurück[155]. Für beide Staaten gilt offenbar »die Tendenz, daß die Verkehrsunfälle nicht analog der Verkehrsdichte zunehmen«, wie das *Neue Deutschland* 1974 (allerdings allein im Hinblick auf die DDR) schrieb[156]. Das Fahrverhalten der geringeren Zahl der Verkehrsteilnehmer in den Jahren 1950 und 1960 scheint nach den Ausweisungen der vorstehenden Tabellen weit unfallträchtiger gewesen zu sein als das der heutigen Verkehrsteilnehmer.

Insgesamt läßt sich feststellen: In beiden Staaten stiegen die Zahlen der Unfallopfer zunächst steil an. Mit wachsender Verkehrsdichte und zunehmender Verkehrskontrolle[157] flachte die »Unfallkurve« ab. Die absoluten Zahlen der Unfallopfer stiegen schließlich kaum noch, in der Bundesrepublik ist sogar ein leichter Rückgang festzustellen, dessen Bedeutung jedoch vorläufig noch nicht genau abzuschätzen ist. Die relativen Unfallzahlen vermitteln ein falsches Bild, bezieht man sie lediglich auf die Zahl der Einwohner oder der Kraftfahrzeuge, denn die Zusammensetzung der Fahrzeugbestände ist recht unterschiedlich. Bezieht man die Unfallzahlen jedoch auf die erbrachte Verkehrsleistung, so nähern sie sich mit wachsender Verkehrsdichte, gemessen in Fahrzeugkilometern pro Jahr, einander an und werden schließlich gleich.

Nun hängt die Unfallbeteiligung nicht allein von der jährlichen Fahrleistung ab. Zweiradfahrer z. B. scheinen sehr viel stärker unfallgefährdet als etwa Omnibusinsassen. Widerlegt nicht, so scheint es, gerade der hohe Zweiradbestand in der DDR die bisherige Argumentation? Tatsächlich jedoch werden Unfälle nicht isoliert nach Fahrzeugarten oder nach der Art der Verkehrsteilnahme überhaupt begangen. Das belegen die hohen Zahlen verletzter und getöteter Fußgänger und Radfahrer. Ohne dichten und schnellen Kraftverkehr wären diese Personen kaum zu Schaden gekommen. Auch die Motorradfahrer waren in den fünfziger Jahren mit ihrer vergleichsweise geringen Verkehrsdichte nicht in dem Maße gefährdet wie heute. Aus der Unfallstatistik der Bundesrepublik läßt sich errechnen, daß die Unfallbeteiligung der Mopeds und Mofas zu keiner Zeit ihrem Anteil am Fahrzeugbestand entsprach, sie lag stets weit darunter. Das gleiche gilt für die Motorräder bis etwa zum Jahre 1960. Dagegen waren die Pkw stets hinsichtlich der Unfallbeteiligung überrepräsentiert. Und auch in der DDR verursachen 1974 die Pkw bei einem Anteil am Fahrzeugbestand von 29,6 Prozent »mehr als ein Drittel aller Verkehrsunfälle« (d.. h. sie »sind Schuld« an diesen Unfällen). Ihre Unfallbeteiligung liegt noch höher. Die Hälfte aller beschädigten Fahrzeuge sind Pkw, 15 Prozent Lkw[158]. Damit sind nur 34,8 Prozent aller DDR-Fahrzeuge an 65 Prozent aller Unfälle beteiligt, bei denen Fahrzeuge beschädigt und häufig auch Personen verletzt werden.

Verkehrsunfälle sind nicht stets auch Verkehrsdelikte, so wie diese nicht ausschließlich auf Unfälle beschränkt sind. Kraftfahrzeugbestände und Unfallzahlen sind aber nach *Kaiser* et al. jene Parameter, an denen die Entwicklung des delinquenten Verhaltens im Straßenverkehr am genauesten abgelesen werden kann[159], während die rechtliche Einordnung der Verhaltensweisen und Geschehnisse im Straßenverkehr je nach der Situation freizügiger als bei der »klassischen Kriminalität« geändert werden kann und

auch geändert wird. Dennoch ist insgesamt der Zusammenhang zwischen dem Fahrzeugbestand und der Verkehrsdichte einerseits und dem Auftreten von Unfällen sowie
von Verhaltensweisen, die als »Verkehrsdelikte« eingestuft werden, andererseits nicht
zu übersehen. Verkehrsdichte und wie auch immer eingegrenzte Verkehrsdelinquenz
entsprechen einander in hohem Maße.

In der DDR ist »die registrierte Verkehrskriminalität nicht nur so schnell wie die
Verkehrsdichte, sondern sogar wesentlich zügiger als die registrierten Verkehrsunfälle
angewachsen«[160]. Stieg die Zahl der Unfälle zwischen 1957 und 1963 (in Indexzahlen)
von 100 auf 169,6, so stieg die Anzahl der registrierten Verkehrsdelikte von 100 auf
271,5. Von diesen Straftaten führten zu Unfällen 1957 48,5 Prozent, 1960 41,3 Prozent und 1963 26,7 Prozent. Somit hatte, wie *Harrland* ausführt, »der überwiegende
Teil der registrierten Verkehrskriminalität mit Verkehrsunfällen unmittelbar überhaupt nichts zu tun«. Es handelt sich vielmehr »vorwiegend um Straftaten nach § 49
StVO (Fahren unter Alkoholeinwirkung) und § 92 StVZO (Fahren ohne Fahrerlaubnis)«. Diese »nicht mit Verkehrsunfällen unmittelbar zusammenhängenden Straftaten«
sind zwischen 1957 und 1963 »um nahezu das Vierfache angestiegen«[161]. Im Jahre
1970 standen in der DDR 52 207 Verkehrsunfällen 16 127 Verkehrsdelikte gegenüber.
Diese teilten sich wie folgt auf: »Herbeiführen eines schweren Verkehrsunfalls« 16,2
Prozent aller Verkehrsstraftaten, »Verkehrsgefährdung durch Trunkenheit« 55,5 Prozent, »Unbefugte Benutzung von Fahrzeugen« 24,7 Prozent, »Übrige Straftaten gegen
die Verkehrssicherheit« 3,6 Prozent[162].

Eine Beziehung zwischen dem Stand der Motorisierung und der Entwicklung des
DDR-spezifischen Verkehrsdelikts der »unbefugten Benutzung von Fahrzeugen« – das
Strafrecht der Bundesrepublik wie der meisten sozialistischen Staaten zählt dieses
Delikt nicht zu den Verkehrsstraftaten[163] – läßt sich der Statistik nicht entnehmen,
da diese erst 1964 einsetzt (mit 3848 solcher Straftaten) und bereits 1970 abbricht
(3981 Delikte)[164]. *Rudolf Biebl* und *Rolf Schröder* gaben jedoch 1973 die Ergebnisse
einer Untersuchung zu dieser Deliktart in den Bezirken Berlin und Rostock[165] bekannt:
»Die weitaus meisten Kraftfahrzeuge werden in Stadtgebieten unbefugt benutzt. Hier
besteht einmal eine größere Konzentration von Kraftfahrzeugen. Zum anderen sind
die Möglichkeiten zur Begehung derartiger Straftaten insbesondere wegen des Mangels
an Garagen günstiger als auf dem Lande.« 70 Prozent der unbefugt benutzten Kraftfahrzeuge waren Zweiräder, 10 Prozent Pkw, 15 Prozent Lkw, die restlichen 5 Prozent
Traktoren, E-Karren und andere Arbeitsmaschinen. Den hohen Zweiradanteil erklären
sich *Biebl* und *Schröder* »daraus, daß diese Fahrzeuge einfacher zu bedienen sind als
andere und daß die Gelegenheiten zur Benutzung weit günstiger sind. Die an diesen
Fahrzeugen angebrachten Sicherungen lassen sich zumeist leichter als bei einem Pkw
oder Lkw beseitigen. Das Inbetriebsetzen des Motors ist wegen des unkomplizierten
Einschaltens des Zündmechanismus einfacher. Durch Freunde und Bekannte, die ein
Motorrad oder Moped besitzen, sind die Täter häufig mit der technischen Handhabung
des Fahrzeugs vertraut.« Die beiden Richter am Obersten Gericht der DDR teilen nicht
mit, worauf sich diese ihre Erkenntnis stützt. So muß die Frage unbeantwortet bleiben,
ob die Verfasser die technische Intelligenz der überwiegend der »Jugend« angehörigen
Straftäter und den besonderen Anreiz des Pkw auf diese nicht absichtlich oder un-

absichtlich unterschätzen. Jedenfalls entspricht der Anteil unbefugt benutzter Zweiräder in erheblichem Maße dem Zweiradanteil am Fahrzeuggesamtbestand der DDR. Es ist auch anzunehmen, daß die relativ noch seltenen Pkw gegenwärtig zum größeren Teil in Garagen untergebracht sind. Aus Garagen wurden aber nur 4 Prozent aller unbefugt benutzten Fahrzeuge entwendet. Wie hoch der Anteil der entwendeten Pkw einmal sein wird, wenn die Straßen der DDR-Städte voll von geparkten Autos sein werden, wird die Zukunft lehren. Jedoch bereits heute ist mit *Biebl* und *Schröder* festzuhalten, daß »eine größere Konzentration von Kraftfahrzeugen« einhergeht mit einer höheren Zahl an Entwendungen. Und ferner, »daß die unbefugte Benutzung von Kraftfahrzeugen zahlenmäßig eine steigende Tendenz aufweist« [166].

4. Zusammenfassung

Die gesamte und die Kriminalität der Jugendjahrgänge der DDR lagen seit der Gründung dieses Staates stets beträchtlich unter den westdeutschen Werten. Über weite Strecken war die Entwicklung sogar gegenläufig. Während die Kriminalität aller Altersgruppen in der Bundesrepublik zunahm, ging sie in der DDR zurück, bei den Jugendjahrgängen allerdings in geringerem Maße als bei den übrigen. Die Unterschiede im Ausmaß und in der Entwicklung der Kriminalität wurden in der DDR-Literatur ausschließlich der sozialistischen Gesellschaftsordnung zugeschrieben. Hier wird nun gezeigt, daß Unterschiede in der Siedlungs- und Bevölkerungsstruktur sowie in der technisch-wirtschaftlichen Ausstattung zur unterschiedlichen Entwicklung der Kriminalität in den beiden Staaten beigetragen haben dürften. Am Beispiel der Jugendkriminalität, der Delikte gegen das sozialistische Eigentum und der Verkehrsdelinquenz lassen sich die gegenwärtigen Grenzen der in der DDR angestrebten, wissenschaftlich geleiteten und operierenden kriminalitätsfreien Erziehungsgesellschaft deutlich machen. Die Einflüsse von Unterschieden nach der Sozialschicht, der Bildung, dem Wohnort, dem Geschlecht wurden noch keineswegs überwunden. Das in der DDR auf dem Gebiete der Kriminalitätsbekämpfung Erreichte ist dennoch sehr beachtlich, doch scheinen die Möglichkeiten der bisher verwendeten (und keineswegs neuen) Mittel der Vorbeugung und Kontrolle sowie der Fürsorge für die Gestrauchelten [167] nunmehr ausgeschöpft. Als Antwort auf einen Kriminalitätsanstieg, der in der Bundesrepublik nicht beunruhigen würde, greift man faute de mieux wieder zur Androhung verschärfter Sanktionen [168]. Trotz aller quantitativen Unterschiede: Gemessen am Beispiel der Kriminalität ist ein qualitativer Unterschied zwischen »kapitalistischen« und »sozialistischen Gesellschaftsbeziehungen« vorläufig nicht recht zu erkennen.
Nach Abschluß des Manuskripts sind einige Daten zur Entwicklung der DDR-Kriminalität in den siebziger Jahren bekannt geworden, die ergänzend mitgeteilt werden sollen. Der stellvertretende Innenminister der DDR, *Günter Giel*, legte im September 1975 dem UN-Kongreß über Verbrechensverhütung in Genf einen Bericht vor, der einige wenige Zahlenangaben enthielt. So betrug die Zahl der Straftaten im Durchschnitt der Jahre 1970 bis 1974 126 961 entsprechend einer Häufigkeitsziffer von 746 Delikten je 100 000 Einwohner. *Giel* stellte diesen Angaben die Zahl von 132 741 Straftaten im Durchschnitt der Jahre 1960 bis 1969 gegenüber. Damit wollte er anscheinend den Kriminalitätsanstieg seit 1969 als Rückgang ausweisen. Aus der Differenz zwischen den

Angaben *Giels* und den bekannten Kriminalitätsdaten für 1970 läßt sich errechnen, daß die Delinquenz im Durchschnitt der Jahre 1971 bis 1974 auf rd. 131 400 Delikte entsprechend einer Häufigkeitsziffer von 773 stieg. Damit hatte die Kriminalität nahezu wieder das Ausmaß des Jahres 1960 erreicht, und dies trotz der Umstellung der Kriminalstatistik vom 1. 1. 1964 und der Entkriminalisierung der Bagatelldelikte im Jahre 1968, beides Maßnahmen, die zahlenmäßig erheblich zu Buche schlugen [169]. Für 1974 wurde ein Rückgang gegenüber dem Vorjahr gemeldet, und zwar um 13 Prozentpunkte [170]. *Streit* gab 1976 an, die Häufigkeitsziffer für das Jahr 1974 habe 711 betragen [171]. Sollte es sich so verhalten, hätte die Durchschnittshäufigkeitsziffer für 1971 bis 1973 etwa 794 Straftaten je 100 000 Einwohner ausgemacht. Der Kriminalitätsrückgang des Jahres 1974 scheint sich im folgenden Jahr nicht fortgesetzt zu haben, andernfalls hätte die für die Erstellung und Veröffentlichung der Kriminalstatistik verantwortliche Generalstaatsanwaltschaft der DDR in der Zwischenzeit vermutlich Zahlen genannt.

Der Anteil der *Eigentumsdelikte* an allen Straftaten betrug in den Jahren 1970 bis 1974 nach *Giel* 54 Prozent. »An der Spitze stehen *strafbare Angriffe auf das sozialistische Eigentum*«. Die »Mehrzahl dieser Delikte« sei »nicht schwerwiegend. Der im Einzelfall verursachte materielle Schaden beträgt durchschnittlich bis zu 300 oder 400 Mark. Überwiegend handelt es sich dabei um Materialdiebstähle, Diebstähle in Selbstbedienungseinrichtungen des sozialistischen Einzelhandels u. ä.« Es kommen aber auch sehr viel schwerwiegendere Delikte vor, »Manipulationen und Fälschungen im Buch- und Belegwesen« der Betriebe mit einer Schadenshöhe von vielen tausend Mark [172].

»*Strafbare Angriffe gegen das persönliche und private Eigentum* rangieren hinter den Straftaten gegen sozialistisches Eigentum und die Volkswirtschaft. Sie konzentrieren sich auf Großstädte und andere Ballungsgebiete. Anonymität und günstige Fluchtmöglichkeiten, beispielsweise Benutzen öffentlicher Verkehrsmittel, erleichtern die Begehung von Diebstahl und Betrug gegenüber anderen Bürgern. Die meisten Straftaten gegen das persönliche Eigentum sind von geringer Schwere. In ca. 40 Prozent aller Fälle liegt der verursachte Schaden unter 300 Mark. Auf die meisten Straftaten dieser Art kann mit Strafen ohne Freiheitsentzug oder mit der Übergabe des Falles an ein gesellschaftliches Gericht reagiert werden« [173]. Damit setzte sich in den siebziger Jahren die Entwicklung fort, die sich in den sechziger Jahren abzuzeichnen begann: die Verschiebung der Eigentumsdelinquenz nach Deliktzahl und Schadenshöhe in Richtung auf die Straftaten »gegen das sozialistische Eigentum«, deren Schwerpunkte die innerbetriebliche Kriminalität und die Ladendiebstähle bilden. Dazu hieß es: »Die Diebstahlsquote in den Warenhäusern und Selbstbedienungsläden nimmt im Augenblick noch zu« [174].

»Den Eigentumsstraftaten folgen mit relativ hohem Anteil *Straftaten gegen die Verkehrssicherheit*. Sie machen ca. 12 Prozent der gesamten Kriminalität in der DDR aus« [175]. Der relative Rückgang um 3 Prozentpunkte gegenüber 1970 bedeutet angesichts der höheren Gesamtkriminalität der Folgejahre lediglich, daß die Zahl der Verkehrsdelikte seit 1970 etwa konstant blieb. An der Spitze der Verkehrsdelikte rangieren nach *Streit* die Straftaten der Verkehrsgefährdung durch Trunkenheit. »14 Prozent aller Todesfälle im Straßenverkehr sind auf dieses Delikt zurückzuführen. Die

Folgekosten von Verkehrsunfällen, die unter Trunkenheit verursacht wurden, belaufen sich einschließlich der Minderung des Nationaleinkommens auf etwa 40 bis 50 Millionen Mark jährlich. Auch das unbefugte Benutzen von Kraftfahrzeugen führt häufig zu erheblichen Personen- und Sachschäden. Hier sind die Täter ausschließlich junge Menschen bis zu 25 Jahren. Viele sind nicht im Besitz einer Fahrerlaubnis [176].

Die *Körperverletzungsdelikte* rangieren nach *Streit* mit einem Anteil von »ca. 10 Prozent aller Straftaten« auf dem dritten Platz. Sie werden »überwiegend unter dem Einfluß von Alkohol begangen. Zwischen 55 und 60 Prozent aller Täter haben vor der Tat alkoholischen Getränken erheblich zugesprochen« [177]. Für die *Delikte des Raubes und der Erpressung* nannte *Giel* die Zahl von 467 Straftaten absolut im Durchschnitt der Jahre 1970 bis 1974. Das bedeutet eine Zunahme um 61 Prozentpunkte gegenüber 1968. Damit hat dieses Delikt ein Ausmaß erreicht, das in der Kriminalstatistik der DDR seit Gründung dieses Staates noch nicht verzeichnet wurde. Kennzeichneten frühere DDR-Veröffentlichungen diese Sraftaten überwiegend als Zechanschlußdelikte und dergleichen [178], so räumte *Streit* 1976 ein, »daß es vereinzelte Versuche gegeben hat und vielleicht auch künftig geben wird, Gangsterstückchen westlicher Prägung nachzuahmen. In einigen wenigen Fällen probierten Straftäter die Wirkung einer Maske oder auch einer fingierten Pistole aus, um sich beispielsweise einer Ladenkasse zu bemächtigen. Meist handelt es sich dabei um jüngere Täter, an denen bestimmte Sendungen westlicher Massenmedien oder auch triviale Kriminalliteratur nicht spurlos vorübergegangen sind. Die in der Regel dilettantische Art, westliche Kapitalverbrechen zu kopieren, scheiterte in jedem Fall entweder schon im Versuch oder kurze Zeit nach der Tat« [179]. Das staatliche Waffenmonopol und die geschlossene Grenze dürften bei diesem Delikt von entscheidender kriminalpolitischer Bedeutung sein. Schließlich nannte *Giel* eine Durchschnittszahl von 146 »Fällen von vorsätzlichem Mord«. Damit läge, sofern es sich hier nicht um ein Mißverständnis der Presseagentur handelt, die Zahl der versuchten und der vollendeten vorsätzlichen Tötungen insgesamt ebenfalls um einiges über den für die sechziger Jahre ausgewiesenen Werten.

Die Altersstruktur und die soziale Struktur der Straftäter haben sich gegenüber den sechziger Jahren in der Weise verschoben, daß die Gruppe der älteren, unbescholtenen, sozial integrierten, schulisch und beruflich erfolgreichen Täter im Zusammenhang mit der Verkehrsdelinquenz und den Straftaten gegen das sozialistische Eigentum zunehmend an Bedeutung gewinnt. Dies tangiert die bisher üblichen biographischen Herleitungen aus ungünstigen Sozialisationsbedingungen ebenso wie die DDR-üblichen Hinweise auf den Zusammenhang von Kriminalität und privatem oder genossenschaftlichem Eigentum an Produktionsmitteln. Gleichzeitig bewirkt die absolute und relative Zunahme der traditionell höchstbelasteten Jugendjahrgänge der 14- bis 24jährigen von (1965) 2,3 Millionen auf (1975) 2,9 Millionen, entsprechend einer Zunahme des Anteils an der strafmündigen Bevölkerung von (1965) 17,7 Prozent auf (1975) 21,7 Prozent, ebenfalls ein Mehr an Kriminalität. Die kriminalpolitisch schwierigsten Jahre stehen noch bevor, denn die Jugendbevölkerung wird bis 1980 auf mehr als 3 Millionen anwachsen und erst 1988 etwa auf den Stand des Jahres 1970 zurückgehen, den des kriminalpolitisch günstigen Jahres 1965 aber immer noch um etwa 400 000 Personen übertreffen. So deutet alles daraufhin, daß das Zusammenwirken von demographischen

und sozio-ökonomischen Entwicklungen der DDR-Führung in den kommenden Jahren erhebliche kriminalpolitische Probleme aufgegeben wird. Diese lassen sich vorläufig in die Begriffe »Auswirkungen der Normalisierung der Bevölkerungsstruktur« und »Wohlstandskriminalität« fassen [180].
Diese Sachverhalte schlagen sich in einer vorsichtigen Revision der Auffassung vom »Wesen der Kriminalität im Sozialismus« [181] und in einer zunehmenden Versachlichung der DDR-Kriminologie [182] — wenn auch nicht der rechtspropagandistischen Literatur — nieder, aber auch in einem rigoros verschärften kriminalpolitischen Kurs. Die Strafrechtsänderungen vom 19. 12. 1974 und deren Folgeregelungen bedeuten eine beträchtliche Ausweitung der staatlich-gesellschaftlichen Repression und Kontrolle. Masseninitiativen, Rechtspropaganda und Rechtserziehung sollen das mit der »kleinen Strafrechtsreform« des Jahres 1974 Beabsichtigte ergänzen [183]. Der kriminalpolitische Optimismus der sechziger Jahre ist einer realistischeren Sicht gewichen. Es wird eingeräumt, auch die sozialistische Gesellschaft habe notwendig »ihre« Kriminalität [184], und die Aufgabe, die »Straftaten aus dem Leben des Menschen vollständig zu verbannen«, könne »nicht sofort und auch nicht in wenigen Jahrzehnten bewältigt werden. Schließlich haben die der Kriminalität zugrunde liegenden Denk- und Lebensgewohnheiten«, so *Streit*, »das Verhalten der Menschen Jahrtausende hindurch bestimmt« [185]. Damit wird die endgültige Abschaffung der Kriminalität auf das nicht absehbare Datum des Eintritts in die kommunistische Zukunftsgesellschaft hinausgeschoben.

Anmerkungen

[1] *A. Tschernoff*, Kriminalität und Kriminalitätsbekämpfung in der »DDR«, in: Die Orientierung, 1. Beiheft (1969).
[2] *Joachim Hellmer*, Zur Kriminalität in beiden Teilen Deutschlands, in: *F. C. Schröder* und *H. Zipf* (Hrsg.), Festschrift für Reinhart Maurach zum 70. Geburtstag, Karlsruhe 1972.
[3] *Bundesministerium für innerdeutsche Beziehungen* (Hrsg.), Bericht der Bundesregierung und Materialien zur Lage der Nation 1972, Bonn 1972.
[4] *Günther Kaiser*, Kriminologie. Eine Einführung in die Grundlagen, Karlsruhe 1971.
[5] *Ders.*, Jugendrecht und Jugendkriminalität, Weinheim und Basel 1973.
[6] *Horst Hildebrand*, Steigende Jugendkriminalität, in: Deutsche Fragen 1 (1965), S. 5; *ders.*, Die Jugendkriminalität in der SBZ, in: Deutsche Fragen 7 (1965), S. 126.
[7] *Ludwig Auerbach*, Stand, Entwicklung und Ursachen der mitteldeutschen Jugendkriminalität, in: Institut für Ostrecht, München (Hrsg.), Jahrbuch für Ostrecht, 12. Jg., 2 (1966), S. 37–85; *ders.*, Kriminalität ohne Kapitalismus. Mitteldeutsche Jugendkriminalität im Spiegel der Statistik, in: SBZ-Archiv 16 (1967), S. 244–249.
[8] *Arnold Freiburg*, Gesellschaftliche Gerichtsbarkeit in der DDR, in: Die Neue Gesellschaft, 17. Jg., 1 (1970), S. 118–121; *ders.*, Zur Jugendkriminalität der DDR, in: Deutschland-Archiv, 3. Jg., 1 (1970), S. 88–92; *ders.* und *Hellmuth Schintzel*, Zur Kriminalität von Jugendlichen und Erwachsenen in BRD und DDR, in: Deutschland-Archiv, 4. Jg., 6 (1971), S. 605–616; *ders.*, Die Jugendhilfe in der DDR, in: *Bundesministerium für Jugend, Familie und Gesundheit* (Hrsg.), Dritter Jugendbericht, Bonn 1972, S. 165–187; *ders.*, Ruhla oder der lange Marsch durch die Kriminalität. Zur Vorbeugung und Bekämpfung der Kriminalität in der DDR, in: Deutschland-Archiv, 5. Jg., 7 (1972), S. 712–719; *ders.*, Zur Jugendkriminalität in beiden deutschen Staaten, in: *Wilhelm Wolfgang Schütz* (Hrsg.), Zur Deutschen Frage. Eine Dokumentation des Kuratoriums Unteilbares Deutschland, Berlin 1972; *ders.*, Jugendkriminalität

in beiden deutschen Staaten, in: *Gesamtdeutsches Institut* (Hrsg.), Kalender 75, Bonn 1974; *Walter Jaide*, Aus der kriminalpsychologischen Forschung der DDR, in: *Wilhelm Wolfgang Schütz* (Hrsg.), Zur Deutschen Frage. Eine Dokumentation des Kuratoriums Unteilbares Deutschland, Berlin 1972; *ders.*, Jugendkriminalität in beiden Teilen Deutschlands, ebd.; *Hellmuth Schintzel*, Zum Schuldbegriff im Strafrecht der DDR, in: Recht der Jugend und des Bildungswesens, 19. Jg., 2/3 (1971), S. 66–74.

9 So u. a. *Bundesministerium für innerdeutsche Beziehungen in Zusammenarbeit mit dem Gesamtdeutschen Institut – Bundesanstalt für Gesamtdeutsche Aufgaben* (Hrsg.), Informationen; *Armin H. Neliba* (Hrsg.), Deutschland-Informationen. Nachrichten, Informationen, Berichte aus der DDR und zu gesamtdeutschen Problemen.

10 So u. a. »Stiehl, wo du kannst«, in: Der Spiegel, 19. Jg., 1 und 2 (1965); DDR-Kriminalität. Korruption in jeder Form, in: Der Spiegel, 29. Jg., 19 (1975); *Hans Erich Bilges,* Mit dem Wohlstand stieg in der »DDR« die Jugendkriminalität, in: Die Welt v. 10. 11. 1972, S. 22.

11 *Akademie für Staats- und Rechtswissenschaft der DDR, Institut für Staats- und Rechtstheorie an der Akademie der Wissenschaften der DDR* (Hrsg.), Wörterbuch zum sozialistischen Staat, Berlin (O) 1974, S. 166.

12 Vgl. u. a. *Anne-Eva Brauneck*, Allgemeine Kriminologie, Reinbek bei Hamburg 1974, S. 187 ff.; *Kaiser*, Jugendrecht und Jugendkriminalität, a. a. O. (Anm. 5), S. 335 ff. Danach ist trotz breiter Ursachenforschung über Ursachen und Behebungsmöglichkeiten der Kriminalität letztlich nur wenig bekannt, das bereits Ermittelte zudem hochkomplex, so daß auch für die DDR ein prinzipieller Wandel auf diesem Gebiet zumindest unwahrscheinlich ist.

13 Vgl. Abschnitt III, 1.

14 *Harri Harrland,* Die Kriminalität in beiden deutschen Staaten im Jahre 1960, in: Neue Justiz, 15. Jg., 16 (1961), S. 561–566, hier S. 563.

15 Vgl. etwa *Harrland* und *Josef Streit* zur Frage des Zusammenhangs zwischen Kriminalität und Bevölkerungskonzentration, Abschnitt 3.2. Dies schließt nicht aus, daß ausgezeichnete empirische Arbeit geleistet wird. Vgl. etwa *Harry Dettenborn*, Beziehungen im psychologisch relevanten Determinationskomplex der Jugendkriminalität, in: Probleme und Ergebnisse der Psychologie 39 (1971), S. 27–79. Indessen sind der Empirie unüberschreitbare Grenzen gezogen.

16 *Fritz Sack*, Probleme der Kriminalsoziologie, in: *René König* (Hrsg.), Handbuch der empirischen Sozialforschung 2, Stuttgart 1969, S. 1021.

17 *Statistisches Bundesamt/Wiesbaden* (Hrsg.), Statistisches Jahrbuch für die Bundesrepublik Deutschland 1969, Stuttgart und Mainz 1969, S. 105; *Harrland*, Zwanzig Jahre Kampf für die Zurückdrängung der Kriminalität in der DDR, in: Neue Justiz, 23. Jg., 13 (1969), S. 385–391, hier S. 388.

18 *Peter Neuhauser*, Kriminalität in Deutschland, in: Stern, 27. Jg., 41–44 (1974), hier 44, S. 75–79.

19 *Staatliche Zentralverwaltung für Statistik* (Hrsg.), Statistisches Jahrbuch der DDR 1971, Berlin (O) 1971, S. 479.

20 Vgl. *Klemens Pleyer* und *Joachim Lieser*, Zur Betriebsjustiz in beiden Teilen Deutschlands, in: Deutschland-Archiv, 1. Jg., 6 (1968), S. 574–589, und *Freiburg*, Gesellschaftliche Gerichtsbarkeit in der DDR, a. a. O. (Anm. 8).

21 *Harrland*, Entwicklung und Bekämpfung der Kriminalität in der DDR im Spiegel der Statistik, in: Neue Justiz, 19. Jg., 13, S. 401–406, und 14, S. 435–438, hier 14, S. 437.

22 *Harrland, Manfred Hegener, Rudolf Hiller, Heinrich Schwarz*, Kriminalstatistik, Leitfaden, Berlin (O) 1968, S. 48.

23 So *Harrland* selbst stets in seinen jährlichen Übersichten zur Entwicklung der Kriminalität in der DDR; und noch 1974 *Hans Weber*, Strafen ohne Freiheitsentzug und gesellschaftliche Erziehung im Zerrspiegel bürgerlicher Ideologie, in: Staat und Recht, 23. Jg., 3 (1974), S. 459–475, hier S. 459.

24 *Walter Hennig*, Zu einigen Grundfragen jugendkriminologischer Forschung in der DDR, in: Staat und Recht, 23. Jg., 2 (1974), S. 290–305, hier S. 291. Diese Vorgehensweise ist insofern stimmig, als makrosoziale Kriminalitätsursachen in der sozialistischen Gesellschaft nach

DDR-Auffassung prinzipiell nicht vorhanden sind. Anderer Auffassung scheint man in Polen zu sein. Vgl. den Beitrag von *St. Walczak*, seinerzeit Stellvertreter des Justizministers der VR Polen, im Sammelwerk *Institut für Strafrecht der Humboldt-Universität zu Berlin* (Hrsg.), Jugendkriminalität und ihre Bekämpfung in der sozialistischen Gesellschaft, Berlin (O) 1965. *Walczak* weist auf die Migration, die Industrialisierung und andere Probleme hin, die mit dem Wandel der ökonomischen und sozialen Struktur verbunden sind. Diese Fragen werden in der DDR-Literatur zwar nicht gänzlich ausgeklammert, haben aber nur einen geringen Stellenwert, vgl. Anm. 135.

25 *Josef Streit*, Zu einigen theoretischen und praktischen Fragen des Kampfes gegen die Kriminalität, in: Neue Justiz, 27. Jg., 5 (1973), S. 129–134. Dort heißt es unter anderem: »Heute düfte als erwiesen angesehen werden, daß z. B. die Modelle oder Programme für die Bekämpfung und Vorbeugung der Kriminalität als Ganzes, die in den vergangenen Jahren in großem Umfang ausgearbeitet wurden, unsere Erwartungen nicht erfüllt haben. Das liegt natürlich nicht an einem Mangel an gutem Willen der Beteiligten, sondern hat eindeutig objektive Gründe: 1. Den Modellen bzw. Programmen lagen Einschätzungen zugrunde, die nicht von den realen Widersprüchen in unserer gesellschaftlichen Entwicklung ausgingen und folglich auch der widersprüchlichen Tendenz in der Entwicklung der Kriminalität nicht gerecht wurden. Mit anderen Worten: Es gab Auffassungen, die den Trend des Absinkens der Kriminalitätsziffern in einer Reihe von Jahren überbewerteten bzw. aus diesem Trend Gesetzmäßigkeiten hervorleiteten. 2. Das konkrete Ursachen- und Bedingungsgefüge des Gesamtkriminalitätsgeschehens ist zu umfangreich, um es mit einem Gesamtvorbeugungsprogramm erfassen zu können. Diese Feststellung wird besonders dadurch bestätigt, daß echte Erfolge dort erzielt werden konnten, wo z. B. Betriebe bzw. Betriebsabteilungen sich ganz konkrete Aufgaben auf einem ganz bestimmten Gebiet gestellt haben. Eine weitere wichtige Frage ist die wissenschaftlich exakte Bestimmung des Verlaufs der Kriminalitätsentwicklung in der ersten Phase der kommunistischen Gesellschaft bzw. in deren einzelnen Etappen. Verläuft diese Entwicklung in einer mehr oder weniger kontinuierlich abnehmenden Tendenz oder in einer ungleichmäßigen bzw. widerspruchsvollen Linie während historisch kurzer Zeiträume? Eine theoretische Klärung dieser Frage ist außerordentlich wichtig, denn allein aus den jährlichen Ziffern der Kriminalitätsstatistik sind keine absolut sicheren Schlüsse zu ziehen. Das hat seinen Grund u. a. darin, daß diese Ziffern sowohl von Änderungen in der Strafgesetzgebung als auch von anderen Faktoren beeinflußt werden können.« Dennoch kann nach *Streit* davon ausgegangen werden, »daß nur eine in der Tendenz rückläufige Kriminalitätsentwicklung den Möglichkeiten des Sozialismus entspricht«. Allerdings sei »der Prozeß der Zurückdrängung der Kriminalität« nach *Lenin* »außerordentlich widersprüchlich, kompliziert und langwierig«. Alle Zitate *Streit*, a. a. O., S. 131.

26 § 57 Abs. 1 Jugendgesetz der DDR vom 28. Januar 1974, GBl. I Nr. 5, S. 45 ff.

27 *Auerbach*, Stand, Entwicklung und Ursachen der mitteldeutschen Jugendkriminalität, a. a. O. (Anm. 7), S. 57.

28 *Harrland*, Zur Entwicklung der Kriminalität in der DDR, in: Neue Justiz, 22. Jg., 13 (1968), S. 390–395, hier S. 391.

29 Vgl. Anm. 25.

30 *Harrland*, Zur Entwicklung der Kriminalität in der DDR, a. a. O. (Anm. 28), S. 390.

31 Ebd., S. 391.

32 *Harrland*, Die Kriminalität in der DDR im Jahre 1969, in: Neue Justiz, 24. Jg., 14 (1970), S. 409–415, hier S. 412; *Erich Buchholz*, Entwicklung und Erscheinungsformen der Eigentumskriminalität in der DDR, in: Wissenschaftliche Zeitschrift der Humboldt-Universität zu Berlin, Gesellschafts- und sprachwissenschaftliche Reihe, 17. Jg., 5 (1968), S. 637–652, hier S. 639; Statistisches Jahrbuch der DDR 1971, a. a. O., S. 480.

33 *Harrland*, Zur Entwicklung der Kriminalität in der DDR, a. a. O. (Anm. 28), S. 391 f.

34 Ebd.

35 Ebd.

36 Das StGB der DDR von 1968 unterscheidet zwischen »Verbrechen«, »Vergehen« und »Verfehlungen«, welche die Bagatelldelikte umfassen, soweit diese nicht den »Ordnungswidrig-

keiten« zugezählt werden. »Verfehlungen« werden nicht in der Kriminalstatistik ausgewiesen. Zum Strafrecht der DDR siehe: *Bundesministerium für innerdeutsche Beziehungen* (Hrsg.), Bericht der Bundesregierung und Materialien zur Lage der Nation 1972, a. a. O. (Anm. 3), Kapitel V.

[37] *Harrland*, Zwanzig Jahre Kampf für die Zurückdrängung der Kriminalität in der DDR, a. a. O. (Anm. 17), hier S. 389

[38] *Harrland*, Zur Entwicklung der Kriminalität in der DDR, a. a. O. (Anm. 28), S. 391.

[39] *Hellmer*, a. a. O. (Anm. 2); *Bundesministerium für innerdeutsche Beziehungen* (Hrsg.), a. a. O. (Anm. 3).

[40] Errechnet nach: Statistisches Jahrbuch für die Bundesrepublik Deutschland 1972, a. a. O., S. 106.

[41] Errechnet nach: Statistisches Jahrbuch für die Bundesrepublik Deutschland 1972, a. a. O., S. 103; Statistisches Jahrbuch der DDR 1971, a. a. O., S. 481.

[42] Ebd.

[43] *Hellmer*, a. a. O. (Anm. 2), S. 650 f. u. 658.

[44] *Streit*, Die weiteren Aufgaben bei der Verhütung und Bekämpfung der Jugendkriminalität, in: Neue Justiz, 19. Jg., 11 (1965), S. 344–347, hier S. 344; *Harrland*, Zur Entwicklung der Kriminalität in der DDR, a. a. O. (Anm. 28), S. 394; *Ingeborg Blaschke*, Konferenz in Warschau zu Problemen der Vorbeugung und Bekämpfung der Jugendkriminalität, in: Staat und Recht, 21. Jg., 2 (1972), S. 290–299, hier S. 291.

[45] *Autorenkollektiv*, Kriminalitätsvorbeugung und -bekämpfung im Betrieb, Berlin (O) 1974, S. 68 f.

[46] *Harrland*, Die Kriminalität in der DDR im Jahre 1969, a. a. O. (Anm. 32), S. 412.

[47] Vgl. Statistisches Jahrbuch für die Bundesrepublik Deutschland 1974, a. a. O., S. 120.

[48] *Franz Irrö* und *Rudi Rödszus*, Die Vorbeugung der Jugendkriminalität erfordert die konsequente Bekämpfung der Frühformen von Fehlentwicklungen und Verhaltensstörungen der Kinder und Jugendlichen, in: Staat und Recht, 21. Jg., 1 (1972), S. 67–69, hier S. 68 f.; *Reinhard Gürtler, Gerhard Paersch, Hans Weber*, III. Internationales Symposium der sozialistischen Länder über die Jugendkriminalität, in: Staat und Recht, 21. Jg., 4 (1972), S. 631–640, hier S. 635.

[49] *Irrö* und *Rödszus*, a. a. O. (Anm. 48), S. 68 f.

[50] *E. Erlebach, U. Ihlefeld, K. Zehner*, Psychologie für Lehrer und Erzieher, Berlin (O) 1971, S. 398.

[51] *Dettenborn*, Beziehungen im psychologisch relevanten Determinationskomplex der Jugendkriminalität, a. a. O. (Anm. 15), S. 48.

[52] *Buchholz*, Zum Wesen des Diebstahls und seiner Vorbeugung, in: *Deutsche Akademie für Staats- und Rechtswissenschaft »Walter Ulbricht«, Institut für staats- und rechtswissenschaftliche Forschung* (Hrsg.), Kriminalitätsursachen und ihre Überwindung, Berlin (O) 1964, S. 159; *Gerhard Stiller*, Der Jugendkriminalität vorbeugen, in: Jugendhilfe, 1 (1965), S. 12–16, hier S. 13 f.

[53] Vgl. *Brauneck*, a. a. O. (Anm. 12), S. 204–210.

[54] *Wilfried Friebel, Kurt Manecke, Walter Orschekowski*, Gewalt- und Sexualkriminalität, Berlin (O) 1970, S. 117.

[55] *Harrland*, Die Aufgaben der Kriminalstatistik in Rechtspflege und Forschung, in: Neue Justiz, 18. Jg., 6 (1964), S. 166–171, und 7 (1964), S. 195–199, hier S. 195 f.

[56] *Friebel* et al., a. a. O. (Anm. 54), S. 120.

[57] Ebd.

[58] Statistisches Jahrbuch der DDR 1973, a. a. O., S. 53 u. 433; *Bundesministerium für innerdeutsche Beziehungen* (Hrsg.), a. a. O. (Anm. 3), S. 244; *Gerhard Feix* und *Gerhard Paersch*, Überwindung gestörter Beziehungen zur Arbeit in der Familie, Schule und Freizeit, in: Staat und Recht, 21. Jg., 2 (1972), S. 229–242, hier S. 233.

[59] *Hennig*, Kriminelle Gruppen Jugendlicher, in: Neue Justiz, 19. Jg. (1965), S. 734–762, hier S. 736.

[60] *Buchholz*, Entwicklung und Erscheinungsformen der Eigentumskriminalität in der DDR, a. a. O. (Anm. 32), S. 647.

61 *E. Hübner*, Zum Wesen des Rückfallverbrechens, in: *Deutsche Akademie für Staats- und Rechtswissenschaft »Walter Ulbricht«* (Hrsg.), a. a. O. (Anm. 52), S. 179.
62 *Harrland*, Zur Entwicklung der Kriminalität in der DDR, a. a. O. (Anm. 28), S. 394 f. Ähnlich in den vorhergehenden und den folgenden Jahresübersichten zur Kriminalitätsentwicklung.
63 *John Lekschas*, Studien zur Bewegung der Jugendkriminalität in Deutschland und zu ihren Ursachen, in: *Wissenschaftlicher Beirat für Jugendforschung des Amtes für Jugendfragen beim Ministerrat der Deutschen Demokratischen Republik* (Hrsg.), Studien zur Jugendkriminalität, Berlin (O) 1965, S. 47.
64 Vgl. *Bundesministerium für innerdeutsche Beziehungen* (Hrsg.), a. a. O. (Anm. 3), S. 243.
65 *Buchholz*, Entwicklung und Erscheinungsformen der Eigentumskriminalität in der DDR, a. a. O. (Anm. 32), S. 642.
66 Vgl. *Barbara Redlich*, Sozialverhalten und Kriminalität weiblicher Jugendlicher, in: Neue Justiz, 19. Jg., 17 (1965), S. 537–540.
67 Statistisches Jahrbuch der DDR 1960/61, a. a. O., S. 172. Danach waren 1959 3 743 der 115 201 festgestellten Täter Kinder, 1960 2 933 von insgesamt 101 713 Tätern.
68 *Harrland*, Zur Entwicklung der Kriminalität in der DDR, a. a. O. (Anm. 28), S. 394.
69 *Buchholz*, Entwicklung und Erscheinungsformen der Eigentumskriminalität in der DDR, a. a. O. (Anm. 32), S. 643.
70 Ebd., S. 645.
71 *Blaschke*, a. a. O. (Anm. 44), S. 298.
72 Vgl. *Streit*, Aktuelle Fragen der Kriminalitätsbekämpfung, in: Staat und Recht, 20. Jg., 3 (1971), S. 438–446, speziell S. 442 f.
73 *Harrland*, Die Kriminalität in der DDR im Jahre 1969, a. a. O. (Anm. 32), S. 413. Dort werden für 1969 folgende Häufigkeitsziffern ausgewiesen:

Orte von Einwohnerzahlen von:	Straftaten je 100 000 Einwohner	Orte von Einwohnerzahlen von:	Straftaten je 100 000 Einwohner
unter 500	375	10 000– 20 000	680
500– 2 000	345	20 000– 50 000	764
2 000– 5 000	421	50 000–100 000	804
5 000– 10 000	554	100 000 und darüber	857

74 *Heinz Kuschel*, Ursachen und Bedingungen der Eigentumskriminalität in Aufbauzentren sowie deren Bekämpfung und Verhütung, in: Neue Justiz, 21. Jg., 16 (1967), S. 494–497.
75 Statistisches Jahrbuch der DDR 1974, a. a. O., S. 7.
76 Ebd., S. 5 u. 8.
77 *Dietmar Seidel* und *Max Lupke*, Internationales Symposium über die Rückfallkriminalität Jugendlicher, in: Neue Justiz, 22. Jg., 4 (1968), S. 121–126, hier S. 124.
78 *Harrland*, Zur Rolle der Kriminalstatistik in der Strafrechtspflege, in: Kriminalitätsursachen und ihre Überwindung, a. a. O. (Anm. 52), S. 271.
79 *Blaschke*, a. a. O. (Anm. 44), S. 294.
80 So berichtet der »Ostspiegel«, SPD-Pressedienst, vom 6. April 1965, S. 7, über die Arbeitsergebnisse einer vom ZK der SED veranlaßten »Zentralen Konferenz« zum Thema Jugendkriminalität, daß in den Städten der Diebstahl an erster Stelle rangiere, in den Dörfern des Bezirks Neubrandenburg dagegen überwögen die Körperverletzungs-, Sachbeschädigungs- und Sittlichkeitsdelikte.
81 *Lekschas*, Studien zur Bewegung der Jugendkriminalität in Deutschland und zu ihren Ursachen, a. a. O. (Anm. 63), S. 58 f.
82 *Lekschas*, Stand der Jugendkriminalität als internationales Problem, in: *Hanns Schwarz* (Hrsg.), Jugendprobleme in pädagogischer, medizinischer und juristischer Sicht, Jena 1967, S. 162.
83 *Rudolf Biebl* und *Rolf Schröder*, Erscheinungsformen der unbefugten Benutzung von Kraftfahrzeugen, rechtliche Beurteilung und wirksame Bekämpfung dieser Straftaten, in: Neue Justiz, 27. Jg., 19 (1973), S. 563–567, hier S. 563.

84 *Lekschas*, Stand der Jugendkriminalität als internationales Problem, a. a. O. (Anm. 82), S. 163.

85 Ebd.

86 *Heinrich Toeplitz*, Die Aufgaben der Rechtsprechung im 25. Jahr der DDR, in: Neue Justiz, 28. Jg., 13 (1974), S. 381–385, hier S. 383.

87 *Hilde Benjamin* und *Ernst Melsheimer*, Zehn Jahre demokratischer Justiz in Deutschland, in: Neue Justiz, 9. Jg., 9 (1955), S. 259–266, hier S. 265.

88 *Karl Probst* und *Hans Brumme*, Aufgaben der Justizorgane bei der Durchsetzung der staatlichen Jugendpolitik, in: Neue Justiz, 16. Jg., 6 (1962), S. 173–176, speziell S. 173 f.

89 *Harrland*, Entwicklung und Bekämpfung der Kriminalität in der DDR im Spiegel der Statistik, a. a. O. (Anm. 21), S. 402 u. 406.

90 *Friebel* et al., a. a. O. (Anm. 54), S. 79 f.

91 *Lekschas*, Studien zur Bewegung der Jugendkriminalität in Deutschland und zu ihren Ursachen, a. a. O. (Anm. 63), S. 234.

92 *Autorenkollektiv*, a. a. O. (Anm. 45), S. 69 f.

93 *Frohmut Müller* und *Gerhard Ebert*, Wirksame Bekämpfung der Alkoholkriminalität durch die Organe der Rechtspflege, in: Neue Justiz, 21. Jg., 18 (1967), S. 561–566, hier S. 562.

94 *Harrland*, Die Kriminalität in der DDR im Jahre 1969, a. a. O. (Anm. 32), S. 411.

95 *Dettenborn*, Besonderheiten der Einstellungen jugendlicher Straftäter und Persönlichkeitsanalyse im Strafverfahren, in: Neue Justiz, 25. Jg., 18 (1971) S. 543–548, hier S. 547.

96 *Friebel* et al., a. a. O. (Anm. 54), S. 134 f.

97 *Rudolf Hiller*, Der Einfluß des Alkohols auf die Verkehrskriminalität, in: Neue Justiz, 19. Jg., 11 (1965), S. 361 f.

98 *Biebl* und *Schröder*, a. a. O. (Anm. 83), S. 564. *Dieter Plath* und *Lothar Reuter*, Bekämpfung rowdyhafter Verhaltensweisen, in: Neue Justiz, 26. Jg., 10 (1972), S. 284–289, hier S. 284.

99 *Toeplitz*, a. a. O. (Anm. 86), S. 383.

100 *Herbert Kern* und *Günter Lehmann*, Grundlagen der Planung und Leitung des vorbeugenden Kampfes gegen die Kriminalität, in: Staat und Recht, 20. Jg., 3 (1971), S. 447–461, hier S. 456.

101 *Bericht des Präsidiums des Obersten Gerichts an die 12. Plenartagung am 25. September 1974*, Zur Erhöhung der Wirksamkeit der Rechtsprechung in Jugendstrafsachen, in: Neue Justiz, 28. Jg., 21 (1974), S. 635–640, hier S. 636.

102 *Auerbach*, a. a. O. (Anm. 7).

103 *Lekschas*, Stand der Jugendkriminalität als internationales Problem, a. a. O. (Anm. 82), S. 163.

104 Zur Frage der Abgrenzung der Rowdydelikte vgl. *Ministerium der Justiz – Deutsche Akademie für Staats- und Rechtswissenschaft »Walter Ulbricht«* (Hrsg.), Strafrecht der Deutschen Demokratischen Republik, Lehrkommentar 2, Berlin (O) 1969, S. 246–249; *Hans Lischke* und *Helmut Keil*, Zum Tatbestand des Rowdytums, in: Neue Justiz, 23. Jg., 24 (1969), S. 757–762.

105 *Hennig*, Kriminelle Gruppen Jugendlicher, a. a. O. (Anm. 59), S. 736.

106 *H. Szewczyk*, Kriminelle Gruppen Jugendlicher und ihre Rehabilitation, in: Ärztliche Jugendkunde 60 (1969), S. 39–42, hier S. 39.

107 *Friebel* et al., a. a. O. (Anm. 54), S. 107.

108 *Bericht des Präsidiums des Obersten Gerichts an die 4. Plenartagung am 18. Oktober 1972*, Zu Problemen der wirksamen Bekämpfung von vorsätzlichen Körperverletzungen, Rowdytum und gewaltsamen Sexualdelikten, in: Neue Justiz, 26. Jg., 22 (1972), S. 663–669, hier S. 665; *Bericht des Präsidiums des Obersten Gerichts an die 12. Plenartagung*, a. a. O. (Anm. 101), S. 636.

109 Zu den para-polizeilichen Aufgaben der Ordnungsgruppen der FDJ vgl. *Gerhard Steffens*, Formen der gesellschaftlichen Erziehung im Bezirk Halle, in: Neue Justiz, 13. Jg., 20 (1959), S. 709 f.; *Harald Winter*, Rolle und Aufgaben der Ordnungsgruppen der Freien Deutschen Jugend, in: Neue Justiz, 14. Jg., 7 (1960), S. 238 f.; *Winter*, Die Ordnungsgruppen der FDJ – ein Instrument im Kampf gegen die Kriminalität unter der Jugend, in: Neue Justiz, 16. Jg., 11 (1962), S. 334–336; *Plath* und *Reuter*, a. a. O. (Anm. 98).

110 *Gerhard Wegner*, Aufgaben der Volksvertretungen und ihrer Organe bei der Festigung der sozialistischen Rechtsordnung und zur Gewährleistung von Ordnung und Sicherheit, in: Neue Justiz, 27. Jg., 21 (1973), S. 623–629), hier S. 625.

111 Vgl. § 157 StGB der DDR.

112 *Hans Weber* und *Heinz Wolf*, Strafrechtliche Verantwortlichkeit, System der Kriminalitätsvorbeugung und -bekämpfung und sozialistisches Rechtssystem, in: Staat und Recht, 18. Jg., 1 (1969), S. 51–63, hier S. 61.

113 *Harrland*, Entwicklung und Bekämpfung der Kriminalität in der DDR im Spiegel der Statistik, a. a. O. (Anm. 21), S. 404.

114 *Wegner*, a. a. O. (Anm. 110), S. 625.

115 Ebd.

116 *Autorenkollektiv*, a. a. O. (Anm. 45), S. 59.

117 *Wegner*, a. a. O. (Anm. 110), S. 625.

118 *Autorenkollektiv*, a a. O. (Anm. 45), S. 69.

119 Ebd., S. 69 f.

120 *Kaiser*, Kriminologie, a. a. O. (Anm. 4), S. 46–59; *Tschernoff*, a. a. O. (Anm. 1), S. 18–24.

121 Ebd., S. 19.

122 *Benjamin* und *Melsheimer*, a. a. O. (Anm. 87), S. 262 u. 265 f.

123 *Harrland*, Die Kriminalität in beiden deutschen Staaten im Jahre 1960, a. a. O. (Anm. 14), S. 562.

124 *Streit*, Neue Maßstäbe für die Tätigkeit der Staatsanwaltschaft, in: Neue Justiz, 17. Jg., 22 (1963), S. 707–709, hier S. 708.

125 Ebd. sowie *Harrland*, Die Kriminalität in der DDR und in Westdeutschland im Jahre 1961, in: Neue Justiz, 16. Jg., 23 (1962), S. 727–733, hier S. 731.

126 *Harrland*, Entwicklung und Bekämpfung der Kriminalität in der DDR im Spiegel der Statistik, a. a. O. (Anm. 21), S. 404.

127 Vgl. zur Problematik der Kriminalstatistik als eines (bloßen) Indikators der Intensität und Struktur sozialer Kontrolle *Sack*, a. a. O. (Anm. 16), und *Kaiser*, Kriminologie, a. a. O. (Anm. 4), S. 61–63.

128 *Tschernoff*, a. a. O. (Anm. 1), S. 18–24.

129 Wörterbuch zum sozialistischen Staat, a. a. O. (Anm. 11), S. 166 f.

130 *Buchholz, Richard Hartmann, Inge Schaefer*, Zum Wesen der Kriminalität in der DDR, in: Neue Justiz, 23. Jg., 6 (1969), S. 162–168, hier S. 165.

131 *Autorenkollektiv*, a. a. O. (Anm. 45), S. 72.

132 Vgl. die britische Studie *James D. Holloran, Roger L. Brown, David C. Chaney*, Fernsehen und Kriminalität, Berlin 1972.

133 *Buchholz, Hartmann, Schaefer*, a. a. O. (Anm. 130), S. 164.

134 *Irmgard Buchholz*, Beratung über Ursachen der Kriminalität und ihre Bekämpfung, in: Staat und Recht, 23. Jg., 5 (1974), S. 853–856, hier S. 855.

135 *Streit*, Aktuelle Fragen der Kriminalitätsbekämpfung, a. a. O. (Anm. 72), S. 442 f. »Ganz entschieden«, so *Streit*, sei »die sogenannte Schwerpunktideologie zurückzuweisen, auf die sich manche Leiter zur Rechtfertigung von Verstößen gegen die sozialistische Gesetzlichkeit in ihrem Verantwortungsbereich unter Hinweis auf besondere Bedingungen in ihren Territorien berufen. Dort, wo sich – bedingt durch Entwicklungswidersprüche – Mängel und Unzulänglichkeiten zeigen und begünstigende Bedingungen auch für Straftaten auftreten, kommt es darauf an, diese schnell zu erkennen und zu beseitigen.«

136 *Lekschas*, Studien zur Bewegung der Jugendkriminalität in Deutschland und zu ihren Ursachen, a. a. O. (Anm. 63), S. 40 f.

137 *Harrland*, Zur Entwicklung der Kriminalität in der DDR, a. a. O. (Anm. 28), S. 394.

138 *Hans Weber*, Stadt und Betrieb im System der Kriminalitätsvorbeugung, in: Neue Justiz, 23. Jg., 4 (1969), S. 102–105, hier S. 103 f.

139 Vgl. *Kaiser, Sack, Hartmut Schellhoss* (Hrsg.), Kleines Kriminologisches Wörterbuch, Freiburg/Basel/Wien 1974, S. 165–171 u. 189–195; *Brauneck*, a. a. O. (Anm. 12), S. 36–94.

140 *Tschernoff*, a. a. O. (Anm. 1), S. 63.

141 *Harrland*, Zwanzig Jahre Kampf für die Zurückdrängung der Kriminalität in der DDR, a. a. O. (Anm. 17), S. 388.

142 *Hellmer*, a. a. O. (Anm. 2), S. 653.

143 Vgl. *Kaiser, Sack, Schellhoss*, a. a. O. (Anm. 139).

144 *Brauneck*, a. a. O. (Anm. 12), S. 46.

145 Nach: Ballung, Agglomeration, Verdichtungsraum, in: Brockhaus-Enzyklopädie 2, Wiesbaden 1967, S. 261 f.

146 Vgl. Karte »Bevölkerungsdichte der Kreise 1971«, in: Statistisches Jahrbuch der DDR 1972, a. a. O., nach S. 32; Karte »Bevölkerungsdichte in den Kreisen am 27. 5. 1970«, in: Statistisches Jahrbuch für die Bundesrepublik Deutschland 1972, a. a. O., S. 31; Karte »Verdichtungsräume in der Bundesrepublik Deutschland und in der DDR«, in: *Bundesministerium für innerdeutsche Beziehungen* (Hrsg.), Bericht und Materialien zur Lage der Nation 1971, Bonn 1971, S. 75, sowie ebd., S. 76.

147 Ebd., S. 71.

148 *Harrland*, Gedanken zur gegenwärtigen Kriminalität in der DDR und in Westdeutschland und zur Perspektive der Überwindung der Kriminalität in der DDR, in: Neue Justiz, 14. Jg., 18 (1960), S. 610–616, hier S. 611.

149 *Harrland*, Zur Entwicklung der Kriminalität in der DDR, a. a. O. (Anm. 28), S. 394.

150 *Kaiser* et al., a. a. O. (Anm. 139), S. 375–379.

151 Errechnet nach: Statistisches Jahrbuch der DDR 1969, a. a. O., S. 3, 247 u. 481 f.; 1974, S. 236 u. 247; Statistisches Jahrbuch für die Bundesrepublik Deutschland 1969, a. a. O., S. 15, 108, 316 u. 340 f.

152 Aral-Verkehrstaschenbuch, Bochum 1972, S. A 59.

153 Nach Auskunft der Verkehrsabteilung des ADAC, Gau Niedersachsen, in Hannover.

154 Statistisches Jahrbuch der DDR 1974, a. a. O., S. 247; Statistisches Jahrbuch für die Bundesrepublik Deutschland 1952, a. a. O., S. 306; 1961, S. 365; 1969, S. 340 f.; 1974, S. 349 f.

155 *Harrland*, Zur Rolle der Kriminalstatistik in der Strafrechtspflege, a. a. O. (Anm. 78), S. 254 f.

156 Entwicklung der Verkehrsunfallziffern und des Kfz-Bestandes 1964 bis 1973, in: Neues Deutschland v. 6. Juli 1974, S. 13.

157 *Harrland*, Zur Rolle der Kriminalstatistik in der Strafrechtspflege, a. a. O. (Anm. 78), S. 255, spricht von einer »sehr konzentrierten und zentral gelenkten vorbeugend-erzieherischen Arbeit« auf dem Gebiete der Verkehrserziehung und -kontrolle seit 1960.

158 *Biebl* und *Schröder*, Wirksame Bekämpfung der Straftaten auf dem Gebiete des Straßenverkehrs, in: Neue Justiz, 28. Jg., 8 (1974), S. 229–233, hier S. 229.

159 *Kaiser* et al., a. a. O. (Anm. 139), S. 377 f.

160 *Harrland*, Zur Rolle der Kriminalstatistik in der Strafrechtspflege, a. a. O. (Anm. 78), S. 255 u. 258 f.

161 Ebd., S. 254 f. u. 259.

162 Statistisches Jahrbuch der DDR 1971, a. a. O., S. 480; 1974, S. 247.

163 Vgl. *Biebl* und *Schröder*, Erscheinungsformen der unbefugten Benutzung von Kraftfahrzeugen, rechtliche Beurteilung und wirksame Bekämpfung dieser Straftaten, a. a. O. (Anm. 83), S. 229.

164 *Harrland*, Die Kriminalität in der DDR im Jahre 1969, a. a. O. (Anm. 32), S. 412; Statistisches Jahrbuch der DDR 1971, a. a. O., S. 480.

165 *Biebl* und *Schröder*, Erscheinungsformen der unbefugten Benutzung von Kraftfahrzeugen, rechtliche Beurteilung und wirksame Bekämpfung dieser Straftaten, a. a. O. (Anm. 83).

166 Ebd., S. 563 f.

167 Vgl. *Freiburg*, Ruhla oder der lange Marsch durch die Kriminalität, a. a. O. (Anm. 8).

168 Vgl. *Toeplitz*, Konsequente Anwendung des sozialistischen Rechts und wirksame Gestaltung der Verfahren, in: Neue Justiz, 28. Jg., 2 (1974), S. 33–36. Dort hieß es bereits, »ungerechtfertigt niedrige Strafen« sollten gegenüber Rückfalltätern, aber auch bei Rowdytum, und Delikten gegen das sozialistische Eigentum in Zukunft nicht mehr verhängt werden. Am 19. 12. 1974

wurde eine neue »Verordnung über die Aufgaben der örtlichen Räte und der Betriebe bei der Erziehung kriminell gefährdeter Bürger« (GBl. 1975, I S. 130) beschlossen. Sie stellt »arbeitsscheue Personen« unter die Aufsicht der örtlichen Räte und der Betriebe. Sah die »Gefährdeten-VO vom 15. August 1968« lediglich eine »Vereinbarung« mit dem »kriminell Gefährdeten« vor, so bewirkt die neue Verordnung, daß »die erforderlichen Erziehungsmaßnahmen jetzt den Charakter von verbindlichen Erziehungsanforderungen des Staatsorgans« erhalten. U. a. kann dem Betroffenen ein Arbeitsplatz zugewiesen werden, den er nicht ohne Zustimmung des Rates wechseln darf, das gleiche kann für den Wohnort und die Wohnung gelten. Der Umgang mit bestimmten Personen, der Aufenthalt an bestimmten Örtlichkeiten (Gaststätten) kann untersagt werden. Vgl. dazu im einzelnen: *Günter Giel,* Die Gefährdetenverordnung – ein wichtiges Mittel zur Erziehung kriminell gefährdeter Bürger zu gesellschaftsgemäßem Verhalten, in: Neue Justiz, 29. Jg., 5 (1975), S. 127–129. Überdies wurde das StGB in der von *Toeplitz* angekündigten Richtung verschärft.

[169] Quelle bzw. errechnet nach: »Auch DDR klagt über Ladendiebe — Ostberlin nennt erstmals Zahlen auf UN-Kongreß«. Hannoversche Allgemeine Zeitung vom 6./7. September 1975, S. 12 (nach einer AP-Meldung vom 5. 9. 1975), ebenso Frankfurter Allgemeine Zeitung vom 6. 9. 1975, S. 6. Vgl. *Josef Streit,* Nur ums Strafen geht es nicht, Berlin (O), 1976, S. 24.

[170] *H.,* Arbeitstagung des Generalstaatsanwalts der DDR zu Fragen der Entwicklung und Bekämpfung der Kriminalität, Neue Justiz, 29. Jg., 10 (1975), S. 308 f, hier S. 308.

[171] *Streit,* Nur ums Strafen geht es nicht, a. a. O. (Anm. 169), S. 18.

[172] Ebd., S. 31 f., vgl. dazu im einzelnen: *Arnold Freiburg,* »Das Gerede von der Wohlstandskriminalität«. Zur Entwicklung der Kriminalität in der DDR seit 1970, Deutschland-Archiv, 8. Jg., 10 (1975), S. 1076—1084; ders., Kriminalität und Rechtserziehung in der DDR, Politik und Kultur, 6 (1976), S. 46—72.

[173] *Streit,* Nur ums Strafen geht es nicht, a. a. O. (Anm. 169), S. 34 f.

[174] »Fernsehen der DDR«, I. Programm, Sendung »Prisma« am 21. 11. 1968. Ebenso (Ost-) »Berliner Rundfunk«, Sendung »Treffpunkt Alexanderplatz«, am 18. 8. 1975.

[175] *Streit,* Nur ums Strafen geht es nicht, a. a. O. (Anm. 169), S. 35.

[176] Ebd., S. 35 f.

[177] Ebd., S. 36 f.

[178] Vgl. *Friebel* et al., a. a. O. (Anm. 54).

[179] *Streit,* Nur ums Strafen geht es nicht, a. a. O. (Anm. 169), S. 27.

[180] Vgl. dazu im einzelnen *Freiburg,* »Das Gerede von der Wohlstandskriminalität«, a. a. O. (Anm. 172); ders., Kriminalität und Rechtserziehung in der DDR, a. a. O. (Anm. 172).

[181] Vgl. insbesondere *Gerhard Haney,* Die staats- und rechtstheoretische Bedeutung der Gothaer Programmkritik von Marx, Neue Justiz, 29. Jg., 10 (1975), S. 283—289.

[182] Vgl. *Günther Kaiser,* Stand und Entwicklung der kriminologischen Forschung in Deutschland, Berlin / New York 1975, speziell S. 15—21.

[183] Vgl. *Freiburg,* Kriminalität und Rechtserziehung in der DDR, a, a, O. (Anm. 172).

[184] So *Haney,* a. a. O. (Anm. 181).

[185] *Streit,* Nur ums Strafen geht es nicht, a. a. O. (Anm. 169), S 23.

SEXUALITÄTSPROBLEME BEI JUGENDLICHEN IN DER DDR

Von Ingeborg Willmer

Sexuelle Probleme (der Jugend) werden in der DDR wie in der Bundesrepublik Deutschland nicht nur traditionell unter medizinischen, psychologischen, pädagogischen bzw. sozialen und rechtlichen Aspekten behandelt, sondern auch unter politisch-ideologischen Intentionen bewertet und gewichtet.

Sehr viel ausdrücklicher und offizieller ist dies allerdings in der DDR der Fall. Sozialistische Zielvorstellungen werden dabei mit einer idealistisch geprägten Auffassung von »Kulturpubertät« kombiniert bzw. überprägt.

Das läßt sich besonders deutlich an authentischen Originalzitaten und Textauszügen einschlägiger DDR-Veröffentlichungen aufzeigen, die dementsprechend in der folgenden Übersicht relativ breiten Raum einnehmen.

1.1 Offizielle Vorstellungen zur Sexualerziehung in der DDR

»Alles, was zu Liebe und Sexualität zu sagen und zu tun ist, muß in den größeren Zusammenhang der Vorbereitung auf Ehe und Familie eingeordnet werden. Die Sexualerziehung kann nur richtig gestaltet werden, wenn sie nicht neben die Gesamterziehung allseitig entwickelter sozialistischer Persönlichkeiten gestellt wird« [1].

»Geschlechtserziehung hat das Ziel, den einzelnen zu befähigen, durch die Beziehungen zum anderen Geschlecht eine sinnvolle, glückhafte Steigerung des Daseins zu finden. Dazu muß der einzelne zu Verhaltensweisen und Überzeugungen erzogen werden, die den Normen der sozialistischen Moral entsprechen und die Verantwortung für den Partner einschließen. Es gehört ferner dazu die Ausrüstung mit dem notwendigen Wissen um die eigene Geschlechtlichkeit und um die Eigenarten des anderen Geschlechts und schließlich auch um die speziellen Probleme der Geschlechterbeziehungen, so daß die Möglichkeit des Lusterlebens dieser Beziehung gewährleistet wird« [2]. Ziel der sexuellen Bildung und Erziehung in der DDR ist es auch, in den zukünftigen Ehepartnern den Wunsch nach Kindern zu wecken; eine Ehe mit drei Kindern wird bevölkerungspolitisch als optimal angesehen [3].

Die Heranwachsenden sollen deshalb ausdrücklich auf die Ehe hin erzogen werden und erkennen, daß sexuelle Befriedigung allein in einer durch Liebe begründeten Ehe zu finden ist [4]. Durch die erzieherischen Einwirkungen sollen die Jugendlichen dahingehend beeinflußt werden, daß sie sich der Verantwortung für ihr Handeln auch in diesem Lebensbereich gegenüber der Gesellschaft und gegenüber sich selbst voll bewußt sind und ihr Verhalten den gesellschaftlich gesetzten Normen anpassen — und zwar aus der Einsicht, dadurch am Aufbau des Sozialismus mitzuarbeiten. Jedem soll »von Kindheit an bewußt gemacht werden, daß eine Korrelation zwischen Rechten und Pflichten besteht« [5] — auch in einem der biologischen Triebhaftigkeit des Menschen so nahestehenden Bereich wie der Sexualität. Zu diesem Ziel werden erhebliche und umfassende normative Postulate eingesetzt. Zentrale Bedeutung hat dabei die sozialistische Moral [6]), die die Gleichwertigkeit und Gleichberechtigung der Geschlechter anerkennt. Ebenso soll die Würde des Menschen im sexuellen Kontakt geachtet und den Forderungen nach »Ehrlichkeit und Vertrauen, nach Treue und Verantwortungsbewußtsein, Selbstbeherrschung und Taktgefühl« entsprochen werden [7].

Freundschaften zwischen Jungen und Mädchen werden in der offiziellen Pädagogik als wünschenswert und wichtig für die Persönlichkeitsentwicklung der Heranwachsenden gewertet, solange sie *ohne* intime Beziehungen bleiben. Die Jugendlichen haben dadurch — nach Auffassung von DDR-Pädagogen — die Möglichkeit, partnerschaftliche Beziehungen im Sinne der sozialistischen Moral einzuüben, miteinander zu arbeiten, die Freizeit zu verbringen, zu lernen, auf den anderen einzugehen, den anderen als Person zu respektieren bzw. ihm zu helfen, seine Persönlichkeit zu entwickeln [8].

Sobald das »Sexuelle« in einer Freundschaft einen vorrangigen Platz einnimmt, gerate dagegen die Entwicklung der Persönlichkeit ins Stocken und benachteilige damit die Jugendlichen [9] —, womit eine Position der »bürgerlichen« Jugendpsychologie der zwanziger Jahre (*Ch. Bühler, H. Hetzer, E. Spranger*) wieder heraufgeholt wird.

Da die Mädchen angeblich nicht von sich aus das Bedürfnis nach sexueller Vereinigung haben, sollen sie lernen, dem Drängen der Jungen nicht nachzugeben und so für eine »saubere« Beziehung zu sorgen, in der Zärtlichkeiten nur in engen Grenzen ausgetauscht werden [10]. Die Mädchen sollen zu der Einsicht geführt werden, daß die Jungen durch ihre anders geartete Triebstruktur zunächst versuchen, bei den Mädchen »alles« zu erreichen, insgeheim jedoch eine Zurechtweisung erhoffen, um die Mädchen höher achten und wertschätzen zu können [11].

Voraussetzung zur Aufnahme des ersten Intimkontaktes soll eine psychische Reife des Jugendlichen sein, die zu unterschiedlichen Zeiten erreicht und umschrieben wird mit der »Bereitschaft und Fähigkeit, Pflichten und Verantwortung für sich selbst und für andere Menschen zu übernehmen, auch soziale Reife, also etwa eine abgeschlossene Lehre, die Möglichkeit, eine Familie zu ernähren, die Fähigkeit, ein Kind erziehen zu können u. v. a. m.« [12]. Diese Fähigkeiten beginnen jedoch erst im Alter von etwa 18/19 Jahren, aktuell zu werden.

Die Sexualerziehung soll von der Schule, der Jugendorganisation und den Eltern gemeinsam getragen und auf eine mehr indirekte und übergreifende Weise gehandhabt werden. Besonderer Sexualunterricht als eigenständiges Fach ist nicht vorgesehen [13]. Wer sich als junger Mensch bewußt den übrigen Normen der sozialistischen Gesellschaft unterstellt, sich eine Balance zwischen Rechten und Pflichten, zwischen Verantwortung und Lebensfreude zur Richtschnur macht und z. B. Ideale der Selbstbeherrschung und Sublimierung anerkennt, der wird die rechte Einstellung zur Sexualität, zum möglichen sexuellen Partner, zum Aufschub und zur Tragweite der sexuellen Vereinigung im Sinne sozialistischer Moral finden [14]. Auch in dieser »Überbau«-Konzeption, die hedonistischen Trieberfüllungstendenzen und erst recht Bedürfnissen nach ersatzweiser oder probeweiser Befriedigung durch Sexualität aus dem Wege geht, leben psychologisch-pädagogische Gedanken über »Kulturpubertät« der zwanziger Jahre in Deutschland fort.

1.2 *Zur Sexualerziehung in den Schulen der DDR*

Spezielle Fragen der Fortpflanzung sollen nach dem in der DDR geltenden Lehrplan im 8. Schuljahr behandelt werden. Demgegenüber weist *Heinz Grassel* darauf hin, daß die schulische Unterweisung generell zu spät einsetzt. Aus der Erkenntnis, daß bereits Kinder im Vorschulalter Interesse für »Probleme der Geschlechterbeziehungen« zeigen und entsprechende Informationen erwarten, leitet er die Notwendigkeit einer »angemessene(n) sexual-pädagogische(n)« Arbeit bereits vor Schuleintritt ab [15].

Die Sexualerziehung in der *Schule* soll im Rahmen des Unterstufenunterrichtes sowie in den Fächern Biologie, Staatsbürgerkunde und Deutsch der Mittel- und Oberstufe erfolgen. Nur durch das Einbeziehen der Sexualerziehung in den Unterricht der genannten Fächer kann — nach *Grassel* — der Vielfältigkeit der Aspekte der Geschlechterbeziehungen Rechnung getragen und eine »unangemessene Attraktivität« vermieden werden [16].

Präzise formulierte sexualerzieherische Themen sind nur in den Stoffplänen im Fach Biologie und für den moralisch-ethischen Aspekt im Fach Staatsbürgerkunde nachzuweisen [17].

Im *Lehrplan Biologie* ist die Behandlung des Themenkomplexes »Fortpflanzung der Säugetiere« in den 5. und 6. Klassen vorgesehen. Dabei soll auch die Schwangerschaftsdauer beim Menschen, die Fürsorge während der Schwangerschaft und die Geburt angesprochen werden [18]. In den 6. und 7. Klassen wird der Humanbereich völlig ausgeklammert.

Erst in den Ausführungen des Lehrplanes der 8. Klasse ist ein umfassenderes Kapitel der menschlichen Fortpflanzung gewidmet. In jeweils einer Unterrichtsstunde soll erarbeitet werden:

— Fortpflanzung — grundlegende Eigenschaften der Lebewesen — Bau und Funktion der Geschlechtsorgane — Embryonalentwicklung und Geburt —
— Nachgeburtliche Entwicklung unter besonderer Berücksichtigung des Jugendalters —
— Hygiene der Fortpflanzung — Geschlechtskrankheiten — Krebserkrankungen — Säuglingssterblichkeit [19].

Für die Behandlung dieser Themen ist im Rahmen von sechzig Biologiestunden während des ganzen Schuljahres eine Zeit von sechs Unterrichtsstunden vorgesehen. Zusätzlich werden den Lehrern folgende Hinweise gegeben:

»Bei der Behandlung der Embryonalentwicklung ist vor allem die Beziehung zwischen Embryo und Mutter zu berücksichtigen. Der Unterricht über Schwangerschaft und Geburt eignet sich ganz besonders für die Einflußnahme auf das Verhalten der Schüler im Sinne der sozialistischen Moral und muß deshalb für die sexualethische Erziehung genutzt werden. Um den Jugendlichen zu helfen, die physischen und psychischen Veränderungen in dieser Phase ihrer Entwicklung zu erkennen, sind die Probleme der Sexualität offen zu diskutieren [20].

Für die 9. und 10. Klasse ist keine Behandlung sexueller Fragen geplant. Man ist sich zwar weitgehend einig, daß auch Möglichkeiten der Empfängnisverhütung dargestellt werden müßten, jedoch bestehen Unstimmigkeiten über den Zeitpunkt der Unterweisung [21]. Aus diesen Gründen wurden entsprechende Anweisungen im Lehrplan vermieden, und es wird so jedem Lehrer selbst überlassen, über Verhütungsmethoden zu sprechen oder nicht. Immerhin wird es als wünschenswert und wichtig erachtet, daß die Jugendlichen in der DDR im Alter von 18/19 Jahren, mit der Erreichung der »persönlichen Reife«, umfassend über alle sexuellen und damit verbundenen gesellschaftspolitischen Aspekte informiert sind [22].

Obwohl in den letzten Jahren die Sexualerziehung in den Schulen planmäßig verbessert wurde, stellt *Grassel* noch folgende Mängel fest:

»1. Die sexualerzieherische Einwirkung erfolgt heute noch oft sehr spät.

2. Sie wird entwicklungsgerecht nur einem Teil der Heranwachsenden zuteil.

3. Die Einwirkung in der Schule beginnt lehrplanmäßig relativ spät und oft nur in einem Fach.

4. Von den offiziellen Erziehern wirken die Eltern — und hier vor allem die Väter (!) — noch zu wenig entwicklungsmäßig ein.

5. Die Einwirkung in sexualerzieherischer Hinsicht ist noch zu wenig systematisch und kontinuierlich.

6. Die Sexualerziehung klammert bisher einige wesentliche Probleme aus, z. B. die Empfängnisverhütung u. a.

7. Mit dem Absolvieren der allgemeinbildenden Schule bricht die sexuelle Bildung und Erziehung ab, so daß gerade die Altersklasse zwischen 16 und 18 Jahren ohne sexualpädagogische Führung bleibt. Das ist aber gerade die Zeit der gehäuften Konflikte und Entscheidungen bei den Beziehungen zwischen den Geschlechtern« [23].

Grassel sieht die Ursache dieser Mängel der Sexualerziehung vorrangig in der unzureichenden Qualifizierung der Erzieher und Lehrer. Hier sollen nach seiner Auffassung verstärkt Spezialkurse eingerichtet werden, die auch eine »koordinierte Zusammenarbeit zwischen Schule und Jugendarzt« ermöglichen. In dem Einsatz von Jugendärzten, die eher eine »sachlich-neutrale Position« gegenüber den Schülern einnehmen, vermutet *Grassel* einen Abbau der »Intimhemmung« seitens der Schüler und damit eine verbesserte Ausgangsposition für Gespräche über persönliche Sexualprobleme der Heranwachsenden [24].

Kurt Richard Bach hat zur »Gestaltung des Gesamtprozesses der sexuellen Bildung und Erziehung« ein spezielles Programm erarbeitet, das zur Zeit in einer sozialistischen Oberschule erprobt wird. Die Absolventen sollen danach über folgende Problemkreise informiert sein:

»1. Anatomie, Physiologie und Hygiene der Geschlechtsorgane

2. Befruchtung und Embryonalbildung

3. Schwangerschaft und Geburt

4. Das Neugeborene und seine Pflege

5. Die körperliche Entwicklung des Menschen

6. Mißbildungen, Anomalien, Schwangerschaftsunterbrechungen

7. Geschlechtskrankheiten und andere Erkrankungen der Geschlechtsorgane

8. Antikonzeption

9. Abartigkeiten, Sexualverbrechen, Kinder- und Jugendschutz in der DDR

10. Die Gleichberechtigung der Geschlechter

11. Kameradschaft und Freundschaft

12. Freundschaft — Liebe — Ehe

13. Probleme der jungen Ehe
14. Das Leben in einer sozialistischen Familie
15. Gegen die schädlichen Einflüsse der bürgerlichen Scheinmoral« [25].

In diesem Programm ist der sozial-ethische Aspekt wesentlich stärker als im Lehrplanwerk berücksichtigt worden. Durch die »moralisch ausreichend fundierte Erziehung« soll eine bessere Immunisierung gegenüber »anarchistisch-liberalistischen Theorien von der »sexuellen Freiheit«« erreicht werden [26] [26 a].

1.3 Sexualerziehung im Elternhaus

Die Sexualerziehung kann nur erfolgreich sein, wenn alle Erziehungsinstanzen diese Aufgabe übernehmen und übereinstimmend im Sinne der sozialistischen Moral auf die Kinder und Jugendlichen einwirken [27].

Den Eltern fällt die sehr wichtige Aufgabe der sachlich richtigen und moralisch-ethisch einwandfreien Erstinformation über die Grundtatsachen der menschlichen Fortpflanzung zu, die sie den Forderungen der Psychologen und Pädagogen zufolge unbedingt nutzen sollten. Zum anderen erwartet man von den Eltern, daß sie den Kindern ein partnerschaftliches Eheverhältnis im Sinne der sozialistischen Moral vorleben und so die Kinder in positiver Weise prägen [28].

Wieweit ihnen das gelingt, läßt sich nur schwer prüfen. Bislang überwiegen die moralischen Appelle an die Eltern, in denen teils Kritik an deren bislang mangelnder Bereitschaft zur Mitarbeit mitschwingt [29].

2. Zum Sexualwissen der Schüler in der DDR

Die Inhalte der speziellen Lehrpläne und -programme markieren die Normen und Zielsetzungen, die erreicht werden sollen. Gleichermaßen wichtig sind Informationen über die sexuellen Kenntnisse, Interesse und Verhaltensweisen der Schüler und Schülerinnen. Aus ihnen läßt sich u. a. erst der Erfolg der schulischen Unterweisungen ablesen.

Werner Kirsch hat eine Untersuchung zum Wissensstand von Schülern der 9. Klassen über die Fortpflanzung bei Tieren, Pflanzen und Menschen vorgelegt [30].

Die Ergebnisse zeigen, daß die Kenntnisse im humanbiologischen Bereich — zumindest bei den Jungen — höher lagen als in den übrigen Bereichen, obwohl dieser noch nicht in allen Klassen Unterrichtsgegenstand gewesen ist. Trotzdem kann nicht behauptet werden, das Wissen der Schüler reiche aus, — schon gar nicht, um ein verantwortliches Sexualleben zu führen:

»Bis auf die Bezeichnung der männlichen Keimzellen durch die Mädchen liegen die Prozentzahlen für die richtigen Antworten über 16,7 %. . . . Über die Hälfte der Jungen kannten Hoden und Eierstock als Keimzellenbildner beim Menschen; die Gebärmutter als Organ, in dem sich der Embryo entwickelt, ist sogar von rund 72 % der Jungen und Mädchen richtig beantwortet worden« (S. 34). Die Untersuchungsdaten von *Bach,* der nach der Durchführung seines »Programms zur Gestaltung des Gesamtprozesses der sexuellen Bildung und Erziehung« an seiner Schule eine Befragung vornahm, fallen günstiger aus [31]:

»In den 6. und 7. Klassen kennen in der Versuchsschule 94,1 % die Organbezeichnung
»Gebärmutter«, in der Vergleichsschule 26,4 %. Über den Namen und die Funktion der
Eierstöcke sind in der Versuchsschule 95,7 % der Schüler der Klassen 4 bis 7 richtig
informiert, in der Vergleichsschule nur 5,5 %; von den 5. Klassen, die laut präzisiertem
Lehrplan über die Kenntnisse verfügen müßten, sind es 6,5 %. Die Hoden als Bildungs-
stätte der männlichen Keimzellen nennen ebenfalls 95,7 % der Schüler der 5. bis
7. Klassen der Versuchsschule richtig, in der Vergleichsschule nur 3,2 % (5. Klasse Vergleichsschule 8,0 %).«
Auf die von *Kirsch* gestellte Frage nach Möglichkeiten der Schwangerschaftsverhütung
gaben 32,6 % der Mädchen »das Einsetzen eines Tampons« an, 19,7 den Abort. Unter
den Methoden des Abortes wurden genannt: »das befruchtete Ei aus den Geschlechts-
organen nehmen« oder »durch Gifte«. Von den Jungen nannten die meisten, nämlich
38,8 % die Benutzung von Kondomen und als nächsthäufige Möglichkeit den Abort
mit 23,1 %.
Das teilweise sehr spezifische Wissen um biologische Fakten steht also im auffälligen
Kontrast zu den Informationen über die praktischen Anwendungsmöglichkeiten, z. B.
die Schwangerschaftsverhütung [32].
In der Versuchsschule von *Bach* schnitten die Schüler bei einer Befragung wesentlich
besser ab: Zur Frage der Möglichkeiten der Empfängnisverhütung nannten sie »die
Kondome (112 Nennungen = 100 %), dann folgen die »Antibabypille« (92 Nennun-
gen = 82 %), danach kommen mit 40 Nennungen »chemische Mittel« (36 %), »Knaus-
Ogino« wird 21mal genannt (20 %)« (S. 16).

3. Über sexuelle Verhaltensweisen und Einstellungen Jugendlicher in der DDR

Untersuchungen über das Sexualverhalten von Jugendlichen bis zum 17. Lebensjahr
werden nicht angestellt, da Sexualforscher in der DDR es für »ethisch unzulässig«
halten, den jüngeren Jugendlichen Fragen zu Art und Häufigkeit der sexuellen Betätigung und des sexuellen Erlebens zu stellen, »weil (sie) die Jugendlichen erst durch ihre
Forschungen zu bestimmten sexuellen Verhaltensweisen anregen könnten« [33].
Die kritische Altersgrenze, in der sowohl Befragungen statthaft wie sexuelle Kontakte zu
erwarten und zu billigen sind, stellt etwa das 18./19. Lebensjahr dar. In ihm werden
manche Teilreifen (körperliche Maturität, Abschluß der Berufsausbildung, Volljährigkeit, Dienst in der NVA usw.) erreicht. *Grassel* und *Bach* nehmen allerdings an, daß in
der DDR ca. 40 % der Heranwachsenden bis zur Vollendung des 18. Lebensjahres den
ersten Intimkontakt bereits erlebt haben [34]. Ob bereits vorher oder zugleich mit dem
Alter von 18 Jahren Intimkontakte häufiger stattfinden, scheint abhängig zu sein von
Schul- und Berufsausbildung, vom sozialen Status der Elternfamilie und von der
Wohnortgröße [35].
In der BRD gaben bei einer Untersuchung des Hamburger Instituts für Sexualforschung
22 % der 16jährigen Jungen und 40 % der 16jährigen Mädchen schon Koituserfahrung
an [36].
Die — im Westen — relativ ausgiebige Literatur zur körperlichen und seelischen Akzele-
ration, d. h. zum altersmäßig vorverlegten Beginn und Ablauf der Reifezeit seit etwa

100 Jahren scheint in der Pädagogik der DDR wenig Beachtung gefunden zu haben [37]. Auch tritt in den Unterrichtsplänen fast gar nicht die nach wie vor um 1 bis 2 Jahre vorständige Pubertätsentwicklung und Maturität der Mädchen in Erscheinung.

Die Freundschaft unter Jugendlichen verschiedenen Geschlechts stellt angesichts der Diskrepanzen zwischen Normen und Verhaltensweisen ein besonderes Problem dar. Unsicherheiten und Überforderungen scheinen in diesen Freundschaften häufig vorzukommen, zumal ihnen sogleich Beständigkeit und Entwicklung zur Ehe mehr oder minder unterstellt oder angesonnen werden [38].

Durch die vorgegebenen Erwartungen sind die Jugendlichen in der DDR zwar darauf fixiert, *einen* festen Freund bzw. Freundin zu haben. Das wird für die 13- bis 17jährigen dennoch oft schwierig, da sie sich noch im Stadium der Entwicklung und des Experimentierens befinden, in »dem Prozeß, sich selbst auszuprobieren, seine eigene Position zur Partnerschaft zu suchen, Vorstellungen von einem Partner fürs Leben zu formen« [39]. Freundschaften werden deshalb in diesem Alter — wie nicht anders zu erwarten — häufig wieder gelöst.

Auch viele Eltern verhalten sich abweisend gegenüber dem Ansinnen, Jugendfreundschaften als vorzeitige feste Bindungen anzusehen. Und ihr Einfluß auf die Jugendlichen ist selbst in diesem Lebensbereich in der DDR relativ groß:

»Als verhältnismäßig schwach erweist sich der Einfluß der Schule bei der Vorbereitung auf Partnerschaft, Ehe und Familie. Die Ergebnisse deuten auf eine frühzeitige Bindung der Oberstufenschüler und Schulabsolventen an andersgeschlechtliche Partner hin. Die Erziehung zur Familie erfolgt im wesentlichen durch die Familie selbst, die Sexualerziehung auch zu einem nicht geringen Teil durch die Freundes- und Interessengruppen. Generell zeigt die Untersuchung das hohe erzieherische Prestige der Eltern und den immensen Einfluß der Familienerziehung auf wesentliche Seiten des Sozialverhaltens der Jugendlichen. Vater und Mutter gelten bei den meisten Schulabsolventen und Schülern als oberste Vertrauensinstanzen, das Konfliktpotential in der Familienerziehung ist geringer als in der Schulerziehung« [40].

4. Einstellungen zu vorehelichen Beziehungen in der DDR

In diesem Zusammenhang interessiert, wie sich Jugendliche in der DDR überhaupt zu »vorehelichen« Sexualbeziehungen, die keinesfalls stets zur sozialistischen Ehe führen müssen, einstellen. Die kleinen — trotzdem prozentuierten — Stichproben mahnen allerdings zu vorsichtiger Ausdeutung [41]:

Einstellung zu vorehelichen Beziehungen von Männern (DDR)
(Angaben in %)

Einstellung	insgesamt	davon	
		männlich	weiblich
notwendig und erwünscht	58,0	62,3	54,7
egal	24,5	27,9	22,1
abzulehnen	14,9	4,3	23,2
ohne Angaben	2,6	5,5	—
%	100,0	100,0	100,0
n	155	69	86

Einstellung zu vorehelichen Beziehungen von Frauen (DDR)
(Angaben in %)

Einstellung	insgesamt	davon männlich	weiblich
notwendig und erwünscht	47,8	46,4	48,8
egal	25,8	31,9	20,9
abzulehnen	21,9	11,6	30,3
ohne Angaben	4,5	10,1	—
%	100,0	100,0	100,0
n	155	69	86

Die Befragungsergebnisse zeigen immerhin, daß männliche Jugendliche voreheliche Beziehungen eher für unproblematisch halten als weibliche; die Ablehnungen sind auf seiten der letzteren sehr viel deutlicher ausgefallen. Vergleicht man die Toleranzen, die den Frauen bzw. Männern geschlechtsspezifisch entgegengebracht werden, so überrascht — angesichts der staatlich proklamierten Gleichberechtigung der Geschlechter — die immerhin meßbare Differenz der Auffassungen. Wenn man die Quoten für »erwünscht« und »tolerabel« zusammen nimmt, so liegt sie auf seiten der Jungen für die Männer bei ca. 90 %, für die Frauen bei ca. 78 %. Andererseits gestehen die Mädchen den Männern mit ca. 88 % voreheliche Erfahrungen zu — dem eigenen Geschlecht zu ca. 70 %. Sollten sich diese Quoten und ihre Unterschiede in größeren Stichproben, und zwar sowohl für Schüler wie für Lehrlinge als gültig erweisen, so bezeugen sie u. a., daß die Ziele der Sexualerziehung erst nur z. T. erreicht worden sind [42].

5.1 Verheiratete und ledige Mütter (in beiden deutschen Staaten)

Vor diesem Problemhintergrund, vornehmlich jedoch im Hinblick auf die berufliche Sozialisation der Jugendlichen, ist die Frage der vorehelichen Empfängnis bzw. der ledigen Mütter relevant, sowie die Beständigkeit bzw. die Scheidungsquoten der jungen Ehen.

Relation der ledigen und verheirateten Mütter in DDR und BRD

Alter der Mutter	ehelich	Lebendgeborene 1974 nicht ehelich	insgesamt
14	—	11	11
15	—	128	128
16	—	905	905
17	—	3 679	3 679
18	5 749	4 118	9 867
19	12 498	4 676	17 174
20	15 866	3 888	19 754
21	16 789	2 762	19 551
22	16 554	2 077	18 631

Quelle: Statistisches Jahrbuch der DDR [43].

Alter der Mutter	ehelich	Lebendgeborene 1974 nicht ehelich	insgesamt
14	7	80	87
15	99	450	549
16	1 205	1 630	2 835
17	5 449	3 551	9 000
18	12 415	4 368	16 783
19	19 739	4 328	24 067
20	26 395	3 846	30 241
21	31 977	3 093	35 070
22	37 591	2 454	40 045

Quelle: Statistisches Jahrbuch der BRD [44].

Der größte Anteil der 1974 Geborenen in der DDR ist mit 19 754 Geburten bei den 20jährigen Frauen aufzuweisen. In der Bundesrepublik Deutschland lag das Alter der Frauen mit dem höchsten Geburtenanteil (45 615 Geburten) bei 24 Jahren. Der relative Anteil der nicht ehelichen Geburten ist in der DDR bei den jüngeren Jahrgängen ebenfalls höher als in der Bundesrepublik Deutschland.

Die Quoten lediger Mütter in den jüngeren Jahrgängen weisen u. a. auf Lücken in der sexuellen Erziehung und Aufklärung durch Schule und Elternhaus hin. Aufgrund einer Fehleinschätzung des Zeitpunktes, zu dem sexuelle Kontakte aufgenommen werden, geschieht die Aufklärung offenbar zu spät und betrifft zu einseitig die biologischen Fakten und nicht den Vollzug von Geschlechtlichkeit mitsamt seinen emotionalen Gehalten. Das gilt in stärkerem Maße für die DDR.

Andererseits ist dort die Position der ledigen Mütter so weit stabilisiert worden, daß eine vorzeitige, durch eine Schwangerschaft veranlaßte Eheschließung — anders als in der Bundesrepublik — nicht so unbedingt erforderlich ist. Allerdings bleibt die rechtlich abgesicherte, stabile sozialistische Familie mit möglichst drei Kindern das Ideal [45].

5.2 *Heiratsalter und Ehescheidungen (in beiden deutschen Staaten)*

Wie allenthalben in Europa hat sich auch in der DDR das durchschnittliche *Heiratsalter* auf einen früheren Zeitpunkt verlagert.

Eheschließende 1974 in der DDR [46]

Alter	Männer insgesamt	ledig	Frauen insgesamt	ledig
18	2 738	2 738	17 375	17 375
19	7 441	7 436	22 300	22 224
20	11 751	11 725	22 700	22 416
21	17 682	17 548	18 442	18 824
22	19 429	19 056	12 966	11 957
23	16 049	15 458	8 255	7 084
24	12 092	11 307	5 504	4 310
25	8 643	7 752	3 526	2 407

Eheschließende in der Bundesrepublik Deutschland 1974 [47]

Alter	Männer insgesamt	ledig	Frauen insgesamt	ledig
unter 16	—	—	277	277
16	—	—	5 368	5 365
17	44	44	14 067	14 048
18	2 256	2 255	28 599	28 533
19	9 722	9 718	39 969	39 764
20	15 678	15 655	42 981	42 524
21	38 301	38 207	46 600	45 524
22	36 906	36 658	35 288	33 826
23	37 567	37 015	27 578	25 675
24	35 816	34 830	21 290	18 987
25	31 138	29 823	16 427	13 775

Die *Scheidungsziffern* zeigen generell in beiden deutschen Staaten seit 1960 steigende Tendenzen auf.

Ehelösungen je 10 000 der Bevölkerung [48]

Jahr	DDR	BRD
1960	14,2	8,8
1965	15,6	10,0
1970	16,1	12,6
1974	24,6	15,9

Sie lagen am höchsten bei den jungen Ehen, die zwei bis vier Jahre bestanden. Zwischen fünf und zehn Jahren Ehedauer ist die Scheidungsfrequenz rückläufig, während bei den 15- bis 20jährigen Ehen wieder eine steigende Tendenz feststellbar ist [49].

In der DDR wie in der Bundesrepublik werden ca. zwei Drittel aller Scheidungsklagen von den Ehefrauen eingereicht. Der hohe Anteil der klagenden Frauen wird in der DDR als Indiz für die gewachsene »wirtschaftlich selbständige Persönlichkeit der Frau« gewertet, zeigt jedoch »auch die Probleme des Ehe- und Familienlebens, . . . die der vollständigen Durchsetzung der Gleichberechtigung von Mann und Frau noch entgegenstehen« [50].

6. Schlußbemerkung

Die hier knapp berichteten ideologischen Zielsetzungen, Erziehungs- und Unterrichtsprogramme, Makro-Statistiken und Befragungsergebnisse mit kleinen Stichproben lassen nur vorsichtige Interpretationen zu. Daß sich die offiziellen Ziel- und Normvorstellungen in diesem Lebensbereich bisher nur begrenzt realisiert haben, ist nicht verwunderlich und gilt ähnlich auch für anders strukturierte Gesellschaften. »Bürgerliche Moral«, bzw. was man darunter versteht, läßt sich wohl schwerlich durch sozialistisch ausgemünzte und reglementierte Anschauungen aus dem Gedankengut der bürgerlichen

»Kulturpubertät« überwinden. Ein so vielschichtiger Lebensbereich wie die Geschlechterbeziehungen ist bisher in allen europäischen (und amerikanischen) Kulturepochen und »-systemen« gegenüber einer normativen Prägung und Lenkung in Spannungen und Konflikten verblieben. Diese Spannungen haben sich in den Jugendgenerationen des 20. Jahrhunderts durch Akzeleration (s. o.), Moratorium (Prolongierung der sozialen Reifungsstadien) und Fortbestand sozio-kultureller Schichtungen verstärkt. Davon bleibt auch die DDR-Jugend nicht ausgenommen.

Diese Umstände spiegeln sich in Gegensätzen zwischen der dortigen Psychologie und Psychiatrie einerseits — und Ideologie und Pädagogik andererseits. In den letzteren herrschen offenbar die Meinungen vor, menschliche Sexualität habe auch in den sechziger/siebziger Jahren dieses Jahrhunderts bei allen Jugendlichen beiderlei Geschlechts eine lange Latenzphase bis etwa zum 18./19. Lebensjahr. Das sei in bezug auf soziale Reifestufen (z. B. berufliche Reife) auch wünschenswert. Deshalb soll diese Latenzphase nicht durch verfrühte sexuelle Aufklärung oder gar Stimulierung gestört werden. Verfrühte Sexualität gehe auf Kosten der übrigen Persönlichkeitsentwicklung und bringe soziale Probleme mit sich. Die Sexualität der Mädchen sei anders, eher zögernder und passiver als die der Jungen. Vorbereitung auf die Ehe und eheliches Zusammenleben seien die entscheidenden Aspekte der Sexualität im Sozialismus für das Jugendalter.

Deshalb wird Sexualerziehung stärker betont als sexuelle Aufklärung. Diese geschieht relativ spät und knapp und betrifft mehr die biologischen Fakten und weniger den Vollzug von Geschlechtlichkeit mit seinen emotionalen und evaluativen Gehalten. Sexuelle Erziehung im Sinne der sozialistischen Moral wird bisher im ganzen mehr proklamiert als wirklich vollzogen.

Anmerkungen

[1] *Rolf Borrmann, Hans-Joachim Schille,* Eltern als Erzieher, Berlin (O), 2. Aufl. 1976, S. 6.
[2] *Heinz Grassel,* Jugend Sexualität Erziehung, Berlin (O) 1967, S. 6 f.
[3] *Kurt Richard Bach,* Geschlechterziehung in der sozialistischen Oberschule, Berlin (O) 1973, S. 180.
[4] Vgl. *Makarenko* Werke, Bd. IV, 1956, in: *Grassel,* a. a. O. (Anm. 2), S. 145.
[5] Vgl. 10 Gebote der sozialistischen Ethik und Moral im Programm der Sozialistischen Einheitspartei Deutschlands, S. 122 f., in: *Wolfgang Eichhorn,* Von der Entwicklung des sozialistischen Menschen, Berlin (O) 1964, S. 35 f.
[6] Auszug aus den 10 Geboten der sozialistischen Ethik und Moral: »8. Du sollst deine Kinder im Geiste des Friedens und des Sozialismus zu allseitig gebildeten, charakterfesten und körperlich gestählten Menschen erziehen. 9. Du sollst sauber und anständig leben und deine Familie achten.« Ebd., S. 35 f.
[7] *Bernd Bittighöfer,* Sozialistische Geschlechtsmoral und Erziehung der Jugend zu sittlich wertvoller Partnerschaft, in: Pädagogik, 1965, 9, S. 794.
[8] *Rulo Melchert,* Mit 17 noch keinen Freund?, in: Junge Welt, Rubrik: Unter vier Augen, 6. 2. 1974, S. 4; *Gerd Schulze,* Leserbrief zum Gespräch mit Prof. Dr. Gerhard Misgeld — Fragezeichen Sexualität, in: Forum, 1973. 3, S. 8.

[9] *Heinrich Brückner,* Das Sexualwissen unserer Jugend, Berlin (O) 1968, S. 156; *Grassel,* a. a. O., S. 105 f.; *Jutta Müller-Treuwerth,* Flucht in ein bequemes Leben?, in: Junge Welt, Rubrik: Unter vier Augen, 9. 1. 1974, S. 4; Film: Liebe mit 16, III. Programm des Norddeutschen Rundfunks am 9. 2. 1977, 20.15 Uhr.

[10] *Grassel,* a. a. O., S. 101 f.; *Brückner,* a. a. O., S. 233.

[11] *Borrmann,* Jugend und Liebe, Leipzig/Jena/Berlin (O) 1966, S. 128; vgl. *Sende,* in: *Bach,* a. a. O., S. 217.

[12] *Bach,* a. a. O., S. 248; *Bittighöfer,* Zum Problem der sittlichen Reife der Jugendlichen, in: Jugendhilfe, 1967, 2, S. 35.

[13] Vgl. Lehrplan Biologie 1972; Lehrplan Staatsbürgerkunde 1972; *Borrmann,* Beispiele für die Möglichkeiten der sexuellen Belehrung im Unterricht verschiedener Fächer, in: Pädagogik, 1962, 2. Beiheft, S. 54; *Bach,* a. a. O., S. 183 ff.; *Borrmann, Schille,* Sexualerziehung in der sozialistischen Schule, in: Pädagogik, 1973, 12, S. 1114 f.; *Werner Kirsch,* Zum Problem der sexuellen Belehrung durch den Biologielehrer, Berlin (O) 1968, S. 88 und 97.

[14] Statut der FDJ, beschlossen auf dem IX. Parlament der FDJ, 1971, 15, in: *Borrmann, Schille,* a. a. O. (Anm. 13), S. 1118; Eine der darin enthaltenen »normativen Aussagen« als Beispiel: »Du sollst die Perspektive deiner Paarbeziehungen in Ehe und Familie sehen und deine zukünftigen Kinder im sozialistischen Sinne erziehen.« (S. 1119).

[15] *Grassel,* Zur Optimierung der Zusammenarbeit zwischen Jugendarzt und Pädagogen bei der Sexualerziehung, Sonderdruck aus Ärztliche Jugendkunde, Bd. 67, 4, 1976, S. 131.

[16] Ebd., S. 131.

[17] Lehrpläne Biologie, Klasse 5 bis 10, 1972; Lehrpläne Staatsbürgerkunde, Klasse 7 bis 10, 1972.

[18] Lehrplan Biologie, Klasse 5, 1972, S. 16.

[19] Lehrplan Biologie, Klasse 8, 1972, S. 49 f.

[20] Lehrplan Biologie, Klasse 8, 1972, S. 49.

[21] *Grassel,* Psychologische Probleme der Geschlechtserziehung, in: Pädagogik, 1962, 2. Beiheft, S. 19.

[22] Ebd.

[23] *Grassel,* a. a. O. (Anm. 15), S. 137.

[24] Ebd.

[25] *Bach,* a. a. O. (Anm. 3), S. 135.

[26] Ebd., S. 134.

[26 a] Vgl. *Empfehlungen zur Sexualerziehung an Schulen in der Bundesrepublik Deutschland* (Beschluß der Kultusministerkonferenz; s. Erlaß des Nds. Kultusministeriums vom 9. September 1969 — Amtlicher Teil). Auch in der Bundesrepublik ist die Sexualerziehung eine Aufgabe der Eltern und der Schulen: »Es ist jedoch kein Lehrer gezwungen, gegen seinen Willen Schüler sexualpädagogisch zu unterrichten« (S. 2). »Die Sexualität gehört zum Wesen des Menschen. Sie ist für seine Entwicklung von entscheidender Bedeutung und umfaßt gleicherweise die Liebesfähigkeit sowie die Aufgabe der Fortpflanzung und die Befriedigung der Lust. In der verantwortungsvollen Partnerschaft findet sie Erfüllung und trägt dadurch zur Selbstverwirklichung des Menschen bei« (S. 2). Der *Stoffplan* (Themenvorschläge S. 4 f.): *Bis zum Ende des 4. Schuljahres:* Geschlechtsunterschiede — Mutterschaft — Vaterschaft — Elternschaft — Partnersuche — Der »Kinderfreund« — Vorbereitung auf die körperlichen Veränderungen während der Pubertät; *5./6. Schuljahr:* Bau und Funktion der Geschlechtsorgane — Menstruation und Pollution — Veränderungen der Gesamtpersönlichkeit während der Pubertät — Verhalten der Geschlechter zueinander — Masturbation - ein Problem beider Geschlechter — Gefahren durch Verführung - Homophile, Exhibitionisten, Voyeure; *7. bis 9./10. Schuljahr* (unter Vermeidung enzyklopädischer Zielsetzung): Zeugung — Schwangerschaft — Geburt — Das Neugeborene und Säuglingspflege — Schwangerschaftsunterbrechungen — Geburtenregelung - Familienplanung, Überbevölkerung, Empfängnisverhütung, Unfruchtbarkeit — Sexualverhalten der Jugendlichen - Triebbeherrschung, Enthemmung z. B. durch Alkohol, Petting, Verantwortung gegen sich selbst, den Partner und die Familie, Jugendschutz — soziale und rechtliche Grundlagen des Geschlechts- und Familienlebens — Rechte und Pflichten der Eltern — Rechte des ehelichen und unehelichen Kindes; *11. bis 13. Schuljahr:* Spezielle Fragen der Humangenetik und Eugenetik — Ehe und Familie — Vor-

eheliches Sexualverhalten — Empfängnisverhütung - Familienplanung, Weltbevölkerung — Das uneheliche Kind — Sexualität am Arbeitsplatz - Gespräche und Verhalten der Geschlechter untereinander, Unzucht mit Abhängigen — Beratende und helfende Institutionen.

[27] *Borrmann, Schille,* a. a. O. (Anm. 13), S. 1120.

[28] *Borrmann,* Sexuelle Erziehung in der Familie, in: Jugendhilfe, 1965, 6, S. 256 f.

[29] *Borrmann,* Stand und Entwicklungsprobleme der Sexualerziehung, in: Pädagogik, 1975, 1. Beiheft, S. 10 und 18.

[30] *Kirsch* (s. Anm. 13). Er hat 132 Schülerinnen und 134 Schüler befragt.

[31] *Bach,* a. a. O. (s. Anm. 3), S. 105.

[32] *Jutta Resch-Treuwerth,* Auf ihn verlassen?, in: Junge Welt, Rubrik: Unter vier Augen, 17. 9. 1975, S. 4; *Resch-Treuwerth,* Mittel, die man kaufen kann, in: Junge Welt, Rubrik: Unter vier Augen, 15. 10. 1975, S. 4. In der Septemberausgabe werden Probleme der Empfängnisverhütung besprochen (Koitus interruptus, Knaus-Ogino, Pille). In der Oktoberausgabe werden die Leser über Arten, Anwendungen und Preise chemischer Verhütungsmittel detailliert unterrichtet.

[33] *Bach,* a. a. O., S. 16.

[34] *Grassel, Bach,* Zur Vorbereitung unserer Jugend auf Ehe und Familie, in: Einheit, 1974, 5, S. 588; *Bach,* a. a. O., S. 147.

[35] *Siegfried Schnabl,* Intimverhalten Sexualstörungen Persönlichkeit, Berlin (O) 1972, S. 98 ff. und 176.

[36] *Jürgen Schlaegel, Karin Schoof-Tams, Leonhard Walczak,* Beziehungen zwischen Jungen und Mädchen — Sexuelle Sozialisation in Vorpubertät, Pubertät und Adoleszenz (I), in: Sexualmedizin, 1975, 4, S. 206—218. In der Befragung wurden 1914 Jugendliche im Alter von 11 bis 16 Jahren im Frühjahr 1974 erfaßt. Die Versuchspersonen stammen aus Gesamtschulen und Hauptschulen, Real- und Gymnasialklassen vom 5. bis 10. Schuljahr aus den Städten Bremerhaven und Wolfsburg. Durchführung: Hamburger Institut für Sexualforschung.

[37] *Widukind Lenz* und *Hellmut Kellner,* Die körperliche Akzeleration, München 1965; *Hans Thomae* (Hrsg.), Entwicklungspsychologie, Handbuch der Psychologie 3, Göttingen 1959; *Udo Undeutsch,* Die psychische Entwicklung der heutigen Jugend, München 1965. Während der beiden Weltkriege trat aus vielerlei Gründen z. B. aus Eiweißmangel in der Ernährung ein Aufschub dieser Entwicklung ein. Nach den Kriegen setzte sich die Vorverlegung fort.

[38] Hinweise hierzu finden sich vor allem in der Rubrik »Unter vier Augen« in der Zeitschrift »Junge Welt« sowie in einigen Leserbriefen im »Forum«. Empirische Untersuchungen liegen bisher nicht vor.

[39] *Resch-Treuwerth,* Durch Überredungskünste festnageln?, in: Junge Welt, Rubrik: Unter vier Augen, 27. 12. 1973, S. 4.

[40] *A. Meier,* Die Herausbildung eines der Arbeiterklasse würdigen Nachwuchses, in: Deutsche Zeitschrift für Philosophie, 1974, 2, S. 223—228.

[41] *Bach,* a. a. O., S. 154 und 155.

[42] Über die Einstellungen zu vorehelichen Beziehungen in der Bundesrepublik Deutschland geben *Schlaegel* et al., a. a. O., S. 306—325 Auskunft: »Der Anspruch auf einen »unschuldigen« Ehepartner nimmt bei beiden Geschlechtern mit dem Alter ganz erheblich ab. In dieser Frage ergeben sich deutliche Geschlechtsunterschiede. Die Mädchen aller Altersstufen antworten generell liberaler. Gut 1/3 der Mädchen gegenüber nur 1/10 der Jungen beispielsweise an, einen erfahrenen Partner zu bevorzugen. Die größere Liberalität der Mädchen in dieser Frage ist im Grunde ein Relikt traditioneller Einstellungen. Die Virginität des Mannes hat im Zeitalter der Doppelmoral nie eine solche Rolle gespielt wie die der Frau.«

[43] Statistisches Jahrbuch der Deutschen Demokratischen Republik, 1976, S. 416.

[44] Statistisches Jahrbuch für die Bundesrepublik Deutschland, 1976, S. 71.

[45] *Bach,* a. a. O. S. 141; s. a. Familiengesetzbuch der DDR; vgl. *Gisela Helwig,* Zur Entwicklung sozialistischer Familienbeziehungen, in: Deutschland-Archiv, 1973, 5, S. 472—473.

[46] Statistisches Jahrbuch der Deutschen Demokratischen Republik, 1976, S. 412. (Eheschließungen sind erst ab 18 Jahren erlaubt.)

[47] Statistisches Jahrbuch für die Bundesrepublik Deutschland, 1976, S. 70. Bis zur Novellierung des Volljährigkeitsgesetzes 1974 lag das früheste Heiratsalter für Mädchen bei 16 Jahren, für

Jungen bei 18 Jahren. Seitdem ist es für beide Geschlechter auf 18 Jahre festgesetzt worden. Allerdings wurde und wird Ehemündigkeit — ausnahmsweise, meist bei vorzeitiger Schwangerschaft — auch in früherem Alter gewährt.

[48] Statistisches Jahrbuch der Deutschen Demokratischen Republik, 1976, S. 413; Statistisches Jahrbuch für die Bundesrepublik Deutschland, 1976, S. 75.

[49] Vgl. Statistisches Jahrbuch für die Bundesrepublik Deutschland, 1976, S. 75; vgl. *R. Halgasch, K. Lungwitz*, Entwicklung und Faktoren der Ehescheidungen, in: Neue Justiz, 1974, S. 75.

[50] *Halgasch, Lungwitz*, a. a. O. (Anm. 49), S. 76.

JUGENDPOLITIK IN DER DDR

Von Christa Mahrad

I. Vorbemerkung

Die Jugendpolitik in der DDR wird – im Gegensatz zur Bundesrepublik Deutschland – zentral gesteuert, wobei in den einzelnen Bereichen eine eindeutige Kompetenzverteilung besteht. Die Einzelbereiche sind aufeinander abgestimmt, und die verschiedenen Einrichtungen und Institutionen, die die Jugendpoltik durchführen, arbeiten eng miteinander zusammen.

Initiator der staatlichen Jugendpolitik ist die Sozialistische Einheitspartei Deutschlands (SED), die sich als Vollstreckerin ihrer Jugendpolitik der einzigen in der DDR zugelassenen Jugendorganisation, der Freien Deutschen Jugend (FDJ), bedient.

Bevor wir uns der Jugendpolitik im einzelnen zuwenden, soll dem Leser kurz ein Überblick über die bisherigen Etappen in der Politik der DDR, die auch in der Jugendpolitik zum Ausdruck kommen, gegeben werden. Es soll und kann allerdings nicht Aufgabe dieses Berichtes sein, eine Analyse des Gesellschaftssystems der DDR zu erstellen. Zur Verdeutlichung dieses Problems wird auf folgende Arbeiten verwiesen: *Peter Christian Ludz*, Wissenschaft und Gesellschaft in der DDR, München 1971; *Kurt Sontheimer/Wilhelm Bleek*, Die DDR. Politik, Gesellschaft, Wirtschaft, 2. Aufl. Hamburg 1972. Ganz grob läßt sich die bisherige politische Entwicklung in der DDR in vier Phasen einteilen.

Die *erste Phase* umfaßt die Zeit von 1945 bis 1949. In der DDR wird diese Phase als Etappe der antifaschistisch-demokratischen Ordnung bezeichnet. Kennzeichen dieses Zeitraumes ist, daß damals noch nicht klar war, ob Deutschland über längere Zeit gespalten bleiben oder ob es zur Errichtung eines »neutralen« Einheitsstaates kommen würde. In der damaligen SBZ schälte sich von vornherein die KPD bzw. ab April 1946 die aus der Vereinigung von KPD und SPD hervorgegangene SED als dominierender Faktor hervor. Die Kommunisten konnten bereits am Ende des Krieges ein klares Konzept aufweisen, denn sie hatten ihre straffe Organisation und ein festes Programm aus ihrer Untergrundtätigkeit hinüberretten können, im Gegensatz zu anderen Parteien und Organisationen, die zersplittert waren und erst mühsam ein Programm aufstellen mußten. Für die Durchsetzung ihrer Jugendpolitik konnte die KPD/SED ebenfalls mit einem Programm aufwarten, das sie zielstrebig in die Tat umsetzte. Es basierte auf den Zielen, die dem ehemaligen Kommunistischen Jugendverband Deutschlands (KJVD) gesetzt worden sind, sowie auf Traditionen, aus der Arbeiterjugendbewegung stammend.

Die *zweite Phase* erstreckt sich über die fünfziger Jahre bis zum Jahre 1961 hin. Diese kann man allerdings noch einmal in die stalinistische Ära und die nachstalinistische Zeit unterteilen. Insgesamt ist dieser Zeitraum gekennzeichnet von einer besonderen

Aggressivität, die sich auch in der Jugendpolitik dokumentiert, sowie von einer starken Abgrenzung gegenüber dem Westen. (Nicht umsonst wurde damals der Ausdruck ›kalter Krieg‹ geprägt.) Die Hintergründe dieser besonderen Aggressivität, die im übrigen in allen Medien der DDR zum Ausdruck kam, sind ökonomischer Art. Während sich im Westen Deutschlands, der gerade gebildeten Bundesrepublik, durch Freisetzung der Marktwirtschaft und infolge wirtschaftlicher Unterstützung und Kooperation seitens der USA und der anderen Westmächte ein Wirtschaftswunder von bisher nie gekanntem Ausmaß entwickelte, geriet das Wirtschaftsleben der DDR von einem Krisenpunkt zum anderen, wofür in erster Linie die Demontagen der Sowjetunion usw. verantwortlich waren. Während man heute im Nachhinein zur Entlastung der damaligen Wirtschaftsführung in der DDR die ungleichen Startchancen der beiden deutschen Teilstaaten anführen kann, so beeindruckten solche Gründe die deutsche Bevölkerung bzw. die DDR-Bevölkerung in den fünfziger Jahren wenig. Im Gegenteil, die Überlegenheit des sozialistischen Systems über das kapitalistische wurde stark in Zweifel gezogen.

Die *dritte Phase* reichte von den sechziger Jahren bis zur Ablösung *Walter Ulbrichts*, man kann sie auch als den Höhepunkt der Ulbricht-Ära bezeichnen. Infolge des Mauerbaus kam es zu einer gewissen Stabilität in der DDR, und zwar sowohl auf wirtschaftlichem als auch auf politischem Gebiet. Die Bevölkerung der DDR grenzte sich anfangs sehr deutlich von diesem Schritt ihrer Regierung ab, doch spätestens Mitte der sechziger Jahre war für jeden klar, daß die westlichen Alliierten diese Maßnahme ihrer östlichen Konkurrenten respektierten und vor allem nicht verändern würden. Die Menschen in der DDR fingen an, sich in ihrem Staat einzurichten. In der Jugendpolitik dominierte das Bemühen der Staatsführung, die Jugend für den Staat zu gewinnen bzw. eine Identifikation mit »ihrem« Staat herbeizuführen.

Die *vierte und bisher letzte Phase* ist die *Honecker-Ära*; sie beginnt mit dem Sturz *Ulbrichts* im Jahre 1971. Charakteristisch für die politische Ebene dieser Phase ist der totale Anschluß an die Sowjetunion, die stärkere Integration in das östliche Verteidigungs- und Wirtschaftssystem. Binnenwirtschaftlich begann diese Etappe damit, in verstärktem Maße die Bedürfnisse der Bevölkerung zu befriedigen; dies war zwar auch das bisherige Anliegen der DDR-Regierung, wurde jedoch seit dem Amtsantritt *Honeckers* besonders propagiert, um so bei der Bevölkerung eine Wendung in der Entwicklung zu manifestieren. Zeugnisse dieser Politik sind der verstärkte Bau von (immer noch knappen) Wohnungen, Verbesserung der Dienstleistungen und des Konsumgüterangebots. Nach wie vor steht die Jugend im Mittelpunkt der staatlichen Politik, und das verwundert nicht, wenn man bedenkt, daß *Honecker* von 1946 bis 1955 erster Sekretär des Zentralrats der FDJ war. Die Dominanz, die die Jugendpolitik in der *Honecker-Ära* erfährt, kommt einmal in dem im Januar 1974 verabschiedeten dritten Jugendgesetz der DDR zum Ausdruck, zum anderen in der zunehmenden Bedeutung der FDJ.

In den siebziger Jahren, 25 Jahre nach der Gründung der DDR, ist es erstmals gelungen, daß ein größerer Teil der Jugendlichen den Staat bejaht und sich z. T. mit ihm identifiziert (Diskussionen während der X. Weltfestspiele in Ost-Berlin haben das illustriert). Die Gründe dafür mögen darin zu suchen sein, daß die heutige junge

Generation in diesem Staat geboren wurde und heranwuchs. Zum anderen hat sich bei den Jugendlichen die Überzeugung gebildet, daß »ihr Staat« ihnen eine Sicherheit bietet in bezug auf Bildung, Ausbildung und Berufstätigkeit, während ihnen eine solche Sicherheit in den westlichen Industrienationen derart nicht gegeben scheint.

Einen umfangreichen Überblick über die Gründung der FDJ und ihre Entwicklung bis in die sechziger Jahre gibt das Buch von *Hanns-Peter Herz:* Freie Deutsche Jugend, München 1965. Im nachstehenden Bericht soll im großen und ganzen vermieden werden, die Aussagen von *Herz* zu wiederholen. In einigen Details läßt sich das aber nicht umgehen, da einige Angaben, die auch *Herz* macht, zum Verständnis der Jugendpolitik in der DDR wichtig sind.

Inzwischen sind in der DDR einige neue Arbeiten in bezug auf die FDJ – vorrangig in wissenschaftlichen Zeitungen der Universitäten – veröffentlicht worden, aus denen wesentliche neue Aspekte, auch aus der Gründungszeit der FDJ, geschöpft werden konnten. Der vorliegende Bericht möchte diese Daten und Angaben einem breiteren Leserkreis offerieren. Dagegen muß ich mich bei der Analyse der Auseinandersetzungen, die 1956/57 in der SED-Spitze zwischen der *Schirdewan*-Gruppe und der Gruppe um *Ulbricht* stattgefunden haben, im wesentlichen auf die Erkenntnisse von *Herz* stützen, da sich die DDR über diese Vorgänge im Detail bisher ausschweigt. Das gleiche gilt für die Ereignisse um den 17. Juni 1953.

Insbesondere soll jedoch auf die neue Entwicklung der FDJ am Ende der sechziger und in den siebziger Jahren hingedeutet werden, über die es bisher keine zusammenhängende Untersuchung gibt.

II. Zum Jugendbegriff in der DDR

Der Begriff »Jugend« ist keinesfalls eindeutig; er umfaßt die altersmäßige Abgrenzung, er gilt im juristischen Sinne, und man kann ihn inhaltlich bestimmen.

Am eindeutigsten ist die *altersmäßige* Abgrenzung, und zwar unterscheidet man hierbei zwischen den Kindern bis zu 14 Jahren, den Jugendlichen von 14 bis 18 Jahren und den jungen Erwachsenen. Im Jugendgesetz der DDR aus dem Jahre 1974 wird die altersmäßige Abgrenzung für den Begriff »Jugend« vom 14. bis zum 25. Lebensjahr festgelegt. Für die so abgegrenzte Gruppe »Jugendliche« bestehen bestimmte Gesetze, Regelungen und Bestimmungen, nach denen sich also sowohl die Jugendlichen als auch die jungen, volljährigen DDR-Bürger bis zum 25. Lebensjahr zu richten haben. Mit 18 Jahren beginnt in der DDR die Volljährigkeit.

Der *juristische Jugendbegriff* in der DDR umfaßt nur die Gruppe der 14- bis 18-jährigen. Dieser Gruppe wird eine verminderte strafrechtliche Schuldfähigkeit zuerkannt. Außerdem gelten für sie gewisse Schutzbestimmungen u. a. in bezug auf die Arbeitszeit und Schichtarbeit sowie für den Alkohol-Ausschank.

Während diese Abgrenzungen von Jugend z. T. ähnlich, z. T. anders auch für die Bundesrepublik zutreffen, weicht die *inhaltliche* Bestimmung dieses Begriffes sehr wesentlich von Konzepten ab, die in der Bundesrepublik vertreten werden (siehe auch die Erörterungen auf Seite 13–18 in diesem Buch). In der DDR wird zumeist eine spezifische Eigenständigkeit der Jugendphase abgelehnt [1]. *Walter Parson* erklärt dies folgendermaßen: »Bei der Bestimmung des Begriffs »Jugend« muß davon ausgegangen werden, daß junge Menschen verschiedenen sozialen Gruppen — Klassen und Schichten — angehören, daß die Kategorie »Jugend« sozial heterogen bestimmt ist. Das »einigende« Moment des Begriffs, das mit der Entwicklung der sozialistischen Ordnung an Bedeutung gewinnt, liegt zunächst in der gemeinsamen Altersstufe begründet: das »differenzierende« sozial determinierte Moment darin, daß Jugendliche eine objektive Stellung im gesellschaftlichen Leben einnehmen« [2]. Diese objektive Stellung impliziert in der DDR, daß Jugendliche und Erwachsene die gleichen Grundinteressen und Ziele hätten, sowie, daß »zwischen Staatsmacht der DDR und der Jugend« eine »tiefere Übereinstimmung« bestünde [3]. In der DDR seien »alle Voraussetzungen dafür gegeben, daß die junge und die ältere Generation ihre Fähigkeiten in kameradschaftlicher Zusammenarbeit zum Nutzen des ganzen Volkes vereinen« [4].

Der Sozialwissenschaftler *Paul Friedrich* definiert »Jugend« wie folgt: »In der Entwicklung des Individuums ist die Jugendzeit eine relativ abgrenzbare Altersstufe. In ihr vollzieht sich der Übergang des Heranwachsenden vom Status des im Elternhaus bzw. in den gesellschaftlichen Einrichtungen versorgten ... unselbständigen, noch nicht gesellschaftlich voll verantwortlichen Kindes über wachsende gesellschaftliche Mitverantwortung und Selbständigkeit zum Status des selbständigen und gesellschaftlich voll verantwortlichen Erwachsenen« [5].

Neben diesen Leerformeln besteht eine Tendenz zur Schönfärberei. So wird die Grundhaltung der Jugendlichen von DDR-Jugendforschern als »antifatalistisch und atheistisch« charakterisiert, ihnen werden moralische Verhaltensweisen wie Friedensliebe, sozialistischer Patriotismus, proletarischer Internationalismus und sozialistischer Humanismus zugeordnet. Ihre Eigenschaften seien Schwung, ein Hang zu revolutionärer Romantik, Gefühlsreichtum und der Glaube an ihre eigenen Kräfte [6]. Die Jugend sei ein »bildsames entwicklungsfähiges Wesen«, die Zukunft der Menschheit und der entscheidende Träger des gesellschaftlichen Fortschritts von morgen. Dabei seien »Optimismus, Gestaltungsfreudigkeit, der Wille zur Verantwortung und die Ablehnung von Schluderei und Nichtkönnen« oberstes Prinzip der Jugendlichen [7]. Allerdings wird darauf hingewiesen, daß die Jugend nicht aufgrund ihres Alters revolutionär sei, sondern eine solche Eigenschaft eigentlich nur der Arbeiterjugend zukomme [8].

Neben diesen überwiegend positiven Einschätzungen gibt es in der DDR auch einige psychologische Untersuchungen, in denen den Jugendlichen unter anderem auch Unreife und Labilität und Abwendung gegenüber den Erwachsenen beim Rückzug in altershomogene Gruppen bescheinigt wird [9]. Psychologische Phaseneinteilungen des Jugendalters werden allerdings in der DDR als »für die marxistisch-leninistische Jugendforschung nicht fruchtbar« abgelehnt [10].

III. Entstehung und Entwicklung der FDJ bis in die fünfziger Jahre

Die zentrale Rolle in der Jugendpolitik der DDR spielt die FDJ, denn sie ist die einzige politische Jugendorganisation in der DDR. Der Grundstein zur Bildung der

FDJ wurde bereits kurz nach Beendigung des Krieges im Juli 1945 gelegt, als die sowjetische Militäradministration (SMAD) die Schaffung antifaschistischer Jugend-komitees gestattete [11]. Der Begriff »antifaschistische Jugendkomitees« war sehr weit-läufig gefaßt und engte nicht nur auf die Möglichkeit ein, kommunistische oder Ar-beiterjugendorganisationen zu gründen. Trotzdem war eine solche Tendenz von vorn-herein ersichtlich. Zwar hatte die KPD darauf ausdrücklich verzichtet, und *Walter Ulbricht* hatte bereits am 25. Juni 1945 im Auftrag der Partei die folgende Erklärung abgegeben: »Möge es den Jugendausschüssen gelingen, die deutsche Jugend zu ehrlich denkenden Menschen zu erziehen, die mit jugendlicher Begeisterung an der Säuberung vom nazistischen Unrat und am Aufbau einer saubereren, antifaschistisch-demokra-tischen Ordnung mitarbeiten. ... Wir verzichten auf die Schaffung eines kommu-nistischen Jugendverbandes, denn wir wollen, daß eine einheitliche, freie Jugendbewe-gung entsteht [12].« Die kommunistische Partei war sich in diesem Punkte nicht einig, eine Reihe »alter Kämpfer« forderte einen separaten kommunistischen Jugendver-band, und im Sommer 1945 hatten sich auch schon einige KJVD-Gruppen gebildet, hauptsächlich in: Waren, Weimar, Parchim, Herzberg/Elster, Lübz und weiteren Gemeinden. Ein *Ulbricht*-Zitat verdeutlicht die Auseinandersetzungen innerhalb der Partei: »Als einige Genossen vorschlugen, den kommunistischen Jugendverband wie-der aufzubauen, sagte die Partei: Es ist besser, wir beginnen mit der Schaffung eines großen Jugendverbandes – möge er mithelfen, die Rechte der jungen Generation zu verwirklichen. ›Rot Front!‹ riefen manche alten Genossen. Die Partei aber rief ›Freundschaft!‹ Weit voraus sah die Partei, daß es nicht galt, Fronten zu schaffen, sondern alle Menschen guten Willens zur Mitarbeit am Aufbau der neuen mensch-lichen Ordnung zu gewinnen [13].« Die kommunistischen Jugendverbandsgruppen wur-den aus diesem Grunde Ende 1945 wieder aufgelöst [14].
Ähnliche Probleme tauchten 1945 innerhalb der damaligen SPD auf. Sie besaß eben-falls eigene Jugendorganisationen, die Sozialistische Arbeiterjugend (SAJ) sowie die Jungsozialisten. Viele Sozialdemokraten lehnten ein Zusammengehen mit den Kom-munisten ab und wandten sich gegen eine einheitliche Jugendbewegung [15]. In der SBZ setzten sich auch bei den Sozialdemokraten diejenigen durch, die für eine »Einheits-front« zwischen Kommunisten und Sozialdemokraten eintraten. Im Oktober 1945 wurde auf dem sächsischen Landesparteitag der SPD erklärt: »Wir unterstützen die Freie Deutsche Jugend in allen Bestrebungen, wir sind der Überzeugung, daß die Freie Deutsche Jugend die einzige Organisation ist, die die Möglichkeit und Aufgabe hat, die gesamte deutsche Jugend umzuerziehen. Das erkennen wir als Partei restlos an, und ich bitte ... von allen Bestrebungen abzusehen, die vielleicht dahin gehen, eigene Jugendorganisationen oder eigene Jugendgruppen zu bilden [16].« Es folgte die Auflösung der SAJ- und Jungsozialistengruppen in der SBZ [17].
Besonders intensiv war das Bemühen, auch Vertreter anderer Jugendrichtungen – in erster Linie dachte man an die christliche Jugend – zur Mitarbeit in den Jugendaus-schüssen zu bemühen. Sehr ausführlich wird das bei *Manfred Klein* dargestellt. *Klein* war selbst Vertreter der katholischen Jugend in den Jugendausschüssen und darum bemüht, eine eigene Jugendorganisation der CDU in der SBZ bzw. zunächst in Ost-Berlin auf die Beine zu stellen, was jedoch vereitelt wurde [18].

Nachdem der Trend in der Jugendpolitik festgelegt war, wurde von der Sowjetischen
Militäradministration gestattet, eine Jugendorganisation ins Leben zu rufen, so daß
am 7. März 1946 die Freie Deutsche Jugend (FDJ) gegründet werden konnte. »Am
Tempo ließ sich ablesen, wie gut alles vorbereitet war«, kommentiert *Herz* die damaligen Ereignisse [19]. Allerdings war die gestellte Aufgabe, eine antifaschistische Jugendorganisation aufzubauen, nicht sehr leicht. Deutsche Jugendliche lebten am Ende des
Krieges unter schwierigen Lebensbedingungen. Einige Zahlen mögen die damalige
Situation der Jugendlichen in Deutschland kennzeichnen: »Die materiellen Lebensbedingungen der Jugend waren außerordentlich schlecht. Zu der einen Million erwerbs-
unfähiger Männer gehörten zahlreiche Jugendliche; z. B. waren im Mai 1946 in
Sachsen unter den 4700 männlichen Arbeitslosen von 19 bis 25 Jahren, 4218 erwerbs-
behinderte Jugendliche. Im Dezember 1945 wurden in Sachsen insgesamt 52 020 Ar-
beitssuchende im Alter von 14 bis 25 Jahren registriert. Der Gesundheitszustand war
katastrophal; 70 Prozent der jungen Arbeiter waren unterernährt. 29 Prozent der
männlichen und 42 Prozent der weiblichen Todesfälle Jugendlicher gingen auf Tuber-
kulose zurück. Schwarzmarkt und Prostitution blühten besonders unter Jugendlichen.
In Berlin waren im Sommer 1946 80 Prozent der Prostituierten zwischen 16 und 18
Jahre alt [20].«
Zu den gesundheitlichen Schäden und physischen Veränderungen kamen auch psychische Besonderheiten, die beachtet werden mußten. Während des Krieges hatte man
15jährigen Jugendlichen die Aufgaben von Erwachsenen übertragen, und zwar nicht
nur körperlich anstrengende Arbeiten, sondern auch solche, die nervlich belastend
waren. Die Jugendlichen waren dadurch reifer geworden, sie hatten sozusagen ihre
Jugendphase übersprungen, und es ist verständlich, daß diese Jugendlichen sich nach
dem Krieg nicht mehr wie unmündige Kinder behandeln ließen. Die Jugendfunktio-
näre der FDJ trugen dieser Tatsache Rechnung und nutzten sie für ihre Politik aus,
indem sie den Jugendlichen ernstzunehmende Aufgaben übertrugen. Dieses Übertragen von Pflichten auf Jugendliche sollte vom Beginn der Jugendarbeit in der SBZ bis
heute charakteristisch für die gesamte Jugendpolitik werden. Die Methode war denkbar einfach, man aktivierte die Jugendlichen für den Staat, indem man ihnen Verantwortung übertrug, was Hand in Hand mit einem Setzen von bestimmten Zielen
und Vorgeben von Leitbildern praktiziert wurde, und der Erfolg dieser Methode war,
daß die Jugendlichen sich einerseits respektiert fühlten, andererseits aber in die vom
Staat gewünschte Richtung gelenkt werden konnten.Diese Art der Jugendpolitik war
nicht neu, die FDJ-Funktionäre konnten sich auf bewährte Traditionen stützen, u. a.
auf den sowjetischen Pädagogen *A. S. Makarenko.* Und wenn man so will, wurde
ein ähnliches Vorgehen – nur unter anderen Vorzeichen – von den Funktionären der
Hitlerjugend praktiziert [21]. Vorbilder für die Jugendpolitik im östlichen Teil Deutschlands waren allerdings die Arbeiterjugendbewegungen und der sowjetische Komsomol.
Die Zusammenarbeit mit der Jugend war in den ersten Jahren nach dem Krieg jedoch
keinesfalls so leicht wie man annimmt. »Äußerungen wie die folgende waren keine
Ausnahme: ›Laß mich doch mit Politik in Ruh! Ich habe von der letzten noch die
Nase voll. Gebt uns doch zu essen, gebt uns Kleidung, dann haben wir wenigstens

etwas‹ [22].« Jugendliche demonstrierten sogar und trugen dabei Plakate mit Parolen wie: »Gebt uns mehr zu essen, sonst können wir Hitler nicht vergessen!« [23] In einigen Gebieten der SBZ wurden sogar Attentate verübt: »In Frankfurt (Oder) steckten irregeleitete, verhetzte Jugendliche das Jugendheim in Brand, in Spremberg und Neustrelitz wurden Sprengstoffattentate auf die sowjetische Kommandantur und den Sitz der SED-Kreisleitung vorbereitet [24].«

Trotz dieser Schwierigkeiten wurde das erste Parlament der FDJ, das ganz unter dem Zeichen der Einheit und Demokratie in der Jugendarbeit stand, vom 8. bis 10. Juni 1946 in Brandenburg an der Havel durchgeführt. Auf diesem Treffen sollte vor allem die Überparteilichkeit der FDJ zum Ausdruck gebracht werden. *Manfred Klein*, der persönlich an diesem Treffen teilgenommen hat, berichtet: »Schon in der Begrüßung bemühte sich ... Hermann Axen, dem Parlament den Trend zu geben, den er und Honecker unbedingt haben wollten: ›... zum ersten Mal treffen sich Vertreter der verschiedenen Schichten und Gruppen der deutschen Jugend, die einer politischen Richtung oder einer religiösen Weltanschauung angehören und an dieser Stelle den *gemeinsamen* Willen zum Aufbau unseres Vaterlandes bekunden. Zum ersten Mal tagt ein Kongreß einer wahrhaft überparteilichen deutschen Jugendorganisation...‹ [25]«

Außerdem wurde damals bekannt: »Die FDJ lehnt es ab, irgendeinen Zwang auf ihre Mitglieder auszuüben, einen Zwang etwa, daß jemand in die FDJ eintreten müßte ... Die FDJ lehnt aber auch jede parteipolitische Beeinflussung ab [26].« Die »Einmütigkeit« der deutschen Jugend konnte jedoch nicht während der ganzen Kongreßdauer zur Schau getragen werden, es kam zu Differenzen zwischen den kirchlichen Jugenddelegationen und den Vertretern der Kommunisten [27].

Die Ergebnisse in bezug auf die Jugendpolitik, die das erste Parlament brachte, waren die sogenannten »Grundrechte der jungen Generation«: politische Rechte, das Recht auf Bildung, das Recht auf Arbeit und Erholung sowie das Recht auf Freude und Frohsinn. Im Mittelpunkt der politischen Rechte stand die Forderung, das Wahlalter auf 18 Jahre herabzusetzen.

Die Zahl der FDJ-Mitglieder stieg zwar von April bis Dezember 1946 von 190 000 auf 405 586 an [28], trotzdem traten ständig neue Schwierigkeiten auf. Auch innerhalb der inzwischen gegründeten SED war man sich über die Stellung und Aufgaben der FDJ noch nicht im klaren. »Teilweise vorhandenes Sektierertum und Unverständnis für die Aufgaben der FDJ in den Reihen der SED wirkten sich auf den Entwicklungsprozeß hemmend aus. Im Juli 1946 gehörten z. B. in Sachsen von den 68 000 Mitgliedern der SED im Alter von 16 bis 25 Jahren nur 8000 der FDJ an. In der Stadt Rostock war das Mißverhältnis noch größer: Von 8000 Parteimitgliedern waren nur knapp 80 in der FDJ organisiert [29]. Das Unverständnis für den Charakter und die Aufgaben der FDJ ging z. B. in der Kreisleitung der SED in Demmin so weit, daß die ganze Kreisleitung der FDJ abgesetzt wurde, weil die FDJ am 1. Mai 1946 nicht mit roten, sondern mit blauen Fahnen marschiert war [30].«

Bereits Pfingsten 1947 (vom 23.–25. 5.) fand das zweite Parlament der FDJ in Meißen statt. Im wesentlichen wurde damals die Uniformierung der FDJ-Mitglieder beschlossen: das Blauhemd und die blaue Fahne mit aufgehender Sonne. Zudem machte sich damals bereits eine zunehmende Politisierung des Jugendverbandes be-

merkbar, und es wurde eine Mobilisierung der jugendlichen Arbeitskräfte für volkswirtschaftliche Zwecke betrieben. Die sogenannten Aktivisten aus den Aufbaujahren
in der Nachkriegszeit sind allgemein bekannt. Jugendliche wurden zu freiwilligen
Arbeitseinsätzen delegiert, wobei die Teilnahme an solch einem Einsatz durch Stem-
peln der Ausweiskarte vermerkt wurde. »Diese Stempel berechtigten die Jugendlichen, an Kino- und Kulturveranstaltungen teilzunehmen [31].« Neben dem Industrie-
bereich stand kurz nach dem Krieg die Arbeit der FDJ auf dem Lande bzw. mit der
Landjugend im Zentrum der Bemühungen. So wurde u. a. das erste zentrale Jugend-
objekt der FDJ auf dem Lande durchgeführt. Es trug das Motto: »Dorf der Jugend«
und erstreckte sich über die Zeit von 1946 bis 1950; es handelte sich bei diesem Objekt um ein im Krieg völlig zerstörtes Dorf, das von Jugendlichen einschließlich eines
Jugendlehrhofes wieder aufgebaut wurde [32]. Erstaunlich ist, daß der Organisierungs-
grad der Landjugend nach der Gründung der FDJ verhältnismäßig hoch war. »Ende
Dezember 1946 waren in Mecklenburg z. B. rund 20 Prozent aller Jugendlichen in
der FDJ organisiert, während es in Sachsen nur 15 und in Thüringen nur 12 Prozent
waren. Die Mehrheit aller FDJ-Mitglieder – nämlich 60 Prozent – gehörte Ende
1946 Dorfgruppen an [33].« In den Jahren 1946, insbesondere 1947 befaßte sich die
FDJ intensiver mit der Landjugend, sie arbeitete ein Programm zur Verbesserung
der sozialen Lage der Landjugend und ihrer Arbeitsbedingungen aus. Im November
1947 wurde das erste Landjugendprogramm von der FDJ verabschiedet [34]. Im wesentlichen ging es darin um die Verbesserung der Arbeitsverhältnisse für Jugendliche in
der Landwirtschaft, die z. T. noch 10 bis 12, im Sommer oft sogar bis zu 16 Stunden
am Tage arbeiteten [35].
Zur Unterstützung der Neubauern [36] wurden von den Landesverbänden der FDJ
Wettbewerbe ausgeschrieben, bei denen der Bau von Neubauernhäusern und die Hilfe
beim Aufbau der Maschinen-Traktoren-Stationen (MTS) auf dem Programm standen [37]. Es ist anzunehmen, daß damit die Maßnahmen in der Landwirtschaft (»im
Zuge der demokratischen Bodenreform (waren) bis zum Frühjahr 1946 die Junker-
güter zerschlagen und zehntausende mittelbäuerliche Betriebe neu entstanden [38]«) ent-
wirrt und die Versorgung der Bevölkerung mit Nahrungsmitteln gewährleistet werden sollte. Die nächste Aufgabe, die erfüllt werden mußte, war der Aufbau der zer-
störten Industrie. Dabei muß man sich vor Augen führen, daß sich auf dem Territorium der DDR wenig Industriezentren befanden – wenn man von den damaligen
Ländern Sachsen, Thüringen und dem Berliner Raum einmal absieht – und bedenkt,
daß diese Industrien verarbeitende Betriebe waren, die von Rohstoffen besonders abhängig waren. Somit kann man sich die Schwierigkeiten der Nachkriegswirtschaft in
der SBZ und späteren DDR vorstellen. »Es galt jetzt, das Übergewicht des volkseigenen Sektors der Wirtschaft – insbesondere durch den Beginn einer langfristigen Wirtschaftsplanung – herzustellen und die Organe der demokratischen Staatsmacht zu
stärken. In dieser Entwicklung festigte sich die Hegemonie der Arbeiterklasse und die
führende Rolle der SED und damit ihr Einfluß auf die Bündnispartner [39].« »Das
Bemühen der FDJ, die Strategie der SED in dieser Zeit zu verwirklichen zu helfen,
zu diesem Zweck ganz besonders die Arbeiterjugend zu mobilisieren, spiegelte sich in
den Beschlüssen des ›Kongresses junger Arbeiter und Arbeiterinnen der volkseigenen

Betriebe‹ (April 1948), der Erklärung des Zentralrats ›Die Jugend an die Spitze aller Wettbewerbe!‹ (Juli 1948) und den Festlegungen des ›II. Kongresses der jungen Aktivisten‹ (April 1949) wider [40]. Von besonderer Bedeutung war die Entschließung der 16. Tagung des Zentralrats (November 1948) unter dem Titel ›Unsere Aufgaben zur politischen und organisatorischen Stärkung und Festigung der Freien Deutschen Jugend‹ [41].« Dem Aufbau der damals total zerrütteten Volkswirtschaft dienten u. a. die zentralen Jugendobjekte der FDJ, hier wären zu nennen: der Aufbau der Eisenbahnlinie Rostock – Schwaan (1948), die Aktion »Max braucht Wasser« (1949), bei der es um den Aufbau des Eisenhüttenkombinats in Unterwellenborn (Thüringen) ging, der Bau der Talsperre Sosa (1949–1951) sowie der Bau des Eisenhüttenkombinats Ost an der Oder-Neiße-Grenze, der im Jahre 1951 begonnen wurde [42]. Daneben standen kleinere Aktionen der FDJ wie die Bekämpfung des Borkenkäfers in Thüringen, die Oderbruchaktion, die Gewinnung von Ziegelsteinen usw. usf. auf dem Programm [43]. Auch die Bewegung der Jungaktivisten entstammte dieser Zeit. Die damaligen Arbeitsbedingungen waren äußerst schwierig, so daß die Aktivitäten der Jugendlichen eine bedeutende Rolle spielten. An einigen Beispielen mag dies verdeutlicht werden: »Zu den 1948 in Zeitz mit einem Radiogerät Ausgezeichneten gehörte das Jugendaktiv des Elektrizitätswerkes Leipzig Süd. In 100 Überstunden hatten sie bei 60 bis 80 Grad Hitze 28 geplatzte Rohre repariert und dadurch die Stromversorgung großer Teile der Stadt sichern helfen. ... Ein Fahrrad als Prämie bekam der 18jährige Werkzeugmacherlehrling Otto Hauschild aus Oberweimar, der eine schwenkbare Vorrichtung zum Fräsen von Schaltachsen neu konstruiert hatte. Hierdurch wurden zwei Arbeitsgänge eingespart und die Arbeitszeit um 40 Prozent gesenkt. ... Ein Paar Schnürstiefel als Auszeichnung erhielt der 21jährige Elektriker Günter Stüwer aus Rostock. Er hatte einen Verbesserungsvorschlag für den Bau von Windkraftwerken gemacht, der auf der Leipziger Messe ausgestellt worden war und Anerkennung gefunden hatte [44].« Die Zitate machen deutlich, schon damals wurde mit Auszeichnungen und Prämierungen die Arbeitsleistung der Werktätigen angekurbelt, ferner deuteten sich – wie die Ausstellung des Verbesserungsvorschlages des einen Jungarbeiters auf der Leipziger Messe zeigt – die erst später ins Leben gerufenen Bewegungen der Messe der Meister von morgen (MMM) an. Die Jungaktivisten- und Jugendobjektbewegungen hatten neben der volkswirtschaftlichen Bedeutung auch politische Zielsetzungen zu verfolgen: »Mit den Jugendobjekten verfolgten wir immer das Ziel, junge Sozialisten zu erziehen [45].«
Seit Mitte 1948 ist eine zunehmende politische Tendenz innerhalb der FDJ-Arbeit zu verzeichnen sowie ein engeres Zusammengehen mit der SED. »Wir gehen davon aus, daß Aufgabenstellung und Leistung der FDJ ein Teil der Strategie und Taktik der SED in der sozialistischen Revolution waren,« kennzeichnet *Parson* die Entwicklung der FDJ in den ersten Nachkriegsjahren, und er fährt fort: »Nichts allerdings durfte in diesem Prozeß überstürzt werden; ganz besonders mußte sich die Verbandsführung stets vom Bewußtseinsstand der Mitglieder leiten lassen, ihre weltanschaulichen und politischen Einsichten, Überzeugungen und Haltungen geduldig und beharrlich formen [46].« Im Zentrum der politischen Betätigung stand u. a. die Kinderarbeit der FDJ. Ende 1948 wurde aufgrund eines Beschlusses der 17. Zentralratstagung

der FDJ die Organisation »Junge Pioniere« – später Pionierorganisation »Ernst Thälmann« ins Leben gerufen. Diese Organisation arbeitete hauptsächlich in den Schulen, aus ihr rekrutierten sich im wesentlichen die künftigen FDJ-ler.

Am 1. Dezember 1949 wurde beschlossen, ein »Abzeichen für gutes Wissen« zu stiften, um so die weltanschauliche und politische Bildung und Erziehung der Jugendlichen voranzutreiben[47]. Um die massenpolitische Arbeit zu forcieren, wurden Agitationsgruppen gebildet (1950 gab es 27 428 dieser Agitationsgruppen)[48]. Neben Diskussionen über aktuelle politische Themen bestand die Aufgabe dieser Gruppen vor allem darin, die seit Januar 1950 erscheinende FDJ-Zeitung »Junge Welt« zu vertreiben[49]. In diesem Zusammenhang muß auch auf die kulturelle Arbeit der FDJ hingewiesen werden. Im Oktober 1948 fand die erste Konferenz der FDJ zu kulturellen Fragen statt. »Ihr Ziel war es, die Beziehungen zwischen den Schriftstellern und den FDJlern zu analysieren und inhaltlich neu zu gestalten[50].« Von den Schriftstellern forderte man eine Parteinahme für die antifaschistisch-demokratische Ordnung, ferner sollten sie den Jugendlichen in ihrer ideologischen Entwicklung helfen, indem sie solche literarischen Gestalten zu schaffen hatten, die für die Jugend zum Vorbild werden konnten[51].« Unter anderem wurde vom Zentralrat der FDJ ein »offener Brief an alle Kulturschaffenden« herausgegeben, in dem »Schriftsteller, Dramaturgen, Filmschaffende, Architekten u. a.« aufgefordert wurden, den Jugendlichen das »kulturelle Erbe« zu vermitteln[52]. Die kulturelle Arbeit der FDJ wurde auch auf die künstlerische Selbstbetätigung ausgedehnt, so wurde im April 1950 die Nationale Kulturgruppe der FDJ ins Leben gerufen, ein Sammelbecken für »fortschrittliche und künstlerisch begabte Menschen«[53]. Im gleichen Jahr wurde vom Zentralrat der FDJ der »Künstlerische Wettbewerb« ausgeschrieben, durch der »Verfasser des besten Jugendbuches, Kinderbuches, Jugendexposés und Jugendliedes im Jahre 1950« ermittelt werden sollte[54].

Die totale Bindung an die SED wurde auf dem dritten Parlament der FDJ, das vom 1. bis 5. Juni 1949 in Leipzig stattfand, offiziell bekanntgegeben. Auf dem Parlament wurde eine neue Verfassung der FDJ verabschiedet, in dem die Führungsrolle der SED anerkannt wurde. Allerdings wurde damals noch nicht offen erklärt, daß die FDJ die Funktion der »Kampfreserve der Partei« zu übernehmen hätte, da der Zeitpunkt noch zu früh erschien[55].

Kurz vor dem ersten Deutschlandtreffen der Jugend, das vom 27. bis 30. Mai 1950 stattfand[56], wurde das erste Jugendgesetz der DDR verabschiedet. In ihm wurden die »Grundrechte der jungen Generation« gesetzlich verankert, die später noch mehrere bezeichnende Abwandlungen erfahren sollten.

Im Juli 1950 fand der dritte Parteitag der SED statt, auf dem das »konkrete, umfassende Programm, um die Grundlagen des Sozialismus in unserer Republik zu errichten«, beschlossen wurde[57]. Im Zuge der Verwirklichung dieser Politik wurde die FDJ im gleichen Monat in den Block der antifaschistisch-demokratischen Parteien und Massenorganisationen aufgenommen[58]. Dadurch konnte sich die FDJ aktiv an der Wahlbewegung der Nationalen Front zu den am 15. Oktober 1950 ausgeschriebenen Wahlen für die Volkskammer, die Land- und Kreistage sowie die Gemeindevertretungen beteiligen[59].

Im gleichen Jahr wurde die einheitliche Schulung für die Mitglieder und Funktionäre der FDJ eingeführt. Das erste FDJ-Schulungsjahr fand vom Oktober 1950 bis zum 30. Juni 1951 statt [60].

In der Verfassung der FDJ, auf dem vierten Parlament (27. bis 30. Mai 1952) in Leipzig verabschiedet, wurden im wesentlichen folgende Punkte berücksichtigt: »Die Anerkennung der führenden Rolle der Arbeiterklasse und ihrer Partei im gesellschaftlichen Leben und damit gegenüber den Massenorganisationen; das Bekenntnis zur Diktatur des Proletariats und die Erziehung der Jugend zur bewußten Stärkung der Arbeiter- und -Bauernmacht; die Funktion der Arbeiterjugend als revolutionärer Kern des Verbandes; die planmäßige Verbreitung des Marxismus-Leninismus; die Erziehung der Jugendlichen im Geiste des proletarischen Internationalismus, besonders der Freundschaft mit der Sowjetunion und den anderen sozialistischen Ländern [61].« Von nun an stand die Ausbildung von Parteikadern im Jugendverband im Zentrum der Aktivitäten. Verantwortliche Tätigkeiten in Institutionen und Verbänden hatten FDJ-Mitglieder seit jeher inne. Bereits auf dem dritten Parlament wurde festgestellt: »Viele Mitglieder und Funktionäre stehen im Ehrendienst der Volkspolizei ... 104 von unseren abgegangenen Freunden übernahmen ... verantwortliche Stellen in den Landesverwaltungen und in der Zentralverwaltung. Vier von ihnen, und zwar unsere bewährten Freunde Edith Baumann, Hermann Axen, Paul Verner und Ernst Hoffmann, arbeiten seitdem an verantwortlicher Stelle im Vorstand der Sozialistischen Einheitspartei Deutschlands. Zwanzig von ihnen ... arbeiten heute in den Landesvorständen und im Bundesvorstand des FDGB ... Fünfzehn von ihnen ... übernahmen hohe Funktionen beim Aufbau der Volkspolizei [62].« Von nun an sollten jedoch Nachwuchsfunktionäre systematisch von »erfahrenen Genossen« ausgebildet werden. Dabei bediente man sich junger Parteimitglieder, die gleichzeitig in der FDJ organisiert waren, und »aktivierende und vorwärtsweisende Funktion im Jugendverband [63]« ausüben sollten. Daneben erfolgte die Schulung junger Parteikandidaten speziell in den Aufgaben der Jugendpolitik und der gesellschaftlichen Stellung der FDJ, wobei durch klare Parteiaufträge die Schulung der Kandidaten beschleunigt werden sollte [64].

Das andere Novum des vierten Parlaments war die Angleichung der FDJ an den sowjetischen Komsomol, und zwar sowohl im Prinzip des Organisationsaufbaus – dem demokratischen Zentralismus – als auch in der Übernahme der *Lenin*schen Prinzipien einer revolutionären Jugendpolitik, zu der folgende Grundsätze gehören: die Jugend solle eine eigene Organisation haben, Jugend solle von Jugend geleitet werden, revolutionäre Erziehung sei durch Teilnahme am Klassenkampf zu erreichen, und eine sozialistische Persönlichkeit würde im Prozeß des Kampfes und der gemeinsamen Arbeit geformt [65].

Es steht heute fest, daß die Sowjetunion eine entscheidende Rolle bei der Bildung und bei der Entwicklung der FDJ zu einer sozialistischen Massenorganisation spielte. »Ohne diese Hilfe ... wäre die Freie Deutsche Jugend nicht so schnell in ihrer Entwicklung vorwärts geschritten. Dafür sind wir den sowjetischen Genossen sehr dankbar«, hob *Edith Baumann* in einem Referat zur Jugendpolitik der SED hervor [66]. Zeugnisse für derartige Hilfen sind die Teilnahme und das aktive Eingreifen sowjetischer Offiziere in den ersten Parlamenten der FDJ (u. a. in Brandenburg [67]). Er-

fahrungen in revolutionärer Jugendpolitik holte sich eine erste FDJ-Delegation im
Jahre 1947 in Moskau; *Erich Honecker* und *Edith Baumann* gehörten zu den teil-
nehmenden Funktionären.

Die enge Bindung an den Komsomol ist zwar einerseits auf die aktive Jugendpolitik
»sowjetischer Kommunisten und Komsomolzen im Waffenrock der Sowjetarmee [68]«
zurückzuführen, andererseits dokumentiert sie »die Isolierung der deutschen Jugend [69]«, die auch durch die im Oktober 1949 – einen Monat nach Bildung der Bundesrepublik Deutschland – gegründete DDR nicht aufgehoben werden konnte; der DDR-
Staat wurde sogar weltweit abgelehnt. Insofern war der Anschluß an die große
Schwesterorganisation in der Sowjetunion das Gegebene, hatte doch der Einfluß des
Komsomol bewirkt, daß die FDJ im Jahre 1948 in den Weltbund der Jugend
(WBDJ) aufgenommen wurde [70].

Ein weiterer Schritt in dieser Richtung waren die dritten Weltfestspiele, die im August 1951 in Ost-Berlin ausgetragen wurden.

IV. Die Jugendpolitik in der nachstalinistischen Zeit

Auf dem 20. Parteikongreß der KPdSU (im Februar 1956) wurde der sogenannte
Stalin-Mythos durch *Chruschtschew* aufgehoben, indem er die stalinistischen Säube-
rungsaktionen (insbesondere in der Vorkriegsperiode) anprangerte. Während die
Enthüllungen *Chruschtschews* ein weltweites Echo fanden, wurden sie in der DDR
eher schweigend zur Kenntnis genommen. Trotzdem konnten sie nicht ignoriert werden und blieben nicht ohne Rückwirkungen auf die Jugendpolitik.

Ein Jahr vor dem oben zitierten Parteitag der KPdSU fand vom 25. bis 27. Mai
1955 das fünfte Parlament der FDJ in Erfurt statt. Das neue, in Erfurt vorgelegte
Statut der FDJ verzichtete auf den Zusatz, die FDJ sei eine überparteiliche Organisation, es wurde im Gegenteil herausgestellt, daß die FDJ eine »sozialistische« Jugendorganisation sei, die, ähnlich wie die SED, eine Avantgarde-Funktion hätte. Dieser noch engere Anschluß an die Partei einerseits sowie der eingeleitete Entstalini-
sierungs-Prozeß bewirkten bei den jugendlichen FDJ-Mitgliedern z. T. erhebliche
Zweifel an der »Unfehlbarkeit« der sozialistischen bzw. kommunistischen Gesell-
schaftsordnung; es kam zu massenhaften Austritten aus der FDJ. An diesen Vorgän-
gen hatte auch der Leitungswechsel innerhalb der FDJ (*Honecker* wurde von *Karl
Namokel* abgelöst) nichts ändern können. Innerhalb der SED kam es deshalb zu
Differenzen über die Weiterentwicklung der Jugendpolitik. Eine Gruppe von SED-
Funktionären, zu denen *Karl Schirdewan, Ernst Wollweber, Fritz Selbmann* und *Fred
Oelßner* gehörten [71], forderten die Entpolitisierung des Verbandes und eine größere
Breitenarbeit unter dem Motto »ein fröhliches Jugendleben« [72]. Politische Ereignisse
innerhalb einiger Ostblockstaaten – so der Aufstand der Posener Arbeiter vom Juni
1956 und der Ungarn-Aufstand vom Oktober 1956 – hatten jedoch das Mißtrauen
innerhalb der SED-Führungsgruppe geschürt, man hegte besondere Bedenken gegen
jegliche Liberalisierungstendenz. Deshalb setzten sich nicht die Vorstellungen der *Schirdewan*-Gruppe durch, sondern die FDJ blieb auf dem »harten politischen Kurs.« In

den FDJ-Gruppen wurden sogenannte Gruppenaktivs, ein politisch zuverlässiger Kern von Jugendlichen, gebildet, die die politische Beeinflussung der Jugend vorantreiben sollten [73].

An die FDJ wurde die Aufgabe gestellt, die »Jugend von der gesetzmäßigen Perspektive des Sozialismus« zu überzeugen, »sie im Geiste des proletarischen Internationalismus« zu erziehen sowie »Haß gegen das imperialistische System und seine politischen Bestrebungen« zu wecken [74]. *Parson* begründet diese Ziele so: »Wesentlich ist in diesem Zusammenhang, daß sich gegen Ende der fünfziger Jahre der Klassenkampf mit dem westdeutschen Imperialismus zuspitzte. Der Kampf der Systeme nahm immer mehr globalen Charakter an, die Auseinandersetzung verschärfte und komplizierte sich. Die DDR stand als Glied der sozialistischen Staatengemeinschaft vor der Aufgabe, mit Hilfe der Sowjetunion und der anderen Bruderländer die Politik der offenen Aggression des Imperialismus zu vereiteln. Beim Bewältigen all dieser Aufgaben bedurfte es des bewußten politischen Handelns der Jugend [75].«

Die Auseinandersetzungen innerhalb der SED um die Jugendpolitik bzw. die spezifischen Aufgaben der FDJ haben weitgehend unter Ausschluß der Öffentlichkeit stattgefunden. Dagegen erfolgte eine Mobilisierung der Massen auf wirtschaftlichem Gebiet. Die neu gesetzten Initiativen sprachen vor allem die Arbeiterjugend an, die als »Stoßbrigade für den Sozialismus« fungieren sollte [76]. Charakteristisch dafür sind einige zentrale Jugendobjekte, die damals in Angriff genommen wurden: der Bau des Überseehafens Rostock (1958–1960), die Aktion Altmärkische Wische (1958–1960), ein Entwässerungsprogramm eines 30 000 Hektar großen Gebietes in der Altmark, die Meliorationsarbeiten im Rhin-Havel-Luch (1958–1963) [77]. Außerdem wurden in verstärktem Maße sozialistische Wettbewerbe ausgeschrieben, an denen sich insbesondere Jugendkollektive bzw. Jugendbrigaden beteiligten. Im Zentrum des damaligen Wettbewerbs stand die Losung »Wettbewerb zu Ehren des 40. Jahrestages der Großen Sozialistischen Oktoberrevolution«[78]. Daneben wurde besonders die sogenannte Neuererbewegung (Aktionen zur Verbesserung des Produktionsablaufes, zur technischen Verbesserung der Produktionsmittel sowie der Produktionsverfahren [79] angekurbelt [80].

In diesem Zusammenhang müssen auch die Aktivierungen der Schüler und Studenten genannt werden; sie wurden vorrangig in Ernteeinsätzen oder im Nationalen Aufbauwerk eingesetzt. 1958 wurden die jugendlichen Aktivisten, Neuerer und Jugendkollektive vom Zentralrat der FDJ aufgerufen, sich an der Messe der Meister von morgen (MMM) zu beteiligen, eine Veranstaltung, die seitdem in jedem Jahr durchgeführt wird. Auch das sechste Parlament der FDJ, das vom 12. bis 15. Mai 1959 in Rostock stattfand, stand ganz im Zeichen des »Aufbaus des Sozialismus«. Dabei war der FDJ von der SED die Verpflichtung übertragen worden, »die Gewinnung der Mehrheit der Jugend für den Aufbau des Sozialismus, die Erziehung der Jugend im Geiste des wissenschaftlichen Sozialismus und die Entfaltung eines interessanten Jugendlebens« zu realisieren [81]. Dominierende Bedeutung hatte die Arbeiterjugend, deren Klassenbewußtsein entwickelt werden sollte [82]. Eigentliches Ziel dieser Maßnahmen war jedoch wie eh und je die Mobilisierung der werktätigen Jugend zur Steigerung der Arbeitsleistungen. In diesem Sinne sind die sogenannten Kompaßwettbewerbe zu

Ehren des 10. Jahrestages der Gründung der DDR zu betrachten sowie die verschiedenen sozialistischen Wettbewerbe. »Zur Zeit des VI. Parlaments der FDJ (Mai 1959) standen 40 000 junge Arbeiter aus Industrie und Landwirtschaft im Kampf um die Titel ›Kollektiv der sozialistischen Arbeit‹ [83].« Neben den wirtschaftlichen Zielen dieser Aktionen muß man gleichzeitig auf ihre politische Bedeutung hinweisen; *Parson* führt das so aus: »Mit einer eindeutigen politischen Motivierung und entsprechenden Methoden und Losungen – ›Sozialistisch arbeiten, lernen und leben‹, ›Tempo – tausend Tage‹, ›Konten junger Sozialisten‹, ›Wir lernen heute, was wir morgen wissen müssen‹ – gelang es der FDJ, im Jahre 1960 große Teile der Jugend der DDR, besonders der Arbeiterjugend, erzieherisch zu beeinflussen, sie in den sozialistischen Wettbewerb einzubeziehen [84].«

Nach dem sechsten Parlament der FDJ wurden sogenannte Ordnungsgruppen der FDJ gebildet, deren Aufgabe darin bestand, »mit dem Mittel der Überzeugung die noch abseits stehenden Jugendlichen an den Verband der FDJ heranzuführen« [85]. In erster Linie sollten diese Ordnungsgruppen zur Bekämpfung der Jugendkriminalität eingesetzt werden [86]. Allerdings sollten sie keine staatlichen Aufgaben – wie z. B. die Justiz-und Sicherheitsorgane – erhalten; sie können jedoch Jugendliche, »die sich als Feinde entlarven«, den Staatsorganen übergeben [87]. Sie unterstehen den FDJ-Leitungen und sind einzig an deren Weisungen gebunden. Ordnungsgruppen sollen nur dort gebildet werden, »wo es Schwerpunkte der Jugendgefährdung und der Jugendkriminalität gibt« [88].

V. Die Entwicklung der Jugendpolitik auf dem Höhepunkt der Ulbricht-Ära

Die Schließung sämtlicher Grenzübergänge der DDR zur Bundesrepublik Deutschland und Westberlin am 13. August 1961 sowie der anschließende Mauerbau in Berlin, zogen innen- wie außenpolitische Folgen nach sich. Entgegen allen Erwartungen seitens der westlichen Staaten normalisierte sich das Leben in der DDR nach anfänglichen leichten Krisen ziemlich rasch. Zum ersten Mal war es in der DDR möglich, die Bevölkerung, insbesondere aber die Jugendlichen, von westlicher Beeinflussung abzuschirmen, wenn man von den Wirkungen, die von den Medien Rundfunk und Fernsehen ausgingen, einmal absieht. Es wurde eine neue Periode, die des umfassenden Aufbaus des Sozialismus, verkündet. In bezug auf die Jugendpolitik der SED wurden in den folgenden Jahren einige wichtige Beschlüsse herausgegeben, zu denen das *Jugendkommuniqué* des Politbüros des ZK der SED vom September 1963 sowie das *zweite Jugendgesetz* der DDR vom Mai 1964 gehörten.

Dem Jugendkommuniqué lag »die Erkenntnis zugrunde, daß die junge Generation schöpferisch mitarbeiten muß, um die Probleme der Technik und des gesellschaftlichen Lebens zu meistern und die Entwicklung voranzubringen« [89]. In der sozialistischen Erziehung wurden folgende Prinzipien aufgestellt:

– »Das selbständige Denken und Handeln der Jugendlichen in allen Bereichen des gesellschaftlichen Lebens zu fördern und sie kameradschaftlich bei der Überwindung von Schwierigkeiten zu unterstützen;

– den Jugendlichen entsprechend ihren Kenntnissen und Fähigkeiten ständig höhere Verantwortung in der Arbeit, beim Lernen, Lehren und Forschen zu übertragen und ihren Sinn für die sozialistische Gemeinschaft auszubilden;

– die aktive Mitwirkung der Jugend bei der Leitung des Staates und der Volkswirtschaft zu gewährleisten;

– der Jugend bei der Gestaltung eines interessanten und inhaltsvollen geistigen, kulturellen und sportlichen Lebens zu helfen;

– das eigene Bemühen der Jugend, moralische und charakterliche Eigenschaften zu erwerben, die dem sozialistischen Menschenbild und einer gesunden Lebensführung entsprechen, zu fördern;

– die Beziehungen zwischen Mädchen und Jungen sowie zwischen alt und jung auf der Grundlage menschlicher Anerkennung und Achtung und des Grundsatzes der Gleichberechtigung zu gestalten [90].«

Damit kamen die auf dem sechsten Parteitag der SED (Januar 1963) gefaßten Beschlüsse auch in der Jugendpolitik zum Tragen. Allerdings wird auch in der DDR bestätigt: » ... die jugendpolitischen Hauptaufgaben und -zielstellungen (sind) *prinzipiell* die gleichen« wie bisher [91].

In diesem Sinne muß das zweite Jugendgesetz der DDR aus dem Jahre 1964 interpretiert werden. Es sollte die Jugend »zur Teilnahme an der Leitung des Staates und der Volkswirtschaft, in Beruf und Schule, bei Kultur und Sport« aktivieren [92]. Auch in das »Gesetz über den Volkswirtschaftsplan 1965« vom Januar 1965 werden die jugendlichen Aktivitäten in bezug auf die wirtschaftliche Weiterentwicklung des Landes einbezogen. Die Ausstellungen der Messe der Meister von morgen, die Ergebnisse der Treffen junger Spezialisten in Karl-Marx-Stadt, die Mathematikolympiaden sowie die Initiativen der Jugendbrigaden sind Beispiele für diese Bestrebungen [93]. Schlagworte, die aus jener Zeit stammten, waren »der Jugend Vertrauen und Verantwortung« und »mit der Erziehung und Selbsterziehung der Jugend von heute das Gesicht der Gesellschaft von morgen prägen« [94].

In dem zweiten Jugendgesetz wurde unter den Rechten und Pflichten, die man der Jugend auferlegte, vor allem das Recht auf Mitbestimmung bzw. das Mitsprache- und Mitentscheidungsrecht der Jugendlichen hervorgehoben. Auf dem politischen Sektor sah das so aus, daß die FDJ eine eigene Fraktion in diesem Parlament bildete. Entsprechend waren FDJ-Abgeordnete auch in den Kreistagen, den Stadtverordnetenversammlungen sowie bei den Gemeinden vertreten. Auf der betrieblichen Ebene erfolgte die »Mitwirkung« durch die bereits 1946 ins Leben gerufenen FDJ-Kontrollposten, deren Aufgaben vorrangig darin bestanden, die sozialistische Arbeitsmoral der Jugendlichen zu überwachen sowie neue Arbeitsmethoden einzuführen bzw. ebenfalls zu überwachen. Im Jahre 1969 wurden in den Betrieben außerdem sogenannte Jugendausschüsse gegründet, die allerdings dem Freien Deutschen Gewerkschaftsbund (FDGB) unterstanden. Diese Jugendausschüsse üben praktisch nur eine Beraterfunktion aus, in den höheren Leitungen des FDGB sind sie nicht vertreten [95].

Ein Jahr nach der Verabschiedung des zweiten Jugendgesetzes wurde das *»Gesetz über das einheitliche Bildungssystem«* verabschiedet, das z. T. noch heute Gültigkeit besitzt und bestimmte Punkte betreffend Bildung und Erziehung, Schule und Hochschule, die im zweiten Jugendgesetz bereits angerissen wurden, ausführlicher behandelt.

Weitere wichtige Beschlüsse in bezug auf die Jugendpolitik aus den sechziger Jahren sind:
– die »Jugendhilfeverordnung« vom 3. 3. 1966;
– die »Verordnung zum Schutz der Kinder und Jugendlichen« vom 26. 3. 1969;
– der Beschluß über den »sozialistischen Berufswettbewerb« vom 19. 8. 1970.

Insbesondere der Beschluß sowie das o. a. Bildungsgesetz räumen der FDJ – neben anderen Organen wie dem FDGB und den staatlichen Berufsausbildern – ein Mitwirkungsrecht in der Berufsausbildung ein.

Im Jahre 1963 hat die FDJ ein neues Statut erhalten, das bis heute gültig ist.

Eine weitere Einrichtung, die in den sechziger Jahren ins Leben gerufen wurde, ist das 1966 in Leipzig gegründete Zentralinstitut für Jugendforschung (ZIJ), das staatlich geleitet wird und dem Amt für Jugendfragen beim Ministerrat der DDR untersteht. Das ZIJ arbeitet eng mit dem Zentralrat der FDJ zusammen – u. a. mit der in der FDJ bestehenden Arbeitsgruppe Jugendforschung [96]. Das ZIJ »ist Leitinstitut für alle Forschungen im Bereich der 16- bis 25jährigen Arbeiter, Lehrlinge und Studenten« in der DDR [97].

Während dem industriellen Aufbau in der DDR von Anfang an die größere Bedeutung zugemessen wurde – wenn man von dem ersten Nachkriegsjahr einmal absieht –, war die Landwirtschaft das Stiefkind. Das wirkte sich zum einen auf die dortigen Arbeitsbedingungen und zum anderen auf die Jugendarbeit in den Dörfern aus. Die unattraktiven Lebensbedingungen auf dem Lande führten zu einer regelrechten Landflucht der Jugendlichen. Jeder versuchte, eine Lehrstelle oder einen Arbeitsplatz in der nächsten Stadt zu erhalten. Um den dadurch entstandenen Arbeitskräftemangel zu beseitigen, wurden Jugendliche bzw. Jugendkollektive in die landwirtschaftlichen Betriebe delegiert. Besonderer Arbeitskräftemangel herrschte in den dünn besiedelten Gebieten Mecklenburgs. »Im Jahre 1964 delegierte die FDJ 2086 junge landwirtschaftliche Fachkader aus dem Süden der DDR in die LPG und VEG der Nordbezirke mit niedrigem Produktionsniveau. Diese Jugendkollektive haben sich in 214 LPG und 18 VEG durch eine hohe Arbeitsbereitschaft ausgezeichnet, die zu erheblichen Produktionssteigerungen in diesen landwirtschaftlichen Betrieben führten [98].«

Walter Ulbricht hatte in den sechziger Jahren den Begriff der »sozialistischen Menschengemeinschaft« geprägt, der davon ausging, daß in der damaligen Phase des »umfassenden Aufbaus des Sozialismus« die Klassenunterschiede aufgehoben wären, eine Anschauung, die heute von SED-Politikern revidiert wurde [99]. Insbesondere wurden solche Merkmale der jungen Generation in der DDR zugedacht, man erklärte, sie trüge »bereits Züge des Menschen der sozialistischen Epoche« [100].

VI. Die Ablösung Walter Ulbrichts und die Entwicklung der Jugendpolitik in den siebziger Jahren

Der achte Parteitag der SED (Sommer 1971) brachte für die DDR eine gewisse Wende, da auf ihm die Ablösung *Walter Ulbrichts* von seinem Amt als Erster Sekretär des Zentralkommitees der SED beschlossen wurde. *Ulbricht* hatte dieses Amt seit der Gründung der SED im April 1946 uneingeschränkt inne gehabt, und er war gleichermaßen zur Symbolfigur des Staates DDR geworden, so daß niemand mit seinem Sturz gerechnet hatte. Es kann nicht Aufgabe dieses Berichtes sein, eine Analyse des Sturzes *Ulbrichts* zu geben. Allerdings kann angenommen werden, daß die *Ulbricht*sche Propagierung eines besonderen deutschen Weges zum Sozialismus – der u. a. deutlich in seiner Rede vor dem 24. Parteitag der KPdSU im April 1971 zum Ausdruck kam – die sowjetische Parteiführung angesichts der Tatsache, daß bereits die Volksrepublik China aus dem »gemeinsamen sozialistischen Lager« ausgebrochen war, irritiert und seinen Sturz bewirkt hat.

Zum Nachfolger *Ulbrichts* wurde der jüngere, dynamische Politiker *Erich Honecker* ernannt, der sich bereits um die Leitung der FDJ bis in die fünfziger Jahre hinein verdient gemacht hatte. *Honecker* hat einerseits bestimmte Ansichten revidiert – so wurde die *Ulbricht*sche Propagierung der »sozialistischen Menschengemeinschaft« wieder eingeschränkt, indem man die Bedeutung der Arbeiterklasse in den Vordergrund rückte und das Bestehen verschiedener Klassen in der DDR zum Ausdruck brachte – andererseits kann in bezug auf die Jugendpolitik eine Kontinuität festgestellt werden, die auch in dem letzten Jugendgesetz zu erkennen ist.

Ein Problem, mit dem auch die heutige Parteiführung in der DDR fertig werden muß, ist die wirtschaftliche Entwicklung des Landes, die immer noch problematisch und hinter den Erwartungen zurückgeblieben ist. Bereits auf dem achten Parteitag der SED ist eine Direktive für die Entwicklung der Volkswirtschaft der DDR in den Jahren 1971 bis 1975 herausgegeben worden, in der folgende Aufgaben gestellt werden: die Modernisierung und Erweiterung der Energiewirtschaft und Zulieferbetriebe, effektiveres Arbeiten von Handel und Dienstleistungen, mehr Angebote an Konsumgütern, die Beseitigung verschiedener Engpässe [101]. Im wesentlichen zielen diese Beschlüsse auf eine Verbesserung des Lebensstandards der Bevölkerung [102]. Wie während der *Ulbricht*-Ära wird auch unter der Führung *Honeckers* dem Wirtschaftsfaktor »Jugend« bei der Erfüllung der volkswirtschaftlichen Pläne eine wichtige Rolle zugemessen. Diesbezüglich wandte sich der achte Parteitag an die junge Generation bzw. an die FDJ: »Der sozialistische Jugendverband bewährt sich als Helfer und Reserve der Partei, indem er unter der gesamten Jugend eine lebendige, politisch-ideologische Arbeit leistet und an allen Abschnitten des sozialistischen Aufbaus die Begeisterung, den Tatendrang und Neuerergeist der Jugend – besonders der Arbeiterjugend – auf die Lösung der großen Aufgaben des Fünfjahresplans lenkt [103].« In diesem Sinne sollten die »jährlichen Pläne zur Förderung der Initiative der Jugend [104]« eingesetzt werden. Gleiche Prämissen wurden auf dem im Mai 1971 durchgeführten neunten Parlament der FDJ gesetzt. Daneben setzte dieses Parlament der FDJ die Aufgabe, »die junge Generation zu verantwortungsbewußten sozialistischen Staatsbürgern zu erziehen, die eine hohe wissenschaftliche Bildung besitzen, kulturvoll leben, über eine hohe sozialistische Moral verfügen und standhaft die Ideen des Sozialismus verteidigen« [105]. *Honecker* appellierte an die Jugendlichen: »Ein junger Sozialist trägt Verantwortung für sein eigenes sinnerfülltes Leben und für das gesellschaftliche Ganze. Für sich selbst verantwortlich zu sein, bedeutet, immer, überall sein Bestes für die gerechteste Sache der Welt, für den Sozialismus, zu geben und damit dem eigenen Leben einen tiefen Sinn zu verleihen. Zugleich heißt es, Verantwortung für den Freund, für das Kollektiv und die ganze Gesellschaft zu tragen. Das erfordert von jedem hohe moralische Qualitäten. Das verlangt, stets an sich selbst zu arbeiten, weiterzulernen und in seinem gesamten Verhalten den Normen der sozialistischen Gesellschaft zu entsprechen. Damit ist verbunden, sich auch für andere verantwortlich zu fühlen, für sie Risiken auf sich zu nehmen und Opfer zu bringen. Ein solches Denken und Fühlen, solche Einsichten und Haltungen vermag einzig und allein die Ideologie und Moral der Arbeiterklasse hervorzubringen [106].« Ziel all dieser Proklamationen ist die Entwicklung sozialistischer Persönlichkeiten, wobei alle Jugendlichen in diesem Sinne erzogen werden sollen [107]. An die FDJ wird die Aufgabe gestellt, in ihrer sozialistischen Persönlichkeitsentwicklung zurückgebliebene Jugendliche zu bewußt und diszipliniert handelnden Menschen zu erziehen [108]. Die konkreten Anforderungen an die FDJ sind u. a. die Verbesserung ihrer politisch-ideologischen Arbeit in Zusammenarbeit mit den Volksvertretungen, Umerziehung von bisher negativen Freizeitgruppierungen in den Wohngebieten [109], – Einbeziehung der Jugendlichen in die Arbeit der FDJ oder der Pionierorganisation –, Erhöhung der Wirksamkeit der FDJ-Ordnungsgruppen etc. [110].

Schwierigkeiten dieser Art tauchen nicht nur bei den »gefährdeten« Jugendlichen auf, auch innerhalb der Studentengruppen muß die FDJ oft gegen »falsche« politische Einstellungen angehen. Nur ist es für sie leichter, auf Studenten Einfluß zu nehmen, da diese gruppenmäßig erfaßt sind. In jeder dieser Gruppen gibt es einen FDJ-Gruppenfunktionär und einen Stellvertreter, einen Agitator und einen Funktionär für Propaganda, der meist gleichzeitig Mitglied der SED ist [111]. Trotzdem wird bemängelt, daß es in den Arbeitsprogrammen der FDJ-Gruppen nicht genügend gelänge, »die allgemein richtigen und nützlichen Aufgaben, die sich das Kollektiv stellt, so auszuarbeiten, daß – entsprechend der konkreten Situation in der Gruppe – die politisch-ideologische Entwicklung des ganzen Kollektivs und der einzelnen Freunde bestmöglich gefördert wird«, was damit begründet wird, daß die Funktionäre in den studentischen FDJ-Gruppen politisch zu wenig qualifiziert seien [112]. Das ist umso verwunderlicher, da es an den Universitäten sogenannte FDJ-Studentengruppenberater gibt, die sich aus dem Lehrkörper der Universität bzw. Hochschule rekrutieren – also Professoren, Dozenten oder Assistenten sind – und u. a. politisch-erzieherische Aufgaben zu erfüllen haben [113]. Konkret werden an solche Berater folgende Aufgaben gestellt:

- Kenntnis des individuellen Entwicklungsganges der zu betreuenden Studenten;
- Überblick über das fachliche Leistungsvermögen sowie über persönliche Schwierigkeiten jedes zu betreuenden Studenten;
- Kennen der ideologischen Position der Studenten;
- Unterstützung des »positiven« Kerns der Studentengruppe;
- Kontakte zwischen Mitgliedern des Lehrkörpers und der ihm zugewiesenen Studentengruppe;
- Organisieren von gegenseitiger Hilfe unter den Studenten;
- Förderung besonders begabter Studenten;

– Beachten von Vorschlägen und Kritiken seitens der Studenten in bezug auf Verbesserung der Ausbildungsbedingungen u. ä.;
– Beratung in Fragen der Studienmethodik und »allgemeine Probleme der Technik geistiger Arbeit«, Empfehlungen für das Arbeitsprogramm der FDJ-Gruppe, »Anregungen für die selbständige Beschäftigung der Studierenden mit hochschulpolitischen, hochschulrechtlichen, hochschulgeschichtlichen, allgemeinpolitischen, weltanschaulichen, kulturellen und anderen Problemen anhand entsprechender Literatur«;
– Stellungnehmen in Dingen wie Disziplinarfragen, Studienangelegenheiten, Unterbringungsfragen etc. [114].

VII. Die zehnten Weltfestspiele im Sommer 1973 in Ost-Berlin

Im Januar 1972 wurde in Sofia beschlossen, Ost-Berlin zum nächsten Austragungsort der zehnten Weltfestspiele zu erwählen [115]. Unter der Leitung der FDJ wurden die Vorbereitungen für diese Festspiele mit großer Vehemenz betrieben. Ein Vorbereitungskomitee mit *Honecker* an der Spitze steckte die Aufgaben, die bis zum Beginn des Festivals zu erfüllen waren, ab. Anläßlich der Festvorbereitungen wurden sogenannte »Festivalaufträge« vergeben, deren Inhalt politisch-ideologischer oder wirtschaftlicher Art sein konnten. U. a. wurden von Jugendbrigaden in den Betrieben bestimmte Verpflichtungen zur Übererfüllung bzw. vorfristigen Erfüllung der volkswirtschaftlichen Pläne übernommen. Besonders aktiviert wurden die Studenten; in den Sommermonaten des Jahres 1972 arbeiteten sie in Einsätzen der Studentenbrigaden oder sogenannter Subbotniks, von deren Erträgen die Weltfestspiele mitfinanziert werden sollten [116]. Wichtiger war jedoch ihre politisch-ideologische Schulung, denn sie sollten während der Weltfestspiele Diskussionen mit den Jugendlichen der eingeladenen ausländischen Delegationen – darunter auch vielen aus westlichen Staaten – führen. So wurden z. B. an den Ingenieur- und Fachschulen Zirkel gegründet, in denen die Hörer mit Problemen der internationalen Jugend- und Studentenbewegung vertraut gemacht wurden [117]. Das Studienjahr 1972/73 sollte »zu einem Jahr der politischen Bewährung« der Studenten gemacht werden. »Propagandisten des Marxismus-Leninismus und der Idee der Weltfestspiele, Zirkelleiter im FDJ-Studienjahr, ehrenamtliche Instrukteure von FDJ-Kreisleitungen, Pioniergruppenleiter, Organisatoren eines regen politischen Lebens in den Praktikumsbetrieben, öffentliche Demonstrationen unserer FDJ-Mitglieder – das sind echte Bewährungsfelder unserer FDJ-Studenten, weil sie sich politisch weiterentwickeln, indem sie andere überzeugen [118].«
»Zu diesem Fest der Superlative kamen 25 646 ausländische Delegierte und Gäste aus 140 Ländern ›aller Kontinente‹, 1700 politische, gewerkschaftliche, sportliche, touristische und andere Organisationen waren vertreten, und aus der DDR nahmen 520 000 Mitglieder der FDJ, der Thälmann-Pioniere und Sportler teil. Bei den insgesamt 1542 politischen, kulturellen und sportlichen Veranstaltungen wurden 5 Millionen Besucher gezählt [119].« Aus der Bundesrepublik Deutschland kamen Vertreter aus 40 Jugendverbänden, wobei nicht nur kommunistische oder sozialdemokratische Gruppen, sondern auch die Junge Union und christliche Gruppen vertreten waren [120]. Im

Gegensatz zu verschiedenen anderen Weltfestspielen [121] gab es in Ost-Berlin keinen Skandal, es war sogar eine gewisse Freizügigkeit zu verzeichnen, die u. a. darin zum Ausdruck kam, daß die bundesdeutsche »Linke«, die sonst in den Presseorganen der DDR scharf angegriffen wird, dort ungehindert diskutieren durfte. Auch dem damaligen JuSo-Vorsitzenden, *Wolfgang Roth,* wurde gestattet, vor einem Forum eine Rede zu halten, die sogar im »Neuen Deutschland« abgedruckt wurde [122].

Diese großzügige Haltung seitens der offiziellen DDR-Stellen mag z. T. darin begründet sein, daß die DDR außenpolitisch einige Erfolge für sich verbuchen konnte, wozu die völkerrechtliche Anerkennung von der Mehrheit der Staaten der Erde gehörte, sowie die Entspannung mit dem Westen infolge der neuen Ostpolitik der Bundesregierung.

VIII. Das dritte Jugendgesetz der DDR

Kurz vor Beginn der Weltfestspiele wurde auf der achten Tagung des Zentralrats der FDJ (Juni 1973) ein Entwurf für das *dritte Jugendgesetz* der DDR zur Diskussion unterbreitet, das im Januar 1974 von der Volkskammer der DDR verabschiedet wurde und am 31. 1. 1974 in Kraft trat. Vergleicht man das dritte Jugendgesetz mit dem zweiten, so fällt auf den ersten Blick auf, daß bereits in der Präambel neue Akzente gesetzt werden. Während im zweiten Jugendgesetz noch von einer deutschen Nation die Rede war, wird in dem neuen Gesetz an die Stelle des Strebens nach deutscher Einheit die brüderliche Verbundenheit mit den sozialistischen Staaten, vor allem mit der Sowjetunion, gesetzt.

Das neue Jugendgesetz enthält einen Katalog von Rechten und Pflichten der Jugendlichen, in denen die Pflichten eindeutig überwiegen, da die Rechte z. T. so formuliert sind, daß sie ebenfalls als Pflichten aufgefaßt werden können. Die »Grundrechte der jungen Generation« wurden bereits im Jugendgesetz aus dem Jahre 1950 festgelegt, diese Grundrechte bleiben auch weiterhin bestehen, sie werden in den einzelnen Abschnitten nur ergänzt und näher umschrieben.

Besondere Beachtung findet die werktätige Jugend im neuen Jugendgesetz, was Hand in Hand geht mit einem verstärkten Heranziehen der Jugend für volkswirtschaftliche Aufgaben. Dies erfolgt im Rahmen des ökonomischen Wettbewerbssystems – in den Jugendbrigaden, den sozialistischen Berufswettbewerben, der MMM-Bewegung etc. – wobei das Leistungsprinzip in Form materieller (Lohn und Prämie) und immaterieller (Auszeichnungen) Sanktionen im Vordergrund steht.

Des weiteren steht die »allseitige sozialistische Bildung und Erziehung« im Zentrum des neuen Gesetzes. Hier wird an das »Gesetz über das einheitliche sozialistische Bildungssystem« angeknüpft. Auffällig ist in diesem Bereich, daß der FDJ neue bedeutende Kompetenzen im Bereich der Bildung und Erziehung zuerkannt wurden, und zwar sowohl im Betrieb und in der Schule als auch an den Hochschulen und Universitäten. In den Schulen soll über die FDJ bzw. Pionierorganisation eine gewisse Schülermitverwaltung praktiziert werden (§ 19,3), außerdem wird den Direktoren und Pädagogen-kollektiven die Pflicht auferlegt, die Vorschläge der FDJ-Organisationen zu beachten (§ 19,4).

Noch einschneidender sind die neuen Rechte der FDJ an den Hochschulen und Universitäten. »Die Leiter an den Hoch- und Fachschulen sind verpflichtet, Probleme, die die Studenten betreffen, mit den Leitungen der Freien Deutschen Jugend zu beraten und deren Vorschläge zu berücksichtigen. Sie sichern, daß die Studenten über das Erziehungs- und Ausbildungsziel, über Inhalt und Anforderungen des Studiums regelmäßig informiert werden. Die Freie Deutsche Jugend hat das Recht, an der Arbeit der Beratungsgremien auf allen Leitungsebenen des Hoch- und Fachschulwesens mitzuwirken« (§ 23,2). Ferner können die FDJ-Leitungen an der Absolventenvermittlung teilnehmen (§ 23,9), und sie haben das Mitentscheidungsrecht bei der Zulassung zum Studium (§ 22,2). Der Paragraph in bezug auf die Zulassung zum Studium lautet: »Die Zulassung zum Studium erfolgt nach den erforderlichen fachlichen und gesellschaftlichen Leistungen in Übereinstimmung mit den Bedürfnissen der sozialistischen Gesellschaft und unter Berücksichtigung der sozialen Struktur der Bevölkerung. Die Leitungen der Freien Deutschen Jugend sind berechtigt, über die Zulassung zum Studium mitzuentscheiden« (§ 22,2). Dies macht deutlich, daß die Studienbewerber nicht nur fachlich zum Studium qualifiziert sein müssen – was dem bundesdeutschen Numerus Clausus gleichzusetzen wäre –, sondern auch beachtliche gesellschaftliche Tätigkeitsnachweise zu erbringen haben, die in der Zulassungsordnung zum Studium [123] wie folgt angegeben werden: aktive Mitwirkung an der sozialistischen Gesellschaft und Bereitschaft zur Verteidigung des Sozialismus, Bereitschaft zur vorbildlichen Erfüllung aller Forderungen der sozialistischen Gesellschaft und die Verpflichtung, nach dem Studium ein Arbeitsrechtsverhältnis abzuschließen.

Auch für Studenten gibt es ein Prämiensystem auf Leistungsbasis in Form von Leistungs- und Sonderstipendien (§ 23,8).

Ein weiterer Schwerpunkt des Jugendgesetzes beschäftigt sich mit der Gestaltung der Lebensbedingungen der Jugendlichen, vorrangig in den Bereichen Kultur, Sport und Urlaub, aber auch der Wohnraumbeschaffung, der medizinischen Betreuung, weiterer persönlicher Bedürfnisse etc. Wie bereits erwähnt, stehen dabei die werktätigen Jugendlichen im Vordergrund. Es wurde u. a. festgelegt, die Lehrlingsentgelte schrittweise zu erhöhen und den Jahresurlaub für alle Lehrlinge auf 24 Tage festzulegen. Auch der Landjugend nimmt man sich in verstärktem Maße wieder an [124], was um so leichter sein dürfte, als man auf dem Lande schrittweise zur industriemäßigen Produktion übergehen möchte, was die Bildung von Jugendbrigaden und Jugendobjekten in der Landwirtschaft erleichtert. An die FDJ werden in den Dörfern besondere Aufgaben gestellt, vor allem deshalb, weil es dort sehr wenige FDJ-Grundorganisationen gibt (im Jahre 1973 gab es z. B. 3585 Grundorganisationen in den Dörfern, in denen 46 603 Mitglieder organisiert waren [125]).

Im Arbeits- und Bildungsbereich hat der Staat über verschiedene Institutionen – allen voran die FDJ – vielfältige Möglichkeiten, um die Jugendlichen politisch-ideologisch, gesellschaftlich und wirtschaftlich zu aktivieren. Anders verhält es sich dagegen im Freizeitbereich, wo immer noch ein starkes Zurückziehen in die Privatsphäre zu beobachten ist [126]. Eine zu starke Reglementierung des Freizeitraumes der Jugendlichen hatte man bisher sorgsam vermieden, versucht dies in neuester Zeit jedoch auszugleichen, indem den Jugendlichen gewisse Anreize verschafft werden, um sich den staatlich gelenkten Freizeiteinrichtungen zuzuwenden. Dabei wird von amtlicher Seite eine starke Betonung auf ein kulturvolles Freizeitverhalten gelegt. Auch das neue Jugendgesetz propagiert die Erziehung der Jugendlichen zu einem »sozialistischen Kulturniveau«, die einer sozialistischen Persönlichkeitsentwicklung entspräche (§ 28,1–2).

Ein besonderes Steckenpferd der DDR-Jugendpolitik ist der Sport, denn die Resultate einer intensiven Sportpflege können auf internationalen Veranstaltungen(Olympiaden, Europa- und Weltmeisterschaften etc.) zur Schau getragen werden. Der hohe finanzielle Aufwand – für Sporteinrichtungen, Sportkleidung, Förderung sportlichen Nachwuchses – hatte sich für die DDR insofern gelohnt, als sie auf diesem Gebiet sich erstmals weltweite Anerkennung verschaffen konnte, d. h. der Sport außenpolitisch nutzbar gemacht werden konnte. Auch im Jugendgesetz nimmt die Förderung des Sports einen breiten Raum ein (§§ 34–38). Im wesentlichen geht es dabei: um die Förderung von Körperkultur und Sport im Rahmen der Jahres- und Betriebspläne sowie der Betriebskollektivverträge (§ 35), die Einführung »verbindlicher Normative« für ganzjährig nutzbare Sport-, Erholungs- und Wehrsporteinrichtungen (§ 38,2), ferner um die kostenlose Benutzung von Sporteinrichtungen für die Massenorganisationen (§ 38,3).

Die jugendlichen Bedürfnisse in bezug auf Tanz und Unterhaltung wurden in der DDR zwar erkannt, so hatten z. B. Interessenuntersuchungen aus den sechziger Jahren ergeben, daß die leichte Muse und Tanz bei den Jugendlichen hohe Rangplätze erzielten [127], trotzdem ist das Angebot an solchen Veranstaltungen immer noch nicht ausreichend. Besonders benachteiligt sind dabei Kleinstädte und ländliche Gebiete. Um dem abzuhelfen, wurden in den Wohnbezirken der Städte Jugendclubs eingerichtet, die allerdings mehr der Eigeninitiative überlassen, inzwischen jedoch der FDJ unterstellt wurden, die das Angebot an Veranstaltungen auswählen soll (§ 29). Besonderes Augenmerk wird auf die Tanz- und Unterhaltungsmusik gelegt. Während in den fünfziger und sechziger Jahren westliche Schlager und Tanzmusik von den Kapellen der DDR bevorzugt gespielt wurden – dem man damit begegnete, daß besondere Vorschriften zum Abspielen von Schlagern erlassen wurden, was praktisch so aussah, daß neben »Westschlagern« ein gewisser Prozentsatz Schlager aus der VEB-Schallplatten-Produktion zu spielen war –, ist es heute gelungen, in der DDR ebenfalls ansprechende Unterhaltungsmusik herzustellen. Um zu diesem Ziel zu gelangen, wurde eine Reihe von Maßnahmen erlassen. Ende Oktober 1972 wurde vom Zentralrat der FDJ in Frankfurt/O. eine Werkstattwoche »Jugendmusik« durchgeführt, auf der musikalische und Textprobleme erörtert wurden [128]. Auf der sechsten Tagung des ZK der SED und auf der Zentralen Funktionärskonferenz der FDJ zur Vorbereitung auf die Weltfestspiele (beide fanden 1972 statt) wurden die Kompetenzen für die Freizeitgestaltung der Jugendlichen im einzelnen hervorgehoben. Dabei wurde betont, daß die staatlichen Leitungen, die Massenorganisationen, Künstlerverbände und kulturellen Einrichtungen für die Freizeitangebote zuständig seien [129]. Diese Bestimmungen finden ihren Niederschlag im neuen Jugendgesetz. Dort heißt es u. a., die staatlichen Organe »unterstützen gemeinsam mit den Leitungen der Freien Deutschen Jugend die Qualifizierung der Amateurkapellen sowie der Leiter und Sprecher von

Diskotheken. Die Räte der Kreise, Städte, Stadtbezirke und Gemeinden gewährleisten, daß Anzahl und Niveau von Tanz- und Unterhaltungsveranstaltungen erhöht werden« (§ 30). »Gemeinsam mit den Leitungen der Freien Deutschen Jugend werden Wettstreite, Galerien, Leistungsvergleiche und Werkstattveranstaltungen durchgeführt und solche Formen künstlerischer Tätigkeit der Freien Deutschen Jugend wie die Singebewegung, die Treffen junger Talente und die Galerien der Freundschaft unterstützt« (§ 31). »Presse, Rundfunk, Fernsehen, Verlage und VEB Schallplatte haben die Aufgabe, neue Werke des sozialistischen Kunstschaffens zu verbreiten, um den wachsenden Interessen und Bedürfnissen der Jugend nach sozialistischer Kultur, Kunst und Geselligkeit zu entsprechen« (§ 32,2).

Ein weiteres Gebiet im Jugendgesetz, das auf die Befriedigung jugendspezifischer Bedürfnisse abgestimmt ist, ist der Abschnitt VIII »Die Feriengestaltung und Touristik der Jugend«. Hier werden den Jugendlichen verschiedene Möglichkeiten offeriert: Urlaub in Ferienheimen, Internaten und auf Campingplätzen (§ 48,1), aktive Erholung für Studenten in den Ferien (§ 47,1) sowie Jugendtouristik (3. JG § 49). Zweck der »aktiven Erholung«, d. h. eine Verknüpfung von Arbeit und Freizeit in dazu eingerichteten Lagern, ist laut »Neues Deutschland«[130]: »Die Jugendlichen können sich in freiwilliger und kollektiver Arbeit an gesellschaftlich bedeutsamen Objekten bewähren. Sie können ihr Wissen, ihre Fähigkeiten und Fertigkeiten anwenden und auch am sozialistischen Wettbewerb teilnehmen. Sie lernen gemeinsam Schwierigkeiten zu überwinden. In der reichlichen Freizeit gestalten sie ein Lagerleben voller revolutionärer Romantik.« Die Jugendtouristik soll dagegen »das Bedürfnis der Jugend, ihre sozialistische Heimat, die Sowjetunion und die Länder der sozialistischen Staatengemeinschaft besser kennenzulernen«, befriedigen (§ 49,1). Zur Organisation der Jugendtouristik wurde im Januar 1975 ein Jugendreisebüro geschaffen, das der FDJ untersteht, einen eigenen Haushalt besitzt und wirtschaftlich selbständig ist[131].

Prinzipiell stehen derartige Reisen jedem Jugendlichen offen, in der Praxis sieht es jedoch so aus, daß — insbesondere attraktive Auslandsreisen — in erster Linie an FDJ-Mitglieder, vorrangig an solche, die sich im Arbeitsleben oder politisch besonders bewährt haben, vermittelt werden[132].

Ein weiterer Abschnitt des Jugendgesetzes, der die Freizeitgestaltung nur im weitesten Sinne umfaßt, ist der vormilitärischen Erziehung der Jugend gewidmet. Sie enthält die Gebiete wehrpolitische Bildung und Erziehung, vormilitärische Zivilverteidigungsausbildung, Wehrsport an der Schule und an Einrichtungen der Berufsausbildung, in der FDJ, der Gesellschaft für Sport und Technik (GST) und die Sanitätsausbildung im Deutschen Roten Kreuz (3. JG § 25,1). In die vormilitärische Ausbildung werden auch jüngere Schüler mit einbezogen (3. JG § 25,3).

IX. Instrumente und Institutionen zur Durchsetzung der Jugendpolitik

»In der sozialistischen Gesellschaft« ist die Jugendpolitik »Bestandteil der staatlichen Leitung und Planung« (§ 51). Verantwortlich für die Jugendpolitik ist der Ministerrat der DDR. Er »legt in Durchführung der Beschlüsse der Partei der Arbeiterklasse im Auftrag der Volkskammer die staatlichen Aufgaben zur Verwirklichung der sozialistischen Jugendpolitik fest« (3. JG § 52,1). Dem Ministerrat untersteht als Kontrollinstanz das Amt für Jugendfragen, welches gleichzeitig als wissenschaftliches Organ der Jugendforschung der DDR dient (3. JG § 52,3). Auf der örtlichen Ebene sind die Volksvertretungen (der Kreise, Städte und Gemeinden) für die Durchführung der Jugendpolitik zuständig (3. JG § 53).

Wesentlich erweitert wurden durch das dritte Jugendgesetz die oberen Kompetenzen der FDJ. Der Zentralrat der FDJ ist dazu berechtigt, »dem Ministerrat Vorschläge für Beschlüsse und Verordnungen zur sozialistischen Jugendpolitik einzureichen«, und er kann Vorschläge für die »Berufung des Leiters des Amtes für Jugendfragen unterbreiten« (3. JG § 52,2). Ferner sind die Leitungen der FDJ dazu ermächtigt,

– »den örtlichen Volksvertretungen, den staatlichen und wirtschaftsleitenden Organen und den Leitern und Vorständen Vorschläge für Beschlüsse und Entscheidungen auf jugendpolitischem Gebiet zu unterbreiten und an der Vorbereitung von grundsätzlichen Beschlüssen und Entscheidungen, die Einfluß auf das Leben der Jugend haben, mitzuwirken;
– die Durchführung des Jugendgesetzes zu kontrollieren;
– Vorschläge für die Wahl der für Jugendfragen, Körperkultur und Sport zuständigen Mitglieder der örtlichen Räte zu unterbreiten« (3. JG § 54,1).

Hervorgehoben wird außerdem die Bedeutung der FDJ-Kontrollposten in den Betrieben in Zusammenarbeit mit der Arbeiter- und Bauern-Inspektion und im Hinblick auf die Erfüllung der Volkswirtschaftspläne. Die FDJ arbeitet ferner gemeinsam mit dem FDGB, der Gesellschaft für Sport und Technik und dem Deutschen Turn- und Sportbund (DTSB) jährliche Jugendförderungspläne aus, die von den Volksvertretungen in Kraft gesetzt werden (3. JG § 55).

X. Die Entwicklung der Jugendpolitik seit 1975

Seit Mitte der siebziger Jahre ist in der Jugendpolitik der DDR eine zunehmende Ideologisierung zu verzeichnen. Entgegen den vermutlich gegenteiligen Erwartungen aufseiten der Jugendlichen im Zusammenhang mit den Weltfestspielen 1973, dem Abschluß des Grundlagenvertrages und den damit zusammenhängenden Verträgen und Abkommen mit der Bundesrepublik Deutschland sowie dem Beitritt der DDR zum Vertrag von Helsinki wurde vonseiten der SED recht bald eine Politik der krassen »Abgrenzung« betrieben. Dieser Abgrenzung diente eine viel stärkere Ideologisierung, die sich schon im Jugendgesetz von 1974 bemerkbar machte, und zwar dort durch die Rückbesinnung auf die führende Rolle der Arbeiterklasse und durch eine besondere Herausstellung und Beachtung der werktätigen Jugend. Die neuen sozialpolitischen Maßnahmen der DDR, die sich u. a. auf diese Jugendlichen beziehen, haben allerdings vordringlich zum Ziel, neue Arbeitsenergien zu mobilisieren, die Arbeitsproduktivität zu steigern und den Modernisierungsprozeß der DDR-Wirtschaft zu fördern. Von der FDJ werden diese Zielsetzungen allerdings ideologisch verbrämt. So etwa, wenn auf die Frage eines Jugendlichen, warum die Arbeiterjugend der revolutionäre Kern der Jugend sei, in der

FDJ-Zeitung »Junge Welt« [133] geantwortet wird: »... die Arbeiterjugend ist ja Teil der Arbeiterklasse und der natürliche Nachwuchs der führenden Klasse unserer Gesellschaft, jener Klasse, die durch ihre Stellung in der Produktion dem gesellschaftlichen Eigentum am engsten verbunden ist und den wesentlichen Anteil hat an der Schaffung des Nationaleinkommens, deren revolutionäres Engagement schließlich Beispiel wurde für alle Werktätigen.«

Betrachtet man die neuen sozialpolitischen Maßnahmen der DDR-Regierung für die jugendlichen Werktätigen in der Realität, so zeigt sich, daß die soziale, ökonomische und politische Bevorzugung dieser Gruppe nur deklamatorisch bleibt. Bei einem Vergleich mit der Gruppe der jugendlichen Arbeitnehmer und Lehrlingen in der Bundesrepublik Deutschland auf dem Gebiet der Sozialmaßnahmen, Lehrlingsentgelte, Gehälter und Reiseangebote — die Reihe ließe sich beliebig fortsetzen — schneiden die DDR-Jugendlichen wesentlich schlechter ab. Selbst wenn die westdeutschen Lebenshaltungskosten und Mieten bei einem derartigen Vergleich berücksichtigt werden, stehen dem in der DDR die sehr hohen Ausgaben für Konsumwünsche der Jugendlichen (Mopeds, Motorräder, Radios, Kassettenrecorder usw.) gegenüber (siehe dazu auch den Aufsatz von *Walter Jaide* zum Konsumverhalten in diesem Buch).

Während jugendliche Werktätige in der DDR sich bisher am ehesten dem Einfluß der FDJ entziehen konnten, sollen sie in Zukunft stärker in die Arbeit der FDJ einbezogen werden, wobei sogar — wie der Zeitung »Junge Welt« [134] zu entnehmen ist — jugendliche Schichtarbeiter in ihren Freizeitstunden an FDJ-Mitgliederversammlungen teilnehmen müssen. Bereits auf der 13. Tagung des Zentralrats der FDJ im Januar 1975 deutete sich der Trend zu einer strafferen Einbeziehung aller Jugendlichen in die FDJ-Arbeit an. Das zehnte Parlament der FDJ (1. bis 6. Juni 1976) bestätigte diese Richtung schließlich.

Die Einbeziehung aller Jugendlichen in die FDJ-Arbeit, bisher bereits reklamiert, ist nun auch im neuen Statut verankert. Die Passage »Die Freie Deutsche Jugend betrachtet alle Jugendlichen — unabhängig von ihrer Herkunft, ihrem religiösen Glauben und ihren Auffassungen — als ihre Freunde und Kameraden« wurde im Sinne der üblichen Selbstdelegierung wie folgt geändert: »Die Freie Deutsche Jugend ist Interessenvertreter der gesamten Jugend und trägt dazu bei, das Jugendgesetz zu verwirklichen.«

Analog den Bestimmungen des dritten Jugendgesetzes wurden im neuen Statut gesamtdeutsche Bezüge fortgelassen. Während laut Statut aus dem Jahre 1963 die FDJ »für sachliche und normale Beziehungen zwischen den beiden deutschen Staaten« eintreten sollte, findet man im neuen Statut [135] lediglich den Hinweis auf »das unerschütterliche Kampfbündnis mit der Sowjetunion und den anderen sozialistischen Bruderländern« sowie die Aufgabe der FDJ, »die Jugendlichen in der DDR in ihrer Unversöhnlichkeit und ihrem Haß gegen den Imperialismus« zu bestärken.

Die Dominanz der SED über die FDJ ist nach wie vor bestehen geblieben, hier wurde lediglich die Formulierung geändert. Während es im alten Statut hieß: Die FDJ »anerkennt die führende Rolle der Sozialistischen Einheitspartei Deutschlands« lautet die entsprechende Passage im neuen Statut: »Die Freie Deutsche Jugend arbeitet unter Führung der Sozialistischen Einheitspartei Deutschlands«. »Grundlage für ihre Tätigkeit sind das Programm und die Beschlüsse der SED.« Bereits im Frühjahr 1976 wurde in

dem FDJ-Zentralorgan »Junge Generation« [136] das Verhältnis SED—FDJ wie folgt umrissen: »Auch künftig bleibt für die SED der sozialistische Jugendverband, die Freie
Deutsche Jugend, der aktive Helfer und die Kampfreserve der Partei. Seine wichtigste
Aufgabe ist es, wie es im Programmentwurf heißt, klassenbewußte Kämpfer für den
gesellschaftlichen Fortschritt heranzubilden und dafür zu wirken, daß alle Jugendlichen
die Möglichkeit nutzen, Arbeit, Studium und Freizeit, ihr gesamtes Leben sinnvoll zu
gestalten, daß sie zu aktiven Erbauern und standhaften Verteidigern des Sozialismus
und Kommunismus werden.«
Festzuhalten bleibt, daß vorrangig im neuen FDJ-Statut die Bezüge auf die Ulbrichtsche
Jugendpolitik wie auch auf eine gesamtdeutsche Nation herausgenommen wurden. Bei
den übrigen Änderungen dürfte es sich mehr um im Tonfall härtere Umformulierungen
handeln.

XI. Zusammenfassung

Ziel und Aufgaben der Jugendpolitik in der DDR werden von amtlicher Seite folgendermaßen charakterisiert:
»Unter marxistisch-leninistischer Jugendpolitik ›verstehen wir ... die spezifischen Inhalte, Formen und Methoden zur Einbeziehung der jungen Generation in das weltweite Ringen der kommunistischen Bewegung zur Verwirklichung der historischen
Mission der Arbeiterklasse, zum Sturz der überlebten kapitalistischen Gesellschaft
und zum Aufbau der neuen sozialistischen und schließlich kommunistischen Gesellschaft‹ [137].« Um sich mit der historischen Zielstellung, die sozialökonomische Formation
des Kommunismus zu errichten, identifizieren zu können, müsse eine Jugendorganisation eines sozialistischen Landes kommunistischen Charakter besitzen [138]. Für die
Jugendorganisation der DDR, die Freie Deutsche Jugend, trifft diese Anforderung zu.
Sie »entwickelte sich im Verlauf der sozialistischen Revolution in der DDR vom Beginn der fünfziger Jahre an von einer antifaschistisch-demokratischen zu einer sozialistischen Jugendorganisation [139].« Dabei ließ sie sich in ihrer Arbeit »von der veränderten Situation im Klassenkampf, dem Stand und der Perspektive der Entwicklung der DDR leiten [140].«
Anders als die Jugendorganisationen westlicher Staaten umfaßt die Arbeit der FDJ
sämtliche Bereiche des gesellschaftlichen, politischen, wirtschaftlichen Lebens; sie ist
nicht nur Reserve und aktiver Helfer der SED, sondern selbst eine Art Partei in
Miniaturausgabe und abgestimmt auf den spezifischen Bevölkerungsteil »Jugend«.
Insgesamt macht die Zahl der Jugendlichen in der DDR rd. 2,8 Millionen aus, von
denen 1,9 Millionen in der FDJ organisiert sind [141], wobei der Organisationsgrad sehr
unterschiedlich ist. An den Schulen und Universitäten liegt der Organisationsgrad der
Schüler und Studenten bei ca. 96 Prozent, auch in der NVA ist die Mitgliedschaft in
der FDJ sehr hoch, so daß man davon ausgehen kann, daß fast 1 Milion FDJ-Mitglieder nicht berufstätig sind. Junge Arbeiter in der Industrie und der Landwirtschaft
sind dagegen zu einem verschwindend kleinen Teil in der FDJ organisiert.
Der Organisationsaufbau der FDJ beruht auf dem Territorial- und Produktionsprinzip.
Basis der FDJ-Arbeit sind die Grundorganisationen. Sie werden »in Betrieben, volks-

eigenen Gütern, Genossenschaften, kooperativen Einrichtungen, Einheiten der bewaffneten Organe, staatlichen und gesellschaftlichen Einrichtungen, Schulen, Hoch- und Fachschulen, Sektionen von Universitäten und Hochschulen, Einrichtungen der Berufsausbildung, Dörfern und Wohngebieten gebildet, wenn mindestens drei Mitglieder vorhanden sind« [142]. Das Organisationsnetz der FDJ ist also sehr engmaschig über sämtliche Lebensbereiche verteilt, so daß sich kaum ein Jugendlicher in der DDR diesem Einfluß entziehen kann.

Anmerkungen

[1] *Walter Parson*, Probleme der Jugendpolitik der SED während der sozialistischen Revolution in der DDR, in: Wissenschaftliche Zeitschrift der Universität Rostock, Gesellschafts- und sprachwissenschaftliche Reihe, 21. Jg., 2 (1972), S. 189.

[2] Ebd.

[3] *Paul Friedrich*, Die Jugendpolitik der SED — ein schöpferischer Beitrag zur Lehre des Marxismus-Leninismus, in: Wissenschaftliche Zeitschrift der Karl-Marx-Universität Leipzig, 15. Jg., 1 (1966), S. 182.

[4] Ebd., S. 186.

[5] Ebd., S. 182.

[6] Ebd.

[7] Ebd., S. 185.

[8] *Parson*, a. a. O. (Anm. 1), S. 190.

[9] *Adolf Kossakowski*, Über die psychischen Veränderungen in der Pubertät, Berlin (DDR) 1966, S. 101.

[10] *Walter Friedrich* u. a., Jugend, FDJ, Gesellschaft, Berlin (DDR) 1975, S. 15.

[11] A bis Z. Ein Taschen- und Nachschlagebuch über den anderen Teil Deutschlands, Hrsg.: Bundesministerium für gesamtdeutsche Fragen, Bonn 1969, Stichwort FDJ.

[12] *Walter Ulbricht*, Zur Geschichte der deutschen Arbeiterbewegung. Aus Reden und Aufsätzen, Bd. II: 1933–1946, Berlin 1953, S. 446, zit. nach: *Roland Müller*, Im Kampf um die Einheit der Arbeiterklasse wurde die FDJ geschaffen, in: Wissenschaftliche Zeitschrift der Universität Rostock, gesellschafts- und sprachwissenschaftliche Reihe, 23. Jg., 2 (1974), S. 157.

[13] *Ulbricht*, Die DDR ist des Sieges gewiß, Berlin 1960, S. 112, zit. nach: *Müller*, a. a. O. (Anm. 12).

[14] *Müller*, a. a. O. (Anm. 12), S. 159.

[15] Ebd., S. 160.

[16] Protokoll vom Parteitag der Sozialdemokratischen Partei Deutschlands, Landesgruppe Sachsen, 7. bis 9. Oktober 1945 in Freital, Dresden, o. J., S. 137, zit. nach: *Müller*, a. a. O.

[17] *Müller*, a. a. O. (Anm. 12), S. 160.

[18] *Manfred Klein*, Jugend zwischen den Diktatoren 1945/56, Mainz 1968.

[19] *Hanns-Peter Herz*, Freie Deutsche Jugend, München 1965.

[20] *Karl Heinz Jahnke*, Zum Anteil der FDJ an der Gründung der Deutschen Demokratischen Republik, in: Wissenschaftliche Zeitschrift der Universität Rostock, gesellschafts- und sprachwissenschaftliche Reihe, 19. Jg., 6/7 (1970), S. 431.

[21] Die FDJ distanzierte sich ausdrücklich von der nationalsozialistischen Jugendorganisation, vgl.: *Jahnke*, a. a. O. (Anm. 20), S. 430.

[22] *Jahnke*, a. a. O. (Anm. 20), S. 432.

[23] Ebd.

[24] Ebd.

[25] *Klein*, a. a. O. (Anm. 18), S. 57.

[26] Ebd., S. 58.

[27] Ebd.

[28] *Jahnke,* a. a. O. (Anm. 20), S. 432.
[29] Ebd.
[30] Ebd.
[31] *Siegmar Schmook,* Zur Entwicklung der antifaschistischen Jugendausschüsse in Thüringen, in: Wissenschaftliche Zeitschrift der Universität Rostock, gesellschafts- und sprachwissenschaftliche Reihe, 19. Jg., 6/7 (1970), S. 477.
[32] Junge Generation 10 (1974), S. 41.
[33] *Sigrid Dillwitz,* Zur Arbeit unter der Landjugend während der antifachistisch-demokratischen Umwälzung, in: Wissenschaftliche Zeitschrift der Universität Rostock, gesellschafts- und sprachwissenschaftliche Reihe, 19. Jg., 6/7 (1970), S. 448.
[34] Ebd., S. 449.
[36] Ebd.
[36] Unter Neubauern versteht man in der DDR ehemalige Landarbeiter oder Flüchtlinge und Vertriebene, denen das nach der Bodenreform aufgeteilte Land der Großgrundbesitzer zugeteilt wurde.
[37] *Dillwitz,* a. a. O. (Anm. 33), S. 449.
[38] Ebd., S. 448.
[39] Ebd., S. 449.
[40] Dokumente und Beschlüsse der Freien Deutschen Jugend, Bd. 1, Berlin (O) 1951, S. 45 ff.
[41] *Parson,* Zur Entwicklung der FDJ in den Jahren 1949/1950, in: Wissenschaftliche Zeitschrift der Universität Rostock, gesellschafts- und sprachwissenschaftliche Reihe, 23. Jg., 2 (1974), S. 172.
[42] Junge Generation 10 (1974), S. 41 f.
[43] *Jahnke,* a. a. O. (Anm. 20), S. 430.
[44] Ebd.
[45] *Siegfried Graupner,* Die zentralen Jugendobjekte der FDJ, in: Wissenschaftliche Zeitschrift der Universität Rostock, gesellschafts- und sprachwissenschaftliche Reihe, 19. Jg., 6/7 (1970), S. 561.
[46] *Parson,* Zur Entwicklung der FDJ in den Jahren 1949/1950, a. a. O. (Anm. 41), S. 171.
[47] Ebd., S. 175.
[48] Ebd.
[49] Ebd.
[50] *Renate Dümcke,* Über die Beziehungen der FDJ zu fortschrittlichen Kulturschaffenden in den Jahren 1948 bis 1950, in: Wissenschaftliche Zeitschrift der Universität Rostock, gesellschafts- und sprachwissenschaftliche Reihe, 23. Jg., 2 (1974), S. 116.
[51] Ebd.
[52] Ebd., S. 167.
[53] Ebd.
[54] Ebd., S. 168.
[55] *Parson,* Zur Entwicklung der FDJ in den Jahren 1949/1950, a. a. O. (Anm. 41), S. 173.
[56] Ebd., S. 174.
[57] Ebd., S. 176.
[58] Ebd., S. 177.
[59] Ebd., S. 177/178.
[60] A bis Z, a. a. O. (Anm. 11).
[61] *Parson,* Zur Entwicklung der FDJ in den Jahren 1949/1950, a. a. O. (Anm. 41), S. 171.
[62] III. Parlament der Freien Deutschen Jugend, Leipzig vom 1. bis 5. Juni 1949, Berrlin 1952, S. 44, zit. nach: *Parson,* a. a. O. (Anm. 41), S. 172.
[63] *Dietmar Börnert,* Zur Verantwortung der jungen Genossen im Jugendverband, in: Wissenschaftliche Zeitschrift der Universität Rostock, gesellschafts- und sprachwissenschaftliche Reihe, 19. Jg., 6/7 (1970), S. 472.
[64] Ebd., S. 473.
[65] *Jahnke,* a. a. O. (Anm. 20), S. 433.

66 *Edith Baumann*, Zur Jugendpolitik der SED und zur Hilfe der sowjetischen Genossen für die FDJ, in: Wissenschaftliche Zeitschrift der Universität Rostock, gesellschafts- und sprachwissenschaftliche Reihe, 19. Jg., 6/7 (1970), S. 456.
67 *Klein*, a. a. O. (Anm. 18), S. 58 ff.
68 *Inge Pardon*, Zur Entwicklung der freundschaftlichen Beziehungen zwischen FDJ und Komsomol, in: Wissenschaftliche Zeitschrift der Universität Rostock, gesellschafts- und sprachwissenschaftliche Reihe, 19. Jg., 6/7 (1970), S. 452.
69 Ebd., S. 453.
70 Ebd.
71 *Herz*, a. a. O. (Anm. 19), S. 71.
72 A bis Z, a. a. O. (Anm. 11), Stichwort FDJ.
73 *Herz*, a. a. O. (Anm. 19), S. 73.
74 *Parson*, Probleme der Jugendpolitik der SED während der sozialistischen Revolution in der DDR, a. a. O. (Anm. 1), S. 194.
75 Ebd., S. 193.
76 *Herz*, a. a. O. (Anm. 19), S. 74.
77 Junge Generation 10 (1974), S. 42.
78 *Herz*, a. a. O. (Anm. 19), S. 76.
79 A bis Z, a. a. O. (Anm. 11), Stichwort Neuererbewegung.
80 *Peter Brokmeier*, Jugendobjekte in der DDR. Zur Jugendpolitik der SED im Betrieb. in: Deuschland-Archiv 8 (1969), S. 817–827; *Brokmeier*, Spezielle Qualifikations- und Kooperationsformen Jugendlicher innerhalb der Arbeitswelt, in: Deutschland-Archiv, Sonderheft 1970.
81 Protokoll der Verhandlungen des V. Parteitages der SED, 30. März bis 6. April 1954 in der Werner-Seelenbindere-Halle zu Berlin, Bd. 2, S. 1397, zit. nach: *Parson*, Die Rolle der Arbeiterjugend bei der Entwicklung der FDJ zu einer sozialistischen Jugendorganisation, in: Beiträge zur Geschichte der Arbeiterbewegung 4 (1973), S. 686.
82 VI. Parlament der FDJ, Rostock vom 12. bis 15. Mai 1959, Berlin 1959, S. 34 ff., zit. nach: *Parson*, Die Rolle der Arbeiterjugend bei der Entwicklung der FDJ zu einer sozialistischen Jugendorganisation, a. a. O. (Anm. 81), S. 687.
83 Ebd.
84 *Parson*, Die Rolle der Arbeiterjugend . . ., a. a. O. (Anm. 81), S. 689.
85 *Gerhard Steffens*, Formen der gesellschaftlichen Erziehung im Bezirk Halle, in: Neue Justiz, 13. Jg. 20 (1959), S. 709.
86 *Harald Winter*, Die Ordnungsgruppen der FDJ – ein Instrument im Kampf gegen die Kriminalität unter der Jugend, in: Neue Justiz, 16. Jg., 11 (1962), S. 334.
87 Ebd., S. 335.
88 *Winter*, Rolle und Aufgaben der Ordnungsgruppen der Freien Deutschen Jugend, in: Neue Justiz, 14. Jg., 7 (1960), S. 238.
89 *Friedrich*, Die Jugendpolitik der SED, a. a. O. (Anm. 2), S. 179.
90 Ebd., S. 182.
91 *Antje Mattausch*, Zur Jugendpolitik der SED bei der Gestaltung der entwickelten sozialistischen Gesellschaft in der DDR, in: Wissenschaftliche Zeitschrift der Universität Rostock, gesellschafts- und sprachwissenschaftliche Reihe, 23. Jg., 2 (1974), S. 184.
92 Deutsche Lehrerzeitung 26 (1973), S. 1.
93 *Friedrich*, Die Jugendpolitik der SED, a. a. O. (Anm. 2), S. 181 f.
94 Ebd.
95 Anhang zum vierten Jugendbericht der Bundesregierung, »Zur Situation der werktätigen Jugend in der DDR«, bearb. von *Walter Jaide, Barbara Hille, Arnold Freiburg* und *Christa Mahrad*, unveröffentlichtes Manuskript vom Januar 1975, S. 128–135.
96 Forum 2 (1974); *Barbara Hille*, Jugendforschung in der DDR, in: deutsche jugend 12 (1969), S. 561–568.
97 Forum 2 (1975).
98 *Friedrich*, Die Jugendpolitik der SED, a. a. O. (Anm. 2), S. 184.

99 _Kurt Hager_, Die entwickelte sozialistische Gesellschaft (Aufgaben der Gesellschaftswissenschaften nach dem achten Parteitag), in: Einheit 11 (1971), S. 1203 f.

100 _Friedrich_, Die Jugendpolitik der SED, a. a. O. (Anm. 2), S. 182.

101 Direktive des achten Parteitages der SED zum Fünfjahresplan für die Entwicklung der Volkswirtschaft der DDR 1971–1975, in: Dokumente des achten Parteitages der SED.

102 Bericht der Bundesregierung und Materialien zur Lage der Nation 1971, Bundesministerium für innerdeutsche Beziehungen (Hrsg.), Kassel 1971, S. 362–399.

103 _Lothar Reuter/Helmut Weidmann_, Durchsetzung der sozialistischen Jugendpolitik – gemeinsames Anliegen der Freien Deutschen Jugend und der Rechtspflegeorgane, in: Neue Justiz, 17 (1971).

104 Ebd.

105 _Erich Honecker_, Rede auf dem neunten Parlament der FDJ, in: Neues Deutschland vom 29. 5. 1971, S. 3.

106 Ebd.

107 _Reuter/Weidmann_, a. a. O. (Anm. 103).

108 Ebd.

109 Die FDJ besitzt in den Wohngebieten keine Organisationseinheiten.

110 _Reuter/Weidmann_, a. a. O. (Anm. 103).

111 Vgl. u. a. ABC für den Funktionär der Grundorganisation und der Gruppe, in: Junge Generation 9 (1974).

112 _Gustav-Wilhelm Bathke/Matthias Trier_, Zum Einfluß der Tätigkeit in einer Funktion der FDJ auf die Entwicklung der Einstellung von Studenten zur gesellschaftlichen Leitungstätigkeit, in: Wissenschaftliche Zeitschrift der Friedrich-Schiller-Universität Jena, gesellschafts- und sprachwissenschaftliche Reihe, 22. Jg., 5/6 (1973), S. 774.

113 _Gerhard Roger_, Zu den politisch-erzieherischen Aufgaben der FDJ-Studentengruppenberater, in: Das Hochschulwesen 4 (1972).

114 Ebd., S. 109.

115 _Manfred Rexin_, vor den X. Weltfestspielen, in: Deutschland-Archiv 6 (1973), S. 575.

116 _Eberhard Aurich_, Die Aufgaben der FDJ an den Ingenieur- und Fachschulen im Studienjahr 1972/73 zur Vorbereitung der X. Weltfestspiele der Jugend und Studenten, in: Die Fachschule 10 (1972).

117 Ebd.

118 Ebd.

119 _Heinz Lippmann_, X. Weltjugendfestspiele im Geist der Volksfrontpolitik, in: Deutschland-Archiv 8 (1973), S. 788.

120 Ebd.

121 Zu Unstimmigkeiten war es u. a. auf den Weltfestspielen in Sofia (1968) gekommen, wo es Auseinandersetzungen zwischen den linken Gruppen westlicher Staaten und tschechoslowakischer Delegierten auf der einen Seite gegen Vertreter der sozialistischen Staaten Moskauer Prägung auf der anderen Seite gekommen war.

122 _Lippmann_, a. a. O. (Anm. 119), S. 789.

123 Anordnung über die Bewerbung, die Auswahl und Zulassung zum Direktstudium an den Universitäten und Hochschulen vom 1. 7. 1971 (GBl. II, S. 486/1971).

124 Anhang zum vierten Jugendbericht der Bundesregierung, a. a. O. (Anm. 95), S. 43 ff.

125 Junge Generation 2 (1973), S. 75.

126 _Micksch_, a. a. O. (Anm. 3), S. 140 ff.

127 _Werner Hennig_, Interessenstrukturen von Jugendlichen, in: Jugendforschung 5 (1968).

128 Für eine ideenreiche und interessante Freizeitgestaltung der Jugend. Zu Fragen des Jugendtanzes und der Jugendmusik, in: Beilage der Presse-Information Nr. 141 (3754) vom 1. 12. 1972.

129 Ebd.

130 Neues Deutschland vom 4. 2. 1973, S. 5.

131 Neues Deutschland vom 1. 11. 1974, S. 2.

132 Vgl. Junge Generation 9 (1975), S. 63. Im »Neues Deutschland« vom 28. 12. 1976, S. 2 wird angegeben, wieviele Jugendliche die Reisen des Reisebüros »Jugendtourist« in Anspruch nahmen: danach waren 1975 und 1976 325 000 Jugendliche mit »Jugendtourist« unterwegs. 105 000 davon unternahmen Reisen innerhalb der DDR, 220 000 reisten ins Ausland, davon allein 70 000 in die Sowjetunion.

133 Junge Welt vom 9. 10. 1975, S. 4.

134 Junge Welt vom 6. 1. 1977, S. 3.

135 Das neue Statut der FDJ ist abgedruckt in: Junge Generation 7 (1976), S. 100—115.

136 Junge Generation 3 (1976), S. 19.

137 Vgl. Deutschland-Informationen 5 (1975).

138 *Parson*, Probleme der Jugendpolitik der SED während der sozialistischen Revolution in der DDR, a. a. O. (Anm. 1), S. 189.

139 Ebd., S. 196.

140 Ebd.

141 Statistisches Jahrbuch der DDR 1976, S. 394.

142 Statut der FDJ vom Juni 1976.

III. Teil: Empirische Vergleichsuntersuchungen bei Jugendlichen in der DDR und der Bundesrepublik Deutschland

INTERESSEN VON JUGENDLICHEN IM INTER-KULTURELLEN VERGLEICH ZWISCHEN DER BUNDESREPUBLIK DEUTSCHLAND UND DER DDR

Von Barbara Hille

I. Die allgemeine Bedeutung individueller Interessen

Die vorfindbaren Interessen und Wünsche in einer Bevölkerung und deren Gruppierungen spielen sowohl in Staaten westlicher wie östlicher Prägung, kapitalistischer wie sozialistischer Ausrichtung eine nicht zu unterschätzende Rolle. Übereinstimmend gelten in den einschlägigen Veröffentlichungen in Ost und West die Interessen als wichtige Indikatoren für Handlungstendenzen sowie als bedeutsame Antriebskräfte für intendierte Aktivitäten. Ihre umfassende Kenntnisnahme – und zwar auf der Basis solider sozialwissenschaftlicher, empirischer Erhebungen – ermöglicht eine gezielte ideologische, politische und pädagogische Einflußnahme.

Insofern kommt den Interessen der Jugendlichen eine besondere Rolle zu, weil ihnen in der Regel die Realisierung der in der gegenwärtigen Zeit konzipierten politischen und gesellschaftlichen Vorstellungen und Programme übertragen wird und sie auf diese Zielsetzungen hin erzogen werden sollen.

Am Beispiel der DDR und der Bundesrepublik Deutschland wird dabei deutlich das unterschiedliche Ausmaß ideologischer (und politischer) Indoktrination und pädagogischer Einflußnahme auf die heranwachsende Generation. Dieser tiefgreifende Unterschied zwischen einem sozialistischen, zentral gelenkten System mit einheitlicher politischer Ausrichtung und einer demokratischen pluralistischen Staatsgesellschaft weist auf die Problematik eines noch so umgrenzten Vergleiches zwischen BRD und DDR und deren Bevölkerungen hin. Selbst bei möglicherweise ähnlicher Ausrichtung der Interessen von Jugendlichen beider deutscher Staaten ist der politische Hintergrund, vor dem sie sich entwickeln, sehr gegensätzlich gestaltet.

Trotz alledem wäre es eilfertig, allein aus diesen Gründen auf jeglichen Vergleich zu verzichten, weil – unter *psychologischem* Aspekt betrachtet – individuelle Entwicklungsverläufe nicht *allein* das Produkt exogener Prägungen sind (vgl. *Hans Thomae* 1959). Die Menschen sind nicht nur das, was die Gesellschaft bzw. das jeweilige politische System aus ihnen macht – so bequem diese Annahme auch für diejenigen sein mag, die erzieherisch in den Entwicklungsprozeß hineinwirken wollen. Gleichzeitig muß mit einer von Geburt an unterschiedlichen individuellen Ausstattung gerechnet werden, die den Umwelteinflüssen Grenzen setzen *kann*, die eine innere Dynamik und Steuerungsfunktion besitzt und somit die verschiedenen Einflußquellen ihrerseits selektiv zu verstärken bzw. zu nivellieren vermag (*Hans Jürgen Eysenck* 1975; *Ferdinand Merz* und *Ingeborg Stelzl* 1977). Gerade am Beispiel der Interessen wird diese Doppelfunktion besonders deutlich sichtbar.

Wie stark sich diese beiden Einflußgrößen in der menschlichen Entwicklung bzw. Sozialisation auswirken, welches ihre Proportionen sind, in welchem Verhältnis sie zueinander stehen, wurde bisher nicht zufriedenstellend überprüft und quantitativ nachgewiesen. Diese Anteile dürften individuell sehr unterschiedlich sein. Folglich wird die Annahme, daß der Mensch allein das Produkt gesellschaftlicher Verhältnisse sei, zwar theoretisch unterstellt, der Nachweis auf der Basis kontrollierbarer empirischer Daten jedoch bisher nicht erbracht. Deshalb reicht es nicht aus, politische Systeme zu beschreiben und zu vergleichen, wenn man die Einstellungen, Interessen und Verhaltensweisen von Bevölkerungen erfassen und erklären will. Beide Variablenbereiche stehen zueinander in wechselseitigen, vielschichtigen Beziehungen. Insofern ist die Frage, welches die Gemeinsamkeiten und die Unterschiede in den Interessen Jugendlicher in beiden deutschen Staaten sind, von erheblicher Bedeutung. Ebenso gibt das Ausmaß, in dem sie in den offiziellen politischen Vorstellungen und in den fachspezifischen Untersuchungen und Veröffentlichungen eine Rolle spielen, wichtige Aufschlüsse über Bedeutung und Stellenwert dieser Komponente im Rahmen der Persönlichkeitsentwicklung.

Folgende Aspekte sollen in der Analyse berücksichtigt werden:
- Definitionen und Bedeutung der Interessen innerhalb vorfindbarer theoretischer Ansätze, speziell psychologischer Theorien in der BRD und der DDR;
- Stellenwert individueller und gesellschaftlicher Interessen in der marxistischen Theorie der DDR;
- Vorliegende empirische Interessenuntersuchungen in Ost und West und deren thematische Schwerpunkte;
- Eigene empirische Vergleichsuntersuchungen über die Interessen von Jugendlichen in BRD und DDR.

II. Stellenwert der Interessen im Rahmen psychologischer Theorien

Obwohl die Interessen des Individuums im Rahmen der Persönlichkeitsentwicklung ohne Zweifel eine bedeutende Rolle spielen, finden sie in den Persönlichkeitstheorien relativ wenig Beachtung, ebenso in der allgemeinen Psychologie. Im Rahmen der Persönlichkeitstheorien werden sie in der Regel dem Bereich der Motivationen zugeordnet bzw. den Einstellungen gleichgestellt, über- oder untergeordnet.

Die Definitionen von Interesse sind generell relativ verschwommen, zum Teil widersprüchlich und erlauben selten eine Abgrenzung zu den benachbarten Bereichen der Bedürfnisse, Werthaltungen und Einstellungen.

Ein Beispiel ist die Definition im dtv-Wörterbuch der Psychologie: »Allgemeine und umfassende Bezeichnung für Einstellungen oder Erwartungen, eine Tendenz, auf bestimmte Gegenstände oder Gegebenheiten der Umwelt besonders zu achten (Selektivität der Aufmerksamkeit), gesteigerte (emotionale) Anteilnahme an bestimmten für bedeutungsvoll erachteten Gegenständen oder Ereignissen, Ideen u. ä. zu zeigen, sich für bestimmte Ereignisse oder Sachverhalte besonders zu interessieren und ihren Wirkungen und Ursachen nachzugehen … Die Veränderung von ›Interessen‹ (z. B.

an Dingen oder Lebewesen, an bestimmten Spielen usw.) sind wichtige, wenn auch schwer zu definierende Indikatoren des Entwicklungsgeschehens« (*James Drever* und *Werner D. Fröhlich* [Hrsg.] 1968, S. 123).

In dem Sammelbericht von *Carl-Friedrich Graumann* (1965a) wird die Bedeutung von Interessen ebenfalls hervorgehoben. Hier erfolgt jedoch eine deutlichere Unterteilung in Interessen, Einstellungen und Werthaltungen, wie sie auch ähnlich in der Persönlichkeitstheorie von *Joy P. Guilford* (1964) zu finden ist und in dessen reichhaltigen empirischen Befunden nachgewiesen werden konnte. »Während ›Wert‹ eine Kategorie ist, deren letzte Bestimmung nicht vom Psychologen allein, sondern nur interdisziplinär geleistet werden kann . . ., und lediglich Werterleben, Werthaltungen psychologische Begriffe sind, und während ›Einstellung‹ ein um seiner funktionellen Grundbedeutung aus Jurisprudenz und Technik übernommener terminus technicus ist, sollte das *Interesse* ein psychologischer Begriff kat'exochen sein. Das Dazwischen-Sein im Raum und Zeit hatte schon im lateinischen *interest* die Bedeutung des Gegenwärtigseins, Dabeiseins und Anteilnehmens und heißt schon seit etwa Cäsar: es ist für mich wichtig, von Bedeutung, mir ist daran gelegen. Die Frage drängt sich geradezu auf, weshalb sich dieses Begriffes, der das ontologisch relevante Verhältnis des Menschen zu seiner Welt ohne verfälschende aktivische oder passivische Konnotationen zu fassen scheint, nicht die Philosophen schon seit langem dankbar angenommen haben« (*Graumann*, 1965a, S. 274).

Das gilt für die Psychologie gleichermaßen. Statt dessen wurden die Interessen vorwiegend im pragmatisch-pädagogischen Kontext berücksichtigt: das gilt sowohl für die frühen Impulse z. B. bei *Johann Friedrich Herbart* wie auch in den neueren Berufsinteressen-Untersuchungen in USA.

In den westlichen Arbeiten reduziert sich der Ansatz der Interessenuntersuchungen weitgehend auf die *Berufsinteressen,* deren Kenntnisnahme bei der Berufswahl und -beratung zu einer adäquaten Einmündung in geeignete Berufe und Tätigkeiten verhelfen soll und kann (*Walter Jaide* 1975). Hierzu liegen mehrere Berufsinteressenteste vor, die überwiegend auf den beiden Standardverfahren von *E. K. Strong* (1959) und *G. F. Kuder* (1959) aufbauen, z. B. auch der BIT von *Martin Irle* (1955).

Diese enthalten als Grobkategorien übereinstimmend Interessen an »data« – »people« – »things«, die mehr oder weniger untergliedert sind (s. *Guilford* 1964). Ihr Aufbau und der Typus ihrer Items stimmen ebenfalls weitgehend überein. Entweder werden allgemeine Betätigungen und Dinge geboten, mit denen sich Vorlieben oder Abneigungen verbinden können. Zahlreiche Interessenfragebogen beziehen sich ausschließlich auf solche Vorlieben bzw. Abneigungen gegenüber Tätigkeiten (u. a. *Kuder* 1959/60; *Irle* 1955), andere fordern ausschließlich Stellungnahmen gegenüber Berufen (*L. L. Thurstone* 1947) oder Buchtiteln (*M. Tramer* 1953), Filmtiteln, Unterrichtsgegenständen, Hobbies, Namen berühmter Personen, Eigentumsgegenständen u. a. (*Strong* 1959).

Eine Erweiterung auf Interessenbereiche, die über spezifische Berufsinteressen hinausgehen, stellt der DIT von *Eberhardt Todt* (1967) dar (s. u.).

Bei *Guilford* (1964) wird die wohl differenzierteste Aufgliederung der Interessen dargeboten. Auf der Basis umfangreicher Testbatterien wurde hier eine multivariate

Erfassung von Motivationsindikatoren versucht. Mittels Faktorenanalysen wurden vier Hauptdimensionen der Motivation aufgedeckt, die sich in ähnlicher Form auch in anderen einschlägigen Untersuchungen nachweisen ließen.

Guilford (1964) unterscheidet in seiner Persönlichkeitstheorie neben Bedürfnisdimensionen und Einstellungsfaktoren die Dimensionen des außerberuflichen und des Berufsinteresses mit folgender Differenzierung:

Dimensionen des außerberuflichen Interesses
- *allgemeine Interessen-Dimensionen*
  Abenteuerlichkeit (gegenüber Sicherheitsstreben);
  Vorliebe für Zerstreuungen
- *Interesse für Tätigkeiten mit bestimmten Besonderheiten*
  Vorliebe für Abwechslung; für Präzisionsarbeit
  allgemein kulturelles Interesse
  ästhetisches Interesse
- *Wertschätzung*
  verschiedene Humordimensionen
- *Interesse-Dimensionen im Denken*
  Nachdenklichkeit; autistisches Denken; strenges Denken; Dichotomie-Denken

Dimensionen des Berufsinteresses
- *Interessen bei gehobenen Berufen*
  wissenschaftliches Interesse; ästhetischer Ausdruck; soziale Wohlfahrt
- *Kommerzielle Interessen*
  Geschäftsinteresse; Interesse an Schreibarbeit
- *Interesse an körperlicher Arbeit*
  mechanisch-technisches Interesse; Interesse an Arbeit im Freien; Interesse am Flugsport.

Dabei muß man wohl zugeben, daß diese Zusammenstellung noch nicht sehr vollständig und vielgliedrig ist (vgl. *Jaide* 1975).

Die in einschlägigen Untersuchungen z. T. gefundenen Beziehungen zwischen Interessen, Einstellungen und Werthaltungen führten zu einer weiteren Erforschung und Klärung der Wechselwirkungen der durch sie bezeichneten kognitiven Strukturen und Prozesse: »Richtung, Konsistenz und Selektivität unseres Verhaltens werden zu Beginn der neueren Psychologie von führenden und bis heute nachwirkenden Psychologen dem Interesse zugeschrieben, das damit eine motivierende Grundfunktion erhält« (*Graumann* 1965a, S. 276).

Graumann (1965a) kommt in seinem Übersichtsreferat zu folgendem Resultat:

»1. Eine umfassende Psychologie des menschlichen Handelns kommt nicht ohne Begriffe aus, die die differentielle Bewertung oder Beurteilung dessen, wozu und woraufhin wir uns verhalten, kennzeichnen. Als derartige Begriffe bieten sich Wert, Interesse, Überzeugung und Einstellung an.

 2. Diese Begriffe sind – unabhängig von ihren vorwissenschaftlichen Bedeutungen – wissenschaftlich definierbar, die mit ihnen angezeigten Sachverhalte kategorisierbar und zu einem beachtlichen Teil auch meßbar.

3. Interessen, Werthaltungen, Einstellungen und die sie betreffenden Überzeugungen sind motivationalen Charakters, sei es, daß sie selbst als Motive wirken, sei es, daß sie entscheidend, beispielsweise direktiv und selektiv, in das Motivations-Geschehen eingreifen« (S. 276).

Was hier fehlt, ist die *systematische* Untersuchung von Zahl und Art *unabhängiger* Interessenrichtungen, wenn man von den Berufsinteressen absieht.

Auch in den *entwicklungspsychologischen* Arbeiten westlicher Herkunft fehlt die Komponente der Interessen weitgehend. Trotzdem ist anzunehmen, daß es im Laufe des Entwicklungs- und Sozialisationsprozesses infolge spezifischer, evtl. z. T. auch altersbedingter Interessenkonstellationen zu einer selektiven Wahrnehmung und Verarbeitung von Informationen, ebenso z. B. zu einer Verstärkung bzw. Reduzierung von Lernbereitschaften kommt (s. u.). Insofern läßt sich der Prozeß sozialen Lernens nicht allein mit dem Konzept der Leistungsmotivation beschreiben, das bisher am gründlichsten strukturiert und mit empirischen Daten belegt wurde (s. *Heinz Heckhausen* 1963). Sowohl die traditionellen Phasenlehren als auch die in jüngster Zeit wachsende Zahl von Kompendien bzw. Lehrbüchern zur Entwicklungspsychologie (z. B. *Otto M. Ewert* 1972) orientieren sich überwiegend an endogenen Entwicklungsverläufen und Kategorien, in denen die Interessen, die zu einem Teil Resultat kultureller, sozialer, gesellschaftlicher Einflüsse sind, keinen Platz finden (*Rudolf Bergius* 1970). Insofern ist die Kenntnisnahme der vorhandenen Interessen, Einstellungen und Wünsche im Kindes- und Jugendalter von besonderer Bedeutung.

Es hat den Anschein, daß die Psychologen in der DDR dieser Frage ein größeres Gewicht beimessen, wenn man die Vielzahl empirischer Daten vornehmlich über die Interessen der Jugendlichen in Betracht zieht.

III. Definition der Interessen in den Publikationen der DDR

In den psychologischen Untersuchungen der DDR, die zunächst in starkem Maße durch sowjetische Einflüsse geprägt waren, finden sich nur wenige theoretische Ansätze zur psychologischen Beschreibung menschlicher Interessen und deren Bedeutung im Rahmen der marxistischen Philosophie. Eine Umsetzung des marxistischen Konzeptes in eine spezifische psychologische Definition wurde bisher nur in Ansätzen versucht und läßt sich vermutlich kaum widerspruchsfrei leisten. Denn der marxistischen Theorie zufolge sollten die individuellen mit den gesellschaftlichen Interessen identisch sein (*M. W. Demin* 1972). Bei Respektierung der marxistischen Position und der Annahme, daß dieser Zustand bereits erreicht sei, würde sich jegliche Erforschung der Interessen der Jugendbevölkerung und anderer Bevölkerungsgruppen und -schichten erübrigen. Angesichts des komplizierten Prozesses, der bis zur vollständigen Realisierung des Kommunismus (in der DDR) noch zu durchlaufen ist, muß dieser theoretische Anspruch in der Praxis jedoch relativiert werden – unter Aufrechterhaltung der eigentlichen Zielvorstellungen.

Das wird u. a. auch in der Kennzeichnung der »Interessen« im Wörterbuch der Marxistisch-Leninistischen Soziologie (Hrsg. *Wolfgang Eichhorn* I, *Erich Hahn* u. a. 1969,

S. 228–231) deutlich: »In der sozialistischen Gesellschaftsordnung, die sich auf ihrer eigenen sozialökonomischen Grundlage entwickelt, ist die Übereinstimmung der politischen, materiellen und kulturellen Interessen der Werktätigen und ihrer Kollektive mit den gesellschaftlichen Erfordernissen die wichtigste Triebkraft der Entwicklung« (S. 229).

Die Kennzeichnung der Übereinstimmung individueller und kollektiver Interessen mit den gesamtgesellschaftlichen »Erfordernissen« als »wichtigste Triebkraft der Entwicklung« entspricht fast wörtlich Artikel 2, Abs. 4 der Verfassung der DDR vom 6. April 1968. Dieser Absatz wurde in dem »Gesetz zur Ergänzung und Änderung der Verfassung der Deutschen Demokratischen Republik vom 7. Oktober 1974« ersatzlos gestrichen. Der Grund dafür ist nach *Siegfried Mampel* (1975), daß »Übereinstimmungen« nach marxistisch-leninistischer Auffassung wohl begünstigend wirken, jedoch niemals gesellschaftliche Triebkräfte sein können. Diese sind vielmehr in den teils antagonistischen Widersprüchen zu suchen. Daher wurde die zitierte Passage, der die Harmonievorstellungen der Ulbrichtschen »sozialistischen Menschengemeinschaft« zugrunde lagen, anläßlich der Verfassungsrevision entfernt. Das Beispiel wirft ein Licht auf das besondere Verhältnis von marxistisch-leninistischer Theorie und sozialwissenschaftlicher Kategorienbildung (vgl. dazu *Siegfried Mampel* 1972, S. 154–156; Die neue Verfassung der DDR, Köln 1974, S. 67; *Mampel* 1975).

Die Basis bilden die durch die ökonomischen und gesellschaftlichen Verhältnisse vorgegebenen *»objektiven« Interessen:* »Interessen sind spezifische Erscheinungsformen materieller gesellschaftlicher Verhältnisse. Die ökonomischen Verhältnisse einer gegebenen Gesellschaft stellen sich zunächst dar als *Interessen*« ... (S. 228).

Diese relativ abstrakt definierten objektiven Interessen müssen, da sie nicht von vornherein allen Menschen innewohnen, von den Werktätigen in einem komplizierten Prozeß des Bewußtwerdens zu eigen gemacht werden: »Objektive Interessen bestimmen das Verhalten der tätigen Subjekte, indem sie, mehr oder weniger adäquat bewußt werdend, in das Handlungs- und Verhaltensbewußtsein der Menschen eingehen. Objektive Interessen fungieren bei Zielfindung und Zielsetzung als eine Form der praktisch-geistigen Aneignung der Welt durch den Menschen« (S. 228).

Die sozialistischen Produktionsverhältnisse gewährleisten nach der Theorie die Gleichheit aller Gesellschaftsmitglieder hinsichtlich ihres Verhältnisses zu den Produktionsmitteln und implizieren damit die Einheitlichkeit ihrer Interessen.

Ein Beispiel dafür, daß dieses Stadium noch nicht erreicht wurde, ist die neuerdings starke Hervorhebung der *materiellen Interessiertheit* der werktätigen Bevölkerung, die Beachtung ihres Konsumverhaltens (s. Artikel von *Walter Jaide*, Konsumverhalten bei Jugendlichen ... in diesem Heft), die Gewährung materieller Anreize und Belohnungen (z. B. in Form von Prämien). Mit diesen Versuchen wird das Prinzip des sozialistischen Eigentums durch Zugeständnisse an die noch nicht ausreichend entwickelte Interessenidentität in der Bevölkerung vorerst verwässert. »Die einheitlichen materiellen Grundinteressen der Gesellschaftsmitglieder treten in den verschiedenen Bereichen und Phasen des gesellschaftlichen Lebensprozesses als unterschiedliche spezifische Interessen in Erscheinung. Unter materiellen Interessen der Gesellschaft und ihrer Mitglieder sind die zu Motiven des Handelns gewordenen und dessen Richtung bestimmenden Erfordernisse und Bedürfnisse, die sich vor allem aus der Produktionstätigkeit und gesellschaftlichen Beziehungen ergeben, zu verstehen. Die materiellen Interessen der Gesellschaft, der Kollektive sozialistischer Produzenten und der Indi-

viduen erscheinen in der sozialistischen Volkswirtschaft in ökonomischen Kategorien
wie Nationaleinkommen, Gewinn, Kosten, Umsatz, Lohn, Gehalt, Prämie. Die wider-
spruchsvolle Dynamik der verschiedenen relativ selbständigen Tätigkeitsbereiche der
sozialistischen Gesellschaft bringt widersprüchliche Tendenzen bei der Interessenbil-
dung der Kollektive und der einzelnen hervor« (S. 230).
Ein deutliches Beispiel hierfür ist die Diskrepanz zwischen Wünschen und Realisierungs-
möglichkeiten im Stadium der Berufswahl bei männlichen und vor allem weiblichen
Jugendlichen in der DDR (s. Artikel von *Barbara Hille,* Berufswahl und Berufslenkung ... in diesem Heft).
Hier mag der Ansatzpunkt für eine *psychologische* Betrachtungsweise der Interessen
und daraus resultierend für die zahlreichen empirischen Interessenuntersuchungen in
der DDR liegen. Ihr Ziel ist die Umsetzung der gewonnenen Ergebnisse in praktische
Nutzanwendung zum Zwecke einer effektiven Beeinflussung und Lenkung insbesondere
der heranwachsenden Generation: »Auf die philosophische Bestimmung des ›Interesses‹
gegründet, aber von ihr zu unterscheiden ist der psychologische Interessenbegriff. Er
faßt das Interesse als Bestandteil der Einstellungen der Persönlichkeit zu den Zielen
und Bedingungen ihrer Tätigkeit, als Gerichtetheit der Aufmerksamkeit, der Gedanken
und Absichten der Persönlichkeit auf bestimmte Gegenstände bzw. Tätigkeiten« (*Eichhorn, Hahn* u. a. 1969, S. 228).
Diese Definition wird in dem psychologischen Standardwerk von *S. L. Rubinstein,* das
in erster Auflage 1946 in russischer Sprache erschienen ist und 1958 in deutscher Sprache
in der DDR aufgelegt wurde, konkretisiert.
In seiner Systematik werden die *individuellen Interessen* in relativ ausführlicher Form
berücksichtigt, wobei die Kategorienbildung weitgehende Ähnlichkeit bzw. Überein-
stimmung mit westlichen Persönlichkeitstheorien aufweist (u. a. mit *Guilford* 1964).
Im Gegensatz zu *Guilford, R. B. Cattell* oder *H. J. Eysenck* sind seine Analysen jedoch
weitgehend spekulativ und nicht auf der Basis empirischer Untersuchungen verifiziert.
Die Hauptkategorien seines theoretischen Konzeptes sind:
– Bedürfnisse,
– Interessen,
– Ideale,
die er untereinander definitorisch deutlich abgrenzt, die er gleichzeitig unter dem
Oberbegriff der »Einstellungen und Tendenzen« subsumiert: »Jede Einstellung ist eine
Einstellung auf eine bestimmte Richtung des Verhaltens, und durch diese Richtung
wird sie auch bestimmt« (S. 768).
»Die Einstellung steht, wie wir sahen, in unmittelbarer Beziehung zu den *Tendenzen.*
Diese treten als *Strebungen* auf, wenn nicht nur ihr Ausgangs-, sondern auch ihr End-
punkt ins Auge gefaßt wird. Die Tendenzen sind dynamische Kräfte, die mit Span-
nungszuständen verbunden sind. Sie entstehen im Prozeß der Tätigkeit, regen an und
sind in den *Bedürfnissen, Interessen* und *Idealen* enthalten.«
»Von *Interesse* als spezifischem Gerichtetsein auf einen bestimmten Gegenstand wird
die *Neigung* als Tendenz zu einer entsprechenden Tätigkeit unterschieden ...« (S. 769).
Darin kommt ein andersartiges, psychologisch geprägtes Konzept zum Ausdruck, in
dem die subjektiven gegenüber den objektiven Interessen die dominierende Rolle zu

spielen scheinen bzw. mit ihnen in Wechselwirkung stehen: »Interessen sind daher die spezifischen Motive der kulturellen und insbesondere kognitiven Tätigkeit des Menschen« (S. 774).

Die darin zum Ausdruck kommende *Dynamik* wird besonders deutlich im Verlauf des individuellen Entwicklungsprozesses: »Im Verlauf der individuellen Entwicklung bilden sich bei den Kindern die Interessen heraus, und zwar in dem Maße, wie sie immer bewußteren und engeren Kontakt zu ihrer Umwelt gewinnen und sich im Bildungs- und Erziehungsprozeß die Ergebnisse der historisch entstandenen Kultur aneignen. Die Interessen sind sowohl die Voraussetzungen des Bildungsprozesses wie dessen Resultat. Der Bildungsprozeß stützt sich auf die Interessen der Kinder und formt sie. Sie dienen darum einerseits als Mittel, das der Lehrer anwendet, um den Unterricht wirksamer zu gestalten, andererseits sind sie und ihre Ausformung das Ziel der pädagogischen Arbeit. Die Ausbildung vollwertiger Interessen ist die wesentlichste erzieherische Aufgabe des Unterrichts« (S. 780).

Den Interessen der *Jugendlichen* sollte nach *Rubinstein* eine besondere Beachtung geschenkt werden, um vor allem deren erfolgreiche Integration in die Arbeitswelt zu bewirken.

IV. Empirische Interessenuntersuchungen in der DDR und der BRD

Empirische Untersuchungen über Berufsinteressen fehlen in der DDR jedoch weitgehend. Ein spezieller Berufsinteressen- bzw. -neigungstest wurde bisher nicht eingesetzt und auch nicht entwickelt. Das Erfassen spezifischer Berufsinteressen ist insofern auch nicht bedeutsam, weil z. Z. die Deckung des Arbeitskräftebedarfs und die damit verbundene Lenkung in volkswirtschaftlich bedeutsame Berufe noch im Vordergrund stehen (s. Artikel von *Barbara Hille*, Berufswahl . . ., in diesem Buch).

Der bisher einzige in der DDR entwickelte Interessentest, das *ISV* (Interessenstruktur-Verfahren) von *Werner Hennig* (1966) deckt inhaltlich – anders als die Berufsinteressenteste, aber ähnlich dem DIT *(Todt)* – die ganze Skala möglicher Interessenbereiche in Beruf und Freizeit ab. Dieses Verfahren wurde kontinuierlich in einer Vielzahl von Interessenuntersuchungen bei Jugendlichen aller Altersgruppen eingesetzt. Daneben werden in Freizeituntersuchungen Leistungs- und Verhaltenskontrollen sowie Wochenprotokolle und Zeitbudgetstudien durchgeführt (siehe *Dieter Voigt* 1975).

Die Kenntnisnahme der verschiedenen Interessen und Verhaltensweisen u. a. in der Freizeit soll Hinweise darauf geben, wie die Jugend politisch, privat und im gesellschaftlichen Bereich zu erreichen und zu aktivieren ist und welche pädagogischen Maßnahmen hierfür erforderlich sind.

In diesem Zusammenhang stellt in der DDR das *Interesse am Sport* den zentralen Aspekt in sämtlichen Interessenuntersuchungen dar (*Hennig* 1969; *Margret Dienemann* und *Jürgen Raeder* 1970). Denn stärker als in der BRD wird Sport in der DDR in erster Linie als Politikum gewertet. Auch deshalb gilt es, dort möglichst viele Reserven zu mobilisieren und aus der breiten Masse der Sporttreibenden rechtzeitig die Talente für den Spitzensport auszulesen (*Hans Groll* 1970; *Paul Kunath* et al. 1974).

Aus den verschiedenen Einzelstudien über die Sportinteressen von Kindern und Jugendlichen in der DDR kristallisieren sich die folgenden Haupttendenzen heraus, die sich in
ähnlicher Weise auch in den wenigen Daten aus der BRD (z. B. in den Freizeitstudien
von EMNID 1971) aufzeigen lassen (vgl. *Hille* 1976 a):
– Unterschiede zwischen den Altersgruppen (und Lebensetappen):
  Das Interesse am Sport und die sportlichen Aktivitäten nehmen bereits im Laufe
  der Schulzeit kontinuierlich ab und erreichen ihren Tiefpunkt nach Abschluß der
  Schulzeit.
– Unterschiede nach dem Geschlecht:
  Diese abnehmende Tendenz zeigt sich gleichermaßen bei männlichen wie weiblichen
  Jugendlichen, allerdings mit dem Unterschied, daß die männlichen Jugendlichen
  durchweg stärkeres Interesse und mehr Aktivitäten aufweisen und bei den weiblichen Jugendlichen vor allem mit Aufnahme der Berufstätigkeit und in Verbindung
  mit Pflichten in Ehe und Familie der Anteil sportlicher Interessen und Betätigungen
  im Bereich der Freizeit nur sehr gering ist und bleibt.
– Stellung der Sportinteressen unter den übrigen Interessenbereichen:
  Da in der DDR der Sport nicht allein zum Zwecke der Rekreation der Werktätigen
  gefördert wird, sondern darüber hinaus politische Funktion — zum Wohle und Ansehen des sozialistischen Vaterlandes — hat, interessieren die Zusammenhänge der
  Sportinteressen mit politischen und gesellschaftlichen Interessen und Aktivitäten. Bei
  den männlichen Jugendlichen konnte zwar die ebenfalls offiziell erwünschte Verbindung zwischen Interesse an Sport und an Technik festgestellt werden. Eine Verbindung mit politischen Interessen ist dagegen nur schwach ausgeprägt bzw. tritt in den
  meisten Untersuchungen nicht hervor. Bei den weiblichen Jugendlichen treten diese
  Zusammenhänge ohnehin nicht auf. Wenn überhaupt Interesse an Sport geäußert
  wird, dann in Verbindung mit Reisen, leichter Musik, Mode, Kontakten und Freundschaften (insbesondere *Dienemann* und *Raeder* (1970).
In Vergleichsdaten aus der BRD (s. *Barbara Hille* 1974) konnten weder signifikante
Zusammenhänge mit Politik noch mit anderen Interessenbereichen aufgedeckt werden,
sondern Interesse an Sport figuriert hier bei Jungen wie Mädchen als eigenständiger,
isolierter Interessenbereich, der allenfalls bei den männlichen Jugendlichen einen
schwachen Zusammenhang mit Technik aufweist.
Am Beispiel der Sportinteressen wird deutlich, daß in den Interessenvergleich u. a.
unterschiedliche Systemkomponenten, d. h. hier anders akzentuierte und zugeschärfte
politische und ideologische Zielsetzungen hineinspielen. Problemlage und Materiallage
sind also heterogen. Auf der Basis der vorliegenden Daten und Befunde *allein* kann
daher ein direkter Vergleich nicht durchgeführt werden.
Eine Abhilfe wäre eine interkulturelle empirische Vergleichsuntersuchung zwischen den
beteiligten Staaten mit analogen Testinstrumenten an analog gekennzeichneten Stichproben. Aber dagegen tun sich fast unüberwindbare Barrieren auf. Denn was mit
nahezu allen Staaten dieser Welt möglich ist – mit der DDR und z. T. auch den
anderen Ostblockstaaten läßt sich eine in direkter Kooperation mit den Kollegen der
beteiligten Staaten konzipierte und durchgeführte Vergleichsuntersuchung bisher nicht
realisieren.
Deshalb wurde ein besonderer Weg eingeschlagen (s. *Hille* 1970 b; 1974; 1976 a).

V. Empirische Vergleichsuntersuchungen über die Interessen von Jugendlichen
in BRD und DDR

1. Allgemeine Schwierigkeiten des interkulturellen Vergleichs zwischen BRD und DDR
Die eigenen empirischen Vergleichsuntersuchungen zwischen DDR und BRD haben
diese Schwierigkeiten zu umgehen versucht. Sie haben dabei vornehmlich zwei Aspekte
berücksichtigt, die miteinander verbunden sind:
– In einem umgrenzten thematischen Ausschnitt soll ein Zugang zu der in der Öffentlichkeit vielfach gestellten Frage gefunden werden, ob zwischen den Bewohnern
beider deutscher Staaten noch Gemeinsamkeiten fortbestehen bzw. wieweit sich
insbesondere die Jugendpopulationen in ihren Anschauungen und Interessen voneinander fortentwickelt haben.
– Diese Frage kann erst beantwortet werden, wenn das Instrumentarium, mit dem
die Informationen gewonnen werden, hinreichend seriös ist und in beiden deutschen
Staaten analog eingesetzt werden kann. Insofern muß geklärt werden, ob und
wieweit es möglich ist, mit ein und demselben Testinstrument bei Angehörigen unterschiedlicher gesellschaftlicher und politischer Systeme Analoges zu messen.
Dabei kam zweierlei zu Hilfe: die noch weithin gleichartige Sprache und das Vorliegen
analoger Testverfahren. Trotzdem wirft die Konzipierung interkultureller Vergleichsuntersuchungen Probleme auf, die in den meisten Studien nur unzureichend berücksichtigt worden sind. So müßten – um die Ergebnisse interkultureller Vergleichsuntersuchungen angemessen interpretieren zu können – neben den interkulturell verwendeten
Untersuchungsverfahren außerdem intrakulturell ähnliche bzw. inhaltlich zugehörige
Instrumente innerhalb der beteiligten Staaten herangezogen werden. Die Ergebnisse
beider Untersuchungsansätze und deren Zusammenhänge könnten zur gegenseitigen
Kontrolle und Klärung herangezogen werden und die Relevanz der gemessenen Indikatoren überprüfen. Dem wurde in der eigenen Vergleichsstudie weitgehend Rechnung getragen.

2. Beschreibung des Hauptinstrumentes in den Vergleichsuntersuchungen
Die Schwierigkeit und einzige Chance für Vergleichsuntersuchungen zwischen BRD
und DDR liegt darin, daß westdeutsche Untersuchungen solchen aus der DDR so genau
wie möglich *nachkonstruiert* werden. Ihre speziellen Konzepte können erst auf der
Basis stichhaltiger empirischer Befunde aus der DDR entwickelt werden. Deshalb muß
auf eine eigene *vorhergehende* Konzeptualisierung und Operationalisierung verzichtet
werden. Das Vorgehen ist also eher pragmatisch und eklektisch. Dafür erweisen sich
unter methodologischem wie inhaltlichem Aspekt die zahlreichen *Interessenuntersu-*
chungen in der DDR als besonders geeignet *(Hille* 1969, 1970b).
In diesen Untersuchungen wurde das *Interessen-Struktur-Verfahren (ISV)* von *Hennig*
(1966) eingesetzt, das den Kriterien der Testtheorie weitgehend Rechnung trägt. So
wurde der Entwicklung des Tests, inbesondere der Gewinnung der Interessenbereiche
und der zugehörigen Items besondere Aufmerksamkeit gewidmet. In umfangreichen
Voruntersuchungen wurden mit Hilfe eines unstrukturierten Fragebogens (ohne Ant-
wortvorgaben) bei 2000 Jugendlichen Auskünfte über ihre liebsten Freizeitbeschäfti-

gungen eingeholt (*Hennig* 1963). Diese bildeten die Grundlage für die Konzipierung
jener 17 Interessenbereiche, die nach Intention des Autors im Rahmen des politisch-
gesellschaftlichen Systems der DDR »gesellschaftlichen Wert« besitzen. Darunter
rangieren naturwissenschaftliche, gesellschaftliche und künstlerische Bereiche, die teils
im Raum von Schule und Beruf und teils im Freizeitraum anzusiedeln sind. Zwar
wurde das ISV zwischenheitlich auf 20 Interessenbereiche erweitert – u. a. durch die
Bereiche Militärwesen und Geschichte –, die meisten Untersuchungen seit 1963 wurden
jedoch bisher mit der ursprünglichen Version durchgeführt (*Hennig* 1970). Darin sind
die folgenden 17 Interessenbereiche enthalten:

Ge	Geographie
Re	Reisen
Po	Politik
Mo	Moral
Te	Technik
Wi	Wirtschaft
Li	Literatur
lMu	leichte Musik
sMu	schwere Musik
Fi	Film
Ta	Tanz
Md	Mode
Er	Erkenntnistheorie
Ps	Psychologie
Ph	Physik
Bi	Biologie
Sp	Sport

Pro Interessenbereich wurden aus den Voruntersuchungen 17 konkrete Beispiele zusammengestellt. Diese sind in Anlehnung an die Paarvergleichsmethode und aufgrund
der Überzeugung des Autors, daß Interessen seltener per se, sondern meist mit anderen
gekoppelt befolgt werden, so miteinander kombiniert, daß jeder Interessenbereich mit
jedem anderen der 16 Bereiche einmal zusammen vorkommt. Allerdings werden diese
17 Bereiche in den Kombinationen – anders als in der Paarvergleichsmethode – jeweils
durch ein *anderes* Beispiel repräsentiert. Die insgesamt 136 Paarkombinationen haben
den Charakter von Buchtiteln oder Überschriften ähnlich dem Bücherkatalogtest von
M. Tramer (1953), z. B.:
Nr. 2   Verhältnis zwischen Sport und Politik (Sp–Po)
Nr. 9   Probleme gemeinsamer Ferienreisen von Jungen und Mädchen (Re–Mo).

Mit dem ISV wurden Schüler und Schülerinnen zwischen ca. 11 und 18 Jahren, Studenten und Studentinnen sowie junge Arbeiter und Lehrlinge untersucht. Reliabilitäts-
und Validitätskontrollen liegen in ersten Ansätzen vor (*Hennig* 1966).
Die *Instruktion* lautet: »Nachstehend finden Sie vielfältige Dinge, Sachverhalte und
Probleme zusammengestellt. Kreuzen Sie bitte das an, was Sie davon interessiert,

womit Sie sich also näher beschäftigen möchten, was Sie ausüben und worüber Sie gern diskutieren würden. Lesen Sie alles erst einmal durch und kreuzen Sie dann soviel Nummern an, wie Sie interessieren; aber nicht mehr als 17.«

Unklar bleibt bei diesem Verfahren, aufgrund welcher »cues« die Wahlen zustande kommen, ob bei einem Titel evtl. doch nur *einer* der Bereiche zur Bevorzugung führt oder tatsächlich die *Kombination* der beiden Interessenbereiche. Ferner bleibt fraglich, ob anstelle von unverbunden nebeneinanderstehenden Interessen bei den Versuchspersonen tatsächlich – gemäß der Intention des Autors – regelhaft (strukturell) zusammengehörige bzw. verwandte Interessen gemessen werden. Die dafür angebotene Auswertungsstrategie ist zudem nicht so weit entwickelt, daß damit eine größere Anzahl von Daten rationell verarbeitet werden kann (*Hennig* 1966). In der eigenen Studie wird deshalb nur mit den Summenscores pro Interessenbereich operiert.

Im Hinblick auf einen Einsatz dieses Verfahrens bei Jugendlichen in der *BRD* ergab sich die Frage, ob die intendierten Interessenbereiche für diese überhaupt verständlich, relevant und identisch sind.

Bei einer *Inspektion* der 136 Titel stellte sich heraus, daß die meisten relativ »systemneutral« formuliert sind. Lediglich drei der 17 Interessenbereiche – nämlich Politik, Moral, Erkenntnistheorie – wurden eindeutig aus der gesellschaftlichen und politischen Sicht der DDR konstruiert.

Innerhalb des Interessenbereiches *»Politik«* werden vorrangig außenpolitische Themen angeschnitten; u. a. tauchen in der Terminologie Begriffe wie »sozialistische Armeen« oder »imperialistische Staaten« auf.

Zu dem Interessenbereich *»Moral«* zählen u. a.: soziale Beziehungen zwischen Jungen und Mädchen, Eltern und Kindern, ferner gute »Sitten« und Gebräuche, die sich im »anständigen« Verhalten in der Freizeit, beim Tanzen zeigen, sowie vorbildliche menschliche Eigenschaften (Treue und Aufrichtigkeit) u. a. m., hinter denen das Idealbild des »sozialistischen Menschen« steht.

Die thematische Ausrichtung des Interessenbereiches *»Erkenntnistheorie«* zielt auf das Erkennen von Gesetzmäßigkeiten, den Nachweis der »objektiven Wahrheit«, auf den Prozeß der Urteilsbildung u. a. m. im Rahmen einer marxistischen Wissenschaftstheorie.

Deshalb wurde in *Voruntersuchungen* u. a. überprüft, welche Interessenbereiche von den BRD-Jugendlichen in den 136 Items erkannt werden. Ein spezieller *Zuordnungsversuch* lieferte eine Schätzung für das Maß der Übereinstimmung zwischen der Klassifizierung der Items durch den Testkonstrukteur in der DDR und der Einschätzung durch eine spezielle Prätestgruppe Jugendlicher in der BRD (N = 30). Die Überprüfung des Zusammenhanges zwischen (laut Testkonstruktion) »richtiger« Zuordnung und den »falschen« Einschätzungen der Vpn erfolgte mit Hilfe der Chi²-Methode. Der Grenzwert lag bei 21r:9f (Chi² $_{emp}$ = 2.7000; n. s.). Mittels dieses groben Rasters stellte sich heraus, daß von den insgesamt 136 Items 113 fehlerlos (bzw. mit einem Fehler) »richtig« eingeschätzt und verstanden wurden. Die maximale Fehlerzahl von 8 bzw. 9 Fehlern erreichten nur vier Items (Nr. 27, 20, 73, 68), von denen drei inhaltlich besonders aufschlußreich waren, und zwar:

Nr. 27: Beziehungen zwischen Mann und Frau, zwischen Eltern und Kindern unter

sozialistischen Verhältnissen. Während in diesem Item die Bereiche »Politik« und »Moral« anvisiert werden sollen, erkannten die Jugendlichen in der Bundesrepublik darin die Bereiche »Politik« und »Psychologie«. Aus DDR-spezifischer Sicht sind die persönlichen, sozialen Beziehungen primär durch gesellschaftlich-normative Aspekte geprägt; die Jugendlichen in der BRD sehen dagegen die mitmenschlichen Beziehungen eher als psychologisches Problem. – Nr. 20: Einfluß flotter Musik auf die Höhe der Arbeitsleistung. Die vorgegebenen Bereiche sind: »leichte Musik« und »Wirtschaft«; die Jugendlichen in der BRD ordneten zu: »leichte Musik« und »Biologie«. – Nr. 73: Politik als Widerspiegelung und Anwendung gesellschaftlicher Gesetze. Hierbei wählten die Jugendlichen in der BRD-Stichprobe anstelle von »Politik« und »Erkenntnistheorie« häufiger »Politik« und »Psychologie« bzw. »Moral«. Die angebliche Zwangsläufigkeit zwischen gesellschaftlichen Prozessen und Politik im marxistischen Sinne wird offenbar nicht verstanden bzw. nicht akzeptiert.
Im ganzen scheinen sich die Fehleinschätzungen nicht deformierend auf die eigentlichen Untersuchungsergebnisse mit dem ISV auszuwirken. Im Gegenteil werden bestimmte Vorlieben sogar verstärkt. Das gilt z. B. für das relativ große Interesse an »Psychologie« (*Hille* 1970), das durch die Verkennung des Bereiches »Moral« in Richtung »Psychologie« noch indirekt erhöht wird.
Der Interessenbereich »Politik« hat in dem Zuordnungsversuch zu keiner Fehleinschätzung geführt, obwohl darin ausschließlich sozialistische DDR-Politik anvisiert wird.
Diese Vorab-Ergebnisse lieferten die Berechtigung zur Durchführung von Vergleichsuntersuchungen mit dem ISV bei analog zusammengesetzten Stichproben von Jugendlichen in der Bundesrepublik Deutschland.

3. Zusammensetzung der Vergleichs-Stichproben

Als analoge Stichproben wurden im Raum Hannover ausgewählt: Lehrerstudenten im 3./4. Semester der Pädagogischen Hochschule (vs. Studierende am Pädagogischen Institut der Universität in Leipzig); die Gesamtzahl N = 160 setzt sich zusammen aus 82 weiblichen und 78 männlichen Studierenden. Außerdem wurden Schüler und Schülerinnen im Alter von 15–18 Jahren (Klasse 9–12) anteilig aus Volks-, Realschulen und Gymnasien untersucht (N = 320; davon 156 Schülerinnen und 164 Schüler). Da die genauen Angaben pro Vp aus der DDR nicht verfügbar sind, handelt es sich nicht um genau parallelisierte, sondern nach Wohnort, Alter, Schulbildung möglichst ähnlich zusammengestellte Stichproben. Eine strengere Parallelisierung der Schülerstichprobe wäre selbst beim Vorliegen sämtlicher Persondaten nicht möglich gewesen, weil die Schulsysteme in DDR und BRD unterschiedlich strukturiert sind. Während in der Bundesrepublik bisher noch weitgehend die herkömmliche Unterteilung in Hauptschule (Abschluß nach 9 Schuljahren), Realschule (Abschluß nach 10 Schuljahren) und Gymnasium (Abschluß nach 13 Schuljahren) gültig ist, wurde z. B. in der DDR mit dem »Gesetz über das einheitliche sozialistische Bildungssystem« vom 25. 2. 1965 der zehnjährige Besuch der AOS (Zehnklassige allgemeinbildende polytechnische Oberschule) für sämtliche Schüler verbindlich. Danach schließt sich die zum

Abitur führende zweijährige EOS (Erweiterte allgemeinbildende polytechnische Oberschule) an. Mit derartigen Unterschieden muß generell bei interkulturellen Vergleichsuntersuchungen gerechnet werden (*Hille* 1974).

4. Interessenvergleiche zwischen Jugendlichen in BRD und DDR

Die Ergebnisse der Vergleichsuntersuchungen mit dem ISV zwischen Jugendlichen in DDR und BRD zeigen im ganzen mehr Übereinstimmungen als Gegensätze. Die stärksten Entsprechungen bestehen zwischen *Lehrerstudenten (Tabelle 1)* in der BRD (Hannover) und der DDR (Leipzig):

Tabelle 1: Interessenbevorzugungen von Lehrerstudenten (männliche und weibliche) in der DDR im Vergleich zu den Interessenbevorzugungen bei Lehrerstudenten (männliche und weibliche) in der BRD (*Hille* 1970 b, S. 1255).

Interessenbereiche im ISV	Rangplätze der Interessen bei Lehrerstudenten in der DDR	Rangplätze der Interessen bei Lehrerstudenten in der BRD
Geographie	7	5
Reisen	6	9
Politik	9	7
Moral	5	6
Technik	14	12
Wirtschaft	15	11
Literatur	3,5	4
leichte Musik	12	16
schwere Musik	8	15
Film	3,5	8
Tanz	11	17
Mode	13	14
Erkenntnistheorie	10	3
Psychologie	1	1
Physik	16	10
Biologie	2	2
Sport	17	13

Rangkorrelation $r_s = +.68$ (sehr signifikant; 1 %).

Die Schüler *(Tabelle 2)* zeigen dagegen bei einigen Interessenbereichen auffällige, unerwartete Rangunterschiede.

So hat insbesondere das Interesse an sozialistischer bzw. DDR-»Politik«, wie sie im Rahmen des ISV präsentiert wird, bei den Jugendlichen in der BRD einen höheren Rangplatz erhalten (Rangplatz 1 bzw. 3,5) als in der DDR. Ebenso zeigen die Jugendlichen in der BRD gegenüber »Erkenntnistheorie« und »Wirtschaft« im ISV eine größere Aufgeschlossenheit, so daß anzunehmen ist, gerade die in der Bundesrepublik bestehende Informationslücke über die Situation der DDR liefere einen besonders starken Anreiz für das Interesse.

Demgegenüber kristallisiert sich bei den DDR-Jugendlichen ein besonders starkes Interesse an den Bereichen »Reisen« und »leichte Musik« (Rangplätze 1–3) heraus – im Gegensatz zu dem relativ geringen Interesse an »Politik«. Bei den Schülergruppen liegt das Interesse an »Politik« zwischen dem 7. und 10. (Schüler) bzw. dem 12. bis 15. Rang (Schülerinnen). Noch geringeres Interesse schließlich bringen sowohl Schüler wie Studenten den Problemen der »Wirtschaft«, wie sie sich in dem Test darstellt, und der marxistischen »Erkenntnistheorie« entgegen (Rangplätze 16 oder 17). Außerdem treten in allen Schüler-Untersuchungen eindeutige *geschlechtsspezifische Unterschiede* hervor, was sich insbesondere bei der konträren Interessenlage im natur-

Tabelle 2: Interessenrangfolgen von Schülern und Schülerinnen im Alter von 15–18 Jahren in DDR und BRD

Interessenbereiche im ISV	Schülerinnen (15–18 Jahre)		Schüler (15–18 Jahre)	
	DDR	BRD	DDR	BRD
Geographie	9	7	7	13
Reisen	3	11	3	11
Politik	11,5	3,5	9	1
Moral	2	2	4	5
Technik	14	15	1	3
Wirtschaft	16	14	15	14
Literatur	6	9,5	5	8
leichte Musik	4,5	6	2	6
schwere Musik	13	17	17	16
Film	8	8	8	9,5
Tanz	4,5	13	11	17
Mode	1	3,5	14	15
Erkenntnistheorie	15	12	16	12
Psychologie	7	1	13	2
Physik	17	16	10	9,5
Biologie	11,5	5	12	7
Sport	10	9,5	6	4

Rangkorrelationen: *(Spearman)*	Schülerinnen DDR–BRD $r_s = +.60$ (1 %)	Schüler DDR–BRD $r_s = +.51$ (5 %) (*Hille*, 1970 b, S. 1256)

Die Korrelation zwischen den Schülern und Schülerinnen aus allen drei Schulgattungen in der BRD erbrachte einen schwach signifikanten Zusammenhang von .4774 (5 %).

wissenschaftlich-technischen Bereich zeigt (vgl. *Hille* 1970 a). Das gilt für die Daten aus der DDR wie aus der BRD gleichermaßen, wobei in der BRD die Differenzen am stärksten bei den untersuchten Gymnasiastinnen und Gymnasiasten ausgeprägt sind (s. o.).

5. Instrumentarium für die Validitätsprüfung

Um ganz sicher zu gehen in der übereinstimmenden Bedeutungsverleihung von seiten der Jugendlichen aus DDR und BRD wurden Validitätsprüfungen durchgeführt, und zwar mit Hilfe analoger Testinstrumente aus der Bundesrepublik – dem DIT (Differentieller Interessen-Test von *Todt* 1967) und dem DWT (Differentieller Wissenstest von *E. Fürntratt* o. J.).

Aufgrund der Interkorrelationen zwischen den Subtesten der drei Verfahren soll ermittelt werden, ob die mit dem ISV gemessenen Interessen bei Jugendlichen in der *Bundesrepublik* in ein inhaltlich stimmiges Konzept eingefügt sind.

Die Validitätsprüfung konnte (aus den erwähnten Gründen) nur bei Jugendlichen in der Bundesrepublik durchgeführt werden. Zudem mußte die Analyse auf solche Versuchspersonen beschränkt bleiben, die in sämtlichen drei Verfahren berücksichtigt wurden – nämlich männliche und weibliche Gymnasiasten der Klassen 11 und 12 (N = 124; w = 57, m = 67).

Der DIT wurde primär konstruiert für männliche Abgänger aus Realschulen und Gymnasien (bzw. Wirtschaftsgymnasium) im Alter von 15–20 Jahren. Die insgesamt 11 verschiedenen Interessenbereiche, die ähnlich wie der ISV nicht nur Berufsinteressen (vgl. *Irle* 1955), sondern auch allgemeine Freizeitinteressen umfassen, können jedoch auch bei weiblichen Versuchspersonen eingesetzt werden, wie ein Vorversuch in Hannover gezeigt hat. Im Rahmen der eigenen Untersuchung wurde die Kurzform des DIT (Tätigkeiten) eingesetzt, für die eine Untersuchungszeit von 8–15 Minuten benötigt wird. Folgende Interessenbereiche werden mit dem DIT erfaßt:

SE   (Sozialpflege und Erziehung)
PW   (Politik und Wirtschaft)
VW   (Verwaltung und Wirtschaft)
UN   (Unterhaltung)
TN   (Technik und Naturwissenschaften)
BI   (Biologie)
MA   (Mathematik)
MU   (Musik)
KU   (Kunst)
LS   (Literatur und Sprache)
SR   (Sport)

Der DWT (Differentieller-Wissenstest) ist primär geeignet für männliche und weibliche Realschüler und Gymnasiasten ab 17 Jahren. Von den insgesamt 11 Wissensbereichen wurden für die eigene Untersuchung nur diejenigen 7 verwendet, die für die Fragestellung die meisten Informationen versprachen – und zwar:

POL   (Politik)
TEC   (Technik)
PhC   (Physik/Chemie)
BIO   (Biologie)
ERD   (Erdkunde)
GES   (Geschichte)
LIT   (Literatur)

Für die gekürzte Form sind ca. 50 Minuten anzusetzen. Diese Kürzung war zwar inhaltlich sinnvoll, weil vornehmlich Wissensschwerpunkte für die fraglichen Themenkomplexe und deren Verbindungen ermittelt werden sollten. Allerdings ist dabei von vornherein Vorsicht geboten, da die Interkorrelationen zwischen den Subtesten sehr

hoch ausfallen *(Fürntratt,* o. J.) und in erster Linie der Gesamtpunktwert ein zuver-
lässiges Maß für den Stand des (Allgemein)Wissens liefert.

6. Relevanz (bzw. Gültigkeit) der mit dem ISV gemessenen Interessenbereiche
  bei Jugendlichen in der BRD

In den Mittelpunkt werden zwei besonders aufschlußreiche Inhaltskomplexe gestellt:
So interessiert, ob das relativ große Interesse der BRD-Jugendlichen an dem Bereich
»Politik« im ISV sich lediglich auf die darin angebotenen »sozialistischen« Inhalte
bezieht oder ob dieses Interesse in einem weiter gefaßten thematischen Kontext steht
und durch systeminterne Testverfahren bestätigt wird.

Nach entsprechenden Zusammenhängen wird auch bei dem Interessenbereich *»Technik«*
gesucht, weil anzunehmen ist, daß sich darin der Einfluß der unterschiedlichen poli-
tisch-gesellschaftlichen Systeme im Gegensatz zur »Politik« weniger manifestieren
wird. Folglich werden zwischen dem Interessenbereich »Technik« und analogen Subtesten (s. u.) signifikant positive Korrelationen erwartet, die im Vergleich zum Komplex »Politik« deutlich höher ausfallen müßten.

Zur Überprüfung der internen Struktur des ISV werden darüber hinaus die Interkorrelationen zwischen den 17 Interessenbereichen sowie die weiteren Korrelationen
mit den Subtesten der beiden anderen Verfahren (s. u.) festgestellt. Dabei ist u. a. von
Interesse, ob die dem *Freizeitbereich* zuzuordnenden Vorlieben für Unterhaltung,
leichte Muse bei den BRD-Jugendlichen mit dem ISV abgedeckt werden können oder
ob das in der ersten Vergleichsuntersuchung manifestierte geringe Interesse daran ein
Artefakt des ISV ist.

Die *Auswertung* der Daten bzw. die Überprüfung der gestellten Fragen erfolgte
primär auf korrelationsstatistischer Basis. Zur Berechnung der Korrelationen zwischen
sämtlichen Subtesten sowie der multiplen Korrelationskoeffizienten für die wichtigsten
Inhaltskomplexe wurden eingesetzt: die Programme PAFA und REGT des DRZ
Darmstadt (Autor: *F. Gebhardt).* Geschlechtsspezifische Unterschiede wurden überprüft mittels des Programmes PAMV (DRZ Darmstadt; Autor: *F. Gebhardt),* per
Rangkorrelation r_s und Chi² (Programma 101 der Fa. *Olivetti).*

7. Ergebnisse der Validitätsprüfung

In den Interessenrangfolgen fallen die hohen Rangplätze für »Politik« im ISV und
»Politik und Wirtschaft« im DIT auf. Allerdings figuriert die Kombination von
»Politik und Wirtschaft« (DIT) niedriger als »Politik« (ISV), besonders bei den Schülerinnen *(Tabelle 3),* was wohl auf das geringe Interesse an »Wirtschaft« zurückgeführt werden kann (vgl. *Jaide* 1970).

Gemeinsam bei Schülern und Schülerinnen ist das große Interesse an »Unterhaltung«
im DIT *(Tabelle 4)* und das geringe Interesse an den Bereichen »Tanz«, »Mode«,
»Film«, »Musik«, u. a. im ISV, – die dagegen von den DDR-Jugendlichen bevorzugt
werden. Dafür ist offensichtlich das unzureichende Angebot im ISV verantwortlich zu
machen mit seinen für BRD-Jugendliche teilweise altmodisch klingenden Formulierungen (z. B. »Schlagermusik«, »flotte Musik«, »Tanzveranstaltungen«).

Tabelle 3: Rangfolge der 17 Interessenbereiche des ISV bei Gymnasiastinnen und Gymnasiasten in der BRD in 11. und 12. Klassen (N = 124)

Interessenbereiche im ISV	weiblich	männlich
Politik	1	3
Psychologie	2	8
Biologie	3	4
Moral	4	12,5
Erkenntnistheorie	5	10
Literatur	6	9
Film	7	12,5
Geographie	8	5
Reisen	9	6,5
Physik	10	2
Mode	11	16
leichte Musik	12	11
schwere Musik	13	14
Sport	15	6,5
Technik	15	1
Wirtschaft	15	15
Tanz	17	17

$r_s = .3236$ (n. s.)   (*Hille*, 1974, S. 200)

Tabelle 4: Rangfolge der 11 Interessenbereiche des DIT bei Gymnasiastinnen und Gymnasiasten in der BRD in 11. und 12. Klassen (N = 124)

Interessenbereiche im DIT	weiblich	männlich
Unterhaltung	1	1
Kunst	2	5
Literatur/Sprache	3	6
Sozialpflege/Erziehung	4	8
Politik und Wirtschaft	5	3
Sport	6	4
Musik	7	10
Biologie	8	9
Mathematik	9	7
Technik und Naturwissenschaft	10	2
Verwaltung	11	11

$r_s = .4546$ (n. s.)   (*Hille*, 1974, S. 200)

Erwartungsgemäß zeigen sich in der *Interkorrelationsmatrix* signifikante positive Einzelkorrelationen zwischen dem *Interessenbereich »Politik«* im ISV und inhaltlich verwandten Subtesten bzw. Bereichen der beiden anderen Teste. Das gilt vor allem für Korrelationen zwischen »Politik« (ISV) und: »Politik und Wirtschaft« im DIT .43222 (.001) und »Erkenntnistheorie« im ISV .41117 (.001).
In dem folgenden Ausschnitt *(Tabelle 5)* der Matrix sind die für den Bereich »Politik« wichtigsten Zusammenhänge angeführt:

Tabelle 5: Signifikante Korrelationen für den Bereich Politik im ISV, DIT und DWT
(Gymn. N = 124)

	Po (ISV)	PW (DIT)	Er (ISV)	LS (DIT)	POL (DWT)	Mo (ISV)	Wi (ISV)	Ps (ISV)
Politik (ISV)	–	.4322	.4112	.2465	n. s.	.2787	(.2167)	n. s.
Politik u. Wirtsch. (DIT)	.4322	–	.2748	.3642	(.2295)	n. s.	n. s.	n. s.
Erkenntn.- theorie (ISV)	.4112	.2748	–	n. s.	n. s.	.3784	n. s.	.4781

(*Hille*, 1974, S. 196)

Zwischen dem Interesse an »Politik« im ISV und dem Wissen um »Politik« im DWT konnte keine signifikante Korrelation nachgewiesen werden. Vermutlich hat das seinen Grund darin, daß in dem Wissens-Subtest keine Fragen enthalten sind, die sich auf die sozialistische Politik der DDR beziehen; denn die Korrelation zwischen dem Interesse an »Politik und Wirtschaft« im DIT und »politischem Wissen« (DWT) fällt etwas höher aus ($r_{xy} = .2295; .05$).

Immerhin haben sich in einer andersartigen, umfangreicheren Untersuchung über die politischen Einstellungen westdeutscher Jugendlicher (*Jaide* 1970) durchweg höhere Korrelationen zwischen der Aufgeschlossenheit gegenüber politischen Fragen (»Engagementbereitschaft«) und einschlägigen Kenntnissen ergeben.

Neben den Einzelkorrelationen wurde ein *multipler Korrelationskoeffizient* berechnet, der zusätzlich erhellen soll, wieweit die fünf wichtigsten Variablen zusammen zur Klärung des Konzeptes »Politik« beitragen und welche dieser Variablen das stärkste Gewicht haben.

Als abhängige Variable wurde der Bereich »Politik und Wirtschaft« aus dem DIT eingesetzt, weil dieser inhaltlich breiter angelegt ist als der Interessenbereich »Politik« im ISV. Als unabhängige Variablen wurden herangezogen:

»Literatur und Sprache« (DIT) : Variable 2
»Politik und Wirtschaft« (DWT) : Variable 3
»Politik« (ISV) : Variable 4
»Erkenntnistheorie« (ISV) : Variable 5

Das Ergebnis der multiplen Korrelation lautet:
$r_y.2345 = .57632 (.000)$.

Dabei klärt der Interessenbereich »Politik« aus dem ISV den größten Teil der Varianz auf; an zweiter Stelle steht das Interesse an »Literatur und Sprache« im DIT. Diese starke Verbindung zwischen literarischem und politischem Interesse deutet darauf hin, daß die sprachliche, kognitive Komponente – und damit auch die Bildungsstufe – eine besondere Rolle dabei spielt (vgl. *Jaide* 1970).

Darüber hinaus wird deutlich, daß die einschlägigen Interessenbereiche aus dem ISV (DDR) auch bei Jugendlichen in der Bundesrepublik den Themenkomplex »Politik« erfassen und tatsächlich messen.

Da der *technisch-naturwissenschaftliche Bereich* inhaltlich relativ eindeutig gekennzeichnet und abgegrenzt ist, wurde von vornherein erwartet, daß die Korrelationen zwischen den einschlägigen Subtesten noch höher ausfallen würden als für den vielschichtigeren Bereich »Politik«. In der Interkorrelationsmatrix werden u. a. folgende hoch signifikante Korrelationen (.001) sichtbar *(Tabelle 6):*

Tabelle 6: Signifikante Korrelationen für den Bereich Technik/Naturwissenschaft im ISV, DIT und DWT (Gymn. N = 124)

	Te (ISV)	TN (DIT)	Ph (ISV)	TEC (DWT)	MA (DIT)
Technik (ISV)		–	.5656	.6265	.5393	.3912
Technik und Naturwissenschaft (DIT)		–	–	.6153	.5665	.7203

(Hille, 1974, S. 197)

Entsprechend den Einzelkorrelationen fällt auch der multiple Korrelationskoeffizient erwartungsgemäß sehr hoch aus, wobei als abhängige Variable wiederum ein Interessenbereich aus dem DIT »Technik und Naturwissenschaft« eingesetzt wird:

$R_y.2345 = .8400$ (.000)

Daraus folgt, daß bereits mit nur einem der verwendeten fünf Subteste der Bereich »Technik/Naturwissenschaft« hinreichend abgedeckt werden könnte.

In der Interkorrelationsmatrix zeigen sich auch zwischen den übrigen verwandten Bereichen der beiden Interessenteste aus der DDR (ISV) und der BRD (DIT) große Übereinstimmungen (s. *Hille*, 1974, S. 199).

8. Geschlechtsspezifische Unterschiede in den Interesseninhalten

Der Vergleich der Interessenrangfolgen hat deutliche Unterschiede zwischen männlichen und weiblichen Jugendlichen erbracht (s. u.). Zusätzliche Informationen über die spezifische inhaltliche Struktur einzelner Interessen liefern die pro Interessenbereich durchgeführten Häufigkeitsvergleiche (mittels Chi^2) bei der Gymnasiasten-Stichprobe *(Tabelle 7)* in der BRD.

Die geschlechtsspezifischen Differenzen zeichnen sich also besonders markant dadurch ab, daß die Gymnasiasten eindeutig stärker interessiert sind an »Technik« (im DIT und ISV), »Mathematik« (DIT), »Physik« (ISV), außerdem an »Politik und Wirtschaft« (DIT) sowie an »Sport« (ISV und DIT) *(Hille*, 1976 a).

Ebenso klassisch zeichnen sich bei den Gymnasiastinnen die *»weiblichen« Interessen* ab durch die Bevorzugung von »Mode«, »Psychologie«, »Moral« (im ISV). Im DIT, der vorrangig für männliche Versuchspersonen konstruiert wurde, wird keine derart typische Struktur sichtbar, was möglicherweise auf die vom Testkonstrukteur vermutete Unterrepräsentierung weiblicher Interessen in diesem Test zurückzuführen ist *(Todt* 1967).

VI. Zusammenfassung

Bei der Erforschung der Interessen Jugendlicher in der Bundesrepublik Deutschland und der DDR wurde auf allen Betrachtungsebenen eine ausgesprochen heterogene Ausgangsbasis und Materiallage festgestellt.

1. Die theoretische Ausgangslage in der DDR und der BRD ist unterschiedlich: Während in der DDR »Interessen« im Sinne der marxistischen Philosophie definiert und interpretiert werden – d. h. vorrangig als gesellschaftliche, »objektive« Interessen –, finden sie in westlichen Analysen im Rahmen psychologischer bzw. persönlichkeitstheoretischer Konzepte als »individuelle« (bzw. kollektive) Interessen eine – nicht sehr starke – Beachtung.

2. Ebenfalls die vorliegenden empirischen Untersuchungen setzen bei unterschiedlichen Fragestellungen an. Während in der DDR die Sportinteressen am häufigsten und intensivsten untersucht wurden, sind es in westlichen Arbeiten vorrangig die Berufsinteressen.

3. Eine Lösung angesichts dieser konträren Materiallage bot sich in der Durchführung eigener empirischer Vergleichsuntersuchungen mit analogem Instrumentarium bei ana-

Tabelle 7: Geschlechtsspezifische Unterschiede pro Interessenbereich
(männl. vs. weibl. Gymnasiasten, BRD)

	Interessenbereiche	Chi^2_{emp}	Signifikanz- niveau	Richtung des Unterschiedes
ISV	Geographie	.9158	n. s.	
	Physik	32.5378	.001	m > w
	Biologie	1.8472	n. s.	
	Technik	89.1524	.001	m > w
	Politik	4.6800	.05	
	Moral	13.8126	.001	w > m
	Wirtschaft	.1138	n. s.	
	Erkenntnistheorie	8.8806	.01	
	Psychologie	19.6978	.001	w > m
	Literatur	3.0788	n. s.	
	leichte Muusik	5.0978	.05	
	schwere Musik	.1950	n. s.	
	Mode	23.5110	.001	w > m
	Tanz	6.5636	.01	
	Film	2.1738	n. s.	
	Reisen	3.5208	n. s.	
	Sport	30.8266	.001	m > w
DIT	Sozialpflege u. Erziehung	.1800	n. s.	
	Politik u. Wirtschaft	29.3664	.001	m > w
	Verwaltung	20.6096	.001	m > w
	Unterhaltung	10.8098	.01	
	Technik u. Naturwissenschaft	180.9864	.001	m > w
	Biologie	4.6248	.05	
	Mathematik	71.5130	.001	m > w
	Musik	6.4902	.05	
	Kunst	.0398	n. s.	
	Literatur u. Sprache	.0074	n. s.	
	Sport	26.8456	.001	m > w

(*Hille*, 1974, S. 201, 202)

logen Gruppen Jugendlicher, wobei allerdings die Untersuchungen in der BRD – mangels direkter Kooperation – denen aus der DDR nachgebaut werden mußten und das DDR-Instrumentarium bei den Jugendlichen in der BRD mittels spezieller Validitätskontrollen überprüft wurde.

4. Aus den Ergebnissen dieser Vergleichsuntersuchungen ist deutlich geworden, daß die DDR-spezifisch thematisierten und formulierten Interessenbereiche des ISV von Jugendlichen in der BRD sinngemäß verstanden und dementsprechend gewählt oder gemieden werden. Der ISV scheint damit – trotz der Systemunterschiede – bei Jugendlichen in DDR und BRD annähernd gleiche Interessenpräferenzen zu messen. Das trifft in besonderem Maße für die Interessenbereiche »Technik«, »Physik« – aber auch für »Politik«, »Erkenntnistheorie« u. a. zu, deren Validität auf der Basis der durchgeführten Kontrollen kaum angezweifelt werden kann.

Dagegen ist das systemfremde Angebot von »Freizeit«-Interessen im ISV – wohl auch aufgrund der für BRD-Jugendliche »altmodisch« klingenden Formulierungen – anders aufgenommen und geringer geschätzt worden als im DIT, obwohl das Interesse an »Unterhaltung«, Entspannung u. a. bei Jugendlichen in BRD und DDR gleichermaßen groß ist. Die Beschränkung auf den ISV würde demnach bei einem Vergleich zwischen Jugendlichen in der BRD und der DDR zu Fehlschlüssen führen.

5. Im Hinblick auf die Anlage künftiger interkultureller Vergleichsuntersuchungen erweist sich der in der vorliegenden Studie eingeschlagene Weg als praktikabel. Allerdings muß man infolge des komplizierten Verhältnisses zwischen DDR und BRD auch künftig Bescheidungen und Kompromisse in bezug auf das methodologische und das theoretische Niveau in Kauf nehmen.

Auswahlbibliographie

Rudolf Bergius, In Richtung auf eine psychologische Theorie des Jugendalters, in: *Friedhelm Neidhardt, Bergius* u. a. (Hrsg.), Jugend im Spektrum der Wissenschaften, München 1970, S. 49–115.
Bundesinstitut für Sportwissenschaft (Hrsg.), III. Europäischer Kongreß für Sport-Psychologie, Schorndorf 1973.
R. B. Cattell, The Description and Measurement of Personality, New York 1946.
M. W. Demin, Zur Natur des Interesses, in: Gesellschaftliche Beiträge 11 (1972), S. 1186–1193.
Margret Dienemann und *Jürgen Raeder,* Das Entwicklungsniveau sportbezogener Interessen und Verhaltensweisen bei Kindern und Jugendlichen im Alter von zwölf bis neunzehn Jahren und die Wirksamkeit ausgewählter Bedingungsfaktoren, unveröffentlichte Dissertation, Deutsche Hochschule für Körperkultur, Leipzig 1970.
James Drever und *Werner D. Fröhlich,* dtv-Wörterbuch zur Psychologie, München 1968.
Wolfgang Eichhorn, Erich Hahn u. a. (Hrsg.), Wörterbuch der marxistisch-leninistischen Soziologie, Stichwort: Interesse, S. 228–231, Berlin (O) 1969.
Otto M. Ewert (Hrsg.), Entwicklungspsychologie, Bd. 1, Köln 1972.
H. J. Eysenck, The Structure of Personality, New York 1953.
Hans Jürgen Eysenck, Vererbung, Intelligenz und Erziehung, Stuttgart 1975.
Freizeit im Ruhrgebiet, Untersuchung über das Freizeitverhalten und die Freizeitbedürfnisse der Bevölkerung, durchgeführt vom EMNID-Institut, Bielefeld und Essen 1971.

Walter Friedrich (Hrsg.), Methoden der marxistisch-leninistischen Sozialforschung, Berlin (O) 1970.

Friedrich, Jugend heute, Berlin (O) 1966.

E. Fürntratt, Differentieller Wissens-Test, DWT, Göttingen o. J.

Carl-Friedrich Graumann, Die Dynamik der Interessen, Wertungen und Einstellungen, in: *Hans Thomae* (Hrsg.), Handbuch der Psychologie, Bd. 2, II, Motivation, Göttingen 1965 a.

Graumann, Methoden der Motivationsforschung, in: *Thomae* (Hrsg.), Handbuch der Psychologie, Bd. 2, II, Motivation, Göttingen 1965 b.

Graumann, Einführung in die Psychologie, Bd. 1: Motivation, Frankfurt/Bern/Stuttgart 1969.

Hans Groll (Hrsg.), Jugend und Sport. 2. internationales Seminar für Soziologie des Sports, Wien und München 1970.

Joy P. Guilford, Persönlichkeit (deutsche Übersetzung), Weinheim 1964.

Heinz Hartmann et al., Leitende Angestellte, Neuwied 1974.

Heinz Heckhausen, Hoffnung und Furcht in der Leistungsmotivation, Meisenheim/Glan 1963.

Werner Hennig, Ein Verfahren zur Ermittlung von Interessenstrukturen, unveröffentlichte Dissertation, Leipzig 1963.

Hennig, Ein Verfahren zur Ermittlung von Interessenstrukturen, in: Probleme und Ergebnisse der Psychologie 19 (1966), S. 45–76.

Hennig, Interessenstrukturen von Jugendlichen, in: Jugendforschung 5 (1968), S. 19–33.

Hennig, Sport und Körperkultur im Freizeitprofil der werktätigen Jugend der DDR, in: Theorie und Praxis der Körperkultur 18 (1969), S. 45–49.

Hennig, Persönlichkeitsfragebogen als psychodiagnostische Meßinstrumente, in: *Friedrich* (Hrsg.), Methoden der marxistisch-leninistischen Sozialforschung, Berlin (O) 1970, S. 90–117.

Theo Herrmann, Lehrbuch der empirischen Persönlichkeitsforschung, Göttingen 1972².

Barbara Hille, Jugendforschung in der DDR, in: deutsche jugend 12 (1969), S. 561–568.

Hille, Arbeits- und Berufsperspektiven weiblicher Jugendlicher, in: Deutschland-Archiv, Sonderheft (1970) a), S. 69–76.

Hille, Eine Vergleichsuntersuchung über die Interessen von Jugendlichen in der DDR und der Bundesrepublik, in: Deutschland-Archiv 12 (1970) b), S. 1250–1257.

Hille, Möglichkeiten und Grenzen interkultureller Vergleiche bei einer empirischen Studie über die Interessen von Jugendlichen in der Bundesrepublik Deutschland und der DDR, in: Psychologische Rundschau 3 (1974), S. 183–204.

Hille, Zukunftsvorstellungen von Jugendlichen in der Bundesrepublik Deutschland und der DDR, in: Deutschland-Archiv 1 (1975), S. 39–51.

Hille, Zum Stellenwert des Sports bei Jugendlichen in beiden deutschen Staaten, in: Deutschland-Archiv 6 (1976 a), S. 592–601.

Hille, Berufs- und Lebenspläne sechzehnjähriger Schülerinnen in der Bundesrepublik Deutschland. Eine empirische Studie in Realschulen, Gymnasien und Hauptschulen, Bern/Frankfurt 1976 b.

Martin Irle, Berufs-Interessen-Test, Göttingen 1955.

Walter Jaide, Jugend und Demokratie, München 1970.

Jaide, Berufsfindung und Berufswahl, in: Handbuch der Psychologie, Bd. Berufspsychologie, Göttingen 1977.

Jugend, Bildung und Freizeit. Dritte Untersuchung zur Situation der Deutschen Jugend im Bundesgebiet (unveröffentlicht), hrsg. v. Jugendwerk der Deutschen Shell, durchgef. vom EMNID-Institut, Bielefeld 1966.

Adolf Kossakowski, Zur Psychologie der Schuljugend, Berlin (O) 1969.

Kossakowski und *Karlheinz Otto* (Hrsg.), Psychologische Untersuchungen zur Entwicklung sozialistischer Persönlichkeiten, Berlin (O) 1971.

G. F. Kuder, Preference Record, Occupational Form D, Chicago 1959.

Paul Kunath, Walter Doil, Rolf Frester et al., Beiträge zur Sportpsychologie, Berlin (O) 1974.

Gustav A. Lienert, Testaufbau und Testanalyse, Weinheim 1967 ².

Siegfried Mampel, Die sozialistische Verfassung der Deutschen Demokratischen Republik, Text und Kommentar, Frankfurt/M. 1972.

Mampel, Die Funktion des Rechts bei der Bewältigung von Interessengegensätzen, in: Deutschland-Archiv, Sonderheft (1975), S. 69—90.

Ferdinand Merz und *Ingeborg Stelzl,* Einführung in die Erbpsychologie, Stuttgart/Berlin/Köln/Mainz 1977.

Motivation im Sport. V. Kongreß für Leibeserziehung, 7.—10. Oktober in Münster, Schorndorf 1973, 2. Aufl.

S. L. Rubinstein, Grundlagen der allgemeinen Psychologie (deutsche Übersetzung), Berlin (O) 1958, insbes. Kapitel 17, S. 766—785.

Erwin K. Scheuch, Soziologie der Freizeit, in: *René König* (Hrsg.), Handbuch der empirischen Sozialforschung, Bd. 2, Stuttgart 1969.

Klaus Schneider, Motivation unter Erfolgsrisiko. Motivationsforschung, Bd. 1 (Hrsg.: *Heinz Heckhausen),* Göttingen 1973.

E. K. Strong, Vocational Interest Blanks, Palo Alto 1959.

Donald E. Super und *O. J. Crites,* Appraising Vocational Fitness, New York 1962.

Thomae (Hrsg.), Handbuch der Psychologie, Bd. 3, Entwicklungspsychologie, Göttingen 1959.

Thomae (Hrsg.), Handbuch der Psychologie, Bd. 2, II, Motivation, Göttingen 1965.

L. L. Thurstone, Interest Schedule, New York 1947.

Eberhardt Todt, Differentieller Interessen-Test (DIT), Bern und Stuttgart 1967.

M. Tramer, Der Bücherkatalogtest als charakterologisches Prüfmittel, Zürich 1953.

Dieter Voigt, Soziologie in der DDR, Köln 1975.

ZUKUNFTSVORSTELLUNGEN VON 15JÄHRIGEN IN DER DDR UND DER BRD [1]

Von Yves van den Auweele

Im folgenden wird über eine interkulturelle Vergleichsuntersuchung berichtet, die sich mit den Zukunftsvorstellungen Jugendlicher und deren möglicher Prägung durch unterschiedliche gesellschaftliche Einflüsse befaßt. Die in die Untersuchung einbezogenen Staaten sind die Bundesrepublik Deutschland, die Deutsche Demokratische Republik und zu einem geringeren Teil Belgien, wobei das Hauptinteresse den Jugendlichen aus der BRD und der DDR galt. Die angewandte Untersuchungstechnik ist die »Motivational Induction Method« (MIM), die am Leuvener »Research Center for Motivation and Time Perspective« unter der Leitung von Prof. Dr. *Joseph Nuttin* ausgearbeitet wurde.

I. Zur Wahl der Länder

Für die belgische Jugendforschung hatte das, was in Deutschland geschah, stets ein besonderes Gewicht *(H. Cammaer* 1971, S. 167). Dies erklärt sich zum einen aus der deutschen Tradition und Leistung auf dem Gebiete der Jugendforschung, zum anderen daraus, daß Deutschland als Nachbar Belgiens diesem in kultureller und gesellschaftlicher Hinsicht sehr ähnlich ist. Daher war es immer ein Bestreben der belgischen Jugendforschung, Einsichten in die deutschen Probleme und den deutschen Forschungsstand zu gewinnen und diese für die eigenen Forschungsvorhaben nutzbar zu machen. Die vorliegende Untersuchung wurde hinsichtlich ihres westdeutschen Teils bewußt in den Rahmen dieses traditionellen Interesses gestellt. Gleichzeitig wurde das nach 1945 entstandene »zweite Deutschland« – die DDR – in die Untersuchung mit einbezogen. Die Existenz und die in wesentlichen Punkten unterschiedliche Entwicklung zweier deutscher Staaten bot uns eine einmalige Vergleichsmöglichkeit. Dennoch fallen die Differenzen zwischen den beiden deutschen Staaten nicht so groß aus wie z. B. zwischen der Bundesrepublik Deutschland und anderen ost-europäischen Staaten.

II. Spezielle methodologische Probleme

Das spezielle Problem einer jeden interkulturellen Untersuchung ist die Eingebundenheit des Forschers in die eigene Gesellschaft und die Werthierarchie, wie sie durch Familie, Schule und andere Instanzen vermittelt wird. Während dies bereits für kulturanthropologische Untersuchungen primitiver Völker zutrifft, stellt sich dieses

Problem um so dringlicher bei der vergleichenden Analyse ideologisch kontroverser Gesellschaften von hohem Zivilisationsstand und mit einer entwickelten Sozialwissenschaft, mit deren Hilfe die eigene gesellschaftliche Situation und die des ideologischen Gegenparts wissenschaftlich begründet reflektiert wird. Dies ist gerade im Verhältnis der beiden deutschen Staaten zueinander der Fall.

III. Der Einfluß der Ost-West-Kontroverse auf die vorliegende Untersuchung

Die Ost-West-Kontroverse bestimmt nicht nur den Inhalt der Meinungen und Auffassungen, der Vorurteile und der wissenschaftlichen Betrachtung der einen über die anderen sondern auch die Art und Weise, in der in den beiden Lagern die Betrachtung über sich selbst und über die Gegenpartei stattfindet. Was bedeutet, daß in BRD und DDR sehr deutliche Unterschiede auf dem Gebiet der Methodik der Sozialwissenschaften bestehen. Aus diesem Grunde war es vorab wichtig, zu konstatieren, wie BRD und DDR sich selbst bzw. ihren Gegenpart analysieren, um so eine methodologische Strategie zu entwickeln, die weder vom Osten noch vom Westen vollständig verworfen würde.

Indem wir die historisch-gesellschaftliche Plazierung des Forschungsthemas, der Probandengruppen und des Untersuchenden selbst deutlich machen und die bewußten und unbewußten Voraussetzungen und das Engagement aller Beteiligten in allen Phasen der Untersuchung offenlegen, meinen wir, eine kritische Offenheit zu erreichen, die für die fruchtbare Zusammenarbeit zwischen westlichen und sozialistischen Wissenschaftlern als conditio sine qua non betrachtet werden sollte und die zugleich inhaltliche und methodologische Gegensätze zu überwinden oder doch abzuschwächen vermag.

IV. Das Untersuchungsthema

Bei der durchgeführten Untersuchung handelt es sich um die Ermittlung von Zukunftsvorstellungen Jugendlicher, d. h. ihrer Wünsche, Erwartungen, Pläne und Ziele im Hinblick auf ihr zukünftiges Leben, der Etappen, in denen ihr Leben sich abspielen soll, und der Welt, in die sie hineinwachsen (*Walter Jaide* 1968, S. 5). Dieses Untersuchungsthema hat sowohl für die DDR als auch für die BRD Relevanz im Hinblick auf die Bedeutung, die man der Jugend und ihrer Entwicklung in beiden Staaten überhaupt beimißt. Generell wird der Entwicklung der Jugend, ihrer Bildung und Erziehung in beiden deutschen Staaten ein besonderes Gewicht zugemessen und der Frage, welche Interessen Jugendliche haben, welches Bild sie sich von ihrer eigenen Zukunft und von der Gesellschaft, in der sie leben, machen.

Für die DDR besteht dabei von staatlicher Seite ein besonderes Interesse daran, durch Untersuchungen zu dokumentieren, daß sich die gesamtgesellschaftliche Entwicklung nach einer bestimmten Gesetzmäßigkeit vollzieht, d. h. eine stetige Entwicklung vom Sozialismus zu einer kommunistischen Gesellschaftsordnung zu verzeichnen ist. Den

Sozialwissenschaften kommt dabei die Aufgabe zu, zu untersuchen, inwiefern Abweichungen im Bewußtsein bestimmter Individuen oder Teilgruppen vom gesellschaftlichen Sein oder dem erwünschten Kollektivbewußtsein auftreten, ob sie in gewissen Zeitabschnitten auftreten und wie man sie verhindern kann. Ziel dieser Untersuchungen ist es, Modelle zu entwickeln, nach denen es möglich ist, die Aufklärung zu verbessern (Agitation und Propaganda), die (Volks-)Erziehung zu entwickeln sowie die Bevölkerung an die planmäßig geleitete gesamtgesellschaftliche Entwicklung anzupassen *(Werner Hennig* 1961, S. 2; *Rolf Jakuszek* 1961, S. 39; *Heinz Kallabis* 1963, S. 45; *Frank Rupprecht* 1968, S. 153–156; *Bernd Bittighöfer* 1968, S. 242). Im Vordergrund sozialwissenschaftlicher Untersuchungen in der DDR steht die Jugend, die Erforschung ihres Bewußtseinsstandes. Der Grund für das besondere Bemühen um die Jugend mag darin liegen, daß Jugendliche aufgrund ihrer psychischen Eigenart sehr empfänglich sind für alles, was neu ist *(E. Erlebach* 1963, S. 51) [2]. Sie reagieren im allgemeinen sehr schnell und intensiv auf gesellschaftliche Entwicklungen und Veränderungen und lassen sich schneller von einer solchen beeinflussen. Im Gegensatz etwa zu Erwachsenen, die mit veralteten Ansichten und Vorurteilen belastet sind, läßt sich die Jugend von neuen Werten und Perspektiven leichter überzeugen. In diesem Sinne wird die Jugend in der DDR – vor allem im Hinblick auf die Entwicklung der sozialistischen Gesellschaft – als eine wichtige Bevölkerungsgruppe betrachtet. Untersuchungen, die sich mit dem Bewußtsein der Jugendlichen befassen, wollen vorrangig die Zukunftsgerichtetheit der Jugendlichen ermitteln und damit dem perspektivischen Charakter der sozialistischen Gesellschaft und des sozialistischen Bewußtseins Rechnung tragen *(Werner Hennig,* 1961, S. 2).

In der *BRD* werden die Zukunftsvorstellungen der Jugendlichen demgegenüber stärker unter dem traditionellen Aspekt ihrer Bedeutung für die Persönlichkeitsentwicklung betrachtet *(Walter Jaide* 1968; *Hans Thomae* 1966; *Rudolf Bergius* 1970). Für beide Staaten gleichermaßen von Interesse ist die Frage, ob und wieweit die jugendlichen Zukunftsvorstellungen an das Bild, das die Gesellschaft sich von ihrer eigenen Entwicklung macht, angepaßt sind. Generell kann angenommen werden, daß die darauf angepaßten oder abweichenden Zukunftsvorstellungen der Jugendlichen in dem Maße von Bedeutung sind, in dem ihr angepaßtes oder abweichendes Verhalten allgemein (ob man das nun positiv oder negativ wertet) als wichtig erachtet wird *(Hermann Hutte* 1968, S. 7).

V. Die Untersuchungstechnik

Die Zukunftsvorstellungen wurden mithilfe der »*Motivational Induction Method*« (MIM) gemessen, die am Leuvener »Research Center for Motivation and Time Perspective« unter der Leitung von Prof. *Joseph Nuttin* entwickelt wurde. Dieses Verfahren bot sich vor allem an, weil es aufgrund seiner relativ neutralen und einfachen Technik für eine interkulturelle Untersuchung als besonders geeignet erschien. Ebenso war zu erwarten, daß es auch in der DDR erfolgreich eingesetzt werden konnte.

Die MIM ist eine Form der Satzergänzungsmethode. Der Test besteht aus 60 Satzanfängen, die jeweils eine positive oder negative dynamische Gerichtetheit ausdrücken und nach Intensität und Aktivität variieren; z. B. kann man sich von einem Objekt angezogen fühlen (ich hoffe, ich wünsche), es in seinen zukünftigen Aktivitäten antizipieren (ich habe die Absicht, ich will) oder zum Gegenstand seiner gegenwärtigen Bemühungen und Aktivitäten machen (ich tue mein Bestes). Diese verschiedenen Möglichkeiten dynamischen Verhaltens sind außerdem in verschiedenen Intensitätsgraden abgestuft (ich möchte, ich möchte von ganzem Herzen; ich will, ich habe den festen Willen). Beim Dosieren der Aspirationsmodalitäten haben die Testkonstrukteure sich durch das, was die Sprache an angemessenen Ausdrücken zu bieten hatte, leiten lassen. Die erzielte Dosierung erscheint *Thérèse Noterdaeme* (1968, S. 25) als ziemlich realistisch: der Mensch habe in der Tat viel mehr Wünsche als Pläne und konkrete aktive Bemühungen. Die Satzanfänge sind so wenig wie möglich strukturiert, um eine Vielfalt individueller Ergänzungen zu ermöglichen. Hinweise auf spezielle Bezugspersonen, -objekte oder Situationen wurden darin ebenso vermieden wie Zeitangaben und Hinweise auf die Zukunft. Damit soll Gelegenheit gegeben werden, alles, was Gegenstand von positiv oder negativ gerichteter Motivation sein kann, in den Satzergänzungen zu fixieren. Im Hinblick auf die Jugendlichen sind hierbei von Interesse die Antizipationen bezüglich ihrer Persönlichkeit (Ideale und Lebensplan), Vorstellungen über ihre zukünftigen Erlebnisse, der Bezug auf die Etappen, in denen ihr Leben verlaufen wird (Lebensziele), und Vorstellungen über die Welt, in der sie leben werden (Orientierungsleitbilder). Hierzu wurden Kategorien entwickelt, die diese Aspekte im Material ausfindig machen sollten. Auf diese Weise kann man feststellen, in welchem Maße die Jugendlichen ihre Wünsche und Befürchtungen persönlich verarbeiten, was oder wem sie nachfolgen wollen, inwieweit ihre Wünsche sich an der für sie typischen Umwelt orientieren und welche Ziele sie in ihrem Leben erreichen wollen. Die Frage, ob unsere Terminologie und die durch uns angewandte Technik auch für Marxisten akzeptabel sind, wurde von uns derart beantwortet, daß die der MIM-Technik zugrunde liegende Theorie, nämlich die relationelle Motivationstheorie von *Nuttin*, in ihren Grundlinien auch von Marxisten angenommen werden kann (*Adolf Kossakowski* 1972, S. 13–15, S. 26, S. 46; *Nuttin* 1965, S. 207, 208; 1964, S. 62; 1966, S. 24, 25). Dabei kam der in der marxistischen Jugendforschung der DDR feststellbare Trend zugute, die Terminologie der westlichen Psychologie und Soziologie (unter anderem in bezug auf Persönlichkeit und Motivation) zu übersetzen und zu rezipieren (*Walter Friedrich* 1966, 1967, 1968a, 1968b, 1969; *Kossakowski* 1969, 1971, 1972). Insofern ist anzunehmen, daß die durch uns ausgearbeiteten Begriffe für die Jugendforschung in der DDR »nicht unannehmbar« sind.

VI. Die Versuchspersonen

Es war nicht möglich, repräsentative Gruppen zusammenzustellen. Es handelt sich vielmehr in der DDR und der BRD um analog zusammengestellte Stichproben im Hinblick auf die Variablen, die in einschlägigen Veröffentlichungen für die Dimensionen der Zukunftsantizipation als die am meisten differenzierenden angesehen werden:

nämlich Geschlecht, Schultyp und sozio-ökonomische Herkunft. Die Stichprobe aus der BRD besteht aus 81 15jährigen Jungen und Mädchen aus drei Schultypen (Hauptschule, Realschule, Gymnasium) einer Großstadt. Die Stichprobe aus der DDR besteht aus 80 15jährigen Jungen und Mädchen aus dem EOS- und AOS-Schultyp (Erweiterte Oberschule und Allgemeinbildende Polytechnische Oberschule) einer Großstadt. Die Jugendlichen wurden in der DDR im April 1970 und in der BRD im März und April 1971 befragt.

VII. Die Kodierung

Wenn wir auf der einen Seite sagen können, daß die MIM eine interessante Technik für eine interkulturelle Untersuchung ist, weil ihre einfache Darbietungsform es erleichtert, denselben Stimuluswert der Fragen in der Übersetzung beizubehalten, werden auf der anderen Seite die Schwierigkeiten, die z. B. bei der Fragebogentechnik vermieden werden, auf die Kodierung verschoben. Hierzu mußte ein Kategoriensystem entwickelt werden, das eine möglichst objektive Beschreibung des für die 15jährigen relevanten kulturellen Kontextes erlaubt[3]. Mit den drei folgenden Hauptkategorien wurde der Bezugsrahmen für die Strukturierung und Zuordnung der auf Zukunftsantizipationen gerichteten Antworten abgesteckt:

1. Der Inhalt der Wünsche, Erwartungen, Pläne.
Beispiele: Ich wünsche, ein Haus zu bauen, zu heiraten, tanzen zu gehen, Medizin zu studieren. Als Gruppierungsprinzip nahmen wir den Sinn bzw. die Bedeutung des Verhaltens bzw. die Relation zur Umwelt im allgemeinen, im sozialen, kulturellen oder ökonomischen Kontext, dem das Subjekt angehört (Handleiding bij de inhoudscode, 1967, S. 2; *Willy Lens* 1971, S. 115–116).
Als *Grundformen der Interaktionen mit der Umwelt* wurden in dieser Kategorie differenziert:

0   S: *SELF:* alle Aspirationen in bezug auf die eigene Persönlichkeit. Oft handelt es sich um ein Bild, das die Person von sich selbst hat oder Eigenschaften, die sich auf die Gesamtpersönlichkeit beziehen; z. B. ein frohes, glückliches Leben zu haben, stets ehrlich zu sein.

1   R: *REALISATION:* umfaßt alle Aspirationen, die einen aktiven Bezug zur Umwelt zum Ausdruck bringen; z. B. eine bestimmte Forderung durchzusetzen; gut zu arbeiten.

2   SR: *SELFREALISATION:* hier handelt es sich um die »Aktualisierung« des »self«, um Wünsche, die den »aktiven« Aufbau der Persönlichkeit betreffen; z. B. eine gute Staatsbürgerin der DDR zu werden; Dolmetscher zu werden.

3   C: *CONTACT:* alle Aspirationen, die eine Form von Kontakt bewahren oder zustande bringen möchten; z. B. einmal heiraten. Auch Wünsche für andere Personen werden in dieser Kategorie untergebracht; z. B.: ich wünsche, daß mein Bruder seinen ersehnten Beruf erlernen kann.

6 E: *EXPLORATION:* alle Wünsche, die sich auf Kenntnis beziehen, ein Verlangen nach Information, Verstehen, Kenntnis auf allen Gebieten, z. B. ich möchte mir Einsicht in die realen Verhältnisse verschaffen und doch marxistisch denken.

7 T: *TRANSCENDENTAL:* Aspirationen oder Relationen metaphysischer Art in bezug auf die Religion, den Sinn des Lebens usw., z. B. mich nächstes Jahr konfirmieren lassen.

8 P: *POSSESSIONS:* hier handelt es sich um die Besitzrelation, z. B. daß ich zum Geburtstag einen Plattenspieler bekomme.

9 L: *LEISURE:* Entspannung und Spiel, z. B. Sport treiben.

10 R: *REST:* alle Antworten, die sich auf die spezielle Testsituation beziehen, unkodierbare und unverständliche Antworten.

2. Die *Personen oder Gruppen,* auf die man sich bezieht, für die man etwas wünscht, die man fürchtet usw.; z. B. man wünscht etwas für die Eltern, für den Staat usw. zu tun. Hierzu wurde die folgende Aufgliederung vorgenommen:

0   e: der erotische Partner des anderen Geschlechtes.
1   a: freundschaftlich, Freunde desselben Geschlechtes.
2   gr: die Gruppe der Altersgenossen.
3   si: superieur-inferieur (Vorgesetzter-Untergebener-Relation), hier vor allem: Lehrer im Verhältnis zum Schüler.
4   f: familial: Brüder, Schwestern, Eltern.
5   p: parental: spätere eigene Kinder.
6   k: Menschen, mit denen wir im täglichen Leben Umgang haben, die aber nicht zur Familie gehören, Menschen, mit denen wir bei Gelegenheit sozialen Kontakt haben, z. B. Nachbarn, Kunden.
7   an: animal: Tiere.
8   i: unbestimmt, wir wissen nicht genau, worum es geht, zumindest kann derjenige, der kodiert, das nicht erkennen.
9   h: humanitär: alles, was Bezug hat auf die Menschheit, die Arbeiter, oder auf einzelne Personen bezogen z. B. ein Hilfsbedürftiger, ein Kranker, ein Blinder usw.
10   g: hat eine allgemeine Bedeutung: jeder, alle.
11   sp: Vorgesetzte, wichtige Persönlichkeiten.
12   vo: Volk, hier: das deutsche Volk.
13   St: Staat, hier: die BRD und die DDR.
14   PP: politische Parteien.
15   z: Fremde, Außenstehende, Feinde, z. B. Kapitalisten.
16   v: verschiedene.
17 REL:
        G: religiöse Gemeinschaft.
18   x: keine Referenz oder unkodierbar.

3. Die Zeitperspektive der Wünsche und Erwartungen. Hiermit kann man die Frage beantworten, wieweit die dynamische Gerichtetheit reicht. Z. B. ist der Wunsch, tanzen zu gehen, innerhalb einer Woche zu plazieren, während heiraten oder ein Haus bauen jeweils erst am Anfang des Erwachsenenalters oder in der ersten Phase des Erwachsenenalters (bis ca. 45 Jahren) stehen. Die konkrete Fragestellung lautet wie folgt: Vorausgesetzt, daß das Leben des Jugendlichen normal verläuft, so wie es bei den meisten, die zu der Gruppe gehören, der Fall ist, zu welchem Zeitpunkt hat der Wunsch oder die Furcht die größte Chance, verwirklicht zu werden (*Noterdaeme* 1965, S. 93–96; Handleiding bij de tijdscode, 1968, S. 3, 4)? Die Perioden, die in den Zeitcode aufgenommen worden sind, ergaben sich beim ersten konkreten Zuordnungsversuch. Die Zeitskala kann aufgeteilt werden in:

– die nahe Zukunft, die noch weiter differenziert ist durch Kalendereinheiten: T (Test), D (Day), W (Week), M (Month), Y (Year), und
– die weitere Zukunft, die mehr oder weniger mit der festen Einteilung des menschlichen Lebenslaufes, so wie er durch die biologische Entwicklung und Kultur eingeteilt wird, übereinstimmt: E (Educational Period), A (Adult Period), O (Old Age), L (Life), und X (after death).

Diese Zeitskala eignet sich auch für Antworten, die nicht an eine bestimmte Zeitperiode gebunden sind, die sich erstreckt auf das, was man als eine erweiterte Gegenwart bezeichnen kann, die eine Aussicht auf eine implizite Zukunft einschließt (z. B. ich möchte einen starken Charakter haben: das wünscht man auch für später, für das ganze Leben). Diese Antworten kodiert man mit 1 (= offene Nun-Antworten). Die Wünsche, die im Prinzip nicht begrenzt sind (z. B. Wünsche im Zusammenhang mit der Volksgemeinschaft, zu der das Individuum gehört, der Menschheit usw.), werden mit dem Symbol X bezeichnet. Es gibt auch Antworten, die trotz der Tatsache, daß alle Satzanfänge mehr oder weniger in die Zukunft weisen, auf die Vergangenheit bezogen sind. Diese Antworten werden je nachdem, ob sie explizit oder implizit auf die Vergangenheit gerichtet sind, mit den Symbolen P (Past) und p (past) kodiert (Handleiding bij de tijdscode 1968, S. 8, 10).

VIII. Die statistischen Verfahren

Aufgrund der verschiedenen Inhaltscodes, nach denen die Ergänzungen zugeordnet werden, erhalten die Satzergänzungen eine *qualitativ* unterschiedliche Bedeutung. Die Interpretation wird sich zu einem großen Teil auf diese qualitative Analyse stützen. Daneben wurde eine quantitative Klassifikation vorgenommen, die sich auf die Antworthäufigkeiten pro Kategorie bezieht. Pro Versuchspersonengruppe (DDR versus BRD) und Kategorie wurden Rangreihen erstellt sowohl über die Anzahl der geäußerten Wünsche wie über die Anzahl von Personen, die pro Kategorie geantwortet haben. Dabei wird angenommen, daß ein Zusammenhang besteht zwischen der Anzahl der Nennungen und (1) der Bedeutsamkeit der auf die verschiedenen Inhaltskategorien gerichteten Erwartungen, (2) der Bedeutsamkeit verschiedener Bezugspersonen und -gruppen und (3) der verschiedenen Zeitdimensionen.

Das große Problem in unserem Falle war jedoch, daß man aus statistischen und methodologischen Gründen (von *Herbert Cossey* 1972, S. 7 erörtert) unmöglich herausfinden konnte, welche Differenzen auf tatsächliche Gruppenunterschiede und welche auf die Art der Satzanfänge bzw. auf die Festlegung der Kategorien zurückzuführen waren. Es hätte also wenig Sinn gehabt, ausschließlich mit speziellen statistischen Prüfverfahren zu operieren, oder aber eine größere Präzision und Sicherheit hinsichtlich der beobachteten Unterschiede herbeizuführen, indem wir unsere Problematik so verändert hätten, daß das Arsenal sophistizierter Statistiken doch noch anwendbar wäre. Unser Untersuchungsansatz hat unseres Erachtens seine Stärke in seiner Allgemeinheit und inhaltlichen Vielfalt. Um jedoch die beobachteten Unterschiede nicht nur nach dem Augenschein zu interpretieren, mußten wir ein neutrales Kriterium heranziehen, um immerhin eine Grenze zu ziehen zwischen dem, was bedeutsam und nicht bedeutsam ist. Hierfür wurde als statistisches Verfahren zur Überprüfung der Signifikanz von Unterschieden zwischen Gruppen bzw. Kategorien Chi² (2 x 2 Design) verwendet.

IX. Ergebnisse und ihre Interpretation

1. Vorbemerkungen
Die Untersuchung wurde bei jeweils einer Testgruppe in der BRD und in der DDR durchgeführt, so daß eine absolute Verallgemeinerung nicht vorgenommen werden kann. Gewisse Ergebnisse, so z. B. beobachtete Unterschiede zwischen den beiden Gruppen, kann man jedoch auf den einen oder anderen kulturellen Faktor zurückführen. Der Verfasser geht bei seiner Interpretation vom Standpunkt des kritischen Gesellschaftsmodells aus, d. h., er interpretiert in Kategorien wie Konflikt, Unzufriedenheit, Kritik bzw. Abhängigkeit, Anpassung, Mangel an Kritik und das Sichzurückziehen in die private Sphäre.

2. Der Inhalt der Zukunftsvorstellungen
Die wichtigsten Unterschiede (d. h. die Unterschiede, die dem neutralen Kriterium des Verfassers zufolge zu besprechen sind) zwischen den in BRD und DDR untersuchten Personen *(Tabelle 1)* liegen in den Kategorien S, R, C1, P, L und Rest.

3. Die S-Kategorie oder die Wünsche in bezug auf die eigene Persönlichkeit
Die Ergebnisse lassen den Schluß zu, daß die untersuchten Jugendlichen in der BRD sich mehr mit der eigenen Person beschäftigen als in der DDR. Vor allem haben bei ihnen das persönliche Glück, das Erwerben von persönlicher Autonomie (unabhängig sein von den Eltern; machen, was man möchte), die Erhaltung und Sicherung der eigenen Person (mich zu erhalten) und Wünsche hinsichtlich der äußeren Erscheinung (dünner sein) eine besondere Bedeutung. Die Gründe dafür mögen darin liegen, daß in der BRD das *Individuum* stärker im Mittelpunkt steht und von der Jugend erwartet wird, daß sie sich mit sich selbst befaßt und ihre eigene Persönlichkeit entwickelt und bildet *(Siegfried Dübel* 1963, S. 100; *Jürgen Micksch* 1972, S. 70, 71).

Tabelle 1: Vergleich der Jugendlichen in BRD und DDR bezogen auf die Anzahl der Ergänzungen (A. E.) und die Anzahl der Personen (A. P. 2), die pro Kategorie über dem Durchschnitt liegen [4]

| | | A. E. | | | | A. P. 2 | | | |
| | | BRD | | DDR | | BRD | | DDR | |
Code Nr.	Inhaltskategorien	Absol. 4860	% 100	Absol. 4800	% 100	Absol. 81	% 100	Absol. 80	% 100
0	S: self	880	18.2	548	11.5 [x]	48	59	20	25 [x 5]
1	R: realisation	949	19.6	1184	24.7 [x]	33	41	48	60 [x]
2	SR: selfreal.	426	8.8	405	8.5	38	47	40	50
3	C1:	656	13.5	743	15.5 [x]	35	43	40	50
4	C2: contact	300	6.2	285	6.2	34	42	37	46
5	C3:	665	13.7	605	12.7	42	52	33	41
6	E: explor.	78	1.7	91	1.9	18	22	24	30
7	T: transc.	19	0.4	12	0.3	9	11	10	13
8	P: possessions	241	5.0	160	3.4 [x]	37	46	21	26 [x]
9	L: leisure	397	8.2	582	12.2 [x]	29	36	49	61 [x]
10	R: rest	264	5.5	192	4.0 [x]	42	52	31	39

Demgegenüber wird in der DDR mehr Nachdruck auf die Verwirklichung von *Gruppenzielen* gelegt und von der Jugend erwartet, sich aktiv dafür einzusetzen. Der einzelne tritt demnach hinter dem Wohl der Gruppe zurück, die Bedeutung seiner individuellen Entwicklung ist sekundär *(Urie Bronfenbrenner* 1970, S. 90; *Walter Ulbricht* 1967, S. 4; *Frank Rupprecht* 1968, S. 153–154).

4. Die R-Kategorie oder die Wünsche in bezug auf Aktivität und Leistung
In den Ergebnissen zeigt sich, daß diese Kategorie von Wünschen (z. B. hohe Leistungen, gut arbeiten, Mathematik lernen) sowohl bei den Jugendlichen in der BRD als auch in der DDR an erster Stelle stehen. In der BRD wird die Leistungsgerichtetheit beider deutscher Staaten u. a. mit Hilfe des industriellen bzw. des Konvergenz-Modelles interpretiert. Danach sei die Forderung nach hohen Leistungen und permanenter Weiterbildung für das Weiterbestehen *jeder* industriellen Gesellschaft notwendig. Das spiegele sich auch in Organisation, Inhalt und Zielen der Lehrpläne *(Hartmut Vogt* 1969, S. 256; *Horst Siebert* 1970, S. 191). In den DDR bestätigt man zwar den Einfluß derartiger formeller, industriell-technischer Charakteristika des Lebensstiles in beiden Staaten, ebenso wie die Bedeutung von Leistung und Produktion. Allerdings seien diese Merkmale der industriellen Entwicklung in ein anderes soziales System eingeschlossen. In der DDR würden Produktion und Leistung in einen Kontext integriert, der darauf gerichtet sei, ein humaneres Leben zu führen, während Produktion und Leistung in der BRD nur dem Profit einer kleinen Gruppe von Menschen zum Nachteil der großen Masse, die ausgebeutet würde, dienten *(Kurt Hager* 1969, S. 15). Im Prinzip wird diese Kritik von *Horst Siebert* (1970, S. 294) in der BRD bestätigt. Auch er ist der Ansicht, daß die Überbetonung der Leistung und Produktion in der BRD wenig Raum für geistige Emanzipation und individuelle Selbstbestimmung des Menschen läßt. Gleichzeitig setzt *Siebert* seine Kritik an der sozialistischen Gesell-

schaftsordnung an, für die er in Zweifel zieht, daß z. B. die politisch-ideologische Erziehung in der DDR wirklich ein humanisierendes Korrektiv darstelle. Festzuhalten bleibt, daß zwar Leistungswünsche bei Jugendlichen sowohl in der DDR als auch in der BRD vor anderen Wunschkategorien am häufigsten genannt werden, trotzdem jedoch ein großer Unterschied zwischen beiden Staaten besteht. Die Fünfzehnjährigen in der DDR formulieren mehr derartige Wünsche als ihre Altersgenossen in der BRD, was sich z. T. durch unterschiedliche situative Anforderungen begründen ließe. Eine gute Leistung ist für die Jugendlichen der DDR aktueller und mehr gegenwartsbezogen wegen der bevorstehenden Übergangs- bzw. Abschlußprüfungen am Ende des Jahres. Zudem besteht in der DDR auch eine mehr bewußte, einförmige und nachdrückliche Mentalitätsbildung hierzu *(Siebert* 1970a, S. 51; *Harald Vockerodt* 1970, S. 74).

Einer Überlegung der kritischen Gesellschaftsanalyse zufolge sehen *Micksch* (1970, S. 85–87) und *Siebert* (1970a, S. 46) in der Bereitwilligkeit der Jugend in der DDR, sich permanent und zunehmend zu qualifizieren und bessere Leistungen zu liefern, einerseits eine Tendenz zur Abhängigkeit und Anpassung, andererseits auch einen Nährboden für Spannungen und Konflikte. Sie sind der Meinung, daß dadurch ein Gegensatz zwischen der älteren noch die Macht innehabenden Generation, die auf ideologisch-traditionalistische Argumente zurückgreift, und der heranwachsenden jungen technokratischen Elite, die sich weniger durch die Ideologie als durch die Sach- und Leistungszwänge einer sich entideologisierenden Leistungsgesellschaft leiten läßt, entstehen könnte.

5. Die L-Kategorie oder Wünsche nach Freizeit und Erholung
Die häufig von den untersuchten DDR-Jugendlichen geäußerten Wünsche nach Entspannung und Freizeit können im Zusammenhang mit dem höheren Leistungsdruck in der DDR gesehen und als eine Art Ventil- oder Kompensationsfunktion interpretiert werden.

6. Die C1-Kategorie oder Wünsche, die die Pflege und das Zustandekommen von sozialen Kontakten zum Ziel haben
Derartige Wünsche werden in der DDR ebenfalls häufiger geäußert als in der BRD. Die Jugendlichen in der DDR *(Tabelle 2)* sind sowohl generell stärker geneigt, Kontakte aufzunehmen (C) als auch eher bereit, aktiv etwas für die anderen zu tun (Calt/R).
Das läßt sich vor allem durch den Einfluß der Kollektiv-Erziehung erklären. Sowohl durch den formell-organisatorischen als auch durch den inhaltlichen Aspekt der Kollektiv-Erziehung werden Werte wie Mitarbeit, Zusammenarbeit und gegenseitige Hilfe für gemeinschaftliche Zwecke und Ziele besonders hervorgehoben und gefördert *(Wolfgang Eichhorn* 1970, S. 240, 241).
Auf der anderen Seite können wir, um diese Tatsache zu erklären, auch auf die Familien-Erziehung und die Beziehungen bzw. Interaktionen innerhalb der Familie hinweisen. Den Programmen zufolge habe der Mann auf seine dominante Rolle gegenüber der Frau und ebenso gegenüber den Kindern mehr und mehr verzichtet. Es komme

Tabelle 2: Unterschiede zwischen BRD- und DDR-Jugendlichen hinsichtlich ihrer Kontaktwünsche (C) [6]

C *Kontaktdimension* Unterkategorien	A. E. BRD		A. E. DDR		A. P. 1[7] BRD		A. P. 1[7] DDR	
	Absol. 4860	% 100	Absol. 4800	% 100	Absol. 81	% 100	Absol. 80	% 100
C: allgem. Kontaktform	89	1.9	159	3.4 x	45	56	58	73 x
Cn⁻: gesellschaftl. negativ gewertete Kontakte	16	0.4	5	0.2 x				
Cint: intimer Kontakt	355	7.4	287	6.0 x				
Calt/R: altruistischer Kontakt mit aktivem Einsatz	140	2.9	248	5.2 x	48	59	75	94 x

deshalb zu mehr demokratischen und kameradschaftlichen Verhältnissen zwischen den Mitgliedern der Familie *(Rolf Heyen* 1972, S. 17; *Walter Friedrich* 1966, S. 83). Schließlich werden seitens der Institutionen Bemühungen unternommen, um sowohl in der Schule, in der Jugendorganisation als auch in der Familie die gleichen erzieherischen Prinzipien wirksam werden zu lassen zum Zwecke der totalen Sozialisierung der Bevölkerung *(Heyen* 1972, S. 17, 18). Die psychologische Kontinuität zwischen den Zielen, den Normen und den Erwartungen von Familie, Kollektiv und Gesellschaft verschafft den Jugendlichen in hohem Maße Sicherheit und fördert die Möglichkeit zu positiven Kontakten *(Bronfenbrenner* 1970, S. 69, 77). In der BRD seien diese Möglichkeiten weniger gegeben und geplant, zumal das Jugendalter als eine eigenständige von der Erwachsenenwelt getrennte und isolierte Phase angesehen werde *(Bronfenbrenner* 1970, S. 97). Außerdem ist die Welt, die sich dem Jugendlichen zur Bewältigung anbietet, weniger einheitlich als in der DDR. Die psychologische Implikation dieser Gegebenheiten wäre, daß die BRD-Jugendlichen im Gegensatz zu denen aus der DDR unsicherer sind und ihre eigene Identität und ihren Platz in der Gesellschaft schwerer finden. Diese Unsicherheit äußert sich u. a. darin, daß sie sich stärker als die DDR-Jugendlichen in intime Kontakte mit Altersgenossen des anderen Geschlechtes zurückziehen (Cint, e). Auch ihre größere Aggressivität kann teilweise (Cn⁻) aus dieser Unsicherheit verstanden werden. Anderseits ist das Äußern von Kritik und Aggressivität in der BRD leichter möglich (Lage der Nation, 1971, S. 210), wobei man allerdings nicht vergessen darf, daß nicht jede Kritik allein auf die psychologische Beschaffenheit der Jugendlichen zurückgeführt werden darf. Es gibt in jeder Gesellschaft unwiderleglich auch objektive Gründe dafür. Der Inhalt der jugendlichen Kritik ist deshalb nicht ohne Wichtigkeit für die Gesellschaft *(Kenneth Keniston* 1968, S. 368).

7. Die P-Kategorie oder die Wünsche nach Besitz

Die Anzahl der Wünsche nach Besitz ist im allgemeinen (hinsichtlich der anderen Kategorien) nicht so umfangreich, jedoch in der BRD umfangreicher als in der DDR. Wir nehmen an, daß mit Rücksicht auf die kommunistische Gesellschaftsordnung die

Wünsche nach dem Erwerb von persönlichem Besitz im spontanen Bewußtsein der Jugendlichen der DDR nicht so zentral stehen wie bei denjenigen in der BRD, wo der Besitz von privatem Eigentum eine bedeutende Rolle spielt.

8. Die Restkategorie

Wenn wir die Antworten der Restkategorie, das bedeutet die irrealen, nichtssagenden und Antworten zur Testsituation, als Index der Bereitwilligkeit und Motivierung, mit der die Listen ausgefüllt wurden, ansehen, dann stellen wir fest, daß die in der DDR untersuchten Jugendlichen disziplinierter auf die Testsituation geantwortet haben als diejenigen in der BRD. Das stimmt sowohl mit dem allgemeinen Befund in der Literatur als auch mit unseren Beobachtungen und Bewertungen der Atmosphäre in DDR- und BRD-Schulklassen überein.

9. Bezug auf Gruppen und Personen

Wir waren vor allem interessiert, Personen und Gruppen zu identifizieren, die in der DDR und der BRD mehr negativ als positiv [10] gekennzeichnet wurden *(Tabelle 3)*.

Tabelle 3: Bezugspersonen, die von den Jugendlichen in BRD und DDR überwiegend in negativem Kontext genannt wurden [8]

			BRD				DDR			
Bezugspersonen oder -gruppen			A. E.		A. P. 1		A. E.		A. P. 1	
			Absol.	%	Absol.	%	Absol.	%	Absol.	%
sil+	Lehrer	positiv	7	1.6	5	47	32	0.7	15	19 [9]
sil−		negativ	73	0.2	38	56	55	1.2	34	43
f1+	Eltern	positiv	116	2.4	(45)	(56)	(153)	(3.2)	(61)	(76)
f1−		negativ	149	3.1	(45)	(56)	(77)	(1.7)	(36)	(45)
f2+	Brüder/ Schwestern	positiv	(16)	(0.4)	(12)	(15)	41	0.9	(20)	(25)
f2−		negativ	(14)	(0.3)	(12)	(15)	43	0.9	(17)	(21)
i+	unbestimmt	positiv	5	0.2	(5)	(6)	(20)	(0.5)	(5)	(6)
i−		negativ	10	0.3	(5)	(6)	(16)	(0.4)	(11)	(14)
go+	Allgemein- heit	positiv	196	4.1	59	73	166	2.5	53	79
go−		negativ	300	6.2	72	89	223	4.7	68	85
spl+	berühmte Personen/	positiv	0	0.0	0	0	(2)	(0.1)	(2)	(3)
spl−	Politiker	negativ	18	0.4	14	17	(2)	(0.1)	(2)	(3)

Aus *Tabelle 3* wird folgendes ersichtlich: Deutlich negative Referenzgruppen sind in der BRD Lehrer, Eltern, Politiker, am Rande auch Geschwister und nicht näher benannte Personen. In der DDR sind nur die Lehrer und die unbestimmte Allgemeinheit deutlich negative Referenzgruppen; ebenfalls die Geschwister, aber weniger deutlich. Die größten Unterschiede zwischen der DDR und der BRD sind bei Eltern und Politikern vorhanden. In der DDR sind die Eltern eindeutig eine positive Bezugsgruppe. Das mag auf ein weniger gespanntes Verhältnis zwischen Eltern und Kindern hinweisen, was auch in der DDR-Jugendforschung bestätigt wurde *(Friedrich* 1966, S. 147). Politiker werden im ganzen nur selten erwähnt. Demnach scheinen die Politiker in der DDR auch im Jahre 1970 in den spontanen Zukunftsantizipationen der Jugend noch keine wesentliche Rolle zu spielen und kaum in positiver Weise einbezogen zu werden. Das ist für die DDR ein ungünstiges Resultat angesichts der jahrelangen intensiven Bemühungen, die politischen Aktivitäten und Persönlichkeiten aus dem Bereich der Politik als positive Leitbilder und Vorbilder bei der Jugend hinzustellen *(Friedrich* 1966, S. 133). Allerdings ist das Ergebnis bei den BRD-Jugendlichen im Vergleich noch ungünstiger, zumal hier die Politiker eine negative Bezugsgruppe darstellen.

10. Die Zeitperspektive

Als Folge einer größeren und bewußteren Zukunftsbezogenheit und Zukunftsplanung in der DDR als auch des Nachdrucks, der auf der Herausbildung eines breiten Perspektivbewußtseins liegt, hatten wir erwartet, daß die Jugendlichen aus der DDR ihre Zukunftsantizipationen auf größere und entfernter liegende Perioden bezogen hätten als die Jugendlichen in der BRD. In den Ergebnissen zeigt sich jedoch eher die umgekehrte Tendenz *(Tabelle 4)*. Unseres Erachtens läßt sich das nicht allein auf-

Tabelle 4: Vergleich der BRD- und DDR-Stichprobe hinsichtlich ihrer Zeitperspektive, bezogen auf die Anzahl der Ergänzungen (A. E.) und die Anzahl der Personen (A. P. 2) pro Kategorie, die über den Durchschnitt liegen [10]

		A. E.				A. P. 2			
		DDR		BRD		BRD		DDR	
Code Nr.	Zeit-kategorien	Absol. 4800	% 100	Absol. 4860	% 100	Absol. 81	% 100	Absol. 80	% 100
0	OT: Nahe Zukunft	1903	39.7 [x]	1279	26.4	23	28	50	63 [x 11]
1	E: educational period (Jugendalter)	950	19.8 [x]	1190	24.5	44	54	26	33 [x]
2	A: adult period (Erwachsenen-alter)	473	9.9 [x]	623	12.9	41	51	31	39
3	O: old age (Alter)	13	0.3	9	0.2	7	9	9	11
4	L: life (gesamter Lebenslauf)	229	4.8 [x]	290	6.0	32	40	23	19
5	EA: Jugend- u. Er-wachsenenalter	315	6.6	343	7.1	31	38	29	36
6	AO: Erwachsenen-incl. Greisen-alter	18	0.4	31	0.7	24	30	13	16
7	AOX:	1	0.1	0	0.0	0	0	1	1
8	X: nach dem Tode	1	0.1	5	0.2	1	1	1	1
9	L+x: kein spezieller Zeitbezug	615	12.9 [x]	779	16.1	45	55	27	34 [x]
13	O.C.: unkodierbar	159	3.4	152	3.2	28	35	24	30

grund der unterschiedlichen politisch-ideologischen Zielsetzungen erklären, sondern auch aufgrund unterschiedlicher kulturell und situativ bedingter Faktoren. Um das herauszustellen, haben wir die wichtigsten Kategorien der Zeitperspektive in Beziehung gesetzt zu wichtigsten Inhaltskategorien.

Die nahe Zukunft (OT):
In der *DDR* wird zwar eine intensive langfristig angesetzte Planung und Programmierung der Bevölkerung in Richtung auf die ideale kommunistische Gesellschaft betrieben. Das bedeutet jedoch vorerst, daß die Bewohner des Staates im derzeitigen Entwicklungsstadium in allen als wichtig erkannten Lebensbereichen genau umschriebene Aufgaben zugeteilt bekommen. Insofern läßt sich erklären, weshalb die Zeitperspektive der Jugendlichen in der DDR so stark auf naheliegende Aufgaben gerichtet ist (vgl. *Barbara Hille* 1975). Diese Einengung der Zeitperspektive manifestiert sich sowohl in den Wünschen nach Kenntnisgewinn und Leistung (E) als auch nach sozialen Kontakten (C3, C2 und C1), sowie hinsichtlich einiger auf die Entwicklung der eigenen Persönlichkeit gerichteter Vorstellungen (S: altruistische und allgemeine Charaktermerkmale).
Das ist dort weniger der Fall, wo sich die Wünsche nach Aktivitäten und Selbstverwirklichung nicht auf das Studium oder den Beruf beziehen ($R°$ und $SR°$). Diese engere Zeitperspektive der Jugendlichen in der DDR läßt sich auch durch die straffe Organisation von Schul-, Berufsausbildung und Studium erklären. Insofern äußern die Jugendlichen in der DDR auch mehr Wünsche nach gutem Schul- und Studienerfolg (R3) für sich und ihre Freunde (C3 $(R3)°$). Im gleichen Zusammenhang könnten auch die häufiger geäußerten Wünsche nach Erholung in nächster Zeit gesehen werden ($Spre°$), nämlich als Kompensationsbedürfnis gegenüber dem größeren Leistungsdruck. Die größere Zahl von Vorstellungen und Wünschen nach baldiger Selbständigkeit in der DDR mag damit zusammenhängen, daß die Jugendlichen in der DDR mit 18 Jahren volljährig werden und im allgemeinen bereits mehr Rechte und Pflichten auferlegt bekommen als in der BRD [12]. Schließlich mögen die bei den DDR-Jugendlichen auf die nahe Zukunft bezogenen häufig geäußerten Vorstellungen und Wünsche zur eigenen Berufswahl und -vorbereitung (R2) mit der frühzeitig einsetzenden schulischen Berufsvorbereitung (u. a. Einsatz in der sozialistischen Produktion) im Zusammenhang stehen (s. Beitrag von *Hille,* Berufswahl und Berufslenkung in der DDR, in diesem Heft).
Als allgemeine Tendenz zeichnet sich in den Zukunftsvorstellungen der Jugendlichen in der *BRD* eine Ausrichtung auf größere Zeitabschnitte und im ganzen eine weiter gerichtete Zeitperspektive ab.

Jugend- und Erwachsenenalter (E und A):
Die Zukunftsvorstellungen der Jugendlichen richten sich im allgemeinen auf zwei Lebensperioden, das Jugendalter mit spezifischen Aktivitäten und Experimentiermöglichkeiten im Bereich der sozialen Kontakte und das Erwachsenenalter mit anderen Aufgaben und Intentionen. In den Ergebnissen zeigt sich, daß die Studienwünsche (R3) sowohl in der BRD als auch in der DDR zur Jugendperiode gehören und die

Berufswünsche (R2) auf die Erwachsenenperiode gerichtet sind. Aktivitätswünsche, die nichts mit dem Studium oder dem Beruf zu tun haben (R°), sind in der BRD mehr als in der DDR in der Jugendperiode angesiedelt, während die Jugendlichen in der DDR infolge der umfassenden und straffen Planung und Organisation der gesellschaftlichen Entwicklung mehr auf konkrete Aufgaben, die in der nahen Zukunft liegen (O. T.), festgelegt werden oder auf solche, die sowohl in der Jugend- als in der Erwachsenenperiode geleistet werden müssen. Auch bei den positiven Kontaktwünschen (C1+) erfolgt eine deutliche Trennung zwischen den Kontakten, die zur Jugendphase gehören, und denen, die zum Erwachsenenalter zu rechnen sind. Die in der BRD dominierende Zahl von Wünschen, bei denen eine bestimmte Einstellung oder ein bestimmtes Verhalten »von den anderen« erwartet wird (C2), z. B. Unterstützung, Verständnis, Entgegenkommen, und die sich auf das Jugendalter (E) beziehen, stehen im Einklang mit der in der BRD vorhandenen spezifischen Auffassung über die Funktion des Jugendalters, nämlich als Reife- und Vorbereitungsperiode.
Das gilt auch für eine Anzahl von Wünschen, die sich auf dritte beziehen, nämlich für die Kategorien C3 (S)°, C3 (R)° und CR (C+)°, in denen sich ebenfalls jugendspezifische Vorstellungen abzeichnen, wobei es sich einerseits um Wünsche hinsichtlich des Auftretens der politischen Parteien und der Regierung vor allem in Verbindung mit der derzeitigen Ostpolitik handelt (C3 (S)°), andererseits um Wünsche nach Aktivitäten von Politikern (C3 (R)°) und schließlich um Sorgen in bezug auf familiäre Verhältnisse (C3 (+)°).

Auf den ganzen Lebenslauf bezogene Wünsche (L) sowie zeitlich unbestimmte Wünsche (1+x):
Allgemein wird erwartet, daß der junge Mensch sich in der Jugendperiode (E) auf das spätere Erwachsenenleben vorbereitet (A) und danach strebt, eine gute gesellschaftliche und finanzielle Position zu erlangen (EA). Diese Erwartungen werden jedoch in der BRD nicht so eindeutig definiert und mit konkreten Aufträgen und Aufgaben verbunden wie in der DDR. Außerdem führt der Pluralismus der Interessen, Einstellungen und Erwartungen in der BRD dazu, daß den Jugendlichen keine eindeutigen Perspektiven geboten werden und die Zukunft eher unbestimmt ist. Damit läßt sich auch erklären, daß die Jugendlichen in der BRD mehr allgemeine, zeitlich unbestimmte (1+x) bzw. auf den ganzen Lebenslauf bezogene Wünsche (L) äußern. Das trifft vor allem zu bei Wünschen, die sich auf die persönliche Lebensgestaltung beziehen sowie bei Vorstellungen über andere in positiver und negativer Richtung.
Hieraus läßt sich möglicherweise eine gewisse Desorientierung oder allenfalls Unverbindlichkeit hinsichtlich der zukünftigen konkreten Ausgestaltung dieser Persönlichkeitseigenschaften ableiten wie auch ein mangelnder Bezug auf die politischen und gesellschaftlichen Verhältnisse.

X. *Zusammenfassung der Ergebnisse und allgemeine Schlußfolgerungen*

Hinsichtlich des *Inhalts* der Zukunftsantizipationen liegen die größten Unterschiede zwischen den fünfzehnjährigen BRD- und DDR-Jugendlichen in der Bezugnahme auf die eigene Person (S), in der Aktivitätsebene (R) und bei Wünschen nach Erholung (L). Die untersuchten Jugendlichen in der DDR sind infolge des dort stärker ausgeprägten Erwartungsdrucks mehr auf Leistung und damit verbundene Erfolge eingestellt, und andererseits im Sinne einer kompensatorischen Funktion stärker an Entspannung und Erholung interessiert.

Die Jugendlichen in der BRD beschäftigen sich mehr mit der eigenen Person (S), wahrscheinlich wegen der mehr individualistisch bestimmten Konzeption von Jugend und der damit verbundenen Erwartungen, sich mit sich selbst zu beschäftigen und die eigene Persönlichkeit zu entfalten und weiterzuentwickeln. Hinsichtlich der Ergebnisse der Vergleichsanalyse zeigt sich der größte Unterschied zwischen BRD und DDR in der Einstellung gegenüber den *Eltern*. In der DDR sind die Eltern deutlich eine positive, in der BRD bilden sie eine negative Bezugsgruppe. Diese im allgemeinen kritischere Einstellung der Jugendlichen in der BRD gegenüber Erwachsenen und Eltern wird in den Ergebnissen der Jugendforschung beider Staaten bestätigt.

Die *Zeitanalyse* ergibt als wichtigstes Ergebnis, daß, entgegen den Erwartungen, die Zeitperspektive in der DDR weniger weitgreifend ist als in der BRD. Die Erklärung dafür glaubten wir in der intensiven Planung und Programmierung der DDR-Gesellschaft zu sehen, die allen Menschen in allen als wichtig betrachteten Lebensbereichen genau umschriebene Aufgaben zuweist. Insofern ist die Zeitperspektive in der DDR eher auf die konkreten, naheliegenden Aufgaben bezogen als auf die fernliegenden endgültigen Ziele.

Von den vorhergehenden Resultaten ausgehend, können wir das folgende Bild der untersuchten Fünfzehnjährigen in der BRD und DDR aufstellen:

Die Jugendlichen in der DDR sind disziplinierter und abhängiger, jedoch sicherer in bezug auf ihre spätere Position in der Gesellschaft, weniger kritisch und auch weniger aggressiv als die Fünfzehnjährigen in der BRD. In ihren Zukunftsantizipationen sind sie angepaßt an die Forderungen und Erwartungen der Gesellschaft, was sich auch in der engeren Zeitperspektive gezeigt hat.

Die untersuchten Jugendlichen in der BRD dagegen sind weniger leistungsorientiert, dabei kritischer, aggressiver, freimütiger und auch weniger diszipliniert. Ihre Zeitperspektive greift weiter in die Zukunft aus.

Anmerkungen

1 Der vorliegende Bericht stellt eine komprimierte deutsche Version der in flämischer Sprache verfaßten Doktorarbeit des Autors dar: *Yves Van den Auweele*, Toekomsanticipaties von 15-jarigen in de »Deutsche Demokratische Republik« en de »Deutsche Bundesrepublik«. Een interkultureel »kritisch-psychologisch« oderzoek. Vol. I u. II. Katolieke Universiteit te Leuven, Faculteit Psychologie en Pedagogische Wetenschappen, 1973. Der Artikel gibt einen gewissen Einblick in die Arbeits- und Argumentationsweise innerhalb der belgischen Jugendforschung,

besonders da der Autor mehrere Jahre im »Studiecentrum voor Jeugdproblematiek« in Leuven
tätig war. Der Text wurde im Hinblick auf sprachliche Unebenheiten und Formulierungen
durch die Mitarbeiter der Forschungsstelle für Jugendfragen in Hannover korrigiert. Auf eine
Überarbeitung der inhaltlichen Aussagen wurde dabei verzichtet.

[2] S. hierzu die Literaturliste von *H. Cammaer*, 1969, S. 66, 204, 205.

[3] Hierbei wurde versucht, die unterschiedliche politische und gesellschaftliche Situation beider
deutscher Staaten speziell im Hinblick auf deren Jugendbevölkerungen zu berücksichtigen.

[4] Es handelt sich hierbei um die Bestimmung des Medians für die Gesamtzahl der Ergänzungen
beider Stichprobengruppen (BRD und DDR) pro Inhaltskategorie.

[5] Die Anzahl der Ergänzungen (A. E.) und die Anzahl der Personen (A. P. 2), die über dem
Durchschnitt (Median) liegen, werden pro Inhaltskategorie jeweils in Beziehung gesetzt zur
Gesamtzahl der Personen (über alle Kategorien). Die Überprüfung der Signifikanz der Unterschiede von DDR- und BRD-Stichproben erfolgte mittels Chi^2 auf der Basis von 2×2 Tafeln
(s. *S. Siegel*, 1956, S. 107). Der kritische Wert liegt bei 3.841 (df = 1; 5 %-Niveau). Die danach berechneten signifikanten Unterschiede sind in der Tabelle mit ^{x} markiert.

[6] In der Tabelle werden nur die signifikanten Unterschiede (5 %) aufgeführt.

[7] A. P. 1: Anzahl der Vpn, die pro Inhaltskategorie eine oder mehr Ergänzungen genannt
haben.

[8] Wir haben in diesem Zusammenhang die Unterschiede nur im Hinblick auf die negativen
Nennungen ausgewertet, weil bei den positiven Bezugspersonen eher Gemeinsamkeiten zwischen den Jugendlichen in BRD und DDR angenommen werden konnten.

[9] In dieser Tabelle sind die Häufigkeiten und Prozentwerte ohne Angabe von signifikanten
Unterschieden zwischen den Vpn-Gruppen aufgeführt. Immerhin mag die Verteilung der Antworten einen gewissen Überblick geben. Die in Klammern gesetzten Quoten zeigen an, wo die
positiven Nennungen überwiegen bzw. positive und negative Nennungen gleich häufig auftreten.

[10] S. Anm. 4.

[11] S. Anm. 5. Weitere ausführliche Tabellen sind in der Dissertation von *Y. Van den Auweele*,
Anm. 1, im Anhang von Bd. II abgedruckt.

[12] Zwischenzeitlich – wenn auch noch nicht zum Zeitpunkt der Untersuchung – wurde in der
Bundesrepublik Deutschland das Volljährigkeitsalter ebenfalls auf 18 Jahre herabgesetzt.
Diese Regelung ist am 1. 1. 1975 in Kraft getreten.

Auswahlbibliographie

Bauermann, R., und *H. Rötscher*, Zur Marxverfälschung der »kritischen Theorie« der Frankfurter Schule, in: Deutsche Zeitschrift für Philosophie, 19. Jg., 11 (1971), S. 1140–1459.
Bergius, R., In Richtung auf eine psychologische Theorie des Jugendalters, in: *F. Neidhardt*
u. a., Jugend im Spektrum der Wissenschaften: Beiträge zur Theorie des Jugendalters, München 1970, S. 49–116.
Bittighöfer, B., und *J. Schmollack*, Moral und Gesellschaft: Entwicklungsprobleme der sozialistischen Moral in der DDR, Berlin (O) 1968.
Bronfenbrenner, U., Two Worlds of Childhood: U. S. A. and U. S. S. R., New York 1970.
Cammaer, H., Jeugdwerk, maatschappij en cultur, in: *J. van Echelpoel* u. a., Jeugdwerk in
perspectief, Antwerpen 1969, S. 59–83.
Cammaer, H., Totaalbeeld van de eigentijdse jeugd? Kritische analyse van de Duitse ›Jugend-
forschung‹ na 1945, Antwerpen 1971, S. 285 f. und S. 199 f.
Cossey, H., Vergelijking van twee methodes in het onderzoek van die menselijke motivatie,
Leuven, nichtveröffentlichte Lizentiatarbeit, Psychologische und Pädagogische Fakultät, 1967.
Dübel, S., Die Situation der Jugend im kommunistischen Herrschaftssystem der SBZ Deutsch-
lands, Bonn 1963, 2. Aufl.

Eichhorn, W., u. a. (Hrsg.), Wörterbuch der marxistisch-leninistischen Soziologie, Berlin (O) 1969.

Erlebach, E., Zukunftspläne 13- bis 16jähriger Schüler, in: Pädagogik, 2. Beiheft (1963), S. 52–59.

Friedrich, W., Jugend heute: theoretische Probleme, empirische Daten, pädagogische Konsequenzen, Berlin (O) 1966.

Friedrich, W., Zu theoretischen Problemen der marxistischen Jugendforschung, in: Jugendforschung 1/2 (1967), S. 11–38.

Friedrich, W., Zur Theorie und Terminologie der marxistischen Jugendforschung I, in: Jugendforschung 7 (1968 a), S. 7–23.

Friedrich, W., Zur Theorie und Terminologie der marxistischen Jugendforschung II, in: Jugendforschung 8 (1968 b), S. 11–25.

Friedrich, W., Die gesellschaftliche Determination des Verhaltens Jugendlicher, in: *A. Kossakowski* u. a., Zur Psychologie der Schuljugend, Berlin (O) 1969, S. 15–61.

Habermas, J., Theorie und Praxis, sozialphilosophische Studien, 4. Aufl., Frankfurt/M. 1972.

Hager, K., Die Aufgaben der Gesellschaftswissenschaften in unserer Zeit: Referat auf der 9. Tagung des ZK der SED, 22.–25. Oktober 1968, Berlin (O) 1969.

Handleiding bij de Inhoudskode, Handleiding bij de inhoudskode van positieve en negatieve motivaties, Leuven, nichtveröffentlichter Rapport des »Research Center Motivation and Time Perspective«, Oktober 1967.

Handleiding bij de tijdskode, Handleiding bij de tijdskode II, Leuven, nichtveröffentlichter Rapport des »Research Center Motivation and Time Perspective«, Februar 1968.

Hennig, W., Über das Idealerleben von Kindern und Jugendlichen, in: Pädagogik, 4. Beiheft (1961), Beiträge zum Ideal- und Perspektiverleben von Kindern und Jugendlichen, S. 2–29.

Heyen, R., Jugend in der DDR: Auf dem Wege zur sozialistischen Leistungsgesellschaft, Darmstadt 1972.

Hille, B., Zukunftsvorstellungen von Jugendlichen in der Bundesrepublik Deutschland und der DDR, in: Deutschland-Archiv 1 (1975), S. 39–51.

Hoefnagels, H., Inleiding en verantwoording, in: *H. Hoefnagels* (Hrsg.), Sociologie en maatschappijkritiek, Alphen aan den Rijn 1971, S. 7–17.

Holzkamp, K., Kritische Psychologie, vorbereitende Arbeiten, Frankfurt/M. 1972.

Hutte, H., The Young Generation: An Introduction to and Overview of the Problem of Age Groupings in Society: An Attempt to Lay the Foundations for an Empirical Social-Psychological Approach, Groningen 1968.

Jaeggi, U., Macht und Herrschaft in der Bundesrepublik, Frankfurt/M. 1970, S. 239 ff.

Jaide, W., Leitbilder heutiger Jugend, Eine empirische Studie über Leitbilder, Vorsätze und Lebenswünsche – ihre Eigenart, Problematik und Erforschung, Neuwied 1968.

Jakuszek, R., Über den Einfluß des Unterrichtstages in der Produktion auf die Lerneinstellung und das Perspektiverleben von Schülern, in: Pädagogik, 4. Beiheft, S. 30–40.

Kallabis, H., Zur Dialektik der sozialistischen Bewußtseinsbildung und Problemen der Forschung, in: Deutsche Zeitschrift für Philosophie, 11. Jg., 1 (1963), S. 45–62.

Keniston, K., Young Radicals: Notes on Committed Youth, New York 1968.

Kossakowski, A., Zur Periodisierung der psychischen Entwicklung in der Ontogenese, in: Jugendforschung 9 (1969), S. 41–57.

Kossakowski, A., Allgemeine persönlichkeitstheoretische Voraussetzungen, in: *A. Kossakowski* und *K.-H. Otto* (Hrsg.), Psychologische Untersuchungen zur Entwicklung sozialistischer Persönlichkeiten, Berlin (O) 1971, S. 27–51.

Kossakowski, A., Über persönlichkeitstheoretische Grundlagen der Pädagogischen Psychologie, in: *A. Kossakowski* und *J. Lompscher* (Hrsg.), Ideologisch-theoretische und methodologische Probleme der Pädagogischen Psychologie, Berlin (O) 1972, S. 13–70.

Lens, W., Vergelijkende studie van projectief en verbaal materiaal in motivatie-onderzoek, Leuven, nichtveröffentlichte Doktorarbeit, Psychologische und Pädagogische Fakultät, 1971.

Leonhardt, F., Studentenunruhen – Ursachen - Reformen: ein Plädoyer für die Jugend, 2. Aufl., Stuttgart 1969.

Mallet, S., De betekenis van de ›nieuwe‹ arbeidersklasse voor de klassenstrijd, in: *H. Hoefnagels*, Sociologie en maatschappijkritiek, Alphen aan den Rijn 1971, S. 127–139.

Micksch, J., Jugend und Freizeit in der DDR, Köln/Opladen 1972.

Moens, P., De invloed van het inductiewoord op de inhoud en het tijdsperspectief van zinsaanvullingen, Leuven, nichtveröffentlichte Lizenziatarbeit, Psychologische und Pädagogische Fakultät, 1965, S. 127 f.

Neidhardt, F., u. a., Jugend im Spektrum der Wissenschaften: Beiträge zur Theorie des Jugendalters, München 1970.

Noterdaeme, Th., Het tijdsperspektief in de aspiraties. Uitwerking van een methode, Leuven, nichtveröffentlichte Doktorarbeit, Psychologische und Pädagogische Fakultät, 1965, S. 400 f.

Noterdaeme, Th., Het tijdsperspektief in de aspiraties: uitwerking van een methode, in: Psychologica Belgica, 8. Jg. (1968), S. 15–49.

Nuttin, J., L'appareil psychique et la théorie du conflit; la grande leçon de Freud. La Table Ronde 196 (1964), S. 49–65.

Nuttin, J., La structure de la personnalité, Paris 1965.

Nuttin, J., a) Het beeld van de mens in de experimentele psychologie. Dietse Warande en Belfort, 111. Jg., 2 (1966), S. 118–125.

Nuttin, J., b) Motivations et fonctions cognitives chez l'homme, in: 18e Congrés International de Psychologie, Moscou 1966.

Rupprecht, F., Idealbildungen und Zukunftsvorstellungen unserer Jugend (Bericht über eine empirische Aufsatz-Befragung an über 10 Klassen verschiedener Berliner Betriebsberufsschulen), in: Deutsche Zeitschrift für Philosophie, 11. Jg., 2 (1963), S. 223–233.

Rupprecht, F., Ideal und Wirklichkeit: das revolutionäre Gesellschaftsideal in historisch-materialistischer Sicht, Berlin (O) 1968.

Siebert, H., Bildungspraxis in Deutschland: BRD und DDR im Vergleich, Düsseldorf 1970 a.

Siebert, H., Erwachsenenbildung in der Erziehungsgesellschaft der DDR: Zur Geschichte und Theorie der sozialistischen Erwachsenenbildung, Düsseldorf 1970 b.

Siegel, S., Nonparametric Statistics for the Behavioral Sciences, New York 1956.

Thomae, H., Vorbilder und Leitbilder der Jugend, 2. Aufl., München 1966.

Ulbricht, W., Grußschreiben des Ersten Sekretärs des ZK der SED und Vorsitzenden des Staatsrates der DDR, Genossen Walter Ulbricht, an das VIII. Parlament der FDJ, in: Die Verantwortung der Jugend in der sozialistischen Gesellschaft und die Aufgaben des VIII. Parlaments der FDJ, Berlin (O) 1967, S. 3–16.

Vockerodt, H., Der Beitrag des volkseigenen industriellen Großbetriebes zum polytechnischen Unterricht, in: *H. Vogt* u. a., Schule und Betrieb in der DDR, Köln 1970, S. 71–94.

Vogt, H., Bildung und Erziehung in der DDR. Sozialistisch-industriegesellschaftliche Curriculum-Reform in Kindergarten, Schule und Berufsbildung, Stuttgart 1969.

ZUR PROBLEMSTRUKTUR DER BEZIEHUNGEN ZWISCHEN VORURTEILS-, DDR- UND BRD-FORSCHUNG

Von Heinz E. Wolf

I

Die Aussage, wissenschaftliche Forschung verlange zunehmend differenzierende Arbeitsteilung, gilt zuweilen als Banalität; und sie gleicht zunächst auch einer Leerformel. Und doch gibt es Problemsituationen, in denen diese Banalität aus den Augen verloren wird und man gut daran tut, sich wieder ihrer Einsicht zu vergewissern. Dies tritt z. B. ein, wenn ein neues Problemgebiet behandelt wird. Irgendwann kommt dann der Zeitpunkt, in dem der Sinn spezifischer Ansätze, Techniken und Ergebnisse nicht mehr zu erkennen ist. Dieses Stadium läßt sich zwar mit methodologischer Problemanalyse überwinden, aber die Erfahrung lehrt, daß es zu dieser zunächst nicht kommt. Begründet liegt dies meist in dem Andrang ungeduldiger Erklärungsforderungen und -vorschläge, der die Forschung zurückwirft und sie nicht selten infrage stellt.

Dies hat verschiedene Gründe, die sich oft in einem Punkt treffen. Je aktueller ein Problem der sozialen und politischen Praxis ist, dem sich die Forschung zuwendet, desto unabwendbarer ist die ideologische Diskussionsbeteiligung, was faktisch auch immer heißt: desto mehr Emotionen werden ausgelöst. Die Forschung – und der Forscher – sehen sich plötzlich mit Verdächtigungen und Beschuldigungen konfrontiert, die weitab der wissenschaftlichen Diskussionsbasis liegen. Da dies im vorliegenden Heft aktuell ist, mögen dies einige Beispiele dokumentieren. Wenn z. B. *Herbert Hassler* in seiner Kritik *Caesar Hagener* und *Klaus-Christian Becker* verdächtigt, ihre empirische Vorurteilsforschung[1], *suggeriere Völkermord*[2], so ist dies gewiß krass, aber keineswegs ungewöhnlich: man beachte nur die unsachlichen Rezensionen und Kritiken der Jugendstudie von *Walter Jaide*[3], die dem versimplifizierenden Klischee von »der« Jugend naturgemäß widersprechen, oder den Vorwurf gegen *Barbara Hille,* ihre Studie[4] stütze »reaktionäre Vorstellungen«[5] – weil sich empirisch zeigt, daß die untersuchten Mädchen in der Mehrzahl keineswegs so denken, wie es eine sog. »Neue Linke« wünscht. Und ebenso ist die Beschreibung der Jugendkriminalität in der DDR durch *Arnold Freiburg*[6] für eben diese »Neue Linke« (nicht allerdings unbedingt für die Kriminologie der DDR) eine *Tabu-Verletzung:* darf es doch Kriminalität und Verwahrlosung nur in »kapitalistischen Staaten« geben. Vergleichsweise harmlos erscheint demgegenüber der Vorwurf von *Herbert Selg* gegen *Stanley Milgram,* seine Untersuchungen über den *Autoritätsgehorsam*[7] hätten die »ethischen Grenzen des psychologischen Experimentierens« überschritten[8]. Nicht selten aber läßt sich auch beobachten, wie man der unangenehmen Aktualität entweder durch die *Flucht in formale Modelle* oder/und in den *Psychologismus* zu entkommen sucht, die beide dann im *szientistischen Elfenbeinturm* enden[9].

Diese Sachverhalte überschneiden sich mindestens teilweise mit *wissenschaftssystemati-schen* Problemen. Selbst nämlich dort, wo ein neuer Forschungsansatz nicht abgelehnt, sondern sogar begrüßt wird, gibt es *Verständnissperren,* die der Wissenssoziologie nicht unbekannt sind: Der Ansatz *neuer* Forschungsrichtungen trifft nicht nur bei Laien, sondern selbst oft bei Forschern eng benachbarter Gebiete auf *sachlich unangemessene Erwartungen,* die dann notwendig enttäuscht werden. Aus der *Überschätzung* folgenden Enttäuschung resultiert dann nicht selten eine *Unterschätzung* der Möglichkeiten dieser neuen Ansätze. Mit dieser wechselweisen, aber auch nebeneinander laufenden Über- und Unterschätzung sind in der Regel *wissenschaftsorganisatorische* Folgen verknüpft. Wenn schon alle diese Schwierigkeiten nur in den seltensten Fällen direkten Einfluß auf die Forschung ausüben, so bestimmen sie aber doch Ausmaß, Breite, Schnelligkeit und Sicherung der Forschungsergebnisse.

Beide Gründe wirken nun besonders dort zusammen, wo der ideologische und emotionale Diskussionsbeitrag besonders stark bemerkbar wird. Und dies gilt einführend für die Problematik der *DDR-Forschung.*

II

Mit der Bezeichnung *DDR-Forschung* läßt sich ein zunächst eher heuristischer Versuch kennzeichnen, bestimmte Sachverhalte, die im Bereich der DDR anzutreffen sind, durch verschiedene Forschungsdisziplinen – und dort: durch unterschiedliche Fragestellungen – zu untersuchen. Aber *innerhalb* dieser Versuche gibt es strengere Ausrichtungen, die keineswegs mehr nur heuristisch verfahren. Das kennzeichnet z. B. das von *Peter Christian Ludz* herausgegegebene *Sonderheft* 8 (1964) der *Kölner Zeitschrift für Soziologie und Sozialpsychologie,* betitelt: *Studien und Materialien zur Soziologie der DDR.* Dieses Heft, in dem Untersuchungen von Soziologen, Politologen, Wirtschaftswissenschaftlern, Historikern, Juristen, Pädagogen und Publizisten vorgelegt werden, spiegelt nach *Ludz* nicht nur die »... Unterschiedlichkeit der Aspekte und Methoden der einzelnen Beiträge. Die Vielfalt mag auch dem in der Literatur wohl ersten systematischen Ansatz einer Untersuchung der DDR-Gesellschaft zugute kommen[10].« *Ludz* geht es um mehr als um bloße additive Darstellung: »Vielmehr wurde der Versuch unternommen, Ergebnisse der Analyse einer soziologischen Theorie totalitär verfaßter Systeme einzufügen[11].« Damit ist an die Totalitarismusdiskussion angeknüpft, die für uns vorwiegend aber keine Rolle spielt.

In den folgenden 10 Jahren hat sich die Problematik gewendet. So geht es heute z. B. nicht mehr primär um die Frage der Existenz zweier deutscher Staaten, sondern wesentlich darum, ob die Bevölkerung hüben und drüben als die *einer einheitlichen Nation* angesehen werden kann, oder ob wir nunmehr auch von *zwei getrennten deutschen Nationen* sprechen können. Im Vordergrund stehen hierbei zwei gegensätzliche Thesen: a) die *Gemeinsamkeitsthese,* vornehmlich vertreten von den politischen Wortführern der BRD- und b) die *Unterscheidungsthese,* vornehmlich vertreten von denen der DDR.

Es liegt auf der Hand, daß diese Problematik von der *DDR-Forschung* nur teilweise behandelt werden kann und eine Ergänzung durch eine – ebenfalls wesentlich heuristisch gemeinte – *BRD-Forschung* notwendig wird. Dies scheint aber keineswegs in der üblichen politischen und juristischen Diskussion immer deutlich zu werden. Begründet mag dies in jener fragwürdigen »Selbstverständlichkeit« liegen, mit der unterstellt wird, die genannte Gemeinsamkeitsthese ließe sich eindeutig auf die BRD, die gegensätzliche These ebenso eindeutig auf die DDR beziehen. Das ist schon im Aspekt der jüngeren politischen Diskussionsgeschichte nicht richtig. Die Wortführer der DDR haben lange Zeit das *gesamtdeutsche* Konzept vertreten, woran der Hinweis auf die spezifische politisch-ideologische Motivation nichts ändert. Die Wandlungen in den Vorstellungen werden nun einseitig den Wortführern der DDR zur Last gelegt. Dem steht die Suggestion zur Seite, in der Bundesrepublik herrsche schier selbstverständlich so etwas vor wie eine einheitliche Auffassung, die die Menschen in der BRD, wie die in der DDR, gleichrangig als Deutsche nimmt. Dies ist nun von der empirischen Forschung mindestens teil- und zeitweise eindeutig widerlegt worden.

Die Diskussion zeigt aber noch einen weiteren interessanten Sachverhalt auf. Wo auf geschichtliche Phänomene zurückgegriffen wird, verfährt man in der Regel *selektiv*, d. h. man greift nur das als Beleg heraus, was die Gemeinsamkeitsthese stützt, und man ignoriert bzw. bagatellisiert alles, was diese problematisch erscheinen läßt. Nun könnte man auch umgekehrt verfahren und z. B. »nachweisen«, daß der Begriff der »deutschen Nation« in der neueren Geschichte erst etwa seit 1870 seinen heutigen Sinn hat. Und in der Tat hat sich eine staatliche Gemeinschaft, die mit dem *Deutschen Reich* identisch ist, erst 1918 bewährt, und die Tendenzen nach 1945 zeigten demgegenüber von Anfang an eher gegenläufige Trends, besonders in der heutigen BRD. Am Anfang stand das *antipreußische* Ressentiment mit seinen grotesk anmutenden Vorstellungen von Geschichte und Entwicklung des Preußischen Staates und seiner Identifizierung mit dem zutiefst unpreußischen Nationalsozialismus. Hier schufen sich Sieger wie Besiegte einen *gemeinsamen Sündenbock*, der offenbar nicht nur an dem Zweiten Weltkrieg schuld war, sondern ihn auch allein verloren hatte[12]. Mit der *Adenauer-Ära* entwickelte sich dann über mehrere Phasen ein ideologischer Trend, der äußerlich *antikommunistisch* war, der aber seinen Ideen nach, trotz der recht problematischen Wortverwendung, am ehesten als *katholischer* Faschismus zu bezeichnen wäre[13]. Diese Entwicklung endete erst mit der Bildung der Großen Koalition im Jahre 1966. Vergleicht man unter diesem Gesichtspunkt die Entwicklung *nach* 1945 mit der in der Weimarer Republik, dann zeigen sich überaus instruktive Zusammenhänge, die nur wegen der nach 1945 veränderten politischen Situation andere Proportionen aufweisen[14].

III

Es ist instruktiv und überaus bedeutsam, daß gerade die später stark umstrittene *Vorurteilsforschung* in mehreren Schritten und zunächst von scheinbar abseits gelegenen Ergebnissen ausgehend, diese Problematik, zunächst gewiß unabsichtlich, neu aufgerollt hat. Anfang der 50er Jahre entdeckten *Kripal Singh Sodhi* und *Rudolf Bergius* bei der Untersuchung *Nationaler Vorurteile*[15] ein Phänomen, das seitdem als *West-Ost-Gefälle der Vorurteile* bezeichnet wird: Deutsche Befragte beurteilten allgemein Völker des Ostens weniger günstig als Völker des Westens und Südens. Dieses Phänomen war aber offensichtlich *übernational*. Abgesehen davon, daß alle in der BRD gewonnenen Befunde es bestätigen, ließ es sich auch in der französischen, russischen etc. Literatur feststellen[16]. Dies gilt auch weitgehend für die Befunde der vorausgehenden amerikanischen Vorurteilsforschung [17]. Hier lag also offenbar *mehr* vor, als sich mit dem Vorurteilsbegriff aufzeigen ließ. Zudem fand sich – schon bei *Sodhi* und *Bergius* – noch eine *dritte* Gruppierung, die gewissermaßen *zwischen* den extrem bewerteten Gruppen stand. Zu ihr gehörten z. B. Franzosen, Italiener, Ungarn etc. Das *Gesamtphänomen* schien sich teils als Folge der Einstellungsentwicklung im Kalten Krieg, teils als Nachwirkung sog. Rassenvorstellungen der Nationalsozialisten [18] erklären zu lassen. Doch zeigte sich sehr bald, daß dies bestenfalls partielle Erklärungen sein konnten.

Eine prinzipielle Blickumstellung der Interpretation der Vorurteilsforschung brachte die Kritik von *René König* an der Vorurteilsstudie von *Melvin M. Tumin* [19]. *Tumin* verglich die Ablehnung der West-Inder durch die Engländer und die der Algerier durch die Franzosen mit der Ablehnung der Russen, Polen und Juden durch die Deutschen. *König* wandte ein, der deutsche Befund lasse sich mit den beiden anderen nicht vergleichen; während diese nämlich aus der spezifischen und damit begrenzten Situation der Gegenwart zu verstehen seien, trete im deutschen Befund eine *geschichtlich viel ältere Tendenz* in Erscheinung.

Dem war ein weiteres Problem verknüpft. Bei der Prüfung der Frage, inwieweit bei *Nationalen Vorurteilen* noch *rassische Gründe* – etwa ein sog. Rassenvorurteil – bei deutschen Jugendlichen anzutreffen wäre, zeigte sich, daß die Zahl solcher Fälle nicht sehr groß war, ihr aber eine Überzahl nativistischer Vorstellungen von Charakter- und Eigenschaftsunterschieden bei Völkern gegenüberstanden [20], die den rassischen Vorurteilen mindestens verwandt erschienen. Eine Erklärung hätte sich bereits 1952 einer Veröffentlichung von *Eugen Lemberg* [21] entnehmen lassen, aber damals existierte in der BRD noch keine Vorurteilsforschung, und als sich diese in den Jahren 1959/60 zu einer ersten Bilanz aufraffte, war der Artikel von *Lemberg* offensichtlich in Vergessenheit geraten. Erst mit der Buchveröffentlichung von *Lemberg* 1964 [22] und mit einer spezifischen Analyse der nationalsozialistischen Primärliteratur [23] wurde klar ersichtlich, daß man nach 1945 die nationalsozialistische Rassenvorstellung falsch beschrieben hatte. Geht man etwas vereinfachend von *Lemberg* aus, dann ist der *neuere* (völkische) Nationalismus durch zwei Axiome gekennzeichnet: a) durch den Mythos der Existenz sog. *Urvölker* und b) durch den Mythos der diesen Urvölkern *unwandelbar mitgegebenen Eigenschaften.*

Diese *völkische Charakterologie* ist es nun, die weitgehend unabhängig vom speziellen Nationalismus unter Rückgriff auf die Völkerwanderung ein Bewertungsmodell über Völker entwickelt, das schließlich auch *Heinrich Himmler* seiner Schrift »Der Untermensch« [24] unterlegt: Die Deutschen, auf das sog. Urvolk der Germanen (die lediglich eine Sprachgruppe waren) gestützt, besitzen auch am meisten die positiven Eigenschaften dieses Urvolks. Die Vermischung germanischer Stämme mit der Urbevölkerung in Frankreich, Italien etc., gab diesen Nationen wenigstens einige positive Charakterzüge, wennschon sie keinegswegs mit den Deutschen konkurrieren können. Noch schlimmer ist es um Russen, Polen, überhaupt Slawen, die ständig von Hunnen, Mongolen etc. unterworfen wurden, unfähig zu einer eigenen Kultur sind und in deren Bereich ursprünglich germanische Einsprengsel zwar vorhanden waren, aber vernichtet wurden, sich also nicht mit der Urbevölkerung vermischen konnten. Diese Vorstellungen unterscheiden sich nicht nur von den sogenannten Rassenlehren, die ja jeder Rasse unterschiedliche positive, wie negative Eigenschaften zuordneten (so überholt sie auch damals schon sein mochten), sondern sie zeigen *jene Dreiteilung nationaler Gruppen, die sich im West-Ost-Gefälle Nationaler Vorurteile der empirischen Vorurteilsforschung der Nachkriegszeit in der BRD haben nachweisen lassen.*

Damit wird aber ein Befund interpretierbar, der für unsere Thematik unmittelbar von Interesse ist. *Alois Hüser* und *Heinz E. Wolf* fanden bei der Untersuchung *Regionaler Vorurteile* bei deutschen Jugendlichen ebenfalls ein *West-Ost-Gefälle* [25]: Diejenigen Regionalgruppen, die in der DDR beheimat sind, wurden – mit Ausnahme der Berliner – weniger günstig beurteilt als die der BRD. Nun zeigt aber die Rückschau auf die Literatur der Weimarer Republik, daß dort eine intensive Diskussion über die Bewertung ost- und westdeutscher Gruppen geführt worden ist [26], der Befund von *Hüser* und *Wolf* also offenkundig nur die Tradition dieser Diskussion ausdrückt, wenn auch wiederum mit aktuellen Problemen vermengt.

Diese Sachverhalte, die hier nur gekürzt angeführt wurden, haben nun zu veränderten Interpretationsansätzen der *neueren* Vorurteilsforschung geführt. Verworfen wurden die engeren Interpretationen der *psychologischen,* wie der *punktuellen* Ansätze. An ihre Stelle treten zwei geänderte Ausgangspunkte: 1. Der *historische* Bezug der Theorienbildung, wie ihn *König* beschrieben hat: »Die geringste Kenntnisnahme der existierenden Forschung (nicht der theoretisch-postulativen, sondern jener, die sich in der Lösung wirklicher Probleme bewegt) zeigt uns ... augenfällig, wie sich in der Entwicklung keineswegs nur ein einseitiger Problemaspekt immer mehr verallgemeinert, *sondern wie umgekehrt eine nicht zu übersehene Historisierung der Theorie vorliegt, die selbstverständlich einen Hinweis auf sich wandelnde Verhältnisse darstellt.* Nicht daß zu verschiedenen Momenten die gleichen Probleme aufgerollt würden, sondern die Problemstellungen ändern sich [27].« 2. Der *politische* Bezug läßt sich eher als Folge des vorhergehenden kennzeichnen. *Anke Brunn* sah die Gesamtattitüde eines Volkes zu einem anderen als *Funktion der außenpolitischen Beziehung* [28]. Ihr scheinen die neueren Ergebnisse der Vorurteilsforschung zu entsprechen, die Ende der 60er Jahre eine immer deutlichere Abschwächung des West-Ost-Gefälles der Vorurteile zeigen [29]. Von besonderem Interesse ist hier auch die Studie von *Ulrike Siegel* [30], legt sie doch die Annahme nahe, daß es in der DDR niemals ein der BRD vergleichbares West-Ost-Gefälle der Vorurteile gegeben hat.

So interessant diese Ergebnisse der Vorurteilsforschung sind, darf indes nicht die neuere Kritik übersehen werden, die dieser Vorurteilsforschung die Existenzberechtigung als Wissenschaft bestreitet. Ist aber diese Vorurteilsforschung selbst problematisch und soll sie dennoch zur Unterstützung herangezogen werden, so muß erläutert werden, wie dies möglich ist.

IV

Was Mitte der 70er Jahre als Vorurteilsforschung sich herauszubilden beginnt, hat mit jener, die rund 20 Jahre vorher die Eigenständigkeit angemeldet hatte [31], oft nur noch den Namen gemeinsam. Diese vorhergehende Vorurteilsforschung – richtiger als *Prejudice-Forschung* bezeichnet – ist es, die im wesentlichen die Kritik auf sich gezogen hat. Sie ist heute weitgehend überholt. Auf die Geschichte dieser meist psychologistischen, untheoretischen und unmethodologischen Forschung kann hier nicht eingegangen werden. Sie war ständigen Verdrängungs- und Einschränkungsversuchen durch Attitüden-, Stereotypen-, Aggressions-, Autoritarismus-, Image- und Konfliktforschung ausgesetzt; dem ging eine chronische Problemflucht nebenher, bei der jedoch die Probleme nur verschoben, mit anderen Bezeichnungen belegt, aber nicht gelöst wurden. So überrascht es imgrunde nicht, wenn die Kritik mit Beginn der 70er Jahre *diese* Art der Vorurteilsforschung als *Holzweg* kennzeichnet, den üblichen Vorurteilsbegriff dem vorwissenschaftlichen Sprachgebrauch zuordnet und schließlich die wissenschaftssystematische Liquidierung verlangt [32].

Diese Kritik ist leicht verständlich. Die Einsicht, daß z. B. Vorurteile etwas Unangenehmes, Böses und Gefährliches sind (bzw. sein können), ist zwar teilweise richtig, entspricht aber wesentlich den Kriterien des vorwissenschaftlichen sog. Gesunden Menschenverstandes. Und auch die Einsicht, daß es z. B. in der BRD Vorurteile gegenüber der DDR und ihren Bürgern gibt – wie auch im umgekehrten Falle –, die man überwinden sollte, ist gewiß richtig; allerdings bedarf es dazu keiner gesonderten wissenschaftlichen Disziplin. Die *moderne* Vorurteilsforschung, die sich im Bereich der kritischen Diskussion der *Imageforschung* herausgebildet hat, dann aber diese überwand und eigenständig wurde, kennzeichnet sich zunächst wesentlich durch die *Rückbesinnung auf das Ausgangsproblem.* In der Tat zeigt sich dem Rückblick eine heute kaum verständliche Leichtigkeit und Leichtfertigkeit, mit der in der Prejudice-Forschung der wörtlich vorgegebene Forschungsgegenstand salopp behandelt, übersprungen wurde und damit faktisch so gut wie unbearbeitet blieb. Ausnahmen gab es natürlich auch hier.

Ähnlich leichtfertig verfuhr man mit Theorien und Modellen, die man der Gruppen-, und besonders der Minoritätenforschung entlehnt hatte. Dies veranschaulicht sich in der (ideologischen) Simplifizierung des Verhältnisses von Majoritäten und Minoritäten nach dem Motto: Minoritäten = gut, Majoritäten = schlecht. Schwerwiegender noch war die Verwendung der These von *William G. Sumner,* wonach einer positiv eingeschätzten Eigengruppe eine negativ eingeschätzten Fremdgruppe gegenübersteht [33]. Auch die sozialpsychologische Gruppentheorie hat neuerlich diese sehr vage *Sumner-Formel,* die für Gesangvereine ebenso gilt wie für kriegerische Spannungen, besser aufgegliedert [34].

Die neuere Entwicklung der Vorurteilsforschung erscheint eher als Folgeerscheinung eines allgemeinen neueren Trends kritischer Selbstbesinnung und weniger als eine Leistung in einem eher punktuellen Bereich. In dem von *René König* und *Axel Schmalfuß* herausgegebenen Band *Kulturanthropologie* [35], der für die Vorurteilsforschung u. a. auch deswegen bedeutsam ist, weil sich zeigt, wie jene Phänomene, die oft allzuschnell als »psychologisch« interpretiert werden, gerade *nicht* psychologisch sind [36], spricht *König* eingangs davon, die empirische Kulturanthropologie teile mit einigen anderen Zweigen der Sozialforschung, wie z. B. mit der Lehre von den Vorurteilen, »daß sie sich jeweils unter dem Eindruck besonderer existentieller Konstellationen stärker entwickelt, also gewissermaßen nicht gleichmäßig, sondern in Sprüngen vorangeht« [37].

Wenn wir oben sagten, was Mitte der 70er Jahre als Vorurteilsforschung diskutiert wird, habe mit der 20 Jahre vorher angemeldeten Diskussion nur noch den Namen gemeinsam, so kennzeichnet sich dies auch in dem mehrfachen Wandel des *Begriffs* der *Vorurteilsforschung*. Im heutigen Aspekt lassen sich fünf unterschiedliche Bedeutungen dieses Begriffs kennzeichnen:

a) Als *Vorurteilsforschung i. w. S.* wird heute allgemein die frühere, insonderheit philosophische, sodann die wissenssoziologische und ideologiekritische Behandlung der Phänomene der Vorurteile bezeichnet.
b) Als *Vorurteilsforschung i. e. S.* bezeichnen wir die besonders in den USA entwickelte *Prejudice-Forschung*, deren Mängel bereits angedeutet wurden.
c) Eine dritte Begriffsbedeutung ergibt sich, wenn man das Zusammentreten – mindestens den Versuch eines solchen Zusammentretens – der Vorurteilsforschung i. w. S. mit der i. e. S. kennzeichnen will. Dieser Vorgang bezieht sich wesentlich auf die BRD und bezeichnet die breitere soziologische Erörterung über *theoretische* und *ideologische* Vorurteile z. B. bei *René König* unter Bezug auf die Prejudice-Forschung.
d) Eine vierte Begriffsbedeutung wird ersichtlich, wenn man die wissenschaftssystematische und -historische Diskussionsentwicklung berücksichtigt, die sich mit dem Oberbegriff der Vorurteilsforschung zusammenfassen läßt. Es ist dies die Aufeinanderfolge, das Mit- und Gegeneinander von Prejudice-, Attitüden-, Stereotypen-, Autoritarismus-, Aggressions-, Image- und Konfliktforschung.
e) Die fünfte – neueste – Bedeutung kennzeichnet sich dann im Begriff der *Bild-Analyse*.

Prüft man die Literatur, die zur Bild-Analyse gerechnet wird, so zeigen sich auch dort drei unterschiedliche Begriffsbedeutungen:
1. Bild-Analyse versteht sich als Oberbegriff einer Entwicklung, die sich im Sinne der Begriffe von Vorurteilsforschung der Punkte c und d verstehen läßt. Es ist dies gewissermaßen der wissenschaftsytematische und -geschichtliche Blickpunkt.
2. Bild-Analyse meint dann aber auch einzelne spezifische Interpretationsansätze (Modelle und Hypothesen), wie: (a) Das *Konfigurationsmodell der Gruppenspannungen*, ursprünglich von *Hans-Christian Schwartz* konstruiert, sodann von *Wolfgang Töpfer* weiterentwickelt und neuerdings wieder von *Schwartz* modifiziert [38]. (b) Die *Proportionsregel* von *Mabel Deborah Sevlund* [39]. (c) Die *Perspektiven-Hypothese* von *Ursula H. Soldan* [40]. (d) Die *qualitative Prägnanzmethode* von *Sevland* und *Alice de Trutt* [41].
3. Bild-Analyse meint dann schließlich ein übergreifendes Interpretationsschema, das alle unter Punkt 2 gekennzeichneten Einzelthesen zu einem einheitlichen Konstrukt zusammenfaßt. Hauptvertreter sind hier in erster Linie *de Trutt, Sevlund* und *Schwartz*.

Die *Bild-Analyse* geht zunächst von der *Bild-Forschung* aus – beide Begriffe stammen von *Soldan* – und definiert fünf unterschiedliche Bilder:
1. W = *Wissenschaftsbild:* Ausreichende wissenschaftliche Sachkenntnis über ein Objekt.
2. O = *Objektbild* (richtiger: objektives Bild): Vorstellungsbild von der praktischen Sachstruktur eines wirksamen Objektes (also z. B. die Kenntnis eines Pkw-Fahrers vom fahrtechnischen Funktionieren seines Wagens, darin klar unterschieden von der Fachkenntnis des Kfz-Mechanikers).
3. S = *Subjektbild* (richtiger: subjektives Bild): Vorstellungsbild von einem Gegenstand, das durch die bisherige, subjektiv gefärbte persönliche Erfahrung bestimmt ist.

4. I = *Image:* Vorstellungsbild von einem Gegenstand, das unabhängig vom Stellungnehmenden existiert, seiner Erfahrung vorgegeben und seiner subjektiven Erfahrung gegenüber indifferent ist.
5. V = *Vorurteil:* Vorstellungsbild, das persönlich als verbindlich erlebt wird[42].

Daraus entwickelte *Soldan* ihre Strukturformel:

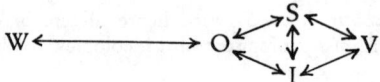

Da nun W in der praktischen Situation des Alltags so gut wie keine Rolle spielt, beschränken sich Bild-Forschung und Bild-Analyse in der Regel auf die Bilder: O, S, I, V. Der Begriff *Bild* ist dabei definiert als *Soziales Orientierungssystem* im Sinne der Vorurteilsdefiniton von *Peter Heintz*[43]. *Die Bild-Forschung* untersucht dementsprechend: *Struktur, Wirkungsweise, Entstehung* und *Funktion* des jeweils *einzelnen* Bildes; insofern bleiben hier z. B. Image- und Prejudiceforschung erhalten, wenn auch unter dem neuen Aspekt. *Bild-Analyse* untersucht demgegenüber die *Beziehungen zwischen den einzelnen Bildern*, die in der Bild-Forschung definiert sind. *Vorurteilsforschung* auf der Basis der Bild-Analyse ist also definiert als: *das Insgesamt von Bild-Forschung und Bild-Analyse.* Sie untersucht konkret: *Existenz, Struktur, Wirkungsweise, Entstehung, Funktion sowohl der einzelnen Bilder als auch ihrer internen Beziehungen.* Die *Proportionsregel* von *Sevlund* kennzeichnet *einen* Versuch, mittels einer Modellvorstellung Aussagen über die interne Beziehungen zwischen den Bildern zu formulieren.

Die wichtigsten Vorstellungen dieser Proportionsregel, die neuerdings mehrere empirische Studien angeregt haben, seien kurz erläutert, da hier am ehesten der Bezug für unsere Problematik deutlich wird. *Sevlund* geht von der Annahme eines Zusammenspiels zwischen *Intensitätsstufen* und *Bildern* aus. Dabei steht am Anfang der Proportionsregel ein Paradoxon: *Sevlund* konnte in ihrem Modell V nicht unterbringen und ließ es deshalb weg; sie operierte also nur mit den Bildern O, S und I. Außerdem ging sie von der Erfahrung aus[44], daß quantitative Intensitätssteigerungen erst wirksam werden, wenn bestimmte »Stufen« erreicht sind. Sie definiert deswegen *qualitative* Intensitätsabstufungen: X_0 = keine Intensität, X_1 = schwache, wenig wirksame Intensität, X_2 = stärkere, wirksame Intensität, X_3 = dominierende Intensität. Gehen wir von jenen Proportionen aus, in denen *ein* Bild dominiert, so kann die Gesamtheit der Intensitäten der drei Bilder nur die Größe von = 6 erreichen. Hinzukommt, daß das O, weil es dem W am nächsten und dem V am entferntesten steht, prinzipiell als Regulator angesehen werden kann, während I und S sich ergänzen, aber auch gegenseitig abschwächen können. Gehen wir von der Attitüde gegenüber einer Gruppe Z aus, so ergeben sich *fünf Dominanzverhältnisse:*

a) $\dfrac{I_3 + S_1}{O_2}$ b) $\dfrac{I_1 + S_3}{O_2}$ c) $\dfrac{I_1 + S_2}{O_3}$ d) $\dfrac{I_3 + S_2}{O_1}$ e) $\dfrac{I_2 + S_3}{O_1}$

Die Fälle a und b zeigen ein dominierendes I bzw. S, wobei das O als Bremse wirkt, im Fall a stärker als im Fall b. Die Dominanz beider Bilder kann also im Fall a von O leichter beeinträchtigt werden. Der Fall c zeigt ein dominierendes O, das in diesem Beispiel aber in seiner Dominanz durch S bedroht ist. Die Fälle d und e zeigen Proportionen, wie man sie etwa in der Diskussion über die *Self-Fulfilling Prophecy* annehmen kann, deren Wert für die Sozialforschung allerdings neuerlich stark bestritten wird[45]: In beiden Fällen ist die Wirkung von O auf ein Minimum reduziert; dabei scheint der Versuch, diese Konstellation zu ändern, über die Steigerung der Intensitäten von S leichter zu sein, während die Intensitäten von I eher verfestigend wirken. Die von O ausgehenden Wirkungen sind auch darin am schwächsten, weil sich hier auch eine einfache Intensitätssteigerung (von O_1 auf O_2) noch nicht auszahlt. Dies dürfte für viele praktische Versuche der *Vorurteilsänderungen* und *-regulierungen* entscheidend sein und klären helfen, warum bei *Kontakten* in einigen Fällen eine Veränderung der Gesamtproportion über O erfolgt, in anderen jedoch das »Vorurteil« eher noch sich zu verstärken scheint.

Nun hat *Soldan* darauf verwiesen, daß bei den Dominanzen von S_3 und I_3, wenn diesen jeweils S_2 oder I_2 entspricht, aber selbst wenn sie O_1 zu O_2 verwandelt, eine sehr bekannte Erscheinung auftritt, nämlich das V. Mit anderen Worten: die Fälle von d und c sind nach *Soldan* aufzufassen als eine *Strukturformel des Vorurteils!*

Diese Überlegungen lassen nun jene Behauptungen besser verstehen, wonach die *Kontaktforschung*, die sich zudem immer mehr zu einem Synonym der *empirischen Sozialforschung* zu entwickeln scheint, einen *Holzweg* darstelle. Ebenso wie die Untergliederung von Attitüden und Vorurteilen nach den Kategorien: kognitiv, affektiv und konativ *isolierende* Größen mißt, die so in der sozialen Praxis kaum anzutreffen sind[46], so hat auch die – methodisch im Grunde sinnvolle – Frage z. B. nach Zeitdauer, Ort, Art, Thematik u. ä. von Kontakten zwar in Einzelfällen instruktive Ergebnisse erbracht, läßt aber nicht erkennen, wie man sie verallgemeinern könnte[47].

V

Wir haben gesehen, daß über längere Sicht die Veränderung der politischen Situation auch die Attitüdenprofile gegenüber jenen Gruppen verändert, die dieser Situation ausgesetzt sind. Das Gegensatzprofil des West-Ost-Gefälles der Nationalen Vorurteile erscheint heute entscheidend reduziert. Gefragt ist, ob sich im *innerdeutschen* Bereich eine analoge Veränderung erkennen läßt. Diese Frage ist indes ungleich schwieriger zu beantworten, weil es hier nur sehr wenig vorausgehende Studien gibt. Im wesentlichen bieten sich hier nur die Untersuchungen von *Alois Hüser* und *H. E. Wolf*[47a] und *Peter R. Hofstätter*[48] an. Die Studie von *Günter Baum* aus der DDR läßt sich für uns nicht verwerten[49].

Hofstätter kam zu dem Schluß, die Befragten der BRD, die allgemein darin übereinstimmten, was »deutsch« ist, würden die Bürger der DDR eher als *Gegenbild* einschätzen. Lassen wir die Fragen der spezifischen Technik, Sampelauswahl, Repräsentativität u. a. unbeachtet, so scheinen die neueren Studien z. B. von *Klaus-Christian Becker* und *Dieter Lucke*[50], sowie von *Giselheid Scholz-Görlach* und *H. E. Wolf*[51] dem zu widersprechen.

Nun zeigen viele bisher bekannt gewordenen Studien zuweilen deutliche Unterschiede zwischen den Altersgruppen. Offensichtlich wirken frühere politische, aber auch historische Einflüsse – z. B. über den Schulunterricht – bei den Älteren nach, die die Jüngeren möglicherweise kaum noch kennen. Daraus sollte man keineswegs ein romantizistisch verklärtes Bild »der« Jugend ableiten, die es in dieser Einheitlichkeit nicht gibt[52], aber man wird doch unterschiedliche Lernansätze und -verläufe in Rechnung zu stellen haben. Somit erscheint für die vorliegende Problematik besonders wichtig, wie die Bilder bei Jüngeren beschaffen sind.

Besonders die Frage, inwieweit sich die Bewohner der BRD und DDR als Angehörige einer einheitlichen Nation erleben, wird diese Altersunterschiede berücksichtigen müssen. Abgesehen davon, daß sich diese Frage augenblicklich nicht beantworten läßt, weil man mit der Vorgabe solcher wörtlichen Statements in der Interpretation nicht weit kommt – wiewohl solche Studien durchaus interessant wären –, wissen wir augenblicklich viel zu wenig über die speziellen und/oder komplexen Nachwirkungen historischer Diskussionen und Einflüsse. Nur sehr vorläufig lassen sich folgende Arbeitshypothesen formulieren:

a) Die negative Einschätzung der Tatsache, daß es sich bei der DDR um ein Gebiet handelt, das früher von *slawischen Sprachgruppen* (Sorben, Liutizen, Obotriden) besiedelt war – was in völkisch-nationalistischer Hinsicht zu einer Abwertung der dortigen (insbesondere *preußischen*) Bevölkerung geführt hat –, scheint augenblicklich nicht (mehr) sehr ausgeprägt zu sein. Die Einschätzung der Lausitzer Sorben zeigt zwar einen eher negativen Hintergrund, doch ist diese sprachliche Restgruppe den Befragten meist kaum bekannt.

b) Das anti-preußische Ressentiment findet mindestens im Bereich der früher preußischen Gebiete der BRD wie der DDR keine wesentliche Resonanz [53]. Eher scheint einem negativ-verzerrten Preußenbild z. B. der politischen Linken, sowie der süd- und westdeutschen Ideologen, in breiteren Bevölkerungskreisen ein positiv-verzerrtes Bild gegenüber zu stehen.

c) Das Problem *nativistischer* – völkisch-nationalistischer – Vorurteile, das ja wesentlich in alle Problemgebiete hineinspielt, ist augenblicklich nicht zu klären. Frühere Studien haben ausgeprägte nativistische Vorstellungen und die entsprechenden Axiome des neueren Nationalismus auch bei Jüngeren gezeigt [54]. Spezielle Untersuchungen über das *nativistische Vorurteil*, etwa durch *Irene Brückner* [55], haben Problemdifferenzierungen erbracht. Wie die Studie von *Scholz-Görlach* und *Wolf* zeigt, scheint die völkische Axiomatik nicht mehr das Feld zu beherrschen, selbst wenn sie noch wirksam sein sollte.

d) Die Frage nach den *spezifischen Regionalvorurteilen* sieht sich mit zwei Sachverhalten konfrontiert: Einerseits finden sich gelegentlich Äußerungen von Publizisten, Politikern etc., in denen die »Vermischungsthese« eine Rolle spielt, die ja auf nativistisch-völkercharakterologischen Axiomen fußt. Andererseits aber gibt es eine entsprechende Forschung in diesem Problembereich bestenfalls erst in Ansätzen [56]. Daraus resultiert, daß wir augenblicklich so gut wie nichts darüber auszusagen vermögen, welche Bedeutung den spezifischen Regionalvorurteilen im Rahmen unserer Gesamtproblematik zukommt.

Dies alles trifft sich in einem Punkt: Die überaus dürftige Forschung läßt weiterführende Aussagen nicht zu. Die noch am leichtesten durchführbare Studien über Regionalvorurteile werden kaum angegangen. Dem ist auch ein methodisches Problem verbunden. Alle Untersuchungen im augenblicklichen Stadium müssen auf die Verwendung exakter Techniken verzichten, solange wir nicht einmal über die wichtigsten Grunddaten verfügen, und dies wiederum scheint für manche Akademiker mit negativem Prestige besetzt, weswegen sie solche Fragestellungen gar nicht erst aufgreifen. Unter diesen Umständen tritt an die Stelle wissenschaftlicher Klärungen weitgehend die *Spekulation*. Und dies kennzeichnet auch die Frage, ob es bei den Bewohnern der BRD und DDR noch so etwas gibt, was man als gemeinsames Nationalgefühl bezeichnen könnte.

Anmerkungen

1 *Caesar Hagener,* Zum Beispiel Ostkunde. Über den »cultural lag« pädagogischer Meinungen, in: Westermanns Pädagogische Beiträge, Bd. 21, 1969, S. 1–12. *Klaus Christian Becker* und *C. Hagener,* Wissen und Vorurteile über ostdeutsche Völker bei Hauptschülern, in: Westermanns Pädagogische Beiträge, Bd. 21, 1969, S. 62–72 und 135–145.

2 *Herbert Hassler,* Suggerieren Empiriker den »Völkermord«?, in: Westermanns Pädagogische Beiträge, Bd. 21, 1969, S. 616–618. *C. Hagener,* Analyse einer Empiriker-Beschimpfung. Eine Antwort auf Herbert Hasslers Replik, in: Westermanns Pädagogische Beiträge, Bd. 21, 1969, S. 619–626.

3 *Walter Jaide,* Jugend und Demokratie, München 1971 (2. Aufl.).

4 *Barbara Hille,* Berufs- und Lebenspläne sechzehnjähriger Schülerinnen, Dissertation, Braunschweig 1973.

5 Dieser Vorwurf wurde in einer Diskussion in Hamburg im Herbst 1974 geäußert.

6 *Arnold Freiburg,* Zur Jugendkriminalität in beiden deutschen Staaten, in: *Kuratorium Unteilbares Deutschland* (Hrsg.), Zur deutschen Frage. Beiträge und Ergebnisse der Jahresarbeitstagung der Arbeitskreise Gesellschaft und Politik, 24./25. November 1972 in Berlin, Bonn (1973), S. 115–150.

7 *Stanley Milgram,* Einige Bedingungen von Autoritätsgehorsam und seiner Verweigerung, in: Zeitschrift für experimentelle und angewandte Psychologie, Bd. 13, 1966, S. 433–463.

8 *Herbert Selg,* Diagnostik der Aggressivität, Göttingen 1968, S. 117, Anm. 60.

9 Eine solche psychologistische Stellungnahme wird deutlich bei *Klaus Eyferth* und *Kurt Kreppner,* »Solange die Psychologie der Einstellungen sich vorwiegend an akuten sozialen Problemen orientierte, gelang ihr keine hinreichende Verallgemeinerung ...« (Entstehung, Konstanz und Wandel von Einstellungen, in: Handbuch der Psychologie, 2. Halbband 1972, S. 1343).

10 *Peter Christian Ludz,* Vorbemerkungen, in: Studien und Materialien zur Soziologie der DDR, Sonderheft 8, Kölner Zeitschrift für Soziologie und Sozialpsychologie 1964, S. 9.

11 Ebd.

12 Tragikomisch die bekannte Passage im *Alliierten Kontrollrat-Gesetz Nr. 46* vom 25. Februar 1947: »Der Staat Preußen, der seit jeher Träger des Militarismus und der Reaktion in Deutschland gewesen ist, hat in Wirklichkeit zu bestehen aufgehört.« 1954 schrieb *Friedrich Sieburg* in seinem Buch *Die Lust am Untergang:* »Die Alliierten kamen 1945 mit einer festen historischen Vorstellung in unser Land, die sich – ob richtig oder falsch – sehr schnell durchsetzte und in unseren Reihen viele eifrige Diener fand. Das große Alibi hieß Preußen, und der Nachweis, daß man schon immer gegen Preußen gewesen sei, genügte häufig, um den neuen Machthabern die von ihnen verlangte innere Wandlung vorzuführen« (zit. nach *Carl Hinrichs,* Preußen als historisches Problem, Berlin 1964, S. 15).

13 Es sei zugestanden, daß der Faschismusbegriff in mehr als einem Punkt problematisch ist (vgl. u. v. a. hier: *Ernst Nolte* (Hrsg.), Theorien über den Faschismus, Köln und Berlin 1967). Auch sei die Anfechtbarkeit dieser Begriffsverwendung als Zuordnung zur *Adenauer-Ära* von vornherein eingestanden; aber diese Ära läßt sich mit Begriffen wie *restaurativ, konservativ* keineswegs ausreichend kennzeichnen. Vgl. hierzu: *H. E. Wolf,* Antisemitismus und Antikommunismus, Teil II: Die Situation in der Bundesrepublik, Manuskript 1966 (im Auftrag der Humanistischen Union, München).

14 Vgl. hierzu auch: *H. E. Wolf,* Zur Phänomenologie und Theorie der internen deutschen West-Ost-Problematik – Versuch einer Bilanz – Manuskript, Tornesch/Holst. 1975.

15 *Kripal Singh Sodhi, Rudolf Bergius,* Nationale Vorurteile, Berlin 1953.

16 *H. E. Wolf,* Vorurteile und Toleranz in der Bundesrepublik, in: Vorgänge, Bd. 7, 1967.

17 Vgl. hierzu: *Emory Bogardus,* Measuring Social Distance, in: Journal of Applied Sociology 9 (1925), S. 299–308. *Daniel Katz, Kenneth W. Braly,* Racial Stereotypes of 100 College Students, in: Journal of Abnormal and Social Psychology, 28 (1933), S. 280–290.

18 So argumentieren noch *Sodhi* und *Bergius,* Nationale Vorurteile, 1953.

19 *Melvin M. Tumin,* Ethnocentrism and Antisemitism in England, France, and Germany, Paris 1968. *R. König,* Antisemitism and Ethnocentrism in Germany (Vorbemerkungen zu Tumin s. o.).

20 *H. E. Wolf,* Experimentelle Untersuchungen über Stellungnahmen von Jugendlichen zu fremden Völkern, Untersuchung für das *Studienbüro für Jugendfragen e. V.,* Bonn 1959. Stark gekürzte Fassung: Schüler urteilen über fremde Völker, Weinheim 1963.

21 *Eugen Lemberg,* Europäische Nationalideen und europäischer Nationalismus, in: Kölner Zeitschrift für Soziologie und Sozialpsychologie, Bd. 4, 1951/52.

22 *E. Lemberg,* Nationalismus, 2 Bde., Reinbek bei Hamburg 1964.

23 *H. E. Wolf,* Antisemitismus, Antikommunismus, Teil I, siehe auch: *H. E. Wolf,* Zur Soziologie der Vorurteile, in: *R. König* (Hrsg.), Handbuch der empirischen Sozialforschung, Bd. 2, 1969, S. 932 f.

24 *Wolf,* Antisemitismus, Antikommunismus, Teil I.

25 *Alois Hüser, H. E. Wolf,* Empirische Untersuchungen zum Problem der Regionalvorurteile bei deutschen Jugendlichen, in: Kölner Zeitschrift für Soziologie und Sozialpsychologie, Bd. 14, 1962.

26 Vgl. bei *H. E. Wolf,* Zur Phänomenologie und Theorie ...

27 *R. König,* Einige Bemerkungen über die Bedeutung der empirischen Forschung in der Soziologie, in: *R. König* (Hrsg.), Handbuch der empirischen Soziologie, 2. Bd., 1969, S. 1287.

28 *Anke Brunn,* Das Deutschlandbild der Franzosen. Allgemeine theoretische Überlegungen und Sekundäranalyse von Umfrageergebnissen, Diplomarbeit, Manuskript, Köln 1966, S. 64.

29 Vgl. u. a.: *K.-Chr. Becker* und *H. E. Wolf,* Über Veränderungen von Vorurteilstendenzen bei Schülern, in: Westermanns Pädagogische Beiträge, Bd. 10, 1971, S. 519–528. *Karla Bock, Waldemar Hoffmann* und *Peter Petersen,* Untersuchung zur Gruppentoleranz bei Berufsschülern, Manuskript, Hamburg 1971. *Wolfgang Franke* und *H. E. Wolf,* Empirische Untersuchung der Eigenschaftsbilder sozialer Gruppen bei jungen männlichen Strafgefangenen, in: Kölner Zeitschrift für Soziologie und Sozialpsychologie, Bd. 25, 1973, S. 777–813. *Helga Ammann, Christian Luksch,* Einstellung zu fremden Gruppen, in: Kritische marxistische Studien 4 (1973), S. 22–96. *Gabriele Terner,* Übersicht über neuere Ergebnisse der Einstellung zu fremden Gruppen, in: Kritische Studien 3 (1973), S. 1–128.

30 *Ulrike Siegel,* Nationale Gruppen im Urteil Jugendlicher, in: Jugendforschung 3, 4 (1967), S. 103–124.

31 *John Harding, Bernard Kutner, Harold Proshansky* und *Isidor Chein,* Prejudice and Ethnic Relations, in: *Gardner Lindzey* (Hrsg.), Handbook of Social Psychology, Bd. 2, 1954. Auch die zweite Auflage (1969) zeigt trotz einiger Revisionen wenig Neues.

32 *Gisela Göhring,* Kritische Analyse der Theorien und Methoden der Vorurteilsforschung der BRD, Manuskript, Berlin (DDR) 1972. *Gabriele Schüller,* Sozialwissenschaftliche Analyse einiger sozialwissenschaftlicher Begriffe, Manuskript, Berlin (West) 1973. *Donald R. Soulman,* What's about »Prejudice«?, in: Studies in Social Problems 2 (1974), S. 88–143. *Werner Dammann,* Holzwege der Wissenschaften, in: Kritische marxistische Studien 1 (1975), S. 2–88. *Charles R. Steputat,* Prejudice Researches, in: Studies in Social Problems 1 (1975), S. 12–43. *Gösta Nierdall,* Toward the Development of Some New Theories, in: Politica, Bd. 3, 1975, S. 42–60. *Alice de Trutt,* An Investigation of Attitudes toward Groups, in: Politica, Bd. 3, 1975, S, 22–41. *Arnold Brescher,* Über die Phänome der Vorurteile in der philosophischen Diskussion, Manuskript, München 1975. *Rudolf Brekenbach,* Die Verquickung des Vorurteilsproblems mit der Frage nach den Gruppenspannungen, Manuskript, Berlin 1975.

33 *W. G. Sumner,* Folkways, Boston 1906.

34 *Lenelis Kruse,* Gruppen und Gruppenzugehörigkeit, in: Handbuch der Psychologie, Bd. 7, Sozialpsychologie, 2. Halbband 1972, S. 1539–1593, besonders S. 1574–1579.

35 *René König* und *Axel Schmalfuß* (Hrsg.), Kulturanthropologie, Düsseldorf und Wien 1972.

36 Dies gilt besonders für die Darstellungen von *Marcel Mauss,* in: *König, Schmalfuß,* S. 91–108.

37 *König,* in: *König, Schmalfuß,* S. 7.

38 *Hans Christian Schwartz,* Einwirkungen politischer Vorstellungen auf die Bildung von Gruppenkonstellationen und politische Vorurteile, Manuskript, Bonn 1965. *Wolfgang Töpfer,* Analyse der Einstellung und des Einstellungswandels bei Sympathisanten sozialistischer Ideologien, Manuskript, Berlin (West) 1973.
39 *Mabel D. Sevlund,* On the Problems of the Proportions, in: FWS-Report 3, 1971.
40 *Ursula H. Soldan,* Differenzierungsgrade des Images zu eigenen und fremden nationalen Regionalgruppen. Eine Prüfung der These von Abel Miroglio, Manuskript, Hamburg 1964. *Dies.,* Einstellungen und Verhaltensweisen zu europäischen und asiatischen Gastarbeitern bei deutschen Arbeitern und Angestellten in Holstein, Manuskript, Hamburg 1965. *Dies.,* Zur Frage der Perspektive und Perspektivenwirkung, in: FWS-Bericht 1, 1970. *Dies.,* Zur Kritik an dem Konfigurationsmodell und der Proportionsregel auf der Basis der Bild-Analyse, demnächst in: Kölner Zeitschrift für Soziologie und Sozialpsychologie.
41 *M. D. Sevlund,* Some Directions of a New Measuring Techniques, in: FWS-Report 2, 1973. *A. de Trutt,* Some New Technical Problems, in: Studies in Social Problems 3 (1972), S. 111 bis 146. *Dies.,* Certain Determinants on the Basis of the Structures-Theorie, in: Social Problems 1 (1973), S. 64–121.
42 Definitionen nach *U. H. Soldan,* Zur Kritik ..., siehe auch: *Soldan,* Formale Modellanalyse der Vorstellungsbilder verwahrloster Krimineller, in: Archiv für angewandte Sozialpädagogik, Bd. 4, 1972/1973, S. 76 f.
43 *Peter Heintz,* Soziale Vorurteile, Köln 1957.
44 Vgl. hierzu die kritische Darstellung bei *Soldan,* Zur Kritik ...
45 *U. H. Soldan,* Versimplifizierungen und Fehlerquellen der Self-Fulfilling Prophecy, in: FWS-Report 4, 1975.
46 »Die vermögenspsychologisch ausgerichtete Differenzierung nach kognitiven, affektiven und verhaltensrelevanten Komponenten von Einstellungssystemen erfreut sich eines gleichsam problemlosen selbstverständlichen Gebrauchs ...; demgegenüber bereitet die Operationalisierung wie auch schon Theoretisierung dieses Konzepts erhebliche Schwierigkeiten. Den dargestellten sog. kognitiven Dimensionen der Strukturelemente von Einstellungssystemen läßt sich noch keine analoge Systematik im Bereich affektiver Dimensionen gegenüberstellen. Wie weit die unter dem kognitiven Aspekt delegierbaren Faktoren wirklich ausschließlich kognitiver Natur sind, darf mit Recht bezweifelt werden; schon die semantische Analyse eines einzelnen Begriffes zeigt jeweils spezifische Varianzanteile der drei Faktoren (›Komponenten‹).« *Reinhold Bergler, Bernd Six,* Stereotype und Vorurteile, in: Handbuch der Psychologie, 7. Bd., 2. Halbband 1972, S. 1399.
47 *Klaus Dieter Hartmann* meint, Kontakte würden sich – offenbar über längere Sicht – doch eher *positiv* auswirken (Auslandsreisen. Dienen Urlaubsreisen der Völkerverständigung?, Starnberg 1974). Ob dieser Schluß gerechtfertigt ist, läßt sich augenblicklich nicht sicher sagen. Auch die Zahlen, die *Hartmann* vorlegt, sind zu klein, um eine derartige Aussage zu stützen. Augenblicklich stehen wir immer noch vor der Tatsache, daß die *Kontaktfrage,* etwa von Deutschen mit Ausländern, von offenkundig recht unterschiedlichen Voraussetzungen beeinflußt werden, was dann auch zu unterschiedlichen Resultaten führt. Vgl. hierzu neuerdings:*Rudolf Bergius, Hans Werbik, Gerhard Winter,* Urteile deutscher Arbeitnehmer über Völker in Relation zur Zahl ihrer ausländischen Bekannten. I. Theorie, Methode der Erhebung und kollektive Stereotypen, in: Psychologische Beiträge 12, 1970, S. 241–310. *Dies.* und *Gerhard Schubring,* ... II. Unterschiede zwischen Kontaktgruppen, in: Psychologische Beiträge 12, 1970, S. 458–532. *Bergius* und *P. Klein,* ... III. Weitere Analysen der Unterschiede zwischen Kontaktgruppen, in: Psychologische Beiträge 13, 1971, S. 294–326. Siehe auch: *Ulrich Mees,* Vorausurteil und aggressives Verhalten, Stuttgart 1974.
47a Siehe Anm. 25.
48 *P. R. Hofstätter,* Was Deutsche über Deutsche denken, Hamburg 1966/1967.
49 *Günter Baum,* Das Polaritätenprofil – Eine Methode der skalierten Befragung, in: Jugendforschung 4, 1967, S. 95–102.
50 *Klaus-Christian Becker* und *Dieter Lucke,* Das Bild der DDR und ihrer Bürger bei Haupt-

und Realschülern; siehe Seite 297 ff. in diesem Buch.

[51] *Giselheid Scholz-Görlach* und *H. E. Wolf*, Die Bilder von der DDR und ihrer Bürger bei weiblichen Jugendlichen, siehe Seite 283 ff. in diesem Buch.

[52] Vgl. bei *Walter Jaide*, Jugend in den Veränderungen unserer Welt, in: Aus Politik und Zeitgeschichte, B 44/71 (30. Oktober 1971), S. 3–10.

[53] Dem Autor liegen insgesamt sechs Studien über das Preußen-Bild vor, die allerdings nicht über das Stadium von Vorversuchen hinausgekommen sind, aus der Zeitspanne zwischen 1961–1967. Davon stammen vier aus der BRD (drei vom Autor) und zwei aus der DDR.

[54] Vgl. die Anm. 20.

[55] *Irene Brückner*, Empirische Untersuchungen über naıivistische Gegenwarts- und Zukunftsvorstellungen strafgefangener Frauen, Manuskript, Hamburg 1971. *Dies.*, Worüber Frauen sprechen möchten. Einstellungen weiblicher Strafgefangener zur Sozialarbeit, in: Zeitschrift für Strafvollzug, Bd. 30, 1971.

[56] *H. E. Wolf*, Kurzbericht über die bisherige empirische Regionalvorurteilsforschung, Manuskript, Tornesch/Holst. 1972.

DIE BILDER VON DER DDR UND IHRER BÜRGER BEI WEIBLICHEN JUGENDLICHEN

Von Giselheid Scholz-Görlach und Heinz E. Wolf

I. Zur Problemlage

Die hier vorgelegte Untersuchung aus den Jahren 1972 und 1973 knüpft *einerseits* an Fragestellungen und Ergebnissen einiger vorhergehender Studien an, die der *Vorurteilsforschung im Bereich der Regionalgruppen* zuzuordnen sind. Zu den vorliegend speziell berücksichtigten Studien gehören die Untersuchungen von *Alois Hüser* und *H. E. Wolf* aus dem Jahre 1962 und die Studie von *Klaus-Christian Becker* und *Dieter Lucke* aus dem Jahre 1970 [1]. *Andererseits* ging es darum, Erfahrungen aus vorangegangenen bzw. parallelen Untersuchungen zu verwerten [2]. Auf ein weiteres Problem, das mit der veränderten Problemstruktur der bisherigen Vorurteilsforschung zusammenhängt, ist an anderer Stelle eingegangen worden [3].

II. Fragestellung und Methodik

Untersucht wurden nachstehend insgesamt sechs Fragestellungen:
1. Das Sympathie-, Antipathiegefälle verschiedener deutscher Regionalgruppen der *Bundesrepublik Deutschland* (BRD) und der *Deutschen Demokratischen Republik* (DDR).
2. Der geschätzte Bekanntheitsgrad der Befragten mit Personen der genannten Regionalgruppen.
3. Der Grad der Identifizierung der ebenfalls unter Punkt 1 angegebenen Regionalgruppen, ausgehend von dem Kriterium des »echten« Deutschen.
4. Zuordnung vorgegebener Städte a) hinsichtlich ihrer früheren Staatslage (z. B. bis 1933 und zwischen 1933 und 1945), b) hinsichtlich der heutigen Staatslage z. B. zur BRD, DDR oder zu anderen Ländern.
5. Zuordnung vorgegebener Personennamen a) zu deren hauptsächlichsten Tätigkeits- und Berufsbereichen, b) zur Staatsangehörigkeit, die durch das Kriterium gesetzt wird, zu welchem Staat der Geburtsort zur Zeit der Geburt des Genannten gehörte.
6. Das Auto- und Heterostereotyp bzw. die Verschränkungen der Einschätzungen der Befragten zu Eigenschaften der Bürger der BRD und DDR.

Die Untersuchung wurde in der Kinderpflegerinnenschule in Hamburg durchgeführt. Es handelte sich um zwei gleichzeitig ablaufende Untersuchungsreihen. Erfaßt wurden rund 240 Schülerinnen im Alter zwischen 16 und 18 Jahren, eingeteilt in zwei Samples. Beide Samples wurden so gebildet, daß die Alters- und Herkommensunterschiede gleichartig waren. Gearbeitet wurde mit zwei getrennten Fragebogen, die ausschließlich *geschlossene* Fragen enthielten. Lediglich in einem Fragenkomplex waren die Vorgaben identisch. Durchgeführt wurde die Untersuchung im Klassenverband. Auf Einzelheiten wird ggf. noch später eingegangen.

III. Ergebnisse

1. Das Sympathie-, Antipathiegefälle

Den Befragten wurde eine Liste von 24 Regional- bzw. Städtegruppen vorgegeben (Badenser, Bayern, Berliner, Brandenburger, Franken, Friesen, Hamburger, Hessen, Kölner, Mecklenburger, Niedersachsen, Oldenburger, Ostpreußen, Pfälzer, Pommern, Rheinländer, Saarländer, Sachsen, Schlesier, Schleswig-Holsteiner, Sorben (Wenden), Westfalen, Westpreußen, Württemberger). Bei jeder einzelnen Vorgabe sollten die Befragten von fünf Antwortmöglichkeiten *eine* ankreuzen (»sehr sympathisch« = 1, »etwas sympathisch« = 2, »gleichgültig« = 3, »etwas unsympathisch« = 4, »sehr unsympathisch« = 5).

Zur Vereinfachung einzelner Passagen der Interpretation bezeichnen wir alle Regional- und Städtegruppen, die im Gebiet der BRD liegen als *WR* (Westliche Regionalgruppen), alle die im Bereich der DDR liegen als *OR* (Östliche Regionalgruppen). West-Berlin gehört politisch zu den WR, geographisch zu den OR *(Tabelle 1).*

Tabelle 1: Sympathie-Antipathie-Relationen (Mittelwerte) (N = 120)

Regionalbezeichnungen	Mittelwerte
Hamburger	1.45
Schleswig-Holsteiner	1.90
Niedersachsen	1.92
Bayern	1.93
Berliner	1.94
Kölner	2.12
Rheinländer	2.25
Friesen	2.32
Hessen	2.35
Oldenburger	2.50
Schlesier	2.55
Württemberger	2.59
Saarländer	2.60
Pommern	2.64
Ostpreußen	2.65
Mecklenburger	2.66
Brandenburger	2.67
Sachsen	2.68
Franken	2.70
Westfalen	2.73
Westpreußen	2.74
Badenser	2.85
Sorben	2.92
Pfälzer	3.00

Erläuterungen: »Sehr sympathisch« = 1, »Etwas sympathisch« = 2, »Gleichgültig« = 3, »Etwas unsympathisch« = 4, »Sehr unsympathisch« = 5.

Berücksichtigen wir in *Tabelle 1,* daß die Mittelwerte nur zwischen 1.00 (»sehr sympathisch«) und 5.00 (»sehr unsympathisch«) liegen können, zeigt sich eine Spannenbreite von 1.45 bis 3.00. Das ergibt eine Spannendichte von 1.55. Damit entfällt die Frage nach signifikanten Unterschieden. Mehr noch: Kein Mittelwert weist eine negative Bewertungstendenz auf.

Gehen wir davon aus, die Grenze der Sympathiebewertung läge bei 2.50, dann gelten
10 Regionalgruppen als »sympathisch« und 14 als »gleichgültig«. Im ersten Fall
handelt es sich, mit Ausnahme der Berliner, um WR, im zweiten Fall um alle OR
– mit Ausnahme der Berliner –, sowie um einige Gruppen der WR: Württemberger,
Saarländer, Franken, Westfalen, Badenser, Pfälzer.
Unser Sample läßt sich in zwei Untersamples aufgliedern: Ist die Schülerin und sind
beide Eltern in der BRD oder im westlichen Ausland geboren, sprechen wir von der
»Westgruppe«. Ist die Schülerin und/oder ein Elternteil (oder beide) in der DDR
oder im östlichen Ausland geboren, sprechen wir von der »Ostgruppe«. Beide Untersamples waren zufällig annähernd gleich groß. Nehmen wir die Problematik einer
solchen Einteilung in Kauf, dann zeigen sich die Ergebnisse der *Tabelle 1 a.*

Tabelle 1a: Durchschnittliche Mittelwerte

	WR	OR Ohne Berlin	OR Mit Berlin
Gesamtsample	2.35	2.69	2.61
»Westgruppe«	2.44	2.80	2.72
»Ostgruppe«	2.27	2.45	2.35

Hier deutet sich folgende Tendenz an: Die Angehörigen der »Ostgruppe« tendieren
dazu, sowohl die WR als auch die OR (mit und ohne Berliner) etwas günstiger zu
beurteilen, als dies die der »Westgruppen« zu tun scheinen. Sowohl die »Westgruppe«
als auch die »Ostgruppe« tendieren dazu, die WR günstiger zu bewerten als die OR.

2. Der Bekanntheitsgrad

Auf die Problematik des Bekanntheitsgrades ist an anderer Stelle eingegangen worden[4]. Ausgehend von den Überlegungen der *Bild-Analyse*[5] haben wir vorliegend den *subjektiv* eingeschätzten Bekanntheitsgrad erfaßt[6]. Vorgegeben wurden die Bezeichnungen der Regionalgruppen, wie im Punkt 1 geschildert. Diesesmal aber sollten die Befragten bei jeder einzelnen
Gruppe eine *Zahl* angeben, die ausdrückt, wie gut oder weniger gut man die Personen der
vorgegebenen Regionalgruppe zu kennen glaubt (»sehr gut« = 1, »gut« = 2, »weniger gut«
= 3, »sehr wenig« = 4, »überhaupt nicht« = 5). Das Ergebnis zeigt *Tabelle 2.*
Die Möglichkeiten reichen wieder von 1.00 bis 5.00. Die Spanne erstreckt sich von 1.16 bis 4.80
(Spannendichte = 3.64), zeigt also die Ausnutzung der vorgegebenen Breite. Wenden wir die
übliche heuristische Verrechnung an[7], dann ergibt sich folgende Unterteilung: a) Alle Werte
zwischen 1.00 und 2.50 kennzeichnen eine »gute Bekanntschaft«, b) alle Werte von 2.51 und
3.50 kennzeichnen eine »weniger gute Bekanntschaft«, c) alle Werte von 3.51 bis 5.00 kennzeichnen die jeweilige Gruppe als »relativ unbekannt«.

»Gut bekannt« sind somit nur: Hamburger (Eigengruppe) und Schleswig-Holsteiner.
»Weniger gut bekannt« sind: Bayern, Rheinländer, Kölner und Hessen. Alle übrigen
Gruppen sind demnach »relativ unbekannt«. Dieses Ergebnis ist im Sinne der *Bild-
Analyse* von großem Interesse, weil die Ergebnisse der Vorversuche, die *nicht* den
subjektiven Bekanntheitsgrad erfaßt hatten, wesentlich andere Ergebnisse gezeigt
haben.

Tabelle 2: Bekanntheitsgrad (Mittelwerte) (N = 120)

Regionalbezeichnungen	Mittelwerte
Hamburger	1.16
Schleswig-Holsteiner	2.33
Bayern	2.75
Rheinländer	2.90
Kölner	3.14
Hessen	3.32
Niedersachsen	3.59
Friesen	3.60
Berliner	3.65
Ostpreußen	3.72
Oldenburger	3.78
Schlesier	3.87
Sachsen	3.89
Westfalen	3.91
Saarländer	3.94
Württemberger	4.00
Mecklenburger	4.03
Westpreußen	4.05
Brandenburger	4.07
Pommern	4.24
Franken	4.35
Pfälzer	4.50
Badenser	4.60
Sorben	4.80

Erläuterungen: »Sehr gut« (kennen) = 1, »Gut« = 2,
»Weniger gut« = 3, »Sehr wenig« = 4, »Überhaupt
nicht« = 5.

3. Die Frage nach den »richtigen« Deutschen
Aus Vorversuchen hatte sich ergeben, daß die Bezeichnungen »richtige«, »echte«, »eigentliche« Deutsche weitgehend synonym gewertet wurden. Wir haben uns für den Begriff »richtige« Deutsche entschieden, weil er von den drei genannten am wenigsten mißverständlich zu sein schien.

Den Befragten wurde folgende Instruktion gegeben: »Bekanntlich sind alle Menschen, die in der BRD oder DDR leben und die dortige Staatsangehörigkeit besitzen, Deutsche. Dennoch gibt es Unterschiede, wie z. B. im Dialekt. Nun wird gelegentlich behauptet, *einige* Deutsche seien *richtige* Deutsche, *andere* Deutsche seien *keine richtigen Deutschen.* Wir wüßten nun gern, wie *Sie* darüber denken. Wenn Sie meinen, es handele sich um *richtige Deutsche,* dann schreiben Sie bitte eine ›1‹ hin. Wenn Sie meinen, es seien überhaupt *keine richtigen Deutschen,* dann schreiben Sie bitte dort eine ›6‹ hin. Die übrigen Zahlen (2, 3, 4, 5) können Sie verwenden, je nachdem, ob Sie die jeweilige Gruppe eher für *richtige* oder eher für *nicht richtige* Deutsche halten.«

Die Frage bezweckte, auf indirektem Wege die mögliche Wirkung der nativistischen Axiome der neueren (völkisch-rassischen) Nationalismen [8] zu prüfen, die in vorhergehenden Untersuchungen deutlich geworden waren [9].

Tabelle 3: Identifizierungsgrad mit »richtigen« Deutschen (Mittelwerte) (N = 120)

Regionalgruppenbezeichnungen	Mittelwerte	
Hamburger	1.34	
Schleswig-Holsteiner	1.66	
Berliner	1.76	
Hessen	1.84	(x)
Kölner	1.90	
Rheinländer	2.12	
Oldenburger	2.18	x
Niedersachsen	2.20	x
Westfalen	2.22	x
Saarländer	2.25	x
Brandenburger	2.29	x
Württemberger	2.37	x
Mecklenburger	2.59	x
Sachsen	2.60	x
Schlesier	2.65	xx
Franken	2.72	x
Badenser	2.73	x
Bayern	2.78	
Friesen	2.84	
Pfälzer	3.02	x
Westpreußen	3.32	x
Pommern	3.44	x
Sorben	3.82	x
Ostpreußen	4.40	xx

Erläuterungen: »Richtige Deutsche« = 1 ... »Überhaupt keine Deutsche« = 6.
(x) leicht gestörte Normalverteilung,
x gestörte Normalverteilung,
xx stark gestörte Normalverteilung.

Wie die *Tabelle 3* zeigt, lassen sich nur wenige Mittelwerte interpretieren. Nur bei 7 Regionalgruppen (Hamburger, Schleswig-Holsteiner, Berliner, Kölner, Rheinländer, Bayern und Friesen) sind die Mittelwerte statistisch verwertbar; in allen anderen Fällen zeigen sich mehrgipflige Kurven, also *fiktive* Mittelwerte. Auch eine Aufgliederung des Samples in die beiden Untersamples »Westgruppe« und »Ostgruppe« ergab in beiden Fällen das gleiche Bild. Wir müssen also davon ausgehen, daß bei unseren Befragten wahrscheinlich unterschiedliche Kriterien vorgelegen haben, die wir nicht kennen. Hypostasiert kann werden, das *eine* Kriterium decke sich mit den Axiomen des neueren Nationalismus. Doch müßte dies erst noch bewiesen werden. Das zweite Kriterium läßt sich nicht näher einschätzen. Immerhin fällt folgendes auf: die 7 Gruppen, die statistisch verwertbare Mittelwerte zeigen, liegen in der Regel auch an der Spitze der Sympathieskala. Anders verhält es sich allerdings mit dem Bekanntheitsgrad. Hier liegen Hamburger, Schleswig-Holsteiner, Bayern, Kölner und Rheinländer auf den Plätzen 1 bis 5 und können als relativ gut bekannt gewertet werden, während Berliner und Friesen zu den weniger gut bekannten Gruppen zählen.

4. Zuordnung der Städte

In Weiterführung des Ansatzes von *Becker* und *Lucke* wurden die Namen von 30 Städten vorgelegt. Es handelte sich um 5 Gruppen zu 6 Städten:

a) *BRD:* Bielefeld, Gießen, Herford, Ingolstadt, Mannheim, Trier.
b) *DDR:* Bautzen, Dresden, Cottbus, Leipzig, Rostock, Weimar.
c) *Polen:* Breslau, Danzig, Krakau, Posen, Stettin, Warschau.
d) *Osten:* Belgrad, Gumbinnen, Königsberg, Laibach, Riga, Tilsit.
e) *Norden/Westen:* Göteborg, Kolmar, Luzern, Straßburg, Tondern, Trondheim.

Die Befragten hatten folgende Fragen zu beantworten:
1. Welche dieser Städte haben vor 1933 zum Deutschen Reich gehört?
2. Welche dieser Städte haben von 1933 bis 1945 zum Deutschen Reich gehört?
3. Welche dieser Städte gehören heute zur BRD?
4. Welche dieser Städte gehören heute zur DDR?
Das Ergebnis wird in den *Tabellen 4* und *5* ausgewiesen.

Tabelle 4: Zuordnung vorgegebener Städte zu historisch und politisch verschiedenen Reichsgruppierungen (in v. H.) (N = 240)

Städtenamen	Bis 1933	Von 1933 bis 1945	Heute BRD	Heute DDR	Bedeutungsgr.
Bautzen	42	27	21	39	130
Belgrad	19	21	6	11	57
Bielefeld	40	42	35	6	129
Breslau	40	37	11	60	154
Cottbus	28	29	7	48	111
Danzig	49	47	9	78	183
Dresden	43	46	18	68	175
Gießen	42	35	69	16	161
Göteborg	25	28	28	21	101
Gumbinnen	27	20	13	24	83
Herford	28	31	43	24	125
Ingolstadt	37	36	75	14	161
Königsberg	44	42	25	45	157
Kolmar	34	28	14	42	118
Krakau	35	33	10	48	125
Laibach	30	30	25	47	131
Leipzig	46	40	13	24	122
Luzern	25	25	23	26	100
Mannheim	40	38	88	9	174
Posen	40	37	11	47	134
Riga	24	24	10	33	81
Rostock	39	36	11	62	149
Stettin	42	39	20	64	164
Straßburg	37	30	30	22	51
Tilsit	26	32	17	33	108
Tondern	30	32	31	29	122
Trier	39	33	51	18	141
Trontheim	30	38	36	29	132
Warschau	25	24	3	27	78
Weimar	55	45	19	47	165

Tabelle 5: Zuordnung von vorgegebenen Städten zu nicht-deutschen Reichsgruppierungen (in v. H.) (N = 240)

Städtenamen	Insgesamt	Richtig	Weiteres
Bautzen	6	entfällt	
Belgrad	52	16	8R, 6T, 6U, 5Bg
Bielefeld	–	entfällt	
Breslau	13	8	
Cottbus	16	entfällt	
Danzig	10	9	
Dresden	1	entfällt	
Gießen	1	entfällt	
Göteborg	35	24	7Dä
Gumbinnen	18	1	
Herford	13	entfällt	9E
Ingolstadt	3	entfällt	
Königsberg	11	1	8P
Kolmar	12	2	6P
Krakau	20	11	4T, 3R
Laibach	7	–	2R, 2Ö
Leipzig	4	entfällt	
Luzern	33	24	
Mannheim	1	entfällt	
Posen	21	15	
Riga	26	5	7P, 7I
Rostock	13	entfällt	5R
Stettin	5	3	
Straßburg	37	31	
Tilsit	21	1	5H, 3Dä, 3S
Tondern	17	7	
Trier	10	entfällt	2S
Trontheim	7	3	
Warschau	58	39	16R
Weimar	7		4P

R = Rußland (Sowjetunion), P = Polen, T = Tschechoslowakei, Dä = Dänemark, E = England, Ö = Österreich, S = Schweiz, U = Ungarn, H = Holland, Bg = Belgien, I = Italien.

Wenn wir in allen vier Fragen die Prozentangaben der Antworten summarisch zusammenfassen, dann erhalten wir die *Häufigkeit,* in der die Städte überhaupt angekreuzt wurden, wenn auch schon prozentual umgerechnet. Die jeweilige Summe definiert also operational den *Bedeutungsgrad* der einzelnen Stadt. Dabei können wir von folgenden Summenkriterien ausgehen: Bis 40 = I, von 41–80 = II, von 81–120 = III, von 121–160 = IV, 161 und mehr = V. Das Ergebnis zeigt *Tabelle 4a* auf der folgenden Seite.

Den relativ geringsten Bedeutungsgrad zeigen: Belgrad, Straßburg und Warschau. Von ihnen gehörte nur Straßburg zwischen 1933 und 1945 zum Deutschen Reich. In der Kategorie III sind mit Gumbinnen und Tilsit zwei frühere ostpreußische Städte genannt, ebenso Cottbus in der DDR. Die Mehrzahl der Städte liegt in der Kategorie IV. Hier werden mit Bielefeld, Herford und Trier drei Städte der BRD, mit Bautzen, Leipzig und Rostock drei Städte der DDR angegeben. Hierzu rechnen auch die früheren deutschen Städte Königsberg und Breslau, und für die Zeit zwischen 1933 und

Tabelle 4a: Kategorien des Bedeutungsgrades

I	II	III	IV	V
–	Belgrad	Gumbinnen	Bautzen	Danzig
	Straßburg	Cottbus	Bielefeld	Dresden
	Warschau	Göteborg	Breslau	Gießen
		Kolmar	Herford	Ingolstadt
		Luzern	Königsberg	Mannheim
		Riga	Krakau	Stettin
		Tilsit	Laibach	Weimar
			Leipzig	
			Posen	
			Rostock	
			Trier	
			Trontheim	
–	3	7	13	7

1945 kann man noch Posen hinzusetzen. In Kategorie V finden sich drei Städte der BRD: Mannheim, Gießen, Ingoldstadt, sowie 2 Städte der DDR: Dresden und Weimar. Geht man nunmehr von der Gruppierung zu den sechs Städten aus, dann ergibt sich das Bild der *Tabelle 4 b.*

Tabelle 4b: Aufgliederung der Kategorien pro Staat bzw. Region

Staat/Region	Kategorien			
	II	III	IV	V
BRD	–	–	3	3
DDR	–	1	3	2
Polen	1	–	3	2
Osten	1	3	2	–
West/Nord	1	3	2	–

Die Verteilung dieser Städte zwischen BRD und DDR ist demnach annähernd gleich. Fassen wir nun die (absoluten) Werte der jeweiligen sechs Städte pro Staat (oder Region) zusammen, dann zeigen sich auf dem 5 %-Niveau zwischen BRD/DDR, BRD/Polen, DDR/Polen, DDR/Osten *keine* signifikanten Unterschiede, wohl aber zwischen BRD/Osten, BRD/Westen und Norden, DDR/Westen und Norden. Das heißt also: in der vorliegenden Fragestellung erscheinen BRD und DDR als grundsätzlich ähnlich; beide beziehen frühere, aber auch jetzige Städte in sich ein, die zu Polen gehören. Der DDR werden darüber hinaus auch noch Städte zugeordnet, die zur Region *Osten* gehören. Während also die Abgrenzung von BRD und DDR gegenüber Norden/Westen gleich ist, erscheint bei der DDR, im Gegensatz zur BRD, die Tendenz gegenüber dem Osten etwas deutlicher.
Wie *Tabelle 4* weiterhin zeigt, lassen sich hinsichtlich der zeitgeschichtlichen Periode keine nennenswerten Unterschiede feststellen. Anders ist es bei der Zuordnung in der Gegenwart: BRD oder DDR. Geht man von der Faustregel aus: Zuordnung ab 50 und mehr, plus gegensätzliche Zuordnung höchstens bis 20, dann sind Mannheim, Ingoldstadt, Gießen und Trier eindeutig der BRD, Danzig, Breslau, Rostock und

Stettin eindeutig der DDR zugeordnet. Nimmt man noch einige Grenzfälle hinzu, dann ergibt sich: Cottbus (48 zu 7), Krakau (48 zu 10), Posen (47 zu 11) und Weimar (47 zu 19) rechnen zur DDR.

Auf die hier möglichen, recht weitläufigen Interpretationen soll aus verständlichen Gründen verzichtet werden. Aber zwei Überlegungen deuten sich meistens an: Die Abtrennung verschiedener Gebiete an Polen hat sich im Bewußtsein der Schüler noch nicht recht niedergeschlagen. Es mag aber auch sein, daß hier eine emotional-traditionelle »Landkarte« mit der jetzt gültigen politischen Landkarte in Konkurrenz steht. Diese Phänomene zeigen sich übrigens *auch* in den nächsten Ergebnissen.

5. Zuordnung vorgegebener Personennamen

Den Befragten wurde eine Liste mit 30 Namen folgender Personen vorgegeben: Bach, Bacon, Brecht, Chopin, Einstein, Engels, Freud, Fontane, Hegel, Heidegger, Heine, Hitler, Jaspers, Kant, Keppler, Kopernikus, Koch, Löns, Lenin, Lessing, Marx, Mozart, Newton, Nietzsche, Pieck, Schubert, Schumann, Ulbricht, Storm, Wagner. Sie sollten die Frage beantworten, in welchem *heutigen* Staat der Geburtsort der jeweiligen Person liegt; sofern sie dies nicht wußten, sollten sie es raten. Das Ergebnis zeigt *Tabelle 7.*

Tabelle 6: Tätigkeits-, Berufszuordnungen (in v. H.) (N = 120)

Namen	Dichter	Philosoph	Politiker	Wissenschaft	Musiker	Qu
Bach	.	–	–	–	96	26.2
Bacon	19	36	9	23	10	0.60
Brecht	81	13	.	–	.	4.22
Chopin	12	18	8	20	39	0.67
Einstein	11	24	8	56	.	1.29
Engels	15	24	22	20	.	1.18
Freud	42	26	.	19	8	0.24
Fontane	55	20	.	12	9	1.25
Hegel	37	21	11	24	9	0.29
Heidegger	15	31	13	30	11	0.40
Heine	51	10	27	.	.	0.92
Hitler	–	–	96	–	.	95.0
Jaspers	15	29	6	38	12	0.41
Kant	16	30	8	32	11	0.49
Kappler	16	26	11	32	11	0.49
Kopernikus	16	31	8	31	10	0.47
Koch	19	15	.	42	21	0.72
Löns	71	.	8	9	.	2.78
Lenin	.	9	79	.	.	4.15
Lessing	47	11	17	16	.	0.93
Marx	10	7	78	.	.	5.50
Mozart	.	.	.	.	92	10.0
Newton	15	21	15	34	14	0.52
Nietzsche	17	25	20	26	9	0.34
Pieck	17	32	11	31	.	0.49
Schubert	6	–	.	10	91	5.26
Schumann	15	11	14	14	46	0.81
Ulbricht	.	8	86	.	–	4.80
Storm	66	9	6	13	.	2.00
Wagner	8	.	.	.	87	6.00

. = unter 5 %.

Fassen wir die (absoluten) Zahlen der Angaben nach den Kriterien »richtig« und »nicht richtig« gesondert zusammen und dividieren wir pro vorgegebener Person den ersten durch den zweiten Wert, dann erhalten wir einen Quotienten. Ist die Zahl der »richtigen« und »nicht richtigen« Angaben gleich, dann ergäbe sich: 1.00. Ist die Zahl der »richtigen« Angaben höher als die gegensätzlichen, dann liegt der Wert *über* 1.00, im umgekehrten Fall liegt er *unter* 1.00.

Wie die entsprechende Spalte der *Tabelle 7* zeigt, finden sich nur bei 6 Personen Werte über 1.00: Berthold Brecht (2.50), Heinrich Heine (2.03), Theodor Storm (1.73), Wladimir I. Lenin (1.39), Albert Einstein (1.16), und Isaac Newton (1.00). Dem Kriterium von 1.00 kommt noch bestenfalls Walter Ulbricht (0.90) nahe [10].

Gruppieren wir die Prozente der Angaben (ob »richtig« oder »nicht richtig«) nach den Ländern (Staaten), die genannt wurden, und berücksichtigen wir dann die Zahl der Personen, deren Geburtsstadt heute in diesem Land liegt, berechnen wir schließlich noch den Durchschnitt der Zuordnungen, dann zeigt sich das Ergebnis der *Tabelle 7a.*

Tabelle 7a: Zuordnung nach Staaten

Staat	Summe der Prozente	Zahl der Personen	Durchschnitt der Zuordnungen
BRD	1 112	11	101
DDR	328	(11) (9)	(30) (36)
Österreich	285	3	95
Schweiz	222	–	–
England	207	2	104
Frankreich	188	–	–
UdSSR	149	1	149
Polen	134	2	67
Tschechoslowakei	102	–	–
Italien	81	–	–

In der Summenspalte werden die vorgegebenen Namen weit überwiegend der BRD zugeordnet. An zweiter Stelle folgt die DDR. Auch die nachfolgenden Summenzahlen sind noch relativ hoch, was deswegen interessant ist, weil diesen Staaten ja nur einzelne Personen zuzuordnen waren. Die Werte der Spalte »Zahl der Personen« und »Durchschnitt der Zuordnung« sind durch eine Willkürmaßnahme etwas verzerrt. Wir haben nämlich teilweise die Zuordnung von Kant und Löns zur DDR zusätzlich als »richtig« gewertet, obschon sie faktisch »nicht richtig« sind. Ohne diese beiden Personen hätte die DDR 9, mit ihnen verfügt sie über 11 Personen – wie auch die BRD. Die Fehlerquelle ist also nicht so groß. In jedem Fall ist der Durchschnitt der Zuordnungen für die BRD dreimal größer als der für die DDR. Anders als bei der Zuordnung der Städte beherrscht hier also die Vorstellung das Bild, daß die meisten der vorgegebenen Personen in Ortschaften geboren sind, die auch heute zur BRD gehören.

Wir haben diese Fragestellung nach einer anderen Seite ausgeweitet. Wiederum wurde den Befragten eine Liste mit den genannten Personennamen vorgelegt. Nunmehr sollten sie ankreuzen, ob die vorgegebene Person *hauptsächlich* als: a) Dichter, b) Philosoph, c) Politiker, d) Musiker, e) Wissenschaftler tätig war bzw. ist. Das Ergebnis zeigt *Tabelle 6* auf der vorigen Seite.

Tabelle 7: Zuordnung der Geburtsorte zu Staaten (in v. H.) (N = 120)

Namen	B	D	Ö	E	F	I	S	P	R	T	And.	Qu.
Bach	55	16	21	.	−	−	.	−	.	−	−	0.19
Bacon	−	−	.	34	57	.	.	.	−	−	−	0.52
Brecht	68	11	.	.	.	.	.	.	.	.	−	2.50
Chopin	−	−	.	15	64	.	.	6	.	.	.	0.07
Einstein	53	9	6	.	.	−	20	.	.	.	−	1.16
Engels	43	23	10	6	.	.	6	5	.	−	−	0.78
Freud	49	10	8	.	.	.	17	.	.	−	−	0.10
Fontane	37	6	.	8	16	10	6	6	.	.	−	0.06
Hegel	41	18	11	11	6	.	10	.	.	.	−	0.63
Heidegger	41	13	8	6	.	−	14	7	.	.	.	0.71
Heine	66	15	6	.	−	.	6	.	.	.	−	2.03
Hitler	46	9	36	.	.	−	.	.	.	.	−	0.57
Jaspers	22	6	.	9	6	.	17	14	.	8	.	0.30
Kant	10	.	6	13	.	18	8	10	6	14	.	0.06
Keppler	27	16	15	8	.	6	11	7	.	.	−	0.35
Kopernikus	14	.	.	6	6	15	.	16	.	−	.	0.28
Koch	66	6	6	.	.	9	9	.	13	7	−	0.05
Löns	62	10	.	−	.	.	10	6	.	.	−	0.06
Lenin	6	9	.	.	.	.	.	7	56	6	.	1.39
Lessing	33	16	9	8	.	.	6	.	8	9	−	0.20
Marx	37	25	.	.	−	−	−	6	14	8	−	0.55
Mozart	38	.	36	.	−	−	12	.	.	.	−	0.63
Newton	.	.	.	46	.	.	6	6	8	9	.	1.02
Nietzsche	21	13	6	.	.	.	.	17	13	15	−	0.15
Pieck	19	15	11	14	.	.	12	.	.	.	.	0.19
Schubert	50	.	28	.	6	.	11	.	.	.	−	0.36
Schumann	54	6	14	.	−	−	8	.	−	.	−	0.08
Ulbricht	30	49	.	.	6	.	.	.	6	.	−	0.90
Storm	65	6	.	.	.	.	6	.	.	6	.	1.73
Wagner	55	.	20	.	.	−	13	.	.	.	.	0.04

. = unter 5 %. Qu = Quotient. B = BRD, D = DDR, Ö = Österreich, E = England, F = Frankreich, I = Italien, S = Schweiz, P = Polen, R = Rußland (Sowjetunion), T = Tschechoslowakei, And. = Andere.

Die Schwierigkeiten einer solchen Zuordnung, wie auch die der späteren Verrechnung sind naturgemäß größer als in der vorausgegangenen Fragestellung. So kann man z. B. *Karl Marx* ebenso als Philosoph wie als Politiker einstufen. In der Verrechnung der Zuordnungen mußten wir solche Zuordnungen berücksichtigen, also notfalls zwei Zuordnungen als »richtig« werten. Dennoch blieb diese Fehlerquelle verhältnismäßig klein. Damit läßt sich wieder der Quotient, wie oben beschrieben, berechnen.

Gehen wir von den Werten 1.00 aus, dann liegen bei 14 Personen richtige – meist recht eindeutig richtige – Zuordnungen in der Überzahl vor: Hitler, Bach, Mozart, Wagner, Schubert, Marx, Ulbricht, Brecht, Lenin, Löns, Storm, Einstein, Fontane, Engels. Das sind also 5 Politiker, je vier Musiker und Dichter und ein Wissenschaftler. Interessant dabei ist, daß – wenn wir von Löns absehen – von diesen Personen nur bei Brecht, Lenin und Storm die richtige Zuordnung zum Geburtsland überwog.

6. Auto-Heterostereotyp und ihre Verschränkungen

Vorgegeben wurden 12 Eigenschaftsbegriffe: ängstlich, fleißig, lustig, ehrlich, angeberisch, arm, mutig, energisch, heimtückisch, fremdartig, zurückhaltend, hartherzig[11]. Jeder Begriff war in sechs Intensitätsstufen unterteilt, von denen jeweils *eine* angekreuzt werden mußte: »alle sind ...« (= 5), »sehr viele sind ...« (= 4), »viele sind ...« (= 3), »wenige sind ...« (= 2), »sehr wenige sind ...« (= 1), »keine sind ...« (= 0). Diese Vorgaben blieben bei allen Fragestellungen gleich.

Insgesamt wurden sechs Fragestellungen geprüft:
1. Die Vorstellung von den Eigenschaften der Bürger der BRD;
2. Die Vorstellung von den Eigenschaften der Bürger der DDR;
3. Die Vermutung, wie die Bürger der BRD sich – als Bürger der BRD – selbst einschätzen;
4. Die Vermutung, wie die Bürger der DDR sich – als Bürger der DDR – selbst einschätzen;
5. Die Vermutung, wie die Bürger der DDR die Bürger der BRD einschätzen;
6. Die Vermutung, wie die Bürger der BRD die Bürger der DDR einschätzen[12].

Die *Tabelle 8* weist die errechneten Mittelwerte, die *Tabelle 9* die Koeffizienten der Rangreihen aus[13].

Tabelle 8: Eigenschaftsbilder (Mittelwerte) (N = 120)

Eigenschaften	Fragestellungen					
	1	2	3	4	5	6
ängstlich	2.67	3.37	2.60	2.83	2.63	3.54
fleißig	3.31	3.88	3.44	4.06	3.12	3.37
lustig	3.19	2.83	3.12	3.33	3.17	2.48
ehrlich	2.67	3.09	2.63	1.91	2.67	2.92
angeberisch	2.95	2.14	2.84	2.54	3.00	2.43
arm	2.51	2.80	2.20	2.68	1.94	3.20
mutig	2.42	2.36	2.22	2.55	2.62	1.95
energisch	2.85	2.58	2.93	1.66	2.78	2.05
heimtückisch	2.14	1.89	2.19	2.21	2.50	2.20
fremdartig	2.01	2.35	1.95	2.97	2.41	2.35
zurückhaltend	2.24	2.90	2.79	1.68	2.28	2.94
hartherzig	2.11	1.85	2.21	2.81	2.44	1.97

Fragestellungen: 1. Persönliche Vorstellung von den Eigenschaften der Bürger der BRD, 2. ... von denen der Bürger der DDR, 3. Vorstellung des Selbstbildes der BRD, 4. ... der BRD, 5. Vorstellung des Fremdbildes der Bürger der DDR, 6. ... der Bürger der BRD – Genaueres siehe Text.
Gewichtung: »Alle sind ...« = 5, »Sehr viele sind« = 4, »Viele sind« = 3, »Wenige sind« = 2, »Sehr wenige sind« = 1, »Keine sind« = 0.

Tabelle 9: Rangkoeffizienten

Fragestellungen:	1	2	3	4	5	6
1	–	.572	.879	.517	.837	.387
2		–	.553	.949	.804	.266
3			–	.572	.883	.297
4				–	.304	.641
5					–	.035
6						–

Wir begnügen uns mit der Darstellung der wichtigsten Ergebnisse: Die Vorstellungen von den Eigenschaften der Bürger der DDR und BRD ähneln sich also stark (r = .572. Kriterium der Nullhypothese auf dem 5 %-Niveau r = .51). Demgegenüber weichen die jeweiligen Fremdbilder (Bürger der BRD über die der DDR, und Bürger der DDR über die der BRD) stark voneinander ab (r = .035); hier besteht offenbar kein Zusammenhang. Ein sehr starker Zusammenhang, der sogar das Kriterium des 1 %-Niveaus (r = .71) überschreitet, besteht dann zwischen dem vermuteten Selbstbild der Bürger der BRD und ihrem Bild bei den Befragten (r = .879), ebenso zwischen dem vermuteten Selbstbild der Bürger der DDR und ihrem Bild bei den Befragten (r = .949), aber auch zwischen der Einschätzung des Selbstbildes der Bürger der BRD und der Vermutung, wie die Bürger der DDR die der BRD einschätzen (r = .883), und entsprechend zwischen der Einschätzung der Bürger der DDR und der Vermutung der Einschätzung der Bürger der BRD durch die der DDR (r = .804), und schließlich auch für den Zusammenhang der Einschätzung der Bürger der BRD und der Vermutung über die Einschätzung der Bürger der BRD durch die der DDR (r = .837). Auf dem 5 %-Niveau findet sich auch noch ein Zusammenhang zwischen den vermuteten Selbstbildern der Bürger der BRD und DDR (r = .572).

Angenommen wird also, daß sich die Einwohner der BRD und der DDR gegenseitig als nicht sehr ähnlich einschätzen, während sich demgegenüber die Selbstbilder weitgehend entsprechen und auch die Bilder beider Gruppen bei den Befragten recht ähnlich sind.

IV. Zusammenfassung

Alle vorgegebenen Regionalgruppen wurden entweder als *sympathisch* oder *gleichgültig*, in keinem Fall jedoch als unsympathisch gewertet. Zu den als *sympathisch* Gewerteten zählen fast alle Regionalgruppen der BRD und die Berliner, zu den als *gleichgültig* Gewerteten alle Regionalgruppen der DDR, sowie einige westdeutsche Regionalgruppen.

»Gut bekannt« waren den Befragten neben der Eigengruppe (Hamburger), die Schleswig-Holsteiner. Als »weniger gut« bekannt gelten: Bayern, Rheinländer, Kölner und Hessen. Alle übrigen sind relativ unbekannt.

Bei der Frage nach den *»richtigen Deutschen«* ergaben sich nur bei Hamburgern, Schleswig-Holsteinern, Kölnern, Rheinländern, Bayern und Friesen interpretierbare Mittelwerte, die übrigen Mittelwerte waren fiktiv. Offenkundig lagen dort immer mehrere unterscheidbare Kriterien vor, die wir noch nicht kennen.

Die Zuordnung von Städten ist hinsichtlich der BRD klarer als hinsichtlich der DDR, der auch polnische und russische Städte zugeordnet werden.

Bei der Zuordnung von Personen zu Staaten ihrer Geburtsorte überwogen nur bei 6 von 30 Personen richtige Zuordnungen. Die Zahl der Vermutungen, daß die vorgegebenen Personen in Städten der heutigen BRD geboren wären, liegt eindeutig und mit großem Abstand an der Spitze und übertrifft die entsprechenden Hinweise auf die DDR um rund das Dreifache.

Bei den Berufs- und Tätigkeitszuordnungen überwiegen bei 14 von 30 Personen richtige Hinweise: Hitler, Bach, Mozart, Wagner, Schubert, Marx, Ulbricht, Brecht, Lenin, Löns, Storm, Einstein, Fontane und Engels.

Die Eigenschaftseinschätzungen der Bürger der BRD und DDR durch die Befragten sind sich recht ähnlich, was auch für die vermuteten Selbsteinschätzungen zutrifft, während sich die Fremdbilder unähnlich sind. Wie schon die Untersuchung von *Becker* und *Lucke*, so widerlegen auch diese Ergebnisse die These von *Hofstätter*, die Deutschen der DDR würden in der Bewertung der Bürger der BRD so etwas wie ein »Gegenbild« darstellen.

Anmerkungen

1 *A. Hüser, H. E. Wolf*, Empirische Untersuchungen zum Problem der Regionalvorurteile bei deutschen Jugendlichen, in: Kölner Zeitschrift für Soziologie und Sozialpsychologie, Bd. 14, 1962, S. 155—174. *K.-C. Becker, D. Lucke*, Das Bild der DDR und ihrer Bürger bei Hamburger Volks- und Realschülern, in diesem Buch.

2 Es handelt sich um Untersuchungen, die in den Jahren von 1970 bis 1974 im Bereich des Strafvollzuges, aber auch an Schulen durchgeführt wurden, jedoch abweichende Fragestellungen prüften, auf die hier nicht eingegangen werden kann.

3 Vgl. bei *H. E. Wolf*, Zur Problemstruktur der Beziehungen zwischen Vorurteils-, DDR- und BRD-Forschung, in diesem Buch.

4 Vgl. bei *H. E. Wolf*, Zur Problematik des Bekanntheitsgrades, in: FWS-Bericht 2, 1974.

5 Siehe auch Anm. 3.

6 Siehe bei den Anm. 3 und 4.

7 Siehe bei Anm. 4.

8 Vgl. bei Anm. 3, außerdem: *H. E. Wolf*, Zur Problematik der neueren Vorurteilsforschung, in: *René König* (Hrsg.), Handbuch der empirischen Sozialforschung (Neuauflage, erscheint **1976**).

9 Ebd.

10 Eine Schwierigkeit war bei der Vorgabe des Namens *Robert Schumann* zu erwarten, da ein neuerer französischer Politiker ebenso heißt. Das war aber den Befragten offensichtlich nicht bekannt.

11 Diese Begriffe wurden in Nebenuntersuchungen verwendet (siehe Anm. 2), auf den näheren Zusammenhang kann hier jedoch nicht eingegangen werden.

12 Diese Fragestellungen können üblicherweise in Formeln ausgedrückt werden, z. B.: Die Bürger der BRD denken, die Bürger der DDR sind . . .: $S_1 \to S_2$. Oder: Die Bürger der BRD denken, die Bürger der BRD sind . . .: $S_1 \to S_1$. Oder: Die Befragten denken, die Bürger der DDR glauben, die Bürger der BRD sind . . .: $S_1 \to (S_2 \to S_1)$, usf. Zu berücksichtigen ist dabei die *persönliche* Meinung des Befragten etwa über die eigene Gruppe: $S_{(1)} \to S_1$, bzw. über die fremde Gruppe: $S_{(1)} \to S_2$, im Unterschied zur Frage, wie wohl die Eigengruppe über die Fremdgruppe denkt: $S_1 \to S_2$, oder über sich selber denkt: $S_1 \to S_1$. Wir haben auf die Verwendung dieser Formel vorliegend verzichtet, teilweise auch, weil die in ihnen steckenden Probleme hier nicht gesondert hätten besprochen werden können (vgl. Anm. 4).

13 Die Verrechnungen wurden durchgeführt in der *Forschungsstelle für Jugendfragen*, Hannover.

DAS BILD DER DDR UND IHRER BÜRGER BEI HAMBURGER VOLKS- UND REALSCHÜLERN

Von Klaus-Christian Becker und Dieter Lucke

I. Ausgangslage

Die vorliegende Studie beschränkt sich auf die Untersuchung der Frage, wie die Bilder über Bewohner und Verhältnisse in der DDR bei deutschen Schülern in Hamburg beschaffen sind. Wir folgen damit einerseits einer besonders von *Caesar Hagener* aktivierten Aufgabenstellung, das Verhältnis zwischen West und Ost auch durch den Schulunterricht zu verbessern [1]. Wir folgten andererseits aber auch Fragestellungen der *Vorurteilsforschung* hinsichtlich der Vorurteile zwischen *deutschen Regionalgruppen*. Unser spezielles Anliegen war die Prüfung einiger Befunde von *Peter R. Hofstätter* [2] und des *Instituts für Demoskopie Allensbach* [3], wobei die erstgenannten Befunde im Vordergrund stehen.

Hofstätter hat in mehreren Einzelstudien bis 1965 folgendes festgestellt: Bei einer Untersuchung von insgesamt 1127 Personen beiderlei Geschlechts, mit unterschiedlicher Schulbildung und unterschiedlichem Alter in Ostbayern, Hamburg, Ostfriesland und dem Rheinland zeigte es sich, daß die Befragten mit dem Begriff »deutsch« ein relativ einheitliches Verständnis verbinden. *Hofstätter* hat dies mittels des *Polaritätsprofils* festgestellt. Die Befragten assoziierten mit dem Begriff »deutsch« hauptsächlich Begriffe wie »Vater«, »männlich«, »Ordnung« und »Intelligenz«.

Zwei weitere Untersuchungen aus den Jahren 1964 und 1965, die er von Studenten durchführen ließ, ergaben jedoch, daß neben diesem *positiven Stereotyp* des »Deutschen« ein *negatives Gegenbild* besteht, das sich auf die *Bewohner der DDR* bezieht. Die Befragten (150 Soldaten der Bundeswehr und 500 Berufstätige) assoziierten mit dem »anderen Deutschen« die Begriffe »Elend«, »Sklaverei«, »Tod« und »Erschöpfung«.

Hofstätter erklärte diese Ergebnisse mit einem von ihm schon früher angemerkten Mechanismus: » . . . es beginnt damit, daß man die Regierung des Landes ablehnt, sodann hofft und erwartet, ›die Leute dort‹ würden dieses Joch abschütteln, um schließlich in der These steckenzubleiben, jedes Volk habe die Regierung, die es ›verdiene‹« [4].

Von den vielen Problemen, welche die Studie *Hofstätters* aufwirft, sind für uns besonders zwei wichtig:

1. Jedes Ergebnis ist bekanntlich abhängig von der Technik, mit der es gewonnen wird. Bei *Hofstätter* war dies das Polaritätsprofil. Offen bleibt die Frage nach der Validität hinsichtlich des untersuchten Problems. Diese Frage hätte aber in jener Zeit geprüft werden müssen, in der diese Untersuchungen durchgeführt wurden;

2. Wie die neuen Ergebnisse der Vorurteils- und Imageforschung ab Ende der 60er Jahre im Vergleich zu den vorhergehenden Ergebnissen ausweisen, hat das Ab-

klingen des Kalten Krieges im übernationalen Maßstab zu einer Lockerung des Freund-Feind-Bildes geführt, das mindestens gegenüber osteuropäischen Völkern bis Anfang der 60er Jahre eindeutig vorlag [5]. Dies gilt nun möglicherweise auch für die Befunde der Vorurteile gegenüber Regionalgruppen, wie sie *Alois Hüser, Heinz E. Wolf* [6] und *Hofstätter* vorgelegt haben.

Da ein direkter Vergleich mit den vorausgehenden Ergebnissen im schulpädagogischen Bereich nicht möglich ist und das Polaritätsprofil sich zudem nicht eignet, *inhaltliche* Aussagen über unser Problem aus den Ergebnissen abzuleiten, haben wir uns anderer Techniken bedient. Daraus folgt, daß wir hier primär nur die *Problematik* der Ergebnisse von *Hofstätter,* nicht jedoch seine speziellen Daten überprüfen können.

II. Fragestellung und Methodik

Unter dem Aspekt einer speziellen Aufgliederung der Problematik wurden folgende Fragestellungen geprüft, die wir nachstehend nur kurz anführen. Einzelheiten werden bei der Darstellung der Ergebnisse erwähnt.

a) *Kenntnis verschiedener Gegebenheiten in der DDR.* In zwei Fragen wurde diesem Komplex nachgegangen. In einer geschlossenen Frage wurde die Kenntnis der Zugehörigkeit verschiedener Städte zu verschiedenen Staaten geprüft (vgl. *Tabelle 1*). Dieser an den Anfang der Untersuchung gesetzten Spezialfrage wurde abschließend eine Offene Frage nachgegeben, die mehr die allgemeine Kenntnisbreite und Struktur ausweisen sollte (vgl. *Tabelle 2*).
b) *Ein Vergleich verschiedener Situationen und Institutionen zwischen der BRD und der DDR* (vgl. *Tabelle 3*). Hierzu wurden die entsprechenden Fragen von *Allensbach* zusätzlich vorgegeben (vgl. *Tabelle 4*).
c) *Eigenschaftsbilder,* die bei unseren Befragten über die Bürger der DDR und der BRD anzutreffen sind (vgl. *Tabelle 5*).
d) *Zukunftsvorstellungen* über die politischen Konstellationen in *50 Jahren,* sowohl auf das Verhältnis zwischen BRD und DDR als auch auf übernationale Verhältnisse bezogen (vgl. *Tabelle 6*).

Befragt wurden Ende 1970 und Anfang 1971 insgesamt 333 Schüler in Hamburg zwischen 15 und 16 Jahren. Davon waren 203 Hauptschüler (97 Mädchen und 106 Jungen) und 130 Realschüler (77 Mädchen und 53 Jungen). Die Untersuchungen wurden im Klassenverband durchgeführt. Gearbeitet wurde mit einem Fragebogen, der in der Regel geschlossene und nur in wenigen Ausnahmen offene Fragen enthielt.

III. Ergebnisse

Es zeigte sich generell, daß weder zwischen Schülerinnen und Schülern, noch zwischen Volks- und Realschülern, noch zwischen den beiden Altersgruppen nennenswerte Unterschiede anzutreffen waren. Wir verzichten deswegen auf eine entsprechende Aufgliederung der Daten.

a) Kenntnisse über die DDR

In der speziellen Frage, mit der die Studie begann, wurden den Schülern auf einem Blatt 15 Städte (Hannover, Straßburg, Breslau, Gießen, Rostock, Erfurt, Danzig, Stettin, Marburg, Basel, Leipzig, Riga, Warschau, Dresden, Kassel) und 6 Staaten (Deutsche Bundesrepublik, Polen, Schweiz, Sowjetunion, Frankreich, Deutsche Demokratische Republik) vorgegeben. Die Befragten sollten jeweils ankreuzen, zu welchem Staat die Stadt gehört. Das Ergebnis zeigt *Tabelle 1*.

Tabelle 1: Vorstellungen über die staatliche Zugehörigkeit von Städten (Angaben in v. H.)

	BRD	DDR	Schweiz	Polen	Frank-reich	Sowjet-union	Keine Antwort
Hannover	100						
Kassel	97						
Gießen	68	11					10
Marburg	25	41		10			15
Leipzig		80					
Dresden		77					
Rostock		70				16	
Erfurt	25	62					
Warschau				63		32	
Breslau		24		61			
Danzig		52		36			
Stettin		61		19			
Straßburg					80		
Basel	14		78				
Riga		10		17	11	44	14

Berücksichtigt wurden in der Tabelle nur die Werte ab 10 v. H.

Summe (absolute Werte) aller Nennungen: BRD: 1165; DDR: 1649; Schweiz: 405; Polen: 769; Frankreich: 331; Sowjetunion: 413; Keine Antwort: 263.

Aus der Tabelle wird deutlich, daß über den westeuropäischen Raum bessere geographische Kenntnisse als über den osteuropäischen Raum vorhanden sind. Während z. B. Straßburg und Basel von 80 v. H. bzw. 78 v. H. der Befragten richtig zugeordnet wurden, gab es bei Warschau und Riga 63 v. H. bzw. 44 v. H. richtige Antworten. Bemerkenswert erscheint, daß Stettin und Danzig von der Mehrzahl der Schüler zur DDR und Warschau von jedem dritten Schüler zur Sowjetunion gehörig genannt werden.
Obwohl Polen und die DDR mit jeweils vier Städten vertreten waren, ergeben sich bei einer Addition aller Nennungen für die DDR insgesamt 1649, für Polen dagegen nur 769 Nennungen also weniger als die Hälfte. Aus diesem Ergebnis kann man folgern, daß die Befragten Polen als wesentlich kleineres Land im Vergleich zur DDR sehen [7]. Die ehemaligen deutschen Ostgebiete werden offensichtlich nicht selten der DDR zugeschlagen!
Zum Abschluß der Untersuchung wurden die Schüler aufgefordert, schriftlich folgende Frage zu beantworten:

»Schreibe bitte alles auf, was Du über die DDR weißt. Schreib alles auf, was Dir dazu einfällt. – Stichworte genügen. (Städte, Landschaften, Bevölkerung, Regierung, Lebensbedingungen, Politiker, Sportler, Menschen, Industrie, Nachbarstaaten und anderes.)«

Nicht nur die Qualität sondern auch die Quantität der Antworten übertrifft das, was wir aufgrund ähnlicher Untersuchungen erwartet haben [8]. Es wurden nicht nur von 90 v. H. der Befragten Antworten gegeben, sondern es wurden nicht selten Aufsätze geschrieben, die mehr als 300 Wörter umfaßten. Eine Darstellung kann sich deshalb nur auf die hauptsächlichen Aussagen beschränken. Da die Schüler die vorgegebenen Stichworte als Grundlage für ihre Antworten benutzten, sollen die Begriffe zusammengefaßt und die Ergebnisse in vier Komplexen dargestellt werden. *Geographische Kenntnisse:* 75 v. H. der Befragten nennen Städte in der DDR. Neben Ostberlin werden häufig Leipzig, Dresden, Rostock, Chemnitz (Karl-Marx-Stadt), Magdeburg und Frankfurt/Oder genannt. Auch kleinere Städte wie etwa Schwerin, Weimar und Wismar sind einigen Schülern bekannt. Städte, die in den ehemals deutschen Ostgebieten liegen, wie etwa Breslau und Danzig, werden von etwas mehr als 10 v. H. der Befragten erwähnt. Allgemeine Äußerungen wie etwa »Städte sind ärmlicher als in der BRD« oder »Städte haben sich verändert« kommen nur vereinzelt vor.

Im Komplex Landschaften dagegen sind allgemeine Äußerungen häufiger. Positive Hinweise wie »Landschaften sind genauso schön wie bei uns« oder »sehr hübsch« dominieren. Wissen über Landschaften ist bei 20 v. H. der Schüler vorhanden. Bekannt sind Thüringen, Sachsen, Brandenburg und Mecklenburg.

Als Nachbarstaaten werden Polen, die Bundesrepublik und die Tschechoslowakei gleich häufig genannt. Auch die Sowjetunion wird einige Male erwähnt. Vereinzelt werden auch andere Ostblockstaaten als Nachbarn der DDR genannt.

Lebensbedingungen und Wirtschaft: Häufige Äußerungen wie »starke Industrie«, »Leipziger Messe« oder »Industrie genauso weit wie wir« lassen darauf schließen, daß die DDR als ein Industriestaat gesehen wird, der die Bundesrepublik fast erreicht habe. Anerkennende Äußerungen überwiegen gegenüber Feststellungen wie »Industrie schlechter als bei uns«. Hinweise auf die Agrarstruktur sind dagegen selten. Bei den Äußerungen über die Lebensbedingungen in der DDR ergibt sich kein einheitliches Bild. Sehr häufig wird auf Versorgungsschwierigkeiten und die teuren Preise hingewiesen, z. B. »die lebensnotwendigen Dinge sind billig zu kaufen, nur Luxusartikel sind schwer zu beschaffen und dann sehr teuer«. Einige Äußerungen weisen auf die Besserung in den letzten Jahren hin, wie z. B. »die Lebensbedingungen haben sich in den letzten Jahren stark gebessert«. Neben dieser eher positiven Sicht stehen in etwa gleicher Anzahl kritische Äußerungen wie »nicht alle bekommen genug zu essen« oder »die Lebensbedingungen sind nicht so gut«. *Regierung und Politik:* 80 v. H. der Befragten äußerten sich zu diesem Komplex. Von den sich äußernden 260 Befragten wurden die Politiker, die Politik und das System bis auf einzelne Ausnahmen abgelehnt bzw. negativ beurteilt. Typische Äußerungen waren »Regierung schlecht« oder »SED, Kommunismus, keine Freiheit« oder »man darf dort nicht seine freie Meinung sagen, in den Zeitungen steht nichts von Unfällen und derartigen Sachen«.

Die in der DDR eingeschränkte individuelle Freiheit wird insgesamt als das negativste Kriterium des Systems bewertet. Bei den Politikern wird häufig erwähnt, daß sie die

Menschen unterdrücken sowie die Freiheiten des Reisens und der Besuche nicht gewähren.

Positive Äußerungen sind dagegen selten. Wenn sie jedoch gemacht werden, dann beziehen sie sich auf die Leistungen in Schulen und Kindergärten.

Eine Sonderstellung nehmen die Äußerungen über den Sport ein. 25 v. H. aller Befragten machen Angaben wie »Sport wird sehr gut gefördert«, »die Sportler in der DDR stehen denen in der BRD in nichts nach. In der DDR wird viel für den Sport getan«, »Sport wird sehr gefördert (gut) und gern betrieben, da man sich so die Lebensbedingungen verbessern kann« und »es gibt sehr viele Sportvereine«.

Menschen in der DDR: Wegen der Bedeutung dieser Frage hielten wir eine quantitative Analyse der Antworten zu diesem Komplex für notwendig. 65 v. H. der Befragten äußerten sich zu den Stichworten »Bevölkerung« und »Menschen«. Insgesamt wurden 243 Antworten gegeben, die in *Tabelle 2* zusammengefaßt sind.

Tabelle 2: Äußerungen über Menschen und Bevölkerung

Lfd. Nr.	Kategorien	Anzahl der Nennungen (absolute Zahlen)
1.	Sie leben unter Zwang, sie werden unterdrückt, sie sind nicht frei, keine freie Meinungsäußerung, keine Besuche im Westen	95
2.	Menschen in der BRD und in der DDR sind gleich	34
3.	Unzufrieden mit der Regierung	22
4.	Die Bürger der DDR haben sich mit der Regierung abgefunden	14
5.	Begriffe wie »arbeitsam« und »fleißig«	13
6.	Begriff »arm«	12
7.	BRD und DDR leben auseinander, Unterschiede werden immer größer	9
8.	Begriff »bescheiden«	7
9.	Andere Eigenschaftsbegriffe	27
	davon positive wie intelligent, friedliebend, nett	22
	davon negative wie heimtückisch, verschlossen	5
10.	Andere Bemerkungen u. a. Wunsch nach Wiedervereinigung (2), gute Diskutierer, in der DDR wohnen nur alte Menschen	10

b) Vergleich zwischen Situationen und Institutionen

Die Schüler sollten zunächst bei 12 Fragen entscheiden, ob Unterschiede zwischen der BRD und der DDR bestehen oder nicht bestehen. Das Ergebnis zeigt *Tabelle 3.*

Die Ergebnisse zeigen, daß die größere politische Freiheit und damit verbunden weniger Angst sowie die besseren Verdienstmöglichkeiten als die herausragenden Unterschiede zwischen der Bundesrepublik und der DDR angesehen werden. Die besseren Politiker werden eindeutig der Bundesrepublik zugeordnet.

Diesen eindeutigen Aussagen stehen Antworten entgegen, die darauf schließen lassen, daß teilweise nur geringe Unterschiede zwischen der Bundesrepublik und der DDR gesehen werden. Nahezu 50 v. H. der Befragten stellen fest, daß in der Bundesre-

Tabelle 3: Das Leben in der Bundesrepublik und in der DDR (Angaben in v. H.)

Lfd. Nr.	Frage	In der BRD	In der DDR	In beiden gleich
1.	Wo gibt es mehr politische Freiheit?	98	1	1
2.	Wo kann man mehr Geld verdienen?	94	4	2
3.	Wo gibt es die besseren Politiker?	77	2	21
4.	Wo gibt es mehr zu essen?	73	2	25
5.	Wo gibt es modernere Gefängnisse?	72	10	18
6.	Wo werden mehr Wohnhäuser gebaut?	71	8	21
7.	Wo werden mehr Fabriken gebaut?	57	23	20
8.	Wo gibt es die besseren Schulen?	48	32	20
9.	Wo gibt es bessere Polizisten?	42	12	46
10.	Wo wird mehr für kranke Menschen getan?	41	15	44
11.	Wo gibt es die besseren Wissenschaftler?	37	23	40
12.	Wo haben die Menschen mehr Angst?	5	80	15

Erläuterung: Die Statements sind nach der Zustimmung für die BRD geordnet.

publik und in der DDR keine Unterschiede bei den Polizisten, bei den Wissenschaftlern und der Versorgung kranker Menschen zu verzeichnen sind.

Wenn auch die Ergebnisse dieser Fragestellung weitaus aussagekräftiger sind, wenn wir sie im Zusammenhang mit den anderen Ergebnissen interpretieren, so können wir hier schon feststellen, daß die Regierung und die Politiker der DDR bei einem Vergleich sehr schlecht abschneiden, während die Lebensbedingungen in der DDR ambivalent und uneinheitlich bewertet werden.

Sodann wurden in wörtlicher Formulierung Fragen der *Allensbach*-Untersuchung vorgelegt. *Tabelle 4* zeigt den Vergleich der Ergebnisse von *Allensbach* mit unserer Studie.

Vergleichen wir die Ergebnisse unserer Untersuchung mit denen der *Allensbach*-Untersuchung, so fällt auf, daß eine große Übereinstimmung in den Ergebnissen besteht, obwohl es sich um eine andere Zielgruppe handelte und die Befragungstermine fünf Jahre auseinander lagen.

Die insgesamt größeren Anteile der »Weiß nicht« Antworten bei *Allensbach* finden ihre Erklärung in der Befragungssituation. Schüler in einer Klasse sind aufgrund unserer Erfahrungen auskunftsfreudiger als ausgewählte Erwachsene.

c) Eigenschaftsbilder

Den Befragten wurden folgende Eigenschaften vorgegeben: Friedliebend, freiheitsliebend, gerecht, unterwürfig, fleißig, kinderlieb, heimtückisch, hilfsbereit, habgierig, höflich, rücksichtslos, sportlich, strebsam, unverschämt, charmant, intelligent und redegewandt [9]. Bei jedem einzelnen Begriff sollten die Befragten entscheiden, auf wie viele Personen in der Bundesrepublik bzw. DDR dieser Begriff möglicherweise zutreffen könnte. Das Gesamtergebnis zeigt *Tabelle 5*.

Bei den Begriffen »kinderlieb«, »höflich« und »heimtückisch« werden die Bewohner der DDR und der Bundesrepublik gleich bewertet. Die Menschen in der DDR werden als etwas strebsamer und fleißiger sowie als etwas sportlicher als die Menschen in der

Tabelle 4: Vergleich der Ergebnisse der Befragung von Allensbach mit vorliegender Studie (Prozentwerte)

Frage	Antwortmöglichkeit	Allensbach	Becker/Lucke
1. Ist in der Deutschen Demokratischen Republik (DDR) der Empfang westlicher Sender Ihrer (Deiner) Meinung nach erlaubt oder verboten?	a) erlaubt	16	25
	b) verboten	60	65
	c) weiß nicht	24	10
2. Gibt es Ihrer (Deiner) Meinung nach in der DDR eine einzige Partei, oder gibt es dort noch andere Parteien?	a) nur eine Partei	51	57
	b) mehrere Parteien	28	33
	c) weiß nicht	21	10
3. Wenn ein Bundesbürger nach Westberlin fährt, kann er dann auch nach Ostberlin fahren?	a) ja	49	47
	b) nein	33	45
	c) weiß nicht	18	8
4. Gibt es Ihrer (Deiner) Meinung nach noch private Lebensmittelgeschäfte in der DDR, oder gehören alle dem Staat?	a) private Lebensmittelgeschäfte	35	29
	b) alle gehören dem Staat	29	45
	c) weiß nicht	36	26
5. Werden in der DDR Ihrer (Deiner) Meinung nach auch westliche Filme aufgeführt, oder kann man dort keine westlichen Filme sehen?	a) werden aufgeführt	39	51
	b) nicht aufgeführt	14	34
	c) weiß nicht	47	15
6. Darf in der DDR in öffentlichen Lokalen Beatmusik gespielt werden?	a) erlaubt	48	45
	b) verboten	14	19
	c) weiß nicht	38	36

Bundesrepublik gesehen. Auch bei den Begriffen »habgierig«, »rücksichtslos« und »unverschämt« schneiden die Menschen in der DDR besser ab. Der Begriff »unterwürfig« dagegen wird für die Bürger der DDR nicht so eindeutig abgelehnt (Unterschied 1,94) wie für die Bewohner der Bundesrepublik. Dieser Aussage entspricht, daß die Menschen in der Bundesrepublik als mehr freiheitsliebend eingeschätzt werden, obwohl der Unterschied geringer ist (0.58).

Tabelle 5: Eigenschaftsprofile (Mittelwerte)

Eigenschaften	Menschen in der BRD	Menschen in der DDR	Unterschied
freiheitsliebend	1,43	2,01	0,58
friedliebend	2,09	2,72	0,63
kinderlieb	2,84	2,81	0,03
fleißig	2,93	2,37	0,56
strebsam	3,08	2,88	0,20
gerecht	3,23	3,56	0,33
höflich	3,30	3,28	0,02
intelligent	3,43	3,66	0,23
hilfsbereit	3,48	3,25	0,23
sportlich	3,60	3,40	0,20
redegewandt	3,69	3,84	0,15
charmant	3,99	4,65	0,66
habgierig	4,88	5,40	0,52
rücksichtslos	5,12	5,51	0,39
unverschämt	5,33	5,76	0,43
heimtückisch	5,46	5,42	0,04
unterwürfig	5,65	3,71	1,94

Erläuterung: Die Eigenschaften sind nach der Zustimmung für die Menschen in der BRD geordnet.
Für jede Eigenschaft waren acht Intensitätskategorien vorgegeben: 1 = »alle«; 2 = »die meisten«; 3 = »sehr viele«; 4 = »viele«; 5 = »wenige«; 6 = »sehr wenige«; 7 = »einzelne«; 8 = »keiner«. Die Zahl der Nennungen pro Kategorie wurde für jede Eigenschaft addiert, die Summe mit der fortlaufenden Nummer jeweils multipliziert, die sich ergebenden Produkte wurden addiert und die Endsumme durch die Zahl der Gesamtangaben dividiert.

Insgesamt lassen die Ergebnisse kaum Unterschiede in der Einschätzung der Menschen erkennen, wie auch die Rangkorrelation ($r_s = 0,90$) zeigt.

d) Zukunftsvorstellungen

Den Befragten wurden 9 Möglichkeiten vorgegeben. Sie sollten schätzen, wie wahrscheinlich es sei, daß die jeweilige Möglichkeit in 50 Jahren zutreffen könnte. Das Ergebnis zeigt *Tabelle 6.*
Die Antworten lassen deutlich werden, daß eine Änderung der politischen Verhältnisse insgesamt nicht erwartet wird. Es ergeben sich zwar einige Unterschiede – die Behauptung »es wird keinen Kommunismus mehr geben« wird für unwahrscheinlicher gehalten als etwa die Aussage »die Bundesrepublik und die DDR werden wiedervereinigt sein« – aber auch die Antworten zum letzteren Statement liegen deutlich oberhalb des mittleren Mittelwertes, also im Bereich der Ablehnung.

IV. Zusammenfassung

Die Äußerungen der Befragten lassen insgesamt erkennen, daß ein differenziertes Bild über die DDR und ihre Bürger vorhanden ist. Detailliertes Wissen über geographische

Tabelle 6: Die politischen Konstellationen in 50 Jahren (Mittelwerte)

Lfd. Nr.	Behauptung	Mittelwerte
1.	Zwischen der Sowjetunion und China hat ein Krieg stattgefunden	2,32
2.	Die Unterschiede zwischen der Bundesrepublik und der DDR werden noch größer geworden sein	2,50
3.	Westeuropa wird eine einheitliche Regierung haben	2,64
4.	Die Bundesrepublik und die DDR werden wiedervereinigt sein	2,95
5.	In der DDR werden die Menschen besser als in der Bundesrepublik leben	3,25
6.	Zwischen Westeuropa und Osteuropa hat ein Krieg stattgefunden	3,25
7.	Westeuropa und Osteuropa werden eine einheitliche Regierung haben	3,28
8.	Es wird keinen Kommunismus mehr geben	3,42
9.	Westeuropa und Osteuropa werden ihre Soldaten abgeschafft haben und friedlich miteinander leben	3,43

Erläuterung: Die Statements sind nach der Intensität der Zustimmung geordnet. Es waren vier Antwortmöglichkeiten vorgegeben: 1 = »wird bestimmt zutreffen«; 2 = »wird wahrscheinlich zutreffen«; 3 = »wird wahrscheinlich nicht zutreffen«; 4 = »wird bestimmt nicht zutreffen«. Die Zahl der Nennungen pro Antwortmöglichkeit wurde für jede Behauptung addiert, die Summe mit der fortlaufenden Nummer jeweils multipliziert, die sich ergebenden Produkte wurden addiert und die Endsumme durch die Zahl der Gesamtangaben dividiert.

Gegegebenheiten und Kenntnisse über das Leben in der DDR sind festzustellen. Die These *Hofstätters*, daß die Bewohner der Bundesrepublik in den Bürgern der DDR die ›anderen Deutschen‹ das böse ›alter ego‹ sehen, findet in unseren Befunden keine Bestätigung, denn die Befragten beurteilen die Menschen in der DDR und in der Bundesrepublik ähnlich. Die Menschen in der DDR werden sogar insgesamt etwas positiver bewertet als die Bewohner der Bundesrepublik. Sie werden unter anderem als etwas strebsamer und fleißiger sowie als weniger habgierig, rücksichtslos und unverschämt eingeschätzt. Lediglich das Ergebnis für den Begriff »unterwürfig« könnte als Indiz für die Abwertung der Menschen in der DDR gesehen werden.
Bei einer Analyse aller Ergebnisse unserer Untersuchung wird jedoch deutlich, daß daraus keine Abwertung der Menschen abgeleitet werden kann, denn der Begriff »freiheitsliebend« wird *auch* für die Bewohner der DDR *eindeutig bejaht*, wie *Tabelle 5* zeigt. 80 v. H. der Befragten weisen zugleich darauf hin, daß die Menschen in der DDR mehr Angst haben als in der Bundesrepublik, und 98 v. H. geben an, daß in der Bundesrepublik mehr politische Freiheit als in der DDR vorhanden ist (vgl. *Tabelle 3*). Außerdem werden als Charakteristika für die Menschen Aussagen gemacht wie »sie leben unter Zwang« oder »sie werden unterdrückt« (vgl. *Tabelle 2*). Aus diesen Ergebnissen läßt sich folgern, daß der Begriff »unterwürfig« *nicht* so *negativ* besetzt ist, wie es den Anschein hat, wenn wir das Ergebnis nur isoliert betrachten. Die Unterwürfigkeit wird nicht als eine negative Eigenschaft der Menschen gesehen, sondern als eine erzwungene Reaktion auf Maßnahmen der Regierenden betrachtet, gegen die Menschen machtlos sind. Diese Aussage findet eine weitere Stütze in der durchweg negativen Einstellung der Befragten zu den Regierenden. Die Regierung der DDR wird besonders deswegen abgelehnt, weil sie die Menschen un-

terdrückt und ihnen Freiheiten vorenthält; am häufigsten werden dabei der Mangel an Meinungsfreiheit und das Fehlen der Freizügigkeit (Reisen) erwähnt.

Die Ergebnisse lassen insgesamt erkennen, daß zwischen Regierung und Menschen in der DDR große Unterschiede gemacht werden, d. h. die Identifizierung von Volk und Regierung ist noch nicht vollzogen worden.

Während sich unsere Ergebnisse und die der Untersuchungen *Hofstätters* nicht decken, ergibt sich eine große Übereinstimmung zwischen den Ergebnissen der Untersuchung von *Allensbach* und unseren Befunden. Diese Übereinstimmung könnte vermuten lassen, daß unsere Ergebnisse nicht nur regionale und ephemere Gültigkeit haben.

Obwohl die Menschen in der DDR als Deutsche gesehen werden, die sich kaum von den Westdeutschen unterscheiden, werden die Aussichten für eine Wiedervereinigung gering eingeschätzt.

Anmerkungen

[1] *Caesar Hagener*, Zum Beispiel Ostkunde, in: Westermanns Pädagogische Beiträge, 21. Jg., 1969, H. 1, S. 1 ff.

[2] *Peter R. Hofstätter*, Was Deutsche für »deutsch« halten, in: Eckart-Jahrbuch 1966/1967, hrsg. von *Kurt Lothar Tank*, Berlin (West) 1966, S. 29–46.

[3] Bei dieser Untersuchung handelte es sich um eine Repräsentativumfrage, die das *Zweite Deutsche Fernsehen* in den Jahren 1964–1967 für die Sendereihe »drüben« durchführen ließ.

[4] *Peter R. Hofstätter*, Was Deutsche für »deutsch« halten, a. a. O., S. 46.

[5] Vgl. *Karl H. Bönner*, Deutschlands Jugend und das Erbe ihrer Väter. Wie skeptisch ist die junge Generation?, Bergisch-Gladbach 1967; *Heinz E. Wolf*, Stellungnahmen deutscher Schüler zu osteuropäischen Völkern, in: Kölner Zeitschrift für Soziologie und Sozialpsychologie, Bd. 15 (1963).

[6] *Alois Hüser* und *Heinz E. Wolf*, Empirische Untersuchungen zum Problem der Regionalvorurteile bei deutschen Jugendlichen, in: Kölner Zeitschrift für Soziologie und Sozialpsychologie, Bd. 14 (1962).

[7] Der geringe Bedeutungsgrad Polens für Westdeutsche wurde bereits in mehreren Untersuchungen nachgewiesen, u. a. *Heinz E. Wolf*, Schüler urteilen für fremde Völker, Weinheim 1963, und *Klaus-Christian Becker/Heinz E. Wolf*, Über Veränderungen von Vorurteilstendenzen bei Schülern, in: Westermanns Pädagogische Beiträge, 23. Jg. (1971), H. 10, S. 519–528.

[8] Bei einer vorausgegangenen Untersuchung wurden 219 Hauptschüler über Polen, Frankreich und die Sowjetunion befragt. In der vorliegenden Untersuchung wurden 203 Hauptschüler gleichen Alters befragt. Bei einem Vergleich der Antworten ergeben sich folgende Verhältniszahlen, die das Wissen über verschiedene Staaten in Beziehung setzen: DDR : Polen 20 : 1; DDR : UdSSR 5 : 1; DDR : Frankreich 6 : 1; das Verhältnis 20 : 1 besagt zum Beispiel, daß die Befragten 20mal mehr über die DDR als über Polen wußten.

[9] Es wurden Eigenschaftsbegriffe ausgewählt, die in verschiedenen Untersuchungen verwendet wurden, um Einstellungen gegenüber anderen Völkern – insbesondere osteuropäischen Völkern – zu prüfen. Außerdem wurden Eigenschaftsbegriffe ausgewählt, die von den Befragten als besonders zutreffend für osteuropäische Völker einerseits und als besonders zutreffend für Westdeutsche andererseits genannt worden waren. Es wurden folgende Untersuchungen, die mit Eigenschaftsbegriffen arbeiteten, bei der Auswahl berücksichtigt: *Heinz E. Wolf*, Schüler

urteilen über fremde Völker, Weinheim 1963; *Kripal Singh Sodhi/Rudolf Bergius,* Nationale Vorurteile, Berlin 1953; *Peter R. Hofstätter,* Was Deutsche für »deutsch« halten, a. a. O.; *Hermann Müller,* Rassen und Völker im Denken der Jugend, Stuttgart 1967; *Klaus-Christian Becker,* Einstellungen deutscher Schüler gegenüber Franzosen, Polen und Russen, in: Kölner Zeitschrift für Soziologie und Sozialpsychologie, 22. Jg. (1970), H. 4, S. 737–755). Die ausgewählten Begriffe wurden dann nach dem Losverfahren geordnet und in der sich ergebenden Reihenfolge in den Fragebogen übernommen.

KURZBERICHT ÜBER DIE ERFORSCHUNG SOZIALER STEREOTYPE BEI JUGENDLICHEN IN DER DDR

Von Barbara Hille und Walter Jaide

In Ergänzung zu den Untersuchungen bei Jugendlichen in der Bundesrepublik Deutschland über deren Einschätzung verschiedener Bevölkerungen und Bevölkerungsgruppen (s. Artikel von *Giselheid Scholz-Görlach* und *Heinz E. Wolf,* Bilder der DDR ... und Artikel von *Klaus-Christian Becker* und *Dieter Lucke,* Das Bild der DDR ...,in diesem Buch) sollen einige Informationen geliefert werden über die wenigen an DDR-Jugendlichen erhobenen Befunde. Trotz der heterogenen Materiallage und der unterschiedlichen Plausibilität und Transparenz der Berichterstattungen bieten die Daten interessante Ansatzpunkte zur Kennzeichnung der DDR-Jugend.

Welches Bild machen sich Jugendliche in der DDR von den Bewohnern ihres eigenen Staates (Selbstbild) und andererseits von den Deutschen in der Bundesrepublik Deutschland (Fremdbild)? Dieser Frage ist *Ulrike Siegel* (1967) nachgegangen. Hierbei wurde das bei DDR-Jugendlichen vorfindbare Stereotyp der Deutschen in der DDR und der Bundesrepublik vor dem Hintergrund ihrer Vorstellungen über Sowjetrussen, Polen, Kubaner, Afrikaner, sowie Amerikaner (USA) und Chinesen erfaßt.

Sofern man sich mit der Erforschung stereotyper Meinungen befaßt, ist eine kurze Markierung von Funktion und Sinn dieses Ansatzes angebracht, ohne an dieser Stelle die umfangreiche Literatur zur Vorurteilsforschung resümieren zu wollen (s. *Heinz E. Wolf; Peter R. Hofstätter* 1949, 1957 und 1964 und den Artikel von *Heinz E. Wolf,* Zur Problemstruktur der Beziehungen ...,in diesem Buch).

»Wo sich Meinungen auf Gruppen (Konfessionen, Minoritäten, Nationen, Berufsgruppen) beziehen, treten in ihnen fast immer *Stereotype* auf, d. h. Eigenschaftskonfigurationen, die von jedem Angehörigen der beurteilten Gruppe mit einiger Sicherheit erwartet werden. Man findet diese bereits in den Volkswitzen vom »geizigen« Schotten, dem tolpatschigen »deutschen Michel« ... »Unbeschadet ihres zweifelhaften Wahrheitsgehaltes *(Vorurteile)* sind Stereotype wichtige Gegenstände der Meinungsforschung, da sich in diesen Bildern einmal die Selbstgestaltung von Gruppen *(Autostereotype)* und zum anderen deren Absetzung von andersartigen bzw. rivalisierenden Gruppen *(Heterostereotype)* ausdrückt« *(Hofstätter* 1957, S. 207).

Die am meisten gebräuchliche Methode zur Erforschung stereotyper Meinungen ist neben der Vorgabe von Eigenschaftslisten das Polaritätsprofil. Diese von *C. E. Osgood* (1952) und *Peter R. Hofstätter* (1955) entwickelte Methode des *Polaritätsprofiles* (»semantic differential«) verlangt von den Vpn die Einstufung eines Begriffes oder hier Nation/Bevölkerung auf einer Reihe von Polaritäten, die dazu meist in keinem sachlichen, wohl aber einem möglichen assoziativen Bezug stehen. Der quantitative Vergleich von Profilen mit Hilfe der Korrelationsrechnung gestattet Angaben

über die (subjektive) *Ähnlichkeit* zwischen Gegenständen bzw. Bevölkerungen verschiedener Staaten – z. B. DDR und BRD. Stereotype entsprechen dem weniger rational begründeten »Ruf«, den Einzelpersonen, Gruppen oder Völker genießen. Sie
sind zwar wandelbar und korrigierbar, allerdings eher in größeren Zeitetappen oder
aufgrund schwerwiegender Ereignisse. Im politischen Raum dienen sie häufig als
Mittel zur Beeinflussung der politischen Meinungen. Deshalb zielen propagandistische
Maßnahmen häufig auf die Bildung und Umgestaltung solcher Stereotype, z. B. auf
die Erzeugung von Freund-Feind-Bildern. Insofern ist die Frage von Bedeutung, ob
und in welcher Weise sich derartige Maßnahmen im Bewußtsein der DDR-Bevölkerung – insbesondere der Jugendbevölkerung – niedergeschlagen haben, wenn es um
die Abgrenzung gegenüber der Bundesrepublik und dem westlichen Ausland geht.

*I. Die Einschätzung der Bewohner beider deutschen Staaten
durch Jugendliche in der DDR*

In der Studie von *Ulrike Siegel* (1967) werden die Vorstellungen von 431 Jugendlichen im Alter von 15 bis 18 Jahren untersucht, von denen der größere Teil (321)
Schüler der Erweiterten Oberschule (EOS) in 9.–12. Klassen und ein Viertel (110)
Berufsschüler im 3. Lehrjahr waren. Als Untersuchungsverfahren wurde ein Katalog
von 19 Eigenschaften benutzt: Arbeitsam, herrschsüchtig, lebensfroh, friedliebend, genußsüchtig, kameradschaftlich, kontaktfreudig, aggressiv, tapfer, begeisterungsfähig,
intelligent, vaterlandsverbunden, egoistisch, modern, gutmütig, materiell eingestellt,
aktiver Einsatz für politische Ideale, überheblich, sympathisch. Auf einer vorgegebenen siebenstufigen Skala sollten die Vpn angeben, ob und in welchem Ausmaß ihrer
Ansicht nach diese Eigenschaften bei den zur Beurteilung genannten Gruppen vorhanden sind.
In solchen Eigenschaftslisten und auch bei Polaritätsprofilen ist bereits die Auswahl
von Bedeutung, die jedoch in den meisten Studien wenig reflektiert wird. Hierbei
fällt auf, daß in den vorgegebenen Eigenschaften diejenigen fehlen, die in internationalen Studien häufig wiederkehren und weniger an den spezifischen Beurteilungs-
gegenstand gebunden sind. Andererseits fehlen Merkmale, die sich für den speziellen
Vergleich in besonderem Maße eignen würden, wie z. B.: religiös, traditionsverbun-
den, kinderlieb, charmant, heimtückisch, brutal, undemokratisch.
Die Auswertung der Eigenschaftszuweisungen erfolgte mit Hilfe von Mittelwert und
Streuung sowie Korrelationen zwischen den verschiedenen Eigenschaftsprofilen; ferner
wurden die Häufigkeit der Stimmenthaltungen ausgezählt und die Distanzen pro
Eigenschaft für verschiedene Bevölkerungen graphisch dargestellt – sowie die positiven und negativen »Spitzenstellungen« der Bevölkerungen auf den verschiedenen
Eigenschaften. Die folgenden Ergebnisse aus der Studie sind besonders aufschlußreich:
Der Idealmensch in der Beurteilung der DDR-Jugendlichen ist der *Sowjetbürger;* ihm
kommt der Kubaner fast gleich. Die Autorin wertet dieses ideale Image als Folge der
gebotenen Informationen und Erziehung. Allerdings entfallen auf die Kubaner, ähnlich wie auf Afrikaner und Polen, relativ viele Stimmenthaltungen, was auf eine

gewisse Urteilsunsicherheit bzw. doch auf einen Mangel an Kenntnissen oder Interesse an diesen Völkern schließen läßt. Die Interpretationen der Autorin tragen dieser Tatsache jedoch nicht Rechnung.

»Die *Afrikaner* sind in den Augen unserer jugendlichen Beurteiler sehr arbeitssam, lebensfroh, friedliebend, tapfer, begeisterungsfähig und vaterlandsverbunden. Auch gelten sie als gutmütig und intelligent. Man hält sie dagegen nicht für modern, genußsüchtig, materiell eingestellt, noch weniger für herrschsüchtig, aggressiv oder überheblich« *(Siegel* S. 115).

Das Eigenschaftsprofil der *DDR-Bürger* ähnelt sehr stark dem der sowjetischen und kubanischen Bevölkerung (r = .945 mit der Sowjetunion).

Das negative Gegenbild bilden in der Untersuchung die *US-Amerikaner,* wenn sie auch als modern, intelligent, lebensfroh und sogar als sehr sympathisch (x̄ = 2,3) eingeschätzt werden. In scharfer Ausprägung werden ihnen jedoch außerdem folgende Eigenschaften bescheinigt: herrschsüchtig, genußsüchtig, materiell eingestellt. Ferner werden sie in mittlerem Ausmaß als egoistisch, aggressiv, überheblich bezeichnet.

Ebenfalls als negatives Gegenbild figurieren die *Chinesen.* Sie haben im Rahmen dieser Beurteilung den größten Anteil negativer Werte erhalten. Unter den acht zur Auswahl stehenden Bevölkerungen gelten sie in höchstem Maße als herrschsüchtig und aggressiv. Gleichzeitig gelten sie als am wenigsten: lebensfroh, friedliebend, kameradschaftlich, kontaktfreudig, intelligent, modern, gutmütig, sympathisch. Allerdings zeigt sich gerade bei diesen Angaben auch die höchste Zahl von Stimmenthaltungen, was für die vorhandenen Unsicherheiten in der Beurteilung ebenso sprechen mag wie für das schillernde Bild, das die Chinesen bisher aufgrund ihrer jahrelangen Abgeschiedenheit nach außen bieten.

In der Mitte von positiven und negativen Einschätzungen stehen die Bewohner der *Bundesrepublik Deutschland* und der *DDR.* Differenzen tauchen vor allem bei solchen Eigenschaften auf, die viele Stimmenthaltungen und große Streuungen aufweisen (z. B. aggressiv). Die Gemeinsamkeiten zwischen den zwei Bevölkerungen überwiegen im Urteil der DDR-Jugendlichen bei weitem (r = .768). Beide gelten als arbeitssam, lebensfroh, tapfer, begeisterungsfähig, intelligent, vaterlandsverbunden, modern, gutmütig und sympathisch. Selbst da, wo die DDR-Jugendlichen ihren eigenen Mitbürgern die besten Werte von allen acht Bevölkerungsgruppen bescheinigen – es handelt sich um die Eigenschaften: arbeitssam, intelligent und sympathisch – sind die Unterschiede zur BRD-Bevölkerung gering. Ferner schätzen sie ihre eigenen Mitbürger als etwas mehr kameradschaftlich, kontaktfreudig und zu aktivem Einsatz für politische Ziele bereit ein. Die statistische Signifikanz dieser Differenzen wurde nicht nachgewiesen.

Demgegenüber erscheinen die »Westdeutschen« im Bewußtsein der DDR-Jugendlichen als aggressiver, genußsüchtiger, mehr materiell eingestellt, egoistischer, überheblicher, herrschsüchtiger. Allerdings finden sich bei diesen Charakterisierungen auch viele Stimmenthaltungen und breite Streuungen der Antworten.

Daraus läßt sich schließen, daß sich die Jugendlichen in Leipzig bei diesen Etikettierungen ihrer Sache nicht sicher waren. Die negativste Kennzeichnung unter den acht zur Beurteilung vorgegebenen Bevölkerungen erhielten die Bewohner der Bundesrepublik hinsichtlich ihrer Begeisterungsfähigkeit und ihres Einsatzes für politische Ideale, die innerhalb der siebenstufigen Skala trotzdem noch auf der positiven Seite (2,6 bzw. 3,3) rangieren.

Im Rahmen dieser Untersuchung spiegelt sich demnach im Bewußtsein der befragten DDR-Jugendlichen ein fortbestehendes gemeinsames Stereotyp der Deutschen beider Staaten. Die Indoktrination eines »Feindbildes« der Westdeutschen hat sich demnach in

Abbildung 1: Vergleich der Urteile über DDR-Bürger und Westdeutsche (*Siegel,* S. 118)

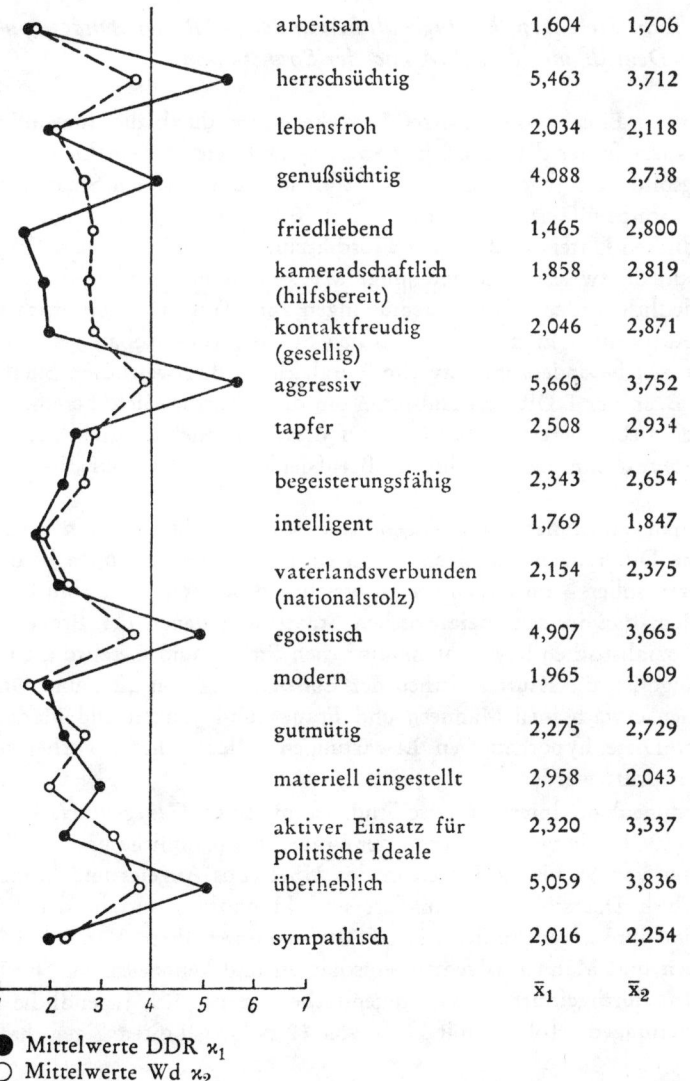

	$\bar{x}_1$	$\bar{x}_2$
arbeitsam	1,604	1,706
herrschsüchtig	5,463	3,712
lebensfroh	2,034	2,118
genußsüchtig	4,088	2,738
friedliebend	1,465	2,800
kameradschaftlich (hilfsbereit)	1,858	2,819
kontaktfreudig (gesellig)	2,046	2,871
aggressiv	5,660	3,752
tapfer	2,508	2,934
begeisterungsfähig	2,343	2,654
intelligent	1,769	1,847
vaterlandsverbunden (nationalstolz)	2,154	2,375
egoistisch	4,907	3,665
modern	1,965	1,609
gutmütig	2,275	2,729
materiell eingestellt	2,958	2,043
aktiver Einsatz für politische Ideale	2,320	3,337
überheblich	5,059	3,836
sympathisch	2,016	2,254

● Mittelwerte DDR x_1
○ Mittelwerte Wd x_2

den Einschätzungen der DDR-Jugendlichen weniger niedergeschlagen, als das z. B. für die US-Amerikaner einerseits und die Chinesen andererseits der Fall zu sein scheint. Allerdings wurde die Untersuchung von *Siegel* bereits 1964–1966 durchgeführt. Eine Fortsetzung ist bisher nicht erfolgt, die einen Vergleich über den dazwischen liegenden Zeitraum zulassen würde. Möglicherweise schafft das neue Jugendgesetz und die damit verbundenen strafferen Maßnahmen (s. Artikel von *Christa Mahrad*, Jugendpolitik in der DDR, in diesem Buch) eine allmählich stärkere Abgrenzung und Distanzierung gegenüber den Deutschen im Westen.

II. Geschlechtsspezifische Stereotype bei Jugendlichen in der DDR, der Bundesrepublik Deutschland, den USA und der Sowjetunion

Neben der stereotypen Einschätzung ganzer Bevölkerungen durch die Jugendlichen in der DDR interessiert ferner die Frage, inwieweit es Differenzen bzw. Gemeinsamkeiten im Meinungsbild von Jugendlichen aus östlichen und westlichen Staaten gibt, wenn man die Gesamtbevölkerung differenziert z. B. nach *Geschlecht* und *Alter*. Machen die Jugendlichen Unterschiede in der Einschätzung von Männern und Frauen. Machen sie Unterschiede zwischen alt und jung? Wieweit kommen dabei die in Ost und West unterschiedlichen ideologischen Bemühungen zum Tragen? Bekanntlich sind die ideologischen Aktivitäten in den sozialistischen Staaten zum Abbau *geschlechtsspezifischer Differenzen* besonders intensiv (im Vergleich zu den westlichen Staaten). So hat man sich z. B. in der DDR von Anbeginn um die faktische Gleichberechtigung der Frauen in allen Lebensbereichen bemüht und dies weitgehend formal realisiert (s. Artikel von *Barbara Hille*, Berufswahl und Berufslenkung in der DDR, in diesem Buch).

Insofern könnte man annehmen, daß Jugendliche sozialistischer Staaten weniger geschlechtsspezifische Differenzen aufzeigen, wenn sie Bevölkerungsgruppen beiderlei Geschlechts markieren sollen – im Gegensatz zu westlichen Staaten. Weiterhin könnte angenommen werden, daß in den sozialistischen Staaten, in denen der Prozeß der Umwandlung zur sozialistischen bzw. kommunistischen Staats- und Gesellschaftsform noch in vollem Gange ist, die Kluft zwischen der Einschätzung von alter und junger Generation (zwischen erwachsenen Männern und Frauen und Jungen und Mädchen) besonders groß ist. Diese hypothetischen Erwartungen sollen anhand vorliegender empirischer Daten geprüft werden:

Die in diesem Zusammenhang interessanteste Studie stammt von *Georgene H. Seward* und *W. R. Larson* (1968). Sie befaßt sich mit der Frage, wie männliche und weibliche Jugendliche im Alter von 16 bis 19 Jahren in den USA (Los Angeles und Munzie), in der Bundesrepublik Deutschland (Frankfurt und Hannover) und in der DDR (Jena) sich selbst und ihre gegengeschlechtlichen Altersgenossen, ihren Vater und ihre Mutter sowie Frauen und Männer allgemein einschätzen und kennzeichnen. Die Untersuchungen wurden durchgeführt an 853 Jugendlichen (je ca. 300 Jugendliche pro Staat). Deren Beurteilungen erfolgten mit Hilfe von 12 polar gefaßten Eigenschaften

(z. B. hart vs. weich, aktiv vs. passiv, führend vs. folgsam) auf einer siebenstufigen Antwortskala.

Hierbei zeigten sich folgende besonders markante *Ergebnisse:* Die Unterschiede zwischen den drei Nationen sind etwas größer als innerhalb einer Nation, besonders hinsichtlich der Markierung der Geschlechtsrolle.

Abbildung 2: Einschätzungen durch männliche und weibliche Jugendliche der drei Staaten:

	USA	Deutschland West	Ost
Männer allgemein: führend/aktiv/ tapfer/risikobereit/ freundlich	*tapfer* (weniger führend)	aktiv/führend	*tapfer* führend
Frauen	ängstlich (weniger führend)	(passiv) führend	etwas aktiv *führend*
Vater	(weniger aktiv) (weniger führend)	*aktiv/führend*	*aktiv*
Mutter streng, keine typ. Differenzen			
selbst allgemein	(weniger aktiv)	aktiv	aktiv
selbst (männlich)	härter als Vater Mutter Frau	aktiver als Frauen	aktiver als Frauen
	klüger als Männer	klüger als Mutter Frau Vater	klüger als Mutter Frauen
	vorsichtiger als Vater	vorsichtiger als Vater	freundlicher als Frauen tapferer als Mutter
selbst (weiblich)	härter als alle	aktiver als Frauen	aktiver als Frauen
	ruhiger als alle	freundlicher als Frauen	freundlicher als Frauen
	klüger als Frauen	führender als Frauen	kooperativer als Mutter
	führender als Frauen	klüger als Frauen	tapferer als Mutter

Unter allen Eigenschaftszuweisungen hält sich also die traditionelle stereotype Kennzeichnung von männlich und weiblich aufrecht:

Männer/Väter		*Frauen/Mütter*
aktiv	–	passiv
tapfer	–	feige
klug		unfreundlich/streng
freundlich		empfindlich/weich
		vorsichtig

In dem Selbstbild weiblicher und männlicher Jugendlicher bestehen weniger Differenzen zwischen männlich und weiblich. Vielmehr scheint hierin über alle drei Staaten eher eine Generationsdistanz gegenüber den Eltern und den Älteren sichtbar zu werden, demzufolge die Jungen sich positiver und die Erwachsenen negativer einschätzen. Allerdings handelt es sich hierbei im wesentlichen um ein Idealbild, das sich die Jugendlichen von sich selbst machen, dessen Realisierung dahinsteht, während sie die Erwachsenen eher im Sinne eines Realbildes einschätzen. So sehen sie sich als: aktiver – führender – klüger – mit mehr Vorsicht und Vernunft ausgestattet als die Erwachsenen. Ihre Orientierung erfolgt dabei, wenn überhaupt, eher am väterlichen Leitbild (Bevorzugung von: stark – hart – achtsam – freundlich) als am mütterlichen, das überwiegend negativ besetzt ist.

Die DDR-Jugendlichen zeigen dabei eine noch größere Generationsdistanz als die der übrigen Staaten. Die Mädchen in der DDR setzen sich dabei von ihren Müttern bzw. den Frauen allgemein noch stärker ab. Sie schätzen sich selbst als: aktiver, klüger, freundlicher, vorsichtiger, führender, kooperativer ein. Auch die Jungen glauben, daß sie eher führend und vorsichtig, also mit mehr Augenmaß und Tatkraft leben werden als ihre Väter.

In einer weiteren Studie von *Manfred Vorwerg* (1966) wurde dieser Gegensatz zwischen *Ist-* und *Normbildern* ausdrücklich überprüft. Insgesamt wurden 100 Berufsschüler und 75 -schülerinnen in Leipzig sowie jeweils 40 Schülerinnen und Schüler aus Leningrader Mittelschulen im Alter von ca. 17 Jahren untersucht. Als Untersuchungsmethode wurde wiederum ein Polaritätsprofil mit insgesamt 24 polaren Eigenschaften eingesetzt, das mit dem von *Seward* und *Larson* (1968) benutzten Eigenschaftskatalog Ähnlichkeiten aufweist (stark – schwach, beweglich – unbeweglich, weich – hart, bescheiden – anspruchsvoll etc.).

Unter der Fülle der relativ unübersichtlich dargestellten Einzeldaten zeigt sich, daß bei allen Versuchspersonengruppen die *Normbilder* stärker stereotypisiert und klischiert als die Istbilder sind. Besonders einheitlich zeichnet sich dabei ein allgemeines Jugendstereotyp (Autostereotyp) ab, das u. a. markiert wird durch die Eigenschaften »beweglich« und »gesellig«, »praktisch« und »heiter«, sowie »mutig« bei den sowjetischen Jugendlichen. Danach scheint ein »Juventalismus« nicht ohne weiteres nur ein Privileg kapitalistischer Staaten zu sein, was letztlich auch in der Jugendpolitik und -gesetzgebung der DDR deutlich wird (s. Artikel von *Christa Mahrad,* Jugendpolitik in der DDR, in diesem Buch).

Die Normbilder für *männliche* und *weibliche* Jugendliche sind pro beteiligtem Staat nahezu deckungsgleich. Allerdings trägt diese Norm bei den DDR-Jugendlichen eher männliche Züge, bei den Jugendlichen aus der Sowjetunion dagegen eher weibliche.

Die *geschlechtsspezifischen* Differenzen zwischen Norm- und Istbild sowie zwischen den männlichen und weiblichen De-Fakto-Bildern sind bei den DDR-Jugendlichen signifikant, während sie sich nach dem Urteil der sowjetischen Jugendlichen decken.

Aus diesen Daten läßt sich mit Vorsicht schließen, daß die Jugendlichen in der DDR offenbar noch nicht zu einer identischen Einschätzung von Männern und Frauen gelangt sind. Im Gegenteil werden bei ihnen bisher ähnlich wie bei den Jugendlichen in der BRD *(Seward* und *Larson* 1968) die klassischen geschlechtsspezifischen Stereotype in den De-Fakto-Bildern deutlich sichtbar reproduziert.

Vor allem bei der Charakterisierung der *weiblichen Jugendlichen* fällt der Abstand zwischen Sollen und Sein am größten aus, wenn auch eine kritische Distanzierung gegenüber den Müttern und den Frauen allgemein sichtbar wird. Die Anpassung an das stärker »männlich« gefärbte Normbild bringt offenbar für die Mädchen in der DDR Widersprüche und Schwierigkeiten. Zudem fragt es sich, ob eine Einebnung der geschlechtsspezifischen Differenzen allein auf Kosten der »weiblichen« Besonderheiten bereits einen Fortschritt darstellt.

Dagegen haben die Jugendlichen aus Leningrad ein für beide Geschlechter übereinstimmendes Norm- und Istbild, das u. a. auch weibliche Merkmale enthält (s. Stichprobe).

Diese in Kürze referierten Ergebnisse sind zwar in ihrer Reichweite und Gültigkeit beschränkt, zumal die Stichprobengrößen begrenzt und deren Struktur jeweils unterschiedlich ist. Außerdem handelt es sich in allen Studien um Momentaufnahmen zu einem einmaligen Zeitpunkt, der zudem bereits einige Jahre zurückliegt. Trotzdem vermögen sie auf Tendenzen hinzuweisen, deren Fortdauer vorläufig nicht widerlegt werden konnte. Das benutzte Instrumentarium (Methode des Polaritätsprofils) ermöglicht die Transparenz und Überprüfung der Ergebnisse.

Im engen Ausschnitt der referierten Untersuchungen wird u. a. eine gewisse Antwort auf die Frage gegeben, ob und inwieweit sich die Jugendgenerationen in BRD und DDR menschlich auseinandergelebt haben bzw. welche Ähnlichkeiten der Beurteilung sich zwischen ihnen feststellen lassen.

Dabei wird deutlich, daß politische Entscheidungen und Entwicklungen sowie alle Maßnahmen der Beeinflussung »von oben« auch des Mitvollzugs der Betroffenen bedürfen. Geschichte ereignet sich nicht ohne sie und ihre Reaktionen oder Gegenreaktionen. Daß sich die beiden deutschen Jugendbevölkerungen noch überwiegend als Nachbarn und Verwandte betrachten und nicht als Gegner oder Fremde, läßt sich den berichteten Daten entnehmen (s. a. Artikel von *Giselheid Scholz-Görlach* und *Heinz E. Wolf*, Bilder aus der DDR ... und Artikel von *Klaus-Christian Becker* und *Dieter Lucke*, das Bild der DDR ...,in diesem Buch).

Literatur

Rudolf Bergius, Formale Analyse der Urteile über Völker, in: Psychologie und Praxis (1959).
Peter R. Hofstätter, Die Psychologie der öffentlichen Meinung, Wien 1949.
Peter R. Hofstätter, Psychologie, Fischer-Lexikon, Frankfurt 1957.
Peter R. Hofstätter, Sozialpsychologie, Berlin 1964.

Walter Jaide, Lebensfroh und fleißig. Ein Bild der Deutschen im Spiegel junger Leute aus beiden deutschen Staaten, in: Hannoversche Allgemeine Zeitung, Wochenendbeilage »Der sie-
bente Tag«, 19./20. 4. 1975.

Anitra Karsten, Vorstellungen von jungen Deutschen über andere Völker, Frankfurt/M. 1966.

Georgene H. Seward und *W. R. Larson*, Adolescent Concepts of Social Sex Roles in the
United States and the Two Germanies, in: Human Development 11 (1968), S. 217–248.

Ulrike Siegel, Nationale Gruppen im Urteil Jugendlicher, in: Jugendforschung 3/4 (1967),
S. 103–124.

Manfred Vorwerg, Untersuchungen über Einstellungsstereotype, in: Probleme und Ergebnisse
der Psychologie 16 (1966), S. 47–86.

Heinz E. Wolf, Schüler urteilen über fremde Völker, Weinheim 1963.

IV. Teil: Anhang: Jugendbevölkerung der DDR, ausgewählte statistische Angaben

Tabelle 1: DDR 1971 – Bevölkerung von 15 bis unter 25 Jahren nach Altersgruppen und Geschlecht

	männlich	weiblich	zusammen
15 bis unter 20	676 224	641 457	1 317 681
20 bis unter 25	495 279	475 328	970 607
insgesamt	1 171 503	1 116 785	2 288 288

Quelle: Statistisches Jahrbuch der DDR 1973, S. 466.

Tabelle 2: DDR 1971 – Bevölkerung von 15 bis unter 25 Jahren nach der Tätigkeit und dem Geschlecht

	männlich		weiblich		zusammen	
	absolut	%	absolut	%	absolut	%
Berufstätig	649 871	55,5	537 775	48,2	1 187 646	51,9
Lehrlinge	253 600	21,6	201 600	18,1	455 200	19,9
Schüler der 10. Klasse	.		.		190 900	8,3
Schüler der 11. u. 12. Klasse (EOS)	.		.		57 278	2,5
Ehefrauen, nicht »wirtschaftlich tätig« *	–		81 185	7,3	81 185	3,6
Übrige (vornehmlich Studenten und »Angehörige der bewaffneten Kräfte«, Sp. 2–5 auch Schüler)	268 032	22,9	296 225	26,4	316 079	13,8
insgesamt	1 171 503	100	1 116 785	100	2 288 288	100

* Errechnet nach: Statistisches Jahrbuch der DDR 1974, S. 440, Ergebnis der fünfprozentigen Stichprobe.
Quellen bzw. errechnet nach: Statistisches Jahrbuch der DDR 1972, S. 377; 1973, S. 56 f., S. 427 und 466.

318 Anhang

Tabelle 3: DDR 1971 – Bevölkerung von 18 bis unter 25 Jahren, nach dem Geschlecht und dem höchsten beruflichen Bildungsabschluß

Beruflicher Abschluß	männl.	%	weibl.	%	zu-sammen	%
(noch) ohne						
darunter: Schulabschluß						
niedriger als 10. Klasse	119 327	15,6	125 912	17,3	245 239	16,4
10. Klasse	72 970	9,5	94 493	12,9	167 463	11,2
Abitur	10 781	1,4	10 171	1,4	20 952	1,4
Facharbeiter	540 869	70,8	461 404	63,2	1 002 237	67,1
Meister	2 121	0,3	2 322	0,3	4 443	0,3
Fachschulabschluß	12 445	1,6	29 470	4,0	41 915	2,8
Hochschulabschluß	6 207	0,8	6 230	0,9	12 437	0,8
insgesamt	764 720	100	730 002	100	1 494 722	100

Quellen bzw. errechnet nach: Statistisches Jahrbuch der DDR 1973, S. 421.

Tabelle 4: DDR 1971 – Bevölkerung von 15 bis unter 25 Jahren nach Altersgruppen, Familienstand und Geschlecht

		15 bis unter 20 J.	20 bis unter 25 J.	15 bis unter 25 J.
ledig	insgesamt	1 265 731	494 421	1 760 152
	männlich	667 729	329 733	997 462
	weiblich	598 002	164 688	762 690
verheiratet	insgesamt	51 505	460 832	512 337
	männlich	8 435	161 348	169 783
	weiblich	43 070	299 484	342 554
verwitwet	insgesamt	54	832	886
	männlich	10	114	124
	weiblich	44	718	762
geschieden	insgesamt	391	14 542	14 933
	männlich	50	4 084	4 134
	weiblich	341	10 458	10 799

Quelle: Statistisches Jahrbuch der DDR 1973, S. 466.

Tabelle 5: DDR 1971 – Bevölkerung von 15 bis unter 25 Jahren nach dem Familienstand, Altersgruppen und Geschlecht (in Prozentanteilen)

	15 bis unter 20 J. m.	w.	zus.	20 bis unter 25 J. m.	w.	zus.	15 bis unter 25 J. m.	w.	zus.
ledig	98,7	93,2	96,1	66,6	34,6	50,9	85,1	68,3	76,9
verheiratet	1,3	6,7	3,9	32,6	63,0	47,5	14,5	30,6	22,4
verwitwet	–	–	–	–	0,2	0,1	–	0,1	–
geschieden	–	0,1	–	0,8	2,2	1,5	0,4	1,0	0,7
	100	100	100	100	100	100	100	100	100

Errechnet nach: Statistisches Jahrbuch der DDR 1973, S. 466.

320

Tabelle 9: DDR 1971 – Verheiratete Frauen von 18 bis unter 25 Jahren
nach der Zahl der Kinder

	Zahl der Frauen	in Prozent
ohne Kind	104 838	30,6
mit:		
1 Kind	174 046	50,8
2 Kindern	53 309	15,6
3 Kindern	8 987	2,6
4 und mehr Kindern	1 374	0,4
insgesamt	342 554	100
Zum Vergleich:		
alle Frauen v. 18 bis unter 25 J.	790 607	

Quelle bzw. errechnet nach: Statistisches Jahrbuch der DDR 1972, S. 442; 1973, S. 419.

Tabelle 6: DDR 1971 – Bevölkerung von 15 bis unter 25 Jahren nach Familienstand und Haushaltsgrößen (nach dem Ergebnis der fünfprozentigen Stichprobe)

Haushaltsgröße	ledig	verheiratet	verw.	gesch.	insgesamt
Einpersonenhaushalt	1 200	9 700	300	2 800	14 000
Zweipersonenhaushalt	109 900	107 300	300	4 300	221 800
Dreipersonenhaushalt	439 600	234 700	300	4 000	678 700
Vierpersonenhaushalt	507 400	111.000	100	2 200	620 600
Haushalt mit 5 und mehr Personen	641 500	49 100	100	1 600	692 300
insgesamt	1 699 600	511 800	1 100	14 900	2 227 400
demgegenüber Personen von 15 bis unter 25 Jahren insgesamt	1 760 152	512 337	886	14 933	2 288 288

Quellen: Statistisches Jahrbuch der DDR 1973, S. 466; 1974, S. 432 f.

Tabelle 7: DDR 1971 – Bevölkerung von 15 bis unter 25 Jahren nach Familienstand und Haushaltsgrößen (nach dem Ergebnis der fünfprozentigen Stichprobe), in Prozentanteilen an jeweils allen Gleichaltrigen

Haushaltsgröße	ledig	verh.	verw.	gesch.	insgesamt
Einpersonenhaushalt	0,1	1,9	27,2	18,8	0,6
Zweipersonenhaushalt	6,2	20,9	27,3	28,8	9,7
Dreipersonenhaushalt	25,0	45,8	27,3	26,8	29,7
Vierpersonenhaushalt	28,8	21,7	9,1	14,7	27,1
Haushalte mit 5 und mehr Personen	36,4	9,6	9,1	10,7	30,3
Übrige	3,5	0,1	–	0,2	2,6
	100	100	100	100	100

Errechnet nach: Statistisches Jahrbuch der DDR 1973, S. 466; 1974, S. 432 f.

Tabelle 8: DDR 1971 – Mehrpersonenhaushalte, deren Haupteinkommensbezieher bis unter 25 Jahre alt ist

Haupteinkommensbezieher, Familienstand	Zahl der Haushalte	%	Personenzahl im Durchschnitt	Zahl der Personen, die in diesen Haushalten leben
ledig	17.991	10,7	46 017	2,6
verheiratet	142.364	84,6	417 075	2,9
verwitwet	583	0,4	1 521	2,6
geschieden	7 272	4,3	18 812	2,6
insgesamt	168 210	100	458 425	2,7
Zum Vergleich: Mehrpersonenhaushalte insgesamt	4 740 178	–	15 212 659	3,2

Quelle bzw. errechnet nach: Statistisches Jahrbuch der DDR 1973, S. 454.